Jochen Kirchhoff

Naturphilosophie
Vorlesungen & Vorträge

Eine Auswahl

Jochen Kirchhoff

Naturphilosophie

Vorlesungen & Vorträge

Eine Auswahl

edition *dionysos*

Bibliografische Information der Deutschen Nationalbibliothek:

Die Deutsche Nationalbibliothek verzeichnet diese Publikation in der Deutschen Nationalbibliografie; detaillierte bibliografische Daten sind im Internet über http://dnb.dnb.de abrufbar.
Die automatisierte Analyse des Werkes, um daraus Informationen insbesondere über Muster, Trends und Korrelationen gemäß §44b UrhG („Text und Data Mining") zu gewinnen, ist untersagt.

© 2024 **edition** *dionysos*
Transkription der Audiomitschnitte, Satz, Coverdesign und Korrektorat: Uli Fischer und Wolfram Bahmann
mit Dank an Joe Schraube (Audio-Mitschnitte)
und die Administratoren des youtube-Kanals von Jochen Kirchhoff
Umschlagfoto: shutterstock, lizenzfrei

Die Transkripte wurden zum besseren Verständnis textlich angepasst, wo dies erforderlich schien.

Coverfoto:
Verlag: BoD · Books on Demand GmbH, In de Tarpen 42, 22848 Norderstedt
Druck: Libri Plureos GmbH, Friedensallee 273, 22763 Hamburg
ISBN: 978-3-7578-8254-9

Inhaltsverzeichnis

Zum Geleit

Zum Geleit

Die Auswahl von Vorlesungen und Vorträgen von Jochen Kirchhoff zu naturphilosophischen Themen verdankt sich einigen Glücksumständen. Zunächst ist da seine Freundschaft zu Rudolf Bahro zu nennen. Der bekannte Dissident und Philosoph kehrte 1989 in die noch bestehende DDR zurück und begann im Rahmen des Studiums Generale der Humboldt-Universität Berlin Vorlesungen zu aktuellen politischen und philosophischen Themen zu halten mit Schwerpunkt auf der Diskussion von Möglichkeiten, die damalige Situation in Deutschland wie weltweit in ihrer Tiefendimension wahrzunehmen und zu verstehen. Jochen Kirchhoff trat in diesem Rahmen mit einem Gastbeitrag zum Thema „Die ökologischen Krise als Bewusstseinskrise" auf. Vorlesungen unter dem Dach des von Bahro initiierten und geleiteten Instituts für Sozialökologie folgten – und liefen dann bis Anfang der 2000er Jahre. Dass über 10 Jahre lang ein so einzigartiges Vorlesungsprogramm mitten in der deutschen Hauptstadt, an renommiertem Ort, vonstattenging, darf mit Fug und Recht als weiteres Glücksmoment höherer Fügung gewertet werden.

Die Audio-Aufzeichnung der Veranstaltungen ist dank der Initiative von Hörern der Vorlesungen zustande gekommen; schließlich kam es zu deren Veröffentlichung als Podcasts auf dem YouTube-Kanal von Jochen Kirchhoff und nun zu den Transkripten, die die Textgrundlage für die Auswahl darstellen. Sie sind geringfügig angepasst worden, da, wo es zum besseren Leseverständnis geboten schien.

Wir hoffen, dass die kleine Auswahl von 15 Beiträgen Lust auf mehr macht. Die Transkribierungsarbeiten und der Buchsatz fanden 2022/23 statt, in der Zeit der Corona-Krise und des beginnenden Krieges in der Ukraine. Die vorliegenden Texte sind Anregungen für die Wahrnehmung wichtiger Elemente zur Bewältigung der Bewusstseinskrise der Menschheit. Sie sind auch Gedanken-Meditationen über die Grundfragen des Menschseins und über die Kosmologie der All-Lebendigkeit in ihrem Facettenreichtum.

Viel Freude beim Studium und umfassende Erkenntnisse wünschen

Uli Fischer und Wolfram Bahmann
im November 2024 / 5785

Ferdinand Hilliges

Licht

Wann wird es Licht ? Dem Menschengeist,
Wohin sein Auge fällt
Starrt schweres Dunkel rings entgegen; –
Wann wird es Licht ? – Dem Menschenherzen,
Das bange diese Frage stellt,
Liegt schwarze Nacht auf allen Wegen. –
Wann kommt das Licht ? Der Menschengeist,
Bis heute fragt er stets vergebens ...

Warum kein Licht ? So klagt das Herz,
Warum kein Licht den Unglückswegen dieses Lebens ?
Mehr Licht ! – Das war das letzte Wort,
Das letzte Bitten eines grossen Müden –
Warum kein Licht ? Bis heute noch
Hat jeder Strahl uns scheu gemieden –
Wann wird es Licht ? So fragen grollend Geister,
Warum kein Schimmer, weint das Herz.

Warum kein Stern für dieses unheilschwere Dunkel ?
Warum kein Wort, kein Wort von Dir,
Kein Wort wie dieses, – Weltenmeister –
Wie es zu aller Zeiten Anfang einst
Herniederfuhr mit Blitzgefunkel –
Ein Donnerwort – Es werde Licht –
Es werde Licht auch für die Geister. –

Der Mensch
Seitenzweig oder Sinnmitte der Evolution?

Ich habe das heute genannt, wieder als Frage, wie so häufig: „Der Mensch – Seitenzweig oder Sinnmitte der Evolution, zum Problem des Anthropozentrismus". Ich will das zunächst erläutern. Das sind ja genau genommen zwei verschiedene Themen, die hier drinstecken, obwohl sie sich in der ersten Lesart als eng miteinander verbunden zeigen. Zum einen ist es das Problem des Anthropozentrismus, das man wie folgt beschreiben könnte, meistens ja in einer eher kritischen Form, so und nicht anders genannt: Anthropos ist der Mensch, und Anthropozentrismus ist einfach eine Grundhaltung, eine Haltung zur Welt, zur Erde, zum Kosmos, zum Universum, die davon ausgeht, dass der Mensch, jetzt kollektiv verstanden, nicht der einzelne Mensch, sondern die Gattung Mensch, die Menschheit, sich als zentral betrachtet.

Das muss nicht bedeuten, im Sinne des antiken oder mittelalterlichen Geozentrismus, dass nun der Mensch sich buchstäblich, gleichsam kosmisch-topographisch, im Mittelpunkt des Kosmos wähnt. Das heißt nur, dass der Mensch in seinem Lebensvollzug mehr oder weniger sich zentral setzt, und der Vorwurf des Anthropozentrismus gegen die gesamte moderne Kultur, seit 15, 20 Jahren immer wieder aus Ökologen-Kreisen erhoben, meint eben dies – also eine im Grunde illegitime, letztlich gegen das Leben und gegen die Erde gerichtete Absolutsetzung der menschlichen Position, der menschlichen Gemeinschaft, der menschlichen Ichhaftigkeit. Darum geht es, also eine Kritik daran. Das haben ja die Feministinnen, Öko-Feministinnen dann in den letzten Jahrzehnten noch zugespitzt, in gewisser Weise diesem Gedanken dadurch auch eine andere Stoßrichtung gegeben, indem sie vom *Andro*zentrismus gesprochen haben. Also diese angebliche Zentrierung auf den Menschen sei im Grunde genommen die Zentrierung auf den Mann, also Androzentrismus, der Mann, der weiße westliche Mann, der im Mittelpunkt der Geschichte stünde und der in gewisser Weise auch als Grund und Urbild von Geist betrachtet wird. Das hat sich etwas beruhigt in den letzten Jahren. Es gab mal eine heftige Diskussion darüber, 70er, 80er Jahre; in den 90er Jahren ist das eigentlich in gewisser Weise moderat verlaufen. Die schrillen, die heftigen

Töne in der Richtung haben sich weitgehend erst einmal aufgelöst aus einer ganzen Reihe von Gründen. Das ist das eine Thema, also eher eine kritische Untersuchung. Was ist dieser Anthropozentrismus? Wie kann man den neu denken? [Wie] muss [man] ihn vielleicht auch neu denken?

Und die zweite Frage, die ja nicht damit identisch ist, wiewohl miteinander verzahnt, ist die Frage: Ist der Mensch, das menschliche Wesen, wie wir das kennen, also primär der Erdenmensch, von dem wir empirisch Kunde haben, von anderen Gestirnen können wir im Moment nichts sagen, also der empirische Erdenmensch, ist der in irgendeiner Form die Sinnmitte, wie ich das genannt habe, vielleicht sogar das Telos, das Ziel einer wie immer gearteten kosmischen Evolution, vielleicht gar gesamtkosmisch, aber auf jeden Fall in dieser kosmischen Zone oder Region? Also, zielt die Evolution auf den Menschen hin? Ist er in gewisser Weise angelegt in der Evolution, oder hat er sich durch den ominösen Zufall, wie immer, herausgebildet, herauskristallisiert: Er ist einfach da, staunt über sich selber und sinnt nun darüber nach, wie er in diese merkwürdige Welt hineingeraten ist?

Das sind ja die beiden Extrempositionen, die man vertreten kann. Man kann sagen, der Mensch ist einfach ein Zufallsprodukt. Keiner weiß, wie es geschah, es ist oder muss offenbar geschehen sein. Er ist extrem unwahrscheinlich. Mathematiker haben sich das ja nicht nehmen lassen, das auch auszurechnen, wie extrem unwahrscheinlich der Mensch ist, wie extrem unwahrscheinlich überhaupt organisches Leben ist. Nicht, man hat ja Berechnungen angestellt, schon im 19. Jahrhundert, zum Teil ja kuriose und eher heitere Überlegungen, etwa dergestalt – ich habe das in früheren Semestern auch schon mal erwähnt, – dass man im 19. Jahrhundert gesagt hat, Huxley, der berühmte Biologe, war da führend: Wenn man einer Horde Affen für ein paar Millionen Jahre Schreibmaschinen zur Verfügung stellt, dann würden die irgendwann die Sonette Shakespeares, überhaupt das gesamte Werk Shakespeares in ihrer Maschine haben. Also, das hat immer viel Heiterkeit ausgelöst. Es gibt ähnliche Überlegungen, mit anderen Worten: Gib dem Zufall ein möglichst großes Wirkungs-feld, und irgendwann landest du bei einem intelligenten Menschen. Natürlich muss man unterstellen, diese Schreibmaschinen oder heu-te ihre Äquivalente, halten dementsprechend lange und die Affen auch. Also, auf jeden Fall eine letztlich ja monströse Fantasie, die man aber her-

12

anziehen kann, um einmal deutlich zu machen, was es bedeutet, wenn man mal ganz stringent vom Zufall ausgeht. Ich will dazu nachher noch einiges sagen, was [es] überhaupt mit dem merkwürdigen Begriff Zufall und seiner rätselhaften Karriere auf sich hat. Also, um diese Fragen soll es heute Abend gehen. Ich will das versuchen darzustellen.

Punkt eins – Anthropozentrismus. Geschichtlich gesehen ist es ja so gewesen, dass der Mensch, die Menschheit, jetzt mal der kollektive Mensch, sich über ganz lange Zeiten hinweg empfunden hat als im Mittelpunkt eines kugelförmig gedachten Kosmos stehend – Stichwort Geo-Zentrismus. Also eine Fixierung auf die kosmische Mitte, wobei man noch präzisierend sagen muss, dass der Mensch im geozentrischen Weltbild, in der Antike, aber auch bis in die frühe Neuzeit, nicht buchstäblich topographisch im Mittelpunkt stand, sondern buchstäblich topographisch im Mittelpunkt steht der Teufel, jedenfalls in der mittelalterlichen Kosmologie, siehe Dantes „Divina Commedia": Der Mittelpunkt der Welt ist der Teufel. Der Mensch ist in einer mittleren Position zwischen dem Teufel im Mittelpunkt des gesamten Kosmos und der Fixstern-Sphäre ganz weit da draußen, aber letztlich berechenbar weit, und was dahinter kam, war ein nicht-Sagbares, ein anderer, ein göttlicher Raum, der ‚unbewegte Beweger', wie das Aristoteles sagte. Also, das hat dem Menschen erst einmal eine Mittelpunktposition per se verschafft. Also Geo-Zentrismus war in gewisser Weise bezogen auf den Menschen, Kosmozentrismus des Menschen. Der Mensch ist das Mittelpunktwesen in gewisser Weise des Kosmos, wie gesagt, nicht kosmisch-topographisch. Das ist das eine.

In der Nachfolge der kopernikanischen Revolution hat sich ja die Position des Menschen radikal verschoben, und die Frage wurde neu und anders gestellt: Wie ist denn der Mensch zu verstehen in diesem ungeheuer entgrenzten Kosmos? Wie sieht es denn da mit seiner möglichen Mittelpunktstellung, mit seiner zentralen Stellung überhaupt aus?

Anthropozentrismus meint eigentlich, so jedenfalls ist es in der Ökologie-Kritik immer wieder gesagt worden, also in der von der Ökologie vorgetragenen Kritik, Gattungsegoismus des Menschen, also Anthropozentrismus als Gattungsegoismus. Der Mensch setzt sich einzigartig, im Grunde in seiner innersten Essenz als vollkommen außerhalb der kosmischen natürlichen Zusammenhänge stehend. Er bestimmt seine eigentliche Würde, seine geistige Potenz nicht durch seinen Naturbezug, sondern er definiert ihn gerade gegen die Natur, häufig genug auch gegen den Kosmos, in diesem Sinne also a-kosmisch, manchmal sogar anti-kosmisch. Das kann man in der Geistesgeschichte ganz gut nachvollziehen. Das kann man in ersten Ansätzen, wenn man das so will, bei Sokrates feststellen, im Platonismus in Teilen, dann im Mittelalter, und in der Neuzeit ist das ein Element, das sich durch die Geschichte zieht: der Mensch als ein zentrales Wesen in dieser Schöpfung, letztlich als die Krone der Schöpfung, als das krönende letzte Stück, zugleich aber als etwas zutiefst Erlösungsfähiges und der Erlösungsbedürftiges.

Nun haben die Kritiker der Entwicklung, die dann zur ökologischen Krise geführt hat, mit einigem Recht immer wieder darauf verwiesen, dass ein wesentlicher Faktor des heraufziehenden ökologischen Desasters genau darin erst einmal besteht, dass sich der Mensch auf diese Weise abgekoppelt hat, dass er sich abgespalten hat von Natur, Erde und Kosmos. Das ist der erste Schritt. Man hat dagegen dann eine andere Position gesetzt, die verschieden genannt wurde. Manchmal hat man sie dann mit einem Begriff, der fragwürdig ist, aber den man nehmen kann, als Kosmozentrismus bezeichnet. Sie erinnern sich vielleicht, ich habe ihnen, glaube ich in der letzten Woche ja, aus dem neuesten Buch von Capra eine Stelle vorgelesen, wo er von der Ökologie, der herkömmlichen Ökologie und von der herrschenden Bewusstseinsverfassung überhaupt sagt, sie sei anthropozentrisch. Die Tiefen-Ökologie dagegen sagt er, in seiner Sichtweise, Tiefen-Ökologie, die ich ja eher kritisiere, wie sie wissen, die Tiefen-Ökologie dagegen, sie sieht weder den Menschen noch irgendetwas anderes von der natürlichen Umwelt getrennt. Das heißt dann in der modernen, von der Systemtheorie beeinflussten Sprache: Der Mensch ist ein Strang im großen Öko-Netzwerk. Das ist ja die These, die immer wieder aufs Neue vertreten wird.

Das hat zu einer ganzen Reihe von Gegenbewegungen geführt, zu harscher Kritik, unter anderem von Johannes Heinrichs in der „Öko-Logik", das habe ich erwähnt und auch bei Ken Wilbers „Kurze Geschichte des Kosmos". Ich selber habe in meinem Buch „Was die Erde will" auch eine ganze Reihe von Argumenten dagegen vorgetragen; unter anderem das Argument, dass die Geist-Natur des Menschen und seine, die Einheit und Ganzheit von Leib, Seele, Geist niemals aufgehen kann, restlos aufgehen kann, in ein wie immer geartetes

Öko-Netzwerk, dass der Mensch als Mensch, als diese Leib-Geist-Seele-Einheit, immer jedes nur denkbare Ökosystem transzendiert oder übersteigt. Ich habe in „Was die Erde will" eine Passage zitiert von Johannes Heinrichs, wo er sich ausspricht gegen die Frage des ... gegen die Gleichsetzung einer ökologischen Wende mit einer Kritik am Anthropozentrismus. Heinrichs vertritt folgende These, das will ich mal kurz vorlesen, ich habe das hier zitiert aus der „Öko-Logik".

Zitat Johannes Heinrichs: „Wenn unter Kosmos und Natur der physikalisch-biologische Wirkzusammenhang im modernen, naturwissenschaftlich geprägten Verständnis, das heißt im Sinne eines zunehmend methodischen Materialismus, verstanden wird, dann lässt sich nur sagen:" – und das hebt er kursiv hervor in seinem Buch – „Der Mensch ist nicht Teil eines derartigen rein materiellen Kosmos oder Universums," – der Mensch ist nicht Teil eines derartigen rein materiellen Kosmos oder Universums – „mag er als Körperwesen in einem solchen verwurzelt sein, sofern es ein rein materielles Universum geben sollte, diesem teilweise als Körper angehören. Als selbstbewusstes Zentrum ist der Mensch nicht dessen Teil noch Teil von irgendetwas sonst. Mit der simplen Teilvorstellung lässt sich ein tiefen-ökologisches im Sinne eines neuen kosmischen Bewusstseins nicht grundlegen. Diese Vorstellung taugt heute für populäre ökologische Predigten, wie man weiß." Der Mensch als Teil der Natur muss sich in die Natur einfügen, in das große Öko-Netzwerk, das ist ja Standard in fast allen ökologischen Predigten, wie hier Heinrich schreibt. „Doch sie ist zu einseitig für einen ernsthaften Paradigmawechsel. Wer den Menschen schlechthin zum Teil eines ma-teriellen Universums macht, hat das Spezifische von ihm nicht begriffen als Ich- oder Selbstbewusstsein. Ein wunderliches Faktum, worüber man nicht genug nachdenken kann: Ist der Mensch wohl Glied und Mitglied eines geistig-seelischen Universums, aber, oder modo omnia, wie es in der aristotelischen Tradition heißt, in gewisser Weise Alles, das Ganze. Das ist aber etwas ganz anderes als ein quantitatives Teil sein."

Das heißt, natürlich ist der Mensch als physisches Wesen, das er auch ist, Teil der physisch-sinnlichen Natur. Natürlich ist der Mensch als Bios-Wesen, das er ja auch ist, Teil der biologischen Natur. Das ist gar keine Frage. Aber der Mensch in seiner Ganzheit und Einheit, als die rätselhafte Einheit von Leib, Seele, Geist ist immer mehr. Ich habe Geist verschiedentlich hier definiert als für die gesamte Natur, für den Kosmos konstituierend. Ich will das nicht noch mal hier ausführen. Ich habe das ja auch verschiedentlich gesagt, dass ich glaube, dass eine wie immer geartete Naturerkenntnis nur dann möglich ist, wenn man davon ausgeht, dass so etwas wie objektiver Geist, um diesen Begriff von Hegel mal zu nehmen, in der Natur tatsächlich vorhanden ist. Ganz zu schweigen davon, dass der Mensch natürlich die Möglichkeit hat, in einem ja auch erschreckenden Maße, sich innere Räume zu erschließen, innere Räume, die nie und nimmer mit dem physisch-sinnlichen Raum, mit den Anschauungsraum zur Deckung zu bringen sind, also in gewisser Weise vor allen Cyberspace-Welten der Gegenwart hat er immer schon, soweit wir das zurückverfolgen können, die Möglichkeit und die Fähigkeit besessen, innere Räume auszumessen, in inneren Räumen überhaupt zu sein, in gewisser Weise in Innensphären zu sein. Ich lese gerade, deswegen ist das vielleicht ganz aktuell, das neue Buch von Sloterdijk „Sphären I – Blasen", ein bravouröser Ritt durch die Geistesgeschichte, drei Bände, erster Band hat schon 600 Seiten. Der erste Band ist erst erschienen: „Blasen", wo er auf eine faszinierende Weise zeigt noch mal, dass der Mensch ... , dass es zum Konstituenz des Menschen gehört, in Sphären zu sein, sphairos ist ja die Kugel, also dass der Mensch immer in unsichtbaren oder sichtbaren Sphären denkt und fühlt, dass er innere Sphären-Räume sich erschließt, auch in sozialen Gemeinschaften, also angefangen von der Intrauterin-Gemeinschaft von Fötus und Mutter bis hin zu sozialen Gemeinschaften und dann auch kosmologische Vorstellungen, die sich daran anschließen können. Also die Frage: Der Mensch ist ein sphärenbildendes Wesen, nicht, das ist ja fast eine Definition des Menschen und diese Sphären, die inneren Sphären, die Innenräume, gehen eben nicht auf in den äußeren Räumen. Das ist ein ganz wesentlicher, entscheidender Punkt.

In seinem Buch „A Brief History of Everything", („Eine kurze Geschichte des Kosmos"), hat sich auch Ken Wilber sehr scharf zu dieser Frage des Teilseins des Menschen geäußert. Auch er vertritt, wenn auch mit anderer Akzentsetzung, eine These, die ich dann in gewisser Weise pointiert habe, indem ich gesagt habe oder sage – das ruft immer gleich Widerspruch oder Kopfschütteln hervor, wenn man das zunächst hört: Der Mensch ist gar nicht Teil der Natur, sondern die Natur ist Teil des Menschen.

In diesem zaghaft angedeuteten Sinne kann man das erst einmal so stehen lassen. Hier hängt natürlich alles von der Frage ab, denken Sie an die Diskussionen in der letzten Vorlesung ... , nach der letzten Vorlesung, ... alles von der Frage ab, was wir unter der Natur verstehen. Wenn wir unter Natur von vornherein Kosmos im umfassenden Sinne des Wortes verstehen, als ein Kosmos, der eben materiell, energetisch und seelisch und auch geistig ist, dann ist es richtig. Auf der anderen Seite muss man dann genau sagen, wenn man das nicht meint, was meint man dann? Und meistens wird ja heute das Wort „Kosmos", genauso wie das [Wort] „Universum", mehr oder weniger unscharf verwendet. Man meint eigentlich mehr oder weniger den physisch-sinnlichen oder auch energetisch verfeinerten Kosmos. Ken Wilber schreibt in diesem Buch – liegt hier vorne aus – „Eine kurze Geschichte des Kosmos", „A Brief History of Everything", das ist ein Buch, was in Dialogform zentrale Gedanken seines Hauptwerkes „Sex, Ecology, Spirituality" darstellt, „Eros, Kosmos, Logos" auf deutsch.

Frage: Die Tiefenökologen machen viel Aufhebens von diesem tieferen Selbst, diesem öko-noetischen Selbst. Das habe ich schon angedeutet, das will ich noch kurz sagen, damit es verständlich wird. Es gibt in der Tiefen-Ökologie die Vorstellung eines tieferen Selbst, also das separate Ich im Sinne der christlich-rationalen Tradition ist das Eine. Das wird als Fehlentwicklung bezeichnet. Daneben steht ein eco-noetic self, ein öko-noetisches Selbst oder einfach ein ökologisches Selbst, das sich als verbunden fühlt, in gewisser Weise als eins fühlt mit allem Lebendigen. Das kann man dann natürlich auch spirituell interpretieren, etwa im Sinne buddhistischer Überzeugung von der Einheit aller fühlenden Lebewesen, also im Sinne des Bodhisattva-Gelübdes des Mahayana-Buddhismus, was auch geschieht. Manche dieser Tiefen-Ökologen verstehen sich auch als Buddhisten, etwa Joanna Macy, berühmtes Beispiel dafür in Amerika. Also, die Tiefen-Ökologen machen viel Aufhebens von diesem tieferen Selbst, diesem öko-noetischen Selbst. Wilber: „Ja, und was dies betrifft, bin ich sogar ein großer Fan ihrer Arbeit. Sie haben eine wichtige Botschaft für die moderne Welt. Man muss dieses tiefe Selbst auffinden, das die ganze Natur umschließt und aus diesem Verständnis heraus die ganze Natur mit derselben Achtung behandeln, die man auch sich selbst zugutekommen lässt." Da stimmt er zu. „Allerdings machen sie nach meiner Meinung einen Fehler, der sie in größte Schwierigkeiten bringt. „Diese Theoretiker reduzieren den Kosmos", in einem ganz umfassenden

Sinne, „auf eine monologische Landkarte des Gesellschaftssystems, das sie meist Gaia nennen, eine Flachland-Landkarte, die die sechs oder sieben tiefgreifenden inneren Transformationen außer Acht lässt, durch die sie überhaupt erst zur Idee eines globalen Systems kommen konnten." Das kann ich hier mal so stehen lassen. Das würde eine nähere Darstellung erfordern, die ich hier nicht bringen möchte. „Dies hat zur Folge, dass diese ansonsten wahre und noble Intuition des öko-noetischen Selbst zu einem ‚Wir-sind-alle-Stränge-im-großen-Gewebe' verflacht. Aber das ist ja gerade nicht die Erfahrung des ökonoetischen Selbst. In der naturmystischen Erfahrung ist man nicht ein Strang im Gewebe, man ist das ganze Gewebe. Man tut etwas, was ein Strang niemals tun kann, man entrinnt seinem Strangsein, transzendiert es und wird eins mit der ganzen Darbietung." Ich habe den polemischen Satz mal aufgeschrieben: Die Frösche verstehen die Systemtheorie nicht. Also, ein Lebewesen von der Bewusstseinsstufe eines Frosches, zu schweigen von einer Ameise oder einer Schildkröte, versteht die sehr komplexe Systemtheorie nicht.

Nun sagen die Systemtheoretiker, es versteht sie nicht intellektuell, weil einfach kein rational ichhaftes Bewusstsein vorliegt, aber es lebt das, es lebt es, es ist also die Inkarnation dieser Zusammenhänge. Das ist richtig und falsch zugleich, weil man bei all diesen Vorstellungen immer sehr genau hinschauen muss: Was meint man wirklich? Meint man einen ökologischen Zusammenhang? Meint man ein Öko-Netzwerk, was letztlich noch immer jenseits von Ich und Geist und Selbstheit sich befindet? Oder was meint man? Das geht häufig in den Darstellungen heillos durcheinander, und es ist nicht nur eine, sagen wir mal, intellektuelle Frage, eine Frage der Begriffsgeschichte oder der mehr oder weniger intelligenten Auseinandersetzung der Begriffe, dann wäre das relativ uninteressant. Nein, es ist eine existenzielle Frage, im Tiefsten auch eine soziale, ja sogar eine politische Frage. Was meine ich überhaupt, wenn ich davon rede, dass der Mensch in diesem Sinne Teil oder Strang dieses großen Öko-Netzwerks ist? Also ein ganz entscheidender Punkt.

Ich meine, dass ein gewisser Anthropozentrismus, einmal auf eine andere Stufe gehoben, für ein menschliches Bewusstsein vollkommen unvermeidbar ist. Bis zu einem gewissen Grade kann der Mensch gar nicht anders als anthropozentrisch denken, weil er als ein fokussiertes Ich-Bewusstsein, jeder Einzelne erst einmal, von diesem fokussierten

Ich-Bewusstsein überhaupt Welt, Kosmos und Universum versteht. Das ist erst einmal unsere Erfahrung von Bewusstsein. Man mag das kritisieren oder man mag das für einseitig halten, man mag das auch für eine Fehlentwicklung halten, aber es ist einfach die Tatsache. Es ist so. Das was den Menschen ja entscheidend auszeichnet, nicht nur, aber doch ganz wesentlich, ist ja die Ich-Haftigkeit, und diese Heraus-bildung einer wirklich fokussierten Ich-Haftigkeit ist so in der Form im Tierreich nicht zu beobachten. Natürlich gibt es Vorformen, das ist ja ein Feld weiter Forschungen. Wo setzen Vorformen des Ich ein? Wann empfindet ein Tier es als sich selber: Wenn es sich im Spiegel erkennt? Das tun nur ganz wenige Tiere, wie man weiß und so weiter. Eine schwierige Frage. Letztlich ist sie ungeklärt. Aber was den Men-schen zunächst einmal auszeichnet, ist ein fokussiertes Ich-Bewusst-sein und bis zu einem gewissen Grade muss er anthropozentrisch denken. Und ich habe ja Ihnen das letzte Mal schon die Frage gestellt: Wenn man vom Wert der Natur redet, was meint man? Meint man einen Wert an und für sich oder meint man einen vom Menschen zu-gesprochenen Wert? Also auch Fragen, die politisch wichtig sind. Also eine ungeheuer zentrale und schwierige Frage, die man aber nicht blauäugig und naiv und schon gar nicht monologisch angehen kann.

Also ganz klar: Der Mensch als diese Ganzheit – von Leib, Seele, Geist – kann und wird niemals in dieser Art Öko-Netzwerk aufgehen. Dieses Öko-Paradies in der Form kann nicht funktionieren, weil es vorbeigeht an dem Wesen des Menschen überhaupt. Das heißt nicht, dass damit das Wort geredet wäre einer hemmungslosen Expansion der mentalen Ich-Haftigkeit. Oder wie das letzte Mal in der Diskus-sion auch herauskam, dass jemand glaubte, der ja heute nicht da ist, meinte, dass das Transmentale, von dem ich gesprochen habe, eine weitere Drehung der Katastrophe bedeuten würde. Nicht, das Trans-mentale als die Übersteigerung des Mentalen, womit ja die Katastro-phe noch potenziert würde, das ist ja nicht gemeint. Das Transmentale im Sinne der seit 25, 30 Jahren existierenden Transpersonalen Psy-chologie meint ja eine neue und andere Stufe, die auf eine neue Weise das Ganze umfasst, die auf eine neue Weise holistisch ist und die da-mit die Einseitigkeiten und Paradoxien und auch die Fehler, Irrtümer der mentalen Stufe überschreiten kann. Nicht, also das ist letztlich ge-meint, das muss man noch einmal verdeutlichen, dass man nicht dem Irrtum erliegt, hier ginge es um eine sozusagen äußerste, noch weiter getriebene Herausdestillierung des Mentalen, was ohnehin schon heiß läuft. Nicht, der mentale Geist läuft ja heiß und ist ja kaum noch auf der Erde verankert. Nicht, Kritiker, ich habe das auch seit Jahren gesagt, sagen ja häufig: Der Mensch ist eigentlich schon gar nicht mehr Bewohner dieser Erde. Er sitzt im Orbit. Also der Geist sitzt in irgendeiner Form bereits längst im Orbit, und die Aussiedlungsphantasien in diese Richtung zeigen das auch ganz deutlich.

Also, die Frage des Anthropozentrismus muss auch tiefen-ökologisch und bewusstseinsgeschichtlich noch mal ganz neu angegangen werden. Man muss wirklich in der Tiefe ein Verständnis entwickeln, was der Mensch ist und was ihn von den anderen Lebewesen unterscheidet. Wenn man das nicht tut, dann wird das ewig und unvermeidlich in die Irre führen. So ist es auch. Das ist einer der Gründe, soweit würde ich gehen, einer der Gründe, nicht der ganze Grund, nicht alles, einer der Gründe, warum sich so wenig tut, trotz der endlosen Diskussion über ökologische Fragen, weil man entscheidende Punkte nicht verstanden hat. Ist ja wirklich eine Frage, 30 Jahre Ökologiebewegung, 30 Jahre Ökologie-Diskussion mit so erbärmlichen Resultaten. Wie kommt das? Sind das nur politisch-soziale, militärische Machtfaktoren, die dagegen sprechen? Oder sind das vielleicht tiefergehende Einsichten, die ganz einfach fehlen, die jedenfalls überhaupt keine Mehrheiten haben? Nicht, ganz zu schweigen von der nun flachsten und oberflächlichsten Schicht, die ja gleichwohl unverzichtbar ist, eben des Umweltschutzes. Nicht, die oberflächlichste aller Schichten ist ja der sogenannte Umweltschutz, also ein eher aktionistisches, auf der mentalen Ebene Weiterfunktionieren, die Sandsäcke an den Stellen, wo der Damm bricht, wie das Bahro immer wieder gesagt hat. Sonst ändert sich nichts. Was ja auch richtig ist. Es müssen immer wieder Sandsäcke geworfen werden, wie man weiß. Aber man muss einfach begreifen, dass in der Tiefe ganz andere Prozesse am Wirken sind. Und diese Prozesse muss man verstehen, zu verstehen versuchen, und das hat auch mit Denken zu tun. Insofern glaube ich allen Ernstes, auch wenn es viele einfach für blauäugig oder naiv halten, dass Denken wichtig ist, dass Denken eine Chance hat, dass es wichtig ist, in solchen Fragen wirklich genau zu sein, konkret zu denken und nicht in einem schlechten Sinne sich abzukoppeln.

Nun hängt das ganz eng natürlich mit der Frage zusammen: Was ist denn der Mensch überhaupt in dieser kosmischen Evolution? Nun kann man natürlich sagen: Die Frage ist nicht entscheidbar. Sie ist es sicherlich nicht von einer rein naturwissenschaftlich-reduktionistischen Sicht, da ist die Frage allein eine Frage, die delegiert wird, wie sie ja wissen, an, sagen wir mal die philosophische Fraktion, um nicht zu sagen eine religiöse Fraktion, also wir als Wissenschaftler beschränken uns auf die Phänomene und ihre Ordnung. Die Frage, was der Mensch nun wirklich sein könnte im Gesamtzusammenhang der Natur, der Erde, des Kosmos, ist eine Frage, die ist wissenschaftlich nicht entscheidbar. Bis zu einem gewissen Grad ist es richtig: Die Frage ist wissenschaftlich letztlich jedenfalls mit den herkömmlichen Instrumentarien nicht zu klären. Man kann nur feststellen, und das lässt sich feststellen: Es gibt eine Tendenz in der organisch-biologischen Evolution, die in irgendeiner Form auf Bewusstsein auch zielt, auf ein Wesen hin, was sich dann verstehen kann als Seele-Geist-Natur-Einheit. Das ist nicht wissenschaftlich letztgültig belegbar, das muss man einfach wissen bei einer solchen Frage. Man begibt sich da auf ein schwieriges Feld und macht sich natürlich sofort viele zu Feinden, die da auch eine Art Denkverbot aussprechen.

Wenn man von der Evolution redet, dann muss man einen Moment auch in Erinnerung rufen: Was meint man überhaupt? Auch das ist im allgemeinen Bewusstsein ziemlich verwaschen. Meistens wird unter Evolution ganz allgemein Entwicklung in einem nicht näher definierten Sinne verstanden. Darwin hat den Begriff, nebenbei gesagt, überhaupt nicht verwendet. Er stammt von seinem Zeitgenossen Herbert Spencer. Der hat den Begriff „evolution" verwendet, Darwin sprach gar nicht von Evolution. Also Evolution ist eine Entwicklung im ganz allgemeinen Sinne, wie revolutio, auch das ist ein interessantes Wort, was Kreisbewegung, Umwälzung heißt. „De Revolutionibus, orbium, coelestium", so heißt das kopernikanische Hauptwerk, heißt ja: Die Umdrehungen, die Umwälzungen der Himmelskreise. Also, Revolution ist die Umdrehung und Evolution ist die Entwicklung. Dann gibt es die Involution, die auch eine Entwicklung ist, bloß entgegengesetzt der Evolution. Das eine ist eher der Aufstieg, und das andere ist eher der Abstieg.

Nun hat das die naturwissenschaftliche Entwicklung immer sehr stark beschäftigt, warum denn die Evolution offensichtlich einen Zeitpfeil aufweist, der ganz eindeutig erst einmal nach oben geht. Aber man kann ja sagen, dass die organisch-biologische Evolution, die auf den Menschen zielt, eine Aufwärtsentwicklung ist, inwiefern zunehmend komplexere Organisationen des organischen Stoffes bis hin zum Menschen, mit dem eigenartigerweise die Evolution, wie es scheint, erstmal zum Stillstand gekommen ist; jedenfalls biologisch gesehen, kann man sagen: da tut sich nichts mehr. Es gibt natürlich genügend Überlegungen, die darauf abzielen, dass es oberhalb des Menschen noch andere Stufen geben könnte. Denken sie nur an die ja auch politisch fatale Diskussion um die Frage eines möglichen „Übermenschen". Das hat ja nicht Nietzsche erfunden. Der Begriff ist alt und taucht schon bei Goethe auf, im „Faust", also einer neuen und anderen Stufe.

Das ist also, der eine Zeitpfeil geht nach oben, der Zeitpfeil der organisch-biologischen Evolution, die irgendwann auch den Menschen hervorgebracht hat. Merkwürdiger Widerspruch, dass die andere ... , der andere Zeitpfeil, Stichwort Entropie, nach unten geht. Nicht, das ist ja etwas, was endlose Diskussionen ausgelöst hat im frühen 20. Jahrhundert bis in die 60er, 70er Jahre hinein. Ja, in gewisser Weise noch heute. Wie kommt es denn, dass auf der einen Seite Systeme, um den Begriff mal zu verwenden, eindeutig in Richtung Entropie laufen. Nicht, wenn sie eine Kaffeekanne mit heißer Flüssigkeit füllen und machen nichts, wird irgendwann ein Ausgleich passieren, nicht, irgendwann. Die Flüssigkeit kühlt sich ab, die Kaffeekanne wird wärmer und so weiter, ein Teil der Wärme wird an die Luft abgegeben und so weiter. Es entsteht eine Art equilibrium, also ein gleichmäßiger Zustand, der in gewisser Weise auch der Zustand allergrößter Unordnung ist.

Also, der eine Pfeil hat das Telos, sagen wir mal plakativ, Ordnung – der andere Unordnung, Entropie. Hier hat man, wie man weiß, siehe Ilya Prigogine, der dafür den Nobelpreis bekommen hat, verschiedene Modelle sich ausgedacht, wie das dann doch miteinander zu verbinden ist, dass man eben gesagt hat: Es gibt zwar die Gesamttendenz Richtung Entropie, das Ganze geht Richtung Unordnung, aber es gibt in bestimmten kritischen Punkten, wo ein extremes Ungleichgewicht herrscht, einen Sprung, ein qualitatives Umschlagen in eine höhere Stufe. Nicht, das hat ja Ilya Prigogine, ich glaube Ende der 70er Jahre dann auch mathematisch, physikalisch, chemisch dargestellt, hat ihm auch viel Kritik eingetragen von verschiedener Seite, und er hat dann den Versuch gemacht zu zeigen, hier gibt es ... , Ordnung entsteht aus

Unordnung. Stichwort, das entsteht aus dem, ein qualitativer Sprung, was eben noch chaotisch zu sein scheint, zeigt plötzlich eine Ordnung.

Sie wissen, dass die lange Jahre ja sehr modische Chaostheorie genau diesen Gedanken aufgegriffen hat, nicht. Was wir für Chaos halten, ist im Grunde genommen in Ordnung. Das hat sich beruhigt. In den letzten Jahren war es aber eine richtige Modeentwicklung bis in unzählige populäre Fernsehsendung hinein: Chaostheorie. Die meisten wussten gar nicht, was gemeint war. Genau, im Grunde ging es um eine neue Form von Ordnungsvorstellungen, also [dass] aus der Unordnung, aus dem Chaos, in gewisser Weise eine höhere Ordnung [entsteht]. Also, da ist ein Spannungsverhältnis, das auch durch Ilya Prigogine in keiner Weise gelöst worden ist, wie Kritiker immer wieder gesagt haben. Das bleibt ein Rätsel, wieso bestimmte, unter anderem chemische Prozesse, Richtung Unordnung laufen, auch was biologische Organismen betrifft, die[se] Richtung organischen Tod, andere aber eine zunehmende Komplexität und Organisation zeigen, eine höhere Ordnung.

Und jetzt, um das noch zu verkomplizieren, das ist quasi die Pointe des Ganzen – die Physik von Galilei bis zur Quantentheorie und Relativitätstheorie kennt noch einen dritten Zeitachsenpfeil, könnte man so sagen. Das ist die Zeit als eine im Prinzip reversible Größe, nicht. Es kann Ihnen jeder Physiker bestätigen, sämtliche Gleichungen der klassischen Physik, aber auch der Quantentheorie und der Relativitätstheorie sind zeitumkehr-invariant. Das heißt, sie können alle Gleichungen auch in umgekehrter Richtung formulieren. Das heißt, „t" und „minus t" sind austauschbar. Die Zeit hat überhaupt keine Richtung. Wer zum ersten Mal davon hört, ist verblüfft, aber es ist ein in den Gleichungen vollkommendes zweifelsfrei nachweisbares Moment. Der dritte Punkt, der Faktor t in der physikalischen Gleichung hat überhaupt keine Richtung. Oder er ist frei verschiebbar, plus t und minus t können ausgetauscht werden, auch in den Maxwellschen Gleichungen ist es der Fall. Es ist im Grunde genommen austauschbar. So hat man eine im Grunde verwirrende Situation erst einmal, rein naturwissenschaftlich-reduktionistisch.

Man hat eine dreifache Form von Zeitvorstellung, die man nicht miteinander zusammenbringen kann. Das ist ein totaler Widerspruch. Wenn nämlich der ganze Kosmos, es gibt ja drei Möglichkeiten, man kann sagen, der Kosmos funktioniert eigentlich auf dieser Ebene, könnte man sagen. Dann müsste man sagen, Zeit existiert überhaupt nicht. Was wir als Evolution wahrnehmen, ist nur eine letztlich vollkommen unwichtige Kräuselung entlang eines ganz anders gearteten Geschehens. Auch dieser Zeitpfeil ist hier nicht integrierbar. Man hat also drei vollkommen verschiedene Vorstellungen von Zeit. Wie ist das mit der organisch-lebendigen Existenz, die ja doch ganz eindeutig mit diesem obersten Zeitpfeil zusammenhängt, ohne dass deswegen das organisch-sinnliche Leben vollkommen abgekoppelt worden wäre von den anderen Faktoren. Bis zum heutigen Tage, soweit ich weiß, ist das erst einmal ungelöst, und es ist wichtig, dass man sich darüber im Klaren ist, und nicht zu schnell hineinspringt, in eine Lösung, die dann sich auch weitergehender Kritik unterziehen muss. Also, es ist ein schwieriges Feld, wo man sich hier bewegt.

Wir fragen ja nach der Evolution, die ja hierhin gehört, diese Art von Evolution. Man kann, wenn man die organisch-biologische Evolution verallgemeinert und zum Grundprinzip erklärt, was ja möglich ist, es ist ja eine mögliche Verallgemeinerung, ja sagen: Letztlich ist dieser Faktor der Hauptfaktor, kann man sagen, das ist der Hauptfaktor. Unbezweifelbar gibt es auch die beiden anderen Faktoren, etwa hier in der anorganischen Materie und hier in bestimmten Überlegungen der Chemie. Aber das ist letztlich das, worauf es ankommt. Das ist eine mögliche These oder Hypothese, der ich auch zuneige, mal vorsichtig gesagt. Und wenn man das weiterdenkt, dann kommt man zu der Überlegung, dass die menschliche Existenz auf keinen Fall einfach ein Würfelspiel, eine Laune dieser Entwicklung gewesen sein kann. Wenn man sich einmal diese Hypothese zu eigen macht, dieser Zeitpfeil ist letztlich, der uns hervorgebracht hat, ist ja zweifellos richtig, ist ja nicht zu leugnen. Er ist auch der primär wichtige und gültige. [Gemeint ist offenbar der Zeitpfeil der organisch-biologischen Evolution, also einer Aufwärtsentwicklung.] Dann hat das weitreichende Konsequenzen für unser eigenes Verständnis dieser unserer Position in der Evolution.

Das ist lange übrigens vor Darwin, Jahrzehnte vor Darwins Hauptwerk 1859, auch in ähnlicher Form immer wieder gedacht worden. Auch das muss man einfach mal [als] geistes- und kulturgeschichtlichen Moment in Erinnerung rufen, weil das im allgemeinen Bewusstsein ganz anders aussieht. Das allgemeine Bewusstsein sieht so aus: Darwin hat die Evolutionstheorie begründet, entwickelt, es gab religiöse Widerstände dagegen, wie man weiß, aber letztlich plausibel gemacht. Bis heute gibt es immer noch scharfe Kritik am Neo-Darwinismus und auch eine ganze Reihe Gegenargumente. Das stimmt nicht. – Die Auffassung einer organischen Evolution im kosmischen Maßstab ist Jahrzehnte vor Darwin verbreitet gewesen, war intellektuelles Allgemeingut. Spätestens seit der Naturphilosophie Schellings und dann in seiner Nachfolge auch bei Hegel und anderen taucht der Gedanke auf, dass es tatsächlich eine kosmische Evolution im Sinne dieses oberen Zeitpfeils geben müsste, auch wenn das nicht so genannt worden ist. Nur mal ein Beispiel. Ich zitiere es mal aus meiner Schelling-Monografie, von Schelling, der schon vor 200 Jahren vollkommen eindeutig die Vorstellung einer Evolution im Sinne dieses obersten Zeitpfeils aufgestellt hat, übrigens vor Hegel, obwohl er fünf Jahre jünger war als Hegel, war er doch lange Zeit dessen Ideengeber. Merkwürdig genug. Hegel hat sich erst eine ganze Zeit später dann von diesen Schellingschen Ideen emanzipiert.

Dafür mal einige Beispiele. Schelling schreibt in den „Ideen zu einer Philosophie der Natur" 1797: „Philosophie ist also nichts anderes als eine Naturgeschichte unseres Geistes." Damit wird der Geist zum ersten Mal übrigens in der abendländischen Geistesgeschichte evolutionär gedacht oder evolutiv. „Philosophie ist also nichts anderes als eine Naturgeschichte unseres Geistes. Von nun an ist aller Dogmatismus von Grund auf umgekehrt. Wir betrachten das System unserer Vorstellungen nicht in seinem Sein, sondern in seinem Werden. Die Philosophie wird genetisch." Berühmter Satz: „Die Philosophie wird genetisch. Das heißt, sie lässt die ganze notwendige Reihe unserer Vorstellungen vor unseren Augen gleichsam entstehen und ablaufen. Von nun an ist zwischen Erfahrung und Spekulation keine Trennung mehr. Das System der Natur ist zugleich das System unseres Geistes. Und jetzt erst, nachdem die große Synthesis vollendet ist, kehrt unser Wissen zur Analysis, zum Forschen und Versuchen zurück. Solange ich selbst mit der Natur identisch bin, verstehe ich, was eine lebendige Natur ist, so gut, als ich mein eigenes Leben verstehe, begreife, wie dieses allgemeine Leben der Natur in mannigfaltigsten Formen, in stufenmäßigen Entwicklungen, in allmählichen Annäherungen zur Freiheit sich offenbart. Sobald ich aber mich und mit mir alles Ideale von der Natur trenne, also allen Geist, bleibt mir nichts übrig als ein totes Objekt, und ich höre auf zu begreifen, wie ein Leben außer mir möglich ist."

Also, viele andere Aussagen von Schelling gehen in die gleiche Richtung. Man kann mit einer gewissen Berechtigung sagen, dass Schelling als erster den Evolutionsgedanken in klarster philoso-phischer Form formuliert hat, also diesen hier oben [auf der Tafel] gesetzten Zeitpfeil, dann in seiner Nachfolge auch Hegel. Das ist ein wichtiger Punkt. Der Evolutionsgedanke war im geistigen Klima des frühen 19. Jahrhunderts verbreitet, Darwin hat ihn nicht erfunden. Was Darwin gemacht hat und was ihn berühmt gemacht hat, ist etwas ganz anderes.(...) Ein Gedanke, der sich aber nicht durchgesetzt hat. Durchgesetzt hat sich erst einmal die darwinistische Überzeugung: Das Ganze ist mehr oder weniger ein Geschehen, was quasi immanent selbstlaufend mechanistisch entsteht, Anpassung der Organismen an ihre Umwelt und so weiter.

Nun hat es gerade in den letzten Jahren, und das ist interessant, harsche Kritik gegeben am Neo-Darwinismus. Wenn Sie ein bisschen die geistige Situation verfolgen, dann müsste Ihnen das aufgefallen sein, dass der Neo-Darwinismus an allen Ecken und Enden ganz scharf kritisiert wird. Übrigens auch von der Systemtheorie, nicht. Auch in den systemtheoretischen Schriften werden ganz andere Modelle vorgestellt, wie man Evolution auch denken kann, und der Darwinismus gerät also wirklich in eine sehr schwierige Position hinein, und man kann voraussagen, dass das sich in den nächsten Jahren noch steigern wird. Man begreift zunehmend mehr, dass der Darwinismus in vielerlei Hinsicht ganz dem Denken auch des 19. Jahrhunderts verhaftet war. Man hat das dann im 20. Jahrhundert im sogenannten Neo-Darwinismus ja mit der Gen-Lehre in Verbindung gebracht. Darwin wusste nichts davon, das ist vor seiner Zeit ... , also, nach seiner Zeit entstanden. Also im sogenannten Neo-Darwinismus bringt man ja die Vorstellung der Mutation, der zufälligen Gen-Mutation ins Spiel. Auch hier der zentrale Begriff des Zufalls, der Mutation. Ich werde dazu noch einiges sagen.

Also, zunächst einmal vor der Pause noch einmal auf den Punkt gebracht. Der Ansatz der Evolution, der Grundgedanke der Evolution ist lange vor Darwin formuliert worden, war Allgemeingut unter geistigen Menschen in Europa. Darwin hat einen Mechanismus gefunden, er glaubte ihn gefunden zu haben, der letztlich das Telos, der das Ziel verneint und damit auch in gewisser Weise den Geist aus dem Prozess herausnimmt. Nicht, höhere Intelligenzen, allein nur der Hinweis, dass möglicherweise höhere Intelligenz diese Entwicklung gesteuert haben könnten, ist extrem unwissenschaftlich, gilt als eine metaphysische Spekulation, die ein ernstzunehmender Wissenschaftler gar nicht zu ventilieren braucht.

Gut, machen wir erst mal eine kleine Pause wie immer 10 [Minuten].

Ich nenne mal nur drei Beispiele. Es gibt ein sehr interessantes Buch, was ich nicht auf der Literaturliste jetzt habe, aber in früheren Jahren manchmal herangezogen habe von dem Systemtheoretiker und Evolutionsforscher Ervin László, Mitbegründer des Club of Rome, seinerzeit Vorsitzender des Club of Budapest, der die sogenannte Evolutionäre Systemtheorie begründet hat, der in seinem Buch „Kosmische Kreativität", im Insel-Verlag 1993 erschienen, „Kosmische Kreativität", Ervin László, eine sehr fundierte und intelligente Kritik auch der neodarwinistischen Position geliefert hat. Jetzt vom Blickwinkel der Systemtheorie aus, Ervin László. Wen das interessiert, könnte dann sich auch die Literatur selber besorgen.

Ervin László, Mitbegründer des Club of Rome, ursprünglich Konzertpianist als junger Mensch und dann später Systemtheoretiker, [hat] über 50 Bücher geschrieben und eins seiner interessantesten hat eben den Titel „Kosmische Kreativität". Und im Herbst erscheint ein neues Buch von ihm, das heißt „Das fünfte Feld", hat sich auch in der Feldtheorie mit solchen Fragen sehr beschäftigt, wie ich das auch getan habe.

Eine zweite Kritik findet sich in den Schriften von Varela, Francesco Varela und Umberto Maturana, zwei chilenischen Neurophysiologen und Erkenntnistheoretikern, unter anderem in dem Buch „Der Baum der Erkenntnis".

Auch der von mir erwähnte Ken Wilber äußert sich in mehreren Stellen zu neodarwinistischen Überlegungen. Ich gebe mal ein Beispiel aus diesem Buch hier, „Eine kurze Geschichte des Kosmos", wo er eines der am meisten gebrachten Argumente gegen die neodarwinistische Mutationsthese vorbringt. Ich lese diese Stelle mal vor, sie können die ausführliche Argumentation ja dann selber nachlesen. Er geht aus, das muss ich vorab sagen, von einer Grundvorstellung der kosmischen Evolution, die sich verbindet mit dem Begriff „Holon". Holon ist ein Wort, eine Wortprägung des Schriftstellers Arthur Koestler. Arthur Koestler, der hat den Begriff „Holon" geprägt und meint ungefähr Folgendes, meint ein Grundelement der Wirklichkeit, was immer gleichzeitig Teil und ein Ganzes ist, ist also das Teil und das Ganze. Alle Phänomene, alle Dinge, alle Lebewesen sind immer zugleich Teil eines größeren Holons und ihrerseits wiederum ganzheitliche Elemente kleinerer Holons und so weiter. Und das Ganze folgt einem evolutionären inneren Drang. Jedes Holon besitzt Agens und Kommunion, so ist das hier im Deutschen übersetzt: agents and communion. Damit meint er: Es gibt also einen doppelten ... , es gibt also das Moment der Verbindung, das ist unglücklich hier übersetzt im Deutschen, das englische „communion" als Kommunion, wobei man ja tatsächlich immer an etwas anderes denkt, was nun wirklich nicht gemeint ist. Ken Wilber: „Also, wenn ein Holon seine Agens und seine Kommunion nicht mehr aufrecht erhält, dann kann es vollständig zusammenbrechen und wenn es zusammenbricht, zerfällt es in seine Sub-Holons. Beispiel: Zellen zerfallen zu Molekülen, die zu Atomen auseinanderfallen, die wiederum unter der Einwirkung starker Kräfte unendlich weiter zerkleinert werden können. Das Faszinierende am Holon-Zerfall ist, dass sie dazu neigen, sich in umgekehrter Richtung aufzulösen, wie sie entstanden. Dieser Auflösungsprozess ist Selbstauflösung oder einfach Zerfall in Sub-Holons, die selbst wiederum in Sub-Holons zerfallen können und so weiter.

Aber betrachten wir denn jetzt den faszinierenden umgekehrten Prozess. Den Aufbau-Prozess, durch den neue Holons entstehen oder emergieren. Wie könnten sich jemals träge Moleküle zu lebenden Zellen zusammenfinden? Die glatte neodarwinistische Standarderklärung glaubt ja nun wirklich niemand mehr. Zweifellos operiert die Evolution teilweise auf dem Wege der darwinistischen natürlichen Auslese, aber dieser Prozess selektiert nur Transformationen, die bislang mittels noch völlig ungeklärter Mechanismen schon zuvor eingetreten sind. Frage: Können sie ein Beispiel geben? Ken Wilber: Nehmen wir die Standardauffassung, dass sich Flügel einfach aus Vorderbeinen entwickelt haben". Nicht, bekannte These. Es steht in vielen Biologiebüchern, „dass sich Flügel einfach aus Vorderbeinen entwickelt haben. Es dürften etwa 100 Mutationsschritte notwendig sein, bis aus einem Bein ein funktionstüchtiger Flügel wird, wobei ein halber Flügel keinen Sinn hat. Ein halber Flügel taugt nicht als Bein und nicht als Flügel. Man kann damit nicht mehr laufen und noch nicht fliegen. Er hat keinerlei Anpassungswert. Mit anderen Worten, mit einem halben Flügel ist man Futter. Die Entwicklung eines Flügels kann nur dann erfolgreich sein, wenn diese 100 Mutationsschritte schlagartig in einem einzelnen Tier auftreten. Außerdem müssen dieselben Mutationen gleichzeitig in einem anderen Tier des anderen Geschlechts auftreten, und dann müssen diese beiden einander auch noch irgendwie finden, miteinander essen, etwas trinken gehen, sich paaren und Nachkommen mit richtigen funktionstüchtigen Flügeln bekommen. Dies ist absoluter und unendlicher Irrsinn. Zufällige Mutationen taugen hierfür nicht einmal ansatzweise als Erklärung. Wie soll es denn zugehen, dass ausgerechnet 100 nicht-tödliche Mutationen gleichzeitig auftreten? Oder auch nur vier oder fünf? Wenn diese unglaubliche Transformation einmal geschehen ist, dann wird die natürliche Auslese in der Tat die besseren Flügel gegenüber den weniger tauglichen Flügel bevorzugen, aber die Flügel selbst, niemand weiß bis heute wie diese entstanden sein könnten."

Ich will dazu in der nächsten Vorlesung auch Einiges sagen zur Grundfrage nach der organischen Gestalt überhaupt, die ein vollkommenes Mysterium ist, die kein Mensch eigentlich wirklich versteht, also die Morphogenese. „Derzeit hat man sich einfach darauf geeinigt, hier von einer Quanten-Evolution oder punktuellen Evolution oder emergenten Evolution zu sprechen, bei der absolut neue, emergente und unglaublich komplexe Holons in der Art eines Quantensprungs plötzlich ins Dasein treten, wobei jeglicher Hinweis auf Zwischenformen fehlt. Es müssen also dutzende oder hunderte nicht-tödlicher Mutationen gleichzeitig auftreten, damit ein Überleben möglich ist, zum Beispiel im Falle des Flügels oder des Augapfels. Welche Erklärung wir auch immer für diese außergewöhnlichen Transformationen heranziehen wollen, es ist eine unbestreitbare Tatsache, dass sie statt dessen auftreten. Viele Theoretiker, wie z.B. Erich Jansch, bezeichnen Evolution daher als Selbstverwirklichung durch Selbsttranszendenz. Evolution ist in der Tat ein unglaublicher Prozess der Selbsttranszendenz. Sie besitzt die höchst erstaunliche Fähigkeit, über Dasjenige ständig hinaus zu gelangen, was vorher war. Evolution ist also zum Teil ein Transzendenz-Prozess, der das Vorangegangene einschließt und unfasslich neue Komponenten hinzufügt. Der Drang zur Selbsttranszendenz ist damit im Gewebe des Kosmos eingebaut."

In anderen Kontexten bezieht sich Wilber hier auch unter anderem auf Hegel, der ja, wenn man ihn richtig versteht, auch im Grunde genommen ähnliche Dinge in anderer Sprache zum Ausdruck gebracht hat.

Ein zweites, ganz anderes Argument habe ich selbst gebracht in dem Buch „Was die Erde will". Ich darf diesen kleinen Passus mal vorlesen, um das zu verdeutlichen, was da an Argumenten gebracht wird. Ich erlaube mir mal diese Passage von mir selber zu zitieren, im Abschnitt „Der Selbstwiderspruch des Neo-Darwinismus": „Seit Darwin wird die Sonderstellung des Menschen in der Entwicklung der Natur bestritten. Der Mensch, so wird gesagt, sei ein höherer Primat, ein bloßer Seitenzweig der Evolution und keineswegs so etwas wie deren Krönung oder deren strahlender Gipfel. Als technisch gebildeter Halbaffe – Ernst Haeckel – hat der Mensch zwar alle anderen Lebewesen dieser Erde bezwungen, der aufrechte Gang, die Höherentwicklung des Gehirns, Sprache, Schrift und Intellekt sowie Vernunft haben es ihm ermöglicht, aber konsequent entwicklungspsychologisch gedacht bleibt nicht mehr viel übrig von dem, was im aufgeklärten Rationalismus oder in religiöser Sicht die Einzigartigkeit des Humanen ausmacht. Der Mensch wird rigoros zum höheren Tier, und zwar ohne Abstriche oder Einschränkungen (‚das verlogene Tier' nennt ihn Nietzsche). Und so erscheint es fast konsequent, wenn nun einige die avanciertesten Kosmologen (Frank Tipler, John Barrow etwa) das ‚Anthropische Prinzip' aus der Retorte heben (These vereinfacht gesagt: Das Universum ist so wie es ist, damit wir so sein können, wie wir sind). Das war ein Ausweg, ein intellektueller Winkelzug (auch wenn die meisten gar nicht akzeptieren), doch noch so etwas wie Würde in die menschliche Existenz hineinzubringen. Erst Selbstverkleinerung zum Quasi-Nichts im grenzenlosen All und nun der intellektuelle Quantensprung in den neuen Anthropozentrismus nach dem Motto: Wir sind doch Mittelpunkt des Universums! Das Universum braucht uns, damit wir es beobachten können; ohne uns als Beobachter wäre es nicht das, was es ist. Damit kommt der einst so geschmähte idealistische Ansatz (über die Kosmologen) quasi durch die Hintertür wieder ins Haus. (allerdings als ein umstrittener Gast). Dazu gleich mehr. Zunächst zurück zur Evolutionsbiologie. Die berühmten phylogenetischen Stammbäume, die sich in jeder besseren oder schlechteren populärwissenschaftlichen Abhandlung zum

Mensch-Natur-Verhältnis finden, so als könne es gar nicht anders sein und als seien dies keine Karten, die wir selbst hergestellt haben, sollen uns immer wieder vor Augen führen, wie unbedeutend wir sind. Ein bloßer Nebenzweig der Entwicklung (vielleicht gar, wie Arthur Koestler meint, ein ‚Irrläufer der Evolution‘). Dieses Stammbaumbild, das Modellcharakter längs der allgemeinen Überzeugung Platz gemacht hat, dass es sich hierbei um die wirkliche Wirklichkeit handelt, ist fraglos ein geistiges Konstrukt, eine Heraussetzung, eine Begriffs-dichtung ..." – jetzt kommt der entscheidende Punkt – „ ... die ja selbst, wenn die These vom Seitenarm der Evolution stimmt, sich eben die-sem Seitenarm auch verdankt. Und dieser Seitenzweig enthält (not-wendig) Blickverengungen und Begrenztheiten, die in sich und als sol-che gar nicht aufzuheben sind. Warum sollte dieses winkelhafte Ge-schöpf mit dem Namen Mensch, als höheres Tier auf einem Seitengleis entstanden, nun überhaupt in der Lage sein, völlig herauszutreten aus der eigenen Begrenztheit und der eigenen Winkelperspektive und so das Ganze des evolutionären Systems der Lebewesen, in souveräner leibfreier Geistesschau, vor sich hinzustellen? Wenn das schlaue Tier Mensch das wirklich könnte, aus einer Nische herauszutreten, hinein in eine quasi göttliche, oder kosmische Vogelperspektive, dann wäre eben dadurch die geistige Vorrangstellung, ja überragender Eigen-würde des Menschen unter Beweis gestellt. Das wäre paradoxerweise ein Beweis für die Noosphäre, für den Geist als eine eigene und eben überlegene Ebene! Wenn es möglich ist (oder sein sollte), dass wir uns als Seitenzweig der Evolution wirklich erkennen, dass sich also in unserem Geist „das Ganze" derselben widerspiegeln kann, wären wir eben kein unbedeutender Seitenzweig! Sieht man den Zirkelschluss? Sieht man, dass die ganze Argumentation in sich zusammenbricht? Dass der Geist den ganzen Biologismus aus den Angeln hebt? Wenn die herrschende Evolutionstheorie stimmt, gerade dann hebt sie sich selbst auf."

Wir können gerne noch darüber diskutieren, ob das deutlich ist: Wenn sie stimmt, kann sie nicht stimmen. Wenn die herrschende Evolutionstheorie stimmt, gerade dann hebt sie sich selbst auf, weil der Geist dann letztlich völlig singuläre Position hätte, von der aus er überhaupt in der Lage wäre, und das könnte er in seiner epheme-ren Winzigkeit und Teilhaftigkeit nicht. „Wie soll ein Seitenzweig den ganzen Baum erkennen können? Nur als der ganze Baum könnte er es und dann wäre er eben nicht mehr Baum ..." Und so weiter. Also das ist ein Argument ganz anderer Art, eher ein erkenntnistheoretisches Argument, dass alle solche Heraussetzungen, im Übrigen auch Universalbilder der kosmischen Evolution ja immer aus dem menschlichen Geist entspringen. Das gibt dem menschlichen Geist eine enorme Fähigkeit und hebt ihn ja dann doch heraus aus der Vorstellung, dass er nur ein unbedeutender Seitenarm sei. Man kann diese ganze Frage bis in die moderne Gehirnforschung und Neurophysiologie hinein verfolgen. Immer wieder geht es da um einen Grundwiderspruch, der nie aufgelöst worden ist und der auch das ganze Thema so äußerst schwierig macht. Was ist der Geist? Kann er wirklich diese großen Bögen erkennen? Und wenn er es wirklich kann, dann muss er eine besondere Funktion im gesamten Zusammenhang haben, dass er es kann.

Und so ist ja auch das berühmte, viel diskutierte und noch kritisierte Anthropische Prinzip entstanden, dass also der menschliche Geist in irgendeiner Form in der kosmischen Evolution tatsächlich eine zentrale Rolle einnimmt. Dass sozusagen die Evolution nur auf den Menschen gewartet hat und er eben kein zufälliges Produkt ist. Ein wichtiger Punkt, den man auch mal erkenntnistheoretisch durchdenken kann.

Nun habe ich von dem Punkt, dem Faktor Zufall gesprochen. Nun ist es eine Eigenart ja, eine der erstaunlichsten Phänomene in der Geistesgeschichte, auch in der Geschichte der Evolutionsforschung, dass man dem Begriff „Zufall" eine so ungeheure Rolle zuspricht. Was ist Zufall? Wenn man sagt: Das ist Zufall, das sind zufällige Entwicklungen. Was meint man? Im normalen Sprachgebrauch, im Alltags-Sprachgebrauch ist ja zunächst einmal der Zufall Dasjenige, was ich nicht kausal herleiten kann. Wir haben uns zufällig im Café getroffen, heißt, wir hatten es nicht vor, intentional war es nicht beabsichtigt, aber es geschah. Jede dieser beiden Personen hat ganz andere psychologische und sonstige Kausalketten, die auf dieses zufällige Zusammentreffen abzielen, abgezielt haben, ohne dass sie es wussten. Also ist das Zusammentreffen zufällig.

Es gibt ja in anderen Bereichen auch der Naturwissenschaften, den Begriff des Zufalls, etwa schon im 19. Jahrhundert entwickelt, in der kinetischen Gas-Theorie. Da nimmt man an, alle einzelnen Teilchen eines Gases sind in sich und für sich absolut kausal bestimmt, absolut

kausal bestimmt, aber das Ganze, das Ensemble ist auf eine undurchschaubare Weise so extrem kompliziert, dass man die kausalen Abläu-
fe im Einzelnen nicht durchschauen kann. Man nimmt aber an, dass
es im Prinzip kausal bestimmt ist. Also wenn man es könnte, könnte
man praktisch die Entwicklung eines Gases ganz genau voraussagen.
Nicht, das ist ja die berühmte Fiktion des Welt-Dämons, die Laplace
aufgestellt hat, der ja sagte: Alles ist kausal bestimmt. Wenn es einen Übergeist gäbe, der in der Lage wäre, ein Schnitt durch die Welt
zu machen und alle kausalen Momente zu verstehen, wäre der in der
Lage, bis in fernsten Zukünfte hinein die Entwicklung vorauszusagen,
weil es nicht ... , weil es keinen Zufall gibt. Der Zufall ist nur eine Größe, die unserer unzulänglichen Erkenntnis geschuldet ist.

Dann hat man neu in der Naturwissenschaft und ganz andersartig
ja in der Quantentheorie die These vertreten, aus Gründen, die man
hier im Einzelnen nicht darstellen muss, dass der Zufall nicht etwa
nur eine Größe ist, die unserer Unzulänglichkeit der Wahrnehmung
geschuldet ist, sondern dass der Zufall eine prinzipielle Größe ist, der
Zufall grundsätzlich in der Welt verankert ist, dass im Mikrobereich
die Dinge zufällig ablaufen. Man weiß eben nicht durch welchen Spalt
etwa ein Teilchen gehen wird oder nicht. Auch da gibt es mathematische Formalismen, die das genau beschreiben.

Kritiker haben immer wieder gesagt, an dem traditionellen Kausa-
litätsverständnis orientiert: Das ist eine Täuschung, da muss es denn
doch verborgene Kausalfaktoren geben, doch wir kennen sie nicht.
Aber das ist erst einmal der Unterschied. Man sagt, es gibt im Prinzip
Kausalfaktoren, aber wir kennen sie nicht. Deswegen beschreiben wir
sie mittels Statistik. Oder das Ganze ist grundsätzlich zufällig, es ist
statistisch gebaut. Das hat ja eine endlose Diskussion etwa in der Philosophie ausgelöst, was die Frage der Willensfreiheit betrifft, was ja
genau das gleiche Thema ist. Willensfreiheit, ein Willensakt aus dem
Nichts heraus, ein akausaler Akt oder eine kausale Herleitung des
Willens. Dann ist der Wille nicht frei, wenn der Wille in irgendeiner
Form kausal bestimmt [ist], ist er ja nicht frei, dann ist es dahin mit
dem freien Willen. Aber unsere gesamte Gesellschaft seit vielen Jahrhunderten geht irgendwie davon aus, dass es etwas gibt wie den freien
Willen, obwohl er nicht beweisbar ist.

Natürlich hat man verschiedene Versuche gemacht, nun auch den
freien Willen etwa mit der Quantentheorie plausibel zu machen, so

schon in den 50er Jahren. Das gehört zum Thema Zufall. Was ist das? Gibt es Kausalfaktoren in diesen Prozessen, die wir nicht kennen? Dafür spricht sehr viel. Oder sind sie grundsätzlich, prinzipiell zufälliger Natur, oder sind wir einfach außerstande, das zu verstehen?

Nun ist es ein weiterer Punkt, den ich erwähnen möchte, weil er in den meisten Darstellungen zu diesem Thema unberücksichtigt bleibt, in fast allen. Fast durchgängig wird in den Darstellungen über diese Thematik eine Gleichsetzung vollzogen von Kausalität und Determinismus. Das ist falsch. Sie können die Literatur sich anschauen. Sie werden immer feststellen, dass mehr oder weniger Determinismus und Kausalität gleichgesetzt werden, also Determinismus, eine Kausalität, die absolut notwendig abläuft. Nicht, wenn ich die Bedingung A kenne, kann ich genau voraussagen, was B und C sein wird. Das muss nicht der Fall sein. Es gibt ganz andere Vorstellungen einer causa, die nicht unbedingt deterministisch sein müssen. Und die ganze Diskussion heute etwa in der Quantentheorie um Akausalität, ist letztlich eine Frage, die mit dem nicht vorhandenen Determinismus zu tun hat. Damit ist doch längst keine Akausalität gemeint. Das ist keine Begriffsklauberei, wenn ich das unterscheide, und es wird zentral wichtig: Kausalität geht davon aus, die Dinge haben eine Ursache. Determinismus geht davon aus, die Dinge haben eine Ursache, die sie absolut notwendig bestimmt. Dann gibt es keine Freiheit. Während in der Kausalitätsvorstellung in einem weiteren Sinne Freiheit sehr wohl möglich ist. Das ist ja die Grundfrage überhaupt der Evolution in Richtung auf höhere Ordnung. Wie kommt das? Wie entsteht denn das Neue und andere? Wie kommen denn organische Formen überhaupt zustande?

Wenn man sie kausal ableiten kann aus ihren Vorgängern, was gar nicht geht nach unserem derzeitigen Wissensstand, dann muss man ganz neue Fragen stellen. Oder man nimmt an, es gibt Sprünge in dieser Entwicklung. Stichwort ist dazu das viel verwendete Wort Emergenz. Es ist also überhaupt kein Kontinuum, sondern es sind Sprünge. Also auf eine unvorhersehbare Weise springt plötzlich eine Entwicklung auf eine neue Ebene, eine neue Form entsteht, die zwar etwas zu tun hat mit ihren Vorgängern, die aber nicht kausal, lückenlos kausal ableitbar ist. Das ist der Punkt. Eine auch extrem schwierige Frage, die im Wesentlichen ungeklärt ist, die man aber heranziehen muss. Was ist denn diese Art von Entwicklung? Ist es eine kausale? Das würde ich bejahen, es ist eine kausale, aber keine deterministische. Wenn ich die Kausalität in Gänze negiere, lande ich, wenn ich sie mit dem Determinismus gleichsetzte, beim absoluten Zufall. Nicht, dann bin ich letztlich auf der Argumentationsebene der Huxleyschen Affen angelangt. Kann ich das machen? Ich kann natürlich sagen, gut, es gibt die Huxleyschen Affen mit ihren Schreibmaschinen und irgendwann kommt eben Shakespeare raus. Mathematiker haben ausgerechnet, wie wahrscheinlich, ich habe es vorhin schon gesagt, etwa ein organisches Molekül ist, wenn man das einfach vom Zufallsprinzip aus berechnet – extrem unwahrscheinlich. So unwahrscheinlich, dass es schwindelerregend ist.

Also alle kosmologischen Modelle können diese extreme Form der Unwahrscheinlichkeit nicht erfassen. Also alles spricht dafür, dass es in dieser ganzen Entwicklung Faktoren gibt, die den Zufall transzendieren, die in irgendeiner Form, und das muss man einfach dann hier so nennen, Geistfaktoren beinhalten. In Ermangelung eines anderen Wortes kann man es Geistfaktoren nennen. Man kann auch mit Wallace sagen, es sind höhere Intelligenzen. Das ist eine Hypothese, die einiges für sich hat, obwohl [sie] sich letztgültig nicht beweisen lässt. Aber das führt auf die Grundfrage nach dem Wesen organischer Form überhaupt. Und da will ich das nächste Mal dann auch anknüpfen: Wie entstehen überhaupt organische Formen? Wie entsteht überhaupt eine organische Gestalt aus einem Zellgefüge, aus einem Zellhaufen? Eine völlig ungeklärte Frage, nicht, ein absolutes Mysterium, wie das möglich sein kann, die auch durch die Gentechnik in keinster Weise beantwortet wird.

Also diese Fragen sind aufwühlend. Sie sind aktuell wie eh und je, und sie sind in der Tiefe ungeklärt und man muss sich überlegen, welche Faktoren man zulassen kann und darf, und welche nicht. Und da kommt man, meine ich, notwendig auf ein erweitertes Wissenschaftsverständnis. Ich glaube, dass wir nicht umhin können, ein ganz neues, und in diesem Sinne erweitertes Wissenschaftsverständnis zu erarbeiten, das auch diese Faktoren einschließt. Davon sind wir wirklich weit entfernt. Aber anders wird es nicht gehen, glaube ich. Reduktionistisch in dieser Form kann es nicht funktionieren.

Insofern meine ich, dass man sich wahrscheinlich zu dem Gedanken bequemen muss, dass die Entwicklung im Hinblick auf höhere Organisation, auf Geist in der kosmischen Evolution angelegt ist. Das heißt, der Geist ist wahrscheinlich schon in den Fundamenten jeder kosmischen Evolution im Universum und entfaltet sich auf eine uns nicht vorstellbare Weise, und das führt auf eine vollkommen neue und andere Weise, Evolution zu denken.

Das wird auch versucht, es gibt Ansätze dazu. Ken Wilber ist ein Beispiel, es gibt Ansätze bei Varela, Maturana, es gibt Ansätze bei Lázló und anderen. Ich habe auch einige Ansätze da vorgestellt. Also es gibt Ansätze in diese Richtung, aber sie haben keine, sie haben keine Mehrheit in den normalen Wissenschaftsapparaten, weil das bedeutet, dass man letztlich Faktoren einführen muss, die dem herkömmlichen Wissenschaftsverständnis vollkommen fremd sind. Man kommt nicht umhin, das zu tun, meine ich. Faktisch geschieht es sowieso. Es wird nicht nur nicht eingestanden, das sage ich ja auch oft genug, dass auch allein die so populäre Rede vom genetischen Code implizit ein metaphysischen Dualismus bedeutet. Man nimmt irgendwie davon an, es gibt eine geheime Programmierung, was kann die sein? Das muss Geist sein, die Hardware ist es nicht, es muss die Software sein, und das kann in diesem Modell sein, sie muss Geist sein. Im Grunde ist das, was Kritiker, unter anderem Sheldrake, immer wieder gesagt haben, ein uneingestandener Dualismus. Man nimmt letztlich dann doch ein Geistprinzip an, man nennt es nur anders. Man ist mit einem technischen Begriff, wie ja die Wissenschaft sich immer orientiert hat an dem jeweiligen Stand der Technik. Denken sie an die Modelle vom Menschen im 18. Jahrhundert, an die vom 19. Jahrhundert. Und dann heute sind es natürlich Computervergleiche, die herangezogen werden. Das Ganze wird deswegen nicht subtiler und nicht tiefer und nicht lebensnäher.

Ich will dann in der nächsten Stunde, in der nächsten Vorlesung den Versuch machen, die Frage nach der organischen Form zu stellen und Ihnen Möglichkeiten vorstellen, wie man das denken kann, wie man das verstehen kann, auch über mögliche biologische Felder. Ich habe hier gesehen, jemand hat in der Pause Sachen ausgelegt, die betreffen die Vorlesungsreihe von Bernd Senf hier, die er seit 20 Jahren, fast 20 Jahren, in Berlin macht, über die Reich'sche Orgonomie und Orgon-Energie, und auch sonst ist Bernd Senf sehr rührig, und ich kann das sehr empfehlen. Das ist eine verdienstvolle Leistung. Seit 20 Jahren bemüht er sich da, diese Orgonomie vorzustellen. Das ist ja ein Versuch neben anderen Versuchen mit vielen, vielen Schwachstellen.

Aber ein Versuch, das Ganze wirklich lebendig, ganzheitlich neu zu denken. Und ein hochinteressanter Versuch, bei dem man nicht stehenbleiben kann. Bei all diesen Versuchen kann man nicht stehenbleiben. Da ist noch sehr viel Denk- und Forschungsbedarf zu leisten in den nächsten Jahren.

Ja, ich denke, wir haben die Möglichkeit noch ein paar Fragen zu klären. Gleich jetzt anschließend. Wer gehen möchte oder muss, kann es ja gleich tun. Die anderen können noch dann Fragen stellen.

Antworten von Jochen Kirchhoff auf Fragen aus dem Auditorium:

Kausalität geht zurück auf das lateinische Wort „causa", was Ursache heißt, Ursache. Man kann sagen: Nichts in der Welt ist ohne eine Ursache. Nihil [est] sine causa, wie Leibniz das formuliert hat. Nichts ist ohne Ursache. Wenn ich jetzt davon ausgehe, dass eine Ursache ein Geschehen vollständig bestimmt, so zum Beispiel die Anziehungskraft der Erde einen fallenden Körper, der Richtung Erdmittelpunkt stürzt, der hat ja nicht die Möglichkeit, sich zu entscheiden, das nicht zu tun. Da gibt es keine Freiheit, Spielräume in der Materie, die darauf schließen lassen? Er muss das nicht tun. Er entscheidet sich, das zu tun oder nicht zu tun. Da gibt es doch in gewisser Weise einen Determinismus. In gewisser Weise. Die Kausalität, die Causa, das Gravitationsfeld ist lückenlos, durchgängig wirksam. Der Körper fällt. In diesem Sinne kann man sagen: Diese Kausalität ist eine lückenlose. Sie ist in diesem Sinne determiniert.

Wenn man das überträgt jetzt auf chemische oder biologische oder Bewusstseinsvorgänge, wird es schwierig. Dann würde die Freiheit vollkommen zerstört sein. Das meine ich. Also man kann davon ausgehen, dass es Kausalität gibt. Wenn sie lückenlos ist, ist sie ... , mündet sie in Determinismus, in absolute Notwendigkeit. Wenn jede Tat des Menschen zum Beispiel absolut determiniert ist, auch wenn er es nicht weiß, dann ist ja die Freiheit eine Täuschung, eine pure Illusion. Nicht, man geht ja in der Rechtsprechung davon aus, bekanntermaßen, dass der Einzelne, der ein Verbrechen begeht, beispielsweise, die Möglichkeit gehabt hätte, es nicht zu tun. Ihm wird ja ein Freiheitsspielraum zugestanden, dann reduziert man das immer mehr und führt soziale Faktoren an oder vielleicht Alkohol-Einwirkung oder sonst was. Man reduziert die Freiheitsspielräume, aber man geht doch davon aus, dass es einen minimalen Freiheitsspielraum gibt. Und wenn es den gibt, gibt es keine lückenlose Kausalität mehr, dann gibt es keinen Determinismus mehr.

Oder ich sage von vornherein Ich nehme den Menschen völlig heraus. Dann wird es schwierig. Also was ist nun wirklich so? Das ist ja der Punkt. Da ist das Problem, ja. Und in den meisten Darstellungen wird es einfach gleichgesetzt. Man schreibt nicht klar genug, dass eine lückenlose absolute Kausalität Determinismus ist, man setzt Kausalität überhaupt mit Determinismus gleich. Das war ja ein großer Streitpunkt zwischen Leibniz und Newton, genau diese Frage. Ich habe das im Wintersemester gesagt, genau diese Frage. Newton meinte, es gibt Freiheitsspielräume in der Welt, auch im Kosmos. Leibniz bestritt das, sagte, es gibt überhaupt keine Freiheitsspielräume. Alles ist absolut determiniert. Es gibt nur eine Welt-Maschine, die lückenlos abläuft. Und was wir für Freiheit halten, ist eine Täuschung, weil vor aller Weltentwicklung hat es da eine Entscheidung gegeben des psychophysischen Parallelismus. Beides läuft genau parallel. Nicht, das ist ein Punkt. Das ist gemeint. Ich habe es versucht zu sagen. Ich bin davon überzeugt, dass wir in einer Welt leben, in der Kausalfaktoren wirksam sind, aber diese Kausalfaktoren determinieren nicht, sondern sie lassen einen gewissen Freiheitsspielraum. Und dieser Freiheitsspielraum ist das letztlich, was organische Formen entstehen lässt und was auch Freiheit ermöglicht. Aber ich bin mir darüber im Klaren, dass eine lückenlose Beweisbarkeit des sogenannten freien Willens nicht möglich ist. Es hat noch keiner geleistet bis zum heutigen Tag.

Das ist ein Postulat. In gewisser Weise hat der alte Kant da recht, dass man das nicht, was er in der „Kritik der reinen Vernunft" gesagt hat, vor über 200 Jahren, nicht [beweisen kann]. Das ist nicht letztgültig beweisbar. Das ist in gewisser Weise ein Postulat. Eine Gesellschaft würde zusammenbrechen, wenn man das leugnen würde. Aber letztgültig beweisbar ist es nicht. Man kann immer noch die These vertreten, dass ist letztlich ein verdeckter, versteckter Determinismus, der uns alle foppt. Unsere Freiheit ist ein Wahn und eine Illusion. Wir sind alle irgendwie Marionetten eines unbekannten Marionetten-Spielers.

Ein extremer Reduktionismus müsste das auch konsequent ja annehmen. Es ist ja auch für einen Neurophysiologen das große Problem.

Ein Neurophysiologe, wenn er wirklich annimmt, es gibt diesen freien Willen, dann postuliert er eine metaphysische Instanz, die letztlich den Körper steuert. Und wenn er das nicht will, dann muss er sich an die Kausalfaktoren halten. Und wenn auch das nicht will, dann hilft ihm dann nur noch die Quantentheorie. Was auch geschieht dann. Einige Gehirn-Physiologen nehmen dann die Quantentheorie, weil es eben da ein Zufallsprinzip gibt, in den Dingen selber, in der Materie selber. Ja, das dazu.

[Es folgt eine Antwort auf eine Frage zum Begriff des „Holons"] Der Begriff ist in der Wissenschaft zum Teil aufgenommen worden. Eine ganze Reihe von Wissenschaftlern haben den Begriff aufgenommen. Geprägt hat ihn Arthur Koestler, Arthur Koestler, ein sehr bedeutender Schriftsteller und auch Denker, in gewisser Weise auch Philosoph. Sein berühmtestes Buch trägt den Titel „Der Mensch, ein Irrläufer der Evolu-tion". Irgendwann war er zu dem Schluss gekommen, der Mensch ist eine Fehlentwicklung. Und viele fanden das dann konsequent, dass Arthur Koestler sein Leben durch Selbstmord beendet hat. Er hat sich umgebracht, verzweifelt, absolut pessimistisch. Er sah keine Hoffnung mehr, hat also Selbstmord begangen. Der Begriff „Holon" ist verschiedentlich aufgenommen worden, unter anderem von Rupert Sheldrake, aber auch anderen Evolutionsforschern und Biologen. Und am umfassendsten in den letzten Büchern von Ken Wilber, der dem Begriff noch eine andere Facette gibt. Man kann das ja ganz vereinfacht so sagen, [an der Tafel Geschriebenes verwendend] als sehr mechanistisch jetzt gedacht und so weiter, dass man das jeweils immer noch erweitern kann, diese Sphäre, der Mensch als Sphären bildendes Wesen, Sloterdijk wiederum, wieder drei Sphären, die wiederum sind von einer anderen Blase umschlossen und so weiter. Also Atome, Moleküle, Moleküle, Organelle und so weiter. Das liegt dem zugrunde. Und dann ist die Frage was ist das für Entwicklungsimpuls, der da drin steckt, und das versuchte Ken Wilber in einer umfassen-den Evolutionslehre zu entfalten, was ich hochinteressant finde. Ich stimme keineswegs in allen Punkten zu, aber ich finde es hochinteressant. Für meine Wahrnehmung die intelligenteste Form, das zu denken, die es im Moment gibt in der Philosophie. Aber Ken Wilber geht natürlich davon aus, dass diese Holons einen Entwicklungsimpuls haben. Die wollen wohin. Im Sinne Hegels: Der Geist will sich aus einer Selbstentfremdung befreien, will zu sich selber kommen.

[Es folgt eine Antwort auf ergänzende Zwischenfrage] Meines Wissens ist der Begriff Holon in diesem Sinne von den eher traditionellen Wissen-schaftsbemühungen nicht aufgenommen worden. Wäre mir unbekannt, er ist eher, sagen wir mal, in den Grenzbereichen der Wissenschaft aufgenommen worden, allerdings in Bereichen, die die Wissenschaft nicht verlassen. Man kann ja, wenn man das so will, drei große Fraktionen ausmachen, eher die Mainstream-Wissenschaft, die alle Lehrstühle in aller Welt besetzt. Die Mainstream-Wissenschaft. Dann eine Grauzone des Grenzbereiches Derjenigen, die sich relativ weit vorwagen und ihren Ruf riskieren, wenn sie zu weit gehen oder sich lächerlich machen, wenn sie voranpreschen mit irgendeiner These, werden sie zurückgepfiffen. Also dieser Grenzbereich. Und die dritte Fraktion ist die, [die] sich unabhängig etabliert als eine eigene Form von Zugang auf Natur, zum Beispiel eben Wilhelm Reich, der vollkommen Abschied genommen hat von der Mainstream-Wissenschaft mit allen auch psychologischen Dingen, die dann notwendig passieren. Die Betreffenden, die das machen, bleiben natürlich auch nicht ungeschoren in ihrer Psyche. Das hält ja keiner durch auf Jahrzehnte hinaus. Also das wäre die dritte Fraktion, aber ich würde eher sagen, nur in der dritten und in der zweiten Fraktion ist es aufgenommen worden, in der ersten meistens nicht, soweit ich weiß.

[Es folgt eine Antwort auf ergänzende Zwischenfrage] Ken Wilber ist ja eher ein scharfer Kritiker der Tiefen-Ökologie, und ob man Ken Wilber als Buddhisten bezeichnen kann, weiß ich nicht. Er wird oft so bezeichnet. Im Grunde ist er kein Buddhist oder nur mit Abstrichen. Es gibt, das ist in Deutschland weniger verbreitet, es gibt in Amerika eine Strömung, die eine Verbindung herzustellen versucht zwischen einem ökologischen Umgang mit der Natur und dem Buddhismus im Sinne des Bodhisattva-Gelöbnisses. Alle lebenden Wesen müssen erlöst werden – und die prominenteste Vertreterin ist Joanna Macy. Heute glaube ich, Mitte oder Ende 60, Professorin für Psychologie, wenn ich es richtig weiß. Aber es gibt auch andere, auch buddhistische Lehrer, zum Teil, Thich Nhat Hanh und andere, beziehen sich dann zum Teil wiederum auf die Systemtheorie, also die buddhistischen Lehrer übernehmen das dann. Es gibt viele Verbin-dungen. In meiner Wahrnehmung geschieht da eine gewisse Verkürzung. Da wird ja der Buddhismus zu flach genommen und zu schnell verbunden. Ich glaube, das stimmt nicht, aber das ist meine Kritik daran. Das ist subtil.

Ich glaube, dass die Systemtheoretiker, auch Joanna Macy, den Buddhismus zu flach verstehen. Der ist tiefer, als sie es denken. Aber das mit allem Respekt gesagt für Johanna Macy. Also, ich finde es großartig, was sie macht. Das ist nicht irgendwie gegen sie gerichtet. Aber ich habe das ja schon gesagt. Der Begriff Tiefen-Ökologie überhaupt ist ja in Deutschland kaum verbreitet, ich habe da in der ersten Vorlesung ein Gespräch erwähnt mit einem alten Bekannten Philosophie-Dozent in Düssel-dorf, der in einem Telefonat mich ernsthaft fragte, ernsthaft, hoch gebildet und intelligent, ob ich das erfunden hätte, den Begriff, ernsthaft. Es ist immerhin erstaunlich, dass im Jahre 1999 ein Philosophie-Dozent mit einem breiten Wissen diese Frage stellt. Also daraus kann man doch schließen, dass der Begriff in keinster Weise irgendwie Verbreitung gefunden hat. Geschweige denn eine Kritik an diesem Begriff, die man ja erst dann nur sinnvoll aufnehmen kann, wenn man überhaupt weiß, wovon die Rede ist.

* * * * * * *

Wozu eine neue Theorie der Natur und des Kosmos?

Einige von ihnen, die dabei waren, werden sich erinnern, dass ich ja im Sommersemester '98 den Versuch gemacht habe, den Begriff der Lebensenergie in den Mittelpunkt zu stellen und die Frage zu stellen, ob wir eine neue Wissenschaft des Lebendigen brauchen, in diesem Sinne also eine neue Biologie. Ich habe Ihnen verschiedene Ansätze vorgestellt, von Asien, Tantrismus, bis zu Wilhelm Reich, auch mit zwei Gastvorträgen. Sie werden sich erinnern, ein Gastvortrag war doch auch von einem homöopathischen Arzt und ein Gastvortrag damals von Arnim Bechmann über Lebensenergie-Forschung heute.

Dann haben wir verschiedentlich die Frage behandelt, was morphische oder morphogenetische Felder sind, inwiefern der herrschende Darwinismus, Neo-Darwinismus, möglicherweise ein unzulängliches Modell der Erklärung darstellt – und so weiter. Ich will diesen Komplex der Lebensenergie in diesem Semester nicht behandeln, nicht noch mal behandeln. Allenfalls wird es den einen oder anderen Verweis darauf geben.

Ich will in diesem Semester den Versuch machen, Ihnen einen Eindruck zu verschaffen in Möglichkeiten, heute Natur und Kosmos auf eine neue Weise zu denken, eine neue Theorie der Natur und des Kosmos zu entwickeln, die rudimentär da ist, die im Entstehen begriffen ist, die aber kein in sich vollkommen abgeschlossenes und in sich konsistentes Ganzes darstellt. Es gibt diese neue Theorie der Natur des Kosmos nicht. Es sind also Umrisse oder Impulse zu einer solchen Theorie, an der, wie einige von Ihnen ja auch wissen, ich selber seit Jahren auch arbeite.

Die Formulierung des Themas enthält drei Begriffe, die jedermann geläufig sind, und trotzdem möchte ich sie ganz kurz definieren, vielleicht ein bisschen außerhalb dessen, was gemeinhin gedacht und empfunden wird zu Natur und Kosmos. Nun könnte man ja sagen: Natur ist eigentlich Kosmos, und Kosmos ist Natur. Warum überhaupt zwei Begriffe? Warum sage ich nicht überhaupt: Eine neue Theorie des Universums, eine neue Theorie der Welt überhaupt? Das geschieht hier aus guten Gründen nicht. Ich möchte nochmal daran erinnern, dass „Kosmos" ein Begriff war bzw. ist, der in der griechischen Philosophie entstanden ist und ursprünglich so viel heißt wie Schönheit und Schmuck, aber auch Ordnung. Das heißt, die Griechen, die diesen Begriff prägten, verstanden darunter das Weltganze als ein geordnetes System ("systema" – griechisch), das zugleich schön ist. Auch die Vorstellung, die pythagoreische Vorstellung, von der Sphärenharmonie hängt damit zusammen. Die Welt als Ganzes ist schön, sie ist geordnet, sie ist ein Kosmos – mag sie auch im Einzelnen chaotisch sein, mag sie undurchschaubar sein – während Natur zunächst begriffen werden kann ohne den Zusammenhang mit Kosmos. "Natur", vom griechischen "physis", abgeleitet von dem Wort "phyein", das soviel wie "blühen" heißt, meint ursprünglich viererlei, was in dem modernen Naturbegriff meistens vergessen wird.

Sie meint den Ursprung eines Dinges, eines Lebewesens, eines Etwas. Das Wesen, sein Wesen, meint aber auch das Telos, Ziel, und das Wachstum. Also griechisch "phyein" heißt soviel wie "wachsen", also meint das Wachsen, das Ziel, das Wesen und auch den Ursprung. Soweit ich weiß, taucht der Begriff "Natur" im Sinne von "physis" zum ersten Mal auf in der "Odyssee" von Homer, da ist von der Natur, von der Physis einer Waffe die Rede. Wir benutzen ja selber heute noch Natur im Sinne von "Wesen einer Sache". Das lateinische Wort "natura", abgeleitet von "dass sie geboren werden", enthält ja auch noch den sehr lebendigen, schöpferischen, produktiven Prozess, der dann im weiteren Verlauf in der frühen Neuzeit verloren gegangen ist. Also zunächst zwei völlig verschiedene Zusammenhänge und Kontexte.

Man kann natürlich sagen: Man kann die Natur als Kosmos denken. Man kann sagen, die Natur, so chaotisch-wild sie erscheint, ist im Grunde, in der Tiefe ein Kosmos – und ist im Grunde und in der Tiefe auch als Kosmos und durch den menschlichen Geist zu verstehen. Das ist ja eine Prämisse, die überhaupt Naturphilosophie, Kosmologie ermöglicht, die Annahme, dass da bis zu einem gewissen Grade die Natur auch verstehbar ist. Wenn wir davon ausgehen, dass wir Natur grundsätzlich und prinzipiell in einem gleichsam absoluten Sinne nicht verstehen könnten, dann würden wir ja auf ewig verstrickt sein in pure Projektionen. Dann wäre eine wie immer geartete objektive Erkenntnis absolut unmöglich. Und jede Art von einer Kosmologie, Naturphilosophie geht davon aus, dass die Natur als ein Kosmos bis zu einem gewissen Grade auch dem menschlichen Geist zugänglich ist, weil der menschliche Geist in der Tiefe selber von der gleichen Natur ist, selber die gleichen Grundstrukturen hat wie der Kosmos. Also eine innere Einheit oder Analogie von Natur und Geist muss vorausgesetzt werden, sonst ist gar nichts erkennbar. Ich habe das schon im letzten Semester verschiedentlich angedeutet.

Man kann sagen, im Menschen erst kommt der Geist in die Erscheinung, kommt zu sich selber. Aber Natur als objektives Ding oder etwas da draußen ist nicht begreifbar, ist nicht erkennbar, wenn sie nicht selber die Manifestation von Geist ist. – Das ist eine Prämisse, die häufig genug nicht klar gesehen wird. Natur muss die Manifestation von Geist sein, sonst ist Naturphilosophie, Naturwissenschaft oder auch Kosmologie eigentlich unmöglich. Sonst müsste man sagen, Natur ist ein unbekanntes X, und wir projizieren nur in diese Finsternis, in diese Dunkelheit, in dieses X unsere Projektionen, also unsere Bilder, unsere Vorstellungen, unsere Ideen hinein.

Dann Theorie. „Theorie" ist ja ein Begriff, der ziemlich abgeflacht, eindimensional mittlerweile verwendet wird. Alles und jedes ist eine Theorie. Im Ursprung meint Theorie so viel wie „theoria", d.h. die Schau, eine lebendige Wesensschau des Göttlichen. „theos" steckt da drin, der Gott. „theorain" – Gott schauen, also der eine Theorie Entwickelnde, war im Ursprung derjenige – oder im Grundansatz in der Antike derjenige, der den Gott schaut. Also, Theorie war nicht ein abgezogenes, abstraktes Ding, wie das heute meistens gesehen wird – der hat diese Theorie, der hat jene Theorie, der widerlegt den, der bestreitet dem die Gültigkeit seiner Theorie, ein ewiges Hin und Her, was ist denn nun wahr, was ist denn nun Wirklichkeit – so war das in der Antike nicht gesehen worden, obwohl es natürlich auch widerstreitende Theorien gegeben hat. Aber in dem Begriff „Theorie" steckt von der Genesis her ein Wahrheitsanspruch.

Die Theorie bildet die Wirklichkeit bis zu einem gewissen Grade ab, – das ist wichtig auch für den Zusammenhang der nächsten Folgen mit der Frage nämlich nach der Wahrheit und Wirklichkeit von Theorien überhaupt. Das führt hinein natürlich in erkenntnistheoretische Grundfragen, die man stellen muss, wenn man irgendeinen Boden gewinnen möchte, der bei diesen Fragen extrem schwer zu gewinnen ist. Man muss sich schon eine gewisse Distanz schaffen, um diese Dinge mit einer vorurteilsfreien Grundhaltung überhaupt betrachten zu können. Also, Theorie der Natur und des Kosmos meint: Es gibt die Möglichkeit, die Natur und den Kosmos auf neue Weise zu denken. Und dieses neue Denken ist auch notwendig. Das wäre eine erste These, die ich hier an den Anfang stellen möchte: Es ist notwendig, die Natur und den Kosmos auf neue Weise zu denken.

Warum? Warum soll das notwendig sein? Es gibt doch eine Fülle von verschiedenen Theorien, die allenthalben gehandelt werden, die in popularisierter Form über Wissenschafts-Magazine, über das Fernsehen, die Journale, Zeitungen, Zeitschriften alle Welt erreichen. Warum soll es notwendig sein, auf neue Weise nach der Natur zu fragen, Natur neu zu denken? Ich will das versuchen, zu erläutern.

Wenn ich das richtig sehe, gibt es zehn Komponenten, die in den letzten Jahren auf vielfältige Weise neu gedacht werden. Ich will diese zehn Aspekte mal nennen und will Ihnen dann sagen, auf welche dieser Komponenten ich mich beziehen möchte. Das sind folgende zehn Komponenten – wohlgemerkt in meiner Wahrnehmung. Andere mögen da eine andere Wahrnehmung haben, obwohl ich glaube, dass es fundamental andere Komponenten kaum gibt, man kann das allenfalls erweitern. Ich glaube aber nicht, dass man eine einzige dieser Komponenten hier gleichsam aus den Angeln heben und sagen könnte: Das ist gar keine Komponente in diesem Sinne.

Erste Komponente. Ich erspare mir mal das jetzt das an die Tafel zu schreiben, das muss ich nicht machen. Sie können das ja vielleicht, wenn sie das wollen, in Stichworten mitschreiben.

Die erste Komponente, die auch in der gesamten Vorlesung eine große Rolle spielt, ist folgende: Wie sieht das Verhältnis von Naturwissenschaft, Naturphilosophie, Kosmologie und Spiritualität aus? Das wissen die meisten von Ihnen wahrscheinlich, dass das ein heiß umstrittenes Thema ist seit mindestens 20 Jahren, vielleicht 20, 30 Jahren. – Auf jeden Fall, diese Frage: Gibt es eine Möglichkeit, naturwissenschaftliche, naturphilosophische Erkenntnisse in irgendeiner Form zusammenzuschließen, zu integrieren, konvergent zu machen – wie immer – mit spirituellen Weltsichten? Oder ist das Ganze ein Wahngebilde?

Ich will das ja in einer der nächsten Vorlesungen am Beispiel der Quantentheorie Ihnen erläutern. Da ist es ja populär geworden, fast schon legendär vor 25 Jahren, Fritjof Capra mit seinem „Tao der Physik". Da ist ja der Anspruch in die Welt getreten, dass das möglich ist, vielfältig kritisiert von Capra selber, partiell auch zurückgenommen; aber immerhin, es gibt diesen Anspruch. Also das ist eine

Komponente, eine ganz wesentliche Komponente, die sich durch alle Diskussionen zieht, hin und wieder auch in Fernsehsendungen auftaucht und die Menschen brennend interessiert. Kein Zufall, dass zwei neuere Bücher, die auch auf der Literaturliste stehen, sich genau damit nochmal beschäftigen. Man könnte sagen: Das Thema ist doch längst abgehakt – in keiner Weise! Man kann die These wagen: Es ist es überhaupt noch gar nicht angefangen, das Thema richtig zu denken.

Das ist das neue Buch von Ken Wilber „Naturwissenschaft und Religion", „The Matrix of Science and Soul", im Frühjahr erschienen, und ein Buch, was ich nicht dabei habe, aber es steht auf dem Literaturverzeichnis – von Rupert Sheldrake und Matthew Fox mit dem merkwürdigen Titel „Die Seele ist ein Feld – der Dialog zwischen Wissenschaft und Spiritualität" – also eine Überschrift, die bereits eine These enthält: Die Seele, was immer das bedeutet, soll ein Feld sein.

„Feld" ist ja einer der zentralen Begriffe der Physik seit 150 Jahren. Also da wird noch mal deutlich, dass hier tatsächlich ein … dass das Thema unausgeschöpft ist, vielleicht ganz neu noch angegangen werden müsste. Jedenfalls wie es bisher behandelt wurde, ist es zutiefst unbefriedigend. Das spürt man auch, sonst würde es nicht immer wieder neue Veröffentlichungen darüber geben. Also, das ist der erste Punkt. Es gibt kaum einen Menschen, den das nicht in der Tiefe interessiert. Also, wenn man Gespräche führt, stellt man immer wieder fest, das interessiert fast jeden irgendwie. Da muss es doch einen Zusammenhang geben. Es kann doch nicht sein, dass zwei völlig verschiedene Stränge nebeneinander herlaufen und die überhaupt nichts miteinander zu tun haben und sich nur befehden und bekämpfen.

Zweiter Punkt. Die zweite Komponente ist mit dem Schlagwort „Integration" zu benennen, und zwar meine ich jetzt nicht Wissenschaft und Spiritualität, sondern ich meine die Integration einer objekthaften Welt da draußen, eines Es, einer Außenwelt, die wir alle draußen wahrnehmen, wie jeder ja für jeden anderen erst einmal die Außenwelt darstellt. Ich bin für Sie Außenwelt und jeder andere von allen anderen im Hörsaal ist für den jeweils anderen Außenwelt. Erst über ein dialogisches Prinzip könnte man versuchen, die Innenwelt dieses Außen irgendwie zu verstehen. Also Integration der Objektwelt und der Innenwelt, der Subjektivität unserer Innenwelt. Ein ungeheures erkenntnistheoretisches Problem, wie es also wirklich kaum ein größeres gibt. Was hat unsere subjektive Innenwelt, unsere Innerlichkeit inklusive unserer Träume, Phantasien, Visionen, unserer Denkprozesse zu tun mit der Welt da draußen? Dass da irgendein Zusammenhang bestehen muss, wissen wir alle. Jeder fühlt das instinktiv, jeder weiß aber auch bei einem Minimum an Introspektion, dass da auch eine Kluft ist. Denn jeder Einzelne kann sich ja beliebig, wie man weiß, hineinschwingen, hineinphantasieren in alle möglichen Welten, die mit der objektiven Wirklichkeit, wie es scheint, gar nichts zu tun haben. Oder man kann sagen, alles, was einer denkt, fühlt und empfindet, muss auch ein objektives Korrelat haben – das ist eine sehr weitreichende These. Dann müsste letztlich jede auch noch so absonderliche Theorie in irgendeiner Form ein Wirklichkeitsäquivalent haben.

Also diese Frage: Integration von Innen und Außen oder von Es und Ich bzw. Wir – das muss man dazu sagen – wir sind ja nicht nur „Iche", man hat schon Schwierigkeiten, den Plural zu verwenden. Es gibt eigentlich das Wort „ich" gar nicht als Plural. Also wir sind ja nicht nur „Iche" oder Ich-Wesen – wir sind ja auch Wir-Wesen. Oder wie Martin Buber das gesagt hat: Wir begegnen ja den jeweils anderen mittels des dialogischen Prinzips, sonst würde der andere für uns ein Ding sein, also ein Gegenstand – das ist ja unmenschlich. Mit gutem Recht sagt man: Das ist nicht human. Den anderen als Gegenstand, als Es, als Ding einfach behandeln, behandelt ihn nicht als Menschen. ... Also Integration von Innen und Außen, um es auf eine ganz einfache Formel zu bringen.

Der dritte Punkt betrifft, was in dem Titel von Sheldrake und Matthew Fox auch schon zum Ausdruck kommt, die Frage nach den Feldern, den so genannten Feldern und nach dem Raum. Wenn sie die Diskussion der letzten zwei, drei Jahrzehnte ein bisschen verfolgen, müsste Ihnen auffallen, dass die Frage immer drängender wird, was es eigentlich mit dem Raum auf sich hat, und was die Felder, die man annehmen kann, bis zu einem gewissen Grade auch postulieren muss, was diese Felder mit dem Raum zu tun haben – und auch mit dem, was man als Energie bezeichnet.

Sie wissen alle, dass „Energie" einer der am meisten und auch zugleich am schwammigsten, undeutlichsten, unschärfsten verwendeten Begriffe überhaupt ist. „Energie" ist ein Universalbegriff, der alles und nichts bedeutet. – Schlechte Energie hat irgendeiner angeblich, bad vibrations. Alles ist Energie. Du bringst hier eine schlechte Energie in den Raum. – Also – was heißt das? Ich habe darüber ja auch im Sommersemester einiges gesagt. Es geht zurück auf „energaia"; eine lebendig wirkende Kraft meint das bei Aristoteles ursprünglich. In der Physik meint es wieder was anderes – die Fähigkeit Arbeit zu verrichten. Das jetzt nur am Rande gesagt.

Also die Frage: Was sind diese Felder? Wie hängen sie mit dem Raum zusammen? Und auch die Frage, die hier eine Rolle spielen wird, dann in einer der Vorlesungen Anfang Januar, die Frage nach dem sogenannten Äther. Also, gibt es da eine feinstoffliche Substanz, die im Raum allgegenwärtig ist, wie das ja angenommen wurde, in der Physik auch bis zu Einstein, neuerdings wieder vielfältig diskutiert als eine Möglichkeit? Die Frage also: Was ist der Raum? Was sind die Felder? Wie werden Wirkungen durch den Raum transportiert, was ja im Falle der Gravitation besonders eklatant ist. Ist das eine unendliche Geschwindigkeit? Hier Körper A, dort Körper B, Körper A wirkt auf Körper B: Was passiert dazwischen? Sind das ... ist das eine Geschwindigkeit? Sozusagen, ein Tropfen löst sich von hier, eilt durch den Raum, kommt dort an, oder es ist eine unendliche Geschwindigkeit, wenn es dort überhaupt Geschwindigkeit ist, was man heute als non-locality bezeichnet, als Nicht-Lokalität? Also gleichzeitig passiert das, sodass eine Wirkung quasi den Raum unterläuft, ohne Zeitverlust – ein rätselhaftes Phänomen, viel diskutiert. Und wer sich damit beschäftigt, dem kann wirklich das Schwindeln kommen, weil wie immer man es denkt, es versucht, es bleibt etwas Unbegreifliches. Aber es gibt gute Indizien dafür, dass hier tatsächlich ein Problem liegt.

Also die Frage der Felder, der Übermittlungsformen und des Mediums; auch die Frage, was diese Energien sind, auch was ist diese Chi-Energie? Gibt es vielleicht die Möglichkeit auch telepathischer Beeinflussung? Auf welchen Wellen gleichsam werden diese Wirkungen transportiert? Das Ganze ist ja selbst, wie sie wissen, in der materialistischen Sowjetunion damals über Jahrzehnte hinweg erforscht worden. Die haben ja ausgiebig diese Fragen erforscht. Der dritte Punkt.

Der vierte Punkt betrifft die Materie selbst. Je mehr man wissen kann über die Materie, umso rätselhafter wird es. Es ist nicht nur der Widerspruch zwischen der sinnlichen Undurchdringlichkeit der Materie und ihrer energetischen Netzhaftigkeit, die ja doch sinnlich-empirisch kaum zu verstehen ist. Was für den sinnlich-empirischen Menschen ganz hart, undurchdringlich, entweder lusthaft oder schmerzhaft ist, soll ja nur ein waberndes, energetisches Netzwerk sein. Wie kommt die Undurchdringlichkeit und Härte zustande? Wie wirkt überhaupt Materie aufeinander? Und was ist in dem Zusammenhang mit der Gravitation, mit der Schwere – und was ist Bewegung? Auch das ist ein großes Rätsel. Wie kommt Bewegung zustande? Wie kann überhaupt der menschliche Wille den eigenen Körper bewegen? Man könnte zunächst sagen, das ist doch überhaupt keine Frage, das ist doch längst entschieden, aus der Alltagserfahrung heraus. Wieso muss man sich damit beschäftigen?

Es ist aber wirklich eine völlig ungelöste, absolut rätselhafte Frage: Wieso kann durch einen Willensimpuls der eigene Leib bewegt werden? Ich weiß nicht, ob sie darüber mal nachgedacht haben. Wenn sie es tun, können sie auch ins Schwindeln geraten, weil wenn, wie doch erst einmal angenommen wird in der herrschenden Naturwissenschaft, diese Welt in sich vollkommen kausal geschlossen ist, auch im Sinne quantentheoretisch zu verstehender Akausalität auf jeden Fall geschlossen ist: Wie kann es möglich sein, dass der menschliche Wille jederzeit in die Materie hineinwirken kann? Das bedeutet ja, dass in jedem Willensakt die Naturgesetze aus den Angeln gehoben werden.

Das ist ein großer Punkt immer gewesen, auch im Zusammenhang mit der Gehirnforschung: Gibt es überhaupt ein Willenszentrum, was sich des Neokortex der Großhirnrinde bedient? Die herrschende Neurophysiologie streitet das ja ab, sagt, das gibt's nicht. Also mit ganz wenigen Ausnahmen war der große John Eccles, der anderer Auffassung war. Aber das ist wirklich eine ungeheure Frage: Wie kommt Bewegung zustande? Denn wenn Sie wirklich kraft ihrer eigenen Willensentscheidung Ihren Körper sozusagen nach Belieben bewegen können, müssen Sie in jedem Augenblick diesen naturgesetzlichen Zusammenhang aus den Angeln heben. Das tun sie faktisch, wenn es stimmt. Man kann dann sich nur behelfen, das ist ja viel diskutiert, wenn man sagt: Na ja, diese Welt ist gar nicht geschlossen, da gibt es sozusagen Schlupflöcher. Und dann die Frage: Wo sind diese Schlupflöcher? Sind die in der Materie vorhanden?

Die Quantentheoretiker haben ja schon in den 50er Jahren behauptet, sie können die Willensfreiheit beweisen, auf diese Weise. Dass jedenfalls ist wirklich ein Thema, ein echtes Thema, ein aufwühlendes Thema. Es wäre der vierte Aspekt. Frage: Ist es lösbar, oder aber müssen wir es hinnehmen, dass wir es nicht lösen? Wir können sagen, das ist einfach ein Rätsel, was ja oft gesagt wird, wie die Zeit – das ist nicht lösbar. Man kommt aus den Paradoxien nicht hinaus, und es ist auch besser, man tut es nicht, weil man sonst den Verstand verliert.

Also fünfter Aspekt ist das Bewusstsein überhaupt, nicht, die Frage nach dem Bewusstsein, eine der spannendsten Fragen, die es gibt: Was ist Bewusstsein? Gibt es objektives Bewusstsein? Es-haftes Bewusstsein? Oder ist Bewusstsein immer gebunden an eine Person, an eine Ichhaftigkeit? Jeder von uns hat ja doch das Gefühl, ich habe Bewusstsein. Oder sollte man sagen: Ich bin Bewusstsein? Da hat man auch das Gefühl, dass ist zu wenig. Weil, ich bin ja nicht nur Bewusstsein, ich bin ja auch noch mehr als nur Bewusstsein. Denn wenn sie nur von dieser engen Definition von Bewusstsein ausgehen, dann reduzieren sie ja Bewusstsein nur auf das, was sie bewusst wahrnehmen über die Großhirnrinde. Was ist dann aber mit Träumen, Phantasien, was aufsteigt im Schlaf und Grenzzuständen usw. Also, die Frage nach Bewusstsein generell und die Frage nach dem Bewusstsein in Grenzzuständen ist eine hochspannende Frage, die zunehmend mehr diskutiert wird. Der fünfte Aspekt.

Der sechste Aspekt betrifft die Zeit. Man kann das ja beobachten, dass es eine Flut von Büchern gibt über die Frage, was die Zeit ist, und man spricht gelegentlich, der Physiker Hans-Peter Dürr hat das gemacht vor einigen Jahren, von der Wiederentdeckung der lebendigen Zeit. Zeit wird wieder gleichsam aktuell. Was ist diese Zeit für ein rätselhaftes Ding? Auch da kann man sagen: Diese Frage ist nicht zu klären. Philosophen, Naturforscher haben es vergeblich versucht. Man kann sie auf sich beruhen lassen. Aber jeder Einzelne spürt ja doch, da wir ja Zeit-Wesen sind, dass ihn das angeht. Das ist ja nicht eine Frage, die irgendwo da draußen eine rein intellektuelle Frage ist, sondern wir alle sind ja in die Zeit verwoben. Wir sind ja Zeit-Wesen, wir altern, wir jagen auf unseren physi-schen Tod zu, unleugbar, in jeder Sekunde. Insofern ist die Frage nach der Zeit ja auch eine existenzielle Frage, oft im Zusammenhang mit den berühmten Zeitreisen, die in der esoterischen Literatur der letzten 10, 15 Jahren ständig diskutiert werden. Gibt es Zeitreisen, auch physikalisch unterfüttert? Und diese Fragen beschäftigen die Menschen sehr.

Also da kenne ich auch kaum jemand, den das nicht in der Tiefe irgendwie interessiert. Also jeder, der davon hört, auch wenn er das alles skeptisch betrachtet, wenn er das hört und dann einen Moment drüber nachdenkt, ist er davon alarmiert und zutiefst betroffen, – weil das geht ihn an. Was ist die Zeit für ein rätselhaftes Ding? Wäre also der sechste Gesichtspunkt.

Ich nenne nachher nochmal alle im Überblick. Ich kann sie nicht hier alle behandeln in diesem Semester, das ist klar. Ich will hier zunächst mal nur in dieser Einstiegsvorlesung einen Überblick geben, was wir da rausholen, was es überhaupt gibt, dem man sich stellen kann.

Die siebte Frage betrifft das ganze Verhältnis Mensch-Kosmos im umfassenden Sinne. Auch die Frage der Kosmologie ist damit angesprochen, auch die Frage möglichen extraterrestrischen Lebens, die ja auch jeden irgendwie interessiert. Ich kenne jedenfalls keinen, den das vollkommen gleichgültig lässt. Also, die Frage: Gibt es extraterrestrisches Leben? Wenn ja, unter welchen Bedingungen? Können wir das wahrnehmen? Sind wir auf ewig getrennt davon, gibt es Kommunikationsmöglichkeiten und so weiter? Auch das ist eine Frage.

Ich habe in diesem Buch hier, das vor einigen Wochen erschienen ist, „Was die Erde will", auch einen Abschnitt darüber drin. Über diese Frage, wie man das denken kann, mögliches extraterrestrisches Leben, also eine aufregende Frage. Nicht zufällig nenne ich dieses Buch im Untertitel „Mensch, Kosmos, Tiefen-Ökologie", also Mensch und Kosmos, – weil tatsächlich daran hängt alles: Was sind wir für Wesen in diesem rätselhaften Universum? Eine interessante Frage, gelinde gesagt, die interessanteste Frage, die man sich vorstellen kann. Da kommt man an all diese anderen Fragen auch. Letztlich, wie man ja schnell merkt, hängen alle diese Fragen miteinander zusammen. Das ist also der siebte Aspekt. Der Aspekt, also die Möglichkeit, die Frage Mensch und Kosmos. Und die Frage: Gibt es extraterrestrisches Leben?

Der achte Aspekt dieser zehn Aspekte betrifft die Frage, die auch in diesem Semester eine Rolle spielt. In der letzten Vorlesung dann vor der Weihnachtspause: Gibt es die Möglichkeit, die Mathematik auf eine naturgemäße oder menschengemäße Weise neu zu denken? – Jenseits der herrschenden Abstraktion. Gibt es also eine andere Mathematik? Auch das ist ein Thema, was übrigens auch Johannes Heinrichs in seinem Buch „Öko-Logik" behandelt, in einem ausführlichen Abschnitt über harmonikale Bezüge in der Natur. Das kann man ja auch aus der Musik ableiten. In der Musik wird es ja eigentlich deutlich, dass es so ist. Aber auch in der harmonikalen Grundlagenforschung von Hans Kaiser, Rudolf Haase und Anderen, was die sogenannten Tonzahlen betrifft. Darüber will ich am 15. Dezember (1998) sprechen. Auch das ist eine wirklich wichtige Frage. Die Frage: Was hat die abstrakte Mathematik zu tun mit der chronologischen Zahlenfolge? Nicht, diese merkwürdige Neugierde, die Menschen danach haben oder darauf haben: Wie alt sind sie eigentlich? – Das ist ja nicht nur: Sieht der so alt aus, wie er ist? Oder hat er sich gut gehalten? Oder: Sieht der eigentlich furchtbar aus für sein Alter? – Das ist ja die Frage. – Oder auch im „Spiegel" dann: Gerhard Schröder, in Klammern – 54, designierter Bundeskanzler. So, ist das wichtig, dass der 54 und Helmut Kohl 68 ist? – In irgendeiner Form hat man das Gefühl, diese Zahlen sind so wie ein Etikett. Wie alt einer ist, scheint ihn irgendwie auf eine Weise, die kann er ... zu kennzeichnen, auch das Interesse, das viele Menschen haben, auch ausgepichte Rationalisten. Sigmund Freud zum Beispiel, war so einer [mit Interesse an] an zahlenmystischen Bezügen. Sigmund Freud hat sich brennend interessiert für zahlenmystische Bezüge, also einer der nun wirklich ausgewiesenen Rationalisten, als der er ersteinmal anzusehen ist, bei allen Impulsen, die er geliefert hat. Also diese Frage ist interessant, gelinde gesagt.

Dann der neunte Aspekt betrifft, und das führt ein bisschen zurück auf das vorige Semester, die Frage nach der Evolution des Lebens überhaupt: Wie ist Leben entstanden? Wie kann man Leben denken? Was ist überhaupt das Lebendige? Und wie können wir uns darin integrieren? Also die Frage nach dem Leben und auch der Lebensenergie, der Lebenskraft. Das will ich aber in diesem Semester nur am Rande behandeln. Dem habe ich ja ein ganzes Semester gewidmet im Sommer '98. Auch die Kritik an Darwin, die zunehmend wächst, finde ich, – es wird ja deutlich, dass die Makro-Evolution sich gar nicht darwinistisch erklären lässt – und so weiter.

Und der zehnte und letzte Aspekt betrifft die Frage nach Hell und Dunkel. Das ist keine Belanglosigkeit. Die Frage nach dem Licht, die immer rätselhafter wird, je mehr man weiß über das Licht, umso rätselhafter wird das Licht. Was ist denn dieses Licht überhaupt? – Das weiß keiner. Was ist das Licht – und was ist die Finsternis? Diese Fragen haben auch zu tun offensichtlich mit Bewusstsein. Denn wie man weiß, ist Materie für sich nicht sichtbar, dunkel, unsichtbar – und Licht für sich ist auch unsichtbar, wie man weiß. Ich habe ja auch schon mal vor zwei Jahren hier in einer Vorlesung darüber gesprochen, und man muss das nicht bezweifeln. Das ist unbezweifelbar. Wenn sie links eine helle Lichtquelle haben und rechts einen Schirm und gucken: Dazwischen ist da nichts. Absolute Finsternis, Sie sehen nur in demselben Augenblick etwas, wo sie ein Stück Materie dazwischen halten – plötzlich wird es sichtbar. Wo ist das Licht vorher? Entsteht es in dem Augenblick, lässt es sich überhaupt genau lokalisieren? Und so weiter. Also eine spannende Frage: Was ist Licht, und was ist Finsternis?

Das sind für meine Wahrnehmung die 10 wichtigen Fragen, die für eine neue Theorie der Natur und des Kosmos relevant sind. Wahrscheinlich ist es so, obwohl man es nicht letztgültig sagen kann, dass alle zehn Fragen vielleicht nur Aspekte einer Frage sind. Was wäre dann diese eine Frage? Das wäre dann die Frage nach dem Menschen überhaupt, was der Mensch überhaupt in diesem Universum darstellt. Vielleicht wären dann auch die anderen Fragen lösbar.

Also diese 10 Zentral-Aspekte müssten ins Blickfeld geraten, wenn es um eine neue Theorie der Natur und des Kosmos gehen sollte. Das kann ich in diesem Semester nicht in allem Umfang machen, das ist klar. Ich will mich beschränken auf einige Aspekte davon, vor allen Dingen auf die Frage (will ich nachher noch sagen, wenn ich die Übersicht erläutere) Naturwissenschaft, Spiritualität an drei Beispielen. Ich frage auch nach dem Raum und nach den Feldern. Und immer wieder wird die Frage eine Rolle spielen nach dem Bewusstsein und auch die Frage nach den Zahlen-Welten jenseits der Mathematik. Da mache ich eine eigene Vorlesung zu.

Ich will noch etwas anderes sagen, was ich vorhin vergessen habe. Es wird ja immer wieder gefragt: Was ist denn eigentlich mit diesem Institut für Sozialökologie? Und dazu kann ich Folgendes jetzt sagen – dieser Johannes Heinrichs, der hier anfängt in diesem Wintersemester, arbeitet in gewisser Weise in der Nachfolge von Bahro, und das Institut hat einen neuen Standort bekommen. Die sind aber erst am Umziehen, aber trotzdem will ich es ihnen nennen und auch die Telefonnummer, weil ja auch verschiedentlich gefragt wird: Welche Nummer muss man da wählen, und wer geht da ran? Und da ist ein Anrufbeantworter. Da ist ja immer keiner und so. – Also ich sage Ihnen jetzt mal den neuesten Stand. Wahrscheinlich dauert es noch ein paar Tage, bis das Institut, es ist nur ein Raum, anderthalb Räume dort, wo das ist: Institut für Sozialökologie, Humboldt-Universität, Philippstraße 13. Die Philippstraße geht nicht direkt von der Friedrichstraße ab, sondern von der Hessischen Straße. Also, wenn sie nach Norden laufen Richtung Oranienburger Tor, dann müssen sie links die Hessische Straße rein und dann noch wieder links. Dann kommen sie auf die Philippstraße. Es ist also U-Bahnhof Oranienburger Tor. Beziehungsweise müssen sie ein bisschen weiterlaufen. S-Bahnhof Oranienburger Straße, also links die Oranienburger Straße lang, dann Friedrichstraße, von der Hessischen geht es rein. Friedrichstraße, Hessische Straße, Philippstraße. Telefonnummer 2 0 9 3 generell für die Universität, egal wo sie anrufen. 2 0 9 3 und dann 6 1 3 5 bzw. 6 1 9 9. Sind zwei Telephone da. Fax 2 0 9 3 6 2 6 8. Ich kann das das nächste Mal nochmal sagen. Also das ist die vorläufige Heimstatt des Instituts für Sozialökologie. Was aus diesem Institut wird und wie das weitergeht, das weiß keiner. Ich weiß es im Moment auch nicht. Wir alle wünschen, dass das noch ein paar Jahre hält. Die Mittel sind knapp, überall wird gespart. Und hier ist es überhaupt erfreulich, dass es eine gewisse Kontinuität gibt. Dass auch so Jemand wie Johannes Heinrichs hier anfangen kann, finde ich wunderbar. Das ist ein ermutigendes Signal.

Gut, ich habe ihn jetzt erst einmal die 10 Grund-Komponenten genannt, die nach meiner Wahrnehmung wichtig wären für eine neue Theorie der Natur und des Kosmos bzw. die 10 Komponenten der einen großen Herausforderung. Nun habe ich auch schon die Fragen gestellt: Sind vielleicht diese 10 Komponenten nur Facetten einer Grundfrage? Ich habe sie selbst beantwortet. Ich würde sagen: Ja – der Grundfrage überhaupt nach der Existenz des Universum auf die allgemeinste Formel mal gebracht.

Wenn man sich dieses Thema Naturwissenschaft – Spiritualität, was in dem Semester eine zentrale Rolle spielen soll, mal genauer anschaut, dann wird man sehen, dass da eine Grundfrage angesprochen ist, die auch sozial und politisch und global von ungeheurer Wichtigkeit ist. Also keineswegs eine Frage, abgehoben, fernab vom großen Geschehen. Im Gegenteil – man kann sagen, wenn es nicht gelingt, bis zu einem gewissen Grade die naturwissenschaftliche Denkweise zu integrieren, vielleicht gar zu versöhnen mit spirituellen Ansätzen, klafft ein Riss auch in dieser Weltgesellschaft oder Weltgemeinschaft, der ja ohnehin da ist, der ständige Konflikte produziert.

Nun, das kann man nicht naiv betrachten, als ob es hier um eine Harmonievorstellung ginge, als ob dieser Gegensatz grundsätzlich zu überwinden wäre; das ist er wahrscheinlich nicht. – Aber man muss das Thema sehen. Man muss wissen, dass es wirklich existenziell für diese Erde ist, auch für eine friedvoll existierende Weltgemeinschaft, wenn die Menschheit eine Zukunft haben soll, – was wir wünschen. Das ist also tatsächlich zentral wichtig. Es ist keineswegs ein Thema, was eine Randerscheinung wäre, wenn es vielleicht auch so zunächst erscheinen könnte.

Das stellt übrigens ganz schön Ken Wilber schon am Anfang in seinem Buch „Naturwissenschaft und Religion" dar. Ich darf mal die paar Sätze vorlesen, mit denen er sein Buch anfängt. Da zeigt er nämlich ganz deutlich auch die globale, die politische und soziale Bedeutung des Themas. Ich lese mal die ersten Passagen kurz vor hier. Sein erstes Kapitel heißt: „Die Herausforderung unserer Zeit, die Integration von Wissenschaft und Religion" nennt er das, nicht Spiritualität erstmal, das ist ja eigentlich nicht dasselbe. Religion meint ja eher die Gemeinde, diese etablierten Formen. „Es gibt wohl in der modernen Welt kein bedeutsameres und drängenderes Thema als das Verhältnis von Wissenschaft und Religion. Die Naturwissenschaft ist zweifellos eines der tiefgründigsten Verfahren, die die Menschheit bisher entwickelt hat, um Wahrheit zu entdecken, während Religion diejenige Kraft ist, die wie keine andere Sinn stiftet. Wir brauchen Wahrheit und Sinn, Wissenschaft und Religion, aber wir wissen nicht, wie man beides in einer Weise zusammenführt, die von beiden Seiten akzeptiert wird. Die Versöhnung von Wissenschaft und Religion ist nicht nur von flüchtigem akademischen Interesse. Diese beiden gewaltigen Kräfte, Wahrheit und Sinn, liegen in der heutigen Welt in heftigem Widerstreit miteinander. Die moderne Wissenschaft und die prämoderne Religion ringen mit ihren je unterschiedlichen Mitteln auf diesem Erdball um die Vorherrschaft. Früher oder später muss sich eines von beiden geschlagen geben. Wissenschaft und Technik haben ein weltweites und transnationales Netz industrieller, wirtschaftlicher, medizinischer, naturwissenschaftlicher und informationstechnischer Systeme geschaffen. Wie nutzbringend aber alle diese Systeme auch sein mögen, sie sind doch als solche sinn- und wertfrei. Wie die Vertreter der Wissenschaft selbst immer wieder betonen, sagt uns diese, was ist, nicht, was sein sollte."

Jetzt mal in diesem hohen Anspruch. Natürlich kann man zu dieser Gleichsetzung von Wissenschaft und Wahrheit viele Einschränkungen machen. Es geht erst mal um die Idee von Wissenschaft, um die Grundkonzeption, egal was sie realisieren kann.

„Die Wissenschaft sagt uns etwas über Elektronen, Atome, Moleküle, Galaxien, Daten, Bits und digitale Netzwerke. Sagt uns, was ein Ding ist, aber nicht, ob das gut oder schlecht ist oder was es sein könnte oder sollte. Daher ist diese gewaltige globale wissenschaftliche Infrastruktur als solche ein wertfreies Gerippe, wie funktionell auch immer sie sein mag. Dieses enorme Wert-Vakuum füllt die Religion gern aus. Die Wissenschaft hat jenen außergewöhnlichen, weltweiten und globalen Rahmen geschaffen, der frei von jeglichem Sinn ist. Und in diesem ubiquitären, allgegenwärtigen Rahmen haben sub-globale Nischen der prä-modernen Religion Milliarden von Menschen in allen Teilen der Welt Wert und Sinn gegeben. Das ist immer noch so. Zugleich streiten diese prä-modernen Religionen dem naturwissenschaftlichen Rahmen, in dem sie leben und der den größten Teil ihrer Medizin, ihrer Wirtschaft, ihres Bankwesens, ihrer Informationsnetze, ihres Verkehrs und Kommunikationsmittel bereitstellt, oft jegliche Gültigkeit ab. Religiöser Sinn versucht sich innerhalb des wissenschaftlichen Wahrheitgerippes zu behaupten, wobei er oft den naturwissenschaftlichen Rahmen als solchen bekämpft. Das geschieht ja am radikalsten im fundamentalistischen Islam. Dies ist freilich die Haltung eines Menschen, der munter an dem Ast sägt, auf dem er selbst sitzt. Die Abneigung ist gegenseitig, denn auch die moderne Wissenschaft verwirft gelassen praktisch alle Grundaussagen der Religion im Allgemeinen."

Das ist ja die berühmte Schizophrenie, die ich hier oft erwähne, dass Sie als Wissenschaftler, egal welche Wissenschaft Sie betreiben, ihre jeweiligen Glaubensüberzeugungen draußen vor der Tür lassen müssen, ob Sie Buddhist sind oder Hindu, ob Sie Moslem sind oder sich als Schamane fühlen wenn Sie im Labor stehen, müssen Sie richtig messen, sonst können Sie dort nicht stehen, sonst sind Sie einfach in diesem Sinne dieses Paradigmas Dilettant. Insofern ist von vornherein eine Trennung, die oft genug bis zu schizophrenen Bewusstseinslagen geht, – dass einer das eine glaubt und fühlt, das andere aber tut.

„Die Abneigung ist gegenseitig, denn auch die moderne Wissenschaft verwirft gelassen praktisch alle Grundaussagen der Religion im Allgemeinen. Der typischen Auffassung der modernen Naturwissenschaft zufolge ist Religion wenig mehr als Überbleibsel aus der Kindheit der Menschheit, dem so viel Wirklichkeitsgehalt zukommt, wie, sagen wir, dem Weihnachtsmann. Ob religiöse Behauptung eher wörtlich, Moses teilte das Rote Meer, oder eher mystisch, Religion beinhaltet unmittelbare spirituelle Erfahrung, sind – die moderne Wissenschaft verwirft sie alle, weil es keine glaubwürdigen empirischen Beweise dafür gibt.“

Verwirft sie nicht in dem Sinne, dass es nicht sein darf, dass man nicht so denken darf. Aber die empirische Bedeutung, die objektive Bedeutung dieser Aussagen wird angezweifelt. Nicht, dass also der Einzelne nicht subjektiv dieser Überzeugung sein kann.

„Dies ist also die bizarre Struktur der heutigen Welt. Ein naturwissenschaftlicher Rahmen globaler Spannweite mit alles umfassenden Informations- und Kommunikationsnetzen bildet ein sinnfreies Skelett, in dem hunderte sub-globaler, prä-moderner Religionen für Milliarden von Menschen Sinn und Wert schaffen. Und beide, Wissenschaft und Religion, bestreiten dem jeweils anderen Signifikanz oder überhaupt Wirklichkeitsgehalt. Das ist ein massiver und schwerwiegender Riss in den inneren Organen der heutigen Weltkultur. Und aus diesem Grunde glauben viele Gesellschaftsanalytiker, dass die Zukunft der Menschheit zumindest unsicher ist, wenn nicht eine Versöhnung zwischen Naturwissenschaft und Religion, in welcher Form auch immer, zustande kommt.“

Also wie immer man jetzt zu den Einzelaussagen von Wilber stehen mag, ich glaube schon, dass er in der Grundrichtung Recht hat, dass er mit Recht darauf hinweist, dass hier eine Kluft ist, auch wenn er nicht das Wort Schizophrenie erwähnt, die in irgendeiner Form der Heilung bedarf. Es kann nicht sein, dass ein Mensch permanent

– oder dass unzählige Menschen permanent mit diesem Riss durch ihre eigene Seele herumlaufen. Das muss auf die Dauer neurotisch wirken, – das ist auch neurotisch. Und das wirkt auch tatsächlich neurotisch, wenn man der Auffassung sein muss, was die Wissenschaft erkennt, behauptet, sagt, ist etwas fundamental anderes, als was die eigene religiöse, spirituelle Überzeugung ist. Es ist eine ganz andere Frage, wenn man auf eine naive, vorschnelle, ja geradezu platte Weise nun da Zusammenhänge herstellt, etwa wenn der Vatikan den Urknall bejubelt als Beweis der Weltschöpfung, – das ist eigentlich etwas, mit dem man sich nicht ernsthaft beschäftigen muss, obwohl es hier erwähnt sein müsste und sollte an der Stelle. Das führt überhaupt nicht weiter, wenn man irgendwelche einzelnen Theorien, wie schlecht oder gut gestützt auch immer sie sein mögen, nun im Schnellverfahren mit religiösen Überzeugungen zusammenbringt, etwa: Die Quantenphysik sagt dies und jenes über das Licht – Mystiker haben das ja schon immer gesagt. Das ist eine sehr schnelle und vordergründige Weise. Das muss man sich genauer angucken. Wenn man das so oberflächlich behandelt das Thema, muss man sich gar nicht damit beschäftigen. Dann ist ja die Frage eigentlich schon gelöst. Bloß, die Theorien ändern sich, und sogenannte wissenschaftliche Wahrheit ist ja kein fester Block, ist ja auch ein fluktuierendes Gebilde. Es gibt ja auch einen Wechsel der Grundmuster – der berühmte Paradigmenwechsel – also das muss man sich ein bisschen genauer angucken, auf jeden Fall, das ist ein großes Thema.

Und diesem Thema will ich mich unter anderem in diesem Semester zuwenden, weil ich wirklich meine, das ist ein Menschheitsthema, was auch tatsächlich schwerwiegende und weitreichende soziale und politische Auswirkungen hat, die man, glaube ich, erkennen kann, auch wenn man nur minimal darüber nachdenkt.

Ich will zunächst einmal jetzt versuchen, Ihnen einen Überblick zu geben, was ich vorhabe in diesem Semester und Ihnen die wichtigen Bücher nennen, die eine Auswahl darstellen; man könnte die drei- oder vierfache Menge hier angeben. Es bringt aber nichts, Literaturverzeichnis mit 200 Titeln hier anzuführen, die eh keiner liest. Auch schon die 20 Titel, die hier drauf stehen, werden sie nicht alle lesen. Aber immerhin, ich will es erwähnt haben, auch Bücher, die mich beeindruckt haben, die mich beeinflusst haben, oder die von mir selber sind.

Ich will nach diesem Spektrum, was ich heute schon erst mal aufgefächert habe, dann das nächste Mal die Frage behandeln oder mich der Frage zuwenden, was denn Wahrheit oder der Wahrheitsanspruch der Naturwissenschaft zu tun hat mit dem real existierenden naturwissenschaftlichen Betrieb oder Apparat. Das heißt: Was ist denn mit der real existierenden Naturwissenschaft – ich benutzte jetzt mal bewusst diese Formel – und der Frage nach der Wirklichkeit und der Wahrheit? Wie wahr sind solche Theorien denn überhaupt? Und ich will versuchen, ihnen dann einige Kriterien zu vermitteln, die es nämlich gibt. Das ist wichtig.

Man ist ja schnell geneigt zu sagen heute, das ist ja ein bisschen sehr modisch, fast modern: „Anything goes" – Persönlichkeit X sagt das eine, Persönlichkeit Y sagt das Gegenteil, und Persönlichkeit Z bestreitet das von den beiden anderen. So zimmert sich jeder seine eigene Weltsicht. Das ist ja der – jetzt mal überspitzt und sehr grob natürlich, nicht differenziert –der Konstruktivismus; also die konstruieren die Welt, individuell natürlich nur gering, aber kollektiv, gesellschaftlich: Jeder hat seine eigene Weltsicht. Der Kosmos sieht für jede Gesellschaft anders aus; der Kosmos sieht für jeden von uns hier im Raum vollkommen anders aus. Das heißt, wir könnten uns dann ja eigentlich nur über wechselseitige Phantasmagorien verständigen. Aber immerhin gibt es das Licht, das objektiv da ist. Es gibt die Gravitation, die uns zu Boden zieht oder drückt. Es gibt ja doch Tag und Nacht, die wechseln. Es gibt da bestimmte Gesetzmäßigkeiten. Es gibt so etwas wie eine objektiv existierende Wirklichkeit, die auch bestimmten Regelhaftigkeiten und Gesetzmäßigkeiten folgt. Das kann man nicht ernsthaft abstreiten.

Und um diese Frage geht es ja auch bei der Frage der Wahrheit. Und wo sind da die Grenzen? Das ventiliert auch Wilber. Und das ventiliert natürlich jeder, der sich mit diesen Fragen beschäftigt: Wo sind die Grenzen? Was ist wirklich wirklich? – Was ist wirklich, wirklich? Und was ist kulturelle Projektion?

Das kann ja jeder Einzelne mal gleichsam experimentell für sich selber versuchen zu klären. Was ist für ihn ... können sie ja mal versuchen für sich: Was ist für mich objektiv wahr? Wenn sie sich mal ganz ehrlich die Frage stellen – ohne dass ein anderer zuhört oder dass sie sich irgendwie rechtfertigen müssen oder dass die Fernsehkamera vor ihnen steht, dass irgendeiner das belauscht – ganz subjektiv nach innen fragen: Was ist für mich eigentlich wirklich wahr? Was halte ich für absolut richtig? Wenn man ... wenn das möglich ist, wenn man das kann – und wo schwimme ich eigentlich? Ich kann sagen: Ich schwimme überhaupt. Aber dann müsste man die eigene Existenz abstreiten, die ja unzweifelhaft vorhanden ist. Also man kann da durchaus auch ohne allzu große, sagen wir mal, differenzierende Denkbemühungen etwas erreichen. Also das gebe ich mal als Anregung, einfach mal für sich selbst die Frage zu stellen: Was ist für mich wirklich, was ist für mich wahr? Woran zweifle ich überhaupt nicht? Wahrscheinlich nicht daran, vermute ich mal, dass morgen auch morgen ist, dass es wieder hell werden wird, dass die Erde sich dreht in irgendeiner Form, dass die Dinge weitergehen. Also das berühmte USW-Problem von Husserl, dass Und-so-weiter-Problem.

Man könnte ja sagen: Das ist ja so banal, scheinbar banal – es ist nicht banal, warum es immer weitergeht.

Also, wo sind die Fixpunkte der eigenen Überzeugung? Und dann vielleicht auch die Frage: Wie kommt das? Ist das meine unmittelbare Erfahrung, oder sind es meine Glaubensüberzeugungen? Da werden sie vielleicht Schwierigkeiten haben, oder jeder hat die bis zu einem gewissen Grade, das genau zu trennen? Was glaube ich, und wovon bin ich überzeugt, dass es absolut, in einem absoluten Sinne, so ist? Oder es verschwimmt alles. Das kann aber nicht sein, dann wäre hier überhaupt keine Verständigung möglich. Also wenn der Konstruktivismus in einem absoluten Sinne gültig wäre, bräuchte man sich nur noch über, wie ich sagte, Phantasmagorien zu verständigen, über Traumwelten. – Das kann es nicht sein. Dann hätte es nie Erkenntnis gegeben, dann hätte es nie Naturwissenschaft gegeben, nie überhaupt auch Technik gegeben. Denn die Technik basiert darauf, dass bestimmte Regelhaftigkeiten in der Natur tatsächlich vorhanden sind, die auch auch immer wieder neu sich bewahrheiten.

Wenn sich Naturgesetze in jedem Moment ändern würden, sähe es schlecht aus. Also: Wie wahr sind naturwissenschaftliche, naturphilosophische Theorien, wie erreichen sie Wirklichkeit?

Dann, in der dritten Vorlesung, die ... noch ausgehend mal von Ken Wilber die Frage nach Innenwelt-Außenwelt. Ich gehe da aus von einer Theorie, die ich schon mal in anderem Kontext immer wieder habe anklingen lassen, der vier Aspekte des Kosmos von Ken Wilber, also Innenwelt – Außenwelt, individuell – kollektiv, teilt die Welt in

vier Grundtypen, Aspekte ein: Innen – Außen und das auch wieder
individuell – kollektiv; das ist sehr simpel. Fast könnte man sagen,
wie kann das Ergebnis erhellend sein? Ein simpler Ansatz, – aber er
bringt viel. Da kann man wirklich einiges daraus lernen. Innenwelt,
Außenwelt, was ist innen, was ist außen? – Ein erkenntnistheoreti-
scher Abgrund, etwa denken sie an die Farben – nur ein Beispiel he-
rausgegriffen – die Farben – sind die innen oder sind die außen? Der
moderne Physiologe: Die Farben gibt es gar nicht, die sind nur innen,
nur psychologisch, nur physiologisch, nur innen. – Das kann aber
auch so wiederum nicht sein. Es gibt genügend Beispiele, wo man
doch wieder auf eine gewisse objektive Existenz der Farben schließen
kann. Das kann nicht nur eine rein subjektiv-psychologische oder
physiologische Geschichte sein. Sehr schwierig die Frage, also allein
am Beispiel etwa der Farbwahrnehmung.

Nächster Punkt dann führt in die eigentliche Zentral-Frage dieses Semesters: Naturwissenschaft – Spiritualität. Ich will das in drei
Schritten machen. Ich zeige das zunächst mal am Beispiel, über das
heute kaum einer nachdenkt, weil es als abgehakt gilt, was es aber
nicht ist nach meiner Überzeugung – nämlich die Frage Newton, einer der Gründerväter der Naturwissenschaft. Und ich will den Versuch machen, ihnen an dieser Figur Newton zu zeigen, wie Newton
selber eigentlich schon als erster der neueren Naturwissenschaft den
Versuch macht, ich würde sagen, den gescheiterten Versuch macht,
aber er macht den Versuch, Naturwissenschaft und Spiritualität zusammen zu denken.

Newton war vor allen Dingen Okkultist und Magier; primär emp-
fand er sich als Okkultist und Magier. Vielmehr als zu Naturwissenschaft hat er sich zu mystischen Fragen geäußert, was viele nicht wissen. Also, Newton hatte eine ganz andere Grundhaltung zur Welt,
als viele glauben. Er ist eine hochinteressante Figur, gerade in der
changierenden Zwischenzone, er ist eine Schlüsselfigur. Ich finde es
ganz platt, wenn jetzt in den, sagen wir mal New-Age-Überlegungen,
Newton so einfach abqualifiziert wird, das Newtonsche-Des-cartes-
sche Weltbild, was nun angeblich überschritten worden sei. Das ist
oberflächlich, denn man muss sich das schon ein bisschen genauer
angucken, aber das macht kaum einer, weil es so bequem ist zu sagen: Newton ist eben mechanistisches Denken. Das haben wir alles
überwunden, das haben wir hinter uns gelassen. – Ich finde es wich-

tig, dass man da noch mal ein bisschen genauer hinguckt.

Dann die Frage Naturwissenschaft – Spiritualität an dem berühmtesten aller Bei-spiele, der Quantentheorie. Ich werde Ihnen dann in kurzer Form die Grundprinzipien der Quantentheorie erläutern, ohne dabei an die Mathematik zu gehen, nur im Grundsätzlichen, das kann man machen. In einer Stunde ist es möglich. So kompliziert ist die Quantentheorie gar nicht. Man kann sie relativ einfach erklären und die Frage stellen, ob sich von dort aus Zusammenhänge herstellen lassen, möglicherweise zu mystischen Weltansätzen, wie das ja immer wieder behauptet wird, oder ob das Ganze nicht ein grandioses Missverständnis ist, wie nämlich Ken Wilber behauptet. Er sagt, das Ganze ist von vorne bis hinten falsch. Das Ganze ist ein einziges großartiges Missverständnis, was der Capra da in die Welt gesetzt hat, und nach ihm wird das nun durch viele andere in mittlerweile unzähligen Büchern immer wieder aufs Neue wiederholt.

Dann kommt der Gastvortrag hier von Johannes Heinrichs, wo er einige wichtige Aspekte seiner „Öko-Logik" darstellt und darauf freue ich mich sehr, bin sehr gespannt auf diesen Vortrag. Dazu will ich jetzt nichts sagen. Sie werden es vielleicht ein bisschen auch dann sehen, wenn sie zum Johannes Heinrichs kommen wollen, nächsten Montag fängt das ja an, wäre schön, wenn einige kommen, wenn er einen guten Start hat, er steht nicht im Vorlesungsverzeichnis, und es ist natürlich klar, dass er sich freut, wenn ein paar Leute kommen, nicht nur fünf oder sechs Leute dann im Hörsaal sitzen. Am 8.12. gehe ich zum dritten Male die Frage nach Naturwissenschaft – Spiritualität an, diesmal an der Grundfrage der Einheit – unus mundus. Ein Zentralbegriff des Denkens der Antike und der Neuzeit überhaupt, aber auch aller spirituellen Traditionen. Die Frage nach der Einheit der Welt, – zentral wichtig und hochinteressant, wenn man das mal versucht zu denken. Ich will das versuchen, in einigen Beispielen zu erläutern.

Dann in der achten Vorlesung am 15.12. die Frage nach einer möglichen qualitativen Mathematik, ein Thema, was in den letzten Jahren zunehmend wichtiger wird und auch übrigens in meinem Buch „Was die Erde will" am Ende behandelt wird in dem Vortrag über Tiefenökologie der Musik. Das ist ein Vortrag, den ich gehalten habe in der Akademie der Künste vor vier Jahren. Da wird die Frage auch behandelt: Klang, Zahl und Weltraum.

Und dann am 5. Januar die Frage Weltraum – Weltäther, auch sogenannte Freie Energie. Ich erkläre das noch. Das meint die Möglichkeit, ob freie Energie, diese Energie des Vakuums, in irgendeiner Form anzuzapfen [sei]? Das wird ja in den letzten Jahren zunehmend behauptet. Es gibt mittlerweile auch eine recht weitreichende Literatur darüber. Stichwort „Freie Energie". Einige behaupten sogar, sie hätten Maschinen entwickelt, mit denen man in der Lage sei, die Vakuumenergie zu kontaktieren. Dann hätte man ja eine unerschöpfliche Energiequelle. Das wird genauso oft bezweifelt, mehr bezweifelt als behauptet, – aber es gibt zunehmend auch einige Indizien dafür, dass es offenbar doch so etwas in der Richtung geben könnte, mal ganz vorsichtig gesagt, wie weit das immer technisch ausgereift ist, oder nicht. –

Für den, der es versuchen will, sich das mal vorzustellen, das ist ein ganz spannender Punkt: Bleibt das Vakuum, das als leerer Raum selber eine Art Energie enthält, die man tatsächlich auch nutzbar kann. Wenn das wirklich so wäre, wäre das ja revolutionär, aber wirklich würde das tatsächlich die Frage der Energie für die Menschheit auf eine vollkommen andere Ebene heben. Viele sagen, das ist vollkommen unmöglich, das ist eine reine Fantasie. Die meisten sagen das, – aber einige behaupten, es sei nicht so. Ich will Ihnen das versuchen darzustellen.

Auch die ganze Äther-Frage, die ja lange Jahrzehnte als ein vollkommen unmögliches Thema abgehandelt wurde in der herrschenden Physik, in allen Physik-Lehrbüchern heißt es, da gibt es gar nichts. Einstein hat das widerlegt, müssen wir nicht weiter drüber reden, in fast allen Physik-Lehrbüchern. Aber in den letzten 10, 15, 20 Jahren taucht die Frage wieder auf, wird neu ventiliert, und man stellt fest, es war ein bisschen voreilig, den Äther einfach auszuschalten. Die Frage ist wieder offen, was eine große wichtige Frage ist.

Und dann die Frage nach der Weltseele, die damit eng zusammenhängt, nach dem lebendigen Prinzip der Welt, was möglicherweise den Raum, den Kosmos durchdringt. Auch die Frage: Wie hält das, wie hängt das zusammen: Weltäther, Weltseele? Dazu will ich einiges sagen. Ich habe das hier aus einem Goethe-Gedicht: „Weltseele, komm' uns zu durchdringen", eines der berühmten Gedichte von Goethe.

Dann am 19.1. die Frage nach dem kosmischen Bewusstsein, ja auch ein schwammiger Begriff, auch viele in der New-Age-Bewegung haben das einfach, auch zum Teil unsäglich einfach, hingestellt, ohne eine substanzielle Fundierung. Also was ist denn dieses sogenannte kosmische Bewusstsein? Ist das einfach eine mystische Formel, oder hat das irgendwie einen Boden? Kann man da etwas verifizieren? Was bedeutet das eigentlich?

Auch dazu äußert sich Heinrichs in seiner „Öko-Logik" auch auf eine sehr interessante Weise; natürlich die Frage überhaupt nach dem Bewusstsein in dem Zusammenhang. Und dann geht es um die Frage, die schon ins Resümee der letzten beiden Vorlesungen hineingehen, wie denn der Kosmos zum Oikos werden kann, auch zum Haus oder Heim. Was kann man da zusammendenken, wenn man wieder auf die Erde zurückblickt, auf die Tiefen-Ökologie, auf die Frage nach einer möglichen Sozial-Ökologie? Was heißt das dann? Deswegen ist auch der Zusammenhang mit Johannes Heinrichs so wichtig, weil er das Hauptaugenmerk richtet auf die sozialen Fragen, die bei mir ja eher eine Randrolle spielen und die immer hin und wieder auftauchen. Und das will ich im nächsten Semester auch weiterführen.

Ich will Ihnen jetzt mal anhand der Literatur noch ein bisschen was erläutern. Hier liegen noch Bögen, ich habe da, glaube ich, 20 Titel aufgeführt. Ich will jetzt nicht alle durchgehen, aber einige. Zu dieser Frage nach dem Wahrheitsanspruch von Wissenschaft finde ich immer noch ausgezeichnet das Büchlein von Arnim Bechmann, was es nur bei ZweitausendEins gibt über Wilhelm Reichs Orgon-Forschung, eine Lesebegleitung zu einem Buch von Wilhelm Reich, und ein Büchlein. Ich habe das gerade in den letzten Tagen mir wieder angeguckt und finde es wirklich gut. Da wird sehr schön noch mal deutlich gemacht: Was für einen Anspruch hat die Wissenschaft? Wie wird der Anspruch eingelöst? Welche Wahrnehmungsbegrenzungen, aber auch Wahrnehmungsmöglichkeiten gibt es in einem wissenschaftlichen Paradigma und so weiter. Ich finde es richtig gut. Ein bisschen was hat er hier ja vorgetragen in seinem Gastvortrag bei mir im letzten Sommer, obwohl ja nur in sehr knapper Form und auch sehr schnell mit vielen Bildern, mit vielen Folien, vielleicht zu vielen. Also auch das können sie in Ruhe nachlesen. Ich empfehle es sehr, das Buch.

Giordano Bruno, das ist für mich ein wichtiger Mann, das wissen Sie oder einige wissen das. Das kann ich hier auslassen. Darauf komme ich noch. Was den Newton betrifft, so habe ich hier mal ganz bewusst aufgeführt den Briefwechsel von Leibniz mit dem Newton-Schüler Clark. Das ist bei Felix Meiner in Hamburg erschienen, auf den ich in einigen Aspekten auch eingehen werde. Dann Davidson – das Buch habe ich vor zwei Jahren schon mal hier angegeben: „Das Geheimnis des Vakuums". Es ist die umfassendste Darstellung zur Frage der sogenannten Vakuumenergie, die es momentan gibt, soweit ich das weiß. Das englische Original heißt „The Creative Vacuum", – das schöpferische Vakuum – , 1996 erschienen. Und ein Buch, das vollkommen anders als Capra den Versuch macht, Spiritualität und Quantenphysik zusammen zu denken, von einem indischen Physiker, der in Amerika lebt: Amit Goswami, „Das bewusste Universum – wie Bewusstsein die materielle Welt erschafft"; ein sehr interessantes, wichtiges Buch, was für meine Wahrnehmung auch auf eine viel differenziertere, intelligentere Weise als Capra den Versuch macht, hier was zusammenzuführen. Auch unzureichend, sage ich, auch nicht wirklich in der Tiefe überzeugend, aber sehr interessant, gehört es zu diesem Thema von Theorie – Mystik zu den interessanten Büchern, die es gibt. Die wenigsten kennen das Buch. Capra ist ja bekannt, aber Goswami kennt kaum jemand, aber es ist wirklich sehr interessant.

Dann Rudolf Haase, ich weiß nicht, ob er noch lehrt, hat lange Jahre in Wien an der Hochschule für Kunst in Wien gelehrt, Schüler von Franz Kaiser, hatte den Lehrstuhl für Harmonikale Grundlagenforschung, hat viele interessante Bücher geschrieben, auch Forschung zu Kepler und anderen, ein hochinteressanter Mann. Ich glaube, er ist mittlerweile emeritiert. Ein Büchlein: „Der messbare Einklang. Grundzüge einer empirischen Welt-Harmonie". Ich will Ihnen das vorstellen dann am 15. Dezember, der Versuch, der sehr aufschlussreiche, hochintelligente Versuch, harmonikale Bezüge deutlich zu machen. Auch ein großer Abschnitt über Kepler ist da drin. Mittlerweile gibt es auch sein Buch wieder, was lange vergriffen war, über Kepler neu, über die Keplersche Welt-Harmonie. Kepler war ja einer der ersten, der das gedacht hat, der es für zentral wichtig hielt. In der Naturforschung, Naturwissenschaft gilt Kepler ja eher ... gelten ja nur die drei Keplerschen Gesetze als wirklich relevant; der Rest wird ja eliminiert, mehr oder weniger. Es gilt als mystisch, als religiös. Aber es ist schon interessant, sich das genauer zu betrachten. Dann eben Haywood, den lasse ich mal aus, darauf gehe ich dann noch ein. Johannes Heinrichs „Öko-Logik", leider eben – das ist jammerschade, dass das Buch 79 Mark kostet, obwohl es ein Paperback ist. Ich weiß auch nicht warum. Auf jeden Fall, es ist ein tolles Buch, aber es ist wirklich wahnsinnig teuer. Vielleicht können Sie sich das mal ausleihen oder wie immer. Es lohnt sich wirklich, das durchzuarbeiten. Ich sage das von ganz wenigen Büchern, es lohnt sich, von der ersten bis zur letzten Seite das durchzulesen, aber es ist ein Stück geistige Arbeit. Ich habe kürzlich jemanden gesprochen, dem ist da die Luft ausgegangen nach dem ersten Drittel. Das kann ich verstehen, aber trotzdem, genau wie vielen bei Wilber „Eros, Kosmos, Logos", irgendwann geht die Luft aus, nach zwei, dreihundert Seiten. Aber es ist schade, weil, wenn man da dranbleibt, man einen Gewinn davon hat. Das ist nicht nur einfach intellektuelles Zeug, sondern es ist ein hochinteressanter Stoff. Das ist ein Erkenntnisgewinn, auch ein existenzieller Gewinn. Es macht wirklich Spaß, wenn man überhaupt Spaß am Denken hat, da mitzudenken. Gut, also genug der Lobeshymne.

Also er wird sich selbst hier vorstellen. Und dann habe ich von mir hier angegeben zwei Monographien, die kennen Sie, das habe ich mehrfach schon angegeben und das hier neu erschienen, seit vier Wochen gibt es das: „Was die Erde will – Mensch, Kosmos, Tiefen-Ökologie". Das ist ein bisschen dicker geraten, als es ursprünglich sein sollte, aber das kann ich Ihnen sehr empfehlen. Sie sollten das lesen, unbedingt, ein Grundlagenbuch zu dieser Vorlesung, selbstverständlich. Also es kann nicht schaden, wenn Sie sich das Buch kaufen. Es ist auf jeden Fall nicht langweilig. Und es gibt ein breites Spektrum, auch die ganze Mensch-Kosmos-Frage, und zu den Fragen, die ich hier auch in der Vorlesung darstelle. Ich habe Ihnen das ja letztes Semester genannt, dass es da zwei Bücher geben wird und dieses im nächsten Jahr gibt es noch ein anderes in einem anderen Verlag von mir mit der Thematik „Neue Naturphilosophie".

Dann ist wichtig für unseren Zusammenhang der Ervin Laszlo in zwei seiner Bücher vom Insel Verlag, „Wissenschaft und Wirklichkeit", habe ich hier dabei, der auch den Fragen nachgeht, ob man und wie man Naturwissenschaft und Naturphilosophie auf eine neue Weise denken kann. „Wissenschaft und Wirklichkeit" und „Kosmische Kreativität" steht hier drauf. Und dann der merkwürdige Titel von Matthew Fox/Sheldrake „Die Seele ist ein Feld", also eher als These, auch wieder Dialog, Wissenschaft, Spiritualität; hochinteressant, ich habe es erst zum Teil gelesen und finde es sehr interessant; also es lohnt sich. Und dann Ken Wilber, das wissen Sie, „Kurze Geschichte des Kosmos", eine Art Kurzfassung von „Eros, Kosmos, Logos" und dann „Naturwissenschaft und Religion", das ist zu dem Thema wahrscheinlich das Beste momentan, was es gibt auf dem Buchmarkt, soweit ich das sehen kann. Also eine sehr knappe und sehr konzise Darstellung, und das ist für dieses Semester wichtig. Also man kann damit arbeiten. Wenn Sie sich einige dieser Bücher besorgen oder ausleihen, wäre das nicht schlecht. Es ist wirklich viel, ich kann es nur andeuten. Vieles können Sie auch nicht nachlesen, was ich hier sage, auch in meinem eigenen Buch, was ich hier angegeben habe, auch in anderen Büchern ist es nicht drin. Es gibt also immer wieder Sachen, die ich so sage, die Sie nicht nachlesen können. Aber einiges können Sie auf jeden Fall nachlesen, wenn Sie das möchten. Ich möchte heute wie immer am Anfang einer Vorlesungsreihe keine Diskussion machen. Wir machen es aber das nächste Mal, und wir würden uns dann heute in einer Woche wiedersehen zu der Frage von Naturerkenntnis und Wirklichkeit. So, das war's für heute.

* * * * * * *

Naturerkenntnis und Wirklichkeit
Wie wahr sind naturwissenschaftliche Theorien?

Nun habe ich das genannt: „Naturerkenntnis und Wirklichkeit – die Basis naturwissenschaftlicher, naturphilosophischer Theorien".

Ich will mal mit einem konkreten Fall beginnen, der schlaglichtartig die Problematik beleuchtet. Ich traf am Freitagnachmittag einen mir flüchtig bekannten Elektrotechniker, von dem ich wusste, dass er sich seit Monaten, vielleicht sogar seit Jahren mit der Frage beschäftigt: Gibt es diese mysteriöse Lebensenergie? Oder gibt es sie nicht? Sie wissen, ich habe ein ganzes Sommersemester dieser Frage gewidmet, und Sie kennen meine Überzeugung zu diesem Punkt oder viele von Ihnen, – was immer nun Lebensenergie im Einzelnen bedeuten mag, so etwas in der Form müsste es geben. Ich glaube, die Evidenz dafür sieht recht gut aus. Wir haben das ja eingehend im Sommersemester behandelt.

Nun, dieser Elektrotechniker, mit dem ich also ein kurzes Gespräch, vielleicht sieben, acht Minuten, maximal zehn Minuten hatte, der sagte mir, wir unterhielten uns so, ja, er habe nun 10000 Seiten gelesen, werden immerhin 20 dickleibige Bücher von 500 Seiten, also 10000 Seiten [sein], habe er gelesen zum Thema Lebensenergie. Nun sei ihm klar, dass es Humbug ist. Eigentlich wusste er's schon vorher, aber jetzt sei es nun endgültig klar: Es gibt diese Lebensenergie nicht. Und ich habe also zaghaft nachgefragt: Warum nicht? Warum sollte es die Lebensenergie nicht geben? Ich meine immerhin, es gibt doch Hinweise darauf, es könnte sie doch geben. – Nein: Unmöglich. – Dann fragte ich ein bisschen weiter, und da sagte er, er als Elektrotechniker sei ein Mann der Praxis, er sei Realist. Und wenn er einen Apparat verkauft, dann muss der funktionieren, sonst kann er ihn nicht verkaufen. Und das sei das Einzige, was für ihn zählt. – Immerhin haben Sie sich doch ungeheuer viel Literatur angeguckt zu dieser Frage: Gibt es eine Lebensenergie oder nicht und sind zu einem negativen Ergebnis gekommen. Und dann, im weiteren Verlauf dieses sehr kurzen Gesprächs versuchte ich, wahrscheinlich nur mit geringem Erfolg, seine Kriterien noch genauer zu hören, warum es denn so etwas wie eine Lebensenergie nicht geben könnte. Und brachte nun das Beispiel. Ich hörte so heraus, er habe auch moderne physikalische Literatur gelesen. Und dann fragte ich also nach, ob er auch quantentheoretische Bücher gelesen hätte ? ja, hätte er auch gelesen. Ob er die auch verstanden hätte? ? Kaum, weil er versteht nicht so viel von Mathematik. Und außerdem ist es so schwer, auch diffizil und komplex. Das habe er dann doch wieder beiseite gelegt. ? Und dann frage ich: Ja, wieso eigentlich? Ob er glaubt, was in diesen Büchern steht? Immerhin sind doch das erstaunliche Behauptungen, die da aufgestellt werden. Ja, schwindelerregende Behauptungen. Also wenn man einige der avanciertesten Bücher zur Quantentheorie zur Hand nimmt und mal genau prüft, was da wirklich behauptet wird und wenn man diese hypothetischen, spekulativen, abstrakten Überlegungen ontologisiert, also zur Wirklichkeit erklärt, dann kommt man aus dem Staunen nicht raus. Da ist dann ja ein merkwürdiges, fremdartiges, rätselhaftes Bild der Wirklichkeit, dass da gezeichnet wird. – Das sei ihm egal. –

Und dann kamen wir immer mehr auf den Punkt, dass er das zwar nicht anzweifelt. Ich frage: Warum nicht? Warum denn nicht? Nur weil es mathematisch präzise ist und weil es funktioniert? Er sei doch ein Matador des Funktionierens. Warum er das dann ... Also, dann kam immer mehr heraus, dass er das deswegen nicht anzweifelt, weil es allgemein anerkannt ist, weil es in irgendeiner Form von Autoritäten abgesichert ist. Also, was durch Autoritäten abgesichert ist, in irgendeiner Form, [da] tritt ja kaum einer öffentlich dagegen auf, also muss es in irgendeiner Form stimmen. Viel leichter ist es natürlich, die Lebensenergie, sag ich mal, abzubügeln, weil sie noch nicht, also als Konzept, verankert ist in dem herrschenden Wissenschaftsmuster oder Paradigma. Und das war für mich ein interessantes Beispiel, wie ein, jetzt in diesem Falle Techniker, es gibt genügend Beispiele auch in anderen Bereichen, sich quasi aufgrund seiner eigenen empirischen Welt, aufgrund seiner eigenen, relativ begrenzten schmalen empirischen Welt, eine Vorstellung zusammenbaut, wie die Welt im Ganzen sei, was möglich ist und was nicht möglich ist. In seiner Vorstellung gab es, gibt es also ganz bestimmte Dinge, die sind möglich und andere Dinge, die sind absolut unmöglich. Immerhin muss er die Möglichkeit erwogen haben, dass es so etwas wie Lebensenergie geben könnte, sonst hätte er nicht seinen Aussagen zufolge 10000 Seiten gelesen.

Was immer er da wirklich gelesen hat und wie intensiv er diese Bücher gelesen hat – ihm war wichtig, irgendwann zu einem Resultat zu kommen: Das ist Humbug, die Leute machen nur Geld, das ist Scharlatanerie. Nun ist das ein zentraler Punkt. Ich sage das nicht, um mich auf eine arrogante Weise jetzt darüber zu mokieren und sage, es ist ein kleines Denken, ganz schmal nur, was sich sozusagen ins Allgemeine weitet, das meine ich nicht. Ich meine den symptomatischen Charakter daran, dass wir alle mehr oder weniger eine Grundüberzeugung davon haben, wie die Welt im Gesamten ist. Auch wenn wir das nicht immer präsent haben und vielleicht auch nachgefragt gar nicht genau sagen könnten, wie das in unseren Köpfen oder unseren Seelen aussieht. Wir alle haben ein mehr oder weniger unhinterfragtes Grundverständnis von Wirklichkeit, und um dieses Grundverständnis geht es mir hier.

Und meine Frage ist: Welche Kriterien haben wir, um überhaupt zu entscheiden, was wirklich oder wahr ist? Ich will mich jetzt gar nicht auf die Abgründigkeit dieser Begriffe „Wahrheit" oder „Wirklichkeit" einlassen. Das wäre eine eigene Vorlesungsreihe, allein darüber, die Begriffe zu klären. Man kann das ganz schlicht erst mal sagen: Wahrheit ist eine gewisse Übereinstimmung von theoretischen Konzepten, von Theorien, von Hypothesen, von Mutmaßungen mit der Wirklichkeit. In irgendeiner Form muss es einen Zusammenhang geben, sonst könnte keine Theorie, keine Hypothese, kein Konzept in irgendeiner Form wirksam geworden sein.

Nun wissen wir alle, dass bestimmte Konzepte im Laufe der Geschichte sehr mächtig waren und dann doch ganz allmählich, manchmal auch revolutionär schnell überwunden wurden. Und die Frage ist: Wie kommt es, dass über Jahrzehnte hinweg bestimmte Grundüberzeugungen vorherrschend sind, und dann – in einem mehr oder weniger schnellen Prozess – diese Grundüberzeugung dann als obsolet gelten, als überholt, vielleicht gar als grundsätzlich falsch?

Der berühmte Wissenschaftstheoretiker Thomas Kuhn, mittlerweile weltberühmt geworden durch den Begriff, den er geprägt hat, des Paradigmas, in seinem Buch „The Structure of Scientific Revolution", Mitte der 60er Jahre, hat ja versucht, unzulänglich meine ich, aber er hat es versucht, eine Antwort zu geben, wie das möglich ist, – also wie die Abfolge des Denkens sich einordnen lässt in eine Abfolge von Grundmustern, die in bestimmten Epochen, in bestimmten Gruppen, herrschend sind.

Der Begriff des Paradigmas ist ja mittlerweile abgeflacht und ver-nutzt. Man kann ihn kaum mehr benutzen, weil alle Welt redet von „Paradigmawechsel". Die wenigsten wissen so genau, was damit ge-meint sein soll. Deswegen will ich es ein bisschen genauer erklären. Ich finde hier ausgesprochen hilfreich, dieses Büchlein von dem Arnim Bechmann, das ich mehrfach erwähnt habe – der ja von Hause aus Physiker und Mathematiker ist, der hier im letzten Sommer auch einen Gastvortrag gehalten hat – in seinem Begleitbuch zu Wilhelm Reichs Orgon ... im Verlag Zweitausendeins. Er hat hier am Ende ein-en kleinen Essay geschrieben, fünfzehn Seiten lang nur, den nennt er „Wissenschaft – die Suche nach der Wahrheit in paradigmatischen Festungen". Und ich finde diesen kleinen Essay sehr unprätentiös und, wie ich sagte, hilfreich, weil Bechmann macht wirklich deutlich, was ein Paradigma ist. Ich kenne eigentlich nichts Besseres und Präziseres und etwas, was mehr auf den Punkt zielt. Nun, ich werde mich gleich dazu noch kommentierend und zitierend äußern.

Nun ist die Frage einer möglichen anderen Art, die Welt zu betrachten, einer anderen Art Naturwissenschaft zu betreiben – was mich ja sehr beschäftigt, wie viele von ihnen wissen, seit vielen Jahren, ich arbeite ja selber an einem Konzept einer anderen Naturwissenschaft – in unserer Zeit kolossal verbreitet. Ich habe mir vor einem halben Jahr einer Anregung folgend ein Buch beschafft, bei dessen Lektüre ich aus dem Staunen nicht herauskam. „Lektüre" ist vielleicht nicht das richtige Wort, weil dieses Buch ist nichts weiter als ein Literaturverzeichnis, was ich hier in der Hand halte. Sie können gerne in der Pause mal reinschauen: Norbert Moch „Die alternative naturwissenschaftliche Literaturliste". Dieser Band hat hunderte von Büchern, gibt hunderte von Büchern an, teilweise mit Kurzeinführung in die jeweilige Thematik, zu einer anderen, einer alternativen Naturwissenschaft. Man muss sich das mal vorstellen, was mittlerweile, also jenseits des Mainstreams an Theorien, an Hypothesen, an Vermutungen, zum Teil an abenteuerlichen Behauptungen verbreitet ist, aber auch an hochinteressanten, spannenden, faszinierenden Ansätzen. Also wem das Thema am Herzen liegt, in einem umfassenden Sinne, dem sei dieses Verzeichnis hier ans Herz gelegt: „Die alternative naturwissenschaftliche Literaturliste". Hier gibt es etwa „Äther-Physik". Wir sprechen noch darüber, dann im Januar, „Nikola Tesla", „Elektrosmog", „Radioästhesie", „Sterling-Motor", „Freie Energie", „Wilhelm Reich", „Quantenphysik", „Anthroposophie" werden hier aufgeführt. Na gut, „Parapsychologie", „Kirlian-Fotografie", „Levitiertes Wasser", „Viktor Schauberger", „Kritik der Relativitätstheorie" und so weiter.

Also, nun wäre es natürlich zu einfach zu sagen, na ja, das sind eben die üblichen Begleiterscheinungen des herrschenden Paradigmas. Man müsste sich damit nicht ernsthaft beschäftigen. Ich kenne einige dieser Texte und bin immer wieder erstaunt, wie einige Außenseiter, ich benutze jetzt mal bewusst das Wort, doch sehr scharfsinnig und präzise Schwachstellen im Mainstreamdenken beleuchten. Der Fehler der meisten dieser Außenseiter, soweit ich das beurteilen kann, besteht darin, wenn ich das richtig sehe, dass sie sozusagen ihr Konto überziehen, dass sie ein Segment sehr scharf beleuchten, mit einer Versessenheit bis ins äußerste Detail hinein und wirklich erstaunliche Dinge zutage fördern, durchaus auch zeigen können, dass die Mainstream-Wissenschaft einfach falsch liegt, ? aber dass sie dann fast alle den Fehler machen, den hat auch Wilhelm Reich gemacht, das ist auch psychologisch-menschlich ganz verständlich, das Ganze nun aufzubauen, sozusagen ein privates Gesamtweltbild nun hinzustellen. Das ist das typische, sage ich mal, die typische Privat-Philosophie der Techniker, Ingenieure, Naturwissen-schaftler, wie es natürlich umgekehrt genauso eine gleichsam Privat-Naturwissenschaft der Philosophen gibt. Das hat schon vor knapp einem Jahrhundert der große, wirklich bedeutende Wissenschaftstheoretiker und Wissenschaftsphilosoph Ernst Mach in seinen Büchern gezeigt, unter anderem in seinem berühmten Buch „Erkenntnis und Irrtum". Gleich am Anfang sagt er da, 1905 erschienen: Es ist eigentlich eine Tragödie, dass die Naturwissenschaft und die Philosophie eigentlich sich vollkommen auseinander entwickelt haben, weil die meisten der Naturwissenschaftler haben eine Philosophie im Kopf, die recht grob gestrickt ist, um nicht zu sagen simpel, primitiv, eindimensional, auf jeden Fall nicht auf der Höhe der Reflexion – während auf der anderen Seite viele Philosophen ein oft rudimentäres Wissen haben über ganz fundamentale naturwissenschaftliche Fragen. Das hat ja auch gestern Johannes Heinrichs kurz angesprochen, dass das sogenannte Scheitern des deutschen Idealismus seit der Jahrhundertmitte, ja damit, also seit der Mitte 19. Jahrhunderts, auch damit zu tun hat, dass die ungeheuren Erfolge, die technischen Erfolge der abstrakt-mathematischen Naturwissenschaften so überwältigend waren, dass diese Ganzheitsentwürfe überhaupt keine Chance mehr hatten. Und es gehörte ja in der zweiten Hälfte des 19. Jahrhunderts zum guten Ton der Physiker etwa, sich über Hegel zu mokieren. Das war gang und gäbe. Ich habe mich mal damit beschäftigt, dass also führende Naturwissenschaftler Hegel einfach ins Lächerliche zogen, indem sie Zitate brachten aus der „Enzyklopädie der philosophischen Wissenschaften", also etwa: Elektrizität gestalte sich von sich selbst befreit ? Gelächter im Saal angestimmt, also sozusagen ermuntert. Der einzige Philosoph, der darnach zählte, war Kant. Jedenfalls die Idealisten wurden lächerlich gemacht. Schellings Naturphilosophie – einfach abstrakt, mystische Spekulation. –

Sicherlich hat man hin und wieder dann auch zugestanden, die Philosophen haben auch das eine oder andere vorausgedacht. Das erwähne ich ja immer mal wieder als ein berühmtes Beispiel, dass Schelling den Elektromagnetismus in gewisser Weise erfunden hat, in Anführungszeichen. Er war der erste Mensch überhaupt, der gesagt hat: Elektrizität und Magnetismus ist dasselbe, das sind nur verschiedene Aspekte des gleichen Grundphänomens. Und der dänische Physiker Hans Christian Oersted, der eigentlich der Begründer der neueren Magnetismus- und Elektrizitätsforschung ist, war ein Schüler Schellings. Also, es gibt da schon Zusammenhänge, aber der Mainstream jedenfalls hat dies vollkommen zurückgewiesen und eher lächerlich gemacht. Nun kann man nicht leugnen, wenn man die Schriften genauer betrachtet, auch die Schellings, dass da oft auch wirklich abstruses Zeug drin steht, das ist einfach so. Das sollte einen aber nicht abhalten, das genauer zu betrachten.

Nun, nach diesem Vorspann jetzt zu einigen zentralen Vorstellungen und Begriffen, die hier wichtig sind, erst mal der Begriff „Paradigma". Ich darf mal hier mich auf Bechmann beziehen, ich sagte es ja schon, dass ich das sehr eindrucksvoll finde, wie er das macht, wie er das darstellt. Ganz allgemein kann man sagen: Ein Paradigma ist eine kollektive Grundüberzeugung, ein kollektives Grundmuster von dem, was zulässig ist, was wirklich ist und welche Methoden angewendet werden dürfen. Damit ist das Paradigma eine bestimmte Struktur, die von vornherein ganz bestimmte Wahrnehmungen einschränkt. Das macht den Erfolg dieses Paradigmas aus. Das macht aber auch gleichzeitig seine Schwäche aus, weil Wissenschaftler, die innerhalb eines bestimmten Paradigmas arbeiten, mit Erfolg vielleicht auch arbeiten, grenzen in der Regel das aus, was außerhalb des Paradigmas liegt, aus einer Vielzahl von Gründen, nicht nur aus den bekannten Karrieregründen, obwohl die hier sicherlich auch eine Rolle spielen.

Ich darf mal Bechmann zitieren, der sich hier mit Kuhn auseinandersetzt. In diesem Buch über Wilhelm Reichs [Experimente in der Wüste]. „Paradigmen sind Modelle", schreibt Armin Bechmann, „Denkschemata oder gedankliche Raster, die bei jeder wissenschaftlichen Tätigkeit, insbesondere für jede Theoriebildung als gegeben vorausgesetzt werden." Das ist wichtig. Die Voraussetzung ist häufig so implizit, dass der einzelne Wissenschaftler, wenn er darauf angesprochen würde, häufig gar nicht sagen kann, was das Paradigma genau ist, in dem er arbeitet, weil es so absolut selbstverständlich ist. Also viele wissenschaftliche Akademien und Institutionen pflegen einen ganz bestimmten Wissenschaftsbegriff, und die Frage wird gar nicht gestellt, im Rahmen dieser Apparate und Institutionen, was denn die Fundamente, was denn die Basis, was denn die philosophischen Prämissen sind, auf denen diese Wissenschaft beruht. Und jede Wissenschaft basiert auf solchen Prämissen. Also man soll sich nichts vormachen. Man kann die Messpräzision bis ins Äußerste treiben – Messungen müssen interpretiert werden, und Interpretation erfolgt im Rahmen einer bestimmten philosophischen Grundhaltung. Jede ausdifferenzierte Theorie ist immer ein Stück Philosophie. „Das heißt", schreibt Bechmann weiter, „in einem Paradigma sind die Bestandteile und Grundsteine einer Theorie erfasst, die innerhalb dieser Theorie selbst nicht mehr thematisiert wird." Das ist kein Thema. Bei manchen ruft man geradezu Verwunderung hervor, wenn man danach fragt. – Ja, das funktioniert doch, das klappt doch. Wir können doch diese Voraussage machen, das ergibt sich doch. Wieso soll ich da weiter fragen? – „Paradigmen dienen somit der Grenzziehung. Sie trennen einen wissenschaftlichen Erkenntnisraum von seiner Umgebung. Thomas Kuhn versucht die Struktur eines Paradigmas an einem Beispiel zu erläutern."

Hier zitiert Armin Bechmann Thomas Kuhn aus diesem berühmten Buch „Die Struktur der wissenschaftlichen Revolution". Zitat Kuhn: „Die genaue historische Untersuchung eines bestimmten Spezialgebietes zu einem bestimmten Zeitpunkt enthält eine Reihe sich wiederholender und gleichsam maßgebender Erklärungen verschiedener Theorien in ihren Anwendungen in Bezug auf Begriffsbildung, Beobachtung und Instrumentation. Das sind die Paradigmen der Gemeinschaft, wie sie in ihren Lehrbüchern, Vorlesungen und Laborversuchen zu Tage treten."

Also, wenn es der Wissenschaft schon um den Begriff „scientific community" geht, der weltweit verbreitet ist, kommt das heraus – das ist eine soziale Angelegenheit. Die Institutionen sind ja die soziale Veranstaltung dieses Unternehmens Wissenschaft.

Nochmals Thomas Kuhn: „Menschen, deren Forschung auf gemeinsamen Paradigmen beruht, sind denselben Regeln und Normen für die wissenschaftliche Praxis verbunden. Diese Bindung und die offenbare Übereinstimmung, die sie hervorruft, sind Voraussetzungen für eine normale Wissenschaft, das heißt für die Entstehung und Fortdauer einer bestimmten Forschungstradition." Zitat Ende.

Jetzt Bechmann weiter: „Paradigmen schaffen somit die Voraussetzung für ‚Normal- Wissenschaft' " – er setzt das in Anführungszeichen – „als der Wissenschaft, die in stabilen Institutionen, Universitäten, Akademien, Forschungsgesellschaften usw. routinemäßig betrieben werden kann. Die Herausbildung eines Paradigmas für ein bestimmtes wissenschaftliches Erkenntniskonzept bietet die Voraussetzung dafür, dass dieses Konzept Grundlage vergesellschafteter wissenschaftlicher Tätigkeit wird." – Das muss es bis zu einem gewissen Grade auch sein, weil sonst müsste ja jeder einzelne Wissenschaftler in seinem jeweiligen Fachgebiet zusammen das Ganze immer wieder neu von den Fundamenten aus befragen, was unmöglich ist. Er muss ein bestimmtes kollektives Grundeinverständnis bei seiner Arbeit erst einmal voraussetzen, sonst ist es nicht möglich. „Erst auf der Basis eines wohl strukturierten Paradigmas wird arbeitsteilige Normal-Wissenschaft möglich und erfolgreich. Für ein neu entstehendes Wissensgebiet wird sich ein klar erkennbares Paradigma selten ganz früh, sondern erst später im Verlaufe des Forschungsprozess herausbilden." Weiter Bechmann: „Ein Paradigma stellt somit so etwas wie eine besondere Brille dar, welche sich eine Gruppe von Forschern eines wissenschaftlichen Fachgebietes aufsetzt, um die Gesamtkomplexität, mit der jeder Forschungstätigkeit belastet ist, auf ein verarbeitbares Maß zu reduzieren." – Ein wichtiger Aspekt hier, die Reduktion, die Reduzierung einer sehr komplexen Wirklichkeit auf bestimmte Grundstrukturen, wobei auch hier schon die zentrale Frage wissenschaftsphilosophisch ja wichtig ist: Worum geht es hier? Geht es um pure Modelle, die im Kopf entstehen, die gebaut sind, die so oder auch anders sein könnten – oder geht es um Wirklichkeit? Geht es um die wirklichen Gesetze der wirklichen Welt?

So kann man sagen, die herrschende Naturwissenschaft ist ja angetre-ten, in der Nachfolge des Kopernikanisums, verständlich zu machen – das war der Hauptansatzpunkt – , wie die Bewegung des Planeten Erde vereinbar sein kann mit dem Gefühl der Ruhe. Das war der Ausgangspunkt für die Galileische Physik, weil das war ja das erst einmal, was den Alltagsrahmen sprengte. Wenn sich die Erde mit dieser enormen, allein schon Orbitalgeschwindigkeit von 30 Kilometer pro Sekunde bewegt und wir absolut nichts davon merken, dann muss es dafür eine Erklärung geben. Es war der Spott der Antikopernikaner: Das kann nicht sein, da müsste ständig ein Gegenwind spürbar sein, der der Bewegung der Erde entspricht und so weiter. Das war der Ausgangspunkt.

Es war also durchaus die Frage der Wahrheit, der Wirklichkeit. Es ging um die wirkliche Bewegung in einem wirklichen Universum, eben nicht primär um die Frage, welches Modell ist einfach besser und welches ist schlechter. Das hat man im Nachhinein häufig so interpretiert. Man kann es in ganz vielen wissenschaftsgeschicht-lichen Darstellungen lesen: Kopernikus war nur deswegen erfolgreich, weil er ein einfacheres Modell aufgestellt hat. – Wenn man das wirklich konsequent so denkt, dann fällt man zurück, ich sage das mal hier, weil das wissenschaftsgeschichtlich interessant ist, auf das berühmte Vorwort, was ein protestantischer Geistlicher namens Andreas Osiander zu dem kopernikanischen Hauptwerk geschrieben hat, nämlich den Wahrheitsanspruch zurückzunehmen in dem Sinne: Was der Kopernikus hier bietet – frei paraphrasiert – ,sind nichts weiter als Hypothesen über das Sonnensystem. Kopernikus behauptet nicht, dass es wirklich so ist.

Also der erste klassische, kann man sagen, Ansatz, der bis heute sich durchzieht: Das Modell funktioniert besser, also nehmen wir das, ein anderes Modell funktioniert schlechter. Das hat zu heillosen Verwirrungen geführt bis in die gesellschaftliche Wahrnehmung von Wissenschaft überhaupt hinein. Worum geht es denn eigentlich?

Geht es um unsere eigenen Konstrukte oder geht es um die wirkliche Wirklichkeit?

Nun kann man sagen: Das ist gar nicht unterscheidbar, wir können das nicht auseinanderhalten, das ist miteinander verflochten. Aber erst einmal ist ja doch die Frage wichtig, worum es gehen soll.

Man kann ja zwei extreme Positionen einander gegenüberstellen. Man kann ja sagen, Wissenschaft, das wäre positivistisch, Wissenschaft hat nur die eine Aufgabe, den Zusammenhang der Erscheinungen formal zu beschreiben. So heißt es wörtlich in dem berühmten Aufsatz von Werner Heisenberg über die Unbestimmtheitsrelation 1927, also Wissenschaft habe die Aufgabe, den formalen Zusammenhang der Erscheinungen zu beschreiben. Beschreiben heißt nicht primär mit Worten zu beschreiben, sondern heißt primär, eine mathematische Form dafür zu finden. So könnte man fragen: Wo bleibt die Wirklichkeit, wenn es nur um Beschreibung geht? Darauf hätte Heisenberg geantwortet: Die Frage nach der wirklichen Wirklichkeit hinter diesem mathematischen Formalismus kann so nicht mehr gestellt werden. Immer wieder, Jahrzehnte hinweg, dafür ist er berühmt geworden, hat er gesagt: Der mathematische Beschreibungsformalismus ist die letzterreichbare Wirklichkeitsgestalt, die uns zugänglich ist. – Reinster Platonismus in einer bestimmten Version. – Das bestimmt ja die sogenannte Kopenhagener Interpretation der Quantentheorie.

Also das ist eine Möglichkeit. Man kann sagen, wir beschreiben den Zusammenhang der Erscheinungen formal. Was die Wirklichkeit selber ist, das wissen wir nicht, das können wir nicht wissen. Vielleicht wollen wir es auch gar nicht wissen. Jedenfalls würde das die Wissenschaft überschreiten, – das ist die eine extreme Position.

Man kann auf der anderen Seite sagen: Wissenschaft hat es primär mit Wirklichkeit zu tun. Wissenschaft soll erkennen, soll erkennend durchschauen, wie die wirklichen Gesetze dieser Welt aussehen. Und es geht um die wirklichen Gesetze dieser wirklichen Welt. Und Sie sehen, dass das zwei im Grunde sich ausschließende Positionen sind. Man kann die eine Überzeugung vertreten, man kann die andere Überzeugung vertreten. Natürlich gibt es vielfältige Mischformen, aber man muss sie erst einmal im Klaren sein: Worum geht es?

Nun ist das sehr modern heute, um nicht zu sagen postmodern, wenn jetzt gesagt wird, häufig in der Kognitionswissenschaft, im Konstruktivismus, auch viele wie Michel Foucault oder Jacques

Derrida und viele andere Postmoderne, sogenannte postmoderne Denker, haben gesagt: Na ja, letztlich ist alles Interpretation. Es gibt nur Interpretationen. Es gibt diese Wirklichkeit gar nicht bzw. die Frage danach zu stellen, wie denn die wirkliche Wirklichkeit sei, ist schon eine Frage, die ist von vorgestern. Weil, wir haben nur diese Interpretation. – Nun ist das eine Extremposition, die man ja auch vielfältig infrage stellen kann. Man könnte ja fragen: Wenn das stimmt, die Teilwahrheit dieser Aussage ist evident, und wenn es in einem absoluten Sinne stimmt, wo sind wir dann? Dann sind wir praktisch immer nur auf uns selber zurückgewiesen. Dann können wir eigentlich Wirklichkeit grundsätzlich nicht erkennen. Dann sind wir immer nur im Muster, im Netzwerk unserer eigenen Projektionen gefangen. Das ist ja die Grundüberzeugung in der Postmoderne, die in gewisser Weise – mit Abstrichen – mit Nietzsche beginnt, so sagt es jedenfalls Ken Wilber, dass wir gar nicht mehr eine Welt da draußen abbilden können.

Und dann kann man noch dem genannten Gegensatz einen anderen hinzufügen. Man kann zum Beispiel sagen, Wissenschaft hat die Aufgabe, eine Welt, wie sie an sich existiert, abzubilden. Man nennt das das Repräsentations-Paradigma, also Repräsentieren. Wobei der Einzelne, das wissenschaftliche Subjekt, sich dabei draußen vor lässt, sich in gewisser Weise selber auslöscht. Sozusagen, der Mensch als Wissenschaftler ist das anonyme „man" der Lehrbücher, wie sie es ja in allen Lehrbüchern, ob der Physik oder der Chemie oder sonst wie finden, dass das anonyme „man", klein geschrieben. Feministinnen sagen, das ist typisch: Das ist der Mann, der da spricht, und zwar der sozusagen sich leibfern fühlende, abstrakte Mann, der da spricht. Da spricht gar nichts Lebendiges, das ist einfach tot. Also, das wissenschaftliche Subjekt ist das abstrakte „man": Man nehme. – Und dann wird alles Subjektive vollständig herausgefiltert – Emotionen, die einer hat, zum Beispiel, aufgewühlt hat – das alles darf nicht sein. Natürlich ist es dann doch, nämlich Emotion, wenn es um Forschungsgelder geht, aufgewühlt hat, wenn ein anderer schneller ist mit den Entdeckungen. Also all diese sehr menschlichen Momente sind ja alle ständig anwesend, aber sie dürfen nicht sein. Offiziell geht es nur um – ja, worum eigentlich? Um Wirklichkeit? Oder geht es nur um ein besseres oder schlechteres Modell?

Nun haben die postmodernen Denker sich mokiert über dieses

Repräsentations-Paradigma, immer wieder gesagt, es sei naiv. Die Philosophie hätte doch schon nicht erst seit dem Idealismus immer wieder Selbstreflexion betrieben, immer wieder nach dem Subjekt gefragt. Und die Naturwissenschaft tut so, als ob da draußen ist die Welt und da gucke ich hin und das bilde ich ab, und da mache ich eine Landkarte von der Welt da draußen. Ich muss mir gar keine Gedanken machen, woher diese Landkarte kommt. Aber diese Landkarte wird ja angefertigt, und es gibt ganz bestimmte Landkarten, die von vornherein die Wirklichkeit aus- und wegfiltern, und die Landkarte ist ja nicht die Wirklichkeit. Und was die Sache noch zusätzlich erschwert, ist, und das ist auch ein Thema bei der ganzen Außenseiter-Naturwissenschaft heute, ist die technische Anwendbarkeit, das Funktionieren. Also was ich einleitend gesagt habe, dass der Betreffende gesagt hat: Es funktioniert doch, ich sehe doch ganz klar, wenn ich bestimmte Hypothesen mache, bestimmte Apparate baue, funktionieren sie oder funktionieren sie nicht. Wenn sie funktionieren, dann stimmen sie.

Das ist die Mentalität, würde ich mal sagen, von maximal 14-jährigen. Was funktioniert, stirbt nicht, weil es funktioniert; kolossal viel und bestimmte Prämissen sind natürlich eingeflossen, und ein bestimmter Zusammenhang mit der Wirklichkeit ist natürlich gegeben, das ist ja selbstverständlich. Deswegen muss es noch lange nicht in irgendeiner Form wahr sein. Ganz zu schweigen davon, dass es natürlich sehr ausdifferenzierte Systeme immer gegeben hat, die über die Wirklichkeit gestülpt wurden, die auch in der Lage waren, tatsächlich diese Wirklichkeit sehr genau zu beschreiben. Also wenn das ein Kriterium sein soll, die Präzision der mathematischen Beschreibung, dann gibt es sich völlig ausschließende Systeme dieser Art, und dann bleibt wieder die Frage: Was ist denn wirklich?

Oder wenn man sich dann gar nicht mehr zu helfen weiß, wie im Falle des Mikro-Bereichs, – sind denn nun diese verdammten kleinen Teilchen eher Welle oder eher Teilchen? –, dann hilft man sich damit, dass man sagt, na ja, irgendwie sind sie beides, je nach der Beobachtungssituation verhalten sie sich mal so, mal verhalten sie sich anders. Der naive Betrachter, der naive Realist würde natürlich sagen: Das kann nicht sein – entweder sind sie Welle, oder sie sind Teilchen, – es ist nicht möglich. Also das setzt natürlich eine bestimmte Auffassung davon voraus, was diese Wirklichkeit ist.

Man kann ja sagen, diese Wirklichkeit muss ja nicht so gebaut sein, dass sie uns so in dieser eindimensionalen Weise überhaupt zugänglich ist, kann ja sein, die Wirklichkeit ist so paradox in sich, dass man ihr nur mit Paradoxa beikommen kann. Vielleicht ist es wirklich so, dass wir nur in Paradoxa denken können. Das wäre immerhin eine Möglichkeit. Also, das ganze Thema ist kolossal schwierig. Und es ist spannend, finde ich, da mal wirklich genauer hinzugucken.

Bechmann gibt nun hier vier zentrale Komponenten, von denen er glaubt, dass sie ein Paradigma kennzeichnen. Ich darf diese vier Komponenten mal nennen.

Ich schreibe das jetzt nicht an die Tafel. Es ist immer so langatmig, [wenn man] immer an der Tafel steht und lange rumschreibt. Mache ich nicht so gerne. Und ich bin auch kein Freund von Folien, wie die meisten ja wissen. Dann jagt immer so eine Folie die andere, und da muss man erst dann lesen, und das muss nicht sein. Also, vier zentrale Momente dieses Paradigmas.

Theoretisch-methodischer Bezugsrahmen ist der erste Punkt. Dann listet er auf: Wissenschaftsmethode, Wissenschaftsbegriff, zum Beispiel „phänomenologisch", „dialektisch", „axiomatisch", „reduktiv". Das ist ein zentraler Begriff, der wichtig ist generell für Wissenschaft. Das bezieht sich ja auch auf die Frage des sogenannten Reduktionismus, also das kommt von „reducere", zurückführen. Also, Wissenschaft ist, wenn sie den Namen verdient, bis zu einem gewissen Grade immer reduktionistisch. Sie reduziert, sie versucht ja, ein bekanntes Phänomen auf etwas zurückzuführen, was erst einmal unbekannt ist.

In diesem Sinne verknüpft sie die Phänomene in dem Sinne, dass etwas eigentlich etwas Anderes ist. Paradebeispiel ist ja die kopernikanische Wende. Die unmittelbare sinnliche Anschauung wird ja radikal aus den Angeln gehoben. Ich meine, jeder Mensch, jeder, wir alle sind physisch, physiologisch, sinnlich, eingefleischte Antikopernikaner, ? aber vollkommen. Das ist ja für uns gar keine sinnlich fassbare, in diesem Sinne empirische Wirklichkeit. Das weiß man zwar intellektuell, das sieht man ja auch, wenn man die berühmten Astronautenbilder sich betrachtet, man sieht das ja. Aber das ist ja nicht eine ständig präsente Wirklichkeit. Also die Sinne sind eigentlich antikopernikanisch, in gewisser Weise, also, und da ist es ja schon eine ziemliche Herausforderung oder ein Affront zu sagen, das stimmt gar nicht. Und das ist natürlich dieser große Triumph der Wissenschaft mit dem Kopernikanismus, der zieht sich ja bis heute durch, dass immer wieder die sinnliche Unmittelbarkeit demontiert wird. Der Sinnenmensch sagt: Na, ich sehe das, ich fühle das, ich greife das, – das ist doch so! Und ständig versucht ihm die Wissenschaft, jedenfalls ein bestimmter Strang der Wissenschaft auszureden oder besser einzureden, dass es nicht so sei bzw. so sei.

Die Frage, haben wir hier schon ein paar Mal angesprochen, der Farben. Was sind Farben? Fragen Sie einen Physiker. Kein Physiker hat einen Hauch von einer Vorstellung, was Farben sind. Er sagt: Das ist gar nicht mein Thema, zu fragen, was Farben sind. Das ist eine psychologische Frage, vielleicht eine physiologische Frage. Das ist eine Frage, die wir nicht stellen und auch in gewisser Weise nicht stellen dürfen, weil die Farbe als Farbe, also als sie selbst, nicht einfach als [eine] messbare Schwingung, das ist ja keine Farbe. Wenn ich sage, so viele Billionen Schwingungen pro Sekunde, ist das ja nicht die Farbe, sondern es ist ein bestimmtes Phänomen, erstmal da draußen. Farbe wird es ja erst im Wechselspiel mit dem lebendigen Subjekt. Und nicht umsonst ist das der Ansatzpunkt ja auch der Goethe-schen Naturphilosophie gewesen. Gerade hier, dass eben das Außen und das Innen sich verschwistern und untrennbar miteinander verbunden sind, dass man den Schnitt gar nicht machen kann auf diese radikale Weise, wie das etwa in der Newtonschen Optik geschehen ist. Also Farben sind ein anderes Beispiel.

Also, zurück zu Bechmann. Art der Theoriebildung war noch Punkt 1. Erklärungsbegriff, wie wird denn erklärt, schreibt Bechmann hier in Klammern: kausal, statistisch, genetisch, funktional. Völlig verschiedene Dinge. Ich greife nur mal raus: kausal und funktional. Gemeinhin wird in der Physik beispielsweise funktional erklärt, das heißt die Frage nach der causa, nach der eigentlichen Ursache, wird meistens gar nicht gestellt. Das ist nachzuweisen eigentlich seit der klaren Herausbildung des sogenannten mechanistischen Weltbildes in der zweiten Hälfte des 18. Jahrhunderts, dass alle Phänomene eigentlich funktional erklärt werden. Es wird nicht mehr gefragt: Warum? Die Frage etwa: Warum sind die Dinge schwer? Die berühmte Frage: Warum zieht die Erde eigentlich die Dinge an? Darauf haben die Physiker dann seit dem 18. Jahrhundert gesagt: Das wissen wir nicht, das müssen wir auch nicht wissen. Das ist gar keine Frage, die irgendwie relevant ist, weil wir sehen, da ist etwas, und es wirkt, und es lässt sich auch mathematisch beschreiben. Es ist eminent erfolgreich, es kann Gestirnbewegung erklären und voraussagbar machen. Aber die Frage blieb bis heute eine unbeantwortete, ein Thema, was mich viel beschäftigt hat und auch weiterhin beschäftigt, was eigentlich Gravitation ist, eines der größten Rätsel überhaupt in der Physik ? völlig ungeklärt. Die herrschende Physik hat dazu buchstäblich nichts zu sagen.

Also, die Kausalität wird meistens in der Physik seit dem 18. Jahrhundert zugunsten der Funktionalität ausgeklammert, also die Erscheinungen werden funktional erklärt. Man kann sie aber auch kausal erklären. Dann müsste man fragen: Warum sind die Dinge? Das wäre dann die ja schon von Kindern gestellte Warum-Frage. Das wäre etwas vollkommen anderes. Wenn ich das so ansetze, dann komme ich zu einem ganz anderen Grundverständnis, wenn ich frage: Warum? Da müsste ich ja schon mal stocken. Da würden viele Physiker dann sagen: na, die Gravitation – ich kann die Warum-Frage nicht beantworten. Also was soll ich machen? Soll ich mich jetzt nach Art der Philosophen grübelnd hinsetzen und darüber meditieren oder denken: Was ist denn diese Gravitation? – Da komme ich nicht weiter. Also setze ich voraus, sie ist da, es gibt sie und rechne, bloß ist diese Art von Rechnen natürlich kein Denken. Aber man sieht an dem Beispiel, dass es zwei verschiedene Dinge sind, ? eine Sache funktional zu erklären oder kausal.

Zweiter großer Bereich ist das Wahrnehmungskonzept nach Bechmann. Also erstens der theoretische methodische Bezugsrahmen generell, dann das Wahrnehmungskonzept: Was wird wahrgenommen? Art des Empirie-Bezuges, jetzt ganz wichtig: zugelassene Formen der Wahrnehmung oder Beobachtung. Welche Wahrnehmung wird denn zugelassen? Also wenn zum Beispiel in der Reichschen Physik die Emotionen des Menschen eine sehr große Rolle spielen, also, wie ist einer als Mensch und zwar vollkommen ganzheitlich verstanden ? dann ist das etwas, was in der ... im herkömmlichen Wissenschaftsbereich als völlig irrelevant gilt. Wie einer sich gerade fühlt oder welche Emotionen er hat, ob es ihm gut oder schlecht geht, dürfte oder sollte keinen Einfluss haben auf das Versuchsergebniss. Das sollte vollkommen draußen vor bleiben. Also würde die Frage vollkommen unzulässig sein, also die Frage zu stellen: Wie ist meine emotionale Befindlichkeit? Oder wie Reich sagen würde: Wie stehe ich zur Sexualität? Kann ich überhaupt Natur sinnvoll betrachten, wenn ich nicht in irgendeiner Form meine eigene Sexualität integriert habe? Kann ein Neurotiker, jetzt mal ganz radikal im Reichschen Sinne, eigentlich die lebendige Natur in irgendeiner Form nicht-neurotisch betrachten? Reich würde sagen: Nein, kann er nicht. Er ist von vornherein gebunden an seine eigene neurotische Grundstruktur. Da wird natürlich die gesamte Natur genauso neurotisch betrachtet, weil die Frage ist nicht zulässig, welche Gefühle einer hat beim Messen. – Zugelassene Form der Wahrnehmung und Beobachtung oder welche Phänomene werden denn zugelassen?

Ich könnte ja sagen, es gibt jetzt, – ich bleib noch mal ganz kurz bei der Gravitation – , es gibt mittlerweile ja eine ganze Reihe von Beobachtungen in der sogenannten Außenseiter-Naturwissenschaft, dass es so etwas wie Antigravitation gibt. Immer mal wieder geistert das sogar durch die Presse. Das stimmt gar nicht, was gemeinhin behauptet wird. Es gibt immer wieder Vermutungen auf eine sogenannte fünfte Kraft und so weiter. Nun kann man sagen: Wird das zugelassen [von] Technikern und Experimentalphysikern? Dann kommt noch ein Moment hinzu, was wichtig ist, dass es bei vielen Experimentalphysikern, sagen wir mal gelinde, ein gewisses Unwohlsein gibt über die kolossale Publicity der theoretischen Physiker. Nicht, die theoretischen Physiker stehen im Rampenlicht und vor allen Dingen die Elementarteilchenphysiker und die Kosmologen, die stehen im Rampenlicht, überall, im „Focus" und in der „Zeit" und in der „Süddeutschen Zeitung", im „Spiegel", wenn etwas berichtet wird, dann sind es aus der Physik meistens diese Bereiche, während die eigentlichen Experimentalphysiker eher im Schatten stehen. Und es gibt ein gewisses Ressentiment, und so gibt es, ist es verständlich, dass von Seiten der Experimentalphysiker häufig viele Einwände gebracht werden gegen diesen Abstraktionismus. Die sind oft ganz direkt bezogen auf diese Apparate und auf das Messen, – und ich habe das verschiedentlich auch in Gesprächen gemerkt – und [die Experimentalphysiker] haben richtig ein tiefsitzendes Ressentiment, eine Mischung aus Neid und Missgunst, aber auch von sozusagen von Verdächtigungen dieser Positionen der theoretischen Physiker. Sie haben das Gefühl, das stimmt nicht und sind aber ... haben keine Öffentlichkeit und haben auch keine Möglichkeit, in der

Regel in den führenden Fachjournalen zu veröffentlichen. Das ist ja eine gnadenlose Zensur, die da ausgeübt wird. Also das ist nicht eine bösartige Behauptung, sondern das ist wirklich so. Es wird im Vorfeld eine radikale Zensur ausgeübt. Wenn Sie zum Beispiel heute über Kosmologie veröffentlichen wollen, und Sie sind etwa ein eingefleischter Gegner der Big-Bang-Kosmologie, dann haben sie Schwierigkeiten, in den meisten Journalen überhaupt ihre Aufsätze unterzubringen. Das ist schwierig. Es geht, aber es macht ganz große Probleme. Und da sind wir bei einem weiteren Punkt, dass wenn ein Paradigma sich in irgendeiner Form als erfolgreich erwiesen hat, wird es auch mit Zähnen und Klauen verteidigt gegen Einwände. Und dann kann man fragen: Warum ist es denn so wichtig, ob dieses oder jenes stimmt – das ist dann der nächste Schritt. Und warum hat man nicht die Offenheit und sagt: Ich weiß es auch nicht. Lass uns doch mal offen über diese Dinge reden. – Das ist oft nicht der Fall.

Noch kurz vor der Pause die beiden nächsten Punkte von Bechmann. Also, wir hatten den theoretisch-methodischen Bezugsrahmen, wir hatten das Wahrnehmungskonzept – was ist zugelassen, was ist nicht zugelassen? Ich habe das Beispiel auch gebracht von Wilhelm Reich und den Emotionen, auch zugelassene Messverfahren, auch wichtig: Was wird zugelassen?

Dann dritter Punkt, vielleicht am einfachsten zu verstehen: erkenntnisleitende Interessen. Erkenntnisinteresse – theoretisch, tech-nisch, praktisch, thematisierte Fragestellung, Zielvorstellung. Was ist das Interesse? Also das ist ja nun die naheliegende Überlegung. Ich habe das mit einem Physiker im Sommer mal ausführlich diskutiert. Er sagte mir, er hätte in seinem Labor plötzlich ein Messergebnis herausbekommen, was einfach nicht stimmte. Er hat immer wieder nachgemessen, die Messungen stimmten, aber die Interpretation stimmte nicht im Rahmen des Herrschenden. Ganz große Schwierigkeiten, ganz große Probleme tauchen da auf. Was soll jetzt der Physiker X in so einem Fall machen, zumal wenn er abhängig ist, in einem Forschungsinstitut auch Gelder bekommt? Es gilt ja auch für Projekte generell: Welche Projekte kriegen denn Gelder und welche kriegen keine Gelder? Die Scientific Community ist ja sehr geschickt, den Politikern, die sowieso keine Ahnung davon haben, klar zu machen, dass das Grundlagenforschung ist. Also wenn ein Kosmologe, sagen wir mal, jetzt plädiert für eine Erweiterung der

Teilchenbeschleuniger, dann kann er den Politikern deutlich machen: Wir müssen konkurrenzfähig bleiben, wir müssen das machen, weil die anderen sind sonst schneller. Nicht, das jetzt in Genf, das größte Projekt überhaupt in dieser Form, das ist Grundlagenforschung und wenn wir die Grundlagenforschung nicht betreiben, dann werden wir wissenschaftlich ins Hintertreffen geraten. Also da ist das erkenntnisleitende Interesse ganz deutlich, auch purer nationaler Ehrgeiz, Ellbogen in der Weltgemeinschaft und dass das Wettrennen um Preise, – menschlich alles verständlich, aber trotzdem hat das mit Wissenschaft nichts zu tun, erst mal. Also, erkenntnisleitende Interessen sind immer vorhanden.

Der vierte Punkt bei Bechmann hier ist materialer Bezugsrahmen. Er meint damit den allgemeinen Objektbereich. Das heißt, welche Phänomene oder Objekte sind denn überhaupt zugelassen? Wenn ich sage, ich habe da Dinge beobachtet, und ich bin noch so kühn und ich stelle mich da in die Öffentlichkeit, dann erwähne ich ja manchmal dieses irische Sprichwort, das da lautet „Wenn du einem zweiköpfigen Schwein begegnest, halt den Mund". Weil, du kriegst nur Schwierigkeiten, wenn du es wirklich gesehen hast und selbst erläuterst. Sag lieber nichts, es ist besser, du behältst es für dich. Das ist der Punkt. Also, wenn Sie das zweiköpfige Schwein gesehen haben, dann sagen Sie lieber nichts. Also allgemeiner Objektbereich. – Dann: durch das Paradigma erfassbarer Ausschnitt des Objektbereiches, auch wichtig, Inhalt und Struktur der als gesichert vorausgesetzten Zuliefertheorien, sehr schöner Begriff von Bechmann: „Zuliefertheorien".

Also jede Theorie hat ihre Zuliefertheorien. Ein Naturwissenschaftler kann ja gar nicht alles nachprüfen, was andere gemacht haben. Auch der Nobelpreisträger im Fach X übernimmt ja 99 Prozent der Werte aus den Lehrbüchern, oder er übernimmt die Messwerte. Oft genug stimmen die Messwerte gar nicht, oder es werden falsche Werte tradiert. Es gibt also verheerende Beispiele. Er kann ja nicht anders, ist ja unmöglich. Er kann ja nicht alle Forschung selber machen. Also, es gibt ja theoretische Physiker, wie sie wissen, die sowieso ungerne praktisch arbeiten. Wolfgang Pauli war das berühmteste Beispiel. Immer wenn er irgendwo auftauchte, gingen die Instrumente kaputt – Pauli-Effekt, ja, weltbekannt. Das habe ich auch schon mal hier erwähnt: Wolfgang Pauli, ein bedeutender theoretischer Physiker, Quantenphysiker, hasste Experimente, die irgendwie grobstofflich sind, denn sein Lieblingsbetätigungsfeld waren Gedankenexperimente. – Also „Zuliefertheorien", finde ich sehr schön von Bechmann den Begriff und dann zum Schluss: Inhalte explizit oder implizit vorausgesetzter Leitbilder, Konzepte oder Theorieansätze. Also was wird vorausgesetzt? Ich würde hier eher von Prämissen sprechen. Was sind die Prämissen?

Man kann häufig genug auch in Lehrbüchern feststellen, dass die Prämissen gar nicht deutlich gesagt werden. Man muss dann erst genauer weiterforschen und feststellen, was sind die Prämissen, von denen einer ausgeht? Ich habe das oft in Diskussionen mit Wissenschaftlern versucht, auf den Punkt zu kommen: Wovon gehst du aus, ich möchte deine Prämisse erst mal wissen, wovon gehst du aus? Was ist für dich eigentlich eine unhinterfragte Grundlage? Und darüber dann erst mal reden. Denn natürlich neigen Wissenschaftler in solchen Diskussionen immer dazu, sozusagen, den so Fragenden darauf festzunageln, dass er diese Prämisse akzeptiert und dann Schritt für Schritt vollzieht. Ich kann dann sagen, gut, wenn deine Prämisse stimmt, dann sind deine Schritte konsequent logisch. Aber ich bezweifle diese Prämisse. Die Prämisse stimmt nicht, sie ist auch nicht beweisbar. Da wird es schwierig. Da geht man dann wirklich in die Fundamente von Wissenschaft überhaupt, wenn es um diese Prämissen geht.

Gut, machen wir mal eine kleine Pause. Ich habe bisschen überzogen. ...

Bevor ich bei Bechmann weitermache, will ich darauf hinweisen, dass ein zweites Buch, was auf der Literaturliste steht, auch zu dieser Frage wichtig ist, gelinde gesagt wichtig ist, ich würde sagen spannend, hochinteressant ist, dass dieses Buch: Rupert Sheldrake „7 Experimente, die die Welt verändern könnten", umstritten, in England übrigens war es lange Zeit ein Bestseller, in Deutschland kaum, obwohl es auch eine gewisse Verbreitung erreicht hat. Sheldrake selber, von Hause aus Biochemiker, gibt hier Beispiele für wissenschaftliche Methoden und auch Beispiele für das, was wir eben gehört haben über das Paradigma von Bechmann. Zum Beispiel hat er hier einen Abschnitt drin, den nennt er „Objektivitätsillusionen". Er gibt dann Beispiele, wie häufig genug mit bestimmten Messwerten umgegangen wird.

Und eines der spannendsten Punkte, ich sage das nur in Ergänzung zu Bechmann, ist die Frage der Selektion von Messwerten. Ich will jetzt nicht zu sehr ins Detail gehen, weil das vielleicht für einige ein bisschen abwegig oder vielleicht auch langweilig sein könnte, aber es ist ein wichtiger Punkt: Welche Messwerte wähle ich aus, und welche lasse ich draußen? Wenn mir eine bestimmte Theorie, nur mal jetzt ein beliebiges Beispiel, eine solche Kurve als unbedingt richtig nahelegt – ich habe aber diese Messwerte –, dann werde ich natürlich, wenn mir die Theorie wichtig ist, geneigt sein, zu sagen, das sind Messfehler, das kann nicht stimmen, da ist irgendwie ein Fehler passiert. Die liegen relativ dicht dran und die, die ganz dicht dran sind, sind die eigentlich richtigen Messungen. Ist verständlich, weil wenn ich eine bestimmte Theorie favorisiere, wo diese Kurve als eine gemittelte herauskommen muss, dann ist es erst einmal vollkommen plausibel, wenn ich nur diese Messungen wähle, die dieser Kurve sehr nahe kommen. Das hat häufig zu extremen Fehldeutungen geführt. Es gibt also wirklich verheerende Beispiele in der Wissenschaftsgeschichte, die in der Öffentlichkeit kaum bekannt sind, die man aber ganz gut nachweisen kann, also wirklich am Material zeigen kann, also nicht jetzt von einer philosophischen Grundlagenkritik aus, sondern einfach am empirischen Material.

Wenn man sich die Bücher anguckt und wirklich nachforscht, was ist denn da eigentlich gemessen worden? Und wie kommt man dazu, dass man sagt, die Theorie ist verifiziert, weil die Kurve rauskommt? Das ist wirklich ein hochinteressanter Punkt. Ich habe das mal genau recherchiert, an mehreren Beispielen, und auch an dem Beispiel, das ich hier nur andeuten will – das wird uns noch im Zusammenhang mit dem Äther beschäftigen – bei den berühmten Äther-Versuchen von Michelson-Morley, die ja legendär geworden sind 1881/1887, dann sind sie wiederholt worden, 1905 bis in die 20er Jahre hinein. Was ist da eigentlich gemessen worden? In allen Physik-Lehrbüchern steht drin, es gab ein Null-Resultat. Diesen Ätherwind hat es nie gegeben, also existiert der Äther nicht. Einige von ihnen werden das wissen. Ich komme auf diese Frage noch zu sprechen – und in allen Physik-Lehrbüchern steht drin, alle Messungen hätten ergeben, es hat diesen Äther[wind] nicht gegeben. Also, es hat zwar die eine oder andere Messungenauigkeit gegeben, die kann man nicht genau interpretieren, aber im Prinzip ist es nicht so gewesen. Und wenn man aber genau jetzt den Quellen nachgeht ? es gibt einige Autoren, die das gemacht haben, ich habe die mal mir genauer angeguckt ?, dann kommt man aus dem Staunen nicht raus, wie weit ab die eigentlichen Messwerte davon entfernt lagen.

Und man staunt wirklich, wie es möglich ist, dass in fast allen, allen, nicht nur fast, Physik-Lehrbüchern für Schule und Universität immer behauptet wird, dass es keine Ätherwind-Effekte gegeben hat. – Es hat sie gegeben. Sie waren klein. Man hat ja doch zwei Lichtstrahlen genommen, einen in Richtung der Erde, einen im rechten Winkel dazu. Und wenn man von der Orbitalgeschwindigkeit der Erde mit dreißig Kilometern pro Sekunde ausgeht, dann haben einige vermutet, müsste sich das irgendwie bemerkbar machen. Der eine Strahl müsste schneller sein als der andere. Dann hat man das gar nicht festgestellt. Es gab nicht diese Interferenzen, die schienen gleich schnell zu sein. Also gab es nur zwei Möglichkeiten: Den Äther[wind] gibt es gar nicht, Version Einstein, Spezielle Relativitätstheorie – oder andere Version: Der Äther ist mitgeführt worden von der Erde. Wenn man aber jetzt die Messwerte, das habe ich mal gemacht, sich genauer anschaut, stellt man fest, es hat immer Äther-Effekte gegeben, die waren nur sehr klein. Die lagen im Bereich von 8 bis 9, 8,7 km pro Sekunde, also relativ kleine Werte, aber immerhin, es gab sie. –

Ein anderes Beispiel bei den berühmten Versuchen der Lichtablenkung durch Fixsterne. Nicht, die berühmte, ja fast legendäre Krümmung der Lichtstrahlen in Schwerefeldern. Wenn Sie die Messunterlagen sich angucken, dann stellen Sie fest, dass die Streuung sehr groß ist und dass man eine bestimmte Kurve favorisiert hat und dass man die anderen einfach rausgenommen hat. Die ist ganz ungenau verifiziert nur, ja, es gibt zig Beispiele dafür. Also es ist nämlich nicht so wie der, sagen wir mal der Laie, der wissenschaftsgläubige Laie denkt, hier ist eine bestimmte Kurve vorausgesagt, mathematisch präzise, und die Messwerte idealiter müssten ja alle genau auf der Linie liegen oder wenn man von kleinen Ungenauigkeiten absieht, ganz geringfügig davon abweichend. Aber häufig genug weichen die erheblich voneinander ab. Ich sage es noch mal, dann ist es menschlich verständlich, wenn man eine bestimmte These favorisiert, Hypothese favorisiert, dass man diesen Wert zum Beispiel als extreme Messungenauigkeit hinstellt, den als moderate Messungenauigkeit, [und] den hier hätte man richtig gemessen. Vielleicht stimmt die ganze Kurve nicht, oder es gibt ja viele Gründe auch, ganze Forschungsgelder werden ja bereitgestellt für ganz bestimmte Theorien, dass sie verifiziert werden, nicht dass sie widerlegt werden. Damit kann man überhaupt keine Meriten gewinnen.

Das führt auf diese Ebene der Interessen, die wirklich ganz stark sind. Das ist in der Tierverhaltensforschung noch entscheidender. Da ist wirklich so, oder auch in der Psychologie. Es ist wirklich vielfach nachgewiesen, dass Patienten, die eine Freudsche Analyse machen, wirklich auch dann Freudsche Träume träumen, und die die Jungsche Analyse machen, träumen wirklich diese Archetypen. Also jeder träumt das, was der Psychiater ihm nahelegt. Das ist natürlich nicht in diesem absoluten Sinne der Fall. Bitte verstehen Sie mich nicht falsch, das wäre jetzt allzu simpel, ja irgendwie auch platt, das so zu sagen. Aber es gibt eine gewisse Tendenz. – Also, bestimmte Gänse verhalten sich eben bei einem Tierforscher so und bei dem anderen anders. Das ist auch noch verständlich. Aber merkwürdig bleibt es, wenn zum Beispiel die Frage, ob diese legendären Neutrinos eine Masse haben oder nicht, weltweit in allen Laboratorien verschieden beantwortet werden. Die einen behaupten fest, sie hätten eine Masse gemessen, die anderen sagen, da gab es überhaupt keine Masse. Was ist nun passiert? Gibt es da paranormale Effekte? Glauben alle, da muss eine Masse messbar sein, dann wird sie auch gemessen. Oder sie glauben alle das Gegenteil, [dann] wird sie nicht gemessen. Bis heute weiß das keiner: Haben diese verdammten Teilchen nun eine Masse oder haben sie keine Masse? Mittlerweile wird die These favorisiert von der scientific community: Die kleinen Kerlchen haben keine Masse, aber das ist immer noch auf sehr tönernen Füßen. Auch da sieht man, wie schwierig die Sachen sind.

Und das zeigt ja Sheldrake sehr schön, dann geht es oft sehr merkwürdig voran. Man nimmt eine Bestätigung, der nächste liest das in einem Lehrbuch. Klare Sache. Er misst ja nicht mehr nach. Heute wird ja kein Physiker in aller Welt noch mal ernsthaft sich hinstellen und Michelson-Morley 1881-87 nochmal neu messen. Ganz wenige haben das so gemacht. Das ist gemacht worden, 1987 (von ...) in Amerika, die haben es gemacht und kamen zu überraschenden Ergebnissen: gewaltige Ätherwind-Effekte. Das kann man auch nachlesen. Die sind noch größer, als sie damals gemessen wurden. Also kann das alles nicht stimmen. Entweder stimmen die Messungen nicht, oder das ganze war eine gewaltige Mystifikation einer Phantasmagorie, große Verwirrung. In die Lehrbücher ist das noch nicht vorgedrungen. Tatsache ist, es gibt erhebliche Effekte dieser Art, und da ist man an einer wichtigen Stelle. Weil, das hat ja ungeheure Auswirkungen, wenn man plötzlich sagt, na ja, diese Effekte hat es ja gegeben. Ja, was ist denn dann mit der Interpretation der angeblichen Null-Effekte? Ganze Bibliotheken sind geschrieben worden darüber, über diese Null-Resultate, nicht, das ist ja bekannt. Wenn das gar nicht stimmt, was dann? Ist das alles Makulatur – oder muss man das jetzt neu denken? Und so weiter. Also diese Fragen sind hochinteressant, und sie sind kontrovers. Es ist nur wichtig, dass man erst einmal den Punkt begreift, um dem es geht. Darauf will ich hinaus, dass man diese Naivität aufgibt, die häufig herrscht, auch bei Leuten, die ein gewisses Grundverständnis mitbringen, anzunehmen, dass die experimentellen Grundlagen, so klar sie sind, häufig noch unklar sind, und auf unklaren, ungenauen Messungen werden oft aberwitzige, weitreichende Überlegungen angestellt. Ist ja nicht so, dass das einfach sich von selbst verstünde. Es ist ja nur ein sehr simples Beispiel mit dieser Kurve hier.

Zurück mal zu dem Bechmann und seinem Essay „Wissenschaft – Die Suche nach der Wahrheit und paradigmatischen Festungen". Übrigens auch gut finde ich den Ausdruck „Festungen" in dem Zusammenhang, weil diese Paradigmen wirklich wie Festungen sind. Die werden gehalten, die werden verteidigt, und sie werden natürlich auch von Einzelgängern angegriffen. Wilhelm Reich war so ein Einzelgänger, Viktor Schauberger war ein anderer. Es gibt viele Einzelgänger, die dagegen angegangen sind. Alle sind sie gescheitert an diesem gewaltigen Apparat. Nicht deswegen gescheitert, weil sie immer Unrecht hatten, sondern weil der gesamte Apparat als ein ungeheurer, auch gewachsener, institutionalisierter Faktor auch mühelos einzelne Einwände abbügeln kann.

Und dann kommt natürlich der Punkt, der psychologisch verständlich [ist], dass der Außenseiter, wie ich das vorhin genannt habe, sein Konto überzieht und dann glaubt, es müsste doch eigentlich deutlich sein, dann beharren diese Außenseiter – verständlich – auf bestimmten Einzel-Phänomenen: Die sind falsch. Und dann, ich meine meine Physikprofessoren mokieren sich darüber, dass sie ständig irgendwelche Widerlegungen Einsteins ins Haus bekommen. Ja, es ist eine Freude, schon wieder mal kommt einer, der angeblich Einstein widerlegt. Diese Freude darüber kann man mal auf sich beruhen lassen, weil manche von diesen Leuten tatsächlich auch Einzelaspekte richtig beleuchten. Natürlich alle dann ihr enges Segment ausdehnen ins Grundsätzliche. Und leider sind viele dieser Außenseiter seither noch größere Reduktionisten als die Herrschenden, weil sie gerade in dem sie pochen auf die Evidenz einzelner Phänomene, ganz bewusst noch einmal dieses herrschende Paradigma eigentlich akzeptieren. Aber das herrschende Paradigma trifft nicht das, worum es geht. Und häufig sind diese wirklich auch extreme Reduktionisten.

Man kann das beobachten, zum Beispiel bei der Frage, die Gravitation neu zu denken. Da gibt es verschiedene Zeitschriften. In Amerika gibt es ein „Electric Space Craft Journal". Das beschäftigt sich seit Anfang der 90er Jahre mit diesen Fragen. Ich habe mal durch einen Bekannten die ersten Nummern bekommen und habe mir die angeguckt. Das sind meistens Ingenieure und Techniker. Die sind sehr umtriebig, sind aber im Grunde alle Reduktionisten, häufig genug auch Materialisten. Die werfen gerade den herrschenden Physikern dann vor, die seien zu metaphysisch. Also plötzlich wird das alles umgekehrt. Dann wird denen Metaphysik vorgeworfen, was auch stimmt, weil die Quantentheoretiker, die sind wirklich blanke Metaphysiker, aber anders als es hier in der Kritik erscheint – also sehr kompliziert, auch der Zusammenhang.

Also, „Paradigmen wirken zugleich in negativer Weise selektiv", schreibt Bechmann, da habe ich schon darüber gesprochen, „indem sie Phänomene und theoretische Aspekte bzw. Fragestellungen, die nicht zu ihrem Gesichtsfeld gehören, zur Artikulationsunfähigkeit verdammen." Nicht, das Beispiel mit den Emotionen, was ich gebracht habe. „Die jeweils wissenschaftsfähige Welt endet an den Grenzen der einzelnen Paradigmen. Ein Wissenschaftler sieht in der Regel nur das, was ihm das Paradigma seiner Wissenschaft zu sehen anbietet und gestattet. Dies gilt umso mehr, als ein Paradigma im wissenschaftlichen Alltag nicht durch eine punktuelle Entscheidung oder Konvention übernommen wird, sondern weil sie das Ergebnis eines Sozialisationsprozesses ist." In diesem Sinne ist ja Wissenschaft wirklich eine kollektive Veranstaltung, eine soziale Veranstaltung, und es braucht immer eine gewisse Zeit, bis eine revolutionäre neue Idee so weit gefestigt ist, dass sie eine bestimmte Anzahl von Individuen auf sich vereinigt, die sich erst einmal damit beschäftigt, die das für ernst halten, für seriös, die das für würdig befinden, sich damit zu beschäftigen. Das kann man ja ... Ich habe zig Beispiele dafür.

Ich erwähne ja auch gerne das Beispiel der Wellentheorie des Lichts, die sich mühsam durchsetzen musste im frühen 19. Jahrhundert gegen die lähmende Autorität der damals herrschenden Physik, die sagte, Licht kann keine Wellen-Natur haben. Thomas Young in England und andere haben das dann mühsam durch ständiges Insistieren darauf dann durchgesetzt in einigen Jahren, haben tatsächlich 10, 15 Jahre gebraucht, bis sie dann die scientific community soweit hatten, dass sie sagte: Okay, das stimmt. Und dann war es plötzlich 20, 30 Jahre später wie ein Dogma festgemauert. So muss es sein, so ist es absolut richtig.

Also ein Wissenschaftler sieht in der Regel nur das, was ihm das Paradigma seiner Wissenschaft zu sehen anbietet und gestattet. Jetzt noch mal Thomas Kuhn, wird hier zitiert: „Wissenschaftler arbeiten nach Modellen, die sie sich durch ihre Ausbildung und die spätere Beeinflussung durch die Literatur angeeignet haben." Müssen sie, keiner würde irgendeine Prüfung bestehen können, wenn er das nicht tut, dann muss er Punkt für Punkt abhakbar funktionieren. Sonst würde er niemals auch nur über das Proseminar hinauskommen. Wer schon im Proseminar Grundsatz-Einwände hat gegen bestimmte Theorien, der kommt nicht weit, also würde keine Prüfung bestehen. Rechne erst mal richtig, bevor du hier so kritisierst, nach dem Muster.

Also: „Wissenschaftler arbeiten nach Modellen, die sich durch ihre Ausbildung oder spätere Beeinflussung durch die Literatur angeeignet haben, ohne genau zu wissen oder auch wissen zu müssen, welche Eigenschaft diesen Modellen den Status von Gemeinschafts-Paradigmen gegeben haben." Das wissen sie oft nicht, interessiert sie auch gar nicht. Viele finden das eine unsinnige Frage, eine philosophische Frage oder eine soziologische Frage, wie immer, auf jeden Fall keine wissenschaftliche. Noch einmal Thomas Kuhn wird hier zitiert. „Obwohl viele Wissenschaftler leicht und gut über die besonderen individuellen Hypothesen sprechen, die einen konkreten Teil der laufenden Forschung zugrunde liegen, sind sie doch nur wenig besser als Laien" – Thomas Kuhn – „wenn es um die Charakterisierung der etablierten Grundlagen ihres Gebietes, seiner legitimen Probleme und Methoden geht, sagen sie eigentlich auch nur das, was der Mann auf der Straße oder die Frau auf der Straße eben mal so von sich gibt, nichts wesentlich Differenzierteres. Wenn Sie derartige Abstraktionen überhaupt gelernt haben, dann zeigen Sie es in erster Linie durch Ihre Fähigkeit zu erfolgreicher Forschung. Diese Fähigkeit kann aber verstanden werden, ohne dass man bei hypothetischen Spielregeln Zuflucht suchen müsste."

Dann stellt Bechmann hier sehr schön dar, dass es in jedem Paradigma einen Kernbereich gibt und einen Peripherbereich.

Und das eigentlich Wichtige ist der sogenannte Kernbereich eines Paradigmas, also eines Musters, eines wissenschaftlichen Gesamtsystems der Forschung. Der Kernbereich ist so gefasst, dass in ihm eine echte Erschütterung des Paradigmas nicht möglich ist. Das ist wichtig. Das kann nicht sein, weil er ist in sich so gebaut, dass die Erschütterung am Kern nicht ansetzen kann, zunächst, etwa dadurch, dass der Anwendungsbereich mit seiner Hilfe angemessen erklärt werden kann. Dies gilt zum Beispiel für die Darstellung unseres Planetensystems aus ptolemäischer als auch aus kopernikanischer Sicht. Also die Messungen, ständig gab es Beobachtungen, die einfach nicht stimmten. Irgendwie war die allgemeine Unruhe: Irgendetwas stimmt nicht. Die Epizyklen wurden immer komplizierter, die man bauen musste, weil man nicht auf den Grundgedanken kam, den dann Kopernikus wieder aufgriff aus der Antike.

[Dass] Möglichkeiten zu Immunisierungsstrategien gegen unliebsame Einwände entwickelt werden, das ist ein schöner Begriff von Bechmann: „Immunisierungsstrategien", also man immunisiert den Kernbereich gegen Einwände. Das kann man, kann man lukendicht abschließen, „wobei energisch darauf geachtet wird, dass nur das thematisiert wird, was innerhalb des eigentlichen Kernbereichs zugelassen ist (Dogmatisierung)". Das ist natürlich auch leicht so geschrieben und gesagt, auch vollkommen richtig: Wenn man erst einmal in diesen Apparaten arbeitet, gibt es natürlich einen enormen Druck von oben, von dem Institut wo man ist, von den Kollegen, ganz wichtig, die Kollegen; sich lächerlich machen vor den Kollegen, [dann]die Reputation, man muss ständig veröffentlichen, das muss durch anerkannte Leute in irgendeiner Form abgesegnet sein. Meistens werden die Sachen ja gar nicht richtig gelesen. Und diese Hunderttausende von Aufsätzen, die ständig erscheinen, liest ja kein Mensch, wenn, nur ganz wenige. Und das ist natürlich ein psychologischer Druck, der da ständig aufgebaut wird: Veröffentlichen müssen, irgendwie auf sich aufmerksam machen müssen, ab und zu auch mal, wenn man Professor ist, auch schon mal ein Buch veröffentlichen. Ganz ohne das, da macht man sich dann auch irgendwie ... der hat ja noch nie ein Buch veröffentlicht. Also, jeder ist da in einem ungeheuren Druck, der ist erst einmal menschlich durchaus verständlich, und er mag dann seine Zweifel und seine Einwände für sich behalten oder im privaten Kreise äußern. Oder auch mal mit dem Kollegen X, wenn er mit dem abends beim Wein zusammensitzt, aber nicht offiziell. Extrem schwierig.

Hinzu kommt natürlich die enorme Konkurrenz untereinander, der Leistungsdruck auch, um noch mal die Forschungsgelder anzusprechen, die Frage: Wofür wirklich Forschungsgelder und wofür keine Forschungsgelder? Das ist ja ein zentraler Punkt. Die Geldtöpfe sind begrenzt, und wer kriegt die Gelder, wer kriegt sie nicht? Immer Interessen. Das ist eben wichtig. Wenn einer da einfach mal weitreichende Grundsatz-Überlegungen anstellt, was alles im Herrschenden nicht stimmen kann, der wird kaum von offizieller Seite die Gelder bekommen. Die muss er sich anders verschaffen. Wenn er da ein Institut hat, dann müssen die Gelder auf andere Weise herkommen oder gesponsert werden. „... also energisch darauf geachtet wird, dass nur das thematisiert wird, was innerhalb des eigentlichen Kernbereichs zugelassen wird. Durch sinnhafte Konstruktion, Immunisierung und Dogmatisierung kann jedes naturwissenschaftliche Paradigma hinsichtlich seines Kerns gegenüber logischen oder empirischen Angriffen verteidigt werden." Das ist wichtig. Also, Schluss hier von Bechmann, eine Art Resümee: „Paradigmen sind stets selektiv", da haben wir schon drüber gesprochen, „und ermöglichen dadurch Kommunikation und Tiefenschärfe für Erkenntnisse", jetzt positiv gesagt. Es geht ja nicht darum zu sagen, Paradigmen überhaupt sind schlecht, in keiner Weise. „Für den wissenschaftlichen Normalbetrieb sind sie hilfreich. Zum Problem kommt es jedoch dann, wenn konkurrierende Paradigmen zu ein und demselben Gegenstandsbereich auftreten, oder wenn Wissenschaftler ihr eigenes Paradigma mit Wissenschaft insgesamt verwechseln, wenn sie beispielsweise zu glauben beginnen, es könne keine wissenschaftliche Erkenntnis außerhalb der Grenzen ihres Paradigmas geben."

Und dann stellt Bechmann abschließend die Frage, die er nicht, da finde ich ihn nicht sehr überzeugend, zu klären versucht, wie es kommt, dass bestimmte Paradigmen sich durchsetzen und andere nicht. Und ich meine, dass das oft noch mit Faktoren zusammenhängt, die hier nicht erfasst sind. Warum sind bestimmte Theoreme so kolossal populär, ja geradezu jedermann eingängig, obwohl sie empirisch ganz schlecht gestützt sind? Da kommen Momente, archetypische, psychologische Momente ins Spiel, die meist vollkommen undurchschaut sind.

Das neue Paradigma siegt in dem beginnenden Verdrängungsprozess in der Regel nicht deshalb, weil es stärker oder in sich gesicherter ist, dass ist ohne Frage richtig, nicht weil die besseren Argumente da sind, das ist ganz naiv, zu sagen, einer hat die besseren Argumente, also sagen die anderen, okay, du hast recht. Das kommt hin und wieder vor. Aber zunächst mal sind es nicht die besseren Argumente. „Die Schwierigkeiten, die ihm entgegenstehen, sind normalerweise zunächst viel massiver als die ungelösten Probleme des in die Krise geratenen alten Paradigmas. Damit ein neues Paradigma sich letztendlich doch durchsetzt, muss es vermutlich einige Stärken haben, die seine Anhänger motivieren, an ihm zu arbeiten, die erkannten Hindernisse beiseite zu räumen, durch Propaganda und durch Überzeugung mehr und mehr neue Anhänger zu gewinnen, um schließlich das alte Paradigma ganz zu verdrängen."

Also muss, habe ich ja schon angedeutet, eine erkleckliche Anzahl von Menschen da sein, die sagen okay, wir versuchen das mal, wie das geschehen ist mit der berühmten Hypothese von Sheldrake in den 80er Jahren. Da hat es großflächige Versuche gegeben, gar nicht mal so günstig für die Hypothese. Also Sheldrake selber sagt heute, die Hypothese ist nicht so sehr gut gestützt. Aber immerhin es gibt einige Hinweise, dass sie stimmen könnte. Aber da hat es den Versuch gegeben, meistens gesponserte Versuche, nicht von staatlicher Seite, nachzuforschen, ob das stimmt oder ob das nicht stimmt. Genauso übrigens mit diesen sieben Experimenten, die er hier in diesem Buch vorschlägt. Da bringt er ja auch Beispiele von Phänomenen, die ja gar nicht wissenschaftswürdig sind im Normalfall.

Zum Beispiel sagt er, das ist ja ein berühmtes Beispiel: Das Gefühl, von hinten angestarrt zu werden – das interessiert ihn. Was ist da? Die meisten Wissenschaftler würden sagen, das ist doch Quatsch,

Unsinn, reine Psychologie. Einer sitzt im Theater und hat vielleicht das Gefühl, er wird angeguckt, und dann guckt einer wirklich. Also ist doch alles Psychologie, muss man sich da doch nicht mit beschäftigen. Er hat tatsächlich sich damit beschäftigt und kam da zu interessanten Resultaten. Also er hat dann ein Phänomen als wissenschaftswürdig hingestellt, dass der Mensch merkt, wenn er von hinten angeguckt wird. Wenn das wirklich stimmt, dass das in irgendeiner Form spürbar ist, dann müsste ja in den Blicken bereits eine bestimmte Form, gleichsam physikalischer Energie mitgesendet werden, wenn man mal auf der Ebene bleibt. Das behauptet er auch, dass also sozusagen das Sehen selber nicht nur passiv ist – der Mensch als Apparat, der die Welt abbildet –, sondern das Sehen auch als aktiver Vorgang. Weitreichende These von Sheldrake, hat ihm viel Kritik eingetragen, aber einige haben sich auch auf die These eingelassen. Übrigens auch der Volker Rohleder, der hier gesprochen hat, der homöopathische Arzt. Der hatte auch das Buch gelesen, „Sieben Experimente ...“ und hat sich gleich daran gesetzt, als Empirist oder Empiriker und hat mit in seinem Freundes- und Bekanntenkreis das ausgetestet, wie das ist. Und er meinte, er hätte es weitgehend verifiziert, das sei wirklich so. Also, ein ganz normales Spiel: Sechs Leute stellen sich hin, und man einigt sich hier darauf, dem alle gucken wir mal von hinten auf die Schultern, auf den Nacken: Merkt der das, oder merkt der es nicht? Also, man kann das für lächerlich befinden, aber wenn es irgendwie eine Relevanz haben könnte, dann hätte es weitreichende Konsequenzen.

Aber auch da ist die Frage: Was ist denn wissenschaftswürdig? Viele würden sagen, es ist überhaupt nicht wissenschaftswürdig, das ist einfach indiskutabel, sich überhaupt damit ernsthaft zu beschäftigen. Also die Frage – ich will mal versuchen, einen kurzen Abschluss zu finden, dass wir noch ins Gespräch kommen können, ein bisschen wenigstens noch – die Frage ist sehr schwierig, und ich habe zunächst einmal versucht, ihnen das aufzufächern, was es hier an Grundfragen gibt. Das ist schon mal wichtig, dass man sich über diese Grundfragen verständigt, um einen Zugang überhaupt zu bekommen, um gewisse Kriterien zu entwickeln, dass man gewisse Kriterien entwickelt: Wie sieht es denn aus mit der Wahrheit und Wirklichkeit? Ein gewisses skeptisches Auge auf der einen Seite wäre wichtig und dann natürlich grundsätzlich Kriterien zu erarbeiten: Wie kommen wir denn überhaupt weiter in einem anderen Denken? Und das ist in der Tat dann tatsächlich, also außerhalb der herrschenden Paradigmen.

Und da gibt es ja viele Ansätze, und ich sagte ja schon, ist ja kein Zufall, dass so ein Sammelband hier wie von Norbert Moch, so dickleibig hunderte von Titeln aufführt im Literaturverzeichnis, die sich alle irgendwie mit dieser Frage beschäftigen. Also es muss ein Thema sein, auch was ich so höre, wenn ich mich so umhöre in Wissenschaftlerkreisen, das bewegt kolossal viele Menschen, kolossal viele, und da ist es nicht abgeschwächt, das Thema. Im Gegenteil, es wird immer aufregender und immer spannender. Immer mehr Menschen beginnen sich damit zu beschäftigen.

Wir brauchen eine wirklich andere, eine grundstürzend andere Form von Naturwissenschaft als die herrschende, obwohl keiner so richtig weiß, wie die aussehen soll. Was ist denn dann noch mit dem alten Paradigma; das ist doch zum Teil durchaus auch empirisch gestützt. Man kann nicht alles über Bord werfen, das wäre ja absurd – und da wird es sehr schwierig. Und es gibt, wie Bechmann auch sagt, feststellt, kaum eine wirklich faire, offene Auseinandersetzung. Das ist traurig, es ist aber so. Es gibt kaum eine offene, wirklich faire Auseinandersetzung, ein öffentliches Forum, wo man wirklich sagt, okay, wir setzen uns mal hin, wir denken das mal neu, offen und ziehen das in Zweifel, was die Grundlage auch des eigenen Lehrstuhls bedeutet. Wir setzen uns einfach mal hin und überlegen uns: Wie könnte das auch anders sein? Es geschieht praktisch nichts. Also das ist traurig, aber das ist erstmal die Wirklichkeit, die psychologische Wirklichkeit. Und auch Außenseiter, das habe ich in vielen Gesprächen der letzten 25 Jahre immer wieder festgestellt, beharren dann oft mit einer Hartnäckigkeit auf ihrem Ansatz, dass auch mit denen dann das Gespräch schwierig wird, weil sie haben dann den einen Aspekt, den sie gesehen haben, der richtig ist. Dann bauen sie das aus zu einem eigenen Weltbild, beharren auf den Evidenzen dieser Punkte und sind extrem dogmatisch dann, wenn man auch nur zart wagt, das zu kritisieren.

Nicht, das ist ein psychologisches Phänomen, was ja selbst der große und verehrte Goethe hatte; nicht, einmal kommt Eckermann zu ihm, berichtet, ja, Eckermann in seinen Gesprächen, und macht ihn auf einen Fehler aufmerksam. Goethe verliert die Contenance, ja, Goethe ist außer sich. Plötzlich ist Eckermann, sein Freund, ein Ketzer, der nichts verstanden hat, macht ihn runter, von oben herab, kann man nachlesen, in „Gespräche mit Eckermann". Eckermann wird ganz klein. Dann danach erkennt Goethe an: Eckermann hat das wirklich gesehen, er hat einen Fehler gesehen. Also, hat er große Schwierigkeiten damit zu sehen, okay, da ist ein Fehler. Natürlich verständlich von jemandem, der als Wissenschaftler ernstgenommen werden wollte, ja nicht als Dichter oder als Politiker – als Wissenschaftler wollte Goethe ernstgenommen werden, und er fühlte, dass die scientific community ihn nur lächerlich macht. Er war natürlich extrem empfindlich, wenn sein Intimus Eckermann auch jetzt plötzlich kommt mit Einwänden. Das nur als Beispiel, dass auch ein so hochkarätiger Wissenschaftler, wie ich ihn auch bezeichnen würde, wie Goethe, der wirklich eine andere Naturwissenschaft wollte, dass der eigentlich vollkommen irrational und emotional aufbrausend und von oben herab dann reagiert auf die Kritik. Und das ist schade. Das ist wirklich einfach furchtbar schade, denn man kann ja nicht sagen: Jetzt lass uns doch mal mit diesem Außenseiter an einen Tisch setzen, mit 30 Leuten auf dem Podium. Das geht nicht, weil die Einzelnen sind dann wieder so in ihre Sachen verstrickt, dass sie es nicht können. Sie pochen dann auf die Evidenz dieses einen Punktes, den sie gesehen haben. Und die anderen sagen, kann man da nicht vielleicht mal über was anderes reden. – Nein, auf diesen einen Punkt kommt es doch an.

Ich weiß und sage das alles aus langer Erfahrung, dass man dann ganz große Schwierigkeit hat, wirklich ins Gespräch zu kommen, weil der Einzelne dann beharrt auf der Evidenz dieses Punktes und dann immer der Auffassung ist, wenn du es verstanden hast, musst du es auch akzeptieren. Was ich immer wieder sage, ich verstehe genau, was du sagst. Ich kann darüber eine Stunde reden. Ich verstehe es vollkommen, aber ich akzeptiere es nicht. Oft habe ich das erlebt. Dann kam es: Ja, wenn du es wirklich verstanden hast, musst du sehen, dass es stimmt, dass es wahr ist. Gut, aber das meine ich jetzt nicht so irgendwie pessimistisch, sondern einfach: Es ist die Wirklichkeit. Man muss das einfach sehen. Man soll sich da keinen Illusionen hingeben. Gut, ich denke, dass ich Ihnen einen Überblick soweit gegeben habe.

Die zweite Frage des Themas: Wie erreichen wir Wirklichkeit? [Die Frage] will ich einmal ... die jetzt hier eigentlich noch groß im Raum steht, will ich erst einmal draußen lassen. Das wird uns im

Laufe der Vorlesung immer noch beschäftigen, was Wirklichkeit sein könnte. Auch in dem Gastvortrag von Johannes Heinrichs wird es sicherlich eine Rolle spielen, wie man auch naturphilosophisch unter Einbeziehung der menschlichen Wesenskräfte, um einen Ausdruck von Bahro zu verwenden, immer noch auf eine neue Weise auch an die Natur vielleicht rangehen kann, durchaus auch empirisch kann, nicht nur spekulativ. Das ist wichtig. Es geht ja nicht darum, eine Spekulation durch die andere Spekulation zu ersetzen. Dann bleibt es ein Schlachtfeld von theoretischen Konzepten.

* * * * * * *

Die Einheit der Welt

Wo gelten die Naturgesetze ?

Ich glaube, dass das Verhältnis von Naturwissenschaft, Naturphilosophie und Spiritualität eines der ganz großen, der wirklich essenziellen Themen unserer Zeit darstellt; es ist also kein Randthema, eine mehr oder weniger müßige oder intellektuelle oder nur in der New-Age-Bewegung zu verortende Angelegenheit, sondern ein Menschheitsthema. Ich habe auch schon vor drei Wochen einige Elemente genannt, warum ich glaube, dass es wirklich ein Menschheitsthema ist. Das kann nicht sein auf Dauer, dass ein Riss quasi durch den menschlichen Geist geht, also menschheitlich, global gesehen: auf der einen Seite die wissenschaftlich-technische Grundhaltung, auf der anderen Seite eine wie immer beschaffene Spiritualität, jetzt mal in einem ganz weit gefassten Sinne.

Vielleicht erinnern Sie sich, dass ich vor 14 Tagen den Versuch gemacht hatte, Ihnen zu zeigen, dass man Spiritualität in zweierlei Hinsicht verstehen kann. Ich darf das ganz kurz noch einmal in Erinnerung rufen: Man kann sagen, das ist verschiedentlich auch gesagt worden, Spiritualität sei in gewisser Weise die höchste Stufe des menschlichen Geistes überhaupt. Dann gäbe es ja im Grunde genommen gar keinen substantiellen oder irgendwie beunruhigenden Konflikt zwischen Spiritualität und Wissenschaft. Dann könnte man ja sagen, gut, Spiritualität ist sozusagen die oberste Stufe in der geistigen Hierarchie, und andere Stufen, vollkommen legitim und in sich konsistent, haben ihr Recht, können ihr Recht haben, wenn man das Ganze als eine große Holarchie oder Hierarchie betrachtet.

Und dann kann man aber auch sagen, und das ist auch in den letzten Jahren und Jahrzehnten immer wieder gesagt worden, dass Spiritualität eine Entwicklungslinie der menschlichen Wesenheit ist, neben anderen. Es gibt zum Beispiel eine moralische Entwicklung, eine geistig-seelische, eine spirituelle Entwicklung, eine soziale Entwicklung, wie immer. Dann könnte man dahin kommen, dass es eine solche Entwicklungslinie ist. Dann müsste man für diese Entwicklungslinie genauso wie für andere Entwicklungslinien, oder man könnte für diese Entwicklungslinie wie für andere Entwicklungslinien ebenfalls ein Stufensystem aufbauen. Also noch einmal vereinfacht gesagt, eine sehr hohe Stufe, auf der anderen Seite eine Eigenart, eine Grundeigenart, wenn man will, eine Fakultät des Menschen, die genauso Stufen durchläuft, die genauso einen Stufenbau durchläuft wie andere Entwicklungslinien auch. Beides muss sich nicht ausschließen, aber es ist wichtig, dass man sich darüber im Klaren ist, dass es zunächst einmal zwei ganz verschiedene Ansätze sind.

Das letzte Buch, das sich mit dem Thema beschäftigt, das hier ja zentrales Thema in dieser Vorlesung ist, nämlich Naturwissenschaft, Spiritualität, ist das Buch von Ken Wilber „Naturwissenschaft und Religion". Er gibt hier am Beginn fünf Möglichkeiten an, wie man dieses Verhältnis Naturwissenschaft-Spiritualität denken kann bzw. wie es faktisch gedacht und praktiziert und gelebt wird und lehnt alle fünf Versuche, eine Beziehung zu finden, zu praktizieren, ab. Ich nenne das nur mal ganz kurz, weil das tatsächlich fünf Kategorien sind. Erstens, Seite 32 „Naturwissenschaft und Religion": „Naturwissenschaft bestreitet der Religion jegliche Gültigkeit." Also jetzt mal ganz extrem gesagt, – das ist die übliche empirische und positivistische Haltung, die in zahlreichen Verkleidungen zur vorherrschenden offiziellen Grundstimmung der Moderne wurde; bekanntes Phänomen, muss ich im Einzelnen nicht erläutern, also der radikale Reduktionismus, der letztlich großzügig konstatiert: Es mag so etwas geben wie Religion, Spiritualität, das soll auch kulturell seinen Wert haben, das ist sozial wichtig, das ist psychologisch wichtig, das darf alles sein, – aber in irgendeiner Form ein verbindlicher Anspruch im Sinne eines eigenen Weltzugangs wird abgestritten. Das ist die eine These.

Die nächste These betrifft das diametrale Gegenteil, Stichwort Fundamentalismus, uns allen ja bekannt. Also eine fundamentalistisch orientierte Religiosität streitet ihrerseits der Naturwissenschaft jegliche Gültigkeit ab, verwendet sie zwar und wie sie glaubt auch mit einigem Recht, aber in der Tiefe wird nicht anerkannt, wird nicht akzeptiert, was diese rational bestimmte Wissenschaftlichkeit überhaupt ausmacht. Man bedient sich ihrer Ausläufer, Computer, was immer, aber man akzeptiert nicht und kann auch nicht in der Tiefe akzeptieren und will auch nicht akzeptieren, dass damit eine ganz bestimmte Haltung zur Welt überhaupt verbunden ist. Man lehnt das im Sinne eines verschärften Kulturkampfes radikal ab. Das wäre die andere Gegenposition.

Also hier eine Art Imperialismus, kann man sagen, die reduktionistische Naturwissenschaft, – hier eine Art Gegenreaktion, wenn man es denn so nennen will, einer fundamentalistischen Religiosität gegen Naturwissenschaft überhaupt und ihre technischen Ausläufer.

Eine dritte Möglichkeit, die relativ subtil ist und die auch viele Anhänger hat, ist von Wilber so bezeichnet worden. Dritte Möglichkeit, dieses Verhältnis zu konstellieren: „Naturwissenschaft ist nur einer von verschiedenen gültigen Erkenntnismodi und kann daher grundsätzlich mit spirituellen Modi koexistieren." Das habe ich ja schon angedeutet. Also man gesteht mit einer gewissen Großzügigkeit zu: Es gibt beides, das kann nebeneinander bestehen, das kann auch im Sinne einer Hierarchie aufgefasst werden. Und das würde, wenn man das in der Tiefe akzeptierte, gar keinen Konflikt bedeuten. Wilber wendet mit einigem Recht ein, dass die Moderne, sagen wir mal seit der Renaissance, dies im sogenannten Mainstream immer abgelehnt hat. Das war geradezu der Hauptantrieb, der Grundimpetus der Moderne, das nicht zu akzeptieren. Das hat ja die ganzen ungeheuren Konflikte heraufbeschworen in der Renaissance zwischen der aufkommenden mathematisch-technischen Naturwissenschaft, der Naturwissenschaft überhaupt in dieser neuzeitlichen Form und den etablierten Formen einer letztlich imperial-mythisch organisierten Religiosität in den großen Kirchen. Also, diese Toleranz hat nicht existiert, konnte auch nicht existieren. Das ganze Projekt der Moderne widerspricht dem.

Der vierte Aspekt, der der im Moment mit Abstand populärste ist, kann man so beschreiben, Wilber nennt das: Die Wissenschaft hat Plausibilitätsargumente für die Existenz des Geistes, auf eine kurze Formel gebracht: Wenn man Naturwissenschaft wirklich differenziert, ganzheitlich, holistisch betreibt, dann kommt man mehr oder weniger von selbst auf einen ganzheitlichen Zusammenhang der Welt, der dann auch spirituell ist. Das ist ja eine bekannte Grundhaltung, der letztlich auch Newton angehangen hat, wie ich dargestellt habe. Newton war ja auch der Auffassung, wenn man die Natur nur richtig versteht, – das hieß für ihn, sie ganzheitlich, holistisch versteht, – dann gelangt man mehr oder weniger von selbst zu einem spirituellen Weltverständnis, ja dann beweist man Gott, so weit geht ja Newton. Er sagt, die Naturwissenschaft ist letztlich ein Unternehmen, das Gott beweist. Das haben seine Nachfolger dann gestrichen. Aber in den „Principia" von Newton wird das ganz deutlich: Naturwissenschaft als Gottesbeweis. Das ist ja im Grunde genommen der berühmte, schon im Mittelalter vertretene Gottesbeweis. Die Welt ist so zweckmäßig organisiert, also muss es jemanden geben, der sie so zweckmäßig gebaut hat. Und dieses kann nur ein transzendentes Wesen sein. Der berühmte, von Kant scharf attackierte sogenannte Gottesbeweis.

Die fünfte und letzte Grundkonstellation, die Wilber hier nennt, bezeichnet er wie folgt: „Wissenschaft selbst ist keine Welterkenntnis, sondern nur Interpretation der Welt und besitzt daher denselben Geltungswert, nicht mehr und nicht weniger als Kunst und Literatur." Das ist, mal vereinfacht gesagt, der postmoderne Gesichtspunkt, wenn man mal dieses Wort mit einiger Relativierung verwenden darf, also kurze Formel für die Postmoderne, den postmodernen Ansatz, den kann man bei Nietzsche orten, wenn man das möchte, Foucault, Jacques Derrida und viele andere im 20. Jahrhundert.

Also der postmoderne Ansatz sagt: Es gibt praktisch nur Interpretationen der Welt. Die Naturwissenschaft ist eine Interpretation neben anderen Interpretationen. Sie hat genauso viel oder wenig Gültigkeit wie Lyrik oder wie Literatur überhaupt oder wie Kunst oder wie eben auch Religion. Dann würde man der Brisanz dieses Widerspruchs ja aus dem Wege gehen. Das ist eine sehr verbreitete Auffassung. Man kann sagen, dass heute auch unter vielen Intellektuellen eine Mischung vorherrscht der dritten und der fünften Konstellation. Also auf der einen Seite wird gesagt, na ja, es ist nur eine mögliche Interpretation, neben anderen Interpretationen. Und die dritte Version besteht darin, dass man sagt: Spiritualität und Wissenschaft können mehr oder weniger nebeneinander existieren. Es gibt vielleicht eine große Hierarchie, aber letztendlich muss es zu keinem Konflikt kommen. Das ist kurzschlüssig, denn den Konflikt gibt es, der bricht immer wieder auf, und alle Versuche, hier eine Versöhnung zu praktizieren, sind bislang, das muss man ganz klar und deutlich sagen, gescheitert.

Es gibt keinen, soweit ich das richtig sehen kann, keinen wirklich gelungenen Versuch bisher, diese beiden Grund-Fakultäten des menschlichen Geistes so zusammenzuführen, dass eine Art Versöhnung stattfindet, in dem Sinne, dass nicht eine von beiden Seiten das, was ihr wesentlich ist, dabei aufgeben muss; das ist wichtig. Natürlich gibt es Annäherungsformen. Es gibt Naturwissenschaftler, die spirituelle oder religiöse Menschen sind. Darum geht es nicht. Es geht nicht darum, dass in einzelnen Forschern natürlich eine Personalunion existiert zwischen einem technisch-rationalen Naturwissenschaftler und einem spirituellen Menschen. Es gibt ja genügend Beispiele im 20. Jahrhundert; Carl Friedrich von Weizsäcker ist eines von vielen Beispielen. Aber das ist keine wirkliche Zusammenführung, keine wirkliche Versöhnung. Aber dass das ein Thema ist, kann man deutlich verfolgen. Dass etwa in der modernen Kosmologie diese Fragen ständig gestellt werden und die Kosmologie immer mehr einer Kosmo-Theologie zu gleichen beginnt. Also, diese Fragen werden ständig gestellt. Sie werden auch zum Teil beantwortet, ich meine unzulänglich, aber das Thema ist da.

Also, ich sage es noch mal, es ist also kein Randthema, kein Thema, über das man hinweggehen könnte, weil es andere, wichtigere Themen gäbe. Es gibt andere, gleich wichtige Themen, aber das ist eines der wichtigsten Themen.

Nun habe ich mir vorgenommen für heute Abend, dass ich einen Versuch mache, mal diese schwierige Wechselwirkung am Beispiel der Einheit zu zeigen, am Begriff, an der Konzeption, an dem Gedanken, an der Intuition, wie immer, der Einheit. Nun ist diese Einheit, und das ist zunächst schon im ersten Ansatz verblüffend und wird häufig nicht genug bedacht, für beide Grundrichtungen nicht nur essenziell, sondern geradezu konstitutiv. Das heißt, Naturwissenschaft kann gar nicht betrieben werden sinnvollerweise, wenn man nicht bis zu einem gewissen Grade von der Einheit der Welt, von der Einheit der Natur ausgeht. Ich will das im Einzelnen erläutern, und die großen spirituellen Ansätze, die es gibt, gehen alle, wenn auch auf eine ganz andere Weise, immer davon aus, dass die Welt in der Tiefe eine Einheit ist.

Insofern, wenn man einen etwas plakativen Begriff nehmen will, kann man sagen, dass beide eine starke monistische Tendenz haben. Die Naturwissenschaft ist, auch ohne dass man den Begriff immer heranziehen müsste, wie das Haeckel und andere getan haben, eine stark monistisch orientierte Disziplin. Sie sucht letztlich nach einem Einheitsprinzip, vielleicht nach DEM Einheitsprinzip überhaupt, nach der Urkraft des Universums, von mir aus, wie das Paul Davies mal formuliert hat, oder nach einer formelhaften Verdichtung aller komplexen Phänomene der Welt, Stichwort Weltformel, also in mathematischer Gestalt. Das ist das eine. Und es ist ja nie ganz aufgegeben worden.

Der von mir vorhin erwähnte Carl Friedrich von Weizsäcker gehört zu denjenigen, der nur ganz fern den Bemühungen um eine Weltformel steht, aber trotzdem sich das ehrgeizige Ziel gesetzt hat, die Einheit der Physik als Einheit der Welt zu beweisen. Eine ehrgeizige Aufgabe, die er bisher nicht erfüllt hat, wahrscheinlich auch nicht mehr erfüllen wird. Aber er hält es für eine seiner großen Lebensaufgaben, das zu realisieren. Übrigens auch, neben der Erfüllung des Denkansatzes, dass die Einheit der Physik auch die Einheit der Welt ist, die Verbindung zum Religiösen. Also Weizsäcker, bekanntermaßen ein tief religiöser Mensch, versteht sich als Christ und versucht ja auch da eine Zusammenführung.

Also, es geht um den Grundimpuls der Einheit. Wieso soll die Welt denn eine Einheit sein? Und was ist überhaupt gemeint? Ich will das zunächst einmal ganz vereinfacht Ihnen versuchen zu zeigen, was überhaupt gemeint ist.

Zunächst mal ein Blick auf Asien, die großen spirituellen Weltsysteme des asiatischen Geistes, sagen wir die Vedanta-Philosophie in den „Upanishaden", sagen wir auch der Mahayana-Buddhismus, sind beide auf eine ganz ähnliche Weise von dem Gedanken durchdrungen, dass die Welt in der Tiefe eine Einheit ist, obwohl sie sich auf der Oberfläche ungeheuer differenziert, komplex, undurchschaubar, vielfältig manifestiert und zeigt. Warum? Wie ist das zu erklären? In den ältesten Texten der indischen Philosophie oder Religiosität, was das Gleiche ist erst einmal, wird der Gedanke immer wieder ventiliert, dass die Einheit der Welt als Brahman bezeichnet, letztlich, in der Tiefe die gesamte phänomenale Welt nicht nur konstituiert, sondern auch zusammenhält; das heißt ihr ihre Gesetzlichkeit, ihre Eigenständigkeit überhaupt gibt, aber dass die Vielfältigkeit, dass die Vielheit im Letzten nur eine Täuschung ist, das ist ein wichtiger Punkt.

In der asiatischen Philosophie, mit gewissen Zwischenstationen, Zwischenstufen bis heute, wird häufig als Grundprämisse angenommen, dass die Vielheit der Welt, die undurchschaubare Vielheit der Phänomene, im Letzten auf Schein beruht, dass im Grunde die Welt eine Einheit ist, also jetzt in dem berühmten Bild des Ozeans, dass also die Wellen sich als separat fühlen, empfinden, wahrnehmen, aber im Grunde genommen nur Teile des Ozeans sind, aber quasi vergessen haben, dass sie mit diesem Ozean im Grunde und in der Tiefe identisch sind. Das ist der Ansatz, die ganze östliche Philosophie wird davon geprägt, am stärksten in den „Veden" und „Upanishaden".

Dazu mal einige zentrale Sätze von dem bedeutenden Sanskrit-Forscher Hans Wolfgang Schumann in seinem Buch „Die großen Götter Indiens". Er stellt diesen Punkt sehr eingehend dar. Er zitiert aus den „Veden", mal einige Sätze: „Fürwahr dieses Eine – Sanskrit ‚Ekam vaidam' – hat sich zum All (sarvam) entfaltet. Das Eine (ekam) beherrscht alles, was sich regt und was feststeht, was geht und was fliegt, das Verschiedenartige, das verschieden Geborene, dieses Brahman ist das Höchste, denn es gibt nichts Höheres fürwahr. Zu Anfang war dieses All das Brahman. Es erschuf die Götter. Wahrlich, dieses ganze All ist Brahman".

Also Brahman ist nicht nur der Ursprung der Welt. Brahma ist kein Welt-Schöpfer im Sinne jüdisch-christlicher Religiosität. Er steht nicht als Ursprung am Anfang der Welt, weil es gibt diesen Anfang nicht: „Wahrlich, dieses ganze All ist Brahman, dieses Brahman ist meine Seele im Innern des Herzens, die winziger ist als ein Reiskorn, ein Gerstenkorn oder ein Senfsamen. Dieses Brahman ist meine Seele im Innern des Herzens, die größer ist als die Erde, größer als der Luftraum, größer als der Himmel, größer als diese Welten, diese meine Seele im Innern des Herzens, sie ist das Brahman. In ihm werde ich, wenn ich von hinnen scheide, aufgehen." –

Hans Wolfgang Schumann identifiziert den Begriff des Brahman mit der Weltseele. Ich will über die Weltseele noch mal extra sprechen. Ich halte das nicht für sehr glücklich. Aber man kann es machen, man kann. Er macht es in verschiedenen seiner Bücher in den letzten Jahren immer wieder. Er sagt, Brahman, also was in den „Veden" als Brahman erscheint, ist im Grunde das, was die abendländische Philosophie seit dem Platonismus als Weltseele bezeichnet hat, weil die Einzelseele, die einzelne Individualität, das individuierte Selbst sich in der Tiefe als identisch empfindet mit Brahma, also Atman, die Einzelseele, wird als identisch gesetzt mit Brahman. Das ist überhaupt die Pointe, wenn man das etwas vielleicht flapsig formulieren möchte, die Pointe des ganzen Ansatzes, dass der einzelne Mensch kraft spiritueller Arbeit die Möglichkeit hat, sich daran zu erinnern, dass er eigentlich das Ganze ist, also im Grunde ein, wenn man das so nennen will, ein Prozess der Selbsterinnerung dieses absoluten Wesens, was sich in die Welt verstrickt hat und was wieder zu sich selber kommt.

Natürlich die Frage, die immer gestellt wurde in dem Zusammenhang und die die Traditionen natürlich dann auch verschieden beantwortet haben: Wie kommt es, dass ein absolutes Wesen, ein göttliches Wesen, sich überhaupt in die Vielheit der Phänomene zersplittert hat? Was ist passiert? Das wird dann in diesen Traditionen immer anders, aber doch in der Grundrichtung ähnlich beantwortet. Kurz gesagt wird die Vermutung ausgesprochen, es habe sozusagen eine Selbstentfernung, eine Spaltung im Absoluten gegeben. Das erinnert ja an Hegel. Also, sozusagen die Gottheit selber ist in sich dialektisch, wenn man es so nennen will und entfaltet sich quasi als Welt in diesem langen Weltprozess, um dann auf einer höheren Stufe wieder zu sich selber zurückzufinden.

Vorstellungen dieser Art gibt es auch in der jüdischen Kabbala, zum Beispiel, dass die Welt also einen Riss enthält und dass die Aufgabe des Menschen sei, diesen Riss zu schließen als Partner der Gottheit. Also sehr weitreichende Gedanken, die dann in der lurianischen Kabbala etwa im 16. Jahrhundert verbreitet werden. Also, ein wesentlicher Punkt hier ist: Der Einzelne soll, müsste, könnte auch erkennen, dass er in der Tiefe identisch ist mit Brahman, also Atman ist Brahman.

Nun, das ist die eine Strömung; die zweite, die sich bis heute durchzieht, in der ganzen Advaita-Lehre, auch bei den großen indischen Lehrern des 20. Jahrhunderts wie Sri Aurobindo, Maharshi und anderen, die alle mehr oder weniger von dieser Richtung ausgehen, von der Advaita-Lehre der All-Einheit der Welt. Also nicht, dass die Vielheit, die bunte Phänomenalität geleugnet wird, sondern man sagt, in der Tiefe ist diese Welt eine Einheit, in der Tiefe ist die Welt durchdrungen von dieser Einheit, und diese Einheit, wie auch dann gesagt wird, und das kann man ja schon, wenn man das möchte, naturphilosophisch interpretieren, ist Licht. Es gibt ein Ur-Licht, ein Grund-, ein primordiales Licht, was sich in die Welt hinein entlässt und als Welt vervielfältigt. Das finden sie in fast allen Texten dieser Art, ganz stark in den Veden, Upanishaden, in der Vedanta-Philosophie, dass diese Einheit des Brahman letztlich als Licht gesehen wird, als absolutes Licht, als primordiales Licht, als Ur-Licht, wie immer, auf jeden Fall als ein Licht, was auch in spirituellen Erfahrungen dann geschaut werden kann.

Die zweite Strömung, die auf eine ganz andere Weise in Asien diese Einheit favorisiert, in Indien heute weitgehend verdrängt, aber doch aus Indien stammend, ist der sogenannte Mahayana-Buddhismus, der auf eine vollkommen andere Weise versucht, diese Einheit als Leere zu begreifen, mit Doppel-e, shunyata als Leere, als „die Nicht-Dingheit". Ein schwieriger Begriff, der westliche Interpreten immer beunruhigt hat. Es hat immer wieder Versuche gegeben, zu verstehen: Was ist das überhaupt, wenn die Mahayana-Buddhisten von der Leere sprechen, der Leerheit – shyúnyata – der Welt, der Nicht-Dinglichkeit, der Nicht-Substanzialität der Welt? Damit ist gemeint, dass es ein letztes Etwas gibt, häufig genug auch als Bewusstsein vorgestellt, dann wird es als Einheitsbewusstsein bezeichnet, das der Mensch dann in der Erleuchtung erfährt; und da berühren sich diese beiden Strömungen. Hans Wolfgang Schumann gehört zu den Interpreten, die die These vertreten, die umstritten ist, aber immerhin möglich, dass der Buddha wesentliche Konzepte aus der Philosophie des Vedanta übernommen hat, ihnen nur einen anderen Impuls hinzugefügt hat. Also, Schumann ist der Meinung, dass eigentlich fast alle wesentlichen Gedanken des Buddhas im Grunde aus der upanischadischen Tradition stammen, gegen die ja Buddha scharf polemisiert. Die hält er ja eigentlich für Unfug. Es gibt ja mehrere Äußerungen darüber, dass das also eine Irrlehre sei, eine Lehre letztlich für Narren.

Diese scharfe Polemik sollte nicht darüber hinwegtäuschen, dass gleichwohl Buddha stark davon beeinflusst ist. Also praktisch kann man dann sagen, wenn man das dann so zusammenbringen möchte, mit aller Vorsicht, dass also auf der einen Seite der Begriff des Brahman, auf der anderen Seite der Begriff der Leere dann zusammengeführt werden. Natürlich ist im Sinne der Advaita-Philosophie und der „Upanishaden" Brahma nicht die Leere, das ist etwas anderes. Also schwierig, diese Begriffe in gewisser Weise fast identisch zu setzen. Denn die buddhistische Leerheit als nicht Substantialität ist ja kein göttliches Wesen, und Brahman gilt als göttliches Wesen, nicht übrigens zu verwechseln mit dem Gott Brahma im Hinduismus, das ist nicht identisch.

Also, Brahman als das Grund- und Ur-Prinzip der Welt. Also es ist schon in gewisser Weise verwegen, das gleichzusetzen oder das in allzu große Nähe zueinander zu bringen. Aber es gibt auf jeden Fall den Zusammenhang. Also Hans Wolfgang Schumann, der diese These vertritt, begründet sie eigentlich auch, finde ich, recht intelligent. Er zeigt, dass die buddhistische Vorstellung der Leerheit der Welt sich zunehmend im Mahayana-Buddhismus annähert einer Vorstellung des Absoluten, was sie ursprünglich nicht war. Also in dem traditionellen, wenn man so will, dem Ur-Buddhismus ist Leere einfach die Nicht-Dinglichkeit, die Nicht-Selbstheit, das ständige fluktuierende Anderssein im Fluss der Phänomene, wo überhaupt gar kein Punkt ist, kein Haltepunkt, also der ständige Fluss der Phänomene, der überhaupt keinen Haltepunkt kennt. Und insofern ist da nichts Substanzielles, sondern alle Daseins-Augenblicke bewegen sich in rasender Geschwindigkeit, sie fluktuieren, sie wechseln ständig. Heute ist es anders als gestern, und morgen wird es wieder anders sein. Also dieser Grundgedanke des unaufhörlichen Sich-Verschiebens der Grund-Koordinaten.

Aber es bleibt ja doch hinter aller Fluktuation ein etwas, was angestrebt wird. Und das ist ja der große Punkt, dann auch scholastische Punkt, kann man sagen. Es hat endlose Diskussionen im Buddhismus darüber gegeben. Was geschieht dann mit dem Erleuchteten, wenn er also hier angekommen ist? Verschwindet er, löst er sich auf? Ist es dann doch der Tropfen im Ozean, wie das im Brahman vorgestellt wird? Und was ist denn diese Art Absolutheit? Was bedeutet das überhaupt? Und wie kann das zusammengehen mit der Vorstellung der Einzelheit? Schwierige Fragen, die wahrscheinlich intellektuell- philosophisch überhaupt nicht zu klären sind. Es gibt jedenfalls eine riesige, verwirrende Literatur auch in Asien darüber, so hat der Mahayana-Buddhismus Tausende von Schriften produziert zu dieser Frage der shunyata, was ist denn eigentlich die Leere? Und sie wird immer noch neu interpretiert, bis heute.

Auf jeden Fall finde ich es interessant, wie Schumann das hier macht, die beiden Konzepte zusammenzubringen und in eine ganz enge Parallelität zueinander zu rücken. Ich meine, dass das legitim ist. Insofern kann ich mich der These bis zu einem gewissen Grade anschließen. Wahrscheinlich ist ein innerer Zusammenhang, wahrscheinlich, ganz vorsichtig gesagt, lässt sich das aus bestimmten Tiefenerfahrungen [heraus] gar nicht mehr unterscheiden. Und letztlich sind es derartige Tiefenerfahrungen, die dem Ganzen den Grundimpetus verschafft haben und weniger oder erst sekundär Schriften, die tradiert worden sind. Das also in einer ganz knappen Form, erstmal sehr vereinfacht, sehr plakativ, zu dieser Einheits-Vorstellung im asiatischen Denken.

Beide Vorstellungen gibt es heute noch als Einheits-Vorstellung, und es ist natürlich naheliegend, allzu naheliegend kann man sagen, sodass es schon fast nicht wahr sein kann, sag' ich mal, wenn man jetzt diese Leere im Sinn der Nicht-Dinglichkeit nun zusammenbringt mit der Vorstellung der Nicht-Substantialität in bestimmten Vorstellungen der Quantentheorie, was ja sehr naheliegend ist. Die Nicht-Dinglichkeit ist ja ein Axiom in der Quantentheorie, was den Mikrobereich anbelangt. Insofern ist es ganz naheliegend, erstmal zu sagen: Warum sollte er nicht im Grunde genommen das Gleiche sein? Die berühmte These von Capra in der Mitte der 70er Jahre sagt: Im Grunde genommen ist es das Gleiche.

Die Wissenschaft ist dahin gekommen in einem langen, mühsamen Prozess, ist sie dort angekommen, siehe der Hase und der Igel, kann man sagen, wo die östliche Spiritualität sich schon immer aufgehalten hat. Mittlerweile ist er [Capra] selbst von dieser These abgerückt, und sie hat aber ungeheure Auswirkungen bis in die New-Age-Bewegung hinein. Viele halten sie irgendwie für ganz selbstverständlich, und in vielen Büchern taucht das auf, als Formeln, als wenn es nichts Selbstverständlicheres auf der Welt gäbe, als [dass] auch natürlich die moderne Physik sozusagen die Lehre der Buddhisten entdeckt hätte.

Ich habe da schon einiges zu gesagt, als ich über Quantentheorie gesprochen habe, dass ich da meine großen Zweifel habe, ob dieser Zusammenhang so in der Form Wert hat und ob er nicht zu kurz, aber nicht kurzschlüssig ist. In der abendländischen Philosophie spielt der Gedanke der Einheit der Welt eigentlich seit Platon eine zentrale Rolle, und besonders im Neuplatonismus wird er gedacht, immer wieder neu, am vielleicht schönsten, sprachlich schönsten, von dem Mystiker-Philosophen Plotin, den auch Ken Wilber mit einigem Recht immer wieder heranzieht mit seinen Enneaden, die sind auf eine wunderbare Weise wie ein Gesang an diese Einheit.
Dann 1200 Jahre später, in der Philosophie Giordano Brunos, da will

ich mal einen Abschnitt hier vorlesen aus einem Buch, mit dem er berühmt geworden ist, „Über die Ursache, das Prinzip und das Eine". Und da gibt es im fünften Teil dieses Buches einen Hymnus auch, der an Plotin erinnert, an diese Einheit der Welt, an diese Ur-Einheit, die sich als Vielheit zeigt. Das hat viele Interpreten total verwirrt. Einige hielten Giordano Bruno für einen Materialisten, andere haben ihn für einen Pantheisten gehalten, wie Spinoza. Spiritualisten haben ihn für sich reklamiert, und es ist bis heute in der Interpretation undeutlich geblieben, was eigentlich genau bei Bruno gemeint ist, wenn er von der Einheit der Welt redet, obwohl ich glaube, dass, wenn man die Texte genau liest, das eigentlich relativ eindeutig ist. Häufig genug ist man mit einem bestimmten Vorurteilsblick darangegangen. Ein Beispiel mal aus dem fünften Dialog, 1584 geschrieben in italienischer Sprache, Titel also: „Über die Ursache, das Prinzip und das Eine". Da heißt es bei Bruno: „In dem einen Unendlichen und Unbeweglichen, das die Substanz oder das Sein ist, findet sich die Vielheit oder die Zahl. Obgleich sie der Modus der Vielgestaltigkeit des Seins ist, welche Ding für Ding einzeln bezeichnet, macht sie das Sein nicht zu mehr als einem, sondern zu einem vielfältigen, vielförmigen und vielgestaltigen." Also die Zahl (das nur in Parenthese gesagt) konstituiert die Vielfalt der Welt.

Ich will hier in einer Woche dann noch mal reden auch über bestimmte Aspekte der Philosophie der Mathematik, auch über die Möglichkeit einer qualitativen Zahlenordnung anderen Typs. Bruno deutet das hier schon an, war auch auf der Suche nach einer eigenen anderen Mathematik, hatte sogar kurzzeitig die Möglichkeit, als Professor für Mathematik zu wirken in Padua. „Wenn wir also mit dem Naturphilosophen gründlich darüber nachdenken und die Logiker ihren Einbildungen überlassen" – meistens ist Aristoteles gemeint, wenn die Seitenhiebe gegen die Logiker und Sophisten gehen – „so finden wir, dass alles, was Unterschied und Zahl ausmacht, bloß Akzidens, bloße Gestalt und bloße Beschaffenheit ist." Akzidens ist das Nicht-Substanzhafte, also die Vielheit, die Einzelheit. Substanz ist das, was das Einheitsprinzip ausmacht, das Substrat, kann man sagen, jetzt materialistisch gesehen, der Stoff oder die energetische Substanz, Energie selber, Grund-, Ur-Energie, wie immer.

„Jede Hervorbringung, von welcher Art sie auch sei, ist eine Veränderung, während die Substanz immer dieselbe bleibt, weil sie nur eine ist, das eine unsterbliche göttliche Wesen. Es gibt ein unsterbliches, göttliches Wesen, das in gewisser Weise das Sein selber ist und die Substanz darstellt. Dies war Pythagoras fähig zu verstehen, der, statt den Tod zu fürchten, eine Verwandlung erwartet. Dies zu verstehen, waren auch alle Philosophen imstande, die gemeinhin Naturphilosophen heißen und die gelehrt haben, dass der Substanz nach nichts entsteht oder vergeht, wenn man nicht auf diese Weise nur die Veränderung bezeichnen will." Also die Grundannahme, wenn man es mit dem Begriff der Energie formuliert: Die Energie kann nicht entstanden sein, sie kann nicht vergehen. Es kann nur eine Grund- oder Ur-Energie geben, wenn man diesen Begriff für sinnvoll erachtet, und alle Figurationen der Erscheinungswelt sind nur Erscheinungsformen dieses Ur-Einen. Ebenso hat dies Salomo verstanden, der da sagt, es gebe nichts Neues unter der Sonne, sondern das, was ist, sei schon vorher gewesen. Da seht ihr also, wie alle Dinge im Universum sind und wie das Universum in allen Dingen ist, wir in ihm und es in uns und so alles in eine vollkommene Einheit einmündet. Daher braucht sich unser Geist nicht zu beunruhigen, wie wir auch wegen nichts zu verzagen brauchen, denn diese Einheit ist einzig und beständig und dauert immerfort."

Dieses Eine ist ewig, das ist ganz Spinoza, in gewisser Weise können auch einige dieser Sätze mit gewissen Abschwächungen oder Modifikationen in den „Upanishaden" stehen. „Jedes Gesicht, jedes Äußere, wie auch alles andere ist eitel und gleichsam nichts." Ja, alles ist nichts, außer diesem Einen. Also, das erinnert ja auch wieder an den späten Fichte: Es gibt nichts außer Gott, oder eine der anderen spirituellen Traditionen. Also Bruno sagt ganz zugespitzt: Letztlich ist alles in gewisser Weise nichts, außer diesem Einen. „In dem es ein und dasselbe ist, hat es nicht ein Sein und noch ein anderes Sein. Und weil es nicht ein Sein und noch ein Sein hat, hat es nicht Teile und wieder Teile. Und weil es nicht Teile und wieder Teile hat, ist es nicht zusammengesetzt. Es ist Grenze, auf solche Weise, dass es keine Grenze ist. Es ist solchermaßen Form, dass es keine Form ist. Es ist dergestalt Materie, dass es keine Materie ist. Es ist die Art Seele, dass es keine Seele ist. Denn es ist ohne allen Unterschied und deshalb ist es eines. Das Universum ist eines. In ihm ist fürwahr die Höhe nicht größer als die Länge und Tiefe. Daher wird es einer gewissen Ähnlichkeit wegen als Kugel bezeichnet, ohne jedoch eine Kugel zu sein."

Also ein altes mystisches Bild, die unendliche Welt als eine Kugel, deren Mittelpunkt bzw. deren Kugeloberfläche überall ist, bzw. bei einer unendlichen Kugel, wenn man es logisch weiterdenkt, fällt natürlich Peripherie und Mittelpunkt zusammen, sie werden ununterscheidbar.

Eine wichtige Argumentation bei Bruno, die sich schon durch dieses Buch zieht, ist der Gedanke, dass die Einheit nur als Unendlichkeit gedacht werden kann. Das ist nun wirklich ein schwindelerregender und auch vielleicht einer der tiefsten Gedanken überhaupt von Bruno, dass er sagt: Die Einheit muss die Unendlichkeit sein, denn nur die Unendlichkeit, die absolut alles ist, was überhaupt nur sein kann, kann wirklich als Einheit bezeichnet werden. Eine Einheit, die kein zweites hat. Denn wenn es ein zweites gäbe, gäbe es ein Außerhalb, dann hätte dieses eine quasi ein anderes, zu dem es sich irgendwie stellen müsste. Dann wäre sie eben nicht das Eine. Und das Eine kann nur das Eine ohne ein Zweites sein. Also ein wichtiger Punkt. Bruno stellt das ausführlich dar, auch mit logisch mathematischen Argumenten, dass die Welt, dass der Raum als Ganzes, als Einheit verstanden werden kann und als Unendlichkeit, sodass man so weit gehen kann zu sagen, dass bei Bruno im Grunde genommen Unendlichkeit und Einheit praktisch zusammenlaufen und ununterscheidbar werden. „Jene Philosophen haben ihre Freundin, die Weisheit gefunden, die diese Einheit erkannt haben, denn völlig dasselbe sind Weisheit, Wahrheit und Einheit. Das haben alle zu sagen vermocht, dass das Wahre das Eine und das Sein ein und dasselbe sind. Aber nicht alle haben dies auch verstanden. Denn etliche haben nur die Worte übernommen, ohne damit wie wahre Weise, ihren Sinn zu begreifen. Aristoteles unter anderem, dem das Eine verborgen blieb, hat auch das Sein und das Wahre nicht erkannt, denn er wusste nicht, dass das Sein eines ist."

Das wird von Bruno verdeutlicht am Beispiel des unendlichen Raumes. Sein Kernargument, ich glaube, ich habe es schon mal im Zusammenhang auch erwähnt, besteht ja darin, dass er sagt: Wenn ich mich dazu bequeme, zu sagen, dass der Raum wirklich ist, dann muss er unendlich sein; er kann schlechterdings nicht begrenzt werden. Das war ja das Problem in der Naturphilosophie und Kosmologie im Ptolemäisch-Aristotelischen System. Das habe ich ja auch schon dargestellt, dass man der Innenwölbung der Welt mit der Erde als Mittelpunkt keine Außenwölbung zusprechen durfte. Also da hat sich ja das Absurdon ergeben, dass die Welt zwar eine Kugel ist, eine endliche Kugel, aber diese Kugel hat keine Außenfläche. Es gibt also keine Kugeloberfläche. Was jenseits der Kugeloberfläche ist, ist nach Aristoteles, und das klingt ja ganz modern, weder Raum noch Zeit. Es ist das die totale Andersheit, die nicht gedacht werden kann.

Während Bruno, wie vor ihm übrigens schon die antiken Atomisten und in anderer Form auch der römische Philosoph Lucretius angenommen haben, dass natürlich hier der Innenwölbung eine Außenwölbung entsprechen muss; und wenn das so ist, dann kann der Raum nicht mehr begrenzt werden, dann ist die Frage schlechterdings unmöglich zu sagen, hier muss es irgendwo eine Grenze geben; das ist nicht widerlegbar. Also das ist sozusagen logisch, mathematisch einwandfrei.

Es gibt nur eine Möglichkeit, dem auszuweichen, nur eine einzige; und die wird auch favorisiert. Wenn man dem ausweichen möchte, dem unendlichen Raum, der dann das Eine sein muss, das ist logisch zwingend, dann muss man postulieren, man kann es nicht beweisen, aber man kann es postulieren, dass tatsächlich hier eine Art Andersheit existiert, ein Hyperraum, wenn man den Begriff verwenden will, der jegliche Qualität von Räumlichkeit, wie wir sie verstehen, nicht mehr aufweist. Er ließe sich vielleicht mathematisch fassen; es gibt hier verschiedene Möglichkeiten, auch in der modernen Mathematik solche Hyperräume mathematisch zahlenmäßig zu fassen. Aber nur so kann man dem ausweichen, wenn man das nicht akzeptieren kann, wenn man so will, realistisch sagt, der Raum ist so Raum, wie wir ihn als Raum empfinden – usque ad infinitum. Da gibt es nicht einen Punkt, wo er quasi umkippt in eine Seins-Sphäre, die nichts mehr zu tun hat mit Raum, nichts mehr zu tun hat mit Zeit, was ja auch möglich ist, – man kann das denken. Das ist die einzige Möglichkeit, wie man dem ausweichen kann. Alle anderen Argumente brechen in sich zusammen, irgendwann.

Schon in der Antike ist diese Grundkonstellation ja eigentlich gut durchdacht worden. Da gibt es nur nicht so viel Möglichkeiten, das Ganze zu denken, auch wenn man verschiedene Dimensionen einbaut; das kann man natürlich machen. Man kann natürlich sagen, die Vorstellung einer Dreidimensionalität ist nichts weiter als eine

Ausweitung der sehr engen euklidischen Geometrie. Die hätte überhaupt keine Gültigkeit für den Kosmos als Ganzes; kann man machen, natürlich, man kann auch mathematisch fiktiv ganz andere Dimensionen bauen. Ob sie dann sinnvollerweise ontologisiert werden können, dass man sagt, das ist wirklich, oder ob das nur Fiktionen sind, sozusagen Kopfgeburten, ist eine andere Frage, – eine schwierige Frage, aber man kann das machen.

Dann kann man doch eine endliche Welt aufrechterhalten und muss sich der Frage gar nicht stellen, ob diese endliche Welt vielleicht doch in einen unendlichen Kosmos eingebettet ist. Das geschieht ja. Man lässt ja diese Frage weitgehend erstmal offen. Man favorisiert eigentlich die Vorstellung, dass hier in diesem Sinne kein Raum ist. Das könnte man hier enorm ausbreiten. Mittelalterlich antik, relativ klein, heute, gewaltige Ausmaße. Aber die Grundfragen bleiben ja auch bei der größten Ausdehnung, die diese Kugel auch nur haben kann. Die größte Ausdehnung der Kugel ist gegen das Unendliche immer gleich null. Auch das ist mathematisch logisch nicht zu widerlegen. Also so groß wie die Kugel auch nur sein kann, gegen das Unendliche ist sie immer wie nichts. Und die Fragen bleiben also.

Bruno führt dazu an in der Schrift „Vom Unendlichen": Auch die längste Strecke ist gegen das Unendliche gesehen wie nichts, wie ein Punkt. Die Fragen sind aufwühlende Fragen, die kann man auf sich beruhen lassen, kann sagen, das muss mich ja gar nicht beschäftigen, ich muss mich ja davon gar nicht beunruhigen lassen. Aber das hängt mit der Vorstellung von dem Einen zusammen. Für Bruno ist das eine Denknotwendigkeit, dass die Welt als Ganzes, als Einheit auch unendlich sein muss.

Und dann der doch faszinierende Gedanke, dass er sagt, gut, wenn ich den Raum weiterdenke, der sich hier unendlich erstreckt, kann ich immer noch sagen, na gut, wie das Newton gedacht hat, diese Welt ist sozusagen eine endliche Kugel in einem unermesslichen Ganzen. Darauf hat Bruno geantwortet: Das kann nicht sein, weil, wenn es so wäre, wäre diese Kugel quasi nicht nur ein Punkt, sondern sie ist im Nirgendwo; es gibt überhaupt keinen Ort, denn wenn das kein wirklicher Raum ist, kann die Kugel auch keinen Ort haben. Dann ist der Begriff des Ortes schon falsch. Dann muss man sozusagen vollkommen andere Begriffe schaffen. Und dann, wenn hier Raum ist, dann muss hier die Möglichkeit gegeben sein, auch Substanz, Stoff, Energie, Bewusstsein, wie immer, zu enthalten. Das heißt, wo Raum ist, sagt Bruno, muss es auch Wesen geben, Gestirne geben, Wesenheiten. Das heißt, es gibt diesen leeren Raum im Sinne des Vakuums nicht. Auch das ist konsequent, wenn man das weiterdenkt.

Ich habe das ja auch schon ein bisschen erläutert im Zusammenhang mit dem Clarke-Leibniz-Briefwechsel. Und da wird ja auch der Gedanke ventiliert, obwohl Bruno nie mit Namen erwähnt wird, wird doch ständig direkt oder indirekt Bruno herangezogen. Also eine interessante Frage für die Frage der Einheit der Welt. Und ist das nun Metaphysik oder springt Bruno da in die totale Transzendenz hinein; das sind Fragen, die schwer zu beantworten sind. Ich würde sagen, Bruno versucht, sagen wir mal vorsichtig, die Einheit von Transzendenz und Immanenz zu denken. Er entscheidet sich nicht eindeutig für die Immanenz, das Göttliche in der Welt, und entscheidet sich auch nicht für die Vorstellung der Transzendenz in der Welt. Und da berührt er sich auf eine doch hochinteressante Weise dann mit der Brahman-Vorstellung; mag sein sogar, wie ab und zu mal vermutet worden ist, dass Bruno vielleicht sogar über bestimmte Kanäle davon Kunde gehabt hat, über den Vorderen Orient, über den Neuplatonismus. Mag sein, dass der Neuplatonismus in Alexandria etwa, Plotin war ja erst in Alexandria, dass da Beeinflussungen vorliegen, die weiterreichen, die von Asien kommen, das ist möglich. Dass da also eine starke asiatische Unterströmung im Neuplatonismus existiert, die dann Bruno auch erreicht hat. Insofern wäre es immerhin denkbar, dass Bruno tatsächlich auch einen direkten Traditionsstrang, einen Vermittlungsstrang mit der asiatischen Philosophie hätte. Das lässt sich nicht beweisen. Ich bin dem Punkt mal nachgegangen und bin da gescheitert. Da gibt es also keine historisch belegbaren Dokumente. Man kann das nur vermuten. Es ist möglich. Klar beweisbar ist es nicht.

Ich will jetzt eingehen auf den Gedanken der Einheit in der modernen Physik. Ich will nicht auf die ungeheuren Schwierigkeiten und Subtilitäten dieser Raum-Frage eingehen. Das habe ich sehr vereinfacht und sehr plakativ dargestellt. Ich meine aber, da einen zentralen Punkt berührt zu haben. Natürlich ist das sehr komplex, auch wenn man es jetzt noch mathematisch weiterdenkt. Was ist denn diese Raum-Unendlichkeit für die Mathematik oder für die Geometrie? Diese Zeichnung hier soll noch etwas anderes andeuten. Sie findet sich so direkt bei Bruno nicht, aber faktisch taucht diese Figur bei Bruno immer wieder auf. Das ist noch ein weiterer Impuls in seiner Einheitslehre, dass er davon ausgeht, dass das Minimum und das Maximum letztlich identisch sind. Das heißt, im Raum-Unendlichen ist auch die größte Ausdehnung, die noch in irgendeiner Form messbar, quantifizierbar ist, quasi ein Nichts, wie in der größten zeitlichen Erstreckung auch die längste Zeit-Strecke quasi ein Nichts ist.

Bruno hat diese Lehre vom Minimum und Maximum seiner eigenen Mathematik und Geometrie ausgebaut, die sehr interessant und sehr subtil ist. Diese Schriften gibt es erst seit kurzem teilweise auf Deutsch. Das will ich im Einzelnen nicht darstellen.

Wichtig für unseren Zusammenhang ist noch folgendes, auch, was die Parallelität zu Brahman betrifft: Bruno meint, dass die Erscheinungswelt in gewisser Weise einer Kugeloberfläche gleicht. Eine alte Metapher, die Erscheinungswelt als Kugeloberfläche. Es soll Aufgabe des Geistes sein, gleichsam Schicht für Schicht tiefer zu dringen in diese Kugel hinein, in die Kugel des Geistes. Bruno verwendet immer wieder, einer alten Tradition folgend, das Bild der Seele, des Geistes, was bei ihm nicht klar unterschieden war, Seele und Geist bei ihm sind mehr oder weniger das Gleiche. Diese Kugel ist in gewisser Weise auch die Kugel der Welt, die nur metaphorisch Kugel ist, weil sie ist unendlich, und dass der Mensch in der Zusammenziehung, Kontraktion, wie das Bruno nennt, Meditation könnte man auch sagen, die Fähigkeit hat, wenn er eine bestimmte Tiefen-Schicht der meditativen Tiefenschau erreicht hat, dass er dann an einen Punkt kommt, wo er quasi ins All zerstrahlt, wo dieser Zentralpunkt identisch wird mit der Zerstrahlung ins Ganze. Das heißt, der Einzelne, der auf der Oberfläche der Welt ganz nach innen geht, so tief wie es irgend geht, das nennt Bruno Kontraktion, Zusammenziehung, stürzt hier im Mittelpunkt seiner selbst auf das Ganze, und so ist das auch eine Erkenntnislehre, dass der Einzelne dergestalt auch das Ganze in sich trägt. Und das ist ja immer wieder mit Verblüffung konstatiert worden, auch dass Bruno so viele Dinge gesehen hat und fand, auch ohne ein Fernrohr zu benutzen, ohne überhaupt jemals irgendwelche Beobachtungen angestellt zu haben – wie das kommt.

Also, eine Erkenntnistheorie, wo man auch viele Parallelen herstellen kann zu dieser Brahman-Atman-Vorstellung, also quasi, wenn man diese Begriffe übernimmt, diese Kugel als Atman, und wenn sie ihren äußersten Zusammenziehungspunkt erreicht hat, in der Tiefenmeditation wird Atman zu Brahman. Da zerströmt gleichsam das Erkenntnis-Licht ins All und spiegelt das Licht im Universum. Bei Bruno eingehend dargestellt und bei Eugen Drewermann. (...) Drewermann macht daraus dann den Bruno, der irgendwo am Strande läuft und dann in der Dunkelheit, alles ist bewölkt, und plötzlich bricht ein Lichtstrahl hervor, und er sieht eine schöne Frau, und das ist dann für ihn dieses Erlebnis. Also, sie können das nachlesen, in dem mit einigem Recht auch in der Öffentlichkeit kritisierten Buch von Eugen Drewermann über Giordano Bruno, und der hat sich so in Bruno hinein versetzt, er schreibt ein fiktives Tagebuch und stellt sich so vor, wie es wäre, wenn man Giordano Bruno wäre. Da überhebt sich, glaube ich, Herr Drewermann ein bisschen. Aber gut, das sei nur am Rande erwähnt. Also, das ist ein wichtiger Gedanke bei Bruno.

Nun zurück zu Grundvorstellungen der Einheit, wie sie eigentlich die Naturwissenschaft ansieht. Diese Figuren tauchen zunächst einmal so in den Naturwissenschaften gar nicht auf, spielen jedenfalls keine zentrale Rolle. Ganz vereinfacht kann man sagen: in der Naturwissenschaft ist Einheit die Allgemeinheit und Notwendigkeit der Naturgesetze im Universum. Das heißt, die Grundannahme, das, was ich hier messen kann, was ich hier denke, durchdringen kann, muss im Prinzip auch überall sonst gelten. Das ist in eine wichtige Prämisse, die ja nicht selbstverständlich ist, denn in der geozentrischen Sicht oberhalb der Mond-Sphäre, mit Erde als Mittelpunkt des Kosmos, galten ja ganz andere Gesetze. Hier galt die physisch-sinnliche Gesetzmäßigkeit nicht. Das ist wichtig. Oberhalb der Mond-Sphäre beginnt eine andere Welt mit vollkommen anderen Gesetzen. Und das wird in der neuzeitlichen Naturwissenschaft in dem Sinne ausgehebelt, dass man sagt: Im Prinzip müssen im gesamten Universum überall die gleichen Grundgesetze gelten, in diesem Sinne ist das Universum eine Einheit. Es wird also weniger jetzt darüber spekuliert, wie ist diese Einheit erfahrbar in der Tiefe, in der Seele, wie ist sie spirituell zu begreifen, sondern ganz schlicht, die Allgemeinheit und Notwendigkeit der Gesetzesordnung im gesamten Universum. Auch hier muss man natürlich die Frage der Dimension ansprechen. Man kann natürlich sagen, gut, ich kann von einem Experiment, was ich zum Beispiel hier in diesem Raum mache, weitreichende Schlussfolgerungen ableiten auf den Kosmos, auf das Universum, auf das Weltall, – überspringe damit natürlich die mit dieser Situation gegebene kosmische Relativität dieses Raums hier, zu diesem Zeitpunkt, und muss natürlich Zwischenschritte vollziehen. Aber im Prinzip wird es als möglich erachtet.

Wenn das nicht so wäre, wenn das nicht angenommen würde, würden alle Aussagen über das Weltall letztlich in sich zusammenbrechen. Dann könnte man gar nichts mehr sagen. Dann könnte man nur sagen: Wir haben gewisse Segmente der Wirklichkeit, die durchdringen wir, denken, die messen wir. Aber man kann überhaupt nicht extrapolieren. Man kann nicht sagen, die Welt als Ganzes müsste so sein. Davon wird aber ausgegangen. Das ist der Gedanke der Einheit in der Naturwissenschaft im Kern, also die Einheit dieser Gesetzesordnung der Welt, die es erlaubt, vom Einzelnen auf das Allgemeine zu schließen, also induktiv und dann aber auch in der Gegenbewegung deduktiv. Es wird eine Einheit vorausgesetzt.

Nun kann man sagen, diese Einheit kann, das sagt übrigens auch Weizsäcker hier in seinem Buch „Die Einheit der Natur", diese Einheit kann keine materielle, keine physische sein. Sie ist im Letzten natürlich auch gar nicht beweisbar, das ist unmöglich. Sie hat aber eine gewisse Wahrscheinlichkeit, sie muss in der Tiefe eine metaphysische sein. Sie ist ein Grund-Konstituent der Welt überhaupt. Und wenn man jetzt die Dimensionsfrage einbezieht, kann man natürlich sagen, das stimmt alles nur innerhalb einer bestimmten Dimension, also von mir aus innerhalb der sogenannten dreidimensionalen oder vierdimensionalen Welt, wie immer. Wenn man jetzt davon ausgeht, dass das Ganze eingebettet ist in andere Dimensionalitäten, siehe Burkhard Heim, zwölf-dimensionaler Hyperraum, dann bekommt das natürlich einen anderen Charakter. Also dann muss ich das Ganze neu fassen, dann muss ich das Physisch-Sinnliche zum Sonderfall erklären. Dann, das kann man machen, das kann man auch mathematisch logisch durchrechnen, dann wird es natürlich aber schwierig. Es könnte natürlich sein; das ist dann nicht unbedingt sicher, dass man so ohne Weiteres extrapolieren kann.

Das hat ja Johannes Heinrichs vor einer Woche hier auch angedeutet, vielleicht erinnern Sie sich daran, im ersten Teil seiner Vorlesung, wo er einen der wenigen Dissenzpunkte sieht mit einer These von mir, dass ich von den Provinz-Gesetzen der Erde gesprochen habe. Das hat er missverstanden. Ich meine damit erst einmal in erster Linie nur die kosmische Relativität und dass man die Frage zunächst mal offenlassen kann, ob das so auf eine direkte Weise übertragbar ist. Das trifft ja auch für die Zeiträume zu. Denn alle diese Zeiträume, die gemeinhin angenommen werden, sind ja festgelegt oder werden ja behauptet aufgrund der Annahme, dass die Zeit sich nicht fundamental ändert, dass die Zeit ja doch in irgendeiner Form eine absolute Erstreckung ist, die aus einer wie immer gearteten Vergangenheit in die Zukunft führt; dass da nicht ein Bruch passiert ist, ein qualitativer Sprung, was ja möglich ist. Warum soll es nicht passiert sein? Also, es lässt sich nicht absolut sicher sagen, dass die Zeit überhaupt sozusagen so gleichförmig und ohne sich zu verändern dahinrast oder schleicht, wie immer, wie das ja Newton angenommen hatte in seiner Vorstellung der mathematischen, gleichmäßig dahinfließenden Zeit. Das muss nicht sein. Es könnte ja genauso gut sein, dass in irgendeinem nicht weiter fixierbaren Punkt die Zeit auch kollabiert, sodass also das Ganze plötzlich auf eine andere Ebene gedreht wird.

Also die Prämisse ist weitführend; letztlich geht die Physik dann doch irgendwie von einer linearen Zeit aus, auch wenn sie das abstreiten und das relativistisch deuten. Im Grunde geht man dann doch von so einer Zeitachse aus, die sich nicht ändert, sonst wären ja diese ganzen Zeitangaben ohnehin absurd. Da müsste man sie ja gar nicht irgendwie postulieren.

Dann könnte man ja immer sagen: Es kann ja im Zeitpunkt X ein Zeitsprung passiert sein oder eine qualitative Verschiebung passiert sein, dann kommt man ja in ganz andere Dimensionen hinein, und das hat ungeheure Auswirkung auf das Bewusstsein. Also die Dimensionenfrage ist die heikelste dabei. Das alles bewegt sich erst einmal noch, und bei Bruno auch, erstmal weitgehend auf der Vorstellungsebene der räumlichen Erstreckung, wie wir sie aus der Erfahrung, aus der Empirie kennen. Eine ganz andere Frage ist es, wenn ich diese räumliche Erstreckung in der Erfahrungswelt von vornherein relativiere und sage: Das ist gar nicht der eigentliche Raum, das ist sozusagen nur gleichsam die Ausfaltung eines ganz anderen Raums, der gar nicht quantifizierbar ist. Dann muss man ganz neu denken, das ist möglich. Das lässt sich auch nicht widerlegen, im absoluten Sinne. Aber dann muss man das Ganze noch mal neu denken, dann muss man auch die Frage der Einheit neu denken. Dann könnte diese Einheit natürlich noch ganz anders gebaut sein.

Also könnte man sich fragen: Wie viele Dimensionen gibt es? Und sind das jetzt nur mathematische Kopfgeburten? – was ja Kritiker oft sagen, es ist halt überhaupt keine Wirklichkeit. Der Raum ist dreidimensional und nichts weiter. Und er ist eben nicht fünf-, sechs- oder zwölf-dimensional. Es gibt keinen Hyperraum, das sind nur mathematische Fiktionen, – oder diese sogenannten Fiktionen haben eben doch eine gewisse Wirklichkeit. Dann wäre die Welt in der Tat auf eine schwer begreifbare Weise multidimensional. Und dann, in der Tat, greifen die Argumente nicht mehr in dem Sinne, wie ich sie vorgetragen habe, das ist klar. Also wenn man das ausklinkt und sagt, das gilt nicht, oder das ist dann nur unser Erfahrungsraum, brechen sie erst einmal in sich zusammen. Mal dramatisch gesagt, – schlichter formuliert: Sie relativieren sich. Insofern kann man die Frage vielleicht offenlassen, man muss das nicht da heißblütig debattieren: Ist der Kosmos endlich oder unendlich, das mag auch irgendwo müßig sein, darüber erregt hier zu diskutieren, aber man muss sich zumindest darüber im Klaren sein, wenn man überhaupt argumentiert, muss man wissen, auf welcher Ebene man sich aufhält. Was meint man? Das finde ich wichtig. Sonst ist eine Diskussion weitgehend sinnlos. Also wovon redet man eigentlich, wenn ich vom Raum rede und sage, dieser Raum ist eine Einheit, der ist nicht begrenzbar. Was für eine Art von Raum meine ich? Meine ich den uns doch zugänglichen Anschauungsraum?

Auch wenn wir den Raum nicht sehen, der Raum ist bekanntlich nicht sichtbar, er ist ein ungreifbares Etwas. Er ist ja nicht ein Ding, nicht Materie. Also was für einen Raum meine ich, und ist der Raum dann leer? Ich will ja auch im Januar noch über die Vorstellung der Vakuumenergie sprechen, die ja in den letzten Jahren viel diskutiert wird. Dann muss man das Ganze auf eine andere Ebene verlagern. Aber man muss wissen, wovon man redet, sonst redet man hoffnungslos aneinander vorbei. Also wenn einer jetzt auf der Ebene redet und meint dann den Anschauungsraum, der andere meint aber eine Art Hyperraum, dann gibt es keine Verständigung, das ist klar. Also man muss sich dann von vornherein verständigen, was man eigentlich meint. Insofern ist dann doch eine gewisse Klärung der Begriffe ganz sinnvoll. Also die Frage, ob der Raum tatsächlich eine unendliche Erstreckung hat oder nicht, oder ob auch die Naturgesetze, die wir hier haben, in dieser Form universell gültig sind, kann letztendlich nicht entschieden werden.

Es ist eine Setzung – und eine metaphysische Setzung. Weizsäcker weiß das auch und stellt das in seinem Buch mit dem Titel „Die Einheit der Natur" immer wieder auch dar. Er glaubt bis heute, soweit ich das weiß, dass die Physik als eine Einheitswissenschaft tatsächlich vollendbar ist. Er bezieht sich da auf Kant als das Ensemble der Bedingungen, der Möglichkeit von Erfahrung überhaupt. Ich weiß nicht, ob er den Gedanken dann aufgegeben hat, in den 70er, 80er Jahren, jedenfalls war er davon überzeugt, dass das möglich sein müsste, dass also die Physik in gewisser Weise da abgeschlossen werden kann, indem sie die Gesamtheit der Erfahrung der Welt dann auch so weit beschreibt, wie das physikalisch-mathematisch überhaupt nur möglich ist.

Weizsäcker ist natürlich durch und durch Metaphysiker. Er meint natürlich in der Tiefe, dass diese Einheit der Welt, die Einheit der Physik im Letzten wurzelt in einer Einheit der Welt. Und er ist auch Platoniker in dem Sinne, dass er meint, dass natürlich die mathematischen Formalismen die Natur so abbilden, wie sie ist, dass also die mathematischen Formalismen in der Natur selber enthalten sind. Das tun ja auch avancierte Theorien etwa, auch die bekannte von Burkhard Heim ebenso, Heim ist ja im Grunde genommen Absolutist. Er setzt natürlich auch seine Fiktionen als Weltkonstituenten. Sonst würde die Argumentation ja in sich zusammenbrechen, es wäre das ja nur eine Selbstbespiegelung des Geistes, man käme nicht weiter.

Auf jeden Fall ist das wichtig, dass man sich darüber im Klaren ist, worüber man eigentlich redet. Also der Begriff der Einheit ist auf der einen Seite in der Physik sehr einfach zu fassen, die Allgemeinheit und Notwendigkeit der Naturgesetze im Universum, auf der anderen Seite aber wieder sehr schwierig, weil, man kann die Einheit dann wesentlich weiter fassen, und dann könnte man auch die Frage, und muss sie auch ventilieren: Was ist mit dem Bewusstsein?

Und das ist ja auch in der indischen Philosophie ventiliert worden. Übrigens in beiden Strömungen, nicht, im Buddhismus, gibt es dann den Gedanken, dass diese Leere der Welt – shunyata – im Grunde das universale Ur-Bewusstsein ist. Also die Ur-Leere ist das Bewusstsein selber, nicht, also hat nicht Bewusstsein als eine Qualität neben anderen, sondern ist Bewusstsein. Und wenn das dann der Raum ist, das findet man beim Mahayana-Buddhismus, dann hat der Raum nicht Bewusstsein, sondern der Raum ist Bewusstsein. Der Raum ist das Bewusstsein selbst, eine weitreichende, ja man kann wirklich sagen, schwindelerregend These. Aber es gibt bis hin übrigens zum Dalai Lama viele Mahayana-Buddhisten, die letztlich dahin kommen zu sagen: Der Raum ist das Universal-Bewusstsein selber, in diesem Sinne die Einheit und auch das Absolute. Und hier wird es ähnlich gesehen, in den Brahman-Gedanken. Das ist ja nicht jenseits von Bewusstsein. Nur in unserem Sinne ist dieses Bewusstsein, da wir ein Partikular-Bewusstsein haben, nicht vorstellbar und nur in einer Tiefen-Meditation zu erfahren.

Und bei Bruno ist es ähnlich. Und da gibt es schon einen interessanten Zusammenhang zwischen der Raum-Vorstellung bei Bruno und der Raumvorstellung in der Brahman-Lehre.

Also, die Möglichkeit, über den Gedanken der Einheit hier was zusammenzuführen, die gibt es. Es gibt diese Möglichkeit, aber sie ist sehr schwer zu denken. Und man muss sich davor hüten, dass man allzu pauschal und schnell auch, sagen wir mal, Begriffe aus einem gänzlich anders gearteten Kulturkreis mit einer ganz anderen Tradition vorschnell gleichsetzt. Das geschieht natürlich, auch was das chinesische Chi-Konzept betrifft.

Natürlich haben das viele Physiker längst entdeckt und sagen, es ist doch das, was wir auch sagen, wovon wir auch reden, – das ist schwierig. Also man kann das immer nur mit einer gewissen Relativität [verbinden], da muss man sehr, sehr vorsichtig sein. Insofern sage ich es mit aller Behutsamkeit. Mag sein, dass in der tiefsten Tiefe diese Konzeptionen mahayana-buddhistische shunyata, Advaita-Lehre Brahman, Bruno'sche Raumunendlichkeit, vielleicht auch die modernere Vorstellung des Quanten-Vakuums, dass es in der Tiefe das Gleiche ist. Mag sein, dass dann eine Ebene berührt [wird], die sich jeder Verifizierbarkeit im üblichen Sinne entzieht. Dann müsste man tatsächlich, das kann man ja auch, Praktiken [sich] vorstellen, mittels deren man überhaupt in der Lage ist, Bruno tut das ja, solche Erfahrung zu machen, nicht, dass man das nicht nur postuliert und in einem intellektuellen Disput einander zuwirft wie Bälle. Dann ist es mehr oder weniger unfruchtbar. Das ist klar, dass man da so Konzepte ... man kann auch noch andere Begriffe dann einfügen und man kann dann diese spielballartig sich zuwerfen und das hat dann [nur mehr] einen geringen Erkenntniswert.

Also man müsste dann schon fragen: Wie komme ich zu diesen Vorstellungen? Welche Methoden gibt es denn überhaupt? Naturwissenschaftler haben ja ihre Methoden entwickelt, die haben auch ihre Berechtigung bis zu einem gewissen Grade. Und wie weit kann man da gehen? Und da wird es wirklich interessant. An der Stelle wird es hochinteressant und ungelöst. Da beginnen nämlich wirklich dann die Fragen und Probleme, auch die Frage der Messbarkeit: Was ist überhaupt messbar? Wie weit geht die Messbarkeit? Wird sie nicht überschätzt heute und auch von fast allen Lagern? Was ist das denn überhaupt, diese Messbarkeit? Wie muss man sie interpretieren? Welche Ebene kommt ins Spiel? Die Fragen sind äußerst subtil, aber da wird es dann wirklich interessant.

Aber ich halte das alles letztendlich für ganz offene Fragen, und ich kann da auch keine Lösung anbieten, dass ich sagen würde: Ja, so verhält es sich. Das ist, wer da mehr eingedrungen ist in diese Fragen, der kann einfach nur, wenn das nicht Scharlatanerie sein soll, das mit aller Behutsamkeit so darstellen und auf der Ebene erst einmal versuchen, das Thema überhaupt zu betrachten, wo es eine gewisse Chance gibt, dass man sich da annähern kann. Sonst bleibt das, finde ich, ein, polemisch gesagt, ideologisches Gerede und bringt eigentlich gar nichts.

Also, das Einheitskonzept, um das abschließend zu sagen, ist eines der stärksten Konzepte, die jemals Menschen gedacht haben, ein ganz großes, eines der ganz großen Konzepte überhaupt des menschlichen Geistes. Und es ist wahrscheinlich, dass hier in irgendeiner Form eine Möglichkeit besteht, dass sich hier was berührt, mal vorsichtig gesagt. Und vielleicht ist das ein Ansatzpunkt. Das taucht bei Wilber fast überhaupt nicht auf, diese Frage, nur am Rande. Also in der „Naturwissenschaft und Religion" kommt er ja dann zu einem ganz anderen Ergebnis, zu einem ganz anderen Resümee, was auch fragwürdig ist. Sein Resümee ist dann folgendes, ich sage es ganz kurz plakativ, in dem Buch: Er lehnt diese fünf Facetten, die ich eingangs genannt habe, ab und sagt dann, es gibt nur die Möglichkeit, dass sich die etablierten Religionen sozusagen von allen geschichtlich bedingten Dogmen befreien und ihren spirituellen Kern hervorheben. Und das müsste die Naturphilosophie, Kosmologie auch tun. Das ist leicht gesagt, wenn das so einfach wäre. Das ist letztlich das Resümee. Denn wenn das so wäre, dann würden manche, selbst religiöse Streitigkeiten gar nicht so brachial aufbrechen. Natürlich kann man sagen, es ist ja immer wieder gesagt worden, es gibt eine Einheitsweisheit. Im Sufismus wird das gesagt, von der letztlich alle abzweigen. Dann könnte man sagen, es muss diese Einheit geben. Aber warum gibt es dann diese grimmige Feindschaft der religiösen Systeme? Warum kann man sich nicht darüber verständigen, dass man in der Tiefe doch das Gleiche will? Das ist eben ungeheuer schwer. Man braucht ja nur mal in den Nahen Osten zu schauen. Was haben denn diese drei monotheistischen Religionen für große Schwierigkeiten? Warum gelingt es denn nicht, sich zu einigen? Das ist eben extrem schwierig. Und nicht nur aus politisch-sozialen Gründen, sondern auch aus Gründen der Lehre selber.

Das finde ich zu kurz gedacht von Wilber als eine Lösung, wenn da überhaupt eine Lösung existiert. So, das wollte ich Ihnen eigentlich im Wesentlichen vorstellen, indem ich diese Kernpunkte hier genannt habe.

Diskussion mit dem Auditorium

Und ich fände es ganz schön, wenn wir noch ein bisschen ins Gespräch kommen können. Und Sie können dann selber vorschlagen, wo wir noch mehr reingehen wollen. Ich bin gerne bereit, zu jedem dieser Punkte hier noch detaillierter was zu sagen, wenn Sie das möchten. Das erst mal nur ein ... das Thema so aufgefächert. Ja?

Teilnehmer: Meine Frage geht hauptsächlich auf den Begriff oder auf das Thema der Ratio. Also sowohl ein Wilber als auch Jean Gebser sprechen ja von gewissen kulturellen Welt-Epochen und eine davon sei die rationelle, gleichgesetzt mit der Moderne.

JK: ‚Mentale' sagen die meisten ja.

Teilnehmer: Es gibt hier gewisse logische Grundgesetze, die wohl gelten müssen, damit etwas als rational anerkannt wird. Und wenn nicht, dann sei es eher irrational. Meine Frage ist jetzt, bezieht sich auf die Frage, auf die Problematik, die die Postmoderne gerne hervorhebt. Kann man denn überhaupt davon ausgehen, dass das überhaupt als Prämisse haltbar, dass es eine einheitliche Rationalität gäbe? Und zwar ist das ja ein Abendland-Konzept über die Logik. Aber kann man denn auch vom Denken, vom rationalen Denken so weit dahin gehen, dass man sagt, all dieses rationale Denken, was nach diesen abendländisch postulierten Gesetzen sich abspielt, ist dann ein rationales Denken. Also gibt es wirklich nur eine Art rationales Denken?

JK: Ja, ich bin sehr dankbar für diese Frage. Da sprechen Sie in der Tat eine gewisse Schwäche dieser Modelle an, nicht, die, wenn man das genau verfolgt, tatsächlich auch eigentlich aufbricht. Denn das klingt bei bei diesen Modellen immer irgendwie an, dass es quasi eine mentale Stufe gäbe, menschheitlich universell, letztlich durch alle Kulturen hindurch. Nun, dann müsste man, wenn man das klären will, was sie gefragt haben, dann müsste man die Kriterien formulieren. Dann müsste man sagen: Was wären denn die Kriterien für eine rationale Weltauffassung? Wäre das dann Naturwissenschaft in unserem modernen Sinne? Wäre das Objektivierbarkeit, Reproduzierbarkeit der Experimente, das Vertrauen auf die Empirie, auf die Erfahrung, nicht, das Kontrollierbare und so weiter. Wären das Kriterien, würden Sie sagen: Das ist so, oder nicht? Wären das Kriterien?

Teilnehmer: Wenn ich jetzt Ratio als kulturell, als kulturelle Epoche begreifen will, die eine Gesellschaft hervorbringt über eine kulturelle Leistung, ... dann kann ich, dann gibt es natürlich dieses Konzept. Aber mal davon abgesehen, ist Ratio weiter gefasst, ist ja nicht nur ... erstens nicht die Wissenschaft in ihren Methodiken ...

JK: Ich habe nur eins vorgeschlagen als Möglichkeit.

Teilnehmer: ... ein Denken wäre, ... welches logischen Gesetzen unterliegt. Und wenn es das nicht tut, dann sei es eben irrational. Und dann ist es eben meine Frage: Wenn ich sehe bei anderen Kulturen, wie zum Beispiel in Mittelamerika, wie äußerst plausibel dieses Denken ist oder bei den Hopi. Aber dass es nach unseren Kriterien der Schlussfolgerung überhaupt nicht diese Plausibilität besitzt.

JK: Sie sprechen den Punkt an, ob es nicht, das ist, liegt in Ihrer Frage drin, ob es nicht eine Art von Rationalität gibt, eine kulturspezifische, die durchaus nicht deckungsgleich ist mit unserer Form der Rationalität. Gut, da hat es ja eingehende Untersuchungen drüber gegeben. Man hat ja auch nachweisen wollen, dass der Mythos letztlich auch rational ist, also letztlich auch einen rationalen Weltzugang hat. Dann käme man auf den Punkt der Interpretation.

Diese postmoderne Geschichte, dass man sagt: gut, das sind verschiedene Welt-Interpretationen. Das würde aber dem Anspruch der abendländischen Rationalität immer widersprechen, denn die abendländische Rationalität ging ja immer davon aus, dass Ihre Erscheinungsform universell gültig ist. Also ganz vereinfacht: Das Fallgesetz gilt auch in Asien oder in Afrika oder Südamerika. Da fallen die Körper nicht anders. Also wenn ich das dann beschreibe mathematisch, dann stimmt es oder stimmt es nicht. Das war ja der ... das Argument immer der Rationalität, dass man sagt, das ist universell, egal was du glaubst, ob du Moslem bist oder Buddhist oder Christ, wenn du zu Boden fällst, dann fällst du als physischer Körper so zu Boden wie halt Körper auf diesem Planeten fallen. Ja, das war ja der, der ... ist ja auch ein starkes Argument, das kann man ja nicht einfach so beiseitelegen, nicht. Also ist ja kein Scheinargument, es ist ja ein starkes Argument.

Eine andere Frage ist, wie weit das geht, nicht, wie weit das reicht. Und da wird es schwierig. Nicht, an dem Extrembeispiel würde ja jeder sofort sagen: na ja, so ist es. ... Oder wie hier Max Planck einmal gesagt hat: Diese Gesetze, die er entdeckt hat, müssten auch den fernsten Galaxien gelten. Zu jeder beliebigen Zeit, in jeder nur denkbaren Kultur im gesamten Universum. Noch eins drauf. Ja, dann wäre also die die Mental-Stufe praktisch sozusagen das universell Gültige schlechthin. Das ist schwierig. Also ich würde sagen, bis zu einem gewissen Grade muss man von der Universalität des Rationalen ausgehen, bis zu einem gewissen Grade. – Aber wo genau die Grenze ist, weiß ich auch nicht. Also da wird es sehr schwierig.

Teilnehmer: In der klassischen modernen Wissenschaft des Abendlandes ist es so, dass diese Frage in sich überhaupt nicht mehr untersucht wird ...

JK: Das ganze Projekt der Moderne geht ja davon aus, dass die ... Die Gründerväter dieses Projektes der Moderne waren ja keine Relativisten, die meinten ja wirklich, ihre Erkenntnisse entschlüsseln die Welt, wie sie ist, nicht wie sie irgendeine Kultur sieht, sondern wie sie ist. Und hatte ja auch immer ganz gute Gründe dafür. Es war ja nicht einfach Wahn, muss man ja auch angucken. Man kann ja sagen: Gut, es gibt diese Interpretation und jene Interpretation. Aber immerhin hat sie doch ein weitreichendes Maß an Universalität manifestiert, etwa in der Technik und unbezweifelbar dargestellt. Das ist nicht zu bezweifeln, das kann man ja ablehnen. Kann sagen, das will ich nicht, aber es bleibt erst mal ein Faktum.

Insofern haben die, die dann von der Ebene aus argumentieren, auch wieder recht, wenn sie sagen: Das ist eben das Universelle schlechthin. Das heißt, das Rationale bestimmt sich als das Universelle und gerade nicht als das Kulturspezifische. Das war der Witz der Sache. So hat sich die Aufklärung jedenfalls gesehen. Das ist sozusagen ... das ist implizit. Die Universalität ist implizit in dem Gedanken der Vernunft überhaupt. Ich würde ja auch ... wenn sie an die ganze Frage der Menschenrechte denken, zum Beispiel, wird es ja auch jetzt politisch manifest – kann man das universell setzen, oder nicht? Aber die Frage ist wichtig, ohne Frage.

Teilnehmer: Ich finde es auch wichtig, dass wir erkennen, dass es subjektive Wahrheiten und objektive Wahrheiten gibt, und dass man also nicht das eine mit dem anderen ausschließen sollte.

JK: Vermischt. Kannst Du das mal ein bisschen genauer sagen: Was wäre eine subjektive Wahrheit für Dich? Gib mal ein Beispiel.

Teilnehmer: Also, subjektiv wäre, wenn ich jetzt sagen würde, ich liebe eine gewisse Frau und andere sagen, ich finde überhaupt nicht, dass sie ...

JK: Hat das was mit Wahrheit zu tun? Na gut, ... Sie meinen, wahrscheinlich noch ein bisschen was anderes. Es geht ja nicht nur um Gefühle. Also, na ja, gut, also das ist nun auch wieder ein Punkt. Das ist ja die Frage, wie weit das einzelne Subjekt, der Einzelne, die Einzelne überhaupt in der Lage ist, das Ganze zu spiegeln. In der Grundlinie der abendländischen Erkenntnis wird davon ausgegangen, dass das möglich ist. Die Naturwissenschaft basiert auf der Annahme, dass die Welt bis zu einem gewissen Grade tatsächlich erkennbar ist, jenseits der Subjektivität.

Also was einer denkt und fühlt, wie einer liebt, der seine Frau liebt oder hasst, spielt in dem Zusammenhang keine Rolle. Ja, das kann man ja bedauern. Man kann sagen, das sollte nicht so sein. Die Liebe sollte auch in der Erkenntnis eine Rolle spielen. Richtig, dem würde ich zustimmen, aber dann muss man das Ganze wieder anders fassen. Aber so gesehen ist der Anspruch der Naturwissenschaft und im Grunde genommen auch der Anspruch der klassischen Philosophie immer der gewesen, dass man ein Stück Wahrheit erschließt, jenseits des Meinens und der Subjektivität, nicht, sonst kommt man in Teufels Küche. Also ist man auch gekommen. Da ist man ja schon drin, weil ja dann kommt man irgendwann an den Punkt, das ist die Schwäche des postmodernen Ansatzes, wenn man sagt, das alles nur Interpretation, ob ich in Lyrik verfasse oder ob ich die Klampfe schlage oder ob ich irgendwelche Körperbewegungen physikalisch untersuche, das ist alles das Gleiche. Gut. Ist ja ein Ansatz, ist ja ein Ansatzpunkt, aber da ist ein qualitativer Unterschied in dem Anspruch drin. Also, das lässt sich nicht klären. Dann müsste man ... deswegen habe ich nachgefragt: Was meinen sie mit Subjektivität?

Teilnehmer: Na ja, so gibt es ja diese Mystiker, die sagen, ich bin Gott oder: Ich bin die ehrliche Wahrheit oder so.

JK: Also nun ja, also jetzt das, das ist wieder was anderes. Ob man seine Frau liebt oder nicht, ist das eine, ob man dann eine Gotteserfahrung hat, was also einer sagt, er tritt in die Welt, er hat das erlebt, nicht, – das ist natürlich dann ein hoher Anspruch. Und dann ist die Frage, ... dann ist die Frage: Wird es von der kulturellen Gemeinschaft akzeptiert, oder wird es nicht akzeptiert? Wenn es nicht akzeptiert wird, ist man Ketzer, kann auf dem Scheiterhaufen landen oder sonst wie in Schwierigkeiten kommen, oder es wird kulturell offiziell akzeptiert. Und dann: Warum wird es akzeptiert? Ist das dann subjektiv? Und da sind wir wieder in einem ganz anderen Punkt, wie weit dann solche tiefen Erlebnisse überhaupt objektivierbar sind? Die Kritiker sagen, das wissen sie ja, die Kritiker sagen ja immer: Na ja, das ist doch nur die Innenschau des Einzelnen ohne jegliche Objektivierbarkeit.

Obwohl Mystiker aller Zeiten auch immer darauf hinweisen, dass es bestimmte Schritte gibt; Bruno ist kein Mystiker in diesem Sinne, aber er gibt Stufen und Schritte an, über die man bestimmte Erfahrung machen kann. Man kann sagen, ich will diese Erfahrung gar nicht machen. Diese Erfahrung interessieren mich überhaupt nicht. Ist ja auch legitim, aber es gibt zumindest nicht die blanke Willkür. Denn die Rationalisten sind ja sehr schnell, dass sie sagen: Wir haben unsere Methoden, die Methoden funktionieren. Die mystischen Schauungen, Erlebnisse, wie immer, sind nicht objektivierbar, und es gibt auch keine klare Methodik darin, ... : Es kann sein, es kann nicht sein – pure Glaubenssache.

Aber alle spirituellen Traditionen der Welt haben zumindest den Anspruch erhoben, vorsichtig gesagt, dass es diese Methoden doch gibt, also dass man bestimmte Übungen machen kann, zu bestimmten Ergebnissen kommt. Dann kann man sagen, gut, wenn du diese Methoden nicht anwenden willst, weil es dich nicht interessiert, kannst du auch nicht urteilen über diese Zustände. Und dann muss man doch sagen, gut, versuche es zu machen, dann kommst du vielleicht zu diesen Erfahrungen, aber wenn du gar nicht den Anfang machst, oder zumindestens wie die Buddhisten sagen ... : Wenn du nicht sitzt und auch keine schlauen Bücher liest, wirst du nicht weiterkommen. Also dann kommt es tatsächlich auf die Erfahrung an.

* * * * * * *

Weltraum Weltäther Freie Energie
Gibt es den Äther doch?

Gut. Das Thema heute soll sein – sehr weit, wie der Raum – „Weltraum, Weltäther", dann „Freie Energie" in Anführungszeichen. Und die Frage „Gibt es den (totgesagten) Äther doch? Von der schöpferischen Potenz des Vakuums." Das Thema kann man auf 'ne heitere Weise einführen durch einen Dialog, den Faust und Mephistopheles führen kurz bevor Faust den Gang zu den Müttern antritt im zweiten Teil – eine furiose Szene, wie sich vielleicht manche erinnern. Und da gibt es eine interessante Passage, die was zu tun hat mit dem Vakuum und der Energie des Vakuums, was man vielleicht zunächst nicht vermuten würde. Also Faust möchte den Weg zu den Müttern antreten – es bleibt undeutlich: Was sind denn nun eigentlich diese Mütter?

„Göttinnen thronen hehr in Einsamkeit,
Um sie kein Ort, noch weniger eine Zeit;
Von ihnen sprechen ist Verlegenheit.
Die Mütter sind's!

FAUST aufgeschreckt.

Mütter! – Schaudert's dich? –
Die Mütter! Mütter! – ‚s klingt so wunderlich!"
Und dann sagt Mephistopheles, um ihn abzuschrecken von diesem Gang zu den Müttern:
„Und hättest du den Ozean durchschwommen,
Das Grenzenlose dort geschaut,
Du sähst doch Well' auf Welle kommen,
Selbst wenn es dir vorm Untergange graut.
Du sähst doch etwas.
Sähst wohl in der Grüne
Gestillter Meere streichende Delphine;
Sähst Wolken ziehen, Sonne, Mond und Sterne –
Nichts wirst du sehn in ewig leerer Ferne,
Den Schritt nicht hören, den du tust,
Nichts Festes finden, wo du ruhst."

Darauf Faust, trotzig in gewisser Weise – wagemutig-trotzig:

„Du sprichst als erster aller Mystagogen,
Die treue Neophyten je betrogen."
– also die Neu-Hinzukommenden in einem Mysterienkult –

„Nur umgekehrt. Du sendest mich ins Leere,
Damit ich dort so Kunst als Kraft vermehre;
Behandelst mich, daß ich, wie jene Katze,
Dir die Kastanien aus den Gluten kratze.
Nur immer zu! wir wollen es ergründen,
In deinem Nichts hoff' ich das All zu finden."

Also, Mephistopheles warnt Faust davor, was er jetzt anstrebt: Der
Gang zu den Müttern sei quasi ein Weg in das Nichts. Er hat überhaupt keine Bezugspunkte, kein Koordinatensystem mehr. Und
Faust, trotzig „In deinem Nichts werd' ich das All finden" ... „ ... denk
ich, das All zu finden" ... „In deinem Nichts hoff' ich das All zu finden"
– gut, auf jeden Fall, darum geht's, es geht um das Nichts und um das
All oder auch um das Vakuum und das Plenum.

Nun ist es interessant, dass im ... kurz vor Weihnachten der „Spiegel", der sich ja manchmal dieser Thematik annimmt, eine Titelge-
schichte rausgebracht hatte mit dem plakativen Titel „Gottes Urknall"
– einige wissen das ja, dass ich häufig darüber spotte, kann man sagen, dass die moderne Kosmologie immer mehr zur Theokosmologie
wird – und ich fühlte mich da in gewisser Weise fulminant bestätigt
– „Gottes Urknall. Kosmologie an den Grenzen zur Religion." Es geht
mir nicht um den Artikel und auch nicht jetzt um die Frage „Urknall
– ja oder nein?", sondern es geht um die Frage des Vakuums, und da
taucht eine interessante Gedankenfigur auf, nämlich die Vorstellung,
dass das Nichts selber, das Vakuum, der Raum, der sogenannte leere Raum, durch bestimmte Fluktuationen das Sein, die seiende Welt
hervorbringt. Wieder einmal fühlt sich Andrei Linde, der Magier aus
Moskau, bestätigt – jetzt die Nummer 1 der Kosmologen, hat mittlerweile Stephen Hawking an Berühmtheit und schauriger Popularität abgelöst, kann man sagen. Er verficht schon seit geraumer Zeit
eine fantastische Theorie, in der das Nichts die Hauptrolle spielt. Das
ganze Weltall sei daraus entstanden – das ist also eine alte Theorie,

ist nicht von Linde, aber er hat sie neu aufgegriffen, popularisiert und auch auf die Urknallfiktion angewendet. Eine Energiezuckung des Vakuums hat nach seiner Ansicht den Urknall in Gang gesetzt, und wenn die Entstehung eines Universums mit so wenig Aufwand zu bewerkstelligen ist, sei auch nicht einzusehen, weshalb es nur ein Universum geben soll.

Und dann wird das hier dargestellt als eine Vorstellung, dass durch bestimmte Fluktuationen des leeren Raums, des sogenannten Nichts oder Vakuums, durch diese Urgebärde gleichsam das All in die Wirklichkeit getreten sei bzw. die materielle energetische Welt in die Wirklichkeit getreten sei. Und daran interessant in dem Zusammenhang sind zwei Dinge. Das ist erstaunlich, wenn man die Diskussion der letzten Jahre bisschen verfolgt hat – hier wird plötzlich so getan, als ob die Vorstellung einer Antigravitation ganz selbstverständlich und plausibel, ja logisch sei, dass also eine antigravitative Kraft die zusammenziehenden Energien gleichsam auseinandergestoßen hat und dass diese Bewegung auch mit Überlichtgeschwindigkeit erfolgt sei – was natürlich eine heilige Kuh der Relativitätstheorie berührt: Warum denn plötzlich Überlichtgeschwindigkeit? Und nun der Trick, der symptomatisch ist für diese Art von Denken überhaupt: Man sagt, na ja, diese Bewegung ... Warum machst du's dunkler? ... diese Bewegung sei ja nicht im Raum erfolgt, sondern – Pointe – der Raum selber würde sich ... habe sich ... wie immer ... mit Überlichtgeschwindigkeit ausgedehnt.

Nun ist das schwierig, das führt in einen Abgrund von erkenntnistheoretischen Fragen: Wie kann das sein, dass ein Raum sich ausdehnt? Da müsste ja dann ein anderer Raum da sein! Ich hab' das ja mehrfach angedeutet. Dann kann man die Zuflucht nehmen zur Vorstellung eines Hyperraums, in den sich hinein dann dieser Raum ausgedehnt hat. Extrem schwierig – ist das dann kein Raum mehr? Ist das was anderes? Also diese Fragen sind aufwühlende, und Antworten darauf zu geben, ist schwierig. Ich will das nur einfach mal erwähnen, als auf 'ne überraschende Weise also die Frage einer möglichen schöpferischen Potenz des sogenannten leeren Raums, des Vakuums hier selbst auf so einem populären Niveau wie in so einem Nachrichtenmagazin plötzlich auftaucht. Und mit weitreichenden Konsequenzen, die sich daraus ergeben. Das Ganze ist heiß umstritten und ... das soll aber nicht jetzt primär das Thema sein.

Also „in deinem Nichts hoff' ich das All zu finden!" Nun, wenn man vom Traum redet, dann sollte man sich einen kurzen Moment mal vergegenwärtigen, wie Raumerfahrung für den physisch-sinnlichen, für den leiblichen Menschen zustande kommt. Das wird meist übersprungen oder als irrelevant abgetan. Man springt zu schnell zu mathematisch-geometrischen Modellen und ähnlichen und fragt sich zu wenig, denke ich, wie die Raumwahrnehmung eigentlich zustande kommt. Sie ist ja zunächst mal auch eine Wahrnehmung des Leibs hier und des Umfeldes um diesen Leib, also die Leiberfahrung, die unmittelbar physisch-sinnliche Leiberfahrung, aber auch die geistige Ich-Erfahrung ist in gewisser Weise die Quelle auch der Raumerfahrung.

Und ich hab' zwischen Weihnachten und Neujahr mir ein Buch gekauft, weil mich der Titel interessierte, hab' es auch schon zum Teil gelesen, da wird genau auf diese Frage Bezug genommen. Das ist ein Physiker, Mathematiker, Anthroposoph: Martin Basfeld. Ich hab' das Buch in einer Buchhandlung entdeckt, fand das interessant – „Wärme: Ur-Materie und Ich-Leib" – hatte das angeblättert und dann stieß ich gleich auf Passagen, die genau diesen Punkt berühren, nämlich die Frage des Raums: Wie wird eigentlich der Raum wahrgenommen? Also Basfeld vertritt da auch die These, die ich im Prinzip für richtig halte, dass erst einmal die Ich-Erfahrung und die unmittelbare Leiberfahrung der Ursprung der Raumerfahrung überhaupt ist. Er bezieht sich auf einen interessanten Philosophen, der wenig bekannt ist, zu Unrecht, Hermann Schmitz, Phänomenologe, der sich eingehend damit beschäftigt hat, wie der Mensch den Raum wahrnimmt. Und Schmitz unterscheidet drei Arten von Raum. Ob diese Begriffe, die jetzt kommen, so günstig gewählt sind, können wir mal auf sich beruhen lassen. Ich nehm' sie mal, wie sie dastehen. Basfeld paraphrasiert das und zitiert auch und setzt sich damit kritisch und auch zum Teil wohlwollend auseinander: Schmitz, Kieler Philosoph, in einem Buch von 1990 unterscheidet drei Räume oder drei Arten von Raum: den Weite-Raum – den Raum als unbegrenzte, unbegrenzbare Weite, eine Art Fluidum ohne präzise Koordinaten – also den Weite-Raum, dann den Richtungs-Raum – also die ... mit Punkten, auf die man deuten kann, die auch eine Orientierung geben – und den sogenannten Orts-Raum.

Das will ich versuchen mal, jetzt kurz zu erklären und auch zu zeigen, was es mit unserem Thema zu tun hat. Also Basfeld schreibt zu-

nächst mal, Schmitz paraphrasierend: „Durch die elementare Wahrnehmung von leiblicher Umgebung haben wir uns zunächst nur als
lebenerfüllten Punkt in einer ihn berührenden undifferenzierten
Raumes-Welt." Hier würd' ich anmerken, ob das Wort von „Punkt"
hier, also der Begriff „Punkt" hier günstig ist, aber man kann's stehen lassen. „Unseren Leib erfahren wir als den absoluten Ort unseres
Hier, der sich, mehr oder weniger eng erspürt, von der Weite abhebt,
ohne dass wir dabei Richtungen, Abstände oder dergleichen unterscheiden." Er zitiert da Schmitz: „z. B. ist reiner Weite-Raum beständig präsent im Spüren des Klimas. Am eigenen Leib spürt man ein
vage ergossenes Klima, in dem man sich befindet" – das kennen wir
ja alle – „und den eigenen Leib, der sich an seinem absoluten Ort als
betroffener davon abhebt." Das ist wichtig und für Kenner jetzt mal
der erkenntnistheoretischen Diskussion der Physik etwas befremdlich vielleicht, dass Schmitz die eigene Leiblichkeit, auch die Organe
im Körper, im eigenen Leib als absoluten Ort bezeichnet. Das ist nicht
das, was Newton als absoluten Ort bezeichnet im Sinne eines absoluten Bezugssystems, sondern jetzt entstanden aus der unmittelbaren
Leibeserfahrung – darum geht's, nich', das ist ja der Ausgangspunkt
erstmal – wie erfahren wir den Raum eigentlich? „Den Weite-Raum",
so jetzt Basfeld weiter, „erleben wir z. B., wenn wir in den wolkenlo-
sen, blauen Himmel blicken, auf dem Rücken liegend, ohne Bezug zu
Gegenständen auf der Erde oder am Horizont. Wir erleben eine un-
bestimmte, richtungslose Weite, eine weder begrenzte, noch endlose
Räumlichkeit, die aber doch nicht nur unserem Leib angehört, sondern über ihn hinausweist." Nich, das ist 'ne Elementarerfahrung, die
jeder unmittelbar sofort nachvollziehen kann – Weite-Raum. „Diese
Weite kann erfüllt sein vom mehr oder weniger intensiven Blau des
Himmels, vom Summen der Insekten, vom Duft frischen Heus usw.
Man kann sie auch in ihrer Wandlung verfolgen, am Übergang von
einer sternenklaren Nacht zum sonnigen Morgen. Die Sterne stehen
in unbestimmter Ferne am Himmelsgewölbe."

Und dann: „Die Sicht weitet sich über die irdische Landschaft
hinweg, Weite ist auch im freien Rückfeld des Leibes gegeben" – interessant, jetzt mal psychologisch und auch übrigens meditativ, den
Raum wahrzunehmen, der hinter einem ist, also jetzt von der unmittelbaren Leibeswahrnehmung – wie fühlen wir den Raum im Rük-
ken? Das ist interessant – nicht jetzt primär unser Thema, aber es ist

faszinierend, dem mal nachzuspüren, wie andersartig sich der Raum vorne und hinten „anfühlt". „Der Weite-Raum ist ein Luft-und-Licht-Raum. In ihn eingebettet ist der Richtungs-Raum" – jetzt die nächste Raumerfahrung nach Schmitz. „Ihn erleben wir, wenn wir nicht nur unseren lebenerfüllten Leib in seiner Umgebung erfahren, sondern wenn von ihm aus Richtungen zu etwas hingehen, z. B. der Blick zu den einzelnen Sternen oder Bäumen oder zu einem von der Sonne angestrahlten hochfliegenden Vogel am blauen Himmel, ebenso die Bewegung des Armes, der nach einem nahen Gegenstand greift. Wir finden uns in diesem Richtungs-Raum instinktiv zurecht, ohne Abstände und Abstandsverhältnisse zu messen." Er zitiert jetzt Schmitz: „Der leibliche Richtungsraum ist die Domäne der Motorik."

Nich', auch das kennt jeder aus der elementaren Leibeserfahrung. „Die Flüssigkeit freier Gliederbewegungen ist dadurch bedingt, dass die Richtungen, in die wir unsere Glieder führen, schon in ihm festgelegt werden, ohne Beteiligung der Lage- und Abstandsbeziehungen, die erst im Orts-Raum vorkommen." Zitatende Schmitz, jetzt wieder Basfeld weiter: „Der Richtungs-Raum tritt deutlich in Erscheinung, wenn die Sonne am Morgen über den Horizont steigt und alle plötzlich entstehenden Schattenlinien in ihrer rückwärtigen Verlängerung in der Sonne zusammenlaufen, wie Blickrichtungen in unser leibliches Auge, und sich ihre Verhältnisse zueinander mit der Bewegung der Sonne am Himmel ständig ändern, wie die perspektivischen Verhältnisse der Dinge, wenn wir unseren Standpunkt wechseln." Man kann also, wenn man das will, das als den Sinn für das Perspektivische sehen, wie es ja möglicherweise überhaupt einen Raum-Sinn geben mag, wie's auch einen Zeit-Sinn gibt, also einen Raum-Sinn, in diesem Falle hier fokussiert auf die Perspektive, also Schmitz' Richtungs-Raum. „Weite-Raum und Richtungs-Raum sind noch an unseren Leib gebunden. Erst der Orts-Raum scheint von ihm unabhängig zu sein. Wir erleben in ihm die Dinge sich durch Flächen voneinander abgrenzend, unverbunden nebeneinander in mehr oder weniger großen Abständen zueinander." Also der messbare Raum, jetzt im klassischen Sinne der euklidisch-geometrische, dreidimensionale Raum, wie das gemeinhin immer so genannt wird. „Mit der Erscheinung von Flächen beginnt die Entfremdung des Raumes vom Leib," – das ist quasi ein abstrakter Raum – „ein Raum, der mit unserer unmittelbaren Leiberfahrung nichts zu tun

hat, also eine Abstraktion. Erst den Orts-Raum können wir geome-
trisch-physikalisch durch Koordinaten beschreiben. In ihm haben
die festen Gegenstände ihren Platz. Der Orts-Raum ist relativ, d. h.
es gibt keinen Punkt in ihm, der durch sich als Koordinatenursprung
ausgezeichnet wäre. Im Weite-Raum erscheint uns dagegen alles
im Umkreis unseres Leibes als des absoluten Ursprungsortes dieses
Raumes. Im Orts-Raum ist unser Leib ein Ding unter anderen."

Das ist für Schmitz eine der großen Katastrophen der Geistesgeschichte, dass nämlich die unmittelbare Leiberfahrung zugunsten einer abstrakten Trennung von Leiberfahrung und Raum aufgehoben
worden sei. Also das entnehme ich hier der Paraphrasierung von Basfeld. Ich hab' die Sachen von Schmitz selber nicht gelesen, bin aber
jetzt interessiert daran, mir mal das zu besorgen. Also, das sieht er als
eine Weichenstellung an, die er auch als verantwortlich bezeichnet
für die ökologische Kriese. Also eine Abtrennung unseres lebendigen
Raumerlebens, unseres Weite- und Richtungs-Raums im ... mit Blick
auf den sogenannten Orts-Raum, der letztlich auch unsern Körper,
unsern Leib – Körper von innen – zu einem beliebigen Ding oder
Gegenstand in der Außenwelt macht. Also in meiner Sprache, wie ich
das ja mehrfach sage, wäre das der Sturz auf die Ebene der Außenwelt, also die schroffe Trennung von Innenwelt und Außenwelt. Wir
sind also quasi hier abgestürzt auf die Außenweltebene. Letztes Zitat
hier von Basfeld und dann können wir das verlassen, den Punkt: „Im
Organismus ist der Ort eines Organs absolut gegeben." Jedermann
bekannt, aber man denkt selten darüber nach. „Die Leber oder irgendeine Zelle können nur an ihrem natürlichen Ort existieren und
funktionieren, also innerhalb der Grenzfläche desjenigen Milieus,
das sie am Leben erhält. Außerhalb der Leibeshülle ist die Leber keine Leber mehr. Es gibt sie nur an ihrem natürlichen Ort. Je toter ein
Körper ist, desto unabhängiger von der Umgebung kann er seinen
Ort einnehmen. Die in dieser Richtung am weitesten getriebene Vorstellung ist die des festen, starren Körpers". Nich', das ist ja unmittelbar einsichtig, dass das so ist. Also erst ein toter Körper oder nur
ein toter Körper kann beliebig den Raum durchqueren, kann beliebig
im Raum irgendwo sein. Also eine ... letztlich eine Abstraktion von
der Leiberfahrung. Ich kann das erstmal nur so wiedergeben, ohne
dass ich dieser Argumentation im Einzelnen nachfolgen könnte, weil
ich die Schrift, aus der das zitiert ist, selber nicht kenne. Ich kenn'

also nur die Zitate und die Paraphrasen. Ich find' das auf jeden Fall faszinierend – der Weite-Raum, Richtungs-Raum und Orts-Raum –, dass man mal einfach versucht, vom Raumerleben auszugehen.

Kollektiv-kulturell ist das ja hochinteressant, und das hat der Kulturphilosoph Oswald Spengler ja in den Mittelpunkt, könnte man fast sagen, seiner Kulturphilosophie gestellt: Wie empfinden Kulturen den Raum? Also welche ... er nennt das das Ursymbol ... welche archetypische Vorstellung haben bestimmte Kulturen über den Raum? Er gibt verschiedene Beispiele, ich gebe mal nur drei der Beispiele, die er gibt in seinem „Untergang des Abendlandes". Er sagt, die arabische Kultur empfindet den Raum als Höhle, und das weist er mit einem großen ... mit einer großen Materialfülle nach. Das ist faszinierend, plausibel erst einmal, auch wenn es vielleicht nur ein intellektuelles Aperçu sein mag. Also die arabische Kultur empfindet den Raum als Höhle. Die griechische Kultur, die für ihn eine eigene ist, das ist für ihn nicht die abendländische Kultur, sieht den Raum einfach als Behälter von konkreten, sinnlich fassbaren Dingen. Er meint, dass im griechischen Geist die Vorstellung dominierend ist, dass es Körper gibt, sinnlich-physische Körper, die im Raum sich befinden und der Raum ist der Behälter. Also die Dinge sind im Raum. Der Raum hat selber keine Wirklichkeit.

Nun könnte man sofort da einwenden: Es gibt ja doch auch Vorstellungen in der griechischen Mystik und Philosophie, etwa die Vorstellung vom Apeiron des Anaximandros, die ja doch ahnen lassen, dass mit dem Raum mehr gemeint sein könnte. Er sieht das eher als ein Produkt asiatischen Einflusses, nicht primär als etwas Griechisches. Also der Raum als Gefäß, wie etwa dieser Raum mit den Gegenständen hier, mit den Stühlen, und den Menschen und sonstigen „Dingen" in diesem Raum. Ja, das ist ja erstmal die Vorstellung, die jeder spontan damit verbindet, wenn er ... also mit dem Raum verbindet: der Raum als ein Behälter. Und Spengler meint, das Abendland, die abendländische Kultur – wie gesagt nicht identisch mit der griechisch-römischen Kultur, also das beginnt für ihn ja erst im Mittelalter – die abendländische Kultur versteht den Raum als unendliche Erstreckung und – nicht nur das – nicht als eine tote Leere und Erstreckung, sondern, wie er mit vielen Beispielen aus der Geistesgeschichte nachweist, u. a. mit Newton, Giordano Bruno, der idealistischen Philosophie usw., der Raum wird empfunden als quasi göttlich. Also der Raum ist in gewisser Weise Gott selber. Sie werden sich vielleicht erinnern, dass ich Ihnen vor einigen Wochen ja – Anfang Dezember glaub' ich war's – versucht habe zu zeigen, wie in der großen Kontroverse von Leibniz und Newton, stellvertretend über den Newton-Schüler Samuel Clarke, die Frage immer wieder im Zentrum stand: Was ist der Raum? Ist der Raum wirklich, oder ist der Raum ... „wirklich" im Sinne von „absolut" – Gibt es den Raum an sich, auch wenn nichts drin ist? – oder ist der Raum nur eine relative Größe, die immer gebunden ist an eine konkrete Welt?

Nich', das war ja die Vorstellung auch in der Scholastik, dass es den Raum eigentlich nur gibt als Innenraum innerhalb dieser kosmisch gedachten Hohlkugel. Nich', im Innern ist Raum. Die alte Frage – ich hab' das ja genannt „Was ist denn außerhalb der Kugel?" – wurde als eine Scheinfrage hingestellt von Aristoteles und vielen ähnlichen Autoren in dem Sinne, dass gesagt wurde: Man kann diese Frage nicht dahingehend beantworten, dass man sagt: „Da ist auch Raum". Was da sein mag, wissen wir nicht, jedenfalls kein Raum in unserem Verständnis. Man findet solche Figuren übrigens bis in die Gegenwart hinein, etwa bei den Anthroposophen, von denen ja die Rede war. In Steiners Vorstellung vom Gegenraum, vom ätherischen Raum ist das wieder drin, dass also, dass der Raum nur bis zu einer bestimmten Grenze eigentlich ein physischer Raum ist – ein Begriff von Steiner, der eigentlich unzulänglich ist, weil was soll ein physischer Raum sein, aber das dann ein ätherischer Raum, ein peripherischer Raum „dahinter" 'n ganz anderen Charakter hat, also 'ne fundamental andere Raumqualität hat. Und das haben sie ja in der Big-Bang-Fiktion auch, das habe ich ja vorhin gesagt, also wenn man sagt: Gut, Überlichtgeschwindigkeit kann es geben, wenn der Raum sich selber bewegt, dann muss man fragen: „Wohin?". Dann kommt man zu einer anderen Seinsgröße – von mir aus einem Hyperraum, oder wie immer man das nennt – oder man sagt: „Unsere Begriffe sind unzulänglich", wie immer sich das dann wirklich ontologisch verhalten mag. Also schwierige Fragen.

Also nochmal Spengler zu den Ursymbolen: Die arabische Kultur, meint er, begriffe den Raum als eine Höhle, die griechische Kultur als einen Behälter, einen Behälter im Tageslicht, wo man ganz deutlich die verschiedenen Gegenstände, Dinge und Lebewesen auch sehen kann, und die abendländische Kultur als eine unendliche Erstrekkung. Die Frage, ob der Raum relativ oder absolut sei, ist im Letzten eine philosophische Frage, auch eine erkenntnistheoretische Frage, die, wenn man die ganze Geistesgeschichte sich anguckt, mal so mal so beantwortet worden ist. In dem berühmten Briefwechsel Clarke-Leibniz meine ich, dass beide ... dass keiner siegt, dass beide gute Argumente bringen und dass man wahrscheinlich eine andere Ebene überhaupt erst einmal erreichen müsste, um sich dieser Frage sinnvoll zu nähern.

Man findet die Vorstellung, dass der Raum selber eine eigene Wirklichkeit hat in vielen Kulturen. Man findet diese Vorstellung auch in der abendländischen Philosophie, etwa bei Giordano Bruno, der zwar nicht im Sinne einer direkten Gleichsetzung, aber doch im Sinne einer Zusammenführung wenigstens implizit sagt: Weltäther ist Weltraum. Also die Vorstellung des Äthers, also einer Ursubstanz, feinstofflichen Ursubstanz, die im Raum sich befindet oder der Raum selber ist, beantwortet Bruno dahingehend, dass er sagt: Diese feinstoffliche Ursubstanz, der Äther, ist im Grunde genommen der Raum selber. Nun kann man dagegen einwenden: Ja heißt das nicht, den Raum materialisieren? Auch bei Platon gibt es diese Gedanken. Bruno geht ja dann noch weiter, und für ihn [ist] das dann auch letztlich – darüber will ich dann nächste Woche noch sprechen – auch die Weltseele nicht wirklich getrennt vom Weltäther. Also er hat fast eine Gleichsetzung: „Unendlicher Raum = Weltäther = Weltseele", im Sinne eines konstitutiven Geistprinzips auf dem Grunde der Dinge – also sehr weitgehend. Also, es gibt die Vorstellung, dass der Raum selber 'ne eigene Wirklichkeit hat. Das würde auch bedeuten, dass er auf eine ganz eigene Weise die Dinge beeinflusst, auch das, was zwischen den Dingen ist. Und dann auch natürlich – das wäre ja dann der nächste Punkt – dieser Raum müsste dann eine eigene Substruktur haben, eine eigene Struktur oder Substruktur, die auch in irgendeiner Form das, was in ihm passiert, steuert, beeinflusst. Diese Struktur, Substruktur mag auch variabel sein. Dann ist die Frage: „Wovon ist sie abhängig?". Und ... Fragen, die immer wieder so und so beantwortet worden sind, aber die Vorstellung ist nicht gänzlich tot gewesen, sag' ich mal, dass der Raum selber eine eigene Wirklichkeit hat. Bei Newton ist das nicht so – ich will das nur noch mal kurz sagen, nur mal geistesgeschichtlich, damit da kein Missverständnis auftaucht: Für Newton ist der Raum deswegen absolut, weil er ein absolutes Bezugssystem der Bewegung darstellt. Nich', er sagt: Man kann Bewegung nicht denken, ohne einen absoluten Bezugspunkt. Das ist kritisiert worden von Leibniz bis hin dann ja bekanntlich zu Einstein und anderen: Das sei unhaltbar. Andere haben dagegengehalten, dass die Argumente Newtons immer noch Gültigkeit haben. Und es ist interessant, wenn man sich die neueren Vorstellungen anschaut der Gleichsetzung von Äther und Raum im Sinne einer Raum-Energie – ich glaub', du hast das auch erwähnt, Marco, in deinem Buch –, dann kann man feststellen, dass hier die Vorstellung wieder auftaucht, dass der Raum auf 'ne andere Weise doch wieder zum absoluten Bezugssystem wird, nich'. Also überraschend eigentlich taucht plötzlich ... wird das quasi rehabilitiert, was Newton gesagt hat, dass es also doch ein absolutes Bezugssystem geben müsste oder könnte. Das ist dann nicht einfach der leere Raum im Sinne des Newtonschen Vakuums, sondern es wäre dann ein Raum, der selber eine innere Qualität hat, mit einer inneren Struktur und in diesem Sinne dann auch absolut wäre. Wobei diese Begriffe natürlich kolossal schwierig sind: Was ist das Absolute und was ist das Relative? Darüber kann man ja endlos reden. Aber im Sinne der Physik erst einmal ist es relativ einfach definierbar, was die Bewegung betrifft. Absolutes Bezugssystem oder pure Relativität der Bewegung, nur feststellbar im Hinblick auf andere Körper, nich', was ja Leibniz dagegengehalten hat und was ja ein wesentlicher Ansatzpunkt auch der neueren Physik dann war: Es gäbe nur relative Bewegung, eine absolute Bewegung sei gar nicht feststellbar. Also diese Fragen sind sehr aktuell.

Dann, wenn man mal einen Blick jetzt schaut ... wirft, etwa auf die asiatische Kultur, da gibt es ja auch, auch in spirituellen Kulturen, religiösen Kulturen, äh, Strömungen ja auch Vorstellung, dass der Raum eine eigene Qualität hat, sehr häufig. Also die Vorstellung des Akasha, die ja etymologisch auch mit Strahlung zu tun hat, liegt dem zugrunde. Also der Raum ist in sich schon so etwas wie Strahlung, nich', etymologisch soll – das kann ich nicht nachprüfen, ich kann kein Sanskrit, ich hab' es auch nur gelesen –, dass also Akasha mit Strahlung und Strahlen zu tun haben soll. Also Akasha als eine Vorstellung, als ein Begriff für das, was in der abendländischen Philosophie als „Äther" bezeichnet wurde, nich', also Äther. Es gibt ja auch in asiatischer Spiritualität die Vorstellung des Äthers, teilweise ähnlich wie im Abendland, teilweise wieder anders, ganz vereinfacht gesagt einfach die Vorstellung einer letzten Stofflichkeit, also einer letzten feinsten Stofflichkeit, quasi einer Art Urmaterie.

Nicht, so ist das ja auch im 19. Jahrhundert in der abendländischen Physik gesehen worden, etwa bei ... wenn Sie die Autoren sich anschauen, die darüber geschrieben haben, ob Maxwell oder Michelson und viele andere ... Da ist das ja immer so gesehen wurden, auch verkürzt und mechanistisch so gesehen worden, aber doch in der Grundrichtung ziemlich eindeutig: Der Äther ist eine Art feinste Materie und alle Materialität grobstoffliche Art, also physisch-sinnlicher Art oder auch messbarer Art, wird zurückgeführt auf diesen Äther. Und das hat das ganze 19. Jahrhundert in der Physik beschäftigt: Was ist dieser Äther? Wie kann man den denn sich vorstellen? Und auch da gab es schon Überlegungen, diesen Äther mit dem Raum gleichzusetzen, zum Beispiel von Faraday in seiner Kontroverse auch in diesem Punkt. Er war einer der ersten, soweit ich das weiß, im 19. Jahrhundert, der gesagt hat: Das, was wir als Felder bezeichnen – er hatte ja diesen Feld-Begriff geschaffen, im Grunde ist es eine Art Äther, ich lass das jetzt mal hier so in dieser Unschärfe stehen – ist in gewisser Weise der Raum selber. Also dass diese ... was dem elektrischen und magnetischen Wirken zugrunde liegt, was man also als Feldlinien plausibel machen kann, sei der Raum selbst. Nich', also Maxwell hatte das ganz anders gesehen. Der hat ja dann hydrodynamische und auch im Grunde mechanistische Vorstellungen dann wieder eingeführt, Modellvorstellungen für diesen Äther.

Und man muss natürlich sagen, das erschwert heute die unbefangene Diskussion oder hat sie zumindest lange Jahre erschwert, dass viele, wenn sie „Äther" hören, von vornherein denken an ein bestimmtes mechanistisches Konzept aus dem 19. Jahrhundert, diese Art Urmaterie, und dass man dieses Konzept für widerlegt glaubt. Man glaubt, dass sei widerlegt. Nich', dann ... wird dann verwiesen auf die berühmten Michelson-Morley-Versuche, auch auf die spezielle Relativitätstheorie und andere Denkfiguren, diesen Äther, das sei nun klar, das stand ja auch in den Physikbüchern, das haben die meisten wahrscheinlich noch auf der Schule gelernt, den Äther gibt's nicht, der ist also tot. Nun kann man auch rein physikalisch belegen – das geschieht auch in den letzten 15-20 Jahren mit recht plausiblen Argumenten –, dass das voreilig war. Ich will auf diese Frage im Einzelnen nicht so sehr eingehen, das wäre 'n Thema für sich, jetzt nur die rein physikalische Vorstellung von Äther, es geht mir hier ja noch um mehr. Also, dass das vielleicht voreilig war. Man kann sagen, dass eine bestimmte Art, eine bestimmte Vorstellung des Äthers fraglos ins Schwanken geraten ist, vielleicht gar widerlegt worden ist, aber nicht der Äther als solcher oder selbst – ganz zu schweigen davon, dass der Begriff auch natürlich im Laufe dieser Jahrzehnte immer wieder mehr oder weniger deutlich auch verwendet wurde, nich', du hast es ja auch gemacht, Marco, nich'. Also Einstein z. B. hat selber den Begriff „Äther" ja keineswegs fallen gelassen. Es gibt einen Einstein aus dem Jahre 1920, wo er ausdrücklich erwähnt: Wir kommen gar nicht aus ohne den Äther. Nur grenzt er das dann ab von der mechanistischen Äther-Vorstellung des 19. Jahrhunderts und sagt: Dieser Äther ist quasi widerlegt worden. Auch da kann man fragen: Stimmt das überhaupt? Mittlerweile gibt's 'ne Menge von Fragen, die man da stellen müsste und auch gestellt hat. Also stimmt das überhaupt? Aber er sagt: Ohne den Äther kommen wir nicht aus, wir brauchen den Äther.

Und eine Unterströmung hat diesen Äther-Begriff niemals vollständig aufgegeben, auch wenn es natürlich schwierig war, weil es um belastete Begriffe geht. Nich', wenn man „Äther" sagt, dann denken ja die meisten an Licht-Äther. Nich', also das muss man ja vielleicht auch noch dazu sagen: Diese Äther-Vorstellung im 19. Jahrhundert war im Wesentlichen von der Frage geprägt: Gibt es ein Medium für die Fortpflanzung zunächst einmal des Lichtes? Nich', als im frühen 19. Jahrhundert durch Thomas Young, Augustin Fresnel und andere zweifelsfrei bewiesen war, gegen eine lange Tradition, die auf Newton zurückführt, die das angezweifelt hat, dass Licht Wellenqualität hat, jedenfalls in einem wesentlichen Teil Wellenqualität hat, dann kam sofort die Frage auf – und das hat zunächst auch diese Vorstellung blockiert – Was, wenn das so ist? Wenn also eine Lichtquelle sich mit so rasender Geschwindigkeit pro Sekunde in winzigsten Bereichen bewegt, was ist das für eine Substanz, was ist das quasi für ein feinstoffliches Material, was das überhaupt aushält? Nich', da gab's ja dann Modellüberlegungen im 19. Jahrhundert: Was ist denn der Äther? Er hat die Feste eines ganz dichten Stoffes und zugleich hat er eine ungeheure Elastizität. Er ist ein Gas und ein fester Körper gleichzeitig. Das Ganze war verwirrend und wenn man die Diskussion im 19. Jahrhundert verfolgt, dann kann man das auch noch mal nachvollziehen, es war ein großes Rätsel. Was ist dieser mysteriöse Äther? Die einen sagten: Gut, das ist das Medium der Lichtwellen, dann später auch als Medium des Elektromagnetismus vorgestellt, aber es blieb ja die Frage: Was ist denn das eigentlich? Die Frage wurde nich' zufriedenstellend beantwortet, sie war ein quälendes Rätsel.

Max von Laue, der ja auch hier lange Jahre an der Universität ... hier an der Berlin-Universität gelehrt hat, meinte, diese Äther-Theorie sei etwas Quälendes gewesen. Und es gibt einen berühmten Vortrag von Max von Laue, wo er sagt: Er fühlte sich befreit durch die Relativitätstheorie, weil sie uns alle von der Last dieser quälenden Theorie, von diesen ganzen Fragen mit einem Schlage befreite. Nun kann man natürlich sagen: War das wirklich 'ne Befreiung? Denn wo ist man dann gelandet, wenn man jetzt mal 'n Moment das weiterdenkt. Man sagt: Gut, es gibt also ein feinstoffliches Medium, darin schwingt das Licht. Diese Qualitäten dieses Mediums sprengen alles, was wir uns vorstellen können. Wie ist das möglich: rasende Geschwindigkeit – nicht nur die transversalen Wellen, die sich schnell bewegen, auch die mit ungeheurer Geschwindigkeit auf kleinstem Raum hin und her schwingen. Was ist das für eine Substanz? Die kann nicht materiell sein, und doch soll sie irgendwie materiell sein. Wenn man sagt „Das gibt's gar nicht", wo landet man dann? Dann müsste man sagen: Was da schwingt, ist quasi das Nichts. Das ist der nächste Schritt. Also man sagt: Das ist kein Etwas, was schwingt, sondern das ist das Nichts, was schwingt.

Nun kann man natürlich von unserem naiv-realistischen Grundverständnis dieser Dinge fragen: „Was soll das sein?" Nun wird danach häufig nicht mehr gefragt, weil das funktioniert, das ist mathematisierbar, experimentell ist das belegbar. Man muss die Frage nicht mehr stellen, viele stellen sie auch nicht mehr, aber sie bleibt ja trotzdem, finde ich, nicht nur für einen ontologisch interessierten Philosophen aufregend: Was schwingt da eigentlich? Ist es eine andere Form von Feinstofflichkeit, eine Feinst-Stofflichkeit, die sich jeder denkbaren Physik entzieht? Jedenfalls was ihre Eigentlichkeit betrifft, in ihren Wirkungen ja nicht. Oder ist es der Raum selbst? Dann wäre also das Licht eine Schwingung des Raums selber, im Sinne einer Schwingung des Vakuums, einer Schwingung des leeren Raums. Also auch schwindelerregende Perspektiven, die sich da auftürmen.

Dann ist man ja sofort bei der Frage: „Hat dieser leere Raum auch bestimmte eigene Qualitäten? Die müsste er ja haben, sonst könnte er gar nicht der Träger von Licht sein. Nicht, das ist ja klar, es kann ja nicht ... schlechterdings nicht etwas schwingen und dieses, was da schwingt, kann ... könnte keine Beziehungen haben zu dem Medium, auch wenn dieses Medium purer leerer Raum ist. Also da müsste man sagen: Dieser leere Raum selber ist befähigt, auf irgendeine rätselhafte Weise gleichsam zu fluktuieren – dann wär' er ja doch eine Art von Stoff –, um dann Licht hervorzubringen. Also wo landet man dann? Dann landet man erst einmal bei einem ungeheuer schwierigen Feld, das, wenn man sich darauf einlässt, einem erst einmal die Nächte rauben kann. Weil, das ist denkerisch kaum zu fassen, das ist auch sagen wir mal physikalisch- experimentell zunächst einmal nicht zu fassen. Es gibt auch eine ganze Reihe von Experimenten, aufgrund deren man schließen kann, dass der Raum tatsächlich auch über das hinaus eine eigene Qualität hat. Aber es bleibt trotzdem ein Rätsel. Das ist die Frage, um die es geht: Hat dieses Nichts, der leere Raum eine eigene Qualität, und wenn ja, wie sieht diese Qualität aus? Das ist die Frage. Ist sie vielleicht – jetzt zurück zu Faust, Mephistopheles – ist diese Qualität vielleicht im Sinne des Plenums, das Mephistophelische Nichts, der eigentliche Wirklichkeitsgrund? Ist das sozusagen die Matrix, aus der alle materiellen Phänomene, auch physikalisch messbare Schwingungen, hervorgehen?

Nicht, wäre ja möglich. Sozusagen die Grundmatrix, aus der alles dann hervorgeht. Und dann ist die nächste Frage: Wie geschieht das? Wie tritt denn das ... die physisch-sinnliche Welt, auch die physikalisch messbare Welt aus diesem Urgrund in die Sichtbarkeit? Was passiert da? Und dann ist man wieder bei der Frage, die vielleicht noch zusätzlich Verwirrung stiften kann, nach der Frage der Kausalität. Gibt es da eine Kausalität oder müssen wir in gewisser Weise resignierend sagen, diese Vorgänge sind akausal, sie entstehen einfach so, das sind Fluktuationen, die nicht kausal zurückzuverfolgen sind. Auch das ist ja seit 70 Jahren eine heiße Diskussion: die Frage der Kausalität, ich hab' mich dazu auch schon geäußert. Häufig wird da Kausalität und Determinismus einfach gleichgesetzt, was etwas anderes ist, aber die Frage bleibt. Wenn ... Wie geschieht es? Wie entsteht die physisch-sinnliche Welt ... wie entsteht die physikalisch messbare Welt aus diesem Urgrund? Und das ist die Frage nach der

Raumenergie.

Ich mal 'ne kleine Pause. Ich hab' erst mal so den Horizont 'n bisschen eröffnet, denke ich mal. Und ... sagen wir mal 10 Minuten, ja.

Was übrigens die Literatur zu dieser Frage betrifft – ich habe mich gerade hier in der Pause mit Marco Bischof darüber unterhalten – so ist ... es gibt da als Gesamtüberblick relativ wenig als Buch. Im Sinne eines sprachlich-gedanklichen Elaborats wenig befriedigend, aber doch interessant in der Materialfülle – das ist auch aufm Literaturverzeichnis drauf – das ist ein englischer Biologe übrigens, kein Physiker, Biologe, John Davidson „Das Geheimnis des Vakuums", das heißt im Original „The Secret oft the Creative Vacuum. Man and the Energy Dance", Deutsch „Das Geheimnis des Vakuums. Schöpfungstanz, Bewusstsein und freie Energie" und dann ein Untertitel, der mit dem Buch nur bedingt etwas zu tun hat „Die neue Physik in mystischer Sicht ... aus mystischer Sicht" – das trifft das Buch gar nicht, das ist auch wahrscheinlich nur aus verlagspolitischen Gründen so genannt worden. Also da haben Sie einen Gesamtüberblick dieser Fragen, soweit sie sich im Bewusstsein von John Davidson darstellen, auch zur Frage „Was ist Äther?", „Was ist Vakuum?" und auch zur Frage der sogenannten freien Energie – das will ich nur am Rande behandeln, denn das wäre ein Thema für sich und übrigens ein sehr schwieriges Thema, man müsste da sehr in die Details hineingehen. Ich will nur das zunächst mal als Stichwort nennen, dass es nicht einfach so im Raum stehen bleibt. Vielleicht dann noch erwähnt das Buch von Marco Bischoff über Biophotonen im Verlag Zweitausendeins, was ich gerade lese, was ich hochinteressant finden, und da hat er in dem Schlussteil, nich', im Schlussteil is' eine ausführliche Darstellung auch dieser Äther- und Vakuumvorstellungen von Planck, nich', Planck. Also sehr zu empfehlen: „Biophotonen. Das Licht in unseren Zellen". Ich hab' gerade mit Marco Bischof ausgehandelt, dass er im Frühjahr einen Gastvortrag darüber hier halten wird, also über die Frage der Biophotonen. Also auch da findet man einen guten Überblick, das ist ja nicht das Hauptthema des Buches, aber er ist da, dieser Überblick ist da. Und dann ein nächstes Buch, das kommt erst im Herbst von mir raus dann, beschäftigt sich auch mit dieser Frage, aber noch weiter, auch philosophisch-erkenntnistheoretisch. Untertitel des Buches steht schon fest, der Haupttitel noch nicht „Welt-seele, Weltäther, Raumenergie" ist der Untertitel, soll September - Oktober 99 erscheinen. Und das nur vorab, ich werde das dann noch rechtzeitig bekanntgeben.

Was die Frage betrifft der Struktur oder Substruktur des Vakuums, so muss man in dem Zusammenhang noch einen wichtigen Punkt hier anführen. Nämlich die eigentlich quälende Frage der sogenann-ten ursachelosen Perpetualbewegung, ich erklär das gleich, was ge-meint ist. Wir haben doch in dem naiv-realistischen Verständnis die Vorstellung, dass etwas, was bewegt wird, durch eine bestimmte Kraft oder Energie – ich sag das mal jetzt ganz unscharf – bewegt wird, dass es nicht einfach so, quasi aus dem Nichts heraus, bewegt wird. Und die Frage ist immer wieder gestellt worden: Wie kommen zum Beispiel die Mikrobewegungen der Elementart ... also die Bewegun-gen der Elementarteilchen zustande? Das weiß keiner. Man weiß nur, dass hier eine rasende Bewegung vorliegt, man weiß aber im Grun-de nicht, wie ist diese rasende Bewegung entstanden? Und vor allen Dingen, wie wird sie denn ständig aufrechterhalten? Und das finde ich ganz interessant, auch bei dem Davidson, der das mehrfach an-führt als eine große Frage: Was verhindert denn quasi unaufhörlich, dass die Elektronen in den Atomkern hineinstürzen? Es muss doch eine ständig diese Bewegung aufrechterhaltende Energie vorliegen. Das wird in der Quantentheorie im strengen Sinne nicht behandelt, das gilt als ein letztlich nicht näher zu bestimmendes Geschehen, als ein akausales Geschehen, das man zwar mathematisch beschreiben kann, das man aber von der Ursache her, von der Kausalität her nicht fassen kann, das man nicht versteht. Also kurz: Was ist die Ursache der unaufhörlichen, ja doch rasenden Bewegung im Mikrobereich? Was passiert da eigentlich? Und da versuchen einige ... Zeitgenos-sen auch, diese Vorstellung ins Spiel zu bringen: Das könnte die Wir-kung sein einer ständigen Energiezufuhr aus dem Raum selber, also sozusagen, dass die ständige Manifestierung auch der subatomaren Teilchen quasi aus dem Raum gleichsam „abgesaugt wird" – ich sag das mal in Anführungszeichen – oder heruntertransformiert wird. Natürlich sind das alles schwierige ... auch Metaphern, was heißt hier „heruntertransformieren"? Was heißt da „hereinsaugen"? Und dann immer die Frage „Wie geschieht das denn überhaupt?"
Nicht, das ist ja die ... Man sagt zwar, energetisch-chemische..., also

ein Perpetuum Mobile ist unmöglich, aber faktisch ist es so, dass im Mikrobereich mehr oder weniger ein Perpetuum Mobile unterstellt wird. Ja nicht nur dort, eigentlich auch in den Bewegungen der Gestirne wird mehr oder weniger eine Art Perpetuum Mobile unterstellt, denn es gehört ja zum Zentralen der Bewegungslehre ja auch seit Newton, dass die Gestirne ja keiner sie fortwährenden antreibenden Kraft mehr bedürfen, sondern einmal in Gang gesetzt, läuft das Uhrwerk immer weiter. Da ist die Frage, warum ist das so, was ist denn diese Trägheit, ob sie nicht eine eigene Energie ist. Das sind also Fragen, die in dem Zusammenhang gestellt werden müssen. Also die Frage, was ist die Ursache der Bewegung überhaupt und die Ursache... im Speziellen, die Ursache im Mikrobereich? Denn wir selber haben ja in unserer eigenen Leiberfahrung die Vorstellung, dass wir die Bewegung kraft eines Willensimpulses vollziehen. Nicht, wir fühlen uns ja nicht als Automaten. Auch das ist ja eine interessante Frage, einige Neurophysiologen sagen ja, wir sind doch Automaten, wir glauben bloß, wir hätten einen freien Willen, mit dem wir in irgendeiner Form eingreifen können. Und dann muss man ja fragen, warum können wir dann das? Wieso können wir – unterstellt, es ist so – mit dem freien Willen – wenn er denn frei ist – auf unseren eigenen Leib einwirken, da haben wir also eine Bewegungsursache, einen Willensimpulses, nich', dem der Körper gehorcht in irgendeiner Form.

Und wenn man das überträgt auf den Mikrobereich, dann könnte man ja so weit gehen, einige machen das auch, eher die Minderheit, aber es geschieht, dass man sagt, da ist auch eine Art von Willen. Also auch im Elementarteilchenbereich gibt es einen rudimentären Willen, der letztlich auch mit Bewusstsein zu tun haben müsste, wenn man nicht, im Sinne jetzt der Schopenhauerschen Willensphilosophie, den Willen einfach als blinden Drang bezeichnet. Das wäre dann wieder was anderes. Also dann kommt die Frage nach dem Bewusstsein automatisch ins Spiel: Was hat dann das zu tun mit Bewusstsein, auch mit einer möglichen Steuerung von Bewusstsein und Materie? Also das sind extrem schwierige Fragen, die ... vielleicht das Allerschwierigste überhaupt ist ja in dem Zusammenhang die Frage nach dem Bewusstsein.

Ich hab' etwas angedeutet, was ich noch kurz ergänzen möchte, weil ich's interessant finde, wenn auch nicht in Gänze überzeugend, so doch sehr interessant, diese Vorstellung vom ... von den Anthroposophen, die sie zum Teil übernommen haben aus der sogenannten projektiven Geometrie des 19. Jahrhunderts, die Vorstellung nämlich vom Äther-Raum oder vom Gegenraum. Ich will das ganz kurz andeuten, weil es 'ne Denkfigur ist, der man mal nachgehen kann, auch wenn man sagt, das ist nicht haltbar. Steiner hat das angedeutet, andere haben das weiter ausgeführt. Ich hab' hier ein eines Engländers, eines Mathematikers und Physikers, mit dem schlichten Titel „Grundfragen der Naturwissenschaft", Georg Adams (19 ... 1894-1963), der in mehreren seiner Schriften sich mit diesem Gedanken beschäftigt hat, ob es noch einen quasi zweiten Raum gibt? Es gibt also den physischen Raum, den sinnlichen Anschauungsraum und es gäbe einen zweiten Raum, quasi einen Äther-Raum. Also nicht jetzt Raum-Äther, sondern Äther-Raum, nicht.

Wir haben, ich darf noch einmal daran erinnern, wir hatten den Ätherbegriff ja versucht ein bisschen zu fassen im Hinblick auf die Naturwissenschaft primär als Licht-Äther im 19. Jahrhundert. Im 20. Jahrhundert dann eher gedacht als Raum-Äther, also als eine Art Identität von Äther und Raum. Und hier nun der Äther-Raum, also die Umkehrung. Was ist gemeint? Die Anthroposophen beziehen sich da auf bestimmte Entwicklungen der Mathematik und Geometrie des 19. Jahrhundert, denken die aber in einer sehr eigenwilligen Weise weiter. Ich geb' das einfach nur mal zu Gehör und lass das mal so stehen. Ich finde das interessant, ich sag's noch mal, wenn auch nicht in Gänze wirklich überzeugend.

Adams glaubt, dass man auch dem Raum selber – und das ist zunächst verblüffend – eine polare Struktur zuordnen muss. Es gibt also eine innere Polarität des Raums selbst, es gibt eine zentrische Tendenz, also eine zentripetale Tendenz, die sich primär festmacht in der Gravitation, also im Zusammenziehenden, in der Kontraktion, die auf einen Punkt zielt. Und es gibt eine eher expansive Tendenz, eine Nach-Außen-Bewegung. Es gibt also eine Doppelbewegung, eine Nach-Innen-Bewegung, kontraktiv, und eine expansive Bewegung, nach außen. Das eine strahlt nach innen, das andere nach außen. Nach innen strahlen die Dinge, auch im gravitativen Sinne und ballen gleichsam zu festen Körpern zusammen. Die Schwere, die Trägheit, die Festigkeit der Materie ist auf diese zentrischen Energien, nach Steiner, zurückzuführen, während die Lebensprozesse und alles, was jenseits der puren Stofflichkeit sich bewegt, auf Prozesse zurückzuführen sind, die er mit dem sogenannten Äther-Raum verbindet. Das ist ein Gegen-Raum, wie er sagt, der nicht mehr dreidimensional, physisch begreifbar ist, wo auch die Kategorien im üblichen Sinne nicht mehr greifen. Er ist unendlich – und das erinnert ja ein bisschen an die moderne Kosmologie –, aber gleichzeitig ist diese Unendlichkeit nicht einfach ein Immer-Weiter.

Nich', also im Sinne der naiven Vorstellung von Unendlichkeit: Es geht immer weiter. Sondern die Unendlichkeit ist hier eine qualitative Unendlichkeit, bezogen ... verstanden als eine unendliche Ebene, nich', das kann man geometrisch-logisch zeigen, dass also eine Kugeloberfläche, die unendlich ist, mathematisch-geometrisch quasi eine Fläche ist, eine Ebene. Nich', sozusagen in ihrer extremsten möglichen Ausdehnung in die Unendlichkeit hinein wird diese Kugeloberfläche zu einer Ebene. Und das greift der Steiner auf und interpretiert das spirituell, auch philosophisch, und das nennt er die Äther-Kräfte, die sozusagen von außen auf die Materie einwirken.

Und so meint er, dass die ganze physisch-sinnliche Welt, auch die lebendige Welt, sich als eine Zwischenwelt bewegt, eine rhythmisch durchpulste Zwischenwelt zwischen den zentrierenden Kräften und den eher aus dem Äther kommenden Kräften. Und das sei ein eigener Raum, das ist jetzt für uns wichtig, für den Zusammenhang. Also es gibt einen Raum, einen Äther-Raum, im Gegensatz zum physischen Raum. Ich lese mal eine kurze Passage hier vor diesem Mathematiker und Physiker Georg Adams aus einer Abhandlung, glaube ich aus den fünfziger Jahren. Nur dass Sie das mal gehört haben. „Wir wollen nun annehmen, dass der Erdenplanet als Ganzes" – also anthroposophisch – „sowohl physischer als auch ätherischer Natur ist." – Also es gibt eine unsichtbare Erde. – „Er besitzt nicht nur ein Gravitations- sondern auch ein Levitationsfeld." – Also auch eine antigravitative Kraft, beim Aufstieg des Wassers in den Pflanzen wirkt eine Art von Antigravitation. – „Er besitzt nicht nur ein Gravitations- sondern auch ein Levitationsfeld. Er besteht nicht nur aus anorganischer Materie. Die Erde als Ganzes ist ein Lebewesen." – Hier lange vor der Gaia-Theorie gesagt. – „Die einzelnen Pflanzen, die auf ihr wachsen, sind wie Organe eines größeren, differenzierten Organismus'." – Oder in der anthroposophischen Terminologie: Die Erde hat nicht nur einen physischen Leib, sie hat auch ihren Ätherleib. – „Wir erhalten ein vollkommen klares Bild vom Charakter des ‚Levitationsfeldes des Planeten', wenn wir uns vorstellen, dass der unendliche Punkt des ätherischen Raumes" – jetzt sehr schwer nachzuvollziehen auch die Logik, die hier drin steckt, die ist in sich konsequent, ob man sie für richtig hält, ist 'ne andere Frage, aber das ist an sich stimmig, in sich stimmig. „... dass der unendliche Punkt des ätherischen Raums im oder nahe dem Erdmittelpunkt liegt, und dass die archetypische und krafterfüllteste Levitationsebene in der unendlichen Himmelskugel liegt." – Es gibt also ... Der Erdmittelpunkt hat zweierlei Qualität in dieser Vorstellung: Er ist auf der einen Seite das Zentrum der gravitativen, der zentrierenden Kräfte und auf der anderen Seite ist er ein Punkt, in dem sich die Ätherkräfte von außen, die hereinströmen, bündeln. „Wir machen eine doppelte Zuordnung. Genau da, wo der allgemeine Gravitationsmittelpunkt der physischen Kräfte liegt, befindet sich die Unendlichkeit, gleichsam die ideale Leere der ätherischen Kräfte, während andererseits in den fernen Himmelswelten, in demjenigen, was vom physischen Raum aus betrachtet wie die unendliche Leere aussieht" – nich', der Horror Vacui, die Angst vor der Leere, die ja auch die moderne Kosmologie ausgezeichnet hat seit dem 17./18. Jahrhundert immer weiter, dieser Abgrund des Raumes, der nie endet. Also „... was wie die unendliche Leere aussieht, sei die Urquelle der ätherischen und ebenenhaften Kräfte, die alle übrigen ebenenhaften Gebilde vom Erdmittelpunkt weg nach oben und nach außen ziehen." – Das ist übrigens eine ... nebenbei gesagt eine Denkfigur, die man in der Naturphilosophie Schellings findet, nich', das Licht, das Lichtwesen als eine quasi antigravitative Kraft. Hier wird zwar Schelling nicht erwähnt, aber wenn ich richtig das weiß, geistesgeschichtlich, stammt das in der Form eigentlich von Schelling. „Wir wollen die zwei sich gegenseitig durchdringenden Gedanken nebeneinanderstellen." – Jetzt also das allgemeine Gravitationszentrum der physischen Kräfte und die allgemeine Levitationsebene der ätherischen Kräfte usw. Also man muss das hier nicht im Einzelnen vertiefen, das würde viel zu weit führen, ich will das nur Ihnen mal vorgeführt haben. Es gibt also hier den Gedanken, dass es nicht nur eine Art Raum-Äther gibt, der mit dem Raum ... also eine Feinst-Stofflichkeit, die mit dem Raum identisch ist, sondern auch eine Art Äther-Raum, und zwar im Grunde unendlich viele Äther-Räume, weil jedes Lebewesen, soweit wird dann gegangen, eine Art eigenen

Äther-Raum hat. Gut, also das sind Vorstellungen, die sehr weit reichen, die auch ins Spirituelle gehen. Man kann ja auch sagen, es geht ins Spekulative hinein. Aber man ist natürlich bei der Frage nach dem Raum immer in einem Grenzbereich – das darf man niemals vergessen. Also, man ist in einem sehr subtilen Grenzbereich, wo der Zusammenhang von sagen wir mal Naturwissenschaft, im traditionellen Verständnis, Metaphysik und Spiritualität ganz eng ist. Nich', das ist also ... das fluktuiert von einer zur anderen Seite, das ist ganz dicht beieinander. Schon die Frage überhaupt, was der Äther sein könnte, wenn er denn existiert, lässt sich gar nicht unmittelbar nur und gleichsam pur physikalisch klären und plausibel machen.

Bevor ich da weiter gehe, noch zu diesem Stichwort, was im Titel ja der Vorlesung auftaucht, damit das nicht einfach jetzt so stehen bleibt: „Freie Energie". Das ist ein schwieriger Begriff von mir absichtlich in Anführungszeichen gesetzt. Kurz gesagt: Es geht um den Gedanken, dass es möglich sein müsste, was auch verschiedentlich von Physikern als möglich hingestellt wird, dass es möglich sein müsste, diese Energie des Raums physikalisch-technisch anzuzapfen. Nich', dass man sozusagen diese Raumenergie, wenn es sie gibt in dieser Form, technisch nutzen könnte. Warum soll man die nicht technisch nutzen können? Und ich hab' mich 'n bisschen damit beschäftigt mit diesen ... auch diesen technischen Fragen, bin da bis zum heutigen Tage unsicher und habe bisher – das mag an meiner mangelnden Kenntnis liegen – bisher noch nichts wirklich Überzeugendes gefunden, was dahin führen könnte, dass das wirklich möglich ist. Das wird verschiedentlich behauptet, es gibt mittlerweile 'ne ganze Reihe von Persönlichkeiten heute, die meinen, diese freie Energie sei schon gefunden, es gebe schon technische Verfahren, wie man diese Energie einsetzen und kontaktieren kann – quasi unbegrenzte Energie, also keine in irgendeiner Form verfeuerte Energie, keine traditionelle Energieumwandlung, sondern etwas, was man sozusagen direkt anzapft, gleichsam Steckdose in den Raum, ins Vakuum und du hast ein ... du bist immer am Strom, ne. Also das, ich sag's noch mal, das mag meiner unzureichenden Beschäftigung geschuldet sein, will ich gerne zugestehen, mag auch sein, dass man dann noch viel praktischer, direkter da reingehen müsste, man müsste im Grunde genommen, wenn man darüber, ich sag mal, seriös reden will, müsste man selber diese Experimente machen. Man müsste dahin gehen zu den Leuten, man müsste sich das vorführen lassen, man müsste das durchdenken, man müsste alle möglichen Fehlerquellen ausschließen – ein Riesenaufwand! Ich kann das ... hab' das nun hier aus der Literatur entnommen und bin da sehr skeptisch – wohlwollend skeptisch – nicht in dem Sinne, dass ich sage, das ist unmöglich, aber bisher ist es mir noch nicht so plausibel gemacht worden.

Nun könnte natürlich sein, dass das ohnehin ständig geschieht, wenn es denn so geschieht, dass etwa diese rasende Bewegung im Mikrobereich ja ständig gespeist wird aus dieser Energie, insofern ja diese freie Energie sowieso ständig am Wirken ist. Dann wäre es ja nur noch ein Schritt weiter, sie auch tatsächlich anzuzapfen. Und verschiedentlich kann man dann in der Literatur lesen, dass das nicht schon viel bekannter sei, sei aufgrund der massiven Gegnerschaft der Energiewirtschaft zu erklären, weil die natürlich kein Interesse daran haben kann, naheliegenderweise, an solchen Techniken, an solchen technologischen Verfahren, dass man diese sogenannte Raumenergie tatsächlich kontaktiert. Also ich sage es mit aller Vorsicht und wollte es aber auf jeden Fall als ein Stichwort auch gebracht haben. Aber da ... um da nicht nur sagen wir mal dilettantisch obenhin zu reden, müsste man dann, ich sag's noch mal, ins technische Detail gehen. Und was ich da nachvollziehen konnte aus der mir zur Verfügung stehenden Literatur, lässt einfach kein klares Urteil zu. Also ich weiß einfach nicht.

Das ist genauso die Frage der Levitation oder der Antigravitation, nich', es hat ja verschiedentlich auch in privaten Fernsehsendern Dokumentationen gegeben, unter anderem ein rasend beschleunigter Supraleiter abgekühlt bis zum absoluten Nullpunkt, wo dann gemessen wurde, dass effektiv eine Schwereminderung vorhanden gewesen sei. Das kann man, wenn man das nur von außen sieht, schwer beurteilen, könnte möglich sein. Und da ist man also an einen Punkt geraten, wo man dann einfach Schwierigkeiten hat, also wenn man da überhaupt was zu sagen will. Ich bin da wirklich sehr zurückhaltend, will nicht sagen, das ist unmöglich, das glaube ich eigentlich nicht. Aus vielen Gründen glaube ich, dass das möglich sein müsste, aber ob es so gelungen ist, wie es behauptet wird, weiß ich nicht. Ganz zu schweigen davon, dass natürlich auch immer wieder Behauptungen auftauchen, die auch dann durch Videos belegt werden oder worden sein sollen – ich hab' so ein Video noch nie gesehen, dass einzelne Menschen durch ... mittels bestimmter Meditationstechniken sich vom Boden erhoben haben, also Levitation. Gerade ein guter Bekannter von mir, der hat meine Skepsis zwar in allen Ehren gehalten, aber sagte, du kennst nich' diese Videos, es ist dokumentiert. Also ich hab' die Videos nie gesehen, will das auch nicht jetzt einfach ins Lächerliche ziehen, auf der anderen Seite auch mich da nicht so rein begeben. Ich will nur sagen, da kommt man an eine Grenzzone bei diesem ganzen Thema, und da muss man sehr zurückhaltend sein, nun auch nicht zu zurückhaltend, denn das bringt auch nichts, aber es ist schwierig. Ich will das auf jeden Fall erwähnt haben, also die Frage einer möglichen Antigravitation in diesem Sinne wirklich zu belegen, ist schwierig. Es müsste möglich sein, ich sag's noch mal, wenn Schwere das ist, was ich vermute und was man auch plausibel machen kann. Also ich äußere mich dann auch in dem Buch, was dann kommt im Herbst, auch verschiedentlich zu dieser Frage, aber lass diesen Punkt dann im Letzten dann in der Schwebe, also was es wirklich mit der Antigravitation auf sich haben könnte.

Also noch mal auf den Punkt gebracht das ... die Thematik: Wir sind jetzt bei der Frage „Hat der Raum selber als solcher eine eigene Qualität, eine eigene Struktur, dass wir sagen können, es gibt eine Art Raum-Äther vielleicht sogar eine Art Raumenergie. Und wie kann man das physikalisch denken? Wie kann man das überhaupt denken? Wie kann man das auch plausibel machen? Wie kann man das verifizieren?

Nun gibt es ja in der Physik auch des 20. Jahrhunderts verschiedentlich Überlegungen in diese Richtung. Das deutet ja auch diese kurze Paraphrase und das Zitat aus dem Spiegel-Text an, dass auch in der Vorstellung der Quantentheorie ja der Gedanke immer wieder ventiliert wird, in einigen Strömung der Quantentheorie, dass eigentlich der Raum selber ein vibrierendes Etwas sein müsste, von ungeheurer Energie. Stichwort ist hier dann häufig die sogenannte Nullpunkt-Energie. Ich glaub, das ist ein Begriff aus den dreißiger Jahren, bei Marco Bischof habe ich's gelesen, dass es also schon bei Planck auftaucht, der Begriff Nullpunkt-Energie des Vakuums, nich', 1912, und dann bei Nernst, also gemeint ist, dass auch, wenn ich aus einem Raumteil quasi alles entferne, was man entfernen kann – ich nehme nicht nur alle Materie raus, ich versuche auch, soweit es geht, das

Ganze abzukühlen in Richtung auf den absoluten Nullpunkt, ich nehme auch alle Strahlung weg, also dann wäre die thermische Strahlung auch weg, wenn das möglich ist, dann, was bleibt dann? Ist dann sozusagen das absolut Nichts hergestellt, dass Vakuum? Nun könnte man sagen, das geht ja gar nicht.

Ich erinnere mich an eine Diskussion, die ich hatte mit einem theoretischen Physiker aus Karlsruhe, der darüber ein Buch geschrieben hat, „Die Entdeckung des Nichts", Henning Genz, „Die Entdeckung des Nichts", 1994 erschienen, der das auch vorstellte, und dann sagte ich – das war ein typischer Physiker-Philosophen-Konflikt – „Das sei ganz einfach, durch pures Nachdenken könnte man darauf kommen." – „Das ist typisch für euch Philosophen, das ist nicht durch Nachdenken zu ergründen." Er sagte, es sei nicht möglich, dieses absolute ... ein Raumteil absolut strahlungsfrei herzustellen. Und da habe ich gesagt „Das ist überhaupt kein ... das ist doch ganz selbst verständlich. Wie soll es möglich sein?", hab' gleich Argumente gebracht. Das ist unmöglich. Da muss ich gar keine Experimente machen. Ich weiß einfach, dass es nicht geht, und zwar nicht apriorisch, im Sinne von Kant, sondern wie soll das möglich sein? Weil, was immer ich entferne aus dem Raum, das letzte, was bliebe, wäre ja zum Beispiel die nicht abschirmbare gravitative Wirkung. Ich müsste ja dann einen ... sozusagen einen Hohlraum schaffen, in dem keinerlei Strahlung mehr existiert und auch keine gravitative Wirkung, das wissen wir relativ gut, auch da gibt's Gegenargumente – ich sag das mit aller Vorsicht, aber wollen mal sagen, es spricht einiges dafür, dass erst mal die gravitative Wirkung nicht abschaltbar ist. Egal was man macht, ob man kilometerdicke Bleiplatten davor lagert, die Gravitation, die Schwerkraft ist immer da. Sie ist also die Kraft, die alles durchdringt, die gesamte Materie. Woraus man schließen kann, dass sie möglicherweise eine masselose Energiestrahlung sein könnte, was auch manche vermutet haben.

Also, ich meine, das geht nicht, aber wenn wir das mal gedanklich mal durchspielen, was bliebe dann? Wenn ich also in der Lage wäre, den Raum vollkommen zu entleeren, ich hätte wirklich puren leeren Raum, Vakuum, was bliebe? Nach Newton wäre das – nich', das war ja auch ein Punkt, Newton-Leibniz, Leibniz bestritt das, sagte, es kann überhaupt kein Vakuum geben, nich', hat ja auch diese Experimente dann, Torricelli unter anderem, die haben da ja auch 'ne Rolle dann gespielt. Und Newton sagte, es gibt dieses Vakuum, die Newtonsche Physik ist letztlich 'ne Vakuum-Physik. Also wenn das möglich wäre, was bleibt dann? Gibt es eine Art von Restenergie? Und das wäre dann die sogenannte Nullpunkt-Energie, also eine Restschwingung, die nicht eliminierbar ist. Und wenn das so ist, was bedeutet das? Und da fängt es nun an, abenteuerlich und aufregend zu werden, wirklich aufregend – Was bleibt dann? Ist das eine ... das pure Nichts ist es nicht, das pure Vakuum. Was ist dieses Etwas, was dann bliebe? Und also jetzt mal, wir wissen, ich hab's gesagt, es ist nicht experimentell herstellbar, aber mal gedanklich, was bliebe dann? Da wird dann gesagt oder wird verschiedentlich gesagt, was da bleibt, ist eine primordiale, eine Urenergie, eine Urschwingung, die in gewisser Weise den Raum erfüllt, ja der Raum ist. Und dann hat man ausgerechnet – übrigens kam man zu ganz unterschiedlichen Resultaten –, wie groß die Dichte sei. Nich', das ist ja verwirrend, wer sich damit beschäftigt, dass dann einzelne Quantenphysiker auch ausgerechnet haben, wie dicht das sein soll, nich', ganz verschiedene Werte kommen dann da raus. Einige sagen, das ist also ... in einem Kubikzentimeter ist es so dicht, dass das ganze bekannte Universum da sozusagen, nich' erfasst wäre, andere geben ganz andere Zahlen an. Das ist für ... erstmal für den ... wer das liest, er ist vollkommen verwirrt, was ... vor allem: Was ist die Grundlage dieser Berechnungen? Das kann man dann zum Teil nachvollziehen, zum Teil nicht. Es gibt kolossale Widersprüche.

Auf jeden Fall wird gesagt: Der Raum selber ist sehr dicht, also hat 'ne ganz hohe Dichte, und zwar ist diese Dichte viel größer als alles, was wir an Dichte uns vorstellen können, ganz egal, wie sie nun präzise ist. Also der berühmte, vor einigen Jahren verstorbene Physiker David Bohm etwa hat sich mit diesen Fragen auch beschäftigt, hatte, glaube ich, auch ausgerechnet, nicht, gibt auch Zahlen an. Andere geben ... Also ganz unterschiedliche Zahlen. Ich wundere mich dann immer wieder in so 'nem Fall, woher haben sie diese Zahlen? Ich meine, sie haben da bestimmt Überlegungen, aber es sind irgendwie schwindelerregende Zahlen. Auf jeden Fall ist es sehr hoch, mal ganz vorsichtig gesagt, is 'ne Menge, was da im leeren Raum drin sein soll. Und dann ist sozusagen, um mich jetzt dieses platten Kosmologenjargons mal einen Moment zu bedienen, ist die Materie wie so ein Sahnehäubchen, also ein Begriff, der gerne verwendet wird, wie ein Sahnehäubchen auf diesem Urmeer der Raumenergie, sozusagen das ist nur die Oberfläche der Oberfläche, ja, 'ne zarte Kräuselung, 'ne zarte Fluktuation. Und immer wieder wird natürlich, das ist ja naheliegend, das Bild des Meeres verwenden. Nicht, also die einschlägigen Autoren erwähnen immer wieder – und das ist ja auch plausibel –, dass quasi dieser ... dieser Oze ... dieses ... dieses ungeheure Vakuum voller vibrierender, dichtester Energie eine Art Meer ist, und die Materie ist dann sozusagen Kräuselung der Wellen auf diesem Meer. Und auch was wir als Teilchen empfinden, also als materielles Etwas, sei nur eine Art Wellenkräuselung auf der Oberfläche dieses Vakuum-Meers. Also diese Metapher ist wahrlich sehr naheliegend, sie wird sehr häufig verwendet. Und dann wird gesagt, dass diese Wellen keine ... die dort durch das Vakuum rasen, mit einer weit höheren als der Lichtgeschwindigkeit, quasi keine wirklichen Wellen sind und dass hier eine Art Skalarfeld existiert, also kein gerichtetes Feld – da gibt's ganz unterschiedlichen theoretische Ansätze in dem Zusammenhang – und auf jeden Fall, dass da etwas ... dass das Nichts ... dass das Vakuum ein Plenum ist. Das Vakuum ist ein ... ist voll, gefüllt, es gibt gar keine Leere. Und dann kommen wir wieder auf die Frage, wenn das so ist, wie entsteht dann Materie überhaupt? Nicht, wieso ist das dann so, dass das wie ein Sahnehäubchen da drauf liegt? Ich meine, auch die sogenannte feste Materie, das ist ja sozusagen physikalisches Allgemeinwissen, ist ja auch nur ein verschwindender Bruchteil der von uns physisch-sinnlich wahrgenommenen Materie, ein Vierzigbilliardenstel ungefähr, also eine winzige Größe ist ja nur die wirkliche Kompaktheit, wenn es diese wirkliche Kompaktheit denn überhaupt gibt. Auf jeden Fall ist das sowieso eine löchrige, eine zutiefst schaumähnliche Geschichte, was wir sinnlich so als harte, undurchdringliche Materie wahrnehmen. Das wäre dann noch der nächste Gesichtspunkt, den man da reinnehmen müsste, dass die Festigkeit ja nur erst einmal für uns physisch-sinnliche Wesen so wirkt, nicht, bestimmte Formen von Strahlung können ja Materie mühelos durchschlagen.

Also, der ... um die Frage geht es. Und das ist ein Thema, was zunehmend auch an Aktualität gewinnt, weil es natürlich weitreichende Konsequenzen hat.

Denn wenn es wirklich so ist, dass der Raum selber ungeheuer dicht ist, dann ist das ja horizonteröffnend für die Frage „Was ist denn überhaupt diese Wirklichkeit?" Also was mich als Philosophen primär interessiert: Was ist die Wirklichkeit? Was ist denn überhaupt wirklich? Und das ist mir ja immer ein Anliegen, das wissen Sie aus verschiedenen Vorlesungen, dass ich versuche, vorsichtig gesagt, einen Unterschied zu machen zwischen mathematisch-theoretischen Konstrukten und Wirklichkeit. Nicht, davor kann ich nicht oft genug warnen, weil ich sehe, dass viele da vollkommen unkritisch da keine Unterscheidung mehr haben. Ich nenn das die Ontologisierung, nich', also wenn man ... bestimmte Sachen lassen sich rechnen, sie lassen sich bis zu einem gewissen Grade auch logisch zirkelfrei darstellen – immer noch die Frage: Sind sie wirklich? Also wenn diese Werte allein, die ja zum Teil behauptet werden, über die Dichtegrade der Raumenergie stimmen sollten, dann ist das ja schwindelerregend!

Nich', das hieße ja ... was hieße das für das Wirklichkeitsverständnis? Oder es ist einfach ... sind das tote Zahlen, errechnet aus ganz bestimmten Prämissen, die ohne existenziellen Wert sind. Und deswegen habe ich einleitend auch die Leiberfahrung des Raums hervorgehoben. Und ich finde es ungeheuer wichtig, grundsätzlich wichtig, dass man diesen Zusammenhang nie vergisst, dass man immer die Bezogenheit auf die Empirie beibehält, auch wenn ein prinzipieller Empirismus, dass nun alles erfahrungsmäßig fundiert sein müsste, gar nicht durchzuhalten ist. Das ist klar.

Keine Theorie kann nur empirisch fundiert sein, das ist unmöglich. Aber man muss diesen Erfahrungsbezug immer beibehalten. Also wenn von Raum die Rede ist, finde ich's wichtig, sich immer auch der lebendigen, der konkreten Raumerfahrungen zu vergewissern und da Zusammenhänge herzustellen, um nicht zu schnell abzudriften, sag ich mal, in mathematisch-theoretische Modelle, die dann ontologisiert werden und dann werden sie als Wirklichkeit erklärt. Und das ist ein Verfahren, was sich durch die Jahrhunderte zieht und bis heute – also für mich ... ein Musterbeispiel ist für mich Burkhard Heim, der ontologisiert, dass sich die Balken biegen – also sozusagen das geht bis zu einem gewissen Punkt mathematisch-logisch auf, aber das wird dann ontologisiert in einer Weise, wo man sich immer fragen muss, philosophisch-erkenntnistheoretisch: Ist das überhaupt haltbar? Zumal ganz andere Modelle mit ähnlichen logisch konsistenten Überlegungen zu den gleichen Ergebnissen führen. Also wenn gesagt wird, oh Gott, Heim könne die ... den Wert der Elementarteilchen zu bis zu sechs Stellen hinter dem Komma angeben, dann ist das ... der staunende Laie denkt, das kann doch nicht wahr sein, dann ist das doch alles sozusagen vollkommen stimmig. Man sieht oft gar nicht, man weiß oft gar nicht, auf was für Zirkelschlüssen das beruht, welche Werte eingesetzt werden, dass das überhaupt rauskommen kann. Aber das nur am Rande.

Ich will das grundsätzlich sagen: Bei der Frage nach der Raumenergie sollte die existenzielle Erfahrung – das kann eine denkerische Erfahrung sein über das Ich, das kann aber auch eine meditative Erfahrung sein – niemals außen vor gelassen werden. Ich finde gerade das eine der fatalen Entwicklungen der Geistesgeschichte im Abendland, dass das so radikal auseinandergedriftet ist. Dass also die existenzielle Welt, die Lebenswelt, sich vollkommen abgespalten hat von der, mal vereinfacht gesagt, physikalisch-technisch-abstrakten Welt. Das ist ein Desaster gewesen. Wenn da nicht 'ne Möglichkeit besteht, da wieder was zusammenzubringen, seh' ich gar keine Hoffnung. Ich seh' dann auch den ... die Frage einer möglichen Raum-Energie, die ich sehr positiv und wohlwollend betrachte, bei aller Skepsis im Hinblick auf einzelne Rechenergebnisse, ich sehe die dann auch gefährdet, dass sie dann auch nur eine neue Form von Abstraktionismus ist, die auch nichts Lebendiges hat. Und das ist mir wichtig bei diesen Fragen, dass diese wirklich lebendige, die existenzielle Dimension dabei beachtet wird. Und das finde ich wieder sehr gut und auch interessant bei den Anthroposophen, bei aller Kritik, die ich da habe, dass sie das zumindest versuchen, dass sie da Ansätze finden, dass auch gedanklich-meditativ zu bringen.

Ich habe Ihnen erst einmal – ich sehe das es Acht ist – einen Gesamtüberblick gegeben in diesem sehr schwierigen, wirklich hochkomplexen Thema. Ich hoffe, dass mir das gelungen ist und, nich', gibt ja hier den ... Marco Bischoff ist ja hier, der sich da auch mit diesen Fragen sehr intensiv beschäftigt hat. Ich hab' erst einmal einen Horizont aufgespannt, mehr kann das auch jetzt hier nicht sein, mehr konnte das nicht sein, und ich will jetzt gleich ins Gespräch reingehen.

* * * * * * *

Weltäther, Weltseele, Weltgeist

Ich habe das heute genannt: „Die kosmische Triade von Weltäther", darüber haben wir ja schon eingehend gesprochen, „Weltseele", auch darüber haben wir gesprochen, und „Weltgeist". Diese Triade von Weltäther, Weltseele und Weltgeist, jetzt in einem kosmischen Maßstab, in einem kosmischen Sinne, wirft natürlich fundamentale Fragen auf, mit denen ich mich ja auch schon in der einen oder anderen Form beschäftigt habe. Wir haben ja immer wieder gesprochen auch über die Frage, was denn möglicherweise dieser Weltäther [ist], und ich habe Ihnen meine Konzeption dieses Weltäthers ja in einer Vorlesung ausführlich vorgestellt.

Man kann sich diesen Fragen nähern, indem man eine Frage stellt, die ich im Dezember einmal in einer Vorlesung an den Anfang oder auch in den Mittelpunkt gestellt habe, nämlich der ganz schlichten Frage: Wo sind wir? Also die Frage nach dem Ort, auch nach dem, tiefer verstanden, dem ontologischen Ort des Menschen. Wo befindet sich der Mensch? Sie werden sich vielleicht erinnern, dass das eine Vorlesung mitbestimmt hat. Und diese Frage kann man in verschiedenen Kontexten stellen. Man kann sie ganz platt und banal und direkt physisch sinnlich stellen. Wo soll er sich schon befinden? An dem Ort, an dem er gerade ist? Aber wo ist dieser Ort auf diesem rätselhaften Gestirn bzw. auf der Oberfläche dieses rätselhaften Gestirns? Wo ist dieses Gestirn? Hat [es] eine bestimmbare kosmographische Position, wenn man ein Bezugssystem einnimmt? Und so weiter. Man kommt letztendlich mehr oder weniger schnell auf eine ganz andere Frage. Man kommt auf die Frage nach dem Raum. Das hat uns ja immer wieder beschäftigt. Was ist der Raum? Wo sind wir in diesem Raum? Nicht nur in diesem Raum, hier, in diesem Hörsaal, sondern überhaupt im Raum. Und was hat der Mensch in seiner geistig-seelisch-leiblichen Gestalt zu tun mit dem Raum? Ist der Raum ohne Bewusstsein? Hat er Bewusstsein? Hat die Seele Räumlichkeit? Hat der Geist Räumlichkeit?

Sie alle kennen die idealistische Position, die ja ganz strikt davon ausgeht, dass die eigentliche Qualität im Menschen, die Geistqualität, keinen Raum hat. Sie sei nicht räumlich, wird gesagt, der Raum sei nur eine Anschauungsform eines im Grunde raumlosen Geistes. Zu dieser Frage habe ich mich auch verschiedentlich geäußert und immer wieder die These aufgestellt und auch begründet, dass ich glaube, dass die idealistische Position, was diesen Punkt betrifft, schwach gestützt ist. Es gibt viele Argumente dafür zu sagen, dass auch die Seele, dass auch der Geist in irgendeiner Form etwas mit Raum zu tun hat. Weltäther, Weltseele, da ist es immer auch die Raumfrage.

Ich darf noch einmal Ihnen eine kleine Passage vorlesen aus einem Essay, den ich ja in Gänze Ihnen schon vorgetragen habe, wo das nochmal auf den Punkt gebracht wird, die Frage: wo wir sind, auch im Zusammenhang mit dem, was ich die Raumvergessenheit des Bewusstseins nenne. Man spricht ja viel von der Seinsvergessenheit oder auch Naturvergessenheit, ich spreche gelegentlich von der *Raumvergessenheit* des Menschen. Und das will ich vielleicht noch vorab sagen, in mehreren Ansätzen in der modernen Philosophie, etwa bei Peter Sloterdijk, in den dickleibigen Büchern über die Sphären wird ja die psycho-kosmologische Krise der Moderne und Nachmoderne auch als eine *Raumkrise* bezeichnet. Das finde ich im Grunde einen sehr treffenden, einen sehr signifikanten Begriff. Die Bewusstseinskrise unserer Zeit als eine Raumkrise, wobei Sloterdijk, und da steht er nicht allein, ganz dezidiert sagt: Das „Projekt Weltseele", wie er das nennt, sei grundsätzlich und irreversibel gescheitert. Das heißt, der Mensch befindet sich fortan, spätestens seit dem 18. und 19. Jahrhundert, in einem ganz und gar veräußerlichten Raum. Der Raum ist nur noch außen, das heißt eine Art Immigration der Raumempfindung aus dem, was den Menschen in der Tiefe als seelisch-geistiges Wesen eigentlich angeht. Also er sagt einmal an einer wichtigen Stelle in den Sphären: Der veräußerlichte Raum sei die Grundtatsache des modernen Bewusstseins überhaupt, der veräußerlichte Raum, der Raum als pures Außen, in dem der Mensch nichts zu suchen hat. Daher auch die vollkommene Abkehr des Denkens, spätestens seit Nietzsche, von kosmologischen Fragen, bis dahin, dass viele Intellektuelle, auch philosophisch orientierte Intellektuelle, überhaupt sich kosmologischen Fragen, Fragen der Astronomie, Fragen der Astrophysik, Fragen des Raums vollständig verweigern. Sloterdijk sagt in seinem Buch: Es ist geradezu ein verdächtiges Zeichen wenn ein ernst zu nehmender Intellektueller mit Inbrunst kosmologische Fragen behandelt. Also das ist eine typische Bewegung, die man verfolgen kann.

Ich sage, spätestens seit Nietzsche, also eine Abkopplung, eine Spaltung, dass der auf der einen Seite, der moderne Intellektuelle, der sich als quasi raumlos empfindet, auf der anderen Seite eine mehr oder weniger reduktionistische Kosmologie, die die Welt nur als ein Außen begreift und auch begreifen kann. Und ich meine, wenn es nicht gelingt, diese Spaltung in irgendeiner Form zurückzunehmen und da wieder etwas zusammenzuführen, werden wir, glaube ich, keinen Millimeter weiterkommen. Diese kurze Passage: „Die Subjektblindheit oder auch Subjektvergessenheit der Naturwissenschaft", wie ich meine, einschließlich der Quantentheorie, die da keine grundlegende Änderung gebracht hat, „ist stets zugleich Raumblindheit oder Raumvergessenheit. Der zum puren Außen degenerierte Raum, „ohne Götter im alten Sinne, im magischen mythischen Bewusstsein, und höheres Bewusstsein, aber auch ohne Weltseele", macht die Seele raumlos bzw. lässt ihr nur den Innenraum, der als ein bloß subjektiver bequem auszugrenzen war aus dem großen Vermessungsprojekt des Nur-Außen des toten Raumes." Also, die berühmte Rede von dem „nur subjektiven Innenraum", der letztlich im eigentlichen Raum gar kein Äquivalent hat. Und von diesem Äquivalent war man ja ausgegangen [bei] der Vorstellung einer Weltseele. Wenn es die Weltseele gibt, wenn diese Weltseele das Universum durchdringt, umgibt, durchflutet, dann hat der menschliche Geist, dann hat die menschliche Seele auch hier ihren Ort. Dann ist Seele immer integraler Teil von Weltseele, und das ist in der modernen Raumvergessenheit nicht der Fall. Also: „ ... der als ein bloß subjektiver bequem auszugrenzen war aus dem großen Vermessungsprojekt des Nur-Außen des toten Raumes. Wenn die Seele nicht mehr im Raum sein darf, weil das Projekt Weltseele – Sloterdijk – als gescheitert gilt. Wo ist sie dann? Auch wenn man nicht die idealistische Position teilt: Wo ist die Seele? Wo ist der Ort der Seele? Wo ist der Ort des Geistes? Einen existenziellen Ort kann die Seele nur haben in einem ihr gleichenden Raum, also einem Raum, der die Weltseele selbst ist, also nur ein Raum, der in gewisser Weise identisch ist mit der Weltseele, kann der Seele auch einen Platz geben. Da kann die Seele eigentlich gründen, [sie] kann der Seele ein Stück Heimat geben. Nur in einem Raum, der zugleich umhüllendes und tragendes Universalbewusstsein ist, hat der Innenraum, die Innenkugel Bewusstsein ihren Ort. Gibt es diesen Ort nicht mehr, ist die Seele als sie selbst im Exil."

Denken Sie an das, was ich Ihnen in der letzten Vorlesung nochmal in Erinnerung gerufen habe über die Vorstellung der Weltseele bei

Giordano Bruno, der in gewisser Weise gar keinen Unterschied mehr macht zwischen Weltraum und Weltseele, obwohl es da bei ihm einige begriffliche Ungenauigkeiten gibt. Manchmal identifiziert er auch den universalen Geist, den universalen Intellekt, wie er sagt *intellectus*, dann auch wieder mit dem Weltäther, sodass das fast das Gleiche wird vorübergehend bei ihm, Weltäther gleich Weltraum gleich Weltseele gleich Weltbewusstsein. Also: „Gibt es diesen Ort nicht mehr, ist die Seele als sie selbst im Exil. Wenn der kosmische Raum kein wirklicher Ort mehr ist, in gewisser Weise ja auch sein darf in der modernen Bewusstseinsverfassung, muss sie sich, also die Seele, in akosmischen, kosmosfernen Räumen, Innenräumen einnisten." Das tut sie ja auch. Es ist ja das, was ständig geschieht. „Das betäubende Außen als Nur-Außen ist kein Ort für den Menschen", also die Wendung in die subjektiven Innenräume, in die nur subjektiven Innenräume. Das bekommt ihm nicht gut, wie man weiß. „Die Mensch-Kosmos-Neurose des sogenannten modernen Menschen sitzt tief und hat sein ‚In-der-Welt-Sein' gründlich ruiniert, allem nachkopernikanischen Selbstbewusstsein zum Trotz." Ich habe das ja schon angedeutet, dass ich die berühmte These von Sigmund Freud von den drei Kränkungen für ganz falsch halte, für rein fiktiv. Keine dieser drei Kränkungen, im Grunde genommen, weder die Darwinistische, noch die Kopernikanische, noch auch die der Tiefenpsychologie war im Grunde wirklich eine Kränkung, die Kopernikanische schon gar nicht, weil, sie hat eher das menschliche Selbstbewusstsein ungeheuer gesteigert. Denken Sie daran, dass das menschliche Selbstbewusstsein seit dem Kopernikanismus einen kometenartigen Aufstieg genommen hat und die moderne Subjektivität überhaupt erst im Zusammenhang mit dem Nachkopernikanismus entstanden ist. Es ist also nicht so, schlechterdings nicht so, dass der Kopernikanismus den Menschen in der Tiefe gekränkt habe. Nur eine ganz bestimmte Interpretation des Kopernikanismus hat dies vermocht.

Zunächst wäre zu sagen, dass diese Raumlosigkeit der modernen Subjekte in dem genannten Sinne, wie ich meine, auf schlichten Denkfehlern beruht. Gestalthaftes Bewusstsein, und das ist fast eine Definition des Menschen, bedarf nicht nur des real existierenden Fluidums eines allverbindenden Bewusstseins, das als Universalbewusstsein die Weltseele ist, dazu nachher gleich mehr. Das wäre schon eine Art Definition dieser Weltseele, eine Art Universalbewusstsein, sondern es kann sich gar nicht denken ohne dieses Fluidum. Ein gestalthaftes Bewusstsein in einer bewusstseinsblinden Leere, einem Raum-Nichts, das uns nichts angeht, ist buchstäblich undenkbar. Es lässt sich nicht denken. Hier kollabiert der Geist. Das heißt, der Geist kann sich schlechterdings gar nicht vollständig denken in einem puren, in einem reinen Nur-Außen. Es lässt sich erregt postulieren oder argumentativ verteidigen, aber auch dieses Postulieren und Argumentieren vollzieht sich notwendig innerhalb dieses Fluidums, ohne dessen Immer-schon-Vorhandensein jedes Subjekt vom schwarzen Loch seiner selbst verschluckt wird. Nur ein bewusstes Universum kann wirklich gedacht werden. Das muss man *in aller Klarheit* sich mal vor Augen führen: dass wir die Natur eigentlich nur als eine quasi bewusste, eine durchgeistete, eine vom Geist durchstrahlte Natur wirklich denken können. Wenn das nicht so wäre, könnten wir niemals aus den ewigen Zirkeln unserer eigenen Projektionen heraussteigen. Dann wären wir immer gefangen in unseren eigenen Projektionen. Dann gäbe es eigentlich gar keine Erkenntnis. Und insofern sage ich verschiedentlich, dass von dorther der sogenannte objektive Idealismus ein Stück weit immer Recht hat. Also Naturbetrachtung, Kosmosbetrachtung, Denken über Natur ist ohne einen gewissen objektiven Idealismus vollkommen unmöglich. Dazu muss man nicht Hegelianer sein, um das festzustellen. Es ist einfach eine schlichte, fast denknotwendige Folgerung. *Nur ein bewusstes Universum kann wirklich gedacht werden.* Die Seele kann nicht denken ohne das, was sie immer schon ermöglicht hat, das stets Vorgängige jeder seelenhaften Gestalt. Und genau das ist der Kern des Projekts Weltseele, dass nur eine oberflächliche Sicht als gescheitert gelten kann. Ich würde behaupten, das Projekt Weltseele hat vielleicht in der Tiefe *noch gar nicht begonnen*. Auf jeden Fall müsste es noch einmal grundlegend und fundamental angegangen werden. Ich glaube nicht, dass das Projekt Weltseele gescheitert ist. Vielleicht ist es in einem gewissen Sinne gescheitert. Aber wenn man die geistige Situation genauer betrachtet, wird man feststellen, dass nicht nur der Begriff Weltseele eine Renaissance erlebt, sondern auch die Vorstellung eines durchgängig belebten und bewussten Universums. Auch der götterlose Raum als der nicht-Weltseele-Raum, also der pure Außenraum, ist ein Konstrukt, eine Phantasmagorie *innerhalb* des gestalthaften Bewusstseins. Wie ja alles Reden der Subjekte notwendig im Zirkel dieser Subjekte bleibt.

Auch wenn ich behaupte, die eigene Subjekthaftigkeit sei nur oasen- oder inselhaft in einem betäubend leeren und toten Universum, dann ist das eine Aussage eines Subjekts und kann nur mit anderen Subjekten ernsthaft verhandelt werden. Also letztlich immer eine bewusstseins*immanente* Aussage.

Die gesamte Mainstream-Kosmologie kann als ein großer Versuch gewertet werden, dem Hasen doch noch zum Sieg über den Igel, das Igelpaar zu verhelfen. Ich benutze ja gern in dem Zusammenhang das Bild vom Hasen und dem Igel. Das lebendige Subjekt ist in gewisser Weise immer der Igel, der schon da ist. Wie immer der Hase sich abstrampelt, der Igel ist notwendig, gleichsam immanent schon da. Fast alle Welt glaubt an den Sieg des Hasen, und zwar deshalb, weil es mit durchschlagendem Erfolg gelungen ist, die Existenz des Igels = vorgängiges Bewusstsein zu leugnen. Nach dem Motto: Es gibt keinen Igel, es gibt keine Weltseele, es gibt kein Universalbewusstsein, also hat der Hase längst gesiegt. Entweder gab es nie einen Igel, oder wir haben ihn getötet. Die berühmte Formel von Nietzsche, „Gott ist tot", in der fröhlichen Wissenschaft: „Wer wischt das Blut von unseren Messern ab, wir haben ihn getötet". Also die Konstatierung einer Bewusstseinswirklichkeit des toten Gottes.

Letztes hierzu. „Der wirkliche Raum, der seinem Wesen nach kein Nur-Außen sein kann, ist als quasi-Raum der Götter noch immer unwiderleglich. Die Frage lässt sich stellen mit einigem Recht, ob es überhaupt angängig ist, von einem äußeren Raum zu reden, ob der Raum überhaupt, von einem menschlichen Bewusstsein aus betrachtet, als ein äußerer verstanden werden kann und darf. Ist nicht der Raum als Raum immer letztlich auch Innenraum? Auch dazu habe ich mich in verschiedenen Zusammenhängen geäußert. Dass es den toten nicht-Weltseele-Raum überhaupt geben kann, ist nie überzeugend bewiesen worden. Schon gar nicht von den sogenannten Kosmologen, die ohnehin insgeheim und manchmal auch offen Kosmo-*Theologen* sind. Die Wo-Frage, die so rätselhaft selten gestellt wird, wo sind wir?, ist eine der brennendsten Fragen überhaupt. Wird sie nicht als Herausforderung angenommen, indem man die Frage für längst gelöst oder für unlösbar oder wie auch für völlig irrelevant hält, hängt auch die Frage nach dem Menschen in der Luft, wobei diese Luft toxisch ist und nicht eingeatmet werden kann. Die Was-ist-Frage in Bezug auf den Menschen ist nicht abzutrennen von der Wo-ist-Frage. Alle Ver-

suche dieser Art haben nur ein hoffnungslose Zirkelschlüsse hineinge-
führt." Das also vorab.

Also als These, Ihnen bekannt in meinen Vorlesungen, ich sage ja
immer wieder, dass wir davon ausgehen müssen, dass der Raum be-
wusstseinserfüllt ist und dass wir den Raum nicht denken können
außerhalb des Bewusstseins, und dass wir keinen Geist als einen in
einem absoluten Sinne raumlosen Geist verstehen können. Ich glaube,
dass das ein entscheidender Punkt, ein entscheidender Fehler in der
idealistischen Philosophie war, der sich ja durchzieht von Descartes,
auch bei Kant, zum Teil auch bei Hegel, obwohl es da ein bisschen
anders aussieht und dann bis in neuere idealistische Denk-Entwürfe
hinein: immer die Vorstellung, dass der Geist raumlos ist, dass er keine Raumnatur habe, sondern dass er jenseits des Raums ist.

Die Weltäther-Frage hängt auch damit zusammen, obwohl man
das nicht vermengen soll, unbedingt vermengen dürfte. Ich will nicht
noch einmal die Thesen hier im Einzelnen darstellen, die ich in der
Vorlesung über den Weltäther gebracht habe, nur noch mal ganz plakativ gesagt: Die Frage nach dem Weltäther war in der Tiefe, die Frage nach einem feinsten Stoff. Die Frage nach der Stoffqualität, nach
der feinstmöglichen Stoffqualität der Welt, letztlich eine Frage auch
nach der Materie. Also wenn man sagt: Weltäther, Weltseele, Weltgeist, dann ist ja auch die Frage nach dem Stoff, dem feinstmöglichen
Stoff, dem Stoff der Seele als Selbstsein und dem Geist. Ich meine,
was ist der Mensch? Er ist auch, das bestimmt auch eine Definition
des Menschen, eine Gestalt gewordene Einheit von Materie, leiblich-
stofflichem, dinglichem Ich-selbst-Sein, und das wäre der Bereich der
Seele. Das wäre eine Definition der Seele. Es gibt andere Definitionen
der Seele. Man kann aber sagen Seele ist Ich-selbst-Sein, ist das, was
den Einzelnen in seinem Ich, in seinem Ich-Sein, in der Tiefe kennzeichnet, und zugleich seit Aristoteles ja auch eine Art Form- oder
Formalprinzip des Organischen, auch im Sinne der Entelechie und
Geist, als dritte Fakultät, wäre das, woran der Mensch teilhat, woran
der Mensch partizipiert, das er vielleicht bis zu einem gewissen Grade
auch *ist*. Deswegen spricht man ja häufig von dem Seelisch-Geistigen
zusammen. Also der Mensch als eine Gestalt, Einheit von Leib, phy-
sisch-leiblicher Seele, Ich-selbst-Sein und Partizipation am Geist und
wahrscheinlich auch ein stückweit Geist-Sein, Partizipation am universalen Logos.

Und wenn das so ist, und wenn der Mensch tatsächlich über seine Ichhaftigkeit und über seine Leibhaftigkeit ein integraler Teil dieses Kosmos ist, dann müsste es auch legitim sein, diese Vorstellungen auf das Universum auszuweiten. Dann ist es möglich, über den eigenen Leib, über die eigene Leib-Geist-Seele-Gestalt, auch Aussagen zu machen über das Universum als Ganzes. Das ist schlechterdings nicht einzusehen, dass diese bestimmte Gestalt, diese bestimmte Konfiguration aus dem Gesetzeszusammenhang des Ganzen herausfällt. In jedem einzelnen Bewusstsein müsste sich, wenn die Einheit der Natur denn gegeben ist, auch das Ganze in irgendeiner Form widerspiegeln und müsste über das Bewusstsein auch in diesem Ganzen auffindbar sein, sogar, im extremen Sinne weitergedacht, ohne dass der Einzelne seinen Raum verlässt, also experimentelle Forschung im Außen betreibt. Das ist ja letztlich auch ein Gedanke, der in Abstrichen in der rationalistischen Philosophie eine Rolle spielt, dass der Einzelne über das Denken tatsächlich Zugang hat zu den Tiefenschichten der Welt.

Also die Weltäther-Frage war die Frage nach dem feinsten Stoff, eine Frage, die besonders brisant wurde im Zusammenhang mit der Licht-Frage, was denn da im Licht und als Licht schwingt. Das ist die Grundfrage, die ja im frühen 19. Jahrhundert, als die Wellen-Theorie des Lichts eine gewisse Verbreitung erlangte, gegen die Newtonsche Korpuskular-Theorie, da war ja die Frage: Wenn denn dieses Licht eine Art von Wellenbewegung ist, dann müsste sich ja diese Wellenbewegung in einer unvorstellbaren, einer rasenden und geradezu betäubend schnellen Form vollziehen. Und dann die Frage: Wenn das so ist, welcher Art ist der Stoff, in dem das überhaupt möglich ist? Und dann gab es ja verschiedene Überlegungen: Wie müsste dieser Stoff beschaffen sein? Man hat das ja zum Teil auch ausgerechnet, von ungeheurer Dichte, auf der einen Seite und auf der anderen Seite von einer unvorstellbaren Elastizität, eine Elastizität, die jeden physischen Stoff weit in den Schatten stellt. Also ein absolutes Paradoxon, ein Stoff, der auf der einen Seite alldurchdringend ist, oder sein soll, von äußerster Feinheit, auf der anderen Seite soll er eine Elastizität haben und eine Dichte um das zig-tausendfache von Stahl, so ist das von einigen Physikern ausgerechnet worden.

Also diesen Widerspruch galt es zu klären. Der ist im 19. Jahrhundert nicht geklärt worden, aber das war ersteinmal die Äther-Frage. Und längst waren alle älteren Vorstellungen von einem spirituell verstandenen Raum-Äther dahin. Es war letztlich eine Äther-Konzeption, die hier in Frage stand, die mehr oder weniger eine mechanistische war. Obwohl, wenn man das weiterdenkt, und das ist ja zum Teil auch geschehen, man zu erstaunlichen Schlussfolgerungen kommt. Und ich habe Ihnen ja auch dann erläutert in der betreffenden Vorlesung im Dezember, dass auch schon im Rahmen, im Kontext dieser Mainstream-Überlegung über den Äther die Vorstellung eines Nicht-Äthers, der puren Nichtexistenz dieses Äthers, fragwürdig ist im Zusammenhang etwa mit der speziellen Relativitätstheorie. Ganz davon abgesehen, dass es mit großer Wahrscheinlichkeit in den berühmten Experimenten [Michelson – Morley] in der Tat Äther-Wind-Effekte gegeben hat und die keineswegs ohne Äther-Wind-Effekt waren, wie oft behauptet wurde. Also wenn man die Quellen genauer studiert, dann stellt man fest, das hat tatsächlich Äther-Wind-Effekte gegeben. Ich habe kürzlich mit einem Physiker und Astronomen den Punkt verhandelt. Er meinte, das seien Messungenauigkeiten. Bis in die 20er Jahre habe es diese Messungenauigkeiten gegeben und in den neueren Ergebnissen würden diese Messungenauigkeiten nicht mehr auftauchen, da würden die Ergebnisse weitestgehend Äther-Wind-frei sein. Auf jeden Fall die Eliminierung dieser Äther-Vorstellung in diesem klassischen Sinne war schon eine fragwürdige Weichenstellung, ganz zu schweigen davon, dass man ganz andere Äther-Konzeptionen ja auch heranziehen kann, ich habe Ihnen das ja vorgestellt.

Wichtig ist, dass man bei all diesen Fragen, das muss ich mit einer gewissen Nachdrücklichkeit sagen, nie in den Fehler verfallen darf, in den aber fast alle Autoren zu dem Thema verfallen, dass man sich zufrieden gibt mit dem, was ich eine Eine-Ebene-Lösung nenne. Eine-Ebene-Lösung heißt, ich unterstelle eine Seins-Ebene als die eigentlich wirkliche. Zum Beispiel einen feinsten Stoff, dem ich bestimmte Eigenschaften zuspreche, ja ihn gar mit dem Raum gleichsetze. Und nun versuche ich aus diesem feinsten Stoff alle Phänomene der Existenz mehr oder weniger reduktionistisch abzuleiten, was das gängige Verfahren ist. Das ist ja eigentlich die Achse des Reduktionismus, die Zurückführung in dieser Form. Nicht dass das reduktive Element im Denken über Natur grundsätzlich falsch sei. Man kann gar nicht anders als bis zu einem gewissen Grade reduktiv vorgehen, man kann sogar bis zu einem gewissen Grade auch gar nicht anders, als in gewissen Zirkelschlüssen zu denken. Im absoluten Sinne kann kein Denken

Zirkelschlüsse vermeiden, aber man muss vorsichtig sein, dass man nicht dem Trugbild verfällt, dass man mit diesen Vorstellungen auch weitergehende Qualitäten der Welt verstehen kann. Zum Beispiel eben auch die Seele-Geist-Qualitäten.

Und da meine ich, kommt man nicht aus ohne die Vorstellung der Weltseele, obwohl die Zusammenhänge zwischen dem, was Welt-Äther ist und was Welt-Seele ist, sehr schwer in einem argumentativen Sinne zu denken sind. Eine Weltseele, als All-Seele, als All-Bewusstsein ist ein alter Gedanke, aber was heißt es konkret, und wie steht es zum Weltäther, ganz zu schweigen jetzt zum Weltgeist. Was ist denn nun diese dritte Qualität? Ist das eine eigene göttliche Logos-Qualität in der Welt? Oder ist es mehr oder weniger alles das Gleiche? Es gibt ja ganz andere Modelle, die noch von einer Vielfachheit oder Siebenfachheit der Welt ausgehen. Also letztlich ist die Frage berührt: Was ist wirklich wirklich?

Max Planck hat es mal gesagt: Die einzige Aufgabe der Naturwissenschaft sei letztgültig, *das absolut Reale zu finden*, das eigentlich Reale. Und das ist die Frage: Was ist das eigentlich Reale, und inwiefern können wir es absolut setzen? Das muss man bei all diesen Vorstellungen mit aller Vorsicht sagen. Und da habe ich ein gewisses Fragezeichen bei vielen dieser Ansätze, dass sie also von einer Eine-Ebene-Lösung ausgehen. Ich will noch mal zwei Stellen aus meinem Buch „Räume, Dimension, Weltmodelle – Impulse für eine andere Naturwissenschaft" vorlesen, die diesen Punkt beleuchten. Ich habe diese Fragen in anderem Zusammenhang auch schon angesprochen, aber sie scheinen mir zentral wichtig zu sein. Man kann für Weltseele auch ganz plakativ und vereinfachend sagen: Das ist ein Begriff, der die All-Lebendigkeit fasst letztlich [als] ein Synonym für All-Leben [sieht]. Eine letztgültig auch intellektuell nach jeder Richtung abgesicherte und logisch konsistente Definition von Weltseele kann es meiner Meinung nach nicht geben, weil das dem Wesen dieser Grundqualität der Existenz widerspricht.

Also die Frage: Was ist die Weltseele? hat ja eine Riesenkontroverse ausgelöst, etwa zwischen Hegel und Schelling. Hegel hat ja Schelling den Vorwurf gemacht, er würde die Weltseele in einem quasi poetischen, ungenauen, verschwommenen, schwärmerischen Sinne denken. Aus gutem Grund haben dann Denker wie Hegel und andere den Begriff überhaupt gestrichen aus der Philosophie, genauso wie der

Begriff über lange Zeit aus der Naturwissenschaft gestrichen wurde. Ganz bewusst etwa vermeidet Newton in seiner Argumentation, wie übrigens sein großer Gegenspieler Leibniz auch, den Begriff der Weltseele. Warum? Wenn Sie den großen Briefwechsel zwischen Samuel Clarke und Leibniz lesen, taucht nirgendwo der Begriff Weltseele auf, nur negativ, als Negativbegriff in dem Sinne: Wer von der Weltseele spricht, setzt die Welt als einen großen Organismus, und das sei im Kern eine atheistische Denkform, das sei quasi Gottesleugnung. Welt-Seele wird nur negativ verwendet. Ganz allmählich taucht dann der Begriff „Weltseele" wieder auf, im späten 18. Jahrhundert, aber nicht in der Naturwissenschaft, nur in der Philosophie und auch da gegen große Widerstände.

Also die gesamte Hegelianische Philosophie hat den Begriff der Weltseele schroff abgelehnt, und er hat eigentlich ein Kümmerdasein gefristet. Und wenn man jetzt auf die letzten 10, 15, 20 Jahre schaut, dann stellt man allerdings fest, dass der Begriff „Weltseele" eine erstaunliche Wiedergeburt erlebt und in verschiedensten Kontexten auf eine fruchtbare Weise wieder zum Tragen kommt. Aber es ist schwer, den Begriff wirklich zu etablieren, weil er verbunden ist mit Vorstellungen, die sowohl von der, sagen wir mal hegelianisch, an der Logik orientierten Philosophie, abgelehnt werden, als auch von einer reduktionistischen Naturwissenschaft. Da ist Weltseele also ein, eher ein Störfaktor, ein störender Begriff. Hier heißt es im dritten Kapitel: „Ich will nicht den mindesten Zweifel daran lassen, dass ich die hier skizzierte Vorstellung eines kosmischen All-Lebens" da war vorher von einem Zitat von Ernst Jünger die Rede, in dem er das explizit zum Ausdruck bringt, also „die hier skizzierte Vorstellung eines kosmischen All-Lebens in der Grundrichtung akzeptiere, ja für die einzig befriedigende Denkmöglichkeit halte, ganz eindeutig ohne die geringsten Abstriche, sage ich das. Die Weltseele ist eine *Denknotwendigkeit*, die einzig befriedigende Denkmöglichkeit. Alle anderen Denkansätze, etwa der eines wesenhaft oder überwiegend toten Universums, aus dem uns dann das sogenannte anthropische Prinzip retten soll, führen konsequent durchdacht in einen Irrgarten der Widersprüche, Zirkelschlüsse und Paradoxien". Wer sich damit beschäftigt, mit dieser Frage, die ja auch eine naturwissenschaftliche ist – wie entsteht Bewusstsein, wie entsteht organisches Leben – wird immer wieder auf den Punkt stoßen, dass man nie über eine bestimmte Grenze hinauskommt. Man muss immer eine Art *salto mortale* anstellen aus der Es-Haftigkeit in ein wie immer geartetes Bewusstsein. „Dabei scheint mir die einzig konsequente und auch wirklich überzeugende Denkfigur zu sein, anzunehmen, das Bewusstsein als solches nie *entstanden* sein kann, sondern immer *dagewesen* sein muss." Also die Bewusstseinsqualität der Welt, in den Tiefen, in der Tiefenstruktur des Kosmos verankert, ist ja mit ihr identisch, was etwa Schelling versucht hat zu denken, auch unzulänglich, mit vielen Schwächen, aber doch mit einer gewissen Konsequenz. „Schon Giordano Bruno hat dies in seinen kosmologischen Schriften von 1584 bis 1591 überzeugend dargestellt, ähnlich überzeugend, und wie ich glaube, bis heute unwiderlegt, mit dem Gedanken der aktualen realen Unendlichkeit des Weltraums." Auch da wenden Hegelianer und idealistische Philosophen ein, seit Kant sei die Frage des Raums doch letztlich im Sinne der Antinomien der reinen Vernunft eine Frage, die so gar nicht mehr gestellt werden kann. Der Raum ist eine Anschauungsform, wird gesagt, und die Frage, ob Endlichkeit oder Unendlichkeit, ist überhaupt keine relevante Frage mehr bzw. kann oder könnte gar nicht mehr ernsthaft gestellt oder gar beantwortet werden. Das glaube ich nicht. Ich glaube, die Frage ist immer noch eine sehr aktuelle Frage. Und dann hörte ich von einem berühmten Mathematiker über einen anderen, der mir das quasi kolportiert hat, der meinte also, man könne heute nur noch indefinite Unendlichkeit denken. Keine wirkliche Unendlichkeit, sondern eine indefinite Unendlichkeit. Das halte ich für einen nichtssagenden, einen Schummelbegriff, der letztlich der Unendlichkeit ausweichen soll. Was soll eine indefinite Unendlichkeit sein?

Natürlich kann man das mathematisch modellhaft fassen, aber letztlich wird man radikal und in gewisser Weise auch erschütternd für das Denken auf die Frage verwiesen – Endlichkeit oder Unendlichkeit? Jede noch so gigantische Ausdehnung des Universums, die von einer Endlichkeit ausgeht, zerschellt an der Frage des unendlichen Raums. Ich meine, das hat, glaube ich, Bruno 1584 in seiner Schrift „Vom Unendlichen" klar bewiesen. Ich kann jeden auffordern, der das nachvollziehen möchte, diese Argumente nachzulesen, die von einem wirklich grandiosen intellektuellen Scharfsinn sind. Er hat wirklich gezeigt, dass man den Raum, wenn man ihn wirklich denken will, nur unendlich denken kann. Also, das halte ich für *eine der großartigsten Leistungen der Philosophie* überhaupt, obwohl viele diese Leistung gar nicht mehr anerkennen, heute sagen, es ist irrelevant, sozusagen, das ist überholt. Das glaube ich nicht. „Also schon Giordano Bruno hat dies in seinen kosmologischen Schriften überzeugend dargestellt. Ähnlich überzeugend und, wie ich glaube, bis heute unwiderlegt, in den Gedanken der aktualen realen Unendlichkeit des Universums. Alles, was in diesem Buch gesagt wird über Gravitation, Äther, Gestirnbewegung und Ähnliches, ist nicht abzulesen von dieser grundlegenden These der absoluten Existenz des kosmischen All-Lebens", von der ich in der Tat ausgehe, das ist eine Prämisse, eine für meine Vorstellung denknotwendige Prämisse, eine nicht letztgültig objektivierbare Prämisse. Man kann gar nicht ohne Prämissen denken. Und das ist eine Prämisse, die ich setze und auch klar benenne. „Der das kosmische All-Leben zusammenfassende Begriff heißt Weltseele. Die Weltseele ist das Alpha und Omega meiner gesamten Argumentation. Dieses Universum ist wirklich *in toto* lebendig, muss in toto lebendig sein, weil es lebendige und bewusstseinserfüllte Wesen hervorgebracht hat. Niemals könnte ein totes Universum Leben hervorbringen. Der Abgrund zwischen dem toten Es, einer absolut gesetzten Außen- oder Dingwelt und dem lebendigen Ich und Wir ist unüberbrückbar."

Das habe ich auch immer wieder versucht zu sagen und argumentativ zu untermauern. Der Sprung vom Es, vom dinghaften Sein zum Bewusstsein ist ein unvorstellbarer Schritt gegen den gehalten jeder Quantensprung zur Lächerlichkeit herabsinkt. Das muss man mal in der ganzen Tiefe begreifen: Was soll das heißen? Bewusstsein entsteht in einer bewusstseinsleeren Nacht? Wie soll die Flamme des Bewusstseins hier entstanden sein? Man kann das nur denken, indem man sagt, in irgendeiner Form, und sei es nur in Potentialität, muss Bewusstsein vorhanden sein. „Niemals könnte ein totes Universum Leben hervorbringen. Der Abgrund zwischen dem toten Es, noch einmal, einer absolut gesetzten Außen- oder Ding-Welt und dem lebendigen Ich und Wir, ist unüberbrückbar. – Zugleich ist dieses allllebendige Universum ein kommunikatives Universum und nichts wäre verfehlter, als hiermit schwärmerische oder schöngeistige Gefühle zu verbinden, die ohne Verbindlichkeit bleiben und nichts oder niemanden bewegen. Das ist es nicht."

Es wird ja häufig als Gegenargument gebracht gegen solche Gedanken: Das sind schwärmerische, letztlich literarische Gedanken, man wünscht sich, dass es so wäre, letztlich grinst uns nur die kalte Leere da draußen an und alles andere als Bewusstsein. Das glaube ich nicht. Ich meine, dass tatsächlich das Denken ohne diese Vorstellung schlechterdings gar nicht wirklich voranschreiten kann. Ich jedenfalls habe bis zum heutigen Tage noch nichts gehört, was mich auch nur logisch-argumentativ oder philosophisch überzeugt hätte, das da[raus] hinausläuft: Hier ist eine tote Es-Welt und aus dieser springt quasi, wie der Hase aus dem Hut, das Bewusstsein. Das kann man behaupten, man kann das sagen, dass sei so – wir kennen nichts Dergleichen. Empirisch ist es nicht. Die Empirie beweist ständig, allerorten, jederzeit etwas vollkommen Anderes.

Ich mache erst mal eine kleine Pause

... und wie das so im Bewusstsein weiter tradiert wird. Ich habe von zwei Stellen gesprochen. Ich will noch eine zweite kurze Stelle aus meinem Buch vorlesen, bevor wir dann noch einmal auf die Frage des Äthers und der Weltseele bei Bruno eingehen, [in] gewisser Weise in Weiterführung dessen, was ich das letzte Mal Ihnen gesagt habe. Übrigens die Frage, die in der Pause gestellt worden ist, ob es dieses Buch mittlerweile als Taschenbuch gäbe, aus der Reihe „Philosophie jetzt – Giordano Bruno" weiß ich nicht. Ich weiß nur, dass die Reihe geplant war im dtv Taschenbuch Verlag.

Und danke, wusste ich ganz. Ja, ist identisch, ist also, wird also nachgedruckt im Deutschen Taschenbuch Verlag. Danke. Dann ist das also tatsächlich wahrscheinlich 14,90 oder 16,90 oder so. Auf jeden Fall müssen Sie dann nicht dieses relativ teure Buch für 48 Mark kaufen. Das sind 19 Philosophen, die da von Diederichs vorgestellt werden und Giordano Bruno ist einer davon. Ich wusste es nur von dem Marx-Band, dass es den schon als dtv Taschenbuch gab.

Hier heißt es zu Beginn des siebenten Kapitels über die Frage Raum, Energie und Äther. In dem Unterabschnitt „Der Raum, das Licht und die Schwärze der Nacht": „Einhellig berichten die Astronauten, der Weltraum sei wirklich vollständig schwarz. Eine allgegenwärtige, alles verschluckende Finsternis, die auch das Licht der Sonne und der Sterne nicht aufhält. Zunächst hätte man durchaus naiv annehmen können, da draußen sei alles gleißend hell, müsste nicht das gewaltige Licht der Sonne den gesamten Raum um die Erde in strahlendem Glanz tauchen? Stattdessen wirkt die Sonne wie ein blendender Strahler von der Größe eines Stecknadelkopfes. Aber was erhellt dieser Strahler? Den Raum selbst erhellt er nicht. Der Raum selbst bleibt finster. Erst die Materie macht das Licht sichtbar. Zwar muss es Licht auch dort geben, wo es nicht sichtbar ist, denn es entsteht ja nicht erst, wenn es auf Materie trifft. Aber diese Anwesenheit des Lichtes im Weltraum ist noch nicht das Licht selbst, das eigentliche Licht, sondern erst eine Art Ermöglichungsgrund des Lichtes."

Irgendetwas in uns sträubt sich dagegen, das nur potenzielle, noch in der Finsternis verborgene und gleichsam von ihr eingehüllte Licht schon für das eigentliche Licht zu halten, das per definitionem eben sichtbar ist. Licht ist das, was erhellt und als es selbst, die Helligkeit an sich ist. Ein Licht, das man gar nicht sehen kann und das doch da ist, beunruhigt, ja überfordert den empirisch-sinnlichen Menschen. Nun war es theoretisch bekannt, dass das Licht selbst unsichtbar ist. *Noch niemand hat jemals das Licht selbst gesehen.* Erst wenn es auf Materie trifft, wird es dem Auge erkennbar. Zugleich wird auch die an sich finstere Materie sichtbar. In der Berührung der an sich finsteren Materie mit dem an sich finsteren Licht wird die sinnlich-sichtbare Welt geboren. Auch das, was es denn auf sich habe mit dem Raum, mit unserem rätselhaften Im-Raum-Sein und mit der möglichen Raumqualität von Geist oder von Bewusstsein oder sogar noch weitergehend, wie das der Phänomenologe Hermann Schmitz behauptet, der Raumqualität von Gefühlen. Er hatte eine wunderbare Theorie, die ich im nächsten Semester vorstellen werde und [die hat er] zusammen mit der Leib-Philosophie aufgestellt, dass auch Gefühle räumlich sind, in den Raum gegossene Qualitäten. „Und ein Ahnen kann oder könnte sich einstellen, dass diese Verschwisterung, wenn die Metapher sinnvoll ist, auf ein zeugendes Elternpaar verweist, dass Raum Licht und Bewusstsein hervorbringt. In seinem Buch ‚Wege ins Unerforschte' schreibt Edgar Mitchell, ehemals Apollo-14-Astronaut, Zitat: ‚Im Weltraum kann man mit bloßem Auge etwa zehnmal mehr Sterne sehen als auf der Erde, weil keine Atmosphäre da ist. Auch sind vertraute Objekte ungefähr zehnmal heller. Vor dem kalten schwarzen Hintergrund scheinen Sterne und Planeten zu glühen. Man bekommt den Eindruck, im Kosmos eingehüllt zu sein, wenn man um sich herum das prächtige, stille Glitzern der Milchstraße und der Galaxien jenseits davon sieht.' Zitat Ende. Edgar Mitchell. Der kalte schwarze

Hintergrund, verleiht dann auch dem Bild des Planeten Erde seinen spezifischen Charakter. Und es entsteht der Eindruck einer Oase des Lebendigen inmitten einer lebensfeindlichen, absolut schwarzen Leere." Sie kennen die berühmten Astronauten-Aussagen über diesen Punkt.

„Es ist unter anderem dieses Phänomen, dass die Faszination der Gaia-Ikone ausmacht. Und selten wird die an sich naheliegende Frage gestellt: Was ist diese Schwärze, diese Leere, dieser doch lichtdurchflutete und doch so undurchdringlich finster wirkende Raum? Der Raum der Welten und Gestirne: Das Licht, das wir nicht sehen, ist doch da? Eine kleine Drehung nur verursacht durch ein Stück Materie, macht das Unsichtbare jäh sichtbar. Also ist die Dunkelheit gar keine echte oder wirkliche Dunkelheit. Wenn dies so ist, kann der Raum nicht leer sein.

Es gibt viele Gründe, die Leere des Weltraums für einen Abgrund der Fülle und der Allgegenwart von Bewusstsein und Energie zu halten. Die unsichtbare Präsenz des gleißenden kosmischen Lichtes gehört zu ihnen. Das Finstere ist nicht wirklich finster, sondern eigentlich hell, und das Helle, ist es nicht eigentlich dunkel?" Wie ist das überhaupt mit Licht und Finsternis? Auch phänomenologisch, empirisch, eine hoch faszinierende Frage. Was ist überhaupt das Helle, das Lichte, das Finstere?

„Dass auch die Schwere einen Licht-Aspekt hat, ja an der tiefsten Tiefe selbst gleißendes Licht ist, ist bereits gesagt worden, und es wäre ein schauendes Auge vorstellbar, das in der Schwere das Licht ihres Ursprungs wahrnimmt. Das Radialfeld ist die Strahlung selbst oder an sich das Urbild, die Urform aller Strahlungen. Die radiale Energie verbindet die physische mit der nicht-physischen Welt. Die Frage nach dem Wesen der allgegenwärtigen Finsternis, die auch das allgegenwärtige Licht ist, ist auch die Frage nach dem Wesen des Raumes: Ist der Raum selbst Licht-Raum? In den vielfältigsten Abstufungen und Manifestationen ist dann der Wechsel von Tag und Nacht nur Schein? Ist vielleicht gar das Licht der Finsternis stärker als das Licht des Tages? Das sind keine, das sind keineswegs im vordergründigen Sinne mystische oder dichterische Fragen, sondern *Seinsfragen*, naturphilosophische, ja physikalische Fragen und zugleich Fragen, die mit dem Tod zusammenhängen." Und so weiter.
Also die Frage bleibt hier erst einmal gestellt, und sie ist eine auch

existenziell phänomenologisch zutiefst aufwühlende, wenn man sich denn überhaupt dieser Art von Frage einmal anheim gibt. Wenn man diese Frage zulässt, wenn man die Frage zulässt, welche Empfindungen, welches Gefühl eigentlich durch den Raum ausgelöst wird, wie sich auch der menschliche Organismus, wie sich der Leib im Raum anfühlt, wie er im Raum steht.

Ich will versuchen, im nächsten Semester im Zusammenhang mit der Leib-Philosophie, diesen Fragen auch näher nachzugehen. Etwa, wie fühlt sich der Raum hinten an und vorne, rechts und links, oben und unten? Das sind jeweils ganz verschiedene, im Grunde ganz rätselhafte Raumqualitäten. Und allein diese Art von Raum-Phänomenologie ist ein weitgehend unerforschtes Terrain. Es geht hier tatsächlich, das ist wichtig, um den *erfahrbaren* Raum. Es geht nicht um mathematisch-abstrakte Konstruktionen über einen wie immer dimensionierten Raum. Das ist etwas Anderes, und eine ganz andere Frage und eine letztlich ja auch erkenntnistheoretisch schwierige Frage ist, welches Recht wir haben etwaige Dimensionen, Mehrdimensionalität im mathematischen Sinne nun, wie ich das gerne nenne, zu ontologisieren, zu sagen, das ist die Wirklichkeit? Also welches Recht haben wir zu sagen, wenn wir von einem etwa sechs- oder zwölf dimensionalen Raum sprechen, den man mathematisch konsistent entwickeln kann, zu sagen: Das ist wirklich so? Und da, glaube ich, ist eine wichtige erkenntnistheoretische Frage angesprochen, über die viele auch ganz leichtfertig hinweg springen. Und da muss man wirklich aufpassen, dass man nicht dann auch wieder auf eine andere Weise dem anheim fällt, was ich die Eine-Ebene-Lösung genannt habe. Dann kommt man in einen heillosen Reduktionismus nun mathematischer Art hinein, der ohne Erkenntniswert ist.

Ich will eine Stelle mal von Bruno noch nachtragen, vorlesen über die Weltseele. Ich habe das angedeutet, das letzte Mal in meiner Vorlesung über Bruno, habe aber kein Zitat gebracht. Für Bruno ist der Gedanke der Weltseele ein Schlüsselgedanke. Ich sagte es schon, in gewisser Weise identifiziert Bruno den unendlich vorgestellten Raum mit der Weltseele, obwohl diese Gleichsetzung niemals explizit vollzogen wird. Sie ist aber implizit in seinen Büchern vorhanden, also nicht ausdrücklich wird es jemals so gesagt. Da heißt es hier einmal bei Bruno: „Die universelle Vernunft" – das ist quasi der universelle Geist, das Geist-Prinzip oder Logos-Prinzip in der Welt – „ist das innerste, wirklichste und eigenste Vermögen und der Teil der Weltseele, die ihre Macht bildet. Sie ist ein Identisches, welches das All erfüllt, das Universum erleuchtet und die Natur unterweist, ihre Gattung so, wie sie sein sollen, hervorzubringen. Sie verhält sich demnach zur Hervorbringung der Dinge in der Natur, wie unsere Vernunft sich zur entsprechenden Hervorbringung der sinnvollen Gestalten verhält. Sie wird von den Pythagoreern der Beweger und Erreger des Universums genannt. Von den Platonikern wird sie der Welt-Baumeister genannt. Dieser Baumeister, sagen sie, tritt aus der höheren Welt, welche völlig eins ist, in diese sinnliche Welt hinüber, welche in die Vielheit zerfallen ist, wo wegen der Trennung der Teile nicht nur die Freundschaft, sondern auch die Feindschaft herrscht. Diese Vernunft bringt alles hervor, indem sie selbst ruhig und unbeweglich erhaltend, etwas von dem ihrigen in die Materie eingießt und ihr zuteilt. Wir nennen sie den inneren Künstler, weil sie die Materie formt und von innen heraus gestaltet."

Das Letztere steht natürlich in der aristotelischen Tradition, in gewisser Weise auch der Tradition der Vorstellung, der Entelechie, also das von innen-heraus-Gestalten, die Seele als das Form-Prinzip. Nicht immer klar getrennt ist in vielen Aussagen auch anderer Denker über die Weltseele *die Gestirn-Seele von der All-Seele.* Das hat ganz nahe liegende geschichtliche Gründe, weil, als in der abendländischen Philosophie der Gedanke der Weltseele aufkam, bei Platon im „Timaios" war das ja ursprünglich eine Konzeption bezogen auf eine, auf diese eine und nur eine Welt, also eine geozentrische Konzeption, konzipiert also im Rahmen des geokonzentrischen Schalen-Kosmos. Und als dann in der Renaissance diese Vorstellung wieder aufgegriffen wurde, in der platonischen Akademie von Marsilio Ficino und anderen, ging man zunächst vorkopernikanisch von der einen und einzigen Welt, einer geozentrisch gedachten Welt aus, und erst in dem Schritt, der dann im Nachkopernikanismus besonders radikal von Bruno vollzogen wurde, kommt dann der Gedanke eines unbegrenzten Raumes in die Konzeption der Weltseele hinein.

Nun ist die Frage, wie sieht es mit den Gestirnen überhaupt aus? Auch sie haben nach Bruno eigene innere Seelen- und auch Bewegungskräfte, diese sind aber nicht identisch mit der Weltseele. Also das muss man unterscheiden, obwohl es häufig genug auch in der Literatur, die darauf Bezug nimmt, nicht unterschieden wird. Noch ein kurzes Zitat zu dieser Frage der Verbindung von Allheit, Einheit und Vielheit, die bei Bruno ein zentrales Element ist. Wie kann denn das Viele gleichzeitig das Eine sein und das Eine gleichzeitig das Viele? Und Bruno bedient sich in dem Kontext immer wieder der Metapher des Spiegels. Sie erinnern sich vielleicht an das eine Zitat, das ich letzte Mal gebracht habe über die vier Stufen der Erkenntnis: die sinnlich-physische Erkenntnis als unterste, dann die intellektuelle Erkenntnis, dann die vernünftige Erkenntnis und schließlich die höchste Stufe der mit dem Geist, gleich mens, verbindet, die eine Art Schau ist, eine Art Universalschau, das heißt: Der Kopf, schreibt Bruno, wird ganz Auge, und zwar auch hinten, also eine Art vollständiger Schau, einer Panoramaschau, eine Art perspektivische Gesamtschau, von der Bruno mehrfach berichtet. Hier heißt es einmal in einem Buch von Bruno, das den Titel trägt „Die Fackel der dreißig Statuen" über diesen Zusammenhang: „Wenn es eine Sonne gibt und einen zusammenhängenden Spiegel, dann kann man die eine Sonne in jenem ganzen Spiegel betrachten. Wenn es nun aber geschieht, dass jener Spiegel zerschlagen wird und in unzählige Teile zersplittert, so repräsentiert doch jeder Teil das Ganze, und wir sehen in jedem Splitter das ganze ungeteilte Bild der Sonne. In diesen Splittern aber wird wegen ihrer Kleinheit und weil sie in Unordnung geraten sind und sich vermischt haben, fast nichts mehr von der universellen Form erscheinen, die aber dennoch in ihnen enthalten ist, allerdings auf eine unentfaltete und verborgene Weise." Also eine sehr klare, ja auch alte Metaphorik, die hier von Bruno aufgegriffen wird, um zu zeigen, wie das Viele mit dem Einen zusammenhängt, wie sich das Eine in dem Vielen spiegelt. Für Bruno ist es *die Hauptaufgabe überhaupt der Philosophie*, diesen Nachweis zu erbringen. Erklärung ist für ihn letztlich die Zurückführung des Vielen auf das Eine, das All-Eine.

Eine zweite Stelle möchte ich Ihnen gerne noch präsentieren über die Frage auch von Raum und der Frage leerer Raum, gefüllter Raum, Vakuum, Nicht-Vakuum, Äther-Weltseele, und zwar aus einer Schrift, die erst in diesem Sammelband hier erstmalig übersetzt wurde, „De magia", „Über die Magie". Da gibt es einige wunderbare Passagen über die Frage des Vakuums, genauer gesagt, der Nichtexistenz des eigentlichen Vakuums. Ich lese mal diese Passage vor, weil sie auf eine sehr schöne Weise auch gleichzeitig noch mal ein Licht wirft auf das, was ich letzte Mal Ihnen erläutert habe und dargestellt habe über die

Vorstellung Brunos in diesem Zusammenhang. Da heißt es in dem Abschnitt über die Vereinigung oder Gemeinschaft der Dinge in der Schrift „De magia", „Über die Magie", wir wissen nicht genau, wann die Schrift entstanden ist, ungefähr 1586 bis 1591. Bruno schreibt da: „Es ist erlaubt, eine Ursache anzunehmen und in Betracht zu ziehen, durch die nicht nur die Handlung in Bezug auf das Nächstgelegene, sondern auch in Bezug auf das gemäß der sinnlichen Wahrnehmung Entfernte bestimmt ist." Nicht, es geht auch um die Frage der Fernwirkung. „Der Sache nach handelt es sich hier um einen Vorgang, der durch die Gemeinschaft des Universalen Geistes zustande gebracht wird, der ganz im Ganzen und in jedem Teil der Welt ist." Das ist wichtig für die Brunosche Konzeption der Weltseele. Die Weltseele hat keine Teile, sondern die Welt- oder All-Seele ist in jedem Raum-Atom gleichsam, in jeder Monade *ganz*, das heißt in jedem Teil ist das Ganze nicht etwa ein Teil des Ganzen. Die Welt-Seele ist nicht in diesem Sinne teilbar. „Daher kommt es, dass sowie verschiedene Lichter im gleichen Raum ihre Bahnen ziehen, auch nach Potenz und Akt" – also *potentia* die Möglichkeit und *actus* die Wirklichkeit – „verschiedene Seelen ihrer begrenzten und unbegrenzten Zahl nach im Universum in einer Gemeinschaft verbunden werden. Die Figur der Körper aber wird nach der Art einer Umschreibung von einer eigenen Oberfläche oder Peripherie begrenzt, auch wenn die Körper ihrer verschiedenen unzähligen Teile nach aus verschiedenen und unzähligen Orten bestehen. Wenn wir Ort als Raum verstehen" - das geht auf Aristoteles zurück – „so kann ein Körper ebenso wenig auf einen Körper einwirken wie Materie auf Materie bzw. Teile eines Körpers auf die Teile eines anderen Körpers, sondern jede Aktion kommt von der Qualität, von der Form und letztlich aus der Seele." – Also Kurzform: Die Fernwirkung wird über die Weltseele vermittelt. – „Diese verändert zuerst die Dispositionen, damit dann die Dispositionen den Körper verändern." - Also quasi ein zwischengeschaltetes Feld wird hier eingeführt. – „So wirkt der Körper auf einen entfernten und einen nahen Körper ein und auf seine eigentümlichen Teile, und zwar durch den gewissen Konsensus, die Copula," – also Verbindung – „und Vereinigung, die die Form ist, die wiederum die Weltseele ist." Bruno identifiziert häufig genug die Weltseele mit der universellen Form. „Weil deshalb jeder Körper von der Form gelenkt wird, bzw. die Teile von Teilen, die durch einen Spiritus" – Geist – „verbunden werden, wie es ja vorkommt, dass eine

Seele auf eine andere, ihr nächste, überall und von überall einwirkt, so kommt es auch notwendigerweise vor, dass sie auf den Körper einwirkt wo immer sie auch sei, als auf das, was jener Seele zu Diensten steht, und ihr untersteht."

Diese Art von Wirkung in die Ferne in einem seelischen Sinne wird von Bruno ganz eng mit der Weltseele verbunden. Er liefert in diesem Buch, in diesem Büchlein „De magia" eine Art naturphilosophische Grundlegung der Magie, auch der Korrespondenzenlehre im Sinne der Renaissance-Philosophie, die damals, das habe ich ja angedeutet, ungeheuer verbreitet war. „Wer also diese unauflösliche Kontinuität der Seele, die mit einer gewissen Notwendigkeit an den Körper gebunden ist, erkannt hat, wird nicht nur auf mediokre Weise über ein Prinzip verfügen, um zu operieren und um auf wahrere Weise über die Natur der Dinge zu meditieren. Er wird auch hier sogleich den Grund dafür finden, warum es kein Vakuum gibt bzw. keinen Raum ohne Körper." Das ist wichtig. Damit ist, werden wir gleich sehen, nicht gemeint, dass der Raum in Gänze angefüllt sei von physisch-sinnlichen Körpern. Das gibt auch den universalen feinstofflichen Körper, also „dass es kein Vakuum gibt bzw. keinen Raum ohne Körper. Es bewegt sich ja kein Körper aus einem Ort fort, ohne dass ein anderer nachrückte. Die Seele zwar verlässt ihren eigenen Körper nach dem Leben, den universalen Körper aber kann sie niemals verlassen. Oder, wenn du es so lieber sagen willst, sie kann nicht von dem universalen Körper verlassen werden. Die verlassene Seele nämlich, einfach oder zusammengesetzt, wird auf ein anderes Einfaches oder Zusammengesetztes übertragen, oder es wird die von einem Körper verlassene Seele von einem anderen Körper aufgenommen und gestützt."

Das geht in die Lehre der Seelenwanderung, die Bruno auch zurückgreifend auf pythagoräische Vorstellungen Anderer in seiner Philosophie verarbeitet hat, ohne dass sie auf eine sehr starke Weise ein Hauptakzent wäre. „Sie hat einen unauflöslichen Nexus mit der universalen Materie, und weil ihre Natur überall ganz und kontinuierlich ist, nimmt sie wahr, dass die körperliche Natur überall zugleich mit ihr existiert. Daher der Schluss, dass es kein Vakuum geben kann als Raum ohne Körper. Dass also das Vakuum wie der Raum ist, in dem verschiedene Körper aufeinander nachfolgen und sich bewegen. Von da kommt auch die zusammenhängende Bewegung der Teile eines Körpers gegen die Teile eines anderen, nämlich durch den Raum"

– jetzt eine wichtige Stelle – „durch den Raum *als Kontinuum*, das nirgends durch ein Vakuum unterbrochen ist, das zwischen zwei vollen Raumteilen wäre." – Also der Raum als ein universell gefülltes Kontinuum – „das nirgends durch ein Vakuum unterbrochen ist, das zwischen zwei vollen Räumen teilen wäre, außer wir nennen Vakuum Dasjenige, in dem eben kein sinnlich wahrnehmbarer Körper ist." Das [raum]körperliche Kontinuum ist tatsächlich nicht sinnlich wahrnehmbar, das ist wichtig. „Es besteht nämlich in einem luftigen oder ätherischen Spiritus, Geist. Jener ist das Aktivste und Wirkungsvollste sozusagen mit der Seele am meisten wegen seiner Ähnlichkeit mit ihr verbunden, aufgrund deren er mehr zurückweicht von der Dichte der schwerfälligen Substanz der zusammengesetzten und wahrnehmbaren Dinge." – Und so weiter.

Dann führt Bruno ein bisschen später den Begriff des geistigen Körpers ein und identifiziert ihn mit dem universalen Körper und diesen wiederum in gewisser Weise mit dem Weltäther. Das sind Gedanken, die einen letztlich dazu bringen könnten, zu vermuten, dass Bruno den Raum als Äther denkt, dass er in gewisser Weise an Raum-Äther denkt, obwohl es in dieser expliziten Form nicht gesagt wird. Eine zweite kurze Stelle nochmal zu dieser Frage des Allzusammenhangs aus einem anderen Buch über die Monas, über die Einheit, über die Monade. Da heißt es: „Ein Seiendes, das die Formen der Dinge, das Leben und die Zahl umfasst, wird in einem unendlichen Kreis und in einer unendlichen Sphäre erkannt." Eine bei Bruno kolossal wichtige Denkfigur, die Vorstellung einer unendlichen Kugel. Natürlich kann man sagen, die Kugel, per definitionem, ist und kann nur sein, eine endliche Kugel, eine unendliche Kugel kann es nicht geben, dann wäre sie keine Kugel mehr. Insofern ist es eine Metapher, wenn man so will, die sich selbst überschreitet. ... „als ein Wahres, Ähnliches und Eines. Und du wirst nur das ein für sich selbst von allen Seiten her Bestehendes nennen, was in allen Teilen Gleiches ist. Freilich nennst du auch so das Unendliche, in dem du das Zentrum überall annimmst."

Die berühmte Aussage: In einem unendlichen Raum ist das Zentrum in jedem einzelnen Raumpunkt, nämlich überall. Also die unendliche Kugel, wenn dann die Metapher einen Sinn macht, ist eine Kugel, deren Zentrum überall ist, eine Aussage übrigens, die [es] schon in etwas anderer Form in den hermetischen Schriften, in dem Corpus des Hermes Trismegistos gibt, auf die sich Bruno mehrfach bezieht. Das sind diese Schriften, auf die sich Bruno mehrfach bezieht, von denen man annimmt, dass sie aus dem zweiten, dritten, vierten nachchristlichen Jahrhundert stammen. Neuere Forschungen allerdings vermuten, dass die Schriften doch wesentlich älter sind, als man lange angenommen hat. „Der eine Kreis und die Kugel zeigen diese Natur in den Dingen auf vollkommene Weise an. Auch wenn wir ihre Bewegung betrachten und ihre Kraft, sich zu bewegen. Der Kreis ist das Fatum, das über allem mit seinem unbeugsamen Gesetz, nachdem sich auch die kontingenten Dinge in ihrer Gewissensfreiheit verbinden, manchmal in Bezug auf ihr Ziel. Das Fatum steht fest als etwas ganz Notwendiges, auch wenn sich der Wille der Natur und der Wille des Geistes widersprechen. Dort wurde nicht ein Ganzes, sondern Partikuläres ausgemacht. Ein Gesetz ist es, nachdem wir durch die Natur geflossen sind, von einem hohen Prinzip aus und indem wir uns erhalten mit Sinn und Ingenium Beschenkte und Lebendige. Schließlich werden wir im Rückfluss aus der dem Tode nahen Gegend zu unserem hohen Ursprung zurückgeführt." Und so weiter.

Hier stellt Bruno dann seine Lehre dar, die er zum Teil auf Nicolaus von Cusa aufbaut, der Identität des Maximums und des Minimums. Das spielt ja auch in meiner eigenen Naturphilosophie-Kosmologie eine große Rolle. Das habe ich Ihnen ja versucht zu erläutern. Die Frage nämlich, ob in einem äußersten Verdichtungspunkt, wie Bruno das auch mehrfach erläutert, nicht ein Umschlag erfolgt. Es gibt ja bei Bruno eine kleine Schrift, ich habe das ja schon mal angedeutet, die den Titel trägt „De contrazione", über die Zusammenziehung, und da stellt er dar eine geistige Übung, eine Art Exerzitium, eine Meditation, wenn man das so nennen will, wie der Einzelne meditativ konzentrativ in der Lage ist, von der Kugelperipherie zunehmend weiter ins Innere zu kommen, und wenn das Bewusstsein das geschafft hat, sich ganz in den Mittelpunkt der Kugel zurückzuziehen und quasi in diesen Einheitspunkt, diesen magischen, gleichsam implodierenden Punkt, dann verstrahlt das Bewusstsein in die Unendlichkeit des Alls. Er bringt immer wieder solche meditativ orientierten Bilder in diesem Zusammenhang, sodass man vermuten kann, dass er viele seiner philosophischen Konzeptionen aus derartigen, wenn man es so nennen will, Exerzitien mit gewonnen hat, also die Kontraktion als eine ganz wichtige Grundfigur, also die äußerste Zusammenziehung auf einen Punkt lässt die gesamte Strahlkraft, die unendlichen Radien dieser

Kugel in diesem einen Punkt implodieren, und dann folgt die Strahlung in die Unendlichkeit des Alls hinein.

Die Zusammenhänge von Weltseele und Weltäther, ich habe das schon gesagt, sind sehr schwer argumentativ und restlos schlüssig auf den Punkt zu bringen. Ich glaube nicht, dass das im Moment möglich ist. Man muss da gewisse Unschärfen zur Kenntnis nehmen und auch stehenlassen. In Gesprächen ist mir immer wieder deutlich geworden, dass es hier eine grundlegende Barriere gibt, auch in der sprachlichen Fassung. Ich habe das ja schon im Hinblick auf die Weltseele genannt [benannt]. Wenn man fragt: Was ist genau, begrifflich präzise, sagen wir mal auch im Sinne der Hegelschen Logik, die Weltseele, dann muss man diese Unschärfe lassen, dann kann man im Kontext dieser logischen Zirkel diese Frage nicht klären. Es ist insofern kein Zufall, dass aus dem Kontext dieser logischen Zirkel eigentlich der Begriff „Weltseele" eher eliminiert wird. Also ich sage es nochmal, Weltseele mit einer gewissen Unschärfe, mit einer ganz bewussten Unschärfe, eine Art Universalbegriff für die Existenz, für die reale, für die wirkliche Existenz des Alllebendigen im Universum. Das ist gemeint. Und diesen Begriff nun noch weiter zu pressen, in gewisser Weise, ihn noch zu präzisieren in einer logisch-argumentativen Weise wird nicht gehen, geht jedenfalls im Moment nicht und muss so stehenbleiben.

Genauso schwierig ist natürlich die Frage einer restlosen Klärung und begrifflichen Fixierung dessen, was Weltgeist sein soll. Ich habe ja vorhin schon angedeutet, dass man einen gewissen Grad von objektivem Idealismus in jeder Naturphilosophie voraussetzen muss. Ich muss als Jemand, der den Kosmos, der das Universum betrachtet, bis zu einem gewissen Sinne davon ausgehen, dass mir da draußen tatsächlich ein Geist antwortet, dass eine gewisse Korrespondenz besteht zwischen diesem Geist und mir selber. Wenn ich das in einem absoluten Sinne verneine und sage, das ist nicht der Fall, es gibt diesen Geist nicht, es gibt dieses Korrespondierende, dieses antwortende Bewusstsein nicht, bin ich zurückgeworfen auf mich selbst und bleibe letztlich im Zirkel meiner eigenen Projektion stecken, dann komme ich nicht raus aus dem Zirkel. Ich muss in gewisser Weise die Prämisse machen, das ist eine Prämisse, dass so etwas wie Geist tatsächlich in der Welt vorhanden ist und zwar *wirklich* vorhanden ist. Und dann ist die nächste Frage, die ich ja auch verschiedentlich in dem Semester angesprochen habe, muss man dann den nächsten Schritt gehen und sagen: Geist lässt sich nicht denken, Bewusstsein lässt sich nicht denken ohne ein Wesen, ohne Wesen, jetzt Plural, die diesen Geist, das Bewusstsein haben.

Das hatten wir ja schon auch in der letzten Stunde in der Diskussion, die Frage mit dem *Träger* dieses Bewusstseins. Dann könnte man den nächsten Schritt wagen, zu sagen, diese Geistqualität in der Welt da draußen im Universum ist auch zugleich ein Hinweis auf Wesen, auf Existenzen, auf seelisch geistige Wirklichkeiten und Wirkkräfte. Das ist natürlich ein Schritt, der nicht unbedingt mit dem Hinweis auf den objektiven Idealismus abgedeckt ist, aber der möglich ist. Dann wäre man also völlig in einem vollkommen anderen Universum. Wenn man diesen Schritt vollziehen möchte, dann wäre man im Bruno'ischen Sinne in einem allbelebten Universum, in einem von brodelndem Leben erfüllten Universum, was tatsächlich auf vielfältige Weise auch Wesenheiten enthält und geradezu *konstituiert* wird durch diese Wesenheiten. Dann wären auch die Gestirne, wie ich das ja mehrfach auch angedeutet habe, große götterähnliche Wesenheiten mit einem quasi kosmischen Bewusstsein. *Dann ist alles anders. Dann wäre man schlagartig in einer vollkommen anderen Welt.* Und das ist nicht ausgeschlossen, dass der Punkt kommen könnte in der Bewusstseinsgeschichte der Menschheit, sage ich mal prognostisch, wenn wir uns nicht selber vorher zerstören, dass das tatsächlich auch erreicht wird, dass man tatsächlich an den Punkt kommt, wo man begreifen wird, dass wenn man in dieses All hinauf- oder hineinblickt, *in ein Bewusstsein hineinblickt, in ein lebendiges, auch wesenhaftes Bewusstsein.* Und es ist natürlich eine vollkommen andere Blickperspektive, die dann in die Betrachtung kommt, als wenn ich mich als einsames, isoliertes Individuum in einem betäubenden Nichts betrachte, in einem Raum-Nichts, das irgendwo rätselhaft verstrickt ist in eine Außenwelt, die überhaupt nichts von mir weiß, die mich nicht kennt, *nicht will*, im Sinne dessen, was ich manchmal nenne das Du-bist-nicht-gemeint-Universum, also das Du-bist-nicht-gemeint-Universum, dann kann der Mensch nur, und ist dann auch nur, ein Zigeuner am Rande sein, wie es Jacques Monod gesagt hat, dann ist er nicht gemeint. Dann ist er hinaufgewirbelt in einem Zufallsprozess, in eine monströse Kulisse hineingestellt, wo er dann, wenn er konsequent wäre, sich auch nur daraus verabschieden kann, dann kann er sozusagen nur in die innere Emigration wandern. Dieses Universum kann da nicht seine Heimat sein, aber das ist noch nicht ausgemacht.

Insofern ist es in gewisser Weise verständlich, wenn viele Intellektuelle, ich sage ja spätestens seit Nietzsche, genau diese Emigration vollzogen haben. Ich habe das ja angedeutet, bis hin zu Sloterdijk, der ganz explizit sagt: Wer als Intellektueller heute ernst genommen werden will und beschäftigt sich mit kosmologischen Fragen mit einer gewissen Leidenschaft, was ich ja, wie Sie wissen, auch tue, der ist gar nicht ernstzunehmen. Das ist natürlich ein radikales Verdikt über Denken über [das] Universum überhaupt. Das hat zu dieser ungeheuren Spaltung geführt, dass philosophische Intellektuelle sich mit diesen Fragen überhaupt nicht mehr beschäftigen, dieses Heft vollkommen abgegeben haben an die Physik, Astrophysik, Astronomie, Kosmologie. Das ist schade. Das ist eine verhängnisvolle Schere. Und mein Bemühen seit Jahren, um nicht zu sagen Jahrzehnten, besteht ja darin, das zusammenzuführen. Und da sehe ich auch eine Chance für die Philosophie. Ich habe das gerade nochmal mit einem längeren Gespräch mit einem Journalisten ventiliert den Gedanken, dass gerade da eigentlich die Philosophie eine große Chance hätte, wenn sie überhaupt noch einen Sinn haben soll, wenn sie nicht vollkommen abdanken will und sozusagen das Feld frei lässt für die reduktionistische Physik mit ihren Anreicherungen, was weiß ich, durch New Age und spirituelle Physik, Dao der Physik und was nicht alles, aber letztlich sich vollkommen rausnimmt oder sich verstrickt in, was weiß ich, hegelianisch-logische Zirkelspiele, was auch nichts bringt, also nach meiner Überzeugung.

Also, es wäre wirklich die Philosophie nochmal aufgerufen, einen neuen Beitrag zu leisten für diese Frage, die ich eingangs gestellt habe: Wo sind wir? In was für einem Universum leben wir eigentlich? Das kann ja letztlich keinem Menschen gleichgültig sein. Ich kann mir jedenfalls nicht vorstellen, dass ein Mensch das mit Gleichgültigkeit betrachtet, wie die Dinge sind, wie er in den Dingen steht, in welchem Universum er sich befindet.

Er kann die Frage ausklammern, er kann sagen, die Frage ist letztlich eine religiöse Frage, die ist gar nicht zu klären von der Wissenschaft, dass Denkmuster kapitulieren. Man kann da glauben oder nicht glauben. Das ist eine andere Frage. Aber es gibt auch eine Dimension von Erkenntnis, die über die Glaubensebene hinausreicht. Und da sind wir, glaube ich aufgerufen, was zu leisten, und da ist noch viel zu leisten. Und da finde ich, dass da etwa der Philosoph Giordano Bruno eine wichtige Rolle spielen kann. Und ich bin gespannt, was zu dem 400. Todestag, der ja bald kommt, in der sogenannten Öffentlichkeit sich ereignet. Da werde ich ja auch ein bisschen dran beteiligt sein, wie sich das gestaltet. Also wenn ich den Text lese, der da in der Ankündigung des Urania-Vortrages steht, also wenn ich diesen Text mir angucke, dann kann man immerhin vermuten, dass da bestimmte Gedanken diese Richtung geäußert werden. Zumindest scheint man begriffen zu haben, dass die Frage nach einem lebendigen Universum wirklich *eine zentrale Frage* ist. Aber ich habe schon angedeutet, ob ich zu dem Vortrag, ob ich mich da in den Saal setze, wahrscheinlich nicht, aus verschiedenen und durchaus verständlichen oder naheliegenden Gründen werde ich das wahrscheinlich nicht tun. Auf jeden Fall, die Frage bleibt auf der Tagesordnung und ist vielleicht mehr denn je auf der Tagesordnung. Und wenn diese Vorlesungsreihe, die ja noch eine weitere Vorlesung in der nächsten Woche enthält, ein bisschen, sagen wir mal, ein Ahnen in der Richtung vermittelt hat, wäre das schon viel. Denn mehr als das kann es nicht sein, ein Ahnen zu vermitteln, dass die Frage nach der eigenen Existenz im Universum noch einmal ganz neu grundlegend gestellt werden muss. Man kann nicht einfach das abgeben an die reduktionistische Naturwissenschaft-Kosmologie. Die hat da im Grunde keine wirklichen Antworten oder zieht sich aus den wirklichen Antworten heraus, stellt schon gar nicht mal die Fragen und delegiert es von vornherein an die Glaubensfakultät. Kann sein, kann nicht sein, kann man glauben, muss man nicht glauben, nach dem berühmten Muster. Ich glaube, das ist zu kurz gedacht und das heißt, das Denken nun wirklich zu klein machen. Ich denke, da hat *das wirkliche Denken* eine große Chance und in dieser Richtung habe ich bisher gearbeitet und werde auch weiter in der Richtung arbeiten.

* * * * * * *

Polarität I – Bauprinzip der Natur

So, ich begrüße sie sehr herzlich zu dieser fünften Vorlesung im Sommersemester. Ich starte heute einen Vierteiler, in gewisser Weise, über Polarität. Drei Teile stehen im Verzeichnis, der vierte ist nur nicht als vierter Teil ausgewiesen. Nicht, das heißt ja „Polarität, Gedanken zu einem Bauprinzip der Natur", Teil eins heute. Räumliche Komponente oben, unten, innen, außen, dann kommt, dann wird dieser Vierteiler unterbrochen durch einen Gastvortrag von Marko Bischof, den ich herzlich begrüße, er ist heute da. Dazu will ich nachher noch einiges sagen, und dann kommt die zeitliche Komponente, in 14 Tagen. Und dann die Geiststoff-Komponente und dann die Polarität im Sinne von Goethe am Beispiel von Licht und Finsternis. Ist also in gewisser Weise der vierte Teil dieser Polaritätsthematik. Ich will einleitend sagen, dass die Frage der Polarität mich gerade in den letzten Jahren existenziell als Philosoph und Denker intensiv beschäftigt hat. Mag sein, dass es mit einer gewissen Lebenserfahrung zusammenhängt, bestimmten Erfahrungen, die man einfach macht. Mir wird immer deutlicher, dass es ein ganz großes, ein wichtiges, ein zentrales Thema ist, was denkerisch, nicht nur naturphilosophisch, auch denkerisch existenziell, noch kaum wirklich aufgearbeitet ist. Ich werde ihnen versuchen heute Abend einen ersten Eindruck zu geben in die Grundfrage der Polarität. Und dann am Beispiel von oben und unten.

Was ist Polarität? Das in eine einfache, bündige, jedermann überzeugende und alle Phänomene abdeckende Formel zu bringen, ist unmöglich. Man kann sich annähern, ich habe mal vier Zitate rausgesucht, aus ganz verschiedenen Zeitepochen, die andeuten worum es bei Polarität geht. Ich lese mal diese vier Zitate vor und erläutere das ein wenig. Natürlich kann man sagen, um das gleich doch vorab zu sagen, was ist die Polarität? Das Zweieinige, die Zwei in der Eins und die Eins in der Zwei, in der inneren Spannung. Also der Gründervater der Polaritätsphilosophie, natürlich der griechische Philosoph Heraklit, Herakleitos, bekanntermaßen hat sich in verschiedenen seiner ohnehin spärlichen Fragmente zu dieser Frage geäußert. Ich lese mal ein Zitat vor, gibt viele Übersetzungen, die sich ein bisschen widersprechen und auch abweichen voneinander. Heraklit sagt, vor zweieinhalb tausend Jahren: „Die Gegensätze sind das Gleiche." [Kommentar zum Verhalten einer Person im Hintergrund: Er hat sich offenbar geirrt, im Hörsaal oder sonst wo.] „Die Gegensätze sind das Gleiche, denn das Eine, in dem es sich von sich trennt, eint sich mit sich selbst. Denn das Eine, in dem es sich von sich trennt, eint sich mit sich selbst, wie die Harmonie des Bogens mit der Leier." [Offenbar zu einer Person im Hintergrund als Antwort: Gerne]. [Es] ist schwierig. „Die Gegensätze sind das Gleiche, denn das Eine, in dem es sich von sich trennt." Also ... das Eine, dass sich von sich selbst trennt, dass sich selbst quasi gegenübersetzt, eint sich mit sich selbst, wie die Harmonie des Bogens mit der Leier. Ja ermöglicht eigentlich die Leier, also dieser Gegensatz ermöglicht in gewisser Weise, die Leier ermöglicht auch den Bogen. Und das ist ein wesentlicher Grundgedanke der Polarität, dass diese Gegensätze in ihren polarem Spannungsfeld einander konstituieren. Das heißt, das Eine bestimmt sich durch das Zweite, und das Zweite wird durch das Eine bestimmt. Also, wie ganz naheliegend, fast banal, Licht ja nur begreifbar ist und sich als Licht, als es selber konstituiert, durch seinen Gegensatz. Durch seinen polaren Gegensatz, nämlich durch die Finsternis. Man könnte überhaupt gar keine Vorstellung vom Licht gewinnen, wenn man nicht wüsste, erfahren hätte, innen und außen, existenziell, was Finsternis ist.

Also, das ist gemeint. Der große Renaissance-Philosoph Giordano Bruno, von mir hoch verehrt und eingehend studiert, hat sich auch mit der Frage der Polaritäten im Kosmos und in der Seele beschäftigt. Vor allen Dingen mit der Frage der Extreme. Da gibt es ein sehr schönes Wort von ihm, ich darf das mal kurz vorlesen: „ ... ja wer also die tiefsten Geheimnisse der Natur ergründen will, beobachte und betrachte die Minima und die Maxima des Entgegengesetzten und Widerstreitenden. Es ist eine tiefe Magie, das Entgegengesetzte hervorrufen zu können, wenn man einmal den Punkt der Vereinigung gefunden hat." Gerne noch mal: „ .... wer also die tiefsten Geheimnisse der Natur ergründen will," unterstellt, dass man das will, viele wollen das ja gar nicht, aber, wenn man das will, „ ... , beobachte und betrachte die Minima und Maxima des Entgegengesetzten und Widerstreitenden. Es ist eine tiefe Magie, das Entgegengesetzte hervorrufen zu können, wenn man einmal die Punkte der Vereinigung gefunden hat." Also da haben sie ein ähnliches Moment der Einheit der Zwei, der Zwei in der Eins und der Eins in der Zwei.

Drittes Zitat, Goethe, der als Dichter und auch ... Bitte? Ich habe es schon zweimal vorgelesen, ich kann es aber, im Laufe der Vorlesung wird es hoffentlich deutlich werden. Ich weiß, das es nicht einfach ist, Polarität ist ohnehin ein schwieriges Thema. Und wenn man es ganz oberflächlich behandeln will, ist es ganz einfach, dann kann man es schneller abhaken. Wenn man es in der Tiefe behandeln will, ist es sehr schwer, aber ich mache es trotzdem. Also ein letztes Mal, zum dritten Mal: „Wer also die tiefsten Geheimnisse der Natur ergründen will, beobachte und betrachte die Minima", also das ganz Kleine, „ ... und die Maxima," das ganz Große, „ ... des Entgegengesetzten und Widerstreitenden. Es ist eine tiefe Magie, das Entgegengesetzte hervorrufen zu können, wenn man einmal den Punkt der Vereinigung gefunden hat." Da liegt die Magie gerade, in dem Einheitspunkt, den Gegensatz zu begreifen.

Drittes Zitat von Goethe, der als Dichter und Naturphilosoph, der er auch war, er war ein sehr bedeutender Naturphilosoph, der sich mit der Frage der Polarität mehrfach beschäftigt hat. Von ihm stammt die Formel: Polarität und Steigerung, also die Steigerung in der Natur durch Polarität. Er sagt einmal: „Der Gegensatz der Extreme, in dem er an einer Einheit entsteht, bewirkt eben dadurch die Möglichkeit einer Verbindung." Noch mal: „Der Gegensatz der Extreme, in dem er an einer Einheit entsteht, bewirkt eben dadurch die Möglichkeit einer Verbindung." Bei ihm ist das (exemplifiziert), etwa am Phänomen der Farben, darüber werde ich sprechen. Er meint ja, dass Farben das Produkt sind der Einander-Entgegensetzung von Licht und Finsternis.

Das vierte Zitat stammt von einem der großen Dirigenten des 20ten Jahrhunderts, dem vor drei Jahren verstorbenen Sergiu Celibidache, Chef der Münchener Philharmoniker, der sich mehrfach geäußert hat in seinen „Mainzer Vorlesungen" zu der Frage der Polarität in der Musik. Und da gibt es ein schönes Zitat, ich habe es übrigens gebracht, in meinem Buch „Was die Erde will", im Anhang. Ich lese das mal vor, über die Quinte, das Intervall der Quinte, fünfte Stufe in der diatonischen Skala: „Das Wesen der Quinte ist die Opposition, Polarität, Zwei und Drei. Ich teile diese Seite in drei, also in drei Teile, wie auf einem Monochord, und nehme nur zwei Teile, da habe ich die Quinte. Opposition heißt zunächst das zwei Direktionen gegeneinander kämpfen. Wenn die Quinte auseinanderbrechen würde, gebe es eine Explosion, aber indem sie zusammenhält, schafft sie die größte Einheit die am Werk ist, die am Handeln ist. Die Quinte ist die maximale Opposition in der Einheit." Ja, die Quinte ist die maximale Opposition in der Einheit. „Also das musikalische Intervall der Quinte, ja das schlechthin konstituierende Intervall für das Dur-, Moll-tonale System des Abendlandes." Also diese Quinte ist für ihn ein Klangsymbol, in gewisser Weise für die Polarität selber.

Die Quinte ist die maximale Opposition in der Einheit, wie in der Geometrie der Winkel von 90 Grad, wie die Schwerkraft. Ohne Quinte gibt es keine Struktur, was keine Struktur hat, ist nicht kommunizierbar. Ich gehe da also noch einen Schritt weiter. Das heißt ja, ohne Polarität gibt es überhaupt keine Struktur. Das kann man leicht vorwegnehmend am Licht zeigen. Das Licht alleine hat keine Struktur, so vordergründig betrachtet, es bedarf des Dunklen, der dunklen Form. Und jede Form und Gestalt kann in einem Wechselspiel von Licht und Finsternis überhaupt begriffen werden. Und eine sehr plakative Weise noch mal, in ein Bild gebracht, mit allen Unzulänglichkeiten, kann man sagen, der Pol A und der Pol B sind vielfältig miteinander verwoben. Man will als Gesamtes wieder eine Einheit, wobei wichtig ist, dass diese beiden Pole qualitativ different sind. Es geht nicht darum, dass etwa der Pol A und der Pol B einfach nur eine bestimmte Marke auf einer Skala darstellt. Ich nehme mal an eine, nehmen wir mal eine Skala von zehn Einheiten, den Punkt drei und den Punkt sieben. Das ist auf dieser Skala, das ist keine Polarität, oder der Punkt vier oder der Punkt acht. Das ist ein verschiedener Ort, aber keine Polarität, es sei denn ich verbinde mit den Zahlen, denken sie an das, was ich im Wintersemester in einer Vorlesung gesagt habe, qualitativ Symbole für magische oder mystische oder numerologische Vorstellungen. Dann ist es etwas anderes, dann kann ich sagen, die Drei ist etwas qualitativ anderes als die Sieben. Dann mag eine Polarität hineinspielen, auf der normalen Skala ist das keine Polarität.

Die Polaritäten, die dem Menschen am meisten bewegen, sind eigentlich drei Polaritäten, die jeden im Innersten aufwühlen. Das ist die Polarität natürlich von Leben und Tod, beziehungsweise von Werden und Vergehen. Leben gibt es nur um den Preis des Todes, den Tod gibt es nur, weil es Leben gibt. Jedes Neugeborene ist schon zum Tode verurteilt, also Leben und Tod sind innig miteinander verschwistert. Sie konstituieren einander. Dann natürlich die Polarität von Licht und Finsternis, der Tag und die Nacht. Im umfassenden Sinne, auch in einem spirituellem, in einem mystischen Sinne, das Dunkle, das Lichte. Also Metaphysik des Lichtes, Metaphysik der Dunkelheit. Und männlich, weiblich. Das Weibliche und das Männliche. Das sind wohl die drei Polaritäten, die jeden in der Tiefe berühren, mit denen er ständig konfrontiert ist und die ihn unaufhörlich bewegen.

Es wäre müßig, jetzt hier eine Skala der vielen Polaritäten, die es hier gibt, hier aufzuführen. Das wird im Zusammenhang mit dem Vortrag auch dann deutlich werden. Ich will anknüpfen an ein Buch, was ich jetzt mittlerweile fast zu Ende gelesen habe. Nämlich von Peter Sloterdijk „Spären 1. Blasen". Ich war erstaunt festzustellen, dass Sloterdijk, und das konnte man zunächst gar nicht ahnen, auf den ersten 150, 200 Seiten, bei diesem immerhin über 600 Seiten umfassenden Buch, sich auch ganz intensiv in diesem Buch mit dem Thema Polarität beschäftigt. Und zwar mit einer bestimmten Polarität, einer, so fasst er das ursprungsmäßig zunächst einmal, inter-uterinen Polarität, nämlich der Polarität des Fötus mit der Plazenta. Das ist eine … , ein Versuch, ein großartiger philosophischer Versuch, den rätselhaften Dialog im Uterus nachzuzeichnen, den das Noch-nicht-Subjekt, genannt Fötus, er nennt es auch das „Auch", führt mit der Plazenta, nicht unmittelbar mit dem mütterlichen Organismus, mit der Mutter, sondern mit der Plazenta. Und er zeigt in diesem Buch hochinteressant, aufregend und spannend, dass der moderne Individualitätsgedanke, der zum Erblühen gekommen ist, sagen wir mal vor ungefähr 200 Jahren, parallel läuft, mit einer geringen Achtung, Geringschätzung, ja einer totalen Gleichgültigkeit gegenüber der Plazenta, die als Müll entsorgt wird. Wie das ja bekannt ist, mehr oder weniger die Plazenta, der Mutterkuchen, die Nachgeburt ist Müll, wird zerrieben, zum Teil wird es in der Müllverarbeitung benutzt.

Es gibt in ganzen … , [in] vielen Kulturkreisen ist das ganz anders gewesen, da werden … , gibt es Heilrituale, zum Teil wird die Plazenta gegessen und so weiter. Er wendet sich dem Thema in einer Intensität zu, wie es noch nie ein Denker gemacht hat. Und es geht ihm letztlich, ich will das mal versuchen formelhaft zu verkürzen, was schwer ist bei dieser ungeheuer komprimierten, subtilen und ausdifferenzierten Sprache von Sloterdijk, es geht ihm letztlich darum zu zeigen, dass dieser Verlust der Plazenta quasi als ein Symbol auch steht für die Atomisierung und Vereinzelung des modernen Individuums. Und damit auch kausal verantwortlich ist für die ökologische Krise. Und da spannt sich ein interessanter Bogen, auch zu meiner These von der kollektiven Neurose. Und zu meiner These in „Was die Erde will", dass die gelungene, die gute, die richtige Geburt, eigentlich und zwar kollektiv und individuell die Grundlage überhaupt einer synergetischen Verbindung von Mensch und Schöpfung darstellt. Auch das ist ein Thema bei ihm: die misslungene Geburt als ein Desaster. Und da führt er also die Plazenta hier ein, und zwar sagt er: „Dass der Mensch immer zugeordnet ist, auf das jeweils Andere, den jeweils Anderen, die jeweils andere. Der Mensch ist nie der Eine ohne den Anderen oder das Andere."

Und in Anlehnung an Heidegger und auch an Weiterführung einiger Passagen aus seiner Zeit, die Heidegger nicht weiter verfolgt, spricht er von der existentialen Raumblindheit des modernen Denkens. Und überhaupt der Raumblindheit des Subjekts überhaupt. Und macht das verant-, mitverantwortlich für die desaströse Situation der Gegenwart. Er meint das nicht moralisch und stellt diese Thematik nicht so heraus, wie das möglich wäre. Wie ich das zum Beispiel getan habe, er meint das eher phänomenologisch. Ich will das mal versuchen, an einigen wenigen Beispiel ihnen zu verdeutlichen, weil das wirklich extrem ist, wie das hier Sloterdijk zu denken versucht. Und worum es hier geht, das moderne Individuum, das im 18ten Jahrhundert zu seiner Blüte kam, begreift sich als den Einzelnen oder die Einzelne, ohne ein Zweites. Und Sloterdijk behauptet, sehr weitreichende These, dass *gerade darin* die Neurose und die Abspaltung besteht. Dass man nicht mehr verstanden hat, dass im-Raum-sein, in-einer-Sphäre-sein bedeutet, *immer* mit dem polaren Gegenstück sein. Das heißt, *Sein ist immer Mitsein*, immer mit dem Anderen, der Anderen, Sein ist immer ein Mit, ein Zwischen, im Grunde genommen. Das ist ein ganz entscheidender Punkt, das ist eine Philosophie des Mit und des Zwischen.

Also der Einzelne ist nie der Einzelne und kann nie der Einzelne sein, sonst könnte er gar nicht existieren. Der Nihilismus ist ja im Grunde genommen die Behauptung der totalen Ortlosigkeit des Einzelnen. Also ist die existenzielle Frage, wo ist der Mensch existenziell, ontologisch, [ist] ja kaum zu beantworten. Er ist in gewisser Weise, was die moderne Bewusstseinsverfassung betrifft, erst einmal im Nirgendwo. Er ist geradezu eine Definition des Nihilismus, der Mensch ist im Nirgendwo, er hat überhaupt keinen Ort. Er müsste sich erst mal einwohnen, und zwar, wie ich meine, und das deutet auch Sloterdijk an, doppelt einwohnen. In die Erde einwohnen – und in den Kosmos einwohnen. Ich will mal einige kurze Zitate bringen, die das vielleicht ein bisschen verdeutlichen. Das muss man mit aller Vorsicht sagen, denn der Rüdiger Safranski in seiner Besprechung dieses Buches sagt mit Recht: „Sloterdijk auf einfachere Formen zu bringen heißt ihn verkürzen." In gewisser Weise ist das Buch auch ein Stück Literatur, das heißt also, das, was gesagt wird, hat nicht umsonst eine bestimmte sprachliche Form. Wenn man es übersetzt in eine Vereinfachung, nimmt man ihm ein Stück weit seine Essenz. Wie man große Literatur, wirklich wichtige Texte, nicht einfach mal so in Thesen auf dem Paper rüberreichen kann. Dann verlieren sie einfach an Kraft, das kann man zwar tun bei Sloterdijk, dann wirkt das aber eigenartig und eher befremdlich, ja man kann es auch als monströs bezeichnen, als vollkommen abwegig. Denn es ist ja, was er hier macht, ist ein faszinierendes Beispiel für einen modernen Intellektuellen, sich einen Schleichweg zu bahnen in eine neue Form von Spiritualität und Mystik, ja Gnosis. Nicht zufällig ist ja Sloterdijk ein großer Gnosis-Kenner und -Forscher und hat ja eine der wichtigsten, vielleicht sogar die wichtigste Sammlung zur Gnosis herausgegeben: „Weltrevolution der Seele", zusammen mit Thomas Macho, der hier an der Humboldt Universität auch lehrt, „Weltrevolution der Seele", und er versucht sich von der modernen Bewusstseinsverfassung aus einen Schleichweg in die Gnosis zu bahnen. Es ist eigentlich eine Art von Mystik und Neo-Gnosis, die er hier vollzieht.

Ich gebe ihnen mal kurz das Beispiel, auch wenn man das im Grunde genommen Satz für Satz interpretieren müsste. Ich will das auch nicht zu weit ausführen, nur ich will auf den Punkt kommen der Polarität. Das ist auch ein Buch über Polarität – und über den Verlust der Polarität. Über das Verhängnis des Verlustes einer guten Polarität, gut nicht im moralischen Sinne, sondern im Sinn der philosophischen Tradition des guten Lebens, eine gute Polarität. „Manches spricht dafür, dass der moderne Individualismus erst in seine heiße Phase eintreten konnte, als in der zweiten Hälfte des 18ten Jahrhunderts die allgemeine klinische und kulturelle Exkommunikation der Plazenta begann." – Kurz um die Plazenta, die Nachgeburt, der

Mutterkuchen gehört auf den Müll, was soll man damit noch? Fürderhin – „die verfasste Ärzteschaft nahm es auf sich, wie eine gynäkologische Inquisition sicherzustellen, dass der rechte Glaube an das Allein-Geborenwerden in allen Diskursen und Gemütsverfassungen fest verankert wurde. Der bürgerlich individualistische Positivismus setzte gegen schwache Widerstände der Seelenpartnerschaftsromantik" – jetzt schöne Formulierung – „die radikale imaginäre Einzelhaft der Individuen in den Mutterschößen, in den Wiegen und in der eigenen Haut durch." Sehr schön gesagt, sehr pointiert gesagt, der moderne Individualismus, das atomisierte Individuum, jeder für sich, vollkommen vereinsamt, elendig gekrümmt in sein eigenes Ego ist eigentlich eine radikal imaginäre Einzelhaft, jeder, das sagt er mehrfach in dem Buch: „Jeder ist eigentlich in Einzelhaft, jeder hat lebenslänglich." Und zwar muss er es mit selbst sich aushalten, weil der andere verlorengegangen ist, der ist einfach weg. „Des Zweiten beraubt werden nun alle Einzelnen unmittelbar zu den Müttern", – er meint das unmittelbar zur rein biologischen Natur – „und gleich danach unmittelbar zu der totalitären Nation, die durch ihre Schulen und Armeen nach den einzelnen Kindern greift." Seine These ist hier, wenn das Zweite, auch das spirituell, das metaphysisch Zweite, die Ergänzung, weg ist, dann wird der Einzelne zum Futter der totalitären Ideologien, oder er stürzt ab. Auf die Ebene der puren Bios-Natur, er wird pure Natur, purer Körper, oder er wird als Einzelner jetzt totalitär vereinnahmt. Das muss nicht unbedingt Faschismus bedeuten oder Nationalsozialismus, Kommunismus, sondern generell von den modernen Gesellschaften, die letztlich diesen vereinzelten Menschen auch brauchen, ja durch ihn konstituiert werden. Nicht umsonst findet man den Meisterdenker der Regression in die absorbierende Natur wie in den pathetischen Nationalstaat, Jean Jacques Rousseau, als charmant-groteske Portalfigur am Eingang zu der strukturellen modernen Welt. ... Rousseau war der Erfinder des Menschen ohne Freund, der das ergänzende Andere immer nur entweder als unmittelbare Mutter Natur, berühmt ja „Zurück zur Natur" oder als unmittelbarer National-Totalität denken konnte. Mit ihm beginnt das Zeitalter der letzten Menschen, Nietzsche, „Zarathustra", die sich nicht schämen als Produkte ihres Milieus und als Einzelfälle sozialpsychologischer Gesetze aufzutreten. Darum ist seit Rousseau die Sozialpsychologie die wissenschaftliche Form der Menschenver-

achtung. Und zwar deswegen, weil damit eigentlich, in dem die Ergänzung wegfällt, das Zweite, das metaphysisch Zweite, das spirituell Zweite, die eigentliche, auch kosmische Ergänzung, der Mensch
eigentlich abstürzt und seine Menschenwürde ist dann erst einmal
dahin und kann natürlich beliebig abgeräumt werden, vereinnahmt
werden in jedwedes totalitäre System. Wohingegen wie in der Antike und in den populären Traditionen im kulturellen Imaginären ein
Platz für das Double der Seele offengelassen war."

Er bringt da eine Fülle von Beispielen aus der gesamten Weltmystik, der immer, der Zweite, die Römer nannten das den „Genius". In
Griechenland der „Daimonion", immer das, der Zweite, der Andere.
Der in gewisser Weise immer man selbst ist, aber doch ein Ande-
rer ist. Also „wohingegen im kulturell Imaginären ein Platz für das
Double der Seele offengelassen war, konnten die Menschen bis an die
Schwelle der Moderne sich dessen vergewissern. Dass sie weder unmittelbar zu den Müttern", Absturz auf die Naturebene, Bios-Ebene,
„sind, noch unmittelbar zu der Gesellschaft oder zum eigenen Volk.
Sondern Zeit Lebens vorrangig verbunden bleiben", jetzt pointiert,
„mit einem innersten Zweiten". Also diesem quasi metaphysischem
Zweiten, also das ist, in gewisser Weise ist eine Metaphysik der Plazenta, jetzt mal vereinfacht gesagt. Mit einem innersten Zweiten, dem
eigentlichen Alliierten und Genius ihrer besonderen Existenz. Also er
fächert nun die gesamte Weltmystik und Weltspiritualität auf. Immer
auf der Suche nach dem oder der Zweiten, dem Anderen. Ohne das
oder den oder die der Mensch gar nicht existieren kann, wenn man
Erfahrungsberichte hört von Menschen die transpersonale, holotrope, grenzüberschreitende Erfahrungen gemacht haben, dann wird
man immer wieder auf eine zentrale Aussage stoßen, in fast allen dieser Berichte, dass der Einzelne oder die Einzelne schockartig sich des
Anderen bewusst wird, ja plötzlich begreift, dass es eigentlich immer
der Andere war. Also der Genius, das Daimonion, der geheimnisvolle
Zweite, der Engel und ähnliches.

Es gibt eine berühmte Aussage des amerikanischen Dichters Walt
Whitman, der eine solche Grenzerfahrung, grenzüberschreitende Erfahrung hatte. Der dann erschüttert, aufgewühlt gesagt hat: Ich bin
der Andere. Also der Einzelne ist der Andere, er begreift, dass nur er
selbst sein, eigentlich, das Gefängnis ist. Wer immer er selbst sein
muss, ist in der Falle, er ist im Gefängnis. Das ist an sich schon die

Neurose, nur er selbst sein zu dürfen. Und das also hier einleitend, das verarbeitet der Sloterdijk zu einer Etüde über das Thema: Verlust des Anderen, der Anderen. Und damit auch Verlust der Polarität, und das ist ja unser Thema.

Es geht ja um die Frage, was Polarität ist und wie man ein Verständnis von Polarität ja auch fruchtbar machen kann für ein Verständnis der ökologischen Krise. Das ist ja wichtig, das ist ja unser Ausgangspunkt, warum zerstört der Mensch die Erde? Das ist ja die Frage, warum geschieht das? Und auch mir ist erst in den letzten Jahren zunehmend deutlich geworden, dass die Frage der Polarität hier tatsächlich zentral ist. Der Mensch hat auch die Polarität verloren, und zwar die gute Polarität. Natürlich bewegt er sich in polaren Gegensätzen, jeder ist ja der Feind des anderen, in gewisser Weise. „Homini hominus lupus est", Thomas Hobbes, also das ist klar, dass natürlich auf der Ego-Ebene sowieso immer das andere Ego erst mal der Gegner ist oder die Gegnerin. Es ist also geht um eine innere, um eine gute Polarität, um den ... , um die Einsicht, dass in der Welt sein immer bedeutet in-Verbindung-sein. Eben am Beispiel der intrauterinen Zweiheit mit der Plazenta. Wenn man das mal in meine Thesen übersetzt quasi, diese Sprache, und das kann man, mit einem gewissen Recht und auch mit gewissen Abstrichen, aber das geht, dann könnte man das vielleicht so sagen, ich darf das mal vorlesen. Ich habe das heute Morgen mir mal klarzumachen versucht, wenn ich die These von Sloterdijk ernst nehme. Und das tue ich, bei allen Manierismen die natürlich in seinem Buch mitlaufen, dann könnte ich sagen: Sloterdijks „Sphären 1 – Blasen" ist ein Buch über den polaren Innenraum des Menschen. Beziehungsweise dessen Verlust, Raumblindheit im modernen Individualismus. Nicht umsonst ist bei Descartes die res cogitans, die denkende Seele, ohne Raum. Sie ist ... , hat gar keinen Ort, sie ist raumlos. Sie hat auch ... , ja, hier geht es nicht um Ausdehnung, in diesen vordergründigem Sinne, es geht natürlich um Innenraum. Wie Rilke sagt: „Weltinnenraum, Seelenraum." Nicht, das ist ja auch eine wesentliche These, auch hier in dem Buch, dass der Mensch ohne diese kollektiven Seelenräume als Sphären gar nicht existieren kann. Er schafft sich ständig neue kollektive und soziale Blasen. Bei mir meint kollektive Neurose den kollektiven Verlust des Himmels und der Erde. Nicht, die Erdbindung und die Bindung zum Kosmos, Meta-Kosmos, zu der transpersonalen Sphäre. Also den kollektiven Verlust des Himmels und der Erde und damit den Wegfall der polaren Spannung von mittlerer Sphäre, mit ihrem Oben und ihrem Unten. Es fließen von dort keine nährenden Kräfte mehr.

Ich habe ja verschiedentlich gesagt, wenn man den Menschen als einen Mesokosmos betrachtet, als ein mittleres Wesen, auch im Sinne der neuplatonischen Überlieferung eingehängt zwischen Himmel und Erde, nicht mehr Tier und noch nicht Gott, irgendwie unterwegs zwischen Tier und Gott, dann kann man ja aus dieser polaren Spannung auch etwas ableiten über dieses Wesen Mensch. Dann ist der Mensch ja ein Wesen im Zwischen, tibetisch, buddhistisch gesagt im Bardo, im Zwischenzustand. Und wenn man das wegschneidet, die lebendig nährende Erde da drunten, die zwar faktisch weiterexistiert, und selbst der größte Neurotiker kann ohne die ständigen nährenden Kräfte unter seinen Füßen nicht existieren, und wenn man gleichzeitig die transpersonale Sphäre, sozusagen nach oben den Blick auch, wegschneidet oder das zumauert, dann kann der Mensch und muss der Mensch mittel- oder langfristig sich und das Gestirn zerstören. Bei mir meint kollektive Neurose den kollektiven Verlust des Himmels und der Erde und damit den Wegfall der polaren Spannung von mittlerer Sphäre mit ihrem Oben und ihrem Unten, es fließen von daher keine nährenden Kräfte mehr. Das Außen ist einfach dröhnende Leere, mal abgesehen von spiruellen oder ufo-logischen oder astrologischen Bezügen, die es ja gibt, aber erst einmal im Mainstream-Denken ist das Außen dröhnende Leere, Panik machende Unendlichkeit, ein Nichts eigentlich, das den Menschen zermalmt.

Nimmt man dem mesokosmischen Wesen, dem Menschen das wirkliche Oben, Kosmos im tiefsten Ortssinn und das wirkliche Unten, den irdischen Boden, die atmende nährende Erde, zerstrahlt es in die nihilistische Ortlosigkeit, die ihn zu Surrogaten zwingt, zu selbstgemachten Sphären. Derart soll der Verlust kaschiert werden, sehr schön sagt das Sloterdijk einmal über die Globalisierung: Nachdem die Sphären der alten weggesprengt worden sind in der Mainstream-Kosmologie und der Mensch nun sozusagen nackt vor dem Nichts steht, schafft er sich in der Globalisierung und mittels der technischen Welt eine Scheinsphäre. Eine Scheinhülle, die ihn nun schützt vor dem gnadenlos eisigen Anhauch des Nichts. Ja, da soll der Verlust kaschiert werden, der moderne Mensch hat den Raum als existenziellen Mitraum verloren. Sloterdijk geht zurück in die intrauterine Phase, in die polare Verbundenheit von Fötus, dem Prä-Subjekt, dem Auch und Plazenta, dem Mit, dem ersten „Nobjekt", wie Thomas Macho sagt. Thomas Macho hat auch den Begriff des Nobjekts geprägt, no Object und doch nicht Subjekt, also was jenseits von Subjekt und Objekt ist, existenzialer Raum ist immer polar gebauter Mitraum. Die Ortlosigkeit, Verlust des Innenmitraums und die Abspaltung vom inneren Anderen stoßen das moderne Individuum in die Sphären der puren biologischen Natur oder der kollektiven totalitären sozialen Gebilde. Auf andere Weise als ich, aber doch in gewisser Weise analog, sieht Sloterdijk die misslungene Geburt als Schlüsselelement zum Verständnis der Krise. Ist ja ein Leitmotiv in meinem Buch „Was die Erde will", die misslungene Geburt. Viele verstehen das gar nicht oder lesen das Buch und wissen gar nicht, dass ich darüber spreche, als ein wesentliches Thema. Die misslungene Geburt, als ein desaströses Moment, und zwar kollektiv und individuell. Auf andere Weise als ich, aber doch in gewisser Weise analog sieht Sloterdijk die misslungene Geburt als Schlüsselelement zum Verständnis der Krise. Es geht umfassend um die gute und vollständige Inkarnation, Geburt. Dass, wie ich das nenne, das richtige, das wirkliche Sich-Inkarnieren. Nicht das Halbinkarniertsein und dann technisch imperial, machtförmig die Geburt in Szene setzen. Auf Teufel-komm-raus oder Erde-geht-zu-Grunde. Nur derart kann der Raum zum Mitraum, das Selbst ohne Raum, Sloterdijk, überwunden werden.

Zugleich ist der Verlust des inneren Gegenpols im Sinne dessen was viele voreilig, die Esoteriker, aber doch im Kern zutreffend, als das höhere Selbst bezeichnen, angesprochen. Sloterdijk benutzt solche Begriffe nicht, niemals benutzt er den Begriff des höheren Selbst, weil es ja ein schon weitläufig abgenutzter Begriff, auch in der Esoterik- und der New-Age-Szene ist. Das höhere Selbst, davon spricht fast jeder zweite und dritte, hat fast Talkshowqualität schon, das höhere Selbst, „mein höheres Selbst", er benutzt diese Begriffe nicht, obwohl man sie natürlich so deuten kann, dass er im Grunde das meint. „Ich bin der Andere.", sagt Walt Whitman nach einer grenzüberschreitenden Erfahrung. Ich habe das schon gesagt. In der transpersonalen Erfahrung kann sich der Einzelne als der eigene kosmische Genius erfahren. Das zu einer möglichen Verbindung zwischen den Thesen dieses Buches von Sloterdijk und meinen eigenen Thesen. Ist sehr schwierig, und es wäre ein eigener Dialog jetzt, der hier geführt werden müsste mit Sloterdijk über diese Fragen, und der steht an und wird auch demnächst passieren. Ich will jetzt noch mal die ganze Frage der Polarität von einem ganz anderen Blickwinkel aus zeigen.

Man kann ja die Frage der Polarität sich verdeutlichen auf vielfältige Weise. Eine Weise ist, indem man sich vorstellt, wenn sie das mal einen Moment machen, wäre das vielleicht hilfreich, worin besteht der Unterschied zwischen dem Raum innerhalb einer Kugel und außerhalb einer Kugel? Zunächst könnte man sagen, das ist überhaupt kein Unterschied, das ist der gleiche Raum. Innen ist der Innenraum und außen ist der Außenraum, worin soll der Unterschied bestehen? Man kann aber, wenn man das weiterverfolgt, zeigen, dass der Innenraum einer Kugel und der Außenraum einer Kugel nicht identisch sind. Das ist kosmologisch immer wichtig gewesen in diesen Zusammenhängen. Ich will das hier noch ein bisschen später bringen, das ist jetzt verwirrend, ich wollte noch mal eine andere Skizze bringen. Einfach nur die Kugel, wenn sie sich das vielleicht mal vorstellen, in einer gewissen Dreidimensionalität, als Kugel. Der Mensch hat sich ja immer beschäftigt mit dieser Kugelform, auch in ihrer polaren Funktion. Nicht umsonst haben die Platoniker die Kugel als, die sphairos, die Kugel, die Sphäre, als den idealen Körper bezeichnet. Und kosmologische Modelle, das habe ich ja auch immer wieder auch angedeutet, gehen immer wieder von der Kugel aus. Und auch die Seele ist in vielen mystischen spirituellen Traditionen als Kugel verstanden worden. Die Seelenkugel, als eine Lichtkugel, zum Beispiel, in der Mystik des großen Mystikers und Philosophen Jakob Böhme taucht das immer wieder auf. Die Seele als eine Kugel, und das hat zu interessanten Schlussfolgerungen geführt. Also kosmologisch gesehen, sie kennen das ja, ich habe es ihnen ja mehrfach angedeutet.

Ich sage es noch mal kurz, weil es für das ... , für den Kontext wirklich wichtig ist. Im traditionären mittelalterlichen Weltbild ist ja der Kosmos eine gewaltige Innenkugel, ohne Außenkugel. Da sind wir schon bei einer grundstürzenden Polarität. Wie kann das sein, eine Innenkugel, ohne Außenkugel, rein stereometrisch ist das unmöglich. Eine Innenkugel muss, die Innenfläche einer Kugel, die Kugelinnenfläche, muss eine Außenfläche haben. Das Konvexe und das Konkave müssen zusammengehören. Das ist nicht so gedacht worden im aristotelischen-ptolemäischen, auch im mittelalterlichen Weltbild.

Nicht, das ist eben das, was erst einmal schwierig ist zu begreifen, aber was für die ganze Diskussion, auch für die Polarität wichtig ist. Man nahm ja an, dass die Innensphäre, hier die Fixsterne, in der Mitte des Kosmos die Erde, umgeben von verschiedenen planetaren Körpern, das eine ist. Während außen eigentlich gar kein Außen ist, weil, außen ist kein Raum, auch kein Nichtraum, sondern etwas, was nicht vorstellbar ist. Das war ja eine Polemik der Naturphilosophen gegen Aristoteles, auch der pythagoreischen Naturphilosophen gegen Aristoteles, zu sagen: Das kann nicht sein, wenn es einen Innenraum gibt, an dem die Fixsterne befestigt sind, nicht, Erde, sondern meistens als Siebensphären gedachten Bahnen, Kreise, Schalen der Himmelskörper, dann muss dem auch ein Außenraum entsprechen, dann fiele die Polarität weg.

Das ist wichtig, also etwa Giordano Bruno viele andere Argumente aufgreifend, und auch aus der römischen Antike Lukretius, vertrat die These, es gibt eben keine substanzielle Polarität von Innenraum und Außenraum. Sondern der Innenraum ist der Außenraum und umgekehrt, dann muss der Raum unendlich sein, das ist klar. Wenn man sich dieser, wenn man meint, dass der Raum, wie wir ihn kennen, so beschaffen ist, dann kann er nur und muss er unendlich sein. Dann kann man der Frage der Unendlichkeit nicht mehr ausweichen. Nun kann man natürlich sagen, der Innenraum und der Außenraum sind eine wirkliche Polarität, weil der Innenraum auch im Sinne von Bruno, ist ja immer der endliche Raum. Und der Außenraum in diesem Sinne ist immer der unendliche Raum, dann wäre man bei der Polarität von Endlichkeit und Unendlichkeit. Man könnte so weit gehen zu sagen, dass man einen derartigen ..., eine derartige Kugel sowohl von innen aus denken kann, von der Radialität, vom Mittelpunkt aus, in alle Richtungen, als auch von außen. Dann hätte man eine ganz andersartige Vorstellung, nicht, das ist möglich. Man kann die Dinge sozusagen von innen und von außen betrachten, und man kann jetzt auch, und das führt uns ja in die Frage dieser Vorlesung noch hinein, nach der oben-unten-Polarität, auch des Organismus, man hat das natürlich immer verbunden mit den jeweilig konkreten Gestalten. Aristoteles, und mit ihm viele andere, war ja der Auffassung, das Unten unter unseren Füßen ist ein absolutes Unten.

Die Gravitation ist eine Raumbeschaffenheit, also die Gravitation wirkt zentrierend zum Weltmittelpunkt hin. Sie ist in diesem Sinne eine absolute Größe. Wenn ich das aufhebe, dann komme ich natürlich erst einmal zu einem kosmischen Relativismus. Dann ist das Unten, was wir spüren, wie wir hier im Raum miteinander sind, haben wir ja ein klares Gefühl von unten, aufgrund der Gravitation, dann wird das zu einer durch und durch relativen Größe, und doch hat jeder von uns, und das ist eigenartig, elementar, existenziell das Gefühl, dass es doch einen Unterschied macht. Nun könnte man sagen, das ist nur einfach ein Relikt einer nicht überwundenen Bewusstseinsstufe. Wir reden ja davon: Die Sonne geht auf oder unter, und wir sind alle unserer Alltagssprache mehr oder weniger Ptolemäer, also Anti-Kopernikaner. Nicht, die Sinne, der Leib glaubt nicht an Kopernikus, er kann da auch nicht daran glauben, weil er in seiner unmittelbaren Verfassung erst einmal das Unten als unten und das Oben als oben begreift. Und das hat immer auch, denken Sie an das, was Sloterdijk gesagt hat, eine spirituelle Komponente.

Die Jenseitsvorstellung der, etwa der mittelalterlichen Kosmologie, ging ja darauf aus, dass das Jenseits, das räumliche Anderswo, tatsächlich auch ein spirituelles Anderswo ist. Also jenseits im räumlichen Sinne, das Jenseits war tatsächlich woanders. Also nicht im Sinne einer anderen Dimensionalität, die auch hier ist, man könnte ja auch sagen, das Jenseits ist auch hier, in diesem Moment, in diesem Raum. Nur eben in einer anderen Dimension, nein, das Jenseits war buchstäblich woanders. Und der Blick nach oben zum Firmament war letztlich der Blick in eine göttliche Sphäre. Nicht, die Fixsternsphäre war die letzte Grenze des von allen Seiten hereinflutenden Göttlichen. Insofern war der Blick zu den Gestirnen der Blick zum Göttlichen und damit auch die aufgerichtete Gestalt des Menschen, das erhobene Haupt war immer gegen den Himmel gerichtet, und so ist es in vielen spirituellen Traditionen ja vollkommen ungeachtet der kosmologischen Entwurzelung und des Relativismus geblieben, die aufgerichtete Wirbelsäule etwa in vielen Meditationsformen, Kopf gen Himmel, zeugt davon. Also, kosmologisch gesehen ist diese oben-unten-Polarität aus den Angeln gehoben worden. Existenziell nicht vollständig. Oben hat immer noch einen letzten Rest von Andersartigkeit, ja geradezu von anders Anderswelt. Der Blick nach oben ist immer ein Stück weit noch etwas anderes als das Irdisch-Sinnliche hier unten. Und das, da liegt der Punkt, und auch dort wird wieder, nur eben anders, nachmittelalterlich die Vorstellung vertreten, dass das Kosmische da drüben, da oben tatsächlich auch etwas Göttliches ist. Also etwas anderes und damit auch ein anderer Raum, nicht, wenn da oben etwas anderes hereinflutet, ein anderer Raum, dann ist das nicht einfach Materie, die da einfach nur sinnlos unendlich weitergeht. Das würde ja den totalen Relativismus bedeuten, und da liegt genau der Punkt, wenn man versuchen will zu verstehen, was es mit der Polarität der menschlichen Gestalt auf sich hat.

Traditionell ist es immer so verstanden worden, dass der Mensch in seiner aufgerichteten Gestalt, mit seinem Haupt tatsächlich diese Sphären abbildet. Das kann man an ganz vielen spirituellen Überlieferungen sehen, dass das Haupt der ... , die Quasi-Kugel des Kopfes, auch ein Abbild ist der Himmelskugel. Nicht, das findet man noch wortwörtlich dann in einigen Vorträgen von Steiner bei den Anthroposophen, der Kopf, die Kugel, als Kopf ein Abbild dieser Sphärenharmonie, trotz Kopernikanismus. Nicht, das ist ja an sich erst mal geistesgeschichtlich kosmologisch ein Unterschied. Wieso soll denn eigentlich der menschliche Kopf ein Abbild einer Sphäre sein, die gar nicht existiert? Nicht, denn erst einmal sind ja nach Kopernikanismus diese Sphären radikal abgeräumt worden. Es wird ja ... , es ist ja nur ein Scheinbild, man kann natürlich auf eine tiefere Weise, auf einer tieferen Ebene diese Sphären wiederherstellen, aber dann anders. Dann muss man sozusagen eine andere Ebene berühren, also in der traditionellen Spiritualität der letzten zweieinhalbtausend Jahre ist der Kopf, die Kugelform des Kopfes, ein Abbild der Sphären. Und damit ist in gewisser Weise eine absolute oben-unten-Polarität hergestellt. Die auch eine qualitative Differenz bedeutet, denn oben, auch im Sinne der asiatischen Chakra-Lehre, ist höherwertig. Das heißt nicht, dass das Untere deswegen geringgeachtet wird, aber der Kopf, der Brustraum, die Kopfform ist mehr, höher, qualitativ anders, als die unteren Regionen, Partien des Körpers. Im ... , in den Yoga-Sutras von Patanjali zum Beispiel wird mehrfach gesagt: Menschsein beginnt erst vom Herzzentrum an, darunter ist dieser Organismus noch nicht Mensch. Es ist in gewisser Weise vormenschlich oder tierisch, damit wird also eine klare Wertung in der oben-unten-Relation vorgenommen, entlang der Vertikalachse. Und die Schwierigkeit, das will ich kurz sagen, vor der Pause, für uns heute überhaupt in diese Gedankengänge uns wieder hineinzufinden, besteht ja darin, dass wir kosmologisch das Ganze abgeräumt haben. Und nun große

Mühe haben einen derartigen Gedanken überhaupt zuzulassen. Dass es so etwas geben könnte, wie eine holarchische Stufenordnung in dieser organischen Gestalt. Sehr schwierig, weil ja schnell auch der Begriff des Holarchischen oder Hierarchischen politisch besetzt rüberkommt. Und Misstrauen auslöst, als ob es hier um eine hierarchische Wirklichkeitsüberzeugung ginge. Um die es in der Tat auch geht, bloß in einer anderen Form, als es im traditionellem Sinne der Fall ist. Also das erst mal zu diesem im ersten Durchgang, auch, wenn das jetzt vielleicht etwas schwierig und nicht in allen Facetten nachvollziehbar gewesen sein mag. Zu diesem Problem der kosmologischen Entwurzelung den ..., des Verlustes der Polarität und dem Versuch diese Hierarchie von oben und unten auf eine andere Weise wiederzugewinnen.

Auch im Nach-Kopernikanismus: Können wir das, geht das? Auch, wenn wir meinen, fühlen, denken, glauben, dass diese Sphären so nicht existieren. Und das ist genau das Thema, und da will ich dann auch versuchen, ihnen eigene Denkansätze vorzustellen, die es dazu gibt. Und ich will versuchen zu zeigen, wie man das auf eine neue Weise denken kann. Das ist extrem schwierig und subtil. Und die wenigsten Denker machen sich überhaupt die Mühe, sich an dieses Thema ranzuwagen. Insofern mag auch in meinen Ausführungen vieles unzulänglich und vorläufig sein, das liegt aber an der ungeheuren Schwierigkeit der Thematik. Und da ist wirklich noch Neuland zu erschließen, ich mache mal eine kleine Pause.

Ein ganz anderer Gesichtspunkt: Dann gibt es ja auch ganz bestimmte Vorstellungen von dem feinstofflichem System des menschlichen Körpers. Auch mit einer bestimmten oben-unten-Zuordnung, die gibt es ja überall. Ich habe ihnen ja das Beispiel der Yoga-Sutras von Pantanjali erwähnt, dass Menschsein erst oberhalb des Herzzentrums überhaupt beginnt. Ich war im letzten Wochenende, das gehört hier hinein, auf einem Kongress für Ärzte, Therapeuten und Heilpraktiker, ich habe da teilgenommen als Vortragender und habe da auch über diese Dinge gesprochen, im Plenum. Nur 250, 260 Leute, und da sind auch diese Fragen zu Sprache gekommen. Auch, wie man das ganz praktisch umsetzen kann, wie man damit praktisch arbeiten kann? Diese Fragen sind nicht ausschließlich oder vielleicht nicht einmal primär intellektuell-philosophische Fragen, sondern ganz praktische Fragen. Nicht, wie man mit diesem oben-unten-

System des Körper, auch mit der Erde-Kosmos-Schwebestellung des Menschen auf diese Weise umgeht.

Auf der Tagung habe ich jemanden kennengelernt, den ich seit vielen Jahren schon kennenlernen wollte. Wir haben vor zehn Jahren mal miteinander korrespondiert über Musik, nämlich Peter Michael Hamel. Und wir haben zusammen ein Seminar gemacht, mit Atem und elementarem Yoga. Und Übungen dieser Art, wo auch diese Fragen eine Rolle spielten, wenn man ja auch in bestimmten Atemtherapien die Möglichkeit hat, die einzelnen Körperräume oder Körperregionen durch bestimmte Vokale auch zu öffnen. Marko Bischof weiß das besser als ich, in der Tradition etwa von Else Mittendorf und anderen Traditionen gibt es die Vorstellung ja auch über Vokale. Also etwa über das O im Bauchraum, über das A im Brustraum, über das I im Kopfraum und so weiter. Ich kann nachher dazu noch einiges sagen, wenn wir die Zeit noch dazu haben.

Ich will versuchen Ihnen das, diese schwierige Frage noch mal an einem Denker vorzustellen, der heute weitgehend in Vergessenheit geraten ist, aber hochinteressant ist. Marko Bischof und ich haben schon über ihn gesprochen, er kennt ihn, die wenigsten kennen ihn, einen Naturphilosophen und Biologen: Herbert Fritsche. Der hat in, ich weiß nicht mal die Lebensdaten, ich glaube 1911 geboren, irgendwann in den 60er Jahren gestorben. Und er hat sich mit dieser Frage sehr intensiv auseinandergesetzt, am intensivsten in einem Buch, was den Titel trägt „Der Erstgeborene – ein Bild des Menschen", der Erstgeborene meint den Atem. Das ist im Grunde ein Buch über den Atem. Die in der Wintervorlesung 97, 98 dabei waren, werden sich erinnern, vielleicht dass ich den Herbert Fritsche erwähnt habe im Zusammenhang mit Hahnemann. Der hat eines der wichtigsten Bücher geschrieben, [über] Hahnemann, die Idee der Homöopathie, über Homöopathie, Anfang der 40er Jahre. Was ich hier habe ist eine alte Ausgabe, 1948, dieses Buches, von mir vor 30 Jahren erworben. Das Datum steht noch drinnen, 22.07.68, immerhin 31 Jahre, ja erschreckend, wie man das nennen will, gespenstisch. Ein auseinanderfallendes Exemplar, in der Nachkriegszeit gedruckt, Suhrkamp-Verlag.

Und Fritsche beschäftigt sich auch mit dieser Frage der oben-unten-Polarität in der menschlichen Gestalt. Er hat ein faszinierendes Kapitel, was ich jetzt in den letzten Tagen mir noch zweimal sehr gründlich durchgelesen habe. Mit dem Titel: Polare Anthropologie, und da zitiert er einleitend ein Wort von Goethe. Was das Thema gleich im Zentrum anpackt. Vielleicht auch im Zusammenhang mit dem Goethejahr ganz interessant. Nächste ... , in ein paar Tagen werde ich in Weimar sprechen, über Goethe und Bruno und neue Naturphilosophie, Pfingsten. Also Goethe sagt einmal, wo weiß ich nicht, er zitiert das ohne Quellenangabe. Ich kann nicht feststellen, woher das Zitat stammt: „Wie die ganze Gestalt des Menschen als Grundpfeiler des Gewölbes dasteht, indem sich der Himmel bespiegeln soll! Wie ... " Ausrufungszeichen, „wie unser Schädel sich wölbt gleicht dem Himmel über uns, damit das reine Bild der ewigen Sphären drinnen kreisen könne." Noch mal der zweite Satz: „Wie unser Schädel sich wölbt gleicht dem Himmel über uns, damit das reine Bild der ewigen Sphären drinnen kreisen könne."

Also Goethe greift hier die von mir genannte traditionelle spirituelle Figur auf. Das ja die Schädelform eine Art Abbild ist, der kosmischen Sphäre. Das heißt nicht, dass Goethe hier Geozentriker oder Ptolemäer oder Anti-Kopernikaner sei, im Gegenteil. Goethe hat sich verschiedentlich zu den grundstürzenden Elementen des Kopernikanismus positiv geäußert. Und das ist nicht der Punkt, es kann also nicht gemeint sein ein Rückschritt zu einem kosmologisch früheren Modell. Die ewigen Sphären, von denen hier die Rede ist, müssen etwas anderes bedeuten. Muss gleichsam eine andere Ebene angesprochen sein, damit das reine Bild der ewigen Sphären drinnen kreisen könne. Nun mal zu Fritsche, ich habe mir das in den letzten Tagen noch mal eingehend angesehen. Jetzt, er gehört zu den ganz wenigen, die sich eingehend mit der Frage überhaupt beschäftigen. Ich will mal einige Teile hier ihnen verdeutlichen, worum es geht. Fritsche geht der Frage nach, ob es eine polare Grundstruktur in der menschlichen Gestalt gibt. Also eine Grundpolarität in dem eingangs erwähnten Sinne. Dafür mal einige Zitate, ein sehr schöner Abschnitt, der das Thema zentral berührt lautet wie folgt. Ich bin übrigens nicht sicher, ob das Buch noch erhältlich ist, „Der Erstgeborene" von Herbert Fritsche. Das ist in den 80er Jahren mal wieder nachgedruckt worden, da gab es eine gewisse Fritzsche-Renaissance, aber im Moment bin ich mir nicht sicher, ob es das Buch noch gibt. Sonst ist es jedem an das Herz zu legen, ein wirklich wunderbares Buch. Das immer noch lesenswert ist, abgesehen von dem einen oder anderen Aspekt da drinnen, den man heute vielleicht anders formulieren würde oder formulieren müsste. Das ist hier Suhhrkamp Verlag. Glaube, ich bin mir nicht sicher, ob es das noch gibt.

„Der Mensch ist leiblich ein Kind, Organ-Primitivismen kennzeichnen ihn, er ist ein Ursprung nahes Geschöpf unter den Säugern. Hirnlich aber ist er ein Spitzenprodukt, im wortwörtlichem, auch im leiblichem Sinne. Der Mensch hat sich unter den Geschöpfen am wenigsten im Bios breitgemacht. Er ist seinem Wesen nach ein starker Geist in einem schwachen Leibe." Nicht, als Tier ist das höhere Tier Mensch sehr unzulänglich, sehr verwundbar. Ein kaum überlebensfähiges Tier, außerhalb des Logos, jetzt nur als Bios-Wesen. „Er ist seinem Wesen nach ein starker Geist in einem schwachen Leibe, leiblich vermag er mit der Tierheit nicht zu konkurrieren, aber er hat sich der Signatur des Tierheitlichen, der Horizontale, entrissen. Und damit ist die Wanderung der Nervenzentren zum Schädel hin nicht nur eine Wanderung nach vorne, sondern auch eine nach oben. Damit hat er, was auch leiblich gilt, sein Haupt aus dem Banner der irdischen Schwerkraftgesetze emporgehoben." Denken sie an das, was sich kurz angedeutet habe in der letzten Stunde, über die anti-gravitative Wirkung von Licht. Das kann ich in gegebener ... , zu gegebener Stunde noch mal eingehender erläutern. Ich habe das in meinem Buch, in meinem Buch was im Herbst rauskommt, eingehender dargestellt. Ein faszinierender Punkt, den ich aber jetzt in diesem Moment nicht darstellen möchte. Also: „Leiblich vermag er mit der Tierheit nicht zu konkurrieren, aber er hat sich der Signatur des Tierheitlichen, der Horizontale, entrissen. Und damit ist die Wanderung der Nervenzentren, also der Stammesgeschichte zum Schädel hin, nicht Abwanderung der Kerndrüsen nach unten, nicht nur eine Wanderung nach vorne, sondern auch eine nach oben, damit hat er, was auch leiblich gilt, sein Haupt aus dem Banner der irdischen Schwerkraftgesetze emporgehoben." Quasi gegen die Schwerkraft, er ist zu einem Wesen geworden, dessen Besonderheit oben liegt. Das von oben nach unten, nicht von unten nach oben verstanden werden will. Was natürlich auf die Grundfrage nach dem Wesen des Menschen überhaupt abzielt. Was ... , wie kommt denn der Geist, wie kommt denn der Logos überhaupt in den Bios. Überhaupt in die Materie, überhaupt in den Stoff, das ist ja die Grundfrage der Gnosis gewesen, nicht, dieser großen Strömung, zweites, drittes, viertes, fünftes nachchristliches

Jahrhundert, die ja eine kryptische, eine Geheimströmung immer war, bis heute.

Ich habe vor ein paar Tagen erst formuliert oder gestern, eigentlich erkannt erst, dass Sloterdijk eigentlich Gnostiker ist. Ist mir gestern überdeutlich geworden, dass er so ein moderner Repräsentant der Gnosis ist, ein Neo-Gnostiker, und auch begriffen, wie aktuell das ist. Also die Frage, wie kommt denn die Geist-Seele, wie kommt denn Individualität, Ichheit in diesen Stoff? Und das Licht des Geistes in den dunklen Stoff hinein, und wo zeigt sich dann der Logos, wo zeigt sich die Geist-Seele am deutlichsten? Anderes Zitat: „Der Individualität eines Lebewesens", schreibt Fritsche, „steht ein anderer Pol entgegen, der der Fortpflanzung." Heute würden wir sagen Sexualität. „Je weniger die Individualität innerhalb der Tierreihe ausgeprägt ist, desto verschwenderischer pflanzen sich die Geschöpfe fort. Also überbordender Bios versus polar entgegengesetzt Individualität. Es knospt, teilt sich, zerfällt zu neuen Lebewesen in reicher Fülle überall dort, wo der Individualitätspol, das zentrale Nervensystem mit seinen Zentren, noch nicht oder nur gering ausgebildet ist. Ein wildes Zeugen und Keimen kennzeichnet den Bios in seinen niederen Formen. Allmählich opfert sich der Bios in Organe der Empfindung und der Bewusstwerdung hinein." Eine eigenartige Formulierung: „ ... allmählich opfert sich der Bios in Organe der Empfindung und der Bewusstwerdung hinein."

Das findet man auch in anderer Form, in anderen Traditionen, etwa bei den Anthroposophen, dass die Sterbe- und Zerfallprozesse im Grunde Bewusstsein bewirken. Also nicht dort, wo der Höhepunkt des Bios ist, ist auch der Höhepunkt des Logos, im Gegenteil. Im Abbau, in den Abbauprozessen des Bios entfaltet sich überhaupt erst der Geist, die Individualität. Das geht also nicht zusammen. „Allmählich opfert sich der Bios in Organe der Empfindung und der Bewusstwerdung hinein, in gewisser Weise nimmt der Logos dem Bios etwas. Womit nach und nach Individuelles die Vorherrschaft über die schrankenlose Massenproduktion im puren Bios gewinnt. Ganz offenkundig zielt die Schöpfung auf Herausarbeitung der Individualitäten." Da war die Frage auf diesem Kongress, als ich ähnliche Dinge vorgetragen habe, nicht in Bezug auf Fritsche, sondern in ganz anderer Sprache, in ganz anderer Akzentsetzung, woher man denn die Gewissheit nehme, fragte einer der Ärzte dort, dass das so sei, wieso denn die Evolution dieses Telos überhaupt habe? Nicht, ich habe das da auch vorgetragen, meine Kritik am Neodarwinismus, ich habe das hier auch schon mal gemacht. Vor ein paar Stunden, ich glaube vor zwei, drei Wochen habe ich das hier vorgetragen, den Selbstwiderspruch des Neodarwinismus, das habe ich da auch getan. Im anderen-, in anderer Form. „Regenwurm, Eidechse, Storch, Fuchs, einige Tiere in systematischer Stufenfolge, die zugleich eine Stufenfolge des Individualisierungsprozesses ist. Im Menschen ist schließlich ein Wesen entstanden, das im Stande ist, die eigene Individualität bewusst zu erfassen. Ein Ichbewusstsein zu haben und von diesem Ichbewusstsein her zu sich selbst Stellung nehmen zu können." Also was man in der etwas abstrakten Sprache der Tradition als die Selbstreflexivität des Menschen bezeichnet. Also die ... , das Ich hat die Fähigkeit zu Selbstreflexivität, also Ichbewusstsein, gehört es doch geradezu zur Definition des Menschen, dass er dasjenige lebendige Wesen ist, das zu sich selbst Stellung nehmen kann und muss. Und wenn man den Versuch macht, zu definieren worin denn nun das Wesen des Menschen bestünde, was würde man sagen, was ist der Mensch? Man könnte sagen, er ist, mit Nietzsche, ein Werte Setzender, ein Werte Schaffender. Man kann jetzt mit Sloterdijk sagen, er ist ein sphärenbildendes Wesen. Menschsein heißt immer in Sphären sein, in einer Sphäre sein. Was ist der Mensch? Ist er ein Ichwesen, ist das Ich das wesentliche am Menschen, die Ichheit? Dieses rätselhafte Phänomen, dass der Mensch sich auf sich selbst zurückbeziehen kann. Dass er einen Fokus, einen Ichfokus, es ist ja ein Abgrund, auch erkenntnistheoretisch, dass das überhaupt so ist. Wir wissen ja nichts über eine potenzielle Ichhaftigkeit höherer Tiere. Das kann ja nur erschlossen, vermutet werden, man kann das allerdings vermuten, dass Ansätze zu Ichhaftigkeit auch in höheren Tieren gibt, aber erst im Mensch kommt ja die Ichhaftigkeit zu einer gewissen Blüte. Insofern gehört die Ichhaftigkeit dazu und die Möglichkeit am universalen Logos zu partizipieren, am universalen Geist und Individualität zu entfalten. Da gibt es eine wunderbare Passage, auch beim Sloterdijk über die Gesichter. Das gehört auch in dem Zusammenhang, er stellt raus, auf eine sehr intelligente Weise, das habe ich so in der Form noch nirgendwo so gut gelesen, wie die Herausbildung des menschlichen Gesichtes bewusstseinsgeschichtlich geschah. Dass das Gesicht ja immer auch das Gesehenwerden bedeutet. Das Gesicht, was der Einzelne nur für sich hat, ist überhaupt kein Gesicht. Gesicht ist immer das Gesehenwerden, er nennt das „interfaciale Sphäre", also ein etwas abstrakter, vielleicht unglücklicher Begriff. Also die interfaciale Sphäre, also Gesicht zu Gesicht. Das Gesicht ist immer nur Gesicht in der polaren Spannung mit einem anderen Gesicht. Und hoch interessant, also das sich nur selbstbespiegelnde Gesicht ist in dem Sinne kein Gesicht. Sondern zum Gesicht gehört immer der Andere, denn die pure Selbstbespiegelung ist eher deprimierend. Ich will das nur kurz sagen, ich war auch auf diesem ... , ich war in diesem ... , auf diesem Kongress. Hatte ich ein Hotelzimmer in einem super modernen Hotel, da war das Bad vollkommen verspiegelt, wenn man sich runterbeugte und die Zahnbürste in die Hand nahm, man hat die totale Bespiegelung, aus jeder Perspektive. Das war furchtbar, deprimierend und auch unmenschlich, das hat eine Unmenschlichkeit, wenn der Einzelne sich selber total bespiegelt sieht. Das ist eigentlich ein Albtraum, man hat das Gefühl, man ist monströs. Man ist sich selber eigentlich ein monströses Ding plötzlich. Ja, es gibt ja diese schöne Stelle bei Rainer Maria Rilke, im „[Die Aufzeichnungen des]Malte Laurids Brigge", wo das genauso ist. Da guckt sich nämlich der Ich-Held Malte Laurids Brigge in den Spiegel, plötzlich wird er zum Ding. Ein Schock für ihn, er wird zum Ding, zum Gegenstand, zum Etwas, er verliert seine Ichheit gerade im Spiegel. Also die Herausbildung des Gesichtes als ein wesentliches Moment der Polarität. Noch mal Herbert Fritsche: „So besitzt der Mensch zwei Wesenspole, die weit voneinander abrücken."Also in der Chakra-Lehre das Stirn-Chakra und das Kronen-Chakra und das Sakral-Chakra oder Muladhara-Chakra. „So besitzt der Mensch zwei Wesenspole, die weit voneinander abrücken. Der Hirnpol fasst das Individuelle stark zusammen. Der Sexualpol will es zerstreuen, vervielfältigen. Mit ihren entgegengesetzten Bestrebungen haben sich die Polle auch entgegengesetzt verleiblicht, aber dennoch gehören sie zusammen. Der Mensch ist nicht reiner Geist, er ist Geist in Seelen- und Leibeshüllen. Ohne die Mitarbeit von Seele und Leib wäre der Mensch im Geist im Erdenleben kraftlos, würde sich verjenseitigen. Na gut, und damit seiner eigentlichen Aufgabe in der „Pflanzschule für Geister" [Goethe] nicht gerecht werden können." Auch das ist ein Goethe-Bezug, -Wort, glaube ich. Zu Eckermann sagt Goethe irgendwann mal: „Die Erde ist eine Pflanzstätte für eine Welt von Geistern." Also

„ ... ohne die Mitarbeitung von Seele und Leib wäre der Menschengeist im Erdenleben kraftlos, würde sich verjenseitigen." Könnte fast von Rudolf Steiner sein, „und damit seiner eigentlichen Aufgabe in der Pflanzschule für Geister nicht gerecht werden können." Vielleicht noch eine letzte Passage hierzu. „Der Mensch kann zuweilen genötigt sein, seine aufgerichtete Haltung zu verleugnen und auf allen vieren umherzulaufen, wenn er ein frisch eingefangenes oder ein scheues Tier an sich gewöhnen will." Dass das Krabbeln als nicht menschlich gilt, ist in vielen Kulturen sehr verbreitet. Zum Beispiel in der balinesischen Kultur, kleine Kinder dürfen nicht krabbeln. Nicht auf der Erde rumkrabbeln, es wird immer verhindert. Also so jedenfalls ist es in der Tradition das Krabbeln ist was Tierisches, das Kind soll nicht krabbeln, ja. Es wird getragen, es darf auch den Boden als krabbelndes Wesen nicht berühren. „Vor dem aufgerichteten Menschen flieht ein solches Tier, was aber horizontal umherläuft ist ungefährlich, ist nicht so beängstigend, wesensverschieden, wie jener empor gereckte, schutzlose, nackt und blasshäutige Schwächling, dessen Macht über die Tierheit keine physische ist, dessen Macht über die Tierheit, wir dürfen es aussprechen eine metaphysische ist. Auch die Tierheit in sich selbst bändigt der Mensch durch sein Aufgerichtet-Sein. Der Hirnpol und der Himmel suchen einander, ganz auch im Goethe'schen Sinne. Das Wesen, das den Logos zu ergreifen im Stande ist, hebt sich der Welt der Ideen aktiv entgegen." Dann gibt er hier Beispiele von Dompteuren, dass häufig genug Todesfälle passiert sind in dem Moment, in dem ein Dompteur gestürzt ist und nicht mehr das aufgerichtete Wesen war, was auf diese Weise auch Macht ausüben konnte über die Tierheit. Dass dann eben oft schwere Verletzungen passieren oder auch Todesfälle passiert sind. Also der Dompteur muss die aufgerichtete Position beibehalten, die von den Tieren in irgendeiner Form registriert wird. Das gehört ja zu den großen Mysterien überhaupt in dem Kontext, wie das Tier den Menschen wahrnimmt, nicht. Wie nimmt das Tier den Menschen wahr, überhaupt? Als ein anderes Tier? Nicht, auch da muss man verschiedene Bewusstseinsebenen unterscheiden. Ich glaube, ich habe an einer Stelle in „Was die Erde will" auch geschrieben, dass das Tier, das höhere Tier, den Menschen wahrscheinlich quasi erspürt oder erahnt als eine höhere Stufe seiner selbst. Und dass daraus auch die Macht des Menschen resultiert, dass das Tier, das irgendwie begreift, dass der Mensch eine eigene höhere Entwicklungsstufe und eine Evolutionsmöglichkeit seiner selbst [des Tieres] darstellt. Also das Ganze läuft auf Grundfragen der Anthropologie hinaus, die letztlich, ich scheue das nicht zu sagen immer in eine metaphysische Anthropologie einmünden muss, weil der Mensch als pures Bios-Wesen oder als pures Naturwesen so nie begriffen werden kann. Deswegen vertrete ich ja auch die für viele verwirrende und auch irritierende These, dass der Mensch gar nicht Teil der Natur ist. Im Gegensatz zu dem, was alle Ökologen ständig sagen, sondern dass eher umgekehrt die Natur Teil des Menschen ist. Natürlich ist klar, der Bios, der Mensch als Bios-Wesen ist Teil der Bios-Natur. Und das Physische des Menschen ist Teil der physischen Natur. Das ist klar, aber der Mensch in einem höheren Sinne, als Geist-Seele, Leib-Gestalt, ist mehr als jede nur denkbare Natur. Und jedes nur denkbare Ökosystem – das nicht verstanden zu haben, scheint mir einer der Hauptgründe für die Ökokatastrophe zu sein. Denn, wenn man das nicht versteht und den Menschen dann quasi auf eine neue Weise, jetzt ökologisch, moralisch noch sozusagen angereichert, reduziert auf Natur, dann macht man die Natur genauso zum puren Objekt. Ganz genauso, wie das im mechanistischen Denken geschieht. Das ist eine Tragik in der Entwicklung, dass viele ökologische Ansätze im Grunde die Natur genauso verdinglichen, wie das in den viel kritisierten mechanistischen Denken geschieht. Und wenn man das nicht begreift, glaube ich, wird man keinen Millimeter weiterkommen. Und deswegen, glaube ich, stagniert auch seit 30 Jahren diese Frage, weil man das einfach nicht verstehen kann.

Also ich glaube, dass der Mensch in seiner eigentlichen Würde im Letzten nur von der Ichheit begriffen werden kann. Und ich betone das immer wieder und habe das hier auch auf dem Kongress vorgestern, vor ein paar Tagen getan, dass ich an die metaphysische Würde dieser Ichheit auch tatsächlich glaube und daran festhalte. Und immer wieder betone, dass diese, nur aus dieser metaphysischen Ich-Würde überhaupt ein Verständnis des Menschen möglich ist. Auch in der ... , dieser Aufteilung längs der Vertikalachse. Dass der Kopf tatsächlich durch ... , auch durch die Physiognomik, durch das Gesicht in dem genannten Sinne, eine ganz andere ontologische Position hat, als das Tier. Das muss man erst mal verstehen, das ist nicht mainstreammäßig, weil das entweder religiös traditionell besetzt ist, oder es ist irgendwie in dem postmodernen Relativismus und dem fröhlichen Nihilismus und Zynismus, der allenthalben herrscht, vollkommen plattgemacht worden. Man muss das erst mal neu wieder überhaupt in das Bewusstsein rücken und setzt sich da natürlich sofort einer ganzen Lawine von Missverständnissen aus. Als ob man da alte Menschenbilder wiederbeleben wolle und so weiter, aber die Frage bleibt ja in dem Zusammenhang. Es muss in irgendeiner Form gelingen, oder wie es gelingen kann, dass der Mensch sich neu einwohnt in den Oikos. Und das kann er nur, wenn er ein Verständnis hat über seinen metaphysischen Ort, im Sinne dessen was Sloterdijk als den Mitraum bezeichnet. Wenn der Einzelne den metaphysisch Anderen oder das metaphysisch Andere vollkommen kappt, eliminiert, leugnet, ausstreicht, zerstört, dann stürzt er notwendig auf sich selber zurück. Und dann bleibt es tatsächlich bei dem, wie Gottfried Benn sagt: „Es gibt nur zwei Dinge, die Leere und das gezeichnete Ich". Dann ist der Einzelne das atomisierte Individuum ohne Raum. Nicht, das Selbst ohne Raum, wie der Sloterdijk das eigentlich sehr schön nennt. Also das muss ... , geht wirklich um im tiefen Sinne um eine Wiederfindung des Raumes. Um eine Wiederfindung des kosmologischen, des ontologischen und auch des spirituellen Raumes des Menschen.

Das Wesen des Menschen, worin besteht es? In seiner zum Kosmos geöffneten und der Erde entspringenden schöpferischen Ichheit, beides. Eine Ichheit, die im irdischen und kosmischen Mitraum wohnt, als ihrem eigentlichen Oikos. Also das als eine Grund ... , als ein Grundansatz, es ist gleich Acht, wir können ... . Ich will das erst einmal so weit führen, ich wollte ursprünglich noch einiges sagen zu den traditionellen Bewusstseinszentren, Chakras. Und auch zu dem was ich am ... , in den letzten Tagen wieder neu mir bewusstgemacht habe über die Arbeit mit den Vokalen und den Atemräumen des Körpers, durch Peter Michael Hamel. Lass das mal jetzt draußen, und man kann da tatsächlich mitarbeiten und praktisch arbeiten. Also einige Therapeuten haben das immer wieder betont, dass gerade die Vorstellung einer integrierten Ichheit in einer wirklichen Geburt, in einer wirklichen Holarchie der Ebene tatsächlich auch praktisch umsetzbar ist. Das ist keine blanke Theorie, viele von diesen Therapeuten arbeiten mit, wirklich mit Kranken, auch künstlerische Therapeuten. Da geht es ja wirklich erst einmal darum, die Ichheit zu stärken, ein integriertes Ich überhaupt erst mal wieder entstehen zu lassen. Bevor man es auf eine andere Weise dann überschreitet. Gut wir wollen ... , können gleich in das Gespräch einsteigen.

* * * * * * *

Innenwelt – Außenwelt

Ich will eine kurze Ergänzung noch bringen, bevor ich auf diese, auf das Schema da eingehe. In dem Buch von Johannes Heinrichs „Öko-Logik" gibt es auch eine Auseinandersetzung um die Frage Innenwelt – Außenwelt und auch um die Frage des sogenannten Dualismus von Innenwelt und Außenwelt. Sie wissen, dass Johannes Heinrich eine eigene Vorlesung hält und auch bei mir am 1. Dezember hier einen Gastvortrag. Ich entnehme dieses Schema hier seinem Buch „Öko-Logik", das den Versuch macht, den simplen Dualismus, wie er häufig genug vertreten wird, zu überwinden.

Wir haben übrigens das Mikrofon jetzt ausgeschaltet. Ich habe gehört, das sei so ein Hall-Effekt immer gewesen. Ich habe das selber nicht gemerkt. Also wir haben jetzt ... , wir machen es jetzt ohne Mikrofon.

Im dualistischen Verständnis von Innenwelt und Außenwelt geht [es] meistens durcheinander, ich habe das schon mal in anderem Kontext gesagt, der Dualismus von Seele und Leib und der Dualismus von Körper und Geist. Also wenn in der Literatur immer wieder vom Dualismus gesprochen wird, dann wird selten klar unterschieden, was überhaupt gemeint ist. Ist gemeint der Unterschied zwischen Materie und Geist? Das wäre das Eine. Oder ist gemeint der Unterschied zwischen dem Körper von innen empfunden, im Sinne von Leib und Seele, im Sinne von Ich-selbst-Sein, also, meine subjektive Befindlichkeit? Das ist ja ein Riesenunterschied. Was meinte denn Descartes mit seinem berühmten Dualismus? Er meinte nämlich primär den Dualismus von Ich-selber-Sein, das meinte er mit Seele, Ich-Sein und Körper, den eigenen Körper, Leib. Er meinte nicht primär den Unterschied zwischen Materie und Geist, im Gegenteil, er war ja der Auffassung, dass Materie materialisierter Geist ist, deswegen sei sie erkennbar. Man muss das einfach mal sagen, weil da ein heilloses Durcheinander in vielen Büchern auch existiert. [Ich] sage es nochmal, Dualismus in den meisten Büchern wird sehr undifferenziert hingestellt. Dualismus von Materie und Geist bzw. Seele, das wird nicht unterschieden. Das ist aber zweierlei. Ich sage es noch mal, Descartes glaubte an einen Geist in der Natur und hat das überhaupt nicht dualistisch gesehen, im Gegenteil. Das war für ihn die Ermöglichung von Naturwissenschaft. Was ihn interessierte als dualistischen Gegensatz war die Innensicht des Subjekts, das „Ich" sagen kann: „Ich denke, also bin ich" – und der eigenen Körperlichkeit als Leib. Das war der Dualismus, der Descartes beschäftigt hat. Man muss es einfach mal sagen, um dieser Ungenauigkeit, mit der es in vielen Darstellungen auftaucht, mal entgegenzutreten. Also das ist gemeint. Und das finde ich sehr schön, dass der Johannes Heinrichs in diesem Buch „Öko-Logik" ein Schema hier entwickelt hat, das er auch ausführlich begründet, das genau den Versuch macht, diesen Gegensatz differenzierter darzustellen zwischen dem Subjekt, dem Einzelnen, jedem Einzelnen von uns und einer Objektwelt da draußen, die Dinge, alles, was wir um uns herum empfinden, letztlich ja verstanden als etwas, was überhaupt nur „Es" sein kann, was kein eigenes Subjekt ist, in diesem Sinne kein „Du" sein kann, im traditionellen Verständnis. Und dann wäre das andere Subjekt, das „Du", auf den anderen Pol zu setzen. Also es gibt da eine Vierheit zwischen dem Subjekt, dem Einzelnen, dem anderen Subjekt, dem jeweiligen „Du", einer Objektwelt da draußen und das Verbindende, ohne das überhaupt gar keine Kommunikation möglich wäre, was man als Logos bezeichnen kann, was ja griechisch einfach „Wort" heißt und so viel auch wie „Geist". Also das ist ein entscheidender Unterschied.

Also, sozusagen die höchste Position ist das Sinnmedium Logos, Geist, und über das Sinnmedium ist überhaupt eine Verständigung möglich und auch das Verstehen von Gesetzmäßigkeiten der Natur. Also, dieses Vierer-Schema, vielleicht wird er dazu etwas sagen in seinem Gastvortrag, ich weiß nicht genau, was er bringen wird und bringen möchte. Ich finde, dass er das schön in seinem Buch dargestellt hat. Darf ich vielleicht nur ganz kurz noch mal vorlesen, was er über „Sinnmedium" sagt, diese Stelle, weil das ein Begriff ist, der zunächst nicht so geläufig ist. Er übernimmt den von Paul Tillich übrigens. „Sinnmedium", schreibt er, „kann als handlungs- und kommunikationstheoretische Übersetzung des griechischen Logos gelten. Nach seiner strukturellen Seite enthält es offenbar die unverfügbaren logischen Grundgesetze, die sich zum Beispiel vor allem im Hinblick auf die Körperwelt auch als mathematische Sätze und Gesetze zeigen". Also er setzt auch die Mathematik zum Beispiel in dieser Ebene an, das ist wichtig. Also die Mathematik, in gewisser Weise, als eine eigene Geistsphäre. „Die Geltung solcher Gesetze, von der Ebene aus, beansprucht Zeitlosigkeit, gleich ob sie von den der Zeit unterworfenen Subjekten früher oder später erkannt und formuliert werden. Die Faszination dieser Entdeckung zeitloser Geltung, logischer Beziehung, brachte Platon dazu, von einer Welt der zeitlosen Ideen zu sprechen."

[Das] wäre also diese Ebene. Die Platoniker unter den Naturwissenschaftlern sind natürlich der Auffassung, hier ist die eigentliche Wirklichkeits-Ebene, etwa Heisenberg. Es gibt ja das tiefste Sinnmedium, Logos, Geist hinter allem.

„Mag es mit der Wirklichkeit der Idee eines ganzen Reiches von Ideen stehen, wie es wolle, eine Idee hat sicher Realität auf ihre Weise die des Logischen und Medialen überhaupt als Inbegriff dessen, worin Menschen ihrem je Subjektiven, doch eben nicht bloß Subjektiven alles Denken übereinkommen." Also, Kurzform, wenn das nicht existierte, diese Ebene in irgendeiner Form, gäbe es gar keine Kommunikation zwischen Subjekt und Subjekt und auch kein Erkennen einer Gesetzesordnung hier. Das finde ich sehr schön, wie er das darstellt, denn sie müssen das vielleicht in seinem Buch, wenn sie das näher verfolgen wollen, nachlesen. Man bräuchte eine halbe Stunde, um das differenziert darzustellen, wie er das in seinem Buch bringt.

Nun, dieses Schema, was ich hier auf diese Weise gezeigt habe bei Ken Wilber in mehreren seiner Bücher, mittlerweile drei seiner letzten Bücher, so dargestellt. Ob das nun so geschickt ist von Ken Wilber, dass auf diese Weise darzustellen oder nicht, sei dahingestellt. Er stellt das dar als ein Koordinatenkreuz, wobei vom Mittelpunkt jeweils vier Vektoren ausgehen, wobei jede Position auf dieser Geraden einer jeweils anderen entspricht. Das heißt, hier zum Beispiel, setzt er [weist auf die Zeichnung an der Tafel] das jetzt würde sehr viel Schreibarbeit bedeuten, dass im Einzelnen jetzt hier reinzusetzen. Hier setzt er an, äußerlich individuell etwa, Atom, auf der ersten Position, die zweite Position Molekül und so weiter. Dann geht das schließlich bis hinauf zum komplexen Neokortex bei Position 10 etwa. Also [der] komplexe Neokortex ganz oben, also die Großhirnrinde, und hier unten das einzelne Atom. Hier setzt er an auf der äußerlich sozialen Ebene: Galaxien, Planeten, Gaia-System, Ökosysteme, Gruppen, Familien usw. Industriegesellschaft, ganz oben dann Informationsgesellschaft. Das bringt er dann auch in Zusammenhang mit ganz bestimmten materiellen Korrelaten. Das könnte man hier auch bezeichnen als die Sphäre der [äußerlich, innerlich, sozial wäre auch Kultur, einfach] Kultur. Er sagt auch manchmal world space dazu, also Weltraum, der Weltraum, den eine bestimmte Kultur erschließt: Dann heißt es hier physisch, protoplasmatisch, dann uruborisch und so weiter, die ganze Skala der Entwicklungen, am Ende rational. Dann geht es in die transzendentalen Stufen hinein und jeweils entspricht die eine Stufe der anderen. Man könnte also jede Position auf jeder Geraden mit der jeweils anderen verbinden. Man würde also eine große Zahl von Quadraten hier rein zeichnen können, wenn man das möchte. Und hier auf der individuell-innerlichen Ebene geht es dann immer mehr in die Wahrnehmung hinein. Hier heißt es dann einfach: Empfinden, Impuls, Emotion, Symbole, Begriffe und rationale Wahrnehmung. Und dann Schau-Logik und dann auch eine offene Grenze.

Das heißt, jede Position hat ihr Korrelat in allen anderen Fakultäten. Und das ist schwierig, weil das, ich sage es noch mal, einen gewissen Schematismus bedeutet. Man kann ja ganz schematisch jetzt sagen, mache hier eine Linie [arbeitet an der Tafel am Wilberschen Modell], und dann ist das so miteinander verbunden, dann ist das natürlich fragwürdig, wie weit da tatsächlich diese Verbindung so genau existiert. Da finde ich eine Schwäche in dem Schema bei Wilber. Denn diese Gefahr liegt nahe, dass man nun Bezüge sucht auf dieser Skala, vielleicht dann auch mit Mühe sucht und sie nicht findet. Also das muss man, muss ich kritisch sagen gegen das Schema, das in seinen Büchern dann auftaucht, denn es kann so dann auch nicht sein, schlechterdings. Und ich finde, dass bei Wilber die Position des „Du" hier auch zu kurz kommt. Also die taucht zwar auf bei ihm, letztlich ist sie dann angesiedelt in diesem kulturellen Bereich. Das ist aber eigentlich eine andere Stufe, denn die Ich-Du-Relation ist ja nicht unbedingt identisch mit dem kulturellen Hintergrund. Also obwohl es wichtig ist, sich klar zu machen, dass man auf jeder einzelnen dieser vier Linien Stufen einzeichnen kann. So ist er drauf gekommen.

Er schreibt in diesem Buch „Kurze Geschichte des Kosmos", wie er auf diese Skala kam. Er hat den Versuch gemacht, hunderte von Stufenmodellen aus der Psychologie, aus der Soziologie, aus der Biologie, aus der Physik, aus der Kosmologie, hunderte von Stufenmodellen der verschiedensten Wissenschaften hat er sich zusammengelegt und hat versucht: Gibt es eine Möglichkeit? Gibt es ein verbindendes Muster sämtlicher Stufen-Modelle? Immerhin ja ein naheliegender Gedanke. Man kennt das aus der Psychologie, man kennt das aus der Wahrnehmungsphysiologie. Denken Sie etwa an den berühmten Franzosen Jean Piaget, der das ja minutiös untersucht hat: Wie nimmt ein einjähriges Kind wahr? Wie ein zweijähriges, dreijähriges Kind, wie ein 14-jähriges Kind? Wo sind die eigentlichen Umkipppunkte? Das gibt es in der Soziologie, das es gibt es menschheitsgeschichtlich, bewusstseinsgeschichtlich. Es gibt Skalen, etwa von Lawrence Kohlberg über die moralische Entwicklung des Menschen, wie ganz bestimmte moralische Entwicklungen sich abzeichnen. Es gibt sie in der Kosmologie, es gibt sie in der Physik und Biologie und so weiter. Daran ist er gescheitert. Er schreibt dann auch, er habe kein verbindendes Muster feststellen können.

Es hat eine Weile gedauert, bis er eigener Überzeugung nach, eigener Auffassung nach, dann verstanden hat, dass es vier Grundansätze gibt, vier Grundmöglichkeiten überhaupt, solche Entwicklungslinien zu zeichnen. Und insofern könnte man hier, also wenn man jetzt berühmte Autoren hier einführen möchte, kann man ja tun oder systematische Ansätze, dann könnte man hier sehen, was man hier einbeziehen könnte. Dann wäre etwa hier, wenn es um die Gesellschaft geht, natürlich Marx anzusetzen, auf der Seite, hier eher Gebser oder Heidegger, die eher von den kulturellen Kontexten, von innen das Ganze betrachten, nicht, also die berühmte Kontroverse etwa von Luhmann und Habermas lag auf der Ebene. Die strukturelle Ebene, die Soziologie, beschreibt Strukturen und eine andere Soziologie, die eher von der Innenperspektive der Kulturen ausgeht, also von dem, was die Leute empfinden. Ich kann einen Regentanz irgendeines sogenannten primitiven Volksstammes beobachten, kann es beschreiben, äußerlich, systemtheoretisch, kann aber auch versuchen zu verstehen, was innen abläuft. Also eine vollkommen verschiedene Perspektive. Hier wären auch die ganzen materiellen Ablagerungen einer Kultur zu verankern, etwa Institutionen. Was sehr wichtig ist, denn Geist wird ja auch durch Institutionen mittransportiert. Hier zum Beispiel setzt er an in dem innerlich-individuellen Bereich, Freud und Jung genauso, da aber auch Aurobindo und alle großen spirituellen Lehrer, Buddha oder auch Philosophen wie Plotin und andere, während er hier dann Skinner ansetzt, Locke, Strömungen wie Empirismus, Behaviorismus, die herrschende reduktionistische Neurophysiologie, Biologie, Physik und so weiter. Hier dann auch die eher reduktionistische Systemtheorie. Also man kann dann die verschiedenen Theoriengebäude von Menschen in diese vier Ebenen eingliedern.

Natürlich gibt es immer vielfältige Überschneidungen. Das ist übrigens interessant. Nächstes Mal will ja Johannes Heinrichs darüber sprechen über den Gegensatz von Luhmann und Habermas, und Johannes Heinrichs gehört zu den Sozialphilosophen, die das auch zusammendenken, das äußerlich Soziale und das innerlich Soziale. Und es ist wichtig, dass man sich darüber im Klaren ist. Auch hier sollte man nicht schematisch verfahren. Das wäre auf jeden Fall falsch. Aber es ist ein Ansatzpunkt, der, wenn man ihn mal verstanden hat, eine große Skala an Erkenntnisnuancen erschließt. So einfach, man kann auch sagen: simpel, das zunächst erscheint, innen und außen, es gibt das Individuelle und das Kollektive, hört sich sehr einfach an, ist aber ein Schlüssel, sehr komplexe Phänomene zu verstehen. Man kann auch individuell-biografische Entwicklungen verstehen. Man kann Gesellschaften verstehen, die ja kulturelle Räume erschließen, aber gleichzeitig natürlich immer auch institutionelle, materielle Ablagerung schaffen in der Geschichte. Das korreliert miteinander, genauso hier oben auf der Ebene, also da hat man wirklich eine Möglichkeit, das zu begreifen. Und wichtig ist, dass jede dieser vier Sektoren erst einmal für sich betrachtet durchaus legitim ist. [Alle Erläuterungen beziehen sich hier auf Wilbers Quadranten-Modell.]

Es ist ja nicht so, dass das in irgendeiner Form schlecht wäre, die materiellen Ablagerungen einer Kultur zu studieren, oder dass es für sich genommen schlecht wäre, die Interpretationszusammenhänge einer Kultur zu studieren oder es irgendwie schlecht wäre, die neurophysiologische Phänomene zu beobachten oder auch die individuell-psycho-logischen Phänomene. Also das ist nicht schlecht. [Mit] jeder einzelnen Sache ist nicht eine Wertung verbunden, sondern es geht darum, dass diese vier Quadranten, wie das Wilber nennt, zusammenwirken. Und die Stärke des Denkansatzes von Wilber besteht darin, dass er das zusammendenkt. Der einzige, soweit ich das sehen kann, heute, der einzige Philosoph, der es wirklich zusammendenkt. Das kann natürlich nicht ausbleiben, dass er dann kritisiert wird von irgendeinem Einzelsegment hier, weil die meisten Ansätze dazu neigen, von einer Position aus den Rest zu kritisieren, also etwa hier jetzt eine bestimmte Version des Marxismus hier anzusiedeln, dann kollabieren die anderen Welten. Jetzt mal etwas überspitzt gesagt, ich habe es ja vorhin angedeutet, so einseitig und platt hat das Marx nicht gesehen. Aber [es entspricht] erst einmal einer, sagen wir mal, sehr gängigen Version des marxistischen Materialismus, dann wäre das die Hauptebene. Und es ist immer der Punkt, dass man sagt, eine Wirklichkeitsebene ist die eigentlich wahre und wirkliche, die anderen sind nur scheinwirklich.

Und das versucht Wilber auszuhebeln. Und er sagt: Alle vier Bereiche, bei allem was passiert, sind wichtig. Bei jedem Gedanken, bei jeder Emotion, bei jeder Intentionalität: Immer ist es eine Korrelation von innen und außen und auch von Kultur und eben äußerlich Sozialem, ein ständiger Zusammenhang. Und das ist wichtig, denn das ist wirklich ein Versuch, in einem integrativen Sinne oder man auch sagen, in einem integralen Sinne zu denken. Das ist wirklich ein Versuch, auf eine andere Ebene zu kommen, denn es bringt überhaupt nichts, wenn man eine Fakultät absolut setzt und von dieser einen Fakultät aus den Rest erklärt. Ich sage mal, dann müssen die anderen Bereiche in gewisser Weise kollabieren. Das ist dann das, was in den 70er Jahren Habermas der Systemtheorie vorgeworfen hat: Das ist ein Kolonialismus der Lebenswelt. Und dagegen kann man nicht scharf genug vorgehen. Es kann also nicht sein, dass irgendein Bereich, etwa dieser hier, nun den Rest hier kollabieren lässt und die Herrschaft an sich reißt. Das ist natürlich passiert.

Dieser Bereich ist der stärkste heute. Das wissen wir alle, das ist der machtvollste, hier ist die Technik angesiedelt. Hier sind die ganz materiell institutionellen Ablagerungen des rationalen Geistes angesiedelt. Hier ist die stärkste Position heute, also die macht-vollste, global gesehen machtvollste, stärkste. Und diese Position neigt dazu, alle anderen eben zu kolonialisieren, um das mit Habermas zu formulieren. Das ist schwierig. Genauso verfehlt wäre es, wenn man jetzt nur die kulturellen Innenräume betrachtet und sich überhaupt nicht kümmert darum, was auf der Ebene passiert, oder extrem auch in der Jungschen Psychologie, bei aller Verehrung für Jung, die ich durchaus hege, wird überhaupt nicht beachtet, dass der Mensch ja auch ein Leib ist, nicht nur physiologisch, sondern auch eine Innenperspektive hat, dass er auch Körper ist, dass er als Körper ja auch in der Welt steht. Das fällt bei Jung mehr oder weniger heraus. Das auch übrigens im Grundansatz, in der Therapieform bei Freud und anderen, und damit kommt eine Einseitigkeit, eine Schieflage rein. Das ist wirklich eine Aufgabe, diese Integration zu leisten, [das] setzt natürlich voraus, dass man überhaupt in der Lage ist, diese Fakultäten wahrzunehmen und dann noch zusammenzudenken. Das ist ja natürlich erst mal viel einfacher, wenn man irgendeine Sache gelernt hat, auf irgendeinem Feld tätig geworden ist, nun den Rest dahin zu drehen und zu biegen.

Also das ist der Hauptansatz, sagen wir mal, die Stärke besteht in der Integrationskraft, die ist enorm in diesem Ansatz. Die Schwäche liegt in einem gewissen Schematismus; dass man jetzt hier zu mechanistisch, kann man fast sagen, zuordnet. Nicht, und da gibt es Ungenauigkeiten, die das gar nicht ermöglichen. Also da muss man sehr vorsichtig sein. Wilber hat das zum Beispiel in diesem Buch „Eine kurze Geschichte des Kosmos" an verschiedenen Stellen sehr eingehend dargestellt; [ich] lese mal eine Passage nur vor, eine kurze Passage, die sehr eingängig ist. „Beachten sie jedoch, dass dies (zuvor Gesagte) sämtlich äußere Beschreibungen sind. So sehen diese Holons objektiv und empirisch betrachtet von außen aus." Das Holon ist das Grundelement der Wirklichkeit. „So finden sie zum Beispiel in einem wissenschaftlichen Text das limbische System ausführlich beschrieben, seine Bestandteile, seine Biochemie, sein Alter und seine Entwicklung, seinen Zusammenhang mit anderen Teilen des Organismus und so weiter. Wahrscheinlich wird auch erwähnt sein, dass das limbische System der Sitz bestimmter, sehr grundlegender Affekte ist, bestimmter grundlegender Formen von Sexualität, Aggressivität, Angst, Begierde, gleichgültig, ob es sich um das limbische System von Pferden, Menschen oder Affen handelt. Die Affekte werden jedoch nicht weiter beschrieben sein, weil Affekte zur inneren Erfahrung des limbischen Systems gehören."

Also in den Büchern, die das limbische System darstellen, der neurophysiologischen Bücher, wird zwar gesagt, dass es ein Korrelat gibt in der Innenbefindlichkeit, in Affekten und ähnlichem. Das wird aber nur angedeutet. „Diese Affekte und die damit verbundenen Empfindungen sind etwas, dass das Holon mit seinem limbischen System in seinem Innern erfährt. Objektive wissenschaftliche Beschreibungen interessieren sich höchstens am Rande für dieses innere Bewusstsein, weil dieser Innenraum objektiven empirischen Methoden nicht zugänglich ist." Das Beispiel des Gehirns, was immer da passiert, was hat es für ein Korrelat in der Großhirnrinde? Kann man das sehen? Das kann man nicht sehen. „Man kann diese Gefühle nur in seinem Innern fühlen. Wenn man zum Beispiel eine Art Urfreude empfindet, wird man, selbst wenn man Gehirnphysiologe ist, nicht sagen: Oh, welch ein limbischer Tag! Man beschreibt vielmehr diese Gefühle mit subjektiven und vielen persönlichen, emotionalen Begriffen. Ich fühle mich großartig. Das Leben ist schön und was immer. In der linken Spalte finden sich, da einige der grundlegenden Formen subjektiver oder innerer Gewahrwerdungen, die mit den verschiedenen objektiven oder äußeren Formen der rechten Spalte verbunden sind. Reizempfindlichkeit, die Fähigkeit, aktiv auf Umweltreize zu reagieren, beginnt mit Zellen. Sinnesempfindungen beginnen mit neuronalen Organismen, Wahrnehmung mit einem Nervenstrang. Impulse emergieren mit einem Gehirnstamm und grundlegende Affekte mit einem limbischen System." Und so weiter. Dies ist ebenfalls eine Holarchie, jedenfalls eine subjektive oder innere. Jede Ebene transzendiert auch hier ihre Vorgänger, das ist wichtig. Bei all diesen Schemata, es gibt Hunderte in allen Wissenschaften, ist es immer so, dass die nächsthöhere Ebene die jeweils vorhergehende überschreitet, transzendiert, aber auch im Hegelschen Sinne aufhebt. Das ist erstaunlich, dass das so ist. Das muss doch offensichtlich ein Grundimpuls im Denken sein, in dieser Form evolutionär Stufen wahrzunehmen, das kann nicht nur ein mensch-liches Konstrukt sein im Kopf, es muss auch eine Verankerung in der Wirklichkeit haben.

„Worauf es jedoch vor allem ankommt ist, dass diese linke Dimension mit dem Inhalt zu tun hat, mit der inneren Tiefe, die das Bewusstsein selbst ist." Also darum geht es in diesem, ja, wie soll man das nennen, um diesen integralen Zusammenhang der Phänomene. Und ich meine, dass es wirklich unbedingt notwendig ist, diesen Zusammen-hang zu denken. Es wäre also vollkommen verfehlt, wenn man jetzt aus einem lieb gewordenen subjektiven Innenraum heraus, gegen den ja überhaupt nichts einzuwenden ist, nun den ganzen Rest sozusagen der Außenwelt [stellt]. Das kann niemals eine Position sein, die in irgendeiner Form Fehlentwicklungen korrigiert. Sondern man kann nur im integralen Zusammendenken in irgendeiner Form einen Schritt weiterkommen. Das ist der große Ansatz von Ken Wilber, den man erst einmal so zur Kenntnis nehmen kann, obwohl er kaum aufgegriffen wird. Also hier in Deutschland überhaupt nicht. Das ist blamabel.

Ich hatte das ja schon öfter gesagt, die deutsche Kultur- und Intellektuellen-Szene nimmt das gar nicht zur Kenntnis. Also ich habe in keiner der großen Zeitungen und Zeitschriften jemals eine Rezension gelesen, die in irgendeiner Form dieses Themas sich angenommen hätte. Das scheint keinen in Deutschland im Moment zu interessieren. Das ist eigenartig, aber es ist offenbar so!

Wichtig ist noch kurz zu sagen, dass jedes sogenannte Holon, wie Wilber das nennt, also jenes Seins-Element, eine bestimmte Schicht der Welt erschließt, und dass diese Schicht für dieses Holon auch dann nur existent ist. Das heißt, jedes Holon schaut gewissermaßen aus dem Weltganzen einen bestimmten Abschnitt heraus und kann dann auch nur diesen Abschnitt wahrnehmen, hat also eine entscheidende Wahrnehmungs-begrenztheit. Wichtig ist, sie dürfen sie, die vier Quadranten, auch ein etwas unglücklicher Begriff, das als Quadranten zu bezeichnen, na gut, sie dürfen sie nur nicht aufeinander reduzieren.

„Ich habe diesbezüglich ganz bestimmte Ideen, doch möchte ich im Augenblick meine eigene Theorie noch zurückstellen. Deshalb jetzt nur der allgemeine Hinweis, dass man diese Quadranten nicht ohne schwerwiegende Verzerrungen und gewalttätige Brüche aufeinander reduzieren kann." Das ist ja genau der Reduktionismus, der mir sagt: Das ist die eigentliche Wirklichkeit, das ist wirklich wirklich, sozusagen. Das ist nur Schein-wirklichkeit. Das ist ja genau der Reduktionismus, der auch passiert, der ja läuft. Das ist diese Kolonialisierung. „Ich meine da, dass wir ihnen eine gewisse Integrität einräumen müssen, sagen wir einfach, dass sie in einer Wechselwirkung zueinander stehen und, oder dass jeder Quadrant in anderen Entsprechungen hat. Damit hat man eine sehr gute Arbeitsgrundlage." Und ich kann Ihnen das wirklich empfehlen, dass Sie das mal selber versuchen mitzuvollziehen, was hier eigentlich gesagt wird.

Ich würde sagen, ich will mal versuchen, das ein bisschen jetzt zusammenzufassen, und dann noch in ein Gespräch kommen, die Punkte noch mal thesenartig, die ich jetzt versucht habe, Ihnen in knapper Form darzustellen. Das wird uns immer wieder beschäf-tigen, diese Frage, auch beim nächsten Mal, wo ich über Newton reden werde.

Nochmal in knappster Form: Der Grund-Dualismus von Innenwelt und Außenwelt ist richtig. Es gibt diesen Innenwelt-Außenwelt-Dualismus, aber er reicht nicht. Er muss ausdifferenziert werden. Mindestens in dem Sinne, dass man im Sinne der vier Quadranten jedem Innen-Sein ein individuelles und ein kollektives Innensein zuspricht, wahrscheinlich auch noch darüber hinausgehend, indem man das „Du" einbezieht. Und das ist nicht nur eine Frage der Psychologie, das wär viel zu wenig. Wir sind hier nicht nur im psycho-logischen Raum, sondern wir sind hier in einem existenziellen Raum.

Es geht um Wirklichkeiten. Das sind die Grundfragen überhaupt. Es geht ja nicht um Konstrukte und um abstrakte Schemata. Es geht um Wirklichkeit. Wir wollen ja die Wirklichkeit verstehen. Was kann denn anderes interessant sein, wirklich interessant, als die Wirklichkeit zu verstehen. Und auch die Außenwelt muss in diese zwei Segmente eingeteilt werden. Und dann mag es sinnvoll sein, hier das Schema von Johannes Heinrichs heranzuziehen, dass auf der Ebene etwas Verbindendes entsteht oder einfach da ist, zwischen dem einen Subjekt und dem anderen Subjekt. Das würde eine Differenzierung sein. Und es ist eine ungelöste Aufgabe der Erforschung der Wirklichkeit, das noch tiefer zu verstehen. Das muss nicht bedeuten, dass man zu jedem Innen-Phänomen ein Außen-Phänomen exakt zuordnet (dass man jedem Innen-Phänomen ein Außen-Phänomen exakt zuordnet,) das kann nicht funktionieren. Aber es gibt dieses Rätsel. Mag sein, dass das ein Rätsel ist, was den Menschen überfordert. Also das muss man auch noch sagen, das ist einer der schwierigsten Komplexe überhaupt. Mag sein, dass der Mensch von seinem Bewusstsein aus da überfordert ist, wirklich in der Tiefe das zu durchdenken, ist möglich.

Also, man hat es ja immer wieder gesagt, auch indem man zum Beispiel darauf hinweist, der Mensch kann nicht wirklich verstehen, was die Zeit ist, [es ist] immer wieder gesagt worden, die Zeit ist etwas, das man nur in Paradoxien denken kann. Und hier kommt man auch immer in etwas Unlösbares hinein, wie immer man sich dann dreht und wendet, man kommt an Stellen, wo es nicht weitergeht. Jeder kann das versuchen, das mal zu durchdenken. Und er wird immer wieder feststellen, dass er an bestimmten Stellen nicht weiterkommt. Es scheint da gewisse innere Paradoxien zu geben, die wahrscheinlich auf der rational-mentalen Ebene nicht zu lösen sind. Und dann hätten ja wieder auch die Zen-Meister Recht, die das ja immer wieder gesagt haben: Das mentale Bedienen einer bestimmten Ebene – man muss eine neue Ebene finden.

Das vermute ich auch. Ich vermute, dass man mit mentalen Herangehensweisen zwar eine Kartographie schafft, das gelingt, man kommt da sehr weit. Aber dass man im Letzten diese Korrelationen nicht wirklich verstehen kann, wahrscheinlich nur auf einer anderen Ebene. Und dann mag sie sich auflösen. Aber das ist schwierig. Könnte ja sein, dass es dann auf der nächsthöheren Ebene, dass diese Paradoxie dann gar keine mehr ist. Das ist eine ähnliche Paradoxie, wie sie Kant in den Antinomien der reinen Vernunft darstellt. Nicht, etwa die Frage: Gibt es einen Anfang der Welt, oder nicht? Kant, spielt ja beides durch, nicht, im Mittelteil der „Kritik der reinen Vernunft". Ja, es gibt einen Anfang. Man kann das konsequent weiterdenken, oder nein, die Welt ist anfangs nur so endlos, kann man auch konsequent weiterdenken. Beides ist intellektuell, rational, vollkommen schlüssig. Und doch hat man das Gefühl, dass da der ... oder gerade deswegen hat man das Gefühl, dass der Verstand da überfordert ist. Man kann diese Antinomie nicht lösen, mit dem Anfang oder Nicht-Anfang, [das] ist nicht lösbar. Der Verstand implodiert an der Stelle, weil wenn er logisch weiterverfolgt, dann muss er sagen immer, es gibt immer ein Vorher, es gibt immer ein Nachher. Das ist die.... Oder es gibt einen Punkt Null. Aber dann kann der... dann stoppt der Verstand, weil die Frage dann nicht erlaubt sein kann, was davor ist. Aber die Frage nach dem Davor ist eine Frage der Logik und eine Frage der Kausalität. Wenn die vollkommen ausgehebelt wird, dann wird die Ebene verlassen. Und so vermute ich, dass auch dieser Zusammenhang im Letzten etwas Unauslotbares hat. Also, soweit ich das in langen Jahren des Nachdenkens über diese Fragen sagen kann, ist da etwas drin, was uns überfordert, in der Tiefe überfordert, im rationalen Denken überfordert.

Ich will, bevor wir dann vielleicht in ein kleines Gespräch gehen, sagen, ich will beim nächsten Mal jetzt an einer konkreten Figur der Wissenschaftsgeschichte, an Newton, den Zusammenhang darstellen von Naturwissenschaft und Spiritualität und will Ihnen mal diesen Newton, über den so unsäglich viel geschrieben worden ist im Laufe der 200 Jahre, der letzten 200 Jahre, seit fast 300 Jahren, je nachdem, was man ansetzt als Anfangspunkt, 1687 erschien sein Hauptwerk, also ihn als eine Schlüsselfigur der Wissenschaftsgeschichte, und will dann versuchen, das ein bisschen genauer zu beleuchten, als es meistens geschieht, denn in den meisten Darstellungen gibt es entweder Newton als der große Heroe der Naturwissenschaft, in diesen üblichen Darstellungen, oder die Quanten-theoretiker und Relativitätstheoretiker sagen, na, Newton ist nur ein Grenzfall unseres Systems oder die anderen seit 20, 25 Jahren, im New Age, wo es dann immer heißt Newton und Descartes sind so die Erzbösewichte, die alles in eine falsche Richtung gelenkt haben. Damit kommt man, glaube ich nicht weiter, mit solchen Kategorisierungen. Ich will da mal versuchen, Ihnen an diesem Beispiel das Grundproblem vor Augen zu führen. Dann in der Stunde darauf dann am Beispiel der Quantentheorie. Das sind ganz verschiedene Aspekte. Ich hoffe, dass das gelingt. Das ist schwierig, weil gerade über Newton ganz unsägliche Geschichten verbreitet sind. Kaum einer macht sich ja die Mühe, die Sachen überhaupt im Original zu lesen.

Gut, ich denke, dass wir ein kleines Gespräch noch machen, wenn Sie noch hierbleiben wollen, ein paar Fragen noch gerne, wenn wir es nicht zu lange ausdehnen, wir sind ein bisschen erschöpft jetzt.

[Ein sich entspinnender Dialog von JK mit der Hörerschaft ist hier ausgelassen. Es ging im Kern um die Frage, inwieweit Wilbers Ansatz hinreichend begründet ist und ob er überhaupt wahrgenommen wird und wahrgenommen werden kann von Intellektuellen und Wissenschaftlern. Dabei werden die Schwächen seiner Setzungen benannt und die Schwierigkeiten des Wissenschaftsbetriebs, eine ehrliche und distanzierte Selbstverortung in einem Modell der Wirklichkeitsbereiche sinnvoll vorzunehmen u. ä. – Zum Nachhören im Video ab Minute 27. Weiter in der Vorlesung.]

Dann habe ich letztes Mal Ihnen ja ein Buch vorgestellt, was eigentlich gar kein Buch ist, sondern ein Buch über Bücher, nämlich eine sogenannte alternative naturwissenschaftliche Literaturliste. Und da habe ich gemerkt, dass das Interesse daran sehr groß ist. Und dem möchte ich noch einmal nachgehen. Ich habe ein paar Kopien hier gemacht, wo Sie noch einmal alle Infos, wie es so schön heißt, zu dieser Literaturliste kriegen können. Auch Möglichkeiten, das per Diskette zu bestellen und all dieses, und das könnte man hier vorne sich nehmen. Wir können aber auch in der Pause noch hier Kopien machen. Andernfalls, wenn das nicht gehen sollte, kann ich das auch noch mal anschreiben, wie man da herankommt.

Ich hatte ja untertreibend gesagt, dass hier einige hundert Titel ... hier stehen 5327 Titel, immerhin noch ein Unterschied, und niemand wird auch nur von einem einzigen dieser Gebiete alle Bücher nun hier lesen, die angegeben sind. Aber es ist schon bemerkenswert und hochinteressant, dass sich jemand der Mühe unterzogen hat. Ich sage es noch mal, gerade weil hier eine ganze Reihe von Büchern drin sind, die man normalerweise nicht kennt und auch kaum kennen kann. Also Norbert Moch, „Die alternative naturwissenschaftliche Literaturliste". Dass natürlich dabei auch vielerlei, sagen wir mal Merkwürdigkeiten auftauchen, dass manches, vieles auch nicht Seriöse und Scharlatanmäßige hierbei mitläuft, ist klar. Das ist nicht zu vermeiden bei solchen Sachen, aber ich kann es Ihnen sehr empfehlen. Ich habe eine Menge daraus gelernt und habe bei einigen Themen nachgeschlagen, habe gestaunt. Das wusste ich gar nicht, wie viel Literatur dazu existiert. Also das können Sie noch mal sich nehmen.

Dann habe ich in der letzten Woche zu meinem Erstaunen in dem Nachrichtenmagazin „Der Spiegel" einen Artikel gefunden, der eher am Rande figurierte mit dem typisch Spiegel-jargonmäßigen in der Überschrift „Sensibles Grünzeug" und was ich da unter dem eigentlich dumm-arroganten Titel „Sensibles Grünzeug", also Pflanzen sind gemeint, [so verbirgt]. Es muss natürlich Grünzeug sein, das ist schon interessant. Zeug ist ja ein Es, ein Etwas. Eine Sache also, was unter dem schlichten Begriff „sensibles Grünzeug" hier dargestellt wird, ist staunenswert.

Wenn Sie vielleicht an das denken, was ich im Sommersemester gesagt habe, und ich will da nur mal einige Passagen daraus vorlesen. Und um zu zeigen, wie neuerdings auch, wenn man dem trauen kann, selbst in der Molekularbiologie Einsichten Platz greifen, die zeigen, dass Pflanzen eine wesentlich weiterreichende Wahrnehmung haben, ja überhaupt eine Wahrnehmung, als wir bisher vermutet haben. Sie werden sich vielleicht erinnern, es gibt ja dieses berühmte Buch „Das geheime Leben der Pflanzen", 1973 auf Englisch erschienen, 1977 auf Deutsch, heute immer noch ein Bestseller mit einer ungeheuren Auflage weltweit. Das ist ein Buch, das die Wahrnehmungsfähigkeit der Pflanzen dokumen-tiert, auf eine verblüffende Weise. Und da ist es schon erstaunlich, wenn hier plötzlich ein Artikel erscheint, an einer Stelle, wo man überhaupt nicht damit rechnet und eigentlich Ungeheuerlichkeiten hier drin stehen. Ich darf nur mal ganz kurz einige Passagen hier vorlesen, also „Sensibles Grünzeug". Die halbfett gedruckten Zeilen darunter lauten dann: „Auch Pflanzen können sehen, schmecken, riechen, fühlen und hören." Aha, sie haben doch gar kein Nervensystem. Wie können sie dann schmecken, riechen, fühlen und hören? Das war doch immer die große Frage. Wenn Pflanzen wahrnehmen, wie denn eigentlich, wenn gar kein Nervensystem da ganz ist, zentrales Nervensystem? Sie nutzen diese Fähigkeiten vor allem, um sich gegen Insekten und konkurrierende Gewächse zu behaupten. Und dann heißt es hier am Anfang des Artikels: „Rizza Weber war ihrer Zeit weit voraus. Pflanzen, so entdeckte die damals 14-jährige 1986 beim Regional-Wettbewerb von ‚Jugend forscht', lieben Klassik und hassen Rockmusik." Und es ist eine ganz alte Einsicht, wenn man sie nennen darf, aus den 70er Jahren, eben da sind Pflanzenexperimente gemacht worden mit Musik, und Rockmusik mögen Pflanzen in der Tat nicht, das kann man vielfältig nachweisen. „So begeistert waren die Stangenbohnen der Schülerin von Bachs Branden-burgischen Konzerten, dass sie sie schon bald durch Buschbohnen ersetzen musste. Die Schlingpflanze hatte mit exzessivem Wachstum die Decke der elterlichen Wohnung erreicht. Die Erforschung der Sinne von Pflanzen hat in den letzten Jahren deutliche Fortschritte gemacht. Dass Pflanzen sensibel auf Einflüsse ihrer Umgebung reagieren, konnte nun auch mit den modernen Methoden der Molekularbiologie nachgewiesen werden." Das ist ja eine zentrale Behauptung dieses Buches „Das geheime Leben der Pflanzen", dass Pflanzen eben eine derartige Wahrnehmung haben.

Nun also, wenn das, wenn ich das hier so übernehmen darf, hat auch die Molekularbiologie sich dieses Terrain erschlossen. „Keineswegs tumb ist das Grünzeug. Im Gegenteil. Pflanzen, so steht fest, können schmecken, riechen, fühlen und wahrscheinlich auch hören. Im Saft ihrer Äste und Blätter schwimmen Phytohormone, die wichtige Botschaften übermitteln. In ihren Stengeln werden Erregungen geleitet wie in einem Nervensystem, und über Duftstoffe können Pflanzen mit anderen Pflanzen kommunizieren und gezielt nützliche Insekten anlocken. Möglich wurden die meisten Entdeckungen erst durch neue Arbeitsmethoden." Jetzt werden hier die Arbeitsmethoden geschildert. Ein Schaubild zeigt hier, dass Lichtrezeptoren bei

Pflanzen und Tieren erstaunlich ähnlich sind, viel ähnlicher als man es lange Zeit vermutet hat. „Die Ähnlichkeit der Lichtrezeptoren von Pflanzen und Menschen überrascht." Jetzt kommt einer der typischen Sätze in diesem Kontext: „Offensichtlich hat die Evolution", die wird hier wie ein Wesen behandelt, was handeln kann, „offensichtlich hat die Evolution für ein und dasselbe Problem unabhängig voneinander verwandte Lösungen gefunden."

Und da gibt es eine ganze Reihe interessanter Beispiele in diesem Artikel, verblüffende Geschichten. Wie gesagt, für den Leser des „Geheimen Lebens der Pflanzen" nichts Neues, aber doch neu, dass das hier neuerdings von Seiten der Biologie auch dargestellt wird. Und weitere Forschungen sind da geplant. Also erstaunliche Dinge. Ich kann es sehr empfehlen. Also nicht diese Woche, sondern letzte Woche stand der Artikel drin. Es führt uns auch direkt in das Thema, denn es ist ja ... , ich habe das hier genannt: Innenwelt – Außenwelt und habe hier die Frage gestellt, wie es denn aussieht mit dem Verhältnis von Erkennen, Wahrnehmung, Bewusstsein. Und wenn die Pflanzen, wie mittlerweile eben auch Molekularbiologen behaupten oder zu behaupten scheinen, eine Art von Wahrnehmung haben, dann müsste man ihnen oder könnte man ihnen eine Art von Bewusstsein zubilligen. Und das ist natürlich ein frappierender Gesichtspunkt. Denn was hieße das, wenn man Bewusstsein auch dort ansetzt, wo nach herkömmlichem Verständnis überhaupt gar nicht die Bedingungen dafür vorhanden sind? Dann könnte man ja noch einen Schritt weiter zurückgehen, etwa überhaupt in die sogenannte anorganische Materie. Und könnte ja fragen: Hat vielleicht sogar diese sogenannte anorganische Materie eine Art von Wahrnehmung, eine Art von Bewusstsein?

Sicherlich kein Bewusstsein, was in irgendeiner Form ichhaft fokussiert wäre, das wohl kaum. Aber es ist schlechterdings nicht von der Hand zu weisen, dass auch die sogenannte anorganische Materie in irgendeiner Form geistartig, wie das Samuel Hahnemann genannt hat, reagiert. Ich habe Ihnen das ja vor einem Jahr im Zusammenhang mit der Homöopathie dargestellt, und Volker Rohleder [hat] das im Sommer noch einmal unterstrichen. Also auch die anorganische Materie, etwa als Arzneimittel, wirkt ja geistartig. Sie ist nicht Geist, aber sie hat etwas Geistartiges, sie wirkt geistartig, und das ist schon erkenntnistheoretisch hochinteressant. Was hieße das? Es gibt verschiedentlich in trockenen und für den sogenannten Laien eher schwer nachvollziehbaren Physik-Lehr-büchern die Formulierung, auf die bin ich mehrfach gestoßen: Trägheit der Physik sei eine Art Fühlorgan der Materie für die Raumzeit-Metrik, wörtlich in physikalischen Nach-schlagewerken, ein Fühlorgan für die Raumzeit-Metrik, eine schwindelerregende Aussage. Was heißt das?

Nun wird wahrscheinlich erst einmal gesagt werden, das ist rein metaphorisch gemeint, das ist nur eine Art zu sprechen und eine Ausdrucksweise. Keineswegs läge dem eine wirkliche Wahrnehmung, ein wirkliches Fühlorgan zugrunde. Aber dass eine solche Metaphorik überhaupt verwendet werden kann, ist aufschlussreich. Also Trägheit als eine Eigenschaft, ein Fühlorgan für die Raumzeit-Metrik, festgemacht an der Fähigkeit oder an dem Vermögen der Materie im Sinne der klassischen Mechanik, unbegrenzt, geradlinig gleichförmig, sich fortzubewegen, mit gleichmäßiger Geschwindigkeit einmal angestoßen, es wird ja behauptet, in der klassischen Mechanik bewegt sich ein Körper usque ad infinitum, geradlinig gleichförmig. Warum tut er das? Was ist das für ein rätselhaftes Vermögen in der Materie selber? Oder noch weiter gefasst, und das gibt mir die Möglichkeit anzuknüpfen an das, was ich am Ende der letzten Vorlesung gesagt habe: Warum reagiert die Materie überhaupt auf ganz bestimmte, gleichsam Vorgaben aus einer Geistebene? Nennen wir das jetzt mal mit dem herkömmlichen Begriff Naturgesetze. Warum reagiert die Materie so gesetzmäßig darauf? Nimmt sie gar, was verschiedentlich vermutet worden ist, ich habe das auch vermutet, in verschiedenen Zusammenhängen, ich glaube auch so im Buch „Was die Erde will" gibt es da eine Passage drüber, also nimmt vielleicht die Materie auf eine uns nicht nachvollziehbare Weise etwas wahr? Das heißt, reagiert sie nicht einfach blind, tumb, hier im Jargon des Spiegel-Artikels, nimmt sie wahr? Hat sie eine Art von, wie ich das nennen würde, Primärwahrnehmung? Gibt es so etwas wie eine primäre Wahrnehmung in der anorganischen Materie? Wir haben gute Gründe dafür, diese Frage zu bejahen. Es gibt zunehmend Indizien dafür, dass das so sein könnte, mal ganz vorsichtig gesagt, also eine Art Primärwahrnehmung der anorganischen Materie, metaphorisch: Fühlorgan für die Raumzeit-Metrik, siehe Trägheit. Also der Gedanke, dass diese Materie in irgendeiner Form in ihrer Geistschicht auf diesen Geist reagiert, der die Naturgesetze repräsentiert.

Also jetzt mal ganz weitergedacht, dann wäre ... , dann würde also, noch einen Schritt weiter, das Geistartige in der Materie, jetzt mal den Begriff von Hahnemann aus der Homöopathie, würde das Geistartige in der Materie reagieren auf den Geist, der die Naturgesetze repräsentiert, das wäre jetzt eine sehr weitgehende Schlussfolgerung. Da würde also ein Geist auf den anderen Geist reagieren. Da würde gar nicht unmittelbar die Materie als solche reagieren, sondern ihre geistartige Dimension, als eine Hypothese, nicht als eine Behauptung, die in irgendeiner Form restlos verifizierbar wäre. Auf jeden Fall, es muss so etwas geben wie eine Art Primärwahrnehmung, auch eine Art von Kommu-nikation, die ja jeder kennt. Jeder weiß ja, dass auch anorganische Materie in irgendeiner Form auch psychisch und mental auf den Menschen wirken kann. Warum ist das so? Das ist schwer zu erklären aus einem traditionellen Verständnis von Materie. Man muss da wohl noch andere Schichten heranziehen, also dass da wirklich eine Art von Bewusstsein ist.

Nun ist das, bestimmt, ich sage es noch mal, kein ich-fokussiertes Bewusstsein, eine Art Wir-Bewusstsein wohl auch nicht. Wahrscheinlich greifen alle Begriffe nicht, die wir in dem Zusammenhang anwenden. Wir haben ja schon große Schwierigkeiten, überhaupt eine klare Aussage darüber zu machen, was Tiere oder wie Tiere wahrnehmen. Ich habe das ja im Sommersemester angedeutet. Ich will im Sommersemester nächsten Jahres auf diese Fragen mehr eingehen, auch auf Pflanzen, Tiere und ähnliche Wesenheiten, um mal jetzt nicht „Dinge" zu sagen oder „Phänomene" zu sagen. Also wir wissen eigentlich fast nichts darüber. Wir können zwar feststellen, dass zum Beispiel Insekten auch auf Schwingungen reagieren, die uns nicht zugänglich sind. Aber was ist wirklich sozusagen, wie sich ... , ich sage es mal ganz flapsig, wie es sich anfühlt, ein Insekt zu sein oder eine Fledermaus zu sein oder der Dackel zu sein, der angeblich jedes Wort versteht, das ist eine andere Frage, oder wie ich weiß, auch Ken Wilber bringt das Beispiel, wenn ich einer Ameise oder einem wie immer hoch organisierten Tier zum Beispiel ein Stück Brandenburgische Konzerte von Bach vorspiele, dann ist es schlecht vorstellbar, dass von dort eine wirkliche Resonanz kommt. In irgendeiner Form aber scheint es eine Wahrnehmung zu geben, die tatsächlich im Falle der Pflanzen positiv das Pflanzenwachstum beeinflusst. Dann muss man fragen: Was ist das? Sind das Schwingungen, die in ihr transportiert werden, von der Pflanze aufgenommen werden? Alles schwierige Fragen. Immerhin scheint man sich diesen Fragen ein bisschen zu nähern. Also die Frage nach der Wahrnehmung müsste sehr tief ansetzen. Sie müsste tatsächlich, wenn man ganz konsequent ist, schon in der anorganischen Materie ansetzen.

Dann ist es auch schlechterdings schlecht vorstellbar, dass ein ichhaftes Wesen, dass ein Wesen, das Geist und Bewusstsein hat wie wir, hervorgegangen sein soll aus einem bloßen „Es", einem Ding, einem etwas, was in sich absolut geistlos ist. Also wir haben gute Gründe, Geist ganz tief unten gewissermaßen anzusetzen. Und da liegt der Punkt jeglicher Erkenntnistheorie. Und zwar viel konkreter als sich, dass die philosophische Erkenntnis-theorie, im Laufe langer Jahre häufig genug immer verdeutlicht hat. Da gibt es ja in vielen, spätestens seit dem deutschen Idealismus, seit Kant, aber auch im Grunde genommen schon vorher, gibt es ja immer die Frage, die quälende Frage, ja auch leidig quälende Frage und sehr abstrakt beantwortete Frage: Wie ist es denn mit Innen und Außen? Wie steht denn die Innenwelt zur Außenwelt?

Und man kann sogar sagen, dass vielleicht diese Frage nach dem Verhältnis von Innenwelt und Außenwelt überhaupt die Schlüsselfrage ist der gesamten Erkenntnistheorie. Nicht, wie ... , was hat es damit auf sich? Und das ist der Ansatzpunkt auch dessen, was ich nachher noch darstellen möchte, der Lehre von Ken Wilber über die vier Quadranten. Er versucht nämlich, einen Zugang zu finden, was diese Frage betrifft.

Nun ist das immer auch eine Frage, die sehr schwierig und abstrakt beantwortet wurde, oft wenig konkret. Interessant sind ja eben solche Beobachtungen, solche Phänomene, die man einbeziehen müsste und aber neuerdings natürlich auch neurophysiologisch, was den Menschen betrifft, viele Antworten gefunden haben oder sich jedenfalls vorgestellt, dass viele Antworten gegeben haben. Wen das interessiert, das will ich im Detail nicht darstellen, in diesem Moment hier, dem sei ein Buch empfohlen, was nicht auf der Literaturliste ist. Aber wenn verschiedentlich von mir auch schon mal angedeutet wurde, was diese Fragen im Hinblick auf die Neurophysiologie [betrifft], finde ich klarer und überzeugender als andere Bücher, die mir bekannt sind, darstellt. Ich meine das letzte Buch von John Eccles, dem berühmten Medizin-Nobelpreisträger, der vor kurzem verstorben ist, „Wie das Selbst sein Gehirn steuert", von John Eccles, „How the Self controls its Brain" heißt das im Original, also, in diesem Buch gibt John Eccles im ersten Teil eine sehr differenzierte und didaktisch meisterhaft gemachte Darstellung der Grundantworten auf diese Frage. Also wie kann man denn, wenn man sich überhaupt dieser Frage öffnen [mag], jetzt bezogen auf den Menschen, (immer Innenwelt – Außenwelt, jetzt mal bezogen auf den Menschen,) auf die neurophysiologischen Prozesse, nicht, das ist ja bekannt, da ist ja innen und außen, da gibt es bestimmte Korrelationen. Wenn ich in bestimmter Weise denke oder wahrnehme, imaginiere, wenn ich erregt bin, wenn ich Musik höre, wenn ich träume, immer verändert sich die andere Seite, die materielle Seite, und ein nicht endender Streit entsteht natürlich darüber was ist das Primäre, was ist das Sekundäre? Verursacht das eine das andere? Gibt es Zeitverzögerungen, oder ist das absolut synchron und parallel? Das ist ja eine Diskussion, die zum Teil auch empirisch geführt wird, mit genauesten Messungen. John Eccles versuchte es auch, hat es versucht.

Auf jeden Fall, er gibt eine Darstellung der möglichen Positionen, die man zu dem Thema einnehmen kann, sozusagen die Grundpositionen. Und dann stellt er am Ende in der zweiten Hälfte des Buches seine eigene Theorie dar, auf die wir jetzt nicht im Einzelnen eingehen. Sie ist eigentlich ja weltbekannt geworden seit den späten 70er Jahren. Das Ich und sein Gehirn, seine Grundthese des Dualismus, nicht, wie er das genannt hat, wie man ihm das auch als Etikett angeheftet hat, also er sei dualistisch. Er nimmt an, dass es eine eigenständige Selbst-Instanz, einen eigenständigen Selbst-Geist gibt, der sich des Gehirns als seines Werkzeugs bedient, wie sich ein Pianist des Klaviers bedient. Das ist ja eine seiner Grundthesen, natürlich von den meisten Neurophysiologen heute abgelehnt. Aber immerhin, damit ist er weltberühmt geworden, und das hat er in verschiedenen Büchern immer wieder dargestellt und im letzten Buch hier auf eine großartige Weise auch unter Einbeziehung möglicher Freiheitsspielräume in den sogenannten Synapsen, also den Nervenendungszusammenhängen in Einbeziehung auch von quantentheoretischen Überlegungen. Also hochinteressant, denn, ich habe Ihnen das ja schon mal, oder zwei, drei Mal im Laufe des letzten Jahres erläutert, dass ja das das Hauptproblem ist bei Innenwelt – Außenwelt in Bezug auf den Menschen, dass die Prozesse im Körper, wenn sie sogenannte normale materielle Prozesse sind, ja autonom so laufen, als ob der Geist, als ob das Selbst wie immer, gar nicht vorhanden wäre. Nicht, das habe ich Ihnen ja auch das letzte Mal kurz angedeutet, das muss man sich immer mal wieder klar machen, weil das wirklich Verblüffung auslösen kann.

Ich sage das ja öfter und erlaube mir hier noch mal diese Wiederholung – wie überhaupt der menschliche Wille auf den Leib einwirken kann, wovon ja jeder überzeugt ist. Wie selbstverständlich, es ist ein ganz großes Rätsel, das bis zum heutigen Tag noch keiner gelöst hat. Wie ist es möglich, dass eine Willens-Instanz im Menschen, die mit dem Ich irgendwie verbunden ist, auf den Leib überhaupt einwirken kann? Denn wenn sie es wirklich könnte, in jedem Moment, dann wäre in dem Moment die Naturgesetzlichkeit gleichsam aus den Angeln gehoben. Dann müsste in irgendeiner Form ein Energie-Transfer stattfinden. Der findet aber nicht statt. Also was ist? Und dann muss man andere Begriffe wählen, muss sagen, es geht hier gar nicht um Energie, es geht hier um Information und so weiter. Sehr schön bei John Eccles nachzulesen.

Also, es geht um die Grundfrage von innen und außen. Die Außenwelt, die der Mensch zunächst einmal wahrnimmt, folgt ja ganz bestimmten Gesetzmäßigkeiten, die er einfach hinnehmen muss, die er zunächst einmal gar nicht beeinflussen kann. Aber seine Innenwelt ist ja so differenziert, so vielfältig, so farbig, so unvorstellbar weit und eben vielgestaltig, dass man zunächst gar nicht sehen kann, wo der Zusammenhang überhaupt bestehen soll, worin der Zusammenhang bestehen soll. Das ist die Grundfrage, mit der sich jeder, der überhaupt sich mit Erkenntnistheorie beschäftigt, auseinandersetzen muss: Wie kommt das Innen zum Außen, oder wie kommt das Außen zum Innen. Natürlich ist die einfachste Form immer gewesen, indem man sagt, das eine lässt sich auf das andere reduzieren, das ist die einfachste Version, also hier ist die Innenwelt, die eine Seite, und da ist die Außenwelt auf der anderen Seite. Die Frage ist ja, was für eine Wechselbeziehung existiert hier?

Natürlich hat es immer Überlegungen gegeben, das Eine auf das Andere zu reduzieren. Also reduktionistisch natürlich, klar, das kennen Sie. Wenn man sagt, die Innenwelt hat überhaupt keine Eigen-Wirklichkeit, sie ist nichts weiter als eine Widerspiegelung der Außenwelt. Hier auch bei Karl Marx, obwohl es hier Marx schon differenziert gedacht hat, Marx ist ja nicht so, sagen wir mal, grobstofflich-materialistisch in seinem Denken gewesen, dass er nur gemeint hätte, dass sei restlos darauf reduzierbar. Es gibt ja auch im Sinne von Marx diese Wechselwirkung. Aber erst mal primär, die Außenwelt im Sinne von materiellen Produktionsverhältnissen wirkt auf die Innenwelt, individuell und kollektiv. Also, könnte man sagen, in einer Extremposition, die Innenwelt gibt es eigentlich gar nicht. Sie ist ein kulturelles Produkt von sehr komplizierten materiellen Prozessen. Dass wir diese Verbindung nicht vollständig herstellen können, läge einfach daran, dass wir nicht genug wissen über die Welt, wie sie da außen ist.

Dann habe ich mir die Position im letzten Sommer dargestellt, in der sogenannten Kognitionswissenschaft da gehen beide ineinander, da greift das ineinander, als Innenwelt und Außenwelt, und zwar auf eine unlösbare Weise, so dass eine Zwischenzone entsteht, die unsere eigentliche Wahrnehmungszone ist, aus der wir nicht heraus können. Nicht, das behaupten ja die Kognitionswissenschaftler. Wir sind unlösbar in dieser Überschneidungszone von Innenwelt und Außenwelt. Das heißt, jeder Versuch, die eine Seite zugunsten der anderen gleichsam kollabieren zu lassen, ist per se hinfällig, denn das muss man sich konsequent klarmachen. Wenn ich, jetzt mal ganz plump, grob materialistisch, obwohl das ja kaum gedacht wird, sage, alle Innenwelten sind restlos reduzierbar auf Außenwelten, wenn ich das so radikal sage, dann kollabiert natürlich die Innenwelt. Die extremste Schule in der Psychologie ist ja der Behaviorismus. Da heißt es bei Skinner und Anderson: Es gibt überhaupt keine Innenwelt, es gibt nur das Verhalten, nur die Phänomene, Menschen verhalten sich in bestimmter Weise, es wird beobachtet, kartografiert, mathematisiert, nicht, die radikalste Schule in dieser Form der Psychologie. Alles ist letztlich Außenwelt, die wir auch messen können.

Eine andere Möglichkeit ist natürlich, indem man es umgekehrt macht. Auch diese Ansätze hat es ja gegeben in der Menschheitsgeschichte, immer wieder. Wie man genau das eben ... , indem man die Außenwelt gleichsam kollabieren lässt, indem man sagt, die Außenwelt ist nur eine Emanation der Innenwelt, alles ist Geist, und auch die Außenwelt scheint nur eine Materialität außen zu besitzen, in Wirklichkeit ist es nur etwas in unserem Bewusstsein. Das ist in einem absoluten Sinne nicht widerlegbar. Man kann natürlich sagen, das ist doch absurd, man spürt doch die Materialität, man hat doch die kollektive, auch harte Wirklichkeit. „Hart im Raume stoßen sich die Sachen", heißt es bei Schiller. Also trotzdem kann man das nicht konsequent widerlegen, nur als eine mögliche Gegenposition. Also die Position kann man als idealistisch jetzt bezeichnen, wenn man einen Begriff dafür wählen möchte oder Spiritualismus, es ist nicht so wichtig, meistens als idealistisch bezeichnet.

Es gibt heute einige Entwicklungen, auch in der Quantentheorie, die in diese Richtung deuten. Es ist eher eine Position in der Minderheit, aber es gibt da einige Quantentheoretiker, die wollen das so weit treiben bis zu diesem, kann man ja sagen, wenn man das kritisch beleuchten will, absurden Extremen, wenn man sagt, alle Außenseiten sind eigentlich nichts weiter als Widerspiegelung von Innenwelten und eine Vielzahl von miteinander verzahnten Faktoren, die das Ganze ungeheuer kompliziert machen.

Nun hat es natürlich früh, jetzt mal auf Kant zu sprechen kommen, den Gedanken gegeben, diese Außenwelt unterliegt doch ganz offenbar bestimmten Regelhaftigkeiten, Gesetzmäßigkeiten. Das ist ja nicht einfach ein wirres Spiel unter Phänomenen, das sind ja nicht nur Farbkleckse, Empfindungen, sondern das ist geordnet in irgendeiner Form. Wie kommt die Ordnung in diese Welt hinein? Und da war ja der Grundansatz von Kant der gewesen, dass er sagte, der Mensch projiziert, das Wort tritt bei ihm nicht auf, aber faktisch sagt er das, der Mensch projiziert eine Gesetzeswelt in eine an sich vollkommen undurchschaubare Außenwelt. Das sagt er also nicht stramm idealistisch, sage ich mal, mit George Berkeley und anderen: diese Außenwelt gibt es gar nicht, er sagt nur, was die Außenwelt für sich ist, ohne dass ich sie mit meinen Kategorien, wie er das mit Aristoteles nennt, beobachte, das weiß ich gar nicht. Also darüber gibt es keine gesicherte Auskunft, aber ich habe die Möglichkeit, Projektionen anzubringen. Kant geht dann sogar so weit, dass er sagt: Raum, Zeit, Substanz im Sinne von Aristoteles sind solche Kategorien, mit denen man also diese Außenwelt erkennbar macht. Frage: Warum funktionieren sogenannte Naturgesetze? [Da] sagt Kant: Ganz einfach, weil wir diese Naturgesetze selber gemacht haben. Nicht, das ist ja der Ausgangspunkt, die verblüffende Pointe, wenn man so will bei Kant. Nicht, das war ja seine Frage ausgehend von der Newtonschen Physik: Ja wieso funktioniert dann eigentlich die Natur, der Kosmos nach bestimmten Gesetzmäßigkeiten, die man auch bis zu einem gewissen Grade mathematisieren kann? Warum ist das so? Kant's verblüffend einfache und auch erschreckende Antwort, wenn man so will: Ja, wir haben es hineinprojiziert. Also unsere, die sogenannten Naturgesetze sind nichts weiter als Projektionen und die nun zurückgespiegelt werden. Viel kritisiert worden [ist] auch der Ansatz von Kant. Auf jeden Fall ist er damit berühmt geworden. Nicht, also „das Ding an sich" ist nicht erkennbar.

Nun ist das eine mögliche Position, auch eine Mischform. Das hat man denn auch so interpretiert, dass Kant radikal Idealist gewesen sei, was in der Form nicht stimmt. Also Kant war in dem Sinne nicht Idealist, wie das etwa George Berkeley war. Also, das wäre eine andere Möglichkeit: Ich sage, es gibt eine mich umbrandende, eine vielleicht unge-heuer lebendige, intensive Außenwelt. Aber ich weiß in der Tiefe nicht genau, was sie ist, denn ich bin gewissermaßen durch mich selber bestimmt. „Der Mensch verdeckt die Dinge", sagt Nietzsche einmal sehr schön. Nicht, wir können die Dinge nicht sehen, weil wir selber, in unserer Konstitution, verdecken die Dinge. Das heißt, wir wissen nicht wirklich, was diese Welt außerhalb unserer selbst wäre. Und die vorhin genannte Ameise oder der Hund, wie immer, nehmen natürlich eine an sich ganz andere Welt wahr. Und jeder hier im Raum, so sehr wir auch eine gemeinsame Wirklichkeit haben, wie ich hoffen möchte, und uns auch über eine gemeinsame Sprache verständigen können, hat doch jeder einzelne seine ganz eigene Innenwelt.

Also, was der Jochen Kirchhoff hier erzählt, wird in jedem von Ihnen in der Tiefe einen anderen Kontext haben. Jeder hört zwar die gleichen Worte, aber in jedem gibt es einen ganz anderen Kontext, biographisch, wie man sich in dem Moment fühlt und tausend Dinge sehr komplex zusammenkommen. So baut sich in gewisser Weise, ich weiß nicht wieviele Menschen jetzt hier im Raum sich befinden, gibt es soundso viel, was weiß ich, siebzig könnten es sein, siebzig verschiedene Vorträge werden hier gehört, obwohl ich nur einen halte. Das ist einfach so. Wenn man dann hinterher fragen würde, was hat der denn gesagt? Kann man immer wieder feststellen, dann sagen Leute ganz verschiedene Dinge, legen dann den Akzent auf vollkommen verschiedene Dinge, sodass man das Gefühl hat, die reden überhaupt von einer anderen Veranstaltung. Also, das weiß ich nun aus lang-jähriger Erfahrung. Das ist einfach die Wirklichkeit der Wahrnehmung. Wir alle haben die berühmte selektive Wahrnehmung, das geht mir genauso. Man hört bestimmte Dinge, hört andere Dinge nicht, filtert manche Dinge heraus, die einen im Moment nicht interessieren, oder man versteht das nicht. Kann das sein? Lagert es, legt es zur Seite und geht dann weiter.

Also. Nun ist es aber zu einfach, wenn man häufig in diesen Diskussionen hört und auch bei den Philosophen immer wieder, auch bei Kant lesen konnte, es gibt also die Innenwelt und die Außenwelt. Häufig wird dabei missachtet, sage ich mal bewusst scharf, auch bei Kant übrigens, dass wir ja auch den anderen Menschen, um nicht von anderen Wesen zu reden wie Pflanzen oder Tiere oder der Erde als Gesamtheit, dass wir also auch die anderen Wesen ja nicht einfach als Oberfläche wahrnehmen, das wäre ja furchtbar. Aber das ist ja hier ... , sicherlich wird das immer wieder den Blick geben, den gleichsam von außen vollzogenen Blick, der nur die Oberfläche wahrnimmt, sozusagen nur die Außen-seite, die man beschreibt. Das Außen hat ja ein Innen, insofern wird die Sache ja extrem kompliziert. Wir haben ja nicht einfach nur unsere subjektive Innenwelt und eine Außenwelt, sondern jeder von uns hat ja den jeweils anderen als eine Außenwelt, die gleichzeitig eine Innenwelt ist. Und da setzt ja die Schwierigkeit der menschlichen Kommunikation an, dass man eben ..., dass die Innenwelt, das ist ja die ganze Psychologie, dass man die Innenwelt des anderen nicht wirklich versteht, weil der andere ist eben wie er ist, aus seiner eigenen Tiefe und Biografie heraus, und die Sprache kann nur immer bis zu einer bestimmten Grenze gehen und eine bestimmte Grenze ist nicht überschreitbar. Deswegen sagen die Behavioristen: Vergesst das ganze Zeug, können wir sowieso nicht ausloten, gehen wir mal davon aus, dass die Dinge einfach nur Außenseite sind, es gibt nur Verhalten. Extrem.

Also, es reicht im Grunde nicht zu sagen Innenwelt-Außenwelt, es ist ein dürres, abstraktes, irgendwie unlebendiges Schema. Denn man müsste ja hier eigentlich alles unterbringen auf dieser Seite, was nicht die individuelle Innenwelt ist. Da kann man natürlich dann den nächsten Schritt vollziehen. Das macht Ken Wilber, und das machen auch andere, mit einigem Recht, sie sagen, gut, da gibt es erstmal innen und außen, aber, vielleicht kann man dies auch noch unterteilen, indem ich sage: Es gibt das individuelle Innen, das Innen jedes Einzelnen, und es gibt das kulturelle Innen, das Innen als wir, denn jeder Einzelne, der sich als Ich empfindet, ist ja nicht einfach als isolierte Monade, die irgendwo im eiskalten Universum schwebt, sondern unsere gesamte Sprache, unsere gesamt Kultur, unseres gesamtes In-der-Welt-Sein ist ja geprägt von einem kulturellen Kontext. Insofern kann man das schon mal primär unterteilen in individuell und ganz vereinfacht gesagt, kollektiv. Also, oder, wenn man dafür jetzt Begriffe verwendet, die bei Wilber auftauchen, dann kann man sagen, dass ist Ich und das ist das Wir, wobei auch das natürlich sehr unzulänglich ist, denn man müsste das Du hinzubringen. Nicht, das Du, die Begegnung zweier Menschen ist ja nicht einfach ich und wir, das zu wenig. Sicherlich ist es auch ich und wir, und man sagt ja auch, eine Frau ist eher dazu geneigt, das Wir hervorzuheben, der Mann eher das Ich und die müssen sich irgendwie einigen, das klappt nicht, und es ist eine nicht endende Konfusion, weil er immer das Ich meint und sie immer das Wir meint, und insofern reden dann beide furchtbar aneinander vorbei.

Also, hier müsste man noch die Kategorie, die Martin Buber angeführt hat, das Du einbringen, das Dialogische, also das Du. [Das] wäre also die dritte Komponente, das Ich, das Wir und das Du. Und dieses Du, wenn man denn überhaupt sich anheischig macht, einen naturneuen Ansatz zu betrachten, wäre dann eben auch die Pflanze, das Tier, die Mineralien, die Erde. Das wäre ein neuer Ansatz, das wäre nicht einfach ein Zurückfallen in eine vormentale Stufe, alles ist belebt, kollektiver Animismus, das nicht. Es wäre ein neuer ... , man würde auf einer neuen Stufe das Du in den Dingen wiedergewinnen. Zum Beispiel, das Du in einer Pflanze, die im Zimmer steht, die ich vielleicht jeden Tag gieße, aber ich begreife gar nicht, dass diese Pflanze, um noch mal darauf zurückzukommen, in irgend einer Form eine Art Wahrnehmung für mich hat.

Nun ist die Frage nicht entscheidbar, was genau nimmt die Pflanze wahr, was kann sie wahrnehmen? Das wissen wir nicht. Aber dass in irgendeiner Form eine Form der Wahrnehmung existiert, dürfte als sicher gelten. Und diese Wahrnehmung geht sehr weit. Diese Wahrnehmung geht in die psychische, mentale Befindlichkeit des Menschen hinein. Das geht sehr weit. Ich darf nochmal auf das Buch „Das geheime Leben der Pflanzen" verweisen, wo eine Fülle von Beispielen genannt werden.

Also, man kann sagen, die Innenwelten haben eine individuelle und eine kollektive Seite und eben auch die Außenwelt. Und das ist ein erstaunlicher Gedanke, den hier Wilber angeführt hat. Der ist eigentlich naheliegend, und man fragt sich, warum ist das nicht früher gesehen worden? Er sagt auch, in der Außenwelt gibt es diese Unterscheidung: individuell und kollektiv. In gewisser Weise, das müsste man dann in Anführungszeichen setzen, auch eine Art Ich und eine Art Du und eine Art Wir. Dann hätte man, und das sind diese sogenannten vier Quadranten bei Ken Wilber, vier Komponenten. Ich finde das auch etwas abstrakt, schematisch gedacht bei Ken Wilber, das muss ich kritisch sagen, so sehr ich das auch sonst schätze. Es ist etwas abstrakt, schematisch gedacht und kann leicht in die Irre führen, wenn man das Lebendige dabei draußen vor lässt. Und das kann einem leicht verloren gehen, wenn man das schematisiert in solchen Skizzen. Es ist immer sehr gefährlich. Ich mache das immer mit gewissen Vorbehalten.

Also, man hätte dann hier auch eine individuelle und eine kollektive Schicht. Man kann also sagen: Das wäre die intimste Sphäre, der Innenraum des eigenen Ich. Das wäre sozusagen, wenn man will, der kleinste Raum jedes Einzelnen von uns, auch hier im Raum, die Intimsphäre, der Ich-Innenraum, unsere gesamten Träume, Visionen, Wünsche, Hoffnungen, in der Psychologie nennt man das auch das Intentionale, also die gesamte Innenperspektive, die wir mit keinem anderen Menschen teilen, die wir wirklich ... , wo jeder nur ganz für sich und mit sich ist. Und dem entspräche dann auf dieser Seite, das wäre also ein Korrelat, die materiell-physiologische Grundlage. Dieser Mensch, der diese Innenwelt hat, diese Vision, diese Träume, diese Hoffnungen, diese Intentionalität, diese Liebesgefühle, Verbundenheitsgefühle, diese Einsamkeit, was auch immer er an Empfindungen hat, diese Innenseite hat auch eine Außenseite, eine individuelle Außenseite. Dieser Mensch ist nämlich ein ganz bestimmtes Individuum, auch als Körper bzw. von innen gesprochen als Leib. Er hat zum Beispiel bestimmt, vielleicht, ganz bestimmte Defekte. Er ist krank geworden, hat Einwirkungen auf sich erleiden müssen, die nun auch das Ich beeinträchtigen. Das ist die berühmte Wechselwirkung, also ich habe heute meinen schlechten Tag beispielsweise, oder mir geht es heute schlecht oder diese ganzen Gefühle, die von vielen Faktoren abhängig sind.

Wer krank ist und ständig Schmerzen hat, hat eine andere Innenperspektive als jemand, der das nicht hat, der ohne Schmerzen ist.
Das ist banal, aber es ist doch immer wieder ganz wichtig, sich das
mal klarzumachen. Also, es gibt diese Außenseite, und was immer an
komplizierten Vorgängen möglicherweise unter einer Schädeldecke
sich abspielt, kann ja sein, dass sich da extreme Wunderwelten abzeichnen, von außen sieht das Ganze ganz anders aus. Man müsste
quasi die Schädeldecke abheben während einer zu Gange ist, wie immer und genau [sehen] was passiert da. Das geschieht ja auch, nicht,
man hat ja, man kann das machen, man kann zum Beispiel ganz bestimmte Substanzen eingeben, während ein Mensch träumt. Dann
kann man das verfolgen, auf dem Bildschirm sieht man genau, jetzt
läuft das diese Bahnen, man kann das machen, das hat man ja auch
gemacht. Man kann, da ist man auch ziemlich weit gekommen. Man
kann bestimmte Gehirnregionen dann auch den Träumen zuordnen.
Das erklärt die Träume nicht, es bleiben viele Fragen, aber es gibt ja
den Zusammenhang. Nicht, sie wissen das ja alle, diese Zuordnungen
sind ja bekannt seit dem 19. Jahrhundert, obwohl es ja immer noch
eine Fülle von vollkommen rätselhaften Phänomenen gibt, die nicht
erforscht sind. Auf jeden Fall. Es gibt diese Innenperspektive, die Innenperspektive und die Außenperspektive des Einzelnen.

Und man könnte, so man von Bewusstsein spricht, tatsächlich den
Neokortex untersuchen. Also jetzt mal: Was passiert im Gehirn von
Mozart, während er sein letztes Streichquartett geschrieben hat? Was
ist da passiert? Das ist doch das ganze Thema, das kennen sie ja, man
sagt, ja gut, bestimmte schöpferische Leistungen, die müssen irgendwie hier auch neurophysiologische Korrelate haben. Also schließe ich
mal einen Künstler, wenn er gerade seine genialen Einfälle hat, im
Labor an irgendwelche Elektroden an. Leider nur ist das Labor nicht
der Ort, wo dann diese Einfälle so fließen. Da liegt die Schwierigkeit,
dass man also diese ... , dass man zwar einen Zusammenhang herstellen muss, dass man sagen muss, alles ... , wenn es denn stimmt, alle
Bewusstseinsphänomene haben in irgendeiner Form ein Korrelat im
Neurophysiologischen. Wenn die Prämisse stimmt, es sieht so aus,
als ob es dieses Korrelat gibt, diese Korrelationen gibt. Mit letzter
Sicherheit ist das nicht ... Es könnte genauso gut sein, es ist auch
nicht widerlegbar, dass es Bewusstseinsphänomene gibt, die eben
nicht gebunden sind an gehirnphysiologische Prozesse. Dass, wenn

die Pflanze zum Beispiel jetzt auf der unter-ichhaften Ebene Wahrnehmungsvorgänge hat, dann gibt es ja kein zentrales Nervensystem, was in irgendeiner Form diese Möglichkeiten überhaupt beinhaltet.

Also, es ist schwierig. Man kann ja auch sagen, wie das in asiatischen Denkformen gesagt wird, wo man ja auch nicht wusste, dass der Neokortex der Sitz des Gehirns [ist], man glaubt ja, das Herz sei der Sitz des Bewusstseins; dass man auf bestimmten Ebenen bestimmte Bewusstheitsschichten auch annimmt. Dann sieht es natürlich vollkommen anders aus. Dann könnte man sagen, es gibt auch eine Art Wahrnehmung einer ganz anderen Bewusstseinsschicht. Man spricht ja vielleicht nicht umsonst vom Kehlkopf. Kehlkopf ist ein interessantes Wort; eben in asiatischen Traditionen ist der Kehlkopf eine Vermittlungsebene, ein Verwaltungszentrum, zwischen dem mentalen und dem Herzbereich, also durch die Sprache. Also Kehlkopf, also wirklich ein Kopf, und mit dem Herzen denken war in der asiatischen Tradition, nicht metaphorisch gemeint. Wie muss man mit dem Herzen denken? Ist immer so kalt intellektuell, das Herz muss denken, das war nicht metaphorisch gemeint, sondern buchstäblich. Das Herz galt als Zentrum des Denkens, als Zentrum des Bewusstseins. Also, man kann also unterstellen, dass es bestimmte Korrelate gibt, ich sage es noch mal, mit restloser Sicherheit ist es nicht erweisbar. Es könnte Bewusstseinsphänomene geben, die nicht auf dieser Ebene nachvollziehbar sind. Ich will jetzt mal schweigen von vielen Belegen, die es ja auch gibt für Menschen, die aus ihrem Körper herausgetreten sind in Grenzzuständen, das ist ja nun millionenfach mittlerweile belegt und auch eine Art von Wahrnehmung haben oder hatten, die offenbar auch bewusstseinsmäßig fassbar ist, die aber nicht an die Neurophysiologie gebunden ist. Das ist, soweit ich weiß, noch nicht letztgültig erforscht, und das ist immer die Frage, wenn jetzt parallel im Gehirn etwa in Grenzzuständen eine Ausschüttung von Endorphinen [auftritt], wie es etwa heißt, mit Glücksgefühlen. Ja, was löst die Glücksgefühle [dann letztlich aus?]

Hinweis: Zwischen Min. 36:46 und 46:44 des Videos gibt es eine Passage die nur mit dem jeweiligen Tafelwerk verständlich werden. Dieser Teil ist deshalb hier ausgelassen.

* * * * * * *

Die Frage des Leibes
Naturphilosophie als Leibphilosophie

Wie generell in den letzten drei, vier Jahren kehre ich in gewisser Weise aus dem Kosmos zurück auf die Erde im Sommer. Ich glaube, die letzten drei Wintersemester [habe ich] im weiten Sinne Fragen der Kosmologie behandelt: Mensch, Erde, neue Naturphilosophie, neue andere Kosmologie und in den letzten drei Sommersemestern weit gefasst Fragen von Ökologie, von Geomantie, von Polarität in der Erfahrung hier auf der Erde, eben auch in der Leib-Erfahrung. Insofern ist die Frage des Leibes uns immer wieder schon begegnet. Ich habe heute zum ersten Mal seit vielen Jahren die Leib-Frage jetzt in den Mittelpunkt gerückt, also das lebende Buch der Natur, Teil 3 heißt jetzt „In der Welt sein, im Leib sein – Zur Philosophie und Phänomenologie des Leibes".

In-der-Welt-sein, das ist ja ein Begriff, ein Terminus, der auf Heidegger zurückgeht. In seiner Zeit, 1927 taucht er auf und meint, kurz gesagt, kurz gefasst, eine elementare Grundgegebenheit der Existenz. Der Mensch ist nicht einfach im Nirgendwo. Er hängt nicht in einem Irgendwo, sondern er hat einen konkreten Ort. Der Mensch ist nicht ortlos, er ist nicht weltlos, sondern er hat einen Ort in der Welt. Ja, er ist seinem Wesen nach ein Wesen, was sich bestimmt durch das in-der-Welt-sein. Das mag sich fast banal anhören, ist aber keineswegs banal, denn die traditionelle Philosophie hat diesen Sachverhalt, der sich auch, wie wir sehen werden, über die Leiblichkeit vermitteln lässt, in großen Teilen ausgeklammert. Das In-der-Welt-sein wurde weitgehend eliminiert. Also In-der-Welt-sein – ich spreche eher und vielleicht prägnanter noch in meinem Kontext von In-sein des Menschen. Also der Mensch ist ein In-sein-Wesen. Seinem Wesen nach ist er immer *innerhalb* absoluter und relativer Zusammenhänge. Es gibt ein Darin des Menschen und dieses Darin ist unter anderem der Raum und der Kosmos. Der Mensch ist ein Im-Kosmos-sein-Wesen, das ist wichtig.

Philosophie und Phänomenologie des Leibes. Was heißt das? Phänomenologie ist ein Begriff, das will ich kurz erläutern, der nicht selbstverständlich ist. Er geht auf die griechische Philosophie zurück und bezieht sich auf die Phänomene, auf das, was erscheint, also ein Phänomen ist etwas, was erscheint. Der Begriff „Welt der Erscheinungen" als ein Begriff für die phänomenale Welt, die Welt der Erscheinung geht auf Kant zurück. Kant hat den Begriff erfunden, der bis heute übrigens auch in der Naturwissenschaft verwendet wird, die Welt der Erscheinungen. Ein sehr schwieriger, ein auch missverständlicher, ja geradezu diffuser Begriff, denn er wirft sofort Fragen auf: Wenn diese Sinnenwelt eine Welt der Erscheinungen ist, dann erhebt sich sofort die Frage: Was erscheint da? Was ist dieses Erscheinende, und für wen erscheint es? Und das hatte ja Kant ziemlich eindeutig beantwortet: Diese Welt ist eine Welt der Erscheinungen für ein bestimmtes Subjekt, für das, was er das transzendentale Subjekt nannte, also nicht unbedingt für den je Einzelnen, sondern für das transzendentale Subjekt, was jeder Einzelne in sich trägt und ist. Und das hat große Verwirrung und ungeheuer viel Diskussion ausgelöst. Was erscheint da eigentlich? Und was verbirgt sich in dieser Erscheinungswelt? Und das wird uns also beschäftigen. Und Phänomenologie des Leibes bezieht sich auf das In-der-Welt-Sein im Hinblick auf die Frage, welche leiblich erfassbare, leiblich erfahrbaren Phänomene lassen sich in einen konsistenten philosophischen Zusammenhang bringen?

Das setzt voraus, dass man überhaupt diese Phänomene erkennt, dass man sie überhaupt zulässt und dass man eine Sprache dafür hat. Das ist ja nicht selbstverständlich, dass man eine Sprache findet für das eigene Im-Leib-sein, das eigene In-sein auch als Leib-Wesen. Und wenn man die Philosophiegeschichte sich anschaut, dann stellt man fest, dass die Sprache, was diesen Bereich betrifft, eher unterentwickelt ist, dass sie also erst einmal in erster Lesung weitgehend nuancenlos ist, dass viele bedeutende Philosophen oder die als solche gelten, kaum etwas ausgesagt haben über die ungeheure Differenzierung, die unvorstellbare Subtilität der Leiberfahrung. Das findet man eigentlich erst in Ansätzen bei Schopenhauer, vorher fast überhaupt nicht. Bei Schopenhauer, bei Nietzsche und dann bei anderen, Husserl, Heidegger und andere, auch Sartre zum Teil, findet man also den Versuch, die Leiberfahrung auch sprachlich auszudifferenzieren.

Am extremsten und faszinierendsten bei einem zeitgenössischen Philosophen, der in diesem Semester eine große Rolle spielen wird, bei dem Philosophen Hermann Schmitz, einem mittlerweile emeritierten ehemaligen Philosophieprofessor aus Kiel, der in einem riesigen Werk wie kein anderer Leib-Philosophie betrieben hat, die er Neue Phänomenologie nennt, und wie kein anderer in einer ungeheueren Breite und auch sprachlichen Differenzierung und einem ungeheuren Nuancen-Reichtum Dinge philosophisch quasi in die Sprache, überhaupt in die philosophische Dignität gehoben hat, die bis dahin gar nicht sprachlich-philosophisch in Erscheinung getreten waren. Also auf faszinierendste Weise, bis in Kleinigkeiten hinein, bis in das Spüren der Gliedmaßen, das Spüren von Atmosphären. Also das ist ein ganz wichtiger Punkt im Kontext dieser Phänomenologie, und das will ich in diesem Semester versuchen zu entwickeln, dass wir ja alle, wenn wir erfahren, auf eine ganzheitliche Weise immer in bestimmten Psycho-Atmosphären stehen, auch in diesem Raum zum Beispiel, in diesem Moment. Wir sind ja immer in bestimmten Psycho-Atmosphären. Das hat die Philosophie weitgehend unbeachtet gelassen. Die Naturwissenschaft auch, weil Psycho-Atmosphären sind kein Gegenstand der objektivierenden, exakten, der mathematisierenden Naturwissenschaften. Das ist sozusagen nur subjektiv in Anführungszeichen. Und da spiegelt sich eine uralte Trennung, die desaströs gewirkt hat, dass man auf der einen Seite das sogenannte Objektive, das Mathematisierbare, das technisch Umsetzbare vollkommen abgespalten hat von dem sogenannten Subjektiven, von dem sogenannten subjektiven Fühlen, von dem gesamten Bereich der Subjektivität überhaupt.

Sie kennen ja alle wahrscheinlich die berühmte Lehre von John Locke über die primären und sekundären Sinnesqualitäten. Da wurde ja gesagt, gut, die primären Sinnesqualitäten, das eigentlich Objektive sind die Dinge in ihrer Gegenständlichkeit in der Ausdehnung, Raum-Zeitlichkeit, in ihrer Bewegung, in ihrer Substanzhaftigkeit, in ihrer Materialität. Der Rest, Farben zum Beispiel, Empfindungen für Phänomene, ganzheitliche Zusammenhänge usw., Gefühle, all das ist subjektiv. Insofern ist es grundsätzlich nicht objektivierbar. Das hängt ja auch mit den Antinomien [nicht sicher] zusammen, die dann immer behauptet worden sind zwischen Männlichem und Weiblichem, die Frau, das Weibliche, die Frau hat das Gespür für die Psycho-Atmosphären, spürt intuitiv raus, was los ist, welche Atmosphäre vorherrscht, während der Mann in diesem eher objektivierenden Sinne eigentlich die Psycho-Atmosphäre von Vorgängen eher draußen vor lässt. Und das ist ein spannender Punkt. Und das will ich auch versuchen, in diesem Semester so darzustellen: das Klima, die Aura, die Psycho-Atmosphäre unserer Leib-Erfahrung ist tatsächlich konstituierend für Erfahrung überhaupt. Das geht bis in feinste Wahrnehmungen, auch jetzt im meteorologischen Sinne, klimatischer Zusammenhänge, auch geographischer Zusammenhänge. Und das alles spielt in die Wahrnehmung von Welt ganz entscheidend mit hinein, also die Atmosphäre.

Ich will mal ein konkretes Beispiel nennen, wo das besonders deutlich geworden ist, was Psycho-Atmosphäre auch im Wissenschaftsapparat bedeutet. Damit ist man jetzt an einem konkreten Beispiel. Es war am 5. April in der Urania eine große Diskussion im Jahr der Physik 2000, das Jahr der Physik. Sie wissen es vielleicht. Die Urania hat ein großes Happening, kann man sagen, gemacht, mit hochkarätigen Physikern, „Reise zum Urknall". Die Urania war voll mit Schaubildern, mit Phy-sikern, die den Laien erklärt haben, wie das Weltall funktioniert in ihrer Sicht. Und dann gab es da eine Podiumsdiskussion an diesem 5. April mit Top-Physikern über den Urknall. Ich saß mit auf dem Podium, ich war eingeladen. Humboldt-Saal, 600 Leute im Saal. Was ich sagen will, ist Folgendes: Im Vorfeld saßen wir in einem Raum zusammen, das war eine Art Vorbesprechung über diese Fragen und ich spürte Psycho-Atmosphäre, sage ich mal, eine ganz dichte, schwierige Atmosphäre, was das Thema betrifft, denn ich spürte sofort, das wusste ich auch theoretisch, intellektuell, also mental, aber ich spürte es auch wirklich fast physisch, dass ein vollkommenes Einverständnis herrschte in diesem Kreise der Physiker über die Faktizität dieses ominösen Urknalls. Nun bin bin bekannt dafür, dass ich den Urknall für eine Fiktion halte und für schlecht gestützt. Und ich spürte also sozusagen einen fast physischen Druck in dieser Gruppe. Und ich spürte auch, dass das mich beeinflusste im Vorfeld dieser Diskussion, also eine merkwürdige Aura herrschte. Ich wusste auch, die würde im Saal herrschen, weil vorne, die ersten Reihen waren besetzt mit Physikern der Deutschen Physikalischen Gesellschaft und viele auch aus dem Wissenschaftsministerium waren anwesend, da ja eine sozusagen Co-Produktion der Deutschen Physikalischen Gesellschaft mit dem Wissenschaftsministerium [stattfand]. Und es bedurfte einiger sozusagen konzentrativer Übungen, um dann diese Psycho-Atmosphäre soweit abzustreifen, dass ich dann mit einer relativen Freiheit die Dinge dann auch wirklich sagen konnte, die nach meiner Überzeugung zu sagen waren. Und das gilt generell für solche Zusammenhänge.

Es gibt auch in den großen Wissenschaftsapparaten immer ganz bestimmte Psycho-Atmosphären, die bis in die Resultate der Experimente hinein gehen. So weit geht das. Es gibt also nicht nur einen Gruppendruck, dass ganz bestimmte favorisierte Theorien bestätigt werden müssen. Wenn dann Messwerte auftauchen, die sie widerlegen, dann wird es schwierig. Nein, es gibt auch *ein gesamtes Klima*, und das ist nicht Thema von Wissenschaft. Das wird überhaupt nicht im eigentlichen Sinne philosophisch und wissenschaftlich thematisiert.

Also um diese Fragen soll es gehen: Phänomenologie des Leibes. Was ist Leib? Ich habe ganz bewusst diesen Begriff benutzt, der ja nicht Körper ist und will mal versuchen einleitend, das überhaupt klarzumachen. Körper im Sinne der Physik ist ein Etwas, ein raumzeitlich dringliches Etwas. Der Tisch ist ein Körper, dieses Gestühl, das sind Körper. Wir als Gestalten, als Leib-Wesenheiten sind auch, sofern wir physisch-sinnliche Körper sind, Körper, wir sind Körper wie andere Körper auch, der Gravitation unterworfen und damit der Gesamtheit dessen, was die physisch-sinnliche Welt physikalisch bestimmt. Das sind wir auf der einen Seite. Auf der anderen Seite aber sind wir gleichzeitig mal, unabhängig von der Frage, was wir als Seele sind, was wir als Geist sind, sind wir als Leib-Wesen nie identisch mit dem Körper. Das kann man mit einer ganz einfachen Grundwahrnehmung sich vergegenwärtigen, wenn man mal den Versuch macht, bei geschlossenen Augen in den eigenen Körper hineinzuspüren. Was nimmt man wirklich wahr? Es ist erstaunlich, ich kann Ihnen das ja mal sozusagen als meditative Denk-Übung quasi nahelegen. Man staunt, wenn man sich mal dieser Erfahrung überlässt, was man wahrnimmt, auch das, was man nicht wahrnimmt. Es ist nämlich verblüffend, dass man in keiner Weise sich selber in Gänze als Körper wahrnimmt. Man nimmt sich selber von innen als Leib eher undeutlich wahr. Das Ganze ist ein undeutliches Etwas, ein fast fließendes Gebilde, ein fluktuierendes Gebilde der Innenwahrnehmung, in dem sich, wie das Hermann Schmitz sagt, verschiedene sogenannte Leibes-Inseln befinden. Sie können das wirklich meditativ in der Selbsterfahrung versuchen rauszuspüren:

Sie haben große Schwierigkeiten, eine klare Topografie ihres eigenen Körpers zu finden nur vom leiblichen Spüren aus.

Auf der anderen Seite haben sie eine Leib-Empfindung, eine Spürfähigkeit, die weit über den physischen Körper hinausreicht. Sie sind sozusagen leiblich immer viel mehr, sind viel weiter, sind viel ausgedehnter als der physische Leib. Anders als der physische Leib, als der Körper, andererseits wiederum weniger. Zum Beispiel die ganze organische Innenausstattung des Menschen, die inneren Organe sind im Normalfall nicht bewusstseinsfähig. Der Mensch läuft also gewissermaßen, um das mal etwas plakativ zu sagen, als Hohlraum durch die Welt. Innen ist er vollkommen hohl in der Selbstwahrnehmung. Das ist wichtig. Es geht hier um Bewusstseins-Phänomenologie, es geht nicht um Anatomie, es geht nicht um Physiologie, es geht nicht um Medizin. *Es geht um die Selbstwahrnehmung.* Und das hat der Hermann Schmitz auf eine wunderbare Weise in seinen Büchern zum Ausdruck gebracht, wie kein anderer. Also Leib ist Wahrnehmung, spürende Wahrnehmung von innen, die natürlich Berührungspunkte hat mit der physisch-sinnlichen Körperlichkeit. Aber das ist nicht deckungsgleich. Sie können das beobachten: etwa ein Schmerz, ein Kopfschmerz. Wo sitzt der Kopfschmerz? Sie können sagen, gut, das ist Pochen, das ist Ziehen, das ist bohrend, Sie können versuchen, diesen Kopfschmerz zu beschreiben. Sie werden aber feststellen, dass Sie immer in eine gewisse diffuse Form der Wahrnehmung hineinkommen, dass Sie Mühe haben, das Ganze streng organisch-sinnlich zu lokalisieren. Ganz zu schweigen davon, Traurigkeit, ist ja eine Gefühlsqualität, ist ja kein Wahn. Wer traurig ist, ist ja wirklich traurig. Wo sitzt die Traurigkeit? Was ist eine Bedrücktheit? Was ist eine freudige Erregung? Was ist eine erotische Erregung? Wo sitzt das? Das ist immer ganz leiblich und gleichzeitig sehr schwer im Einzelnen wirklich zu festzumachen. Man ist da also in einem schwierigen Bereich, der wirklich bis vor Kurzem überhaupt nicht Philosophie-fähig war.

Die Philosophen haben es überhaupt nicht für wert befunden, über diese Fragen ernsthaft nachzudenken. Das fanden sie überhaupt kein Thema, was sich lohnt, intellektuell theoretisch zu behandeln. Das ist schade und ... denn es gibt da sehr, sehr viel Faszinierendes zu entdecken. Ich bringe mal ein kurzes Zitat aus einem Büchlein von Hermann Schmitz, ist auf der Literaturliste drauf, wo er in wunderbar knapper Form seine Definition des Leibes gibt. Also ich habe ja plakativ gesagt, Leib ist der Körper von innen, ist einerseits mehr als der physische Körper, auf der anderen Seite weniger als der physische Körper. Nicht, das geht ja bis in die Frage, das kennen wir, diesen Punkt, der Phantom-Gliedmaßen hinein. Phantom-Gliedmaßen etwa nach Amputationen werden ja wie reale Körperteile empfunden, ganz real empfunden, obwohl sie physisch-sinnlich nicht vorhanden sind. Also der Leib, Hermann Schmitz „Der Leib, der Raum und die Gefühle". Zitat Hermann Schmitz: „Unter dem eigenen Leib eines Menschen verstehe ich das, was er in der Gegend seines Körpers von sich spüren kann, ohne sich auf das Zeugnis der fünf Sinne Sehen, Hören, Tasten, Riechen, Schmecken und das perzeptive Körperschema, das heißt des aus Erfahrungen des Sehens und Tastens abgeleiteten habituellen Vorstellungsgebildes vom eigenen Körper zu stützen."

Das perzeptive Körperschema ist die ganzheitliche Körperempfindung, die jeder hat von sich selber. Jeder von uns hier im Raum hat eine ganzheitliche Grundvorstellung wie er aussieht, wie er im Raum ist. Das haben übrigens zum Teil auch Tiere, denken Sie an das ganze Phänomen der Mimikry. Also offenbar in irgendeiner Form ein Körperschema, das nennt Hermann Schmitz das perzeptive Körperschema. Also, „der eigene Leib ohne dieses perzeptive Körperschema und ohne die fünf Sinne. Der Leib ist besetzt mit leiblichen Regungen wie Angst, Schmerz, Hunger, Durst, Atmung, Behagen, affektives Betroffensein von Gefühlen. Er ist unteilbar, flächenlos ausgedehnt" – das will ich noch im Einzelnen erläutern wenn ich Schmitz behandle – flächenlos, dieser innere Leib hat in dem engeren Sinne keine klar definierbare Flächen, keine Außenflächen. Er endet nicht bei der Hautoberfläche, gar nicht. „Er ist unteilbar flächenlos ausgedehnt und als prä-dimensionales, das heißt nicht bezifferbar dimensioniertes, das heißt nicht-dreidimensionales Volumen, das in Engung und Weitung Dynamik besitzt."

Also das wird uns ja noch beschäftigen mit dem Raum. Dieser Raum des Leibes ist nicht im eigentlichen mathematisch-geometrischen Sinne oder euklidischen Sinne ein dreidimensionaler Raum. Das ist wichtig. Er ist, wie das Hermann Schmitz sehr schön sagt, *vor-dimensional*. Er ist also eine Art Raum, entsteht aus einem Raumgefühl vor der euklidischen Dreidimensionalität. „Man macht sich das leicht am leiblich spürbaren Einatmen klar. Es wird in Gestalt einer Insel in der Brust oder Bauchgegend gespürt, in der simultan Engung und Weitung konkurrieren, wobei anfangs die Weitung und später gegen Ende des Einatmens die Engung überwiegt. Kontraktion und Expansion. Diese Insel ist voluminös, aber weder von Flächen umschlossen, noch durch Flächen zerlegbar und daher auch nicht dreidimensional, sie ist nicht teilbar." Es ist wirklich eine Ganzheitlichkeit. „Da die Drei als Dimensionszahl nur aufsteigend von der Zwei hier sinnvoll eingefügt werden kann. Solch ein prä-dimensionales Volumen kommt auch in anderen Erfahrungsbereich vor, etwa im Wasser für den Schwimmer, der nicht auf die Oberfläche blickt und als Schallvolumen, das beim schrillen Pfiff scharf, spitz und eng ist, beim dumpfen Gong oder Glockenschlag aber ausladend, weit und weich. Der Leib ist fast immer, auch zum Beispiel [beim] heftigen Schreck von solchen Leibes-Inseln besetzt. Ein Gewoge verschwommener Inseln, die sich ohne stetigen Zusammenhang meist flüchtig bilden, umbilden und auflösen. In einigen Fällen aber auch mit mehr oder weniger konstanter Ausrüstung verharren, dies besonders im oralen und analen Bereichen und an den Sohlen. Also erstaunlich, der erste Philosoph der Geschichte, der auch die analen Empfindungen für Philosophie-würdig hält – erstaunlich.

„Solche Leibes-Inseln kommen auch außerhalb des eigenen Körpers vor, zum Beispiel als Phantom-Glieder der Amputierten. Seine Einheit erhält der Leib nicht durch einen stetigen Umriss, seine Haut kann man besehen und betasten, aber nicht am eigenen Leib spüren. Die Weckung von Aufmerksamkeit auf die eigene Haut in der Vorstellung anhand des perzeptiven Körperschemas kann allerdings die Sensibilität für das Spüren von Leibes-Inseln steigern. Die Einheit des Leibes ist einerseits dynamisch durch die Gebundenheit an die Enge in Gestalt einer Engung oder Spannung, die entweder aktuell gespürt wird oder in Abwesenheit indirekt aufdringlich." Also ... und so weiter. Also, wir haben in dem, was hier als Leib bezeichnet wird, eine inner-leibliche Erfahrung des Spürens. Diese ist nicht, ich sage es noch mal, im euklidischen Sinne dreidimensional und auch nicht mathematisch-geometrisch zu fassen. Es hat eine Unschärfe. Wenn Sie das versuchen, werden Sie immer große Schwierigkeiten haben, dieses Volumen in irgendeiner Form räumlich präzise zu bestimmen.

Warum das wichtig ist, warum solche Fragen überhaupt wichtig sind, ist naheliegend. Wenn man mal einen Blick wirft auf die geistige Gesamtsituation und auf das, was man seit 20, 25 Jahren als ökologische Krise bezeichnet, dann ist das ganz eindeutig. Es ist ja in den letzten zwanzig Jahren unendlich viel diskutiert und geschrieben worden über die Frage: Was ist eigentlich diese sogenannte ökologische Krise? Wie kommt es eigentlich, dass der Mensch, das tut er ja offenbar unaufhaltsam, seine sogenannten natürlichen Lebensgrundlagen zerstört? Er tut es unaufhaltsam, Tag für Tag. Er mag als Einzelner das ablehnen, ja geradezu moralisch verurteilen. Aber das Gesamte, die gesamte sogenannte Megamaschine rollt, wie man vermuten muss, vollkommen ungebremst weiter, und alle Bemühungen, das zu verstehen oder gar zu modifizieren oder zum Stoppen zu bringen, sind bislang gescheitert. Man hat den Verdacht, dass etwas *fundamental* gar nicht verstanden worden ist, dass wir offenbar gar nicht verstanden haben, *was wirklich passiert*. Und es ist ja eine von vielen Interpretationen, die immer mit einigem Recht abgegeben worden sind, sozusagen: Der Mensch hat eine Abspaltung vollzogen. Und wenn von Abspaltung die Rede ist, dann wird häufig ins Spiel gebracht, ich habe das ja auch in verschiedenen Zusammenhängen gesagt, eine Abspaltung auch von der eigenen Leiblichkeit. Wenn [es] seit ebenfalls 20, 25 Jahren einen ungeheuren Boom sogenannter Körpertherapien gibt, dann ist das ja ein Symptom dafür, dass eine zunehmende Zahl von Menschen einfach begreift, dass es darum geht, was Ken Wilber sagt [nennt] „to reown the body", den Körper in gewisser Weise wiederzufinden, also Körpertherapien als Versuch, in diesem Sinne den Leib oder den Körper bzw. den Leib zurückzugewinnen.

Ich spreche im Zusammenhang mit der ökologischen Krise von einer kollektiven Neurose, einer kollektiven Abspaltung, die passiert ist, und zwar eine kollektive Abspaltung in doppelter Hinsicht durch die, ich will das nicht im Einzelnen hier ausführen, ich werde das in vierzehn Tagen nochmal darstellen im Zusammenhang mit der Entstehung des mentalen Selbst. Im Zuge der Entwicklung der Genesis, der Evolution des mentalen Selbst hat sich ein Ich herausgebildet, das erst einmal weitgehend von allem Leiblichen sich frei wähnt, ja seine eigentliche Würde darin zu finden glaubt, wo der Leib nicht ist. Nicht, wenn man Natur im allgemeinsten Sinne als das verstehen möchte, was von sich aus ist, im Sinne auch einer anerkannten antiken Definition, also der Natur das von sich aus Seiende, dann ist ja ein Problem des Menschen als Natur und Leib-Wesen die Frage: Wo ist das von sich aus Seiende im eigenen Leib? Sind wir ... wie kommen wir, wenn wir denn Ich-Wesen sind, quasi Leib-lose Ich-Wesen, wie kommen wir denn hinein in diese konkrete Leiblichkeit? Das ist eine Frage, die in der ganzen Evolution des Ichs eine ungeheure Rolle gespielt hat und auch natürlich hineinspielt in die ganzen Fragen von männlich-weiblich. Das habe ich in meinem Buch „Was die Erde will" ja eingehend dargestellt, die Entwicklung also auch der ganzen Geschlechterproblematik in dem Zusammenhang. Auf jeden Fall ist eine Abspaltung passiert, was ich eine kollektive Neurose nenne.

Eine ganz andere Frage ist, ob das notwendig war, ob das vermeidbar war, ob das ein Irrweg war, eine Fehlentwicklung, das kann man auf sich beruhen lassen. Fakt ist, es ist passiert, und es hat eine ganz bestimmte Form des In-der-Welt-Sein des Menschen ausgelöst, an deren Folgen wir heute, mit den ungeheuren Trägheitskräften in der Folge, (wir heute) alle leiden. Und das ist ein wesentlicher Punkt, warum natürlich die Frage wichtig ist: Wie steht es eigentlich mit dem, was ich das In-sein des Menschen nenne? Worin ist der Mensch in seiner eigentlichen existenziellen Wesenheit? Und das ist natürlich dann auch eine Frage, was der Mensch überhaupt ist. Und das spielt ja auch in diese ganze Thematik mit hinein: Was ist der Mensch? Ist der Mensch, als der er ja generell von vielen gesehen wird, ein höheres Tier? Ist er letztlich so zu definieren? Oder ist er anders und von einer höheren Ebene aus zu definieren und zu bestimmen, das ist ganz zentral wichtig. Die Frage: Was ist der Mensch? Ist der Mensch ein höheres Tier, was ja eine mögliche Betrachtungsweise ist, oder ist der Mensch eine Geist-Seele-Gestalt, eine Geist-Seele-Leib-Gestalt in einem ganzheitlich verstandenen Kosmos, der ihn trägt, bestimmt und ermöglicht. Allerdings mit der Freiheit, sich auch geistig-mental von all dem zu trennen, denn das muss als Möglichkeit ja im Menschen liegen, sonst würde es nicht passiert sein. Da kommt das Mysterium der Freiheit ins Spiel. Der Mensch hat über die Freiheit die Möglichkeit, sich auch gegen das Ganze zu entscheiden. Die Größe und auch die Tragik des Freiseins im Menschen. Diese Entwicklung, was ich die kollektive Neurose nenne, geht bis in die feinsten Verzweigungen auch der Sprache hinein und hat unsere gesamte Begrifflichkeit in entscheidender Weise mitgeprägt. Und das muss man wissen, um überhaupt eine Wahrnehmung dafür zu gewinnen, was hier an Terrain wiederzugewinnen ist, wenn von Leib die Rede ist, was an ungeheuerem Nuancen-Reichtum wiederzugewinnen ist.

Auch hier nochmal kurz ein Zitat von Schmitz aus diesem Büchlein „Der Leib, der Raum und die Gefühle". Er nennt seine Sichtweise „Neue Phänomenologie" und grenzt sie ab zu Heidegger und Husserl. Also „Neue Phänomenologie". Er schreibt hier ganz am Anfang: „Die Neue Phänomenologie widmet sich der Aufgabe, die Abstraktionsbasis der Theorie und Bewertungsbildung tiefer in die unwillkürliche Lebenserfahrung hineinzulegen. Unter der Abstraktionsbasis einer Kultur verstehe ich" – Hermann Schmitz – „die zäh prägende Schicht vermeintlicher Selbstverständlichkeiten, die zwischen der unwillkürlichen Lebenserfahrung einerseits, den Begriffen, Theorien und Bewertungen andererseits den Filter bildet. Die Abstraktionsbasis entscheidet darüber, was so wichtig genommen wird, dass es durch Worte und Begriffe, Eingang in Theorien und Bewertungen findet. Deshalb sind gegensätzliche Theorien und Bewertungen derselben Abstraktionsbasis möglich. Die Abstraktionsbasis einer Kultur wird teilweise durch die Suggestionskraft sprachlicher Strukturen, zum anderen Teil durch epochale geschichtliche Prägungen bestimmt." Wir wissen es oft gar nicht mehr, wie sehr wir ganz zentral durch epochale Prägungen der Sprache, der Begrifflichkeit auf suggestivste Weise geprägt sind, dass wir einen Filter, wie einen Bewusstseinsfilter aufhaben, was [ist] überhaupt ein bewusstseinswürdiges Phänomen, ein denkwürdiges Phänomen und was wird von vornherein ausgeblendet, in den Nebelraum bloßer Subjektivität.

Nicht, das ist ja, viele Menschen fühlen sich ja auch heute in diesem technisch-abstraktionistischen Gesamtsystem in ihrer eigen-leiblichen Form und ihrem Subjektiven in der Weltzeit völlig alleingelassen. Sie haben das Gefühl, das zählt überhaupt nicht. Es gilt nichts. Es hat keine Würde. Es ist letztlich geistig-philosophisch nichts wert. „Wir stecken gleichsam in einem Urwald geschichtlicher Vorprägungen, der nicht durch den bloßen Entschluss zur Unbefangenheit in freies Feld verwandelt werden kann." Das geht nicht. Man kann nicht sagen, ich möchte das jetzt, ich will das, sondern das ist harte geistige Arbeit, das wirklich zu leisten, ganz tief auch in die Begriffe reingehen und versuchen zu zeigen, woher stammt das, in welchem geschichtlichen Kontext ist das entstanden, und was heißt das für hier und jetzt? Viel mehr muss man sich durch den Urwald durchschlagen, um ererbte vermeintliche Selbstverständlichkeiten zu durchschauen, um in hinlänglichem Maß Herr der eigenen Voraussetzung zu werden." Was sehr schwer ist, weil Jeder von uns natürlich selbstverständlich in einer Fülle von Voraussetzungen steckt. Jeder Einzelne von uns steckt wirklich in dieser Art Urwald von Prämissen, dem, was wir ständig unhinterfragt voraussetzen. Viele wissen das gar nicht mehr, was sie ständig voraussetzen. Das kann man aber hinterfragen. Da kann man nachfragen. Und es ist hochinteressant und einen Punkt, der mich seit vielen Jahren immer wieder beschäftigt, die Frage: *Was setzen Menschen voraus, ohne darüber nachzudenken?*

Viele, im normalen Sprechen, stellen Theorien auf, sind Anhänger von Theorien, von Weltanschauungen, von religiösen Überzeugungen und so weiter und sind sich oft überhaupt nicht darüber im Klaren, was sie bis in die Feinheiten ihrer Begrifflichkeit ständig schon voraussetzen. Also das ist ein ganz entscheidender Punkt, der hier bedacht werden muss. Setze ich also voraus, dass ich ich bin, dass ich eine eigene, gleichsam metaphysische Entität bin, oder gehe ich von vornherein davon aus, dass ich ich bin eigentlich keine Rolle spielt, zum Beispiel. Und das wird uns auch beschäftigen, im Zusammenhang mit dem Leib ist das entscheidend wichtig, die Ich-Frage. Was ist das Ich? Wo sitzt das Ich im Kopf, in der Brust, in den Beinen, oder ist es hinten, ergreift mich quasi von Außen. Wo ist das Ich? Auch das ist eine Frage, die, wenn man der mal versucht auf den Grund zu gehen, abgründig ist. Wo ist der ontologische Ort des Ich? Hat es solchen Ort? Gibt es den Ort des Ich? Oder ist das Ich quasi ortlos, raumlos, gleichsam auch weltlos? Also die Frage ist auch für diese ganze Thematik zentral wichtig. Wo sitzt eigentlich das Ich?

Da ist übrigens Hermann Schmitz sehr radikal. Man kann auch sagen: zu radikal, weil in gewisser Weise einseitig, weil er versucht, erst einmal diese Ichhaftigkeit des Menschen und das was er die „Innenwelt-Hypothese" nennt von Seele, Geist, Bewusstsein zu demontieren. Er versucht konsequent phänomenologisch bei dem zu bleiben, was tatsächlich wahrgenommen wird, ohne nun noch ein ichhaftes Substrat dahinter, eine sogenannte Seele, ein Geist, ein Gemüt – wie Kant sagt – ein Bewusstsein zu unterstellen. Das ist nicht konsequent durchführbar, meine ich, und da verwickelt sich auch Schmitz in Widersprüche und Zirkelschlüsse. Aber das kann im Moment mal draußen vor bleiben.

Wichtig ist auf jeden Fall die Ich-Frage: Wo ist der Ort des Ich? Der ontologische Ort aber auch der leibliche Ort? Sind wir identisch als Leib mit dem Ich? Kaum. Es wird kaum einer ernsthaft behaupten, dass er in Gänze als physisch-sinnlicher und von innen gespürter Leib dieses Ich ist. Wir haben ja bis in den Sprachgebrauch des Alltags hinein die Vorstellung, dass der Einzelne einen Körper, womit ja eigentlich der Leib gemeint ist, einen Körper hat und nicht dieser Körper ist, auch wenn in einigen Ansätzen der modernen Körpertherapie bis hin in Buchtitel hinein Anderes behauptet wird, etwa ein Buchtitel, ist mir mal vor Augen gekommen: „Ich bin mein Körper". Ein absurder Satz. Natürlich ein Satz, der ganz bewusst sich wendet gegen eine Abspaltung, die damit demontiert werden soll, als lebensfeindlich denunziert – hier ist das Ich, ein abstraktes Gebilde, ein Geistwesen, das von oben herab irgendwie in die Niederungen des Physischen, Leiblichen sozusagen hinab schaut und von oben das Ganze steuert. Also ganz konsequent und radikal zu sagen: Ich bin mein Körper, also ich bin identisch mit alledem. Das würde bei einer vertieften philosophischen Reflexion unmöglich sein, also diese Identität ist so nicht möglich.

Also die Frage „Wo ist das Ich?" ist zentral wichtig. Wo ist der Geist, der er ja nicht unbedingt das Ich selber ist? Wo ist die Seele, und wo ist der Wille? Oder sind das alles nur Begriffsungetüme, mit denen wir letztlich überhaupt keinen konkreten Wahrnehmungsinhalt verbinden können? Auch da ist es sinnvoll, mal wirklich in die Tiefen reinzugehen und nicht von vornherein mit Begriffshülsen zu operieren, als ob das Selbstverständlichkeiten seien. Insofern ist es wichtig: Was wird vorausgesetzt?

Was ich gerne und oft auch in meinen Büchern und vielen Vorträgen immer wieder als Subjektblindheit der Naturwissenschaft bezeichne, berührt ja diesen Punkt. Jede Wahrnehmung von Welt, jedes Reden über Welt, jedes Theoretisieren, jedes Diskutieren, jede Wissenschaft, jede Kunst, was auch immer, setzt das lebendige Subjekt voraus. Zu sagen, dieses lebendige Subjekt ist immer der Hase, der schon da ist, so sehr der Hase auch sich abstrampelt, um den Igel zu überholen, er kommt am anderen Ende an, und der Igel, in diesem Falle die Frau des Igels, die aber genauso aussieht wie er, insofern kann er es nicht unterscheiden, sitzt schon da. Das heißt, das lebendige Subjekt ist im Grunde genommen der Igel, der immer schon da ist, so sehr der

Hase sich auch halbtot und schließlich wirklich tot läuft. Weil, das ist das *Nicht-Hintergehbare*, weil alles Denken, Forschen, Meinen, Diskutieren, Streiten, wie immer, setzt lebendige Subjekte voraus. Und es war eine Tragödie in gewisser Weise, dass in der neuzeitlichen Denkbewegung, vor allen Dingen in den Naturwissenschaften, das Subjekt vollkommen *eliminiert* wurde. Natürlich gab es das Subjekt. Es gab nicht nur die einzelnen Forschersubjekte mit ihren ganz speziellen und die spezifischen, auch emotionalen Befindlichkeiten, auch ihrem Geltungsdrang, ihrem Bedürfnis nach Preisen, Anerkennung durch andere usw. Es gab auch natürlich immer das Übersubjekt, das unberührte Übersubjekt, was das Ganze wie von außen betrachtet. In Physik-Lehrbüchern, schauen Sie in ein normales Physik-Lehrbuch rein: Man nehme, man tue, man mache, es ist immer ein anonymes „man". Sie oder ich, der Einzelne in seiner je anderen Spezifik wird überhaupt nicht angefragt, sondern das anonyme „man", das anonyme Subjekt ist gefragt. Und weil dies so ist, kann man auch von allen Subjektivitäten abstrahieren. Das macht einen Teil des ungeheuren Erfolges auch dieser Art von Subjektblindheit aus, denn dieser Erfolg ist immens. Das muss man einfach sehen. Dieser Erfolg ist immens. Es war ein ungeheuer erfolgreiches Projekt, das Subjekt erst einmal auf diese Weise zu eliminieren.

Das Subjekt, was hier einbezogen wird in den Fokus der Beobachtung, ist ja nicht das konkrete, lebendige Subjekt, sondern ebenfalls ein anonymes „man", letztlich eine Art *Es-haftes* Subjekt, nicht der lebendige Einzelne, um den es geht genauso wenig wie auch sonst. Also: „Vielmehr muss man sich durch den Urwald durchschlagen, noch einmal kurz zurück zu Schmitz, um ererbte vermeintliche Selbstverständlichkeiten zu durchschauen und in hinlänglichem Maß Herr der eigenen Voraussetzungen zu werden." Sehr schwer. Ich sage es nochmal, das ist wirklich harte Denkarbeit, um dieser Voraussetzungen Herr zu werden, wenn das überhaupt der richtige Begriff ist, wenn das überhaupt rein mental geht. Wahrscheinlich geht es gar nicht. „Deswegen ist Phänomenologie nur im Zusammenhang mit kritisch-historischer Einstellung sinnvoll. Diese muss für die Zwecke der Neuen Phänomenologie hauptsächlich den für die Prägung der dominanten europäischen Intellektualkultur entscheidenden Paradigmenwechsel bei den Griechen in der zweiten Hälfte des fünften vorchristlichen Jahrhundert ins Auge fassen."

Das ist naheliegend. Es wird immer wieder gemacht, das tue ich in anderem Zusammenhang auch.

„Die meisten Versuche, sich durch das Labyrinth der Verkünstelungen des Denkens und Wollens durchzutasten, brechen viel früher ab, nämlich bei den großen Barock-Denkern des 17. Jahrhunderts wie Francis Bacon, Hobbes, Galilei, Descartes und Leibniz. Das ist kurzsichtig. Diese Denker haben *keine neue* Abstraktionsbasis gelegt, sondern auf der ersten weitergebaut und durch Formulierung des Prinzips und der Methode der Weltbemächtigung" – ein Begriff von Heidegger, der hier nicht in Anführungszeichen steht – „in der Methode der Weltbemächtigung, das in der längst etablierten Perspektive schlummernde Potential zu der folgenden Explosion des naturwissenschaftlich-technischen Fortschritts zu befreien, indem man sich davon mitreißen ließ" – Heidegger spricht ja vom „Fortriss" – „indem man sich davon mitreißen ließ, ist die Verkünstelung inzwischen so weit gediehen, dass das Denken den Spezialisten der Computer-Manipulation und das Zeugnis vom Sich-befinden und Zumute-sein der Menschen dem nahezu ausgestorbenen Volk der Dichter überlassen werden muss. Diese Scherung ist gefährlich, weil es unter der ..." – ist ein sehr schönes Argument, starkes Argument von Schmitz – „diese Scherung ist gefährlich, weil sich unter der Oberfläche der Rationalisierung die ungesichtete Dynamik des affektiven Betroffensein staut." Notwendig staut sie sich, weil sie muss ja sich Raum schaffen, sie ist ja eine Bewusstseinsqualität, eine Gefühlsqualität, sie muss ja ihren Raum haben, also „unkontrollierbar staut und irgendwann unkontrollierbar durchbricht. Zum Beispiel in Deutschland unter der Herrschaft der Nationalsozialisten. Deswegen ist die Neue Phänomenologie darum bemüht, die klaffende Spanne zwischen Begreifen und Betroffensein durch Gedanken zu durchleuchten, der unwillkürlichen Lebenserfahrung mit genauen und geschmeidigen Begriffen zu füllen und dadurch das Betroffensein der Besinnung anzueignen."

Ein sehr starkes Argument, finde ich, weil Schmitz sagt mit einigem Recht, dass gerade weil das sogenannte „affektive Betroffensein", der ganze Bereich der sogenannten Gefühle in dem Wissenschaftsklima, was von Objektivität und Abstraktionismus bestimmt ist, praktisch keine Rolle spielt, *aber trotzdem da ist.* Als lebendige Wirklichkeit jedes Einzelnen, neigt es natürlich dazu, sich zu stauen, weil es ja keinen Raum dafür [gibt]. Beobachtungen haben ja keinen Wert. Einwände aus der elementaren Leib-Erfahrung, etwa gegen eingefahrene, etablierte Theoriegebäude, werden ja schnell abgebügelt als irrelevante, letztlich ignorante Beobachtung. Das ist wichtig, und das finde ich einen kolossal entscheidenden Punkt hier in dieser Wahrnehmung wieder ein Stück Geist und philosophischer Würde reinzubringen. Und das setzt, das habe ich vorhin schon gesagt, Genauigkeit in der Wahrnehmung voraus und an der mangelt es überall. Das kann man sehen. Ganz wenige, die diese, sagen wir mal, diese Genauigkeit der Selbstwahrnehmung was das sogenannte leibliche Befinden betrifft, haben, sind die Homöopathen, weil in der homöopathischen Arzneimittelprüfung zum Beispiel oder auch in der Beschreibung von Zuständen von Krankheitsbildern eine ganz präzise Form gefunden werden muss. Wann verstärken sich die Schmerzen – bei Feuchtigkeit, bei Kälte, morgens oder abends, nachts oder mittags usw. Da wird eine genaue Beobachtung vorausgesetzt und kann auch geschult werden. Also das geht, man kann tatsächlich, wenn man mal den Schlüssel gefunden hat für diese Zusammenhänge überhaupt, erstaunlich weit kommen in der Beobachtung dieser Vorgänge. Vielen geht schon von einem bestimmten Punkt an, sage ich mal, die Differenzierung verloren, weil Begriffe fehlen, weil Kategorien fehlen, weil man überhaupt gar nicht weiß, wie man das irgendwie, sprachlich, geistig überhaupt fassen soll, was da passiert. Das ist ein sehr schwieriges Feld.

Ich glaub ich mach noch mal ne kleine Pause, ein paar Minuten und Sie können sich in der Zwischenzeit mal hier auch noch das Literaturverzeichnis holen, wenn es nicht schon ganz herumgegangen ist. Wir machen 6, 10 Minuten Pause.

[Die Definition] von Schmitz finde ich sehr schön: „Phänomenologie ist das Bestreben, durch systematische Abschälung aller vom Belieben abhängigen Annahmen den harten Boden der Phänomene freizulegen, nämlich der Sachverhalte, die man jeweils als Tatsachen anerkennen muss, weil man sie nicht im Ernst bestreiten kann." Das ist wichtig. Es geht wirklich um den harten Boden der Phänomene und den kann man nur erschließen durch eine große Genauigkeit der Beobachtung und durch eine hohe Differenzierung in der Sprache. Das ist nicht willkürlich, nicht beliebig, gerade das ist es nicht. Es ist nur nicht üblich, nicht verbreitet. Es wird häufig nicht für würdig befunden, überhaupt in die philosophische Reflexion einzugehen.

Und noch kurz, weil es wichtig ist für die gesamte Vorlesung. Ich habe das genannt: „Die Frage des Leibes – Wie lässt sich Naturphilosophie als Leibphilosophie betreiben?" Weil es immer wieder gefragt wird, nach dem grundlegenden Zusammenhang auch von Naturphilosophie, wie ich sie verstehe und Naturwissenschaft. Ich will das noch mal ganz kurz sagen, obwohl ich das in verschiedenen Zusammenhängen auch immer wieder angedeutet habe. Im strengen Sinne einer vertieften Betrachtung von Natur lassen sich Naturwissenschaft und Naturphilosophie *überhaupt nicht voneinander trennen.* Punkt 1. Nicht zufällig, auch das sage ich ja öfter, hat sich einer der bekanntesten Naturforscher, nämlich Newton, primär als Natur*philosoph* bezeichnet und nicht als Physiker. Das ist also im Grunde gar nicht streng zu trennen. Und doch besteht ein wesentlicher Unterschied, der sich, geschichtlich gesehen, zuweilen darin gezeigt hat, dass Naturwissenschaftler mit einer gewissen Freude und Inbrunst verkünden, sie seien eben keine Philosophen. Das kann man bis in Gespräche..., oder das habe ich häufig in Gesprächen mit Naturwissenschaftlern, Physikern usw. festgestellt. Von einem bestimmten Punkt an kommt der Rückzieher in die Rede: Ja, ich bin kein Philosoph, also das kann und will ich in der Form nicht durchdenken. Hat die Naturphilosophie überhaupt einen eigenen Anspruch? Oder ist sie nicht letztlich nur eine Art Magd der Naturwissenschaft, wie das früher war? [wie auch die] Magd der Theologie? Muss nicht die Naturphilosophie letztlich immer ein Augenmerk richten auf das, was in den Naturwissenschaften passiert und dadurch natürlich ihre eigene Würde, ihren eigenen Zugang vernachlässigen? Ja und nein.

Ich will das mal an einem Zitat eines Naturwissenschaftlers erläutern, [Bernulf] Kanitscheider, in seinem Buch „Von der mechanistischen Welt zum kreativen Universum". Der streitet ausdrücklich, und das ist eine Position, die man häufig hören kann, den Eigenanspruch der Naturphilosophie, der Philosophie als eigener Welterfahrung überhaupt ab. Kanitscheider schreibt: „Die Idee einer autonomen philosophischen Welterfahrung" – die ich ja letztlich auch voraussetze – „die genuine Erkenntnisse der Realität jenseits der wissenschaftlichen Rationalität hervorbringt, ist ein Irrtum, ist eine Illusion. Es gibt kein einziges Beispiel eines absolut Analyse-resistenten Sachverhalts, der durch unmittelbar erlebte Erfahrung gewonnen wurde. Wir haben nur die historische Abfolge von Theorien und ihren verschiedenen Repräsentanten der Natur und ihre Bewährungsgrade zur Verfügung. Was wir vernünftigerweise als existierend ansehen, ist der Objektbereich, über den die zum gegenwärtigen Zeitpunkt besten Theorien sprechen. Es gibt keine speziell philosophische Erkenntnisquelle, die diese ontologische Relativität durchbrechen kann." Also vollkommen eindeutig eine Zurückweisung eines eigenständigen philosophischen Anspruchs.

Wenn man dann die Argumentation sich im Einzelnen anschaut, dann weiß man auch, warum das so ist. Das wird ja hier auch schon in dem kurzen Zitat deutlich. Die Grundrichtung der Naturwissenschaft ist eine reduktionistische. Sie versucht ständig Phänomene, Qualität, zu reduzieren, zurückzuführen auf jeweils das, was ihnen als das eigentlich Reale zugrunde liegt. Die Naturwissenschaft ist im Grunde genommen immer das, was Max Planck mal genannt hat, die Suche nach dem endgültig Realen. Das heißt: immer weiter zurückführen auf das, was in den Erscheinungen den letzten Grund darstellt, den zu fassen. Und dieser letzte Grund ist in weiten Bereichen der modernen Naturwissenschaft einfach die mathematische Form, das ist die Auflösung des Stofflichen bis hin zur mathematischen Form, also eine Mathematisierung und eine Reduktion. Und wenn man das absolut setzt, kann natürlich der philosophischen Betrachtung etwa des Leibes gar keine Eigenwürde zugesprochen werden. Dann ist das, was Hermann Schmitz macht, und andere machen in dem Punkt oder was auch in diesem Falle versucht wird, letztlich naturwissenschaftlich-reduktionistisch gesehen nichts weiter als qualitatives Reden auf einer bestimmten Ebene der Phänomene, die letztlich nicht weiter reduziert werden, weil man noch nicht dahin gelangt ist. Man wird und kann es, aber sollte man es auch? Das glaube ich nicht.

Nun kann man das mit aller Vorsicht sagen, man muss keine Rückzugsgefechte führen, das ist immer schwierig, wenn das philosophische Denken sich im Rückzugsgefecht behaupten muss. Rückzugsgefechte sind ja, werden ja geführt, wenn die Schlacht eigentlich schon verloren ist. Man kann aber feststellen, dass diese Phänomenologie des Leibes tatsächlich eine ganz eigene Qualität hat, die mit den reduktionistischen Naturwissenschaften überhaupt nichts zu tun hat. Absolut nichts, weil es um eine lebendige, ganzheitliche Erfahrung geht, die sich ihrem Wesen nach nicht reduzieren lässt. Ich habe das ja vorhin schon gesagt. Erfahrung jedes einzelnen Menschen in der Welt ist immer ein In-sein, einschließlich aller atmosphärischen, klimatischen oder auratischen, wenn man so will, Zusammenhänge. Der Einzelne ist nie eine isolierte Zelle, nirgendwo. Der Einzelne ist immer eingebettet in einen Gesamtzusammenhang, auch da, wo er wie im Falle der wissenschaftlichen Apparate, diesen Zusammenhang ignoriert, wo dieser Zusammenhang gar keine Rolle spielt. Wenn sie in irgendeinem Teilchenbeschleuniger, in irgendeinem riesigen Teilchenbeschleuniger arbeiten, als Physiker, und Sie thematisieren die Psycho-Atmosphäre oder gar die Möglichkeit, dass hier sogar Ergebnisse bestimmt sein könnten, machen Sie sich einfach lächerlich. Es ist kein Thema, kein eigenes Thema in diesem Kontext. Faktisch ist es aber so, dass diese Dinge ständig hineinspielen und auch jeden einzelnen Forscher in einem unvorstellbaren Maße mit prägen, beeinflussen.

Jedes einzelne Forschungsinstitut hat eine eigene psycho-atmosphärische Aura, die jeden einzelnen Teilnehmer dann ganz stark bestimmt. Tatsächlich, bis zum Teil jedenfalls, bis in die Ergebnisse hinein. Es ist ein Mythos anzunehmen, dass all das jenseits dieser Psycho-Atmosphären geschieht und dass es die pure Objektivität gäbe, an der nicht zu rütteln ist. Allein schon diese strikte Aufteilung in das sogenannte Objektive und das sogenannte Subjektive ist bei Licht gesehen überhaupt nicht haltbar. Denn was sind sogenannte Tatsachen, wenn einer sagt, gut, das ist eine Tatsache. Ja, was sind Tatsachen? Der Tisch, eine Tatsache, die Brille, die [dort] liegt, ist das eine Tatsache? Licht ist eine Tatsache. Dann ist die Trauer eines Menschen eine Tatsache. Der Schmerz eines Menschen, die Eitelkeit, die Dummheit eines Menschen, das sind alles Tatsachen. Bloß, wie fasse, wie greife, wie bestimme, wie verifiziere ich diese sogenannte Tatsachen? Also schon da wird es schwierig, das zu tun. Das heißt, vielleicht sogar kann man so weit gehen zu sagen, dass diese Aufteilung in Subjekthaftes und Objekthaftes in der in Jahrhunderten praktizierten Form, so eine pure Illusion ist. Das lässt sich nie durchhalten. Es ist ein Postulat, eine Prämisse, die bis zu einem gewissen Grade auch erfolgreich darauf basiert, dass zum

Beispiel die gesamte Technik ... , dass eben keine Rolle spielt, welche Qualitäten jeweils vorliegen und auch welche qualitativen Raum-Empfindungen vorherrschen, etwa in geometrisch-mathematisch-euklidischen Raum, in diesem dreidimensionalen Raum oder ganz zu schweigen von mathematischen, abstrakten Hyperräumen. Es ist vollkommen egal, was der Einzelne fühlt, denkt und empfindet – das wird abgespalten, abgetrennt, ist in diesem Sinne ein, wenn man das so nennen will, ein neurotisches Produkt. Das ist ein wichtiges Element, die Subjekthaftigkeit hier zurückzubinden und tatsächlich in eigener Würde anzuerkennen. Und das ist schon sehr viel mit dem gesamten Phänomenbereich, der dazu gehört.

Ein letztes Zitat noch mal zum Leib aus dem Buch „Leib und Gefühl" von Hermann Schmitz; relativ anspruchsvolle, schwierige Texte, aber hochinteressante Texte. Wer mal den Versuch macht, sich da einzulesen, wird zunächst Schwierigkeiten haben, aber wenn er eingelesen ist, dann ist es wirklich kolossal erhellend und fruchtbar. Man kann es dann gar nicht mehr ausklammern, wenn man mal den Blick dafür gewonnen hat. Über den Leib noch mal: „Jeder spürt Schmerz, Hunger, Durst, Schreck, Wollust, Behagen, Frische, Mattigkeit, Ein- und Ausatmen. Das sind Beispiele leiblicher Regungen, die in der Gegend, des sicht- und tastbaren eigenen Körpers auftreten, ohne selbst sichtbar und tastbar zu sein."

Die Frische, die ich fühle, oder die Müdigkeit und die Langeweile sind ja keine sichtbaren, fassbaren Dinge, sind ja keine Gegenstände, keine Es-heiten. „Die herkömmliche Meinung, die sich an der Zerlegung des Menschen in Körper und Seele, alias Bewusstsein, Mind, Geist, Gemüt orientiert, zerlegt so auch die leiblichen Regungen in einer Weise, die sich in dem gängigen Ausdruck ‚Organ-Empfindungen' niederschlägt. Das Körperliche soll eine auf dem Weg über Besehen, Tasten zugängliche Veränderung an Körperteilen sein, das Seelische eine zugeordnete, vielleicht davon hervorgebrachte Empfindung. Nach meiner These handelt es [sich] dagegen um ein eigenständiges Gegenstandsgebiet des Spürens am eigenen Leib, das mit genuiner Struktur weit über diesen hinausreicht, unter anderem als Spielraum leiblicher Kommunikation, der auch zwischen Menschen und ständig passiert. In jedem Gespräch mit einem anderen Menschen, im Blickkontakt gibt es eine leibliche Kommunikation, die erkenntnistheoretisch, anthropologisch, sozial, pathologisch und so weiter, von grundlegender Bedeutung ist. Diese Eigenart bekommt natürlich namentlich an dem die Funktion Dynamik des spürbaren Leibes charakterisierenden Kategorien-System oder Alphabet der Leiblichkeit zum Vorschein, lässt sich aber schon vorher durch wenige hervorstechende Merkmale der Räumlichkeit des Leiblichen summarisch charakterisieren. Das eigenleiblich Gespürte ist stets räumlich ausgedehnt." Wie der ertastbare Körper, aber in wesentlicher Weise. „Dieser Körper hat nach außen eine scharfe flächige Grenze an der Haut. Der spürbare Leib hat keine Haut und keine Fläche. Man kann Flächen ebenso wenig am eigenen Leib spüren, wie man sie hören kann. Überhaupt hat die leiblich spürbare Räumlichkeit mit dem Hörbaren einiges gemein. Dazu gehört, dass in beiden Fällen trotz Flächenlosigkeit Volumen vorliegt." Und so weiter.

Ich werde darauf im Einzelnen noch näher eingehen. Es ist wichtig, dass diese sogenannten Psycho-Atmosphären, etwa eine beklommene Stille, eine peinliche Atmosphäre, eine gespannte Erwartung, eine gelangweilte Haltung, eine aufmerksame Haltung, eine belustigte kollektive Gemütsverfassung, eine höhnische kollektive Haltung: All das sind Wirklichkeiten, die tatsächlich sehr tief gehen und sehr tief beeinflusst, von denen man sich nicht ohne Weiteres loslösen und befreien kann. Ich habe das ja an dem Beispiel dieser Podiumsdiskussion genannt, dass das bis ins fast Physische hinein … wie ein physischer Druck entsteht da, dass man plötzlich das Gefühl hat, das, was man sagen möchte, wird erschwert durch diesen Druck, der da entsteht, also in dieser Psycho-Atmosphäre.

Letztlich geht es ja um die Frage überhaupt in diesem Semester generell beim Denken, sonst ist ja Denken völlig müßig und auch im Grunde ein intellektuelles Sandkastenspiel, wenn es nicht um Wirklichkeit geht. Und was ist sonst interessant außer der wirklichen Wirklichkeit? Denken kann nur dann sinnvoll sein, wenn es Wirklichkeit berührt. Und das ist es, worum es geht. Was ist Wirklichkeit? Man kann natürlich sagen – Schmitz macht das zum Beispiel – dass die dichteste, konkreteste, kompakteste Wirklichkeit immer dann vorliegt, wenn der Einzelne, wie er das nennt, in die primitive Gegenwart geschleudert wird, etwa durch einen massiven Schmerz, [wenn einer] stürzt und sich eine Schürfwunde zufügt. [Er ist] in diesem Moment vollkommen reduziert auf diesen Moment des Schmerzes, der ihn vollkommen durchzuckt und alle seine übrigen

Leib-Empfindungen zentral beeinflusst. Ist das ein höherer Grad an Wirklichkeit, etwa der Schmerz, der physische, leibliche Schmerz, ist das ein höherer Grad von Wirklichkeit, auch der Zahnschmerz und andere Schmerzen, oder Nierenkoliken. Sind das höhere Grade von Wirklichkeit, als zum Beispiel eine distanzierte, objektivierende Betrachtung der Distanz von all dem, etwa im Denken oder in der Ich-Empfindung?

Ich meine, die Ich-Empfindung entsteht ja aus einer gewissen Distanz, die das Tier nicht hat. Wenn Sie Tiere beobachten, dann stellen Sie fest, dass das Tier in gewisser Weise vollkommen identisch ist mit der eigenen konkreten Leiblichkeit. Es hat nicht die Möglichkeit, gleichsam zurückzutreten in einer Art von Eskapismus, sich zurückzunehmen aus der eigenen leiblichen Verhaftetheit – was der Mensch kann. Der Mensch kann in jeder, fast in jeder Situation in gewisser Weise sich rausnehmen. Hat also diese Möglichkeit, dieses Tor quasi des Eskapismus. Ja, ist das weniger wirklich, diese distanzhafte Haltung, die eine Beobachterhaltung ist, nicht unmittelbar festgenagelt, hineingezerrt, sozusagen, in das Hier und Jetzt, wie etwa durch einen starken Schmerz oder einen seelischen Schmerz, eine überwältigende Emotion? Es ist ja so, dass viele Menschen, einer der ersten, der das klar beobachtet hat, war Schopenhauer, aber auch Spinoza und andere, dass festgestellt wurde, dass Menschen sich nur dann wirklich interessieren für irgendetwas, wenn ihre Subjekthaftigkeit ins Spiel kommen darf, auch ihre Emotionen, ihre Befindlichkeiten, Wut, Hass, Freude. Wenn das gar nicht ins Spiel kommen darf, setzt Langeweile ein. Sozusagen setzt die Langeweile in dem Moment ein, wo der Einzelnen das Gefühl hat, das alles hat mit mir nichts zu tun. Das ist sozusagen ein abgetrenntes, abgespaltenes Gerede und löst ein Gefühl der diffusen Langeweile aus, des Absinkens des Aufmerksamkeitspegels. Aber in dem Moment, wo der Einzelne sich als unmittelbar Betroffener fühlen kann und als unmittelbar Betroffener auch wirklich ernst genommen wird und nicht kleingemacht wird, als ob das alles keine Bedeutung habe, da steigt die Aufmerksamkeit.

Insofern ist die Phänomenologie des Leibes etwas, das, wenn man es genau betrachtet, jeden Einzelnen vollkommen betrifft und erfüllt. Also keiner kann bei diesem Thema in gewisser Weise das draußen lassen, weil, wenn er es ernst nimmt, muss er es reinnehmen, weil sonst bleibt es einfach das, was Goethe gern als Wortkram bezeichnet, ein abgetrenntes Reden über etwas. Und dann ist es nicht wirkliche Phänomenologie. Die Phänomenologie kann nur dann einen Sinn haben, wenn sie ernsthafte Phänomenologie ist, wenn sie wirklich die Bewusstseinsphänomene in den Blick nimmt, beobachtend, spürend und auch mittels der Sprache. Das ist mir immer sehr wichtig, ich habe das auch in meinen letzten Büchern versucht durchzuhalten, den Einzelnen immer wenn er denn überhaupt sich hineinnehmen lassen möchte, [ihn] direkt in seiner unmittelbaren Selbst- und Lebenserfahrung anzusprechen. Nicht, dieses Abgetrennte, Abgespaltene, und da ist die Phänomenologie des Leibes ein wunderbares Mittel, eine ganz andere Wahrnehmung zu gewinnen für das eigene In-der-Welt-sein. Gut, ich will das erst mal ... , das soll für die Einleitung heute einfach reichen.

Ich will noch mal einiges sagen zum Literaturverzeichnis und zum Gesamtkonzept des Semesters und heute keine Diskussion machen. Und die Frage, die jetzt gestellt worden ist, schon zwei, dreimal, ob ich das wieder ändern kann mit dem Zeitpunkt. Im Moment lasse ich das jetzt. Mir war klar gesagt worden, der Raum sei belegt, er ist es offenbar heute nicht gewesen, von sechs bis acht. Aber ich will jetzt keine weitere Konfusion stiften. Wir lassen erst mal bei der Acht Uhr Zeit. ... Ja, das können wir dann machen. Ich kann ja auch. Wir können es ja auch anders machen, ich kann ja auch darauf verzichten. Wir gucken mal. Das geht schon. Wir kriegen das schon hin. Können Sie mal ein Literaturverzeichnis vornehmen? Ich will da ein bisschen was zu sagen. Ich habe mir sehr genau überlegt, welche Literatur ich hier reinnehmen soll für das Thema. Ich habe wirklich sehr bedacht eine Auswahl getroffen, die ich für sinnvoll halte. Ich gehe jetzt nicht die Punkte der Reihenfolge nach durch, ich fange mal im unteren Drittel an.

Hermann Schmitz, das ist ein Autor, der ungeheuer viel geschrieben hat, und ich greife nur zwei seiner Bücher hier raus, „Der Leib, der Raum, die Gefühle", ein schmales Bändchen von kaum 100 Seiten, das den Versuch macht, die Essenz dieser Phänomenologie zu bringen. Und dann „Leib und Gefühl", eine Sammlung von Essays in der Reihe „Innovative Psychotherapie und Humanwissenschaften", von Psychotherapeuten herausgegeben, die große Verehrer von Schmitz sind und davon ausgehen, dass Schmitz' Phänomenologie auch psychotherapeutisch eine große Bedeutung hat. Also ein wunderbarer Band mit Essays zur Phänomenologie.

Dann der zweite Titel hat auch mit Phänomenologie zu tun, das ist ein Buch eines Anthroposophen, eines anthroposophischen Physikers, „Wärme, Urmaterie und Ich-Leib – Beiträge zur Anthropologie und Kosmologie". Basfeld, also ein anthroposophischer Physiker, beschäftigt sich sehr intensiv mit Phänomenologie, und da liegt dann auch die Stärke. Übrigens auch mancher anderer anthroposophischer Autoren, auch wenn man deren Interpretationen nicht immer teilen kann, so sind sie doch im Beschreiben von Phänomenen oft sehr stark, und deswegen haben sie ihre Bedeutung, also in der phänomenologischen Hinsicht, nicht unbedingt immer in der, sagen wir mal, ideologischen Vorprägung, die dann Interpretationen liefert. Nicht dass alle Interpretationen deswegen falsch sein müssen, will nur sagen, das ist erstmal nicht das Primäre, aber die Phänomene sind es, die Phänomenologie.

Wichtig auch für dieses Semester sind die beiden Bände von Peter Sloterdijk „Sphären I" und „Sphären II". Das habe ich auch im Wintersemester gesagt und möchte das hier auch noch mal erwähnen, zwei hoch faszinierende Bände, jetzt demnächst soll der dritte Band erscheinen, es gibt drei Bände, und ... in denen sehr viel auch von phänomenologischen Raum-Erfahrungen die Rede ist und auch von Leib-Erfahrungen bis hin zu möglichen Erinnerungen an pränatale, an intra-uterine Geschehnisse. Also das spielt eine große Rolle, und das kann ich wirklich sehr empfehlen, bei allen sprachlichen Manierismen, auch von Sloterdijk, seiner wirklich oft überbordenden, manchmal auch geschwätzigen Form, aber gleichwohl sind viele faszinierende Ansätze drin, die auch für das Thema wichtig sind.

Sloterdijk bezieht sich mehrfach auf einen Autor, den ich hier drin habe am Schluss, einen HNO-Arzt, Alfred Tomatis. Eines seiner vielen Bücher habe ich angegeben, „Der Klang des Lebens". Tomatis hat geforscht über die Klang-Wahrnehmungen im Mutterleib, also in der intra-uterinen Phase. Was wird wahrgenommen vom Fötus an Geräuschen der Mutter, an Klängen? Wann entwickelt sich das Ohr und so weiter? Davon wird in der Regel noch die Rede sein in der Vorlesung am 4. Juli.

Von mir selber habe ich meine beiden letzten Bücher aufgenommen, die auch viel enthalten zur Phänomenologie. Das letzte:

„Räume, Dimensionen, Weltmodelle – Impulse für eine andere Naturwissenschaft", vor allen Dingen naturwissenschaftlich-natur-philosophisch-kosmologische Fragen, eine radikale Kritik an der Mainstream-Naturwissenschaft und der Versuch einer Alternative.

Zwei Aufsätze von mir habe ich hier angegeben, einer in dieser Zeitschrift „Hagia Chora" mit dem Titel „Wie ausgedehnt sind wir? Raum, Leib und Bewusstsein", wo ich mich mit der Frage beschäftige mit der Leib-Wahrnehmung außerhalb der Grenzen des physisch-sinnlichen Körpers.

Und im anderen Essay, der im Sammelband steht „Wissenschaft vom Lebendigen", von Heiko Lassek herausgegeben, ein Beitrag zur Polarität von Schwere und Licht. Das wird uns auch beschäftigen in der Vorlesung am 20.6., vor allem im Zusammenhang mit der Leib-Wahrnehmung. Wie nehmen wir den Leib bei Licht und in der Dunkelheit wahr? Nämlich anders.

Dann ist ja auch von der Zeit die Rede in dieser Vorlesung am 30.5., da habe ich ein Buch aufgenommen, was ich sehr interessant finde, Hans Jörg Fahr, das ist der fünfte Titel, „Zeit und kosmische Ordnung – die unendliche Geschichte von Werden und Wiederkehr". Hans Jörg Fahr ist Astrophysiker, Professor für Astrophysik an der Universität Bonn, einer der wenigen Physikprofessoren, der ein radikaler prononcierter Gegner der Urknall-Hypothese, der Urknall-Fiktion ist, überhaupt die moderne Kosmologie scharf kritisiert. Und das ist ein hochinteressantes Buch, ein Versuch, die Zeitdimension, Ich-Leib kosmisch usw. zu beleuchten, nicht einfach zu lesen, relativ anspruchsvoller Stoff, manchmal in der Sprache auch etwas spröde in der Begrifflichkeit. Man muss sich wirklich einlesen, aber wenn man es geschafft hat, wenn man sich eingelesen hat, hat man kolossalen Gewinn. Also ein richtig starkes Buch über Zeit. Eines der besten Bücher, die es gibt darüber.

Gernot Böhme, der Autor, der davor auftaucht, ist ein Mann, der sich in dieser Frage der Leibphilosophie auch einen Namen gemacht hat. Er hat viel geschrieben über die Leib-Frage. Sein Bruder Hartmut Böhme ist ja hier an der Humboldt-Universität, die haben auch Verschiedenes zusammen veröffentlicht. Gernot Böhme, viele Bücher geschrieben, ha-be nur eines seiner Bücher hier aufgeführt: Suhrkamp Taschenbuch „Natürlich Natur". Und da taucht ein sehr interessanter Essay auf mit dem Titel „Leib – die Natur, die wir selbst sind". Also

Gernot Böhme ist ein wichtiger Mann, der sich auch intensiv mit Schmitz und anderen beschäftigt hat.

Dann ein Buch, was ich für sehr wichtig halte, obwohl es kaum bekannt ist. Günter Schulte, ist oberhalb von vorteilhaft „Philosophie der letzten Dinge – Liebe und Tod als Grund und Abgrund des Denkens". Das ist ein Philosoph aus Köln, der hier Essays zusammenträgt, auch über die Frage der Leib-Wahrnehmung viel spricht und hochinteressant, kaum bekannt, aber faszinierend, was er zusammenträgt, auch im Sinne der Grundthese, dass die Beziehung des Denkens zum Eros, zur Liebe bzw. zum Tod die Achse des Denkens überhaupt ist; und zwar die uneingestandene, die undurchschaute Achse des Denkens.

Der vorletzte Titel beschäftigt sich mit einer, sagen wir mal, ist von einer eher feministisch orientierten Philosophin, die den Versuch macht, von der Leiblichkeit der Frau aus die ganze Leib-philosophische Frage zu beleuchten. „Sophias Leib, Entfesselung der Weisheit", Annegret Stopczyk. Sie wirft der ganzen Philosophie eben diese Leib-Fremdheit vor, die Leib-Vergessenheit vor. Sie meint, das von der Erfahrung der Leiblichkeit der Frau aus da ein neuer Zugang sich eröffnen könnte,

Der erste Titel ist auch ein Anthroposoph, ein Physiker und Mathematiker. Eine Sammlung von Essays, auch phänomenologisch hoch interessant, nicht immer in den Interpretationen so schlüssig.

Gut, ich will dann in einer Woche wieder um 20 Uhr sprechen über die Frage des Raumes, Räumlichkeit des Lebendigen, ich will den Raum der Physik gegenüberstellen dem Raum des Leibes und versuchen von dort her erste Einsichten zu vermitteln oder zu gewinnen über den inneren Raum des Leibes, von dem schon einleitend die Rede war. Das will ich in den Mittelpunkt stellen der nächsten Vorlesung.

Wenn Sie also andere haben, die auch in die Vorlesung kommen, sagen Sie bitte, dass Ihnen mit der Zeit, dass ich die Zeit also jetzt auf 20 Uhr verlagert hat, dass das sich einpendelt. Und wir lassen es erst mal bei dieser Zeit, 20 Uhr aus. Für manchen Berufstätigen ist vielleicht sogar gar nicht schlecht.

* * * * * * *

274

Vom anderen Hören

Musik und Meditation

Ich möchte Ihnen heute einen kleinen Einblick geben in ein spannendes und interessantes und faszinierendes Gebiet, nämlich die Frage, was Musik und Meditation miteinander zu tun haben, aus welchen Quellen beide gespeist sind, und wie man das auch praktisch umsetzen kann. Und je nach Zeit nachher wäre es gut, ich will es jedenfalls versuchen, wenn wir einige praktische Übungen machen. Auch wenn es hier kein leergeräumter Saal ist und wir hier hier keinen Musik-Workshop veranstalten können, so mag doch vielleicht die eine oder andere Übung auch in dieser Form sinnvoll sein.

Worum geht es eigentlich? Ich habe zwei Zitate ausgesucht als Mot-to, die bereits ins Zentrum der Thematik führen. Der buddhistische Gelehrte und Meditationsmeister Lama Anagarika Govinda hat 1977 ein Buch veröffentlicht mit dem Titel „Schöpferische Meditation und multidimensionales Bewusstsein", eines nach meinem Dafürhalten besten Bücher überhaupt über Meditation. Und da schreibt er Folgendes, ich darf das mal zitieren: „Die westliche Kultur fand ihre tiefste und vollkommenste Ausdrucksform in der Musik. Die Kultur Indiens dagegen in der nach innen gerichteten Meditation, Dhyana, Sanskrit-Wort für Versenkung, Meditation. In diesen beiden Bereichen müssen wir daher nach Parallelen und Berührungspunkten Ausschau halten. Nur hier sind Vergleichsmöglichkeiten zu erwarten. Für diese Hypothese spricht, dass die abendländische Musik eine Art Raum-Empfindung hervorruft, die sich von der des sichtbaren Raumes so weitgehend unterscheidet, dass sie der Raum-Erfahrung in den tiefsten Versenkungszuständen vergleichbar wird. Es handelt sich um eine Raum-Erfahrung, die unter den Bedingungen der Dreidimensionalität unmöglich ist, da sie einer Ordnung höherer Art zugehört."

Hier ist also bereits eine ganz wesentliche Aussage gemacht, die ich mir zu eigen machen möchte, dass nämlich Musik etwas zu tun hat mit *Raum-Bewusstsein*. Also Lama Anagarika Govinda sagt ja, in der tiefsten Meditation wird der Raum in einer bestimmten Weise erfahren, nicht als dreidimensionaler Anschauungsraum, wie wir den Raum hier vor uns und auch in uns ausgespannt finden, sondern auf eine merkwürdige Weise anders dimensioniert, in einer anderen, tieferen Schicht, und da, meint Govinda, gibt es einen Zusammenhang. Also was sozusagen die abendländische Musik an Raum-Bewusstsein in den Klang transponiert hat, das findet man auch in der Meditationskultur Indiens. Wir werden darauf noch zu sprechen kommen.

Das zweite Zitat stammt von einem Schamanismus-Forscher aus dem Buch „Traumzeit und innerer Raum", Holger Kalweit, und der sagt etwas, was auch ins Zentrum unserer Thematik führt. Ich darf das mal vorlesen: „Die gewaltigste Idee, die der menschliche Geist seit seiner Evolution zur Kulturfähigkeit zum Leitmotiv seiner Werke und Handlungen machte und die wohl von keinem Gedanken, keiner Spekulation und Theorie in allen verflossenen Epochen übertroffen werden konnte, ist der Glaube, das Wissen, ja die Erfahrung, dass unsere physische Sinneswelt eine Welt der Schatten, der Illusion und der Täuschung ist, und dass unser Körper, jenes dreidimensionale Werkzeug, einem Etwas als Hülle und Wohnung dient, das weit größer und allumfassender als er die Matrix des wirklichen Lebens bildet." Also Matrix hier im Sinne von Quelle und Ursache.

Also Kalweit behauptet, dass es vielleicht die wichtigste Erkenntnis überhaupt ist und gleichzeitig die gewaltigste Idee, dass unsere Sinneswelt, im indisch-buddhistischen Sinne Maya ist, dass hinter der Sinneswelt eine andere Wirklichkeit, vielleicht die eigentliche Wirklichkeit hindurch scheint. Und das ist die … auch hier die Berührungsstelle mit der Musik. Auch darüber will ich Einiges sagen, dass ja in ganz vielen Philosophien und Mythologien der Musik, dem Klang eine geradezu weltschöpferische Funktion zugesprochen wird. Also der Klang sozusagen wird als ein Untergrund, als spiritueller Untergrund der Welt gesehen. Wenn das so ist, also nehmen wir an, die Hypothese stimmt, dann hat man ja schon einen Zusammenhang zwischen Spiritualität und Musik.

Ich will das in fünf Schritten machen. Und zwar will ich zunächst einiges sagen über die Rolle des Hörens überhaupt in unserer Kultur, besser die Nicht-Rolle, denn wir sind ja eine vom Primat des Auges erst einmal bestimmte Kultur. Dann will ich die Frage stellen, was überhaupt Meditation ist. Auch das ist überhaupt nicht selbstverständlich, es gibt die unterschiedlichsten Ansätze dazu. Ich will versuchen zu zeigen, was nach meinem Verständnis Meditation ist und wie Meditation mit einem spirituellen Weltverständnis zusammenhängt und will dann die Brücke schlagen zur Musik und zu einem möglichen spirituellen Weltverständnis und die Frage stellen und ein bisschen wohl auch beantworten, was die abendländische Hochmusik, wie man sie ja nennen kann seit der Renaissance, zu tun hat mit einer spirituellen Weltbetrachtung und schließlich dann in einem praktischen Ansatz Möglichkeiten vorstellen, wie man damit umgehen kann. Da werden dann erst die Musik-Beispiele kommen, also relativ am Ende, und wir werden mal sehen beziehungsweise hören, wie wir damit zurande kommen können, mit diesen praktischen Übungen.

Zunächst wissen wir alle, dass die abendländische Kultur eine vom Primat des Sehens bestimmte Kultur ist. Man kann sogar so weit gehen zu sagen, dass die Beglaubigung von Wahrheit und Wirklichkeit erst einmal das Gesehene, das Visuelle ist. Also „hast du es selber gesehen", hat eine höhere ontologische Wertigkeit, als „hast du es gehört oder hast du davon gehört"? Die Sinneswelt ist primär eine als visuell erfahrene Welt, und das hat die ... ist die eigentliche Wirklichkeit in erster Instanz. Und das ist auch das, was man als den naiven Realismus bezeichnet und der ganz tief in uns allen steckt, man soll sich da keinen Illusionen hingeben. Was wir sehen, was wir vor uns haben, was wir visuell wahrnehmen, hat auch tatsächlich erst einmal einen ganz hohen Wirklichkeitsgrad.

Eine andere Sache ist es natürlich bei irgendwelchen Halluzinationen oder visionären Eingebungen, Schauungen, sind ja auch visuelle Dinge, von mir aus auch in extremen Zuständen hervorgerufen durch psychoaktive Substanzen. Da ist es insofern anders, als diese Schauungen und Bilder ja nicht unbedingt intersubjektiv sind, sie sind nicht vermittelbar, weil ein Anderer, der nicht in diesem Zustand ist, diese Bilder ja nicht wahrnimmt. Aber normalerweise ist also die Wirklichkeit erst mal eine visuelle Wirklichkeit. Und es ist auch ... das unterscheidet die abendländische Kultur von jeder anderen dieser Erde, denn in keiner anderen Kultur spielt das Auge, spielt das Visuelle eine so zentrale Rolle. Können Sie also in jeder anderen Kultur dieser Welt schauen, immer ist das Visuelle eine Fakultät neben anderen Fakultäten und hat nicht die-sen Ausschließlichkeitscharakter. Das ist das Eine.

Gleichzeitig hat sich seit der Renaissance eine zweite Strömung im Abendland manifestiert, die man bezeichnen kann als den Impuls, etwas überspitzt gesagt, zur Weltaufhebung durch Abstraktion. Durch die Erkenntnis des Kopernikus und durch den ganzen Kopernikanismus in den nachfolgenden Jahrhunderten war ja deutlich geworden, dass die Sinneswelt eigentlich täuscht. Denn die Wirklichkeit, die kosmische Wirklichkeit, etwa die der Bewegung des Planeten Erde, ist ja genau entgegengesetzt dem, was das Auge wahrnimmt. Insofern täuscht uns das Auge. Die eigentliche Bewegung ist ja hier in diesem Fall die Drehung der Erde oder die Bewegung der Erde um die Sonne und also genau das Gegenteil dessen, was der Augenschein wahrnimmt. Und aus dem Durchschauen dieser Täuschung, hat sich die gesamte abendländische Naturwissenschaft entwickelt bis in die Gegenwart hinein. Und man kann etwas überspitzt sagen, dass Naturwissenschaft immer darauf abzielt, die Welt mittels Abstraktion aufzuheben. Also unsere ganzen Bilder von virtueller Realität und Computerisierung und so weiter sind letztlich alles Versuche, denke ich, sozusagen den ontologischen Status des Menschen in eine andere Dimension hineinzuheben, in die totale Abstraktion, die unzulängliche Bio-Hardware zu ersetzen durch eine andere. Und das ist also ein gegenläufiges Moment. Und nun ist es merkwürdig, dass diese selbe Kultur, die das Visuelle betont wie keine andere, die eine Abstraktionsleistung realisiert hat, wie auch keine andere Kultur der bekannten Menschheitsgeschichte, dass also diese selbe Kultur gleichzeitig eine hochdifferenzierte, in ihrer Weise singuläre Hoch-Musik hervorgebracht hat, die in gewisser Weise, mit einigen Einschränkungen, eine Art Gegenmodell darstellt. Und das ist jetzt letztendlich das, was hier zentral ist.

Wie ist das möglich und wie können wir uns dieser musikalischen Dimension unserer eigenen Kultur in einer Weise nähern, die vielleicht angetan ist, auch ein bisschen die ökologische Krise, unter der wir alle leiden, in ein neues Gesichtsfeld zu rücken? Dann die Metaphorik, wie Sie es schon hören, ins Gesichtsfeld rücken, ist vor allen Dingen durch das Auge bestimmt. Es ist eigentlich keine höhere Metaphorik und ein Großteil der sprachlichen Metaphorik ist generell vom Visuellen bestimmt. Wie kommen wir ins Hören rein? Wenn wir über Musik reden, ist es ja nicht Musik. Wenn wir über Meditation reden, ist es ja nicht Meditation und es ist die große Schwierigkeit ja überhaupt eines derartigen Vortrags, ich rede mittels der Sprache über etwas, was ja jenseits der Sprache ist. Ich rede über Meditation, ich rede über Musik, und beides ist ja nicht Sprache, nicht Sprache in diesem engeren Sinne. Und das ist eine grundsätzliche Schwierigkeit, mit der man immer wieder konfrontiert ist. Nun, was ist überhaupt ... das wissen sie im Grunde alle, was ich hier einleitend gesagt habe, man muss es nur noch einmal in die Erinnerung rufen.

Was ist Meditation? Wie hängt Meditation und Spiritualität zusammen? Meditation, könnte man auf, eine Kurzformel gebracht, sagen, ist der Versuch, die Welt von innen wahrzunehmen. Der Versuch, die Welt von innen wahrzunehmen. Der Versuch, zu einer gesteigerten Innenwahrnehmung der Dinge neben oder außerhalb der äußeren Wahrnehmung zu gelangen. Nun gibt es eine Fülle von ganz unterschiedlichen Meditationsformen und Meditationsarten in aller Welt, jeweils mit ganz unterschiedlichen Ansätzen. Und es ist vielleicht sinnvoll, sich mal einige dieser Ansätze anzugucken und zu sehen, was hier Meditation meint und inwiefern wir überhaupt eine Möglichkeit haben, die Meditation mit Musik zu verbinden. Das ist ja überhaupt nicht selbstverständlich. Meditation ist ja traditionell Stille und Schweigen, nicht Reden und eigentlich auch nicht Musikhören. Musikhören ist eine zunächst einmal eine ganz andere Form von Aufmerksamkeit, von hörender Wachheit, die gemeinhin nicht als Meditation gilt.

Die vielleicht bekannteste asiatische Meditationstradition ist die des Zen, und ich will mal einige Sätze nur vorlesen von einem bedeutenden Zenmeister, Deshimaru Roshi, aus diesem Jahrhundert, der lange in Frankreich gelehrt und gelebt hat. Wie definiert er Meditation? Und wir wollen gucken, ob wir das nachher verwenden können. Er sagt: „Zen im Sinne von Zazen, das heißt Sitzen, kann weder in Begriffe gezwängt noch durch den Verstand wiedergegeben werden. Man muss es vielmehr ausüben." Also darüber reden bringt nichts. „Zen ist ganz wesentlich eine Erfahrung. Die Intelligenz wird dabei nicht unterbewertet, nur, man strebt nach einer höheren Dimension des Bewusstseins, die nicht in einer einseitigen Sicht der Wesen und Dinge stecken bleibt. Das Subjekt ist im Objekt und das Subjekt enthält das Objekt. Es handelt sich darum, durch die Übung", also die Zazen-Übung, die Praxis des meditativen Sitzens, „das Überschreiten aller Gegensätze, das heißt aller Formen des Denkens zu erreichen." Damit ist schon ein ganz wesentlicher Punkt angesprochen in dieser Richtung, dieser eher asiatischen Richtung, ist also Meditation ein

Überschreiten von Denken überhaupt und damit auch von jeglichem in Gegensätzen sich vollziehenden Geist. „Der philosophische Aspekt des Zen-Buddhismus hat daher nichts von einem rigiden Gedankensystem. Es ist vielmehr die Weitergabe von Gedanken, geschmiedet durch die tausendjährige und doch jeden Tag immer wieder neue Erfahrung der Erweckung. ‚Hier und jetzt' ist der Schlüsselbegriff überhaupt. Das Wichtigste ist die Gegenwart. Die meisten unter uns haben die Neigung, ängstlich an die Vergangenheit oder Zukunft zu denken, anstatt ihre volle Aufmerksamkeit ihren augenblicklichen Handlungen, Worten und Gedanken zu widmen. Man muss in jeder Bewegung vollständig gegenwärtig sein, sich hier und jetzt konzentrieren. Das ist es, was Zen uns zu lehren hat.

Ebenso zentral ist der Ausdruck ‚einfach nur sitzen' – shikantaza., uninteressiert, ohne Ziel und Gewinnstreben. Meister Dogen, der im 13. Jahrhundert Zen Japan einführte, hat gesagt, Zen zu ergründen bedeutet, uns selbst zu ergründen und uns selbst zu ergründen bedeutet, uns selbst zu vergessen und uns selbst zu vergessen bedeutet, die Buddha-Natur, unsere ursprüngliche Natur zu finden." Und so weiter.

Die Zen-Meditation arbeitet auch mit Musik, nicht eigentlich mit Musik, zu der meditiert wird. Wenn Musik in der Zen-Meditation eingesetzt wird, ganz bestimmte Klänge in ganz bestimmten Phasen der Meditation, dann haben sie eher den Charakter eines Aufmerksamkeits-Anstoßes. Es wird nicht eigentlich über Musik meditiert, ja, das wäre vom Zen aus geradezu ein Irrweg. Das muss man ganz klar sagen, das weiß ich aus meiner vieljährigen Zen-Erfahrung – für den Zen-Buddhisten ist das Meditieren über Musik, ob das nun aus der CD, also von einer Kassette oder Musik live ist, egal, ein Irrweg, weil Hören heißt, sich in gewisser Weise an die Sinnenwelt, an die Ästhetik, an das Schöne, an das Wunderbare der Sinnenwelt verlieren. Und es geht ja gerade im Zen erst einmal um die Transzendierung hin zur Buddha-Natur: Hier und jetzt ganz präsent sein. Das ist also die Zen-Meditation, die eigentlich keine Musik-Meditation ist.

Nun ist Meditation sowieso grundsätzlich nicht zu trennen von bestimmten spirituellen Grundüberzeugungen. Man kann Meditation nicht einfach so betreiben, wie man eine beliebige andere Körperübung betreibt, wie man das auch mit Yoga im Grunde nicht machen kann. Und jede meditative Überzeugung steht in einem ganz bestimmten Weltbild-Zusammenhang. Und das ist wichtig, dass man sich das noch mal vor Augen führt. Also jede Meditation hat ein bestimmtes spirituelles Weltverständnis als Hintergrund.

Nun wird oft gesagt: Meditation, das heißt, die Dualität hinter sich lassen, das Werten, das Ja und Nein, einfach nur präsent sein. Und diese Präsenz, diese Total-Präsenz im Hier und Jetzt bedeutet die Aufgabe der eigenen Egoität, der eigenen Ego- und Ratio-Fixiertheit, bedeutet in diesem Sinne Hingabe, also Hingabe an ein Anderes, was als größer und existenzieller als das eigene Ego erachtet wird. [Das] bedeutet also, das Bewusstsein in eine tiefere Schicht hineinbringen, nicht im Sinne einer rationalen, willensmäßigen Fixierung, sondern im Sinne des Geschehenlassens. Das ist hier nicht erzwingbar. Sicherlich, von Buddha wird berichtet, er habe sich hingesetzt unter den Bodhi-Baum, nachdem alle seine vorherigen Bemühungen gescheitert sind und einfach meditiert, gesessen. Das ist ja der Ursprung des Zazen. Irgendwann ist es dann passiert, der Durchbruch, was immer nun diese Erleuchtung wirklich war. Auf jeden Fall, Meditation hat mit Hingabe zu tun, ist in dem Sinne keine Konzentration im engeren Sinne. Konzentration ist ja in gewisser Weise eine Fokussierung auf einen Gegenstand, eine rationale Zusammenziehung, und das ist eigentlich Meditation in dem Sinne nicht.

Nun, vielleicht ist die extremste Form der Hingabe, die jedem Menschen irgendwann abverlangt wird, das Sterben. Und die tibetischen Buddhisten haben, finde ich mit einigem Recht, immer wieder betont, dass Meditation im Tiefsten eine Art Einüben ist des Sterbeprozesses, dem jeder irgendwann ausgesetzt ist. Insofern wäre in diesem Sinne Meditation Sterben üben, sich auf diese letzte Verwandlung, diese letzte Hingabe wirklich einlassen und die energetischen Verfestigungen zunehmend abzubauen, also in einen reinen Energiezustand hineinzugelangen. Das wäre die höchste Form des Meditativen, die überhaupt denkbar ist.

Nun gibt es viele Mittel, die man heranziehen kann, die in allen Traditionen auch verwendet werden. Zum Beispiel gibt es die Möglichkeit, den Körper in eine bestimmte Position zu bringen. Also im Yoga nennt man das Asana, in eine ganz bestimmte Position. Es gibt ja unendlich viele Positionen. Die Grundposition, bekannt von der Meditation des Buddha, eine bestimmte Asana; damit zusammenhängt eine bestimmte Mudra, eine bestimmte Handhaltung, die den

Körper in gewisser Weise zentriert. Der meditierende Buddha ist ja das Urbild des meditierenden Menschen überhaupt, so ist ja das Meditieren auch als ein äußerstes Schweigen, nicht als ein Hören, als ein Lauschen [zu betrachten]. Und es bedeutet also, den Körper in ganz bestimmter Weise quasi präparieren für diese Erfahrung, weil er im Normalzustand gar keine Möglichkeit dazu hat. Es ist ja nicht, dass die Haltung, das Sitzen, in der Form das Wesentliche sei. Sie ist ein Hilfsmittel, um den Geist, der immer unruhig ist, der ständig zugange ist, wie jeder ja weiß, wenn man in sich hinein lauscht, der ständig redende und sich widersprechende und ständig innerlich in Aktion befindliche Geist, um diesen Geist wirklich zur Ruhe zu bringen.

Ein weiteres Mittel, was für die Musik wichtig ist, ist der Atem. Musik selber ist ja in ihrer elementarsten Form immer auch vom Atem beseelt, hat immer mit Atem zu tun, ist ja überhaupt erst einmal sehr körperlich. Man kann mittels des Atems in bestimmte tiefere Bewusstseinszustände hineinkommen, und zwar in zweifacher Hinsicht, sowohl durch eine extreme Verlangsamung der Atmung, indem man extrem langsam einatmet und extrem langsam ausatmet. Oder z.B. die Pausen zwischen Einatmen und Ausatmen immer mehr verlängert. Das kann man ja in einer Weise machen, dass im Normalbewusstsein kaum vorstellbar ist, dass man überhaupt auf diese Weise atmen kann. Man kann aber auch das Gegenteilige machen. Man kann extrem schnell atmen, man kann hyperventilieren. Man kann also dieses orgiastische, schnelle, stoßartige Atmen, hat auch übrigens in Verbindung mit der Musik vor allen Dingen in Vorderasien eine ganz wesentliche Rolle, spielt eine ganz wesentliche Rolle. Sie kennen vielleicht, wenn nicht, dann will ich es kurz erwähnen, denn das sogenannte Zikr der Sufis, der islamischen Mystiker. Das ist ja ein ganz schnelles, ruckartiges, auf Dauer Stimmband-schädigendes Hyperventilieren bei gleichzeitigem Singen bzw. einige singen, andere atmen. Und das Ganze ist eine Ekstase-Zustand, ein Tranceähnlicher Zustand, der darauf abzielt, den Teilnehmern in einen ganz bestimmten Zustand hineinzubringen, indem das Ego dann auch aufgehoben wird. Wer das mal versucht hat, kann bestätigen oder wird das aus Erfahrung wissen, wie ungeheuer effektiv das ist, das ist also genau das Gegenteil. Einmal eine extreme Langsam-Atmung, eine extreme Schnell-Atmung. Jeder Mediziner weiß, was Hyperventilation bedeutet, das hat ja auch seine bedenklichen Seiten. Man kann so extrem hyperventilieren, über eine oder zwei Stunden und dann wird tatsächlich das Bewusstsein vollkommen verändert. Auch die Körperwahrnehmung wird eine ganz andere. Oder man kann den normalen Atem, der sowieso fließt, einfach ruhig beobachten, man forciert weder eine Beschleunigung noch eine Verlangsamung. Man beobachtet einfach den Atem, wie er fließt und kann sogar zählen. Das ist durchaus gang und gäbe. Selbst Buddha hat es vorgeschlagen, zähle die Atemzüge von eins bis zehn und dann wieder von vorne. Der Atem geht rein und der Atem geht raus, das so eine Art Fluss zustande kommt, ein rhythmisches Schwingen in dieser Meditation. Das spielt alles in die Musik hinein, denn diese Elemente gibt es genauso in der Musik, beides.

Nun gibt es auch die Möglichkeit, und da kommt die Sprache ins Feld, das Bewusstsein zu fokussieren mit bestimmten Begriffen, mit sogenannten Mantras. Das sind Wörter oder auch Sätze, die in ganz bestimmter Weise in hämmernder Form ständig wiederholt werden, zigtausende von Mal, immer wieder werden diese Mantras wiederholt, und sie dienen dazu oder sollen dazu dienen, das Bewusstsein in einen ganz speziellen Zustand zu versetzen. Und da kommt bereits zum ersten Mal jetzt die musikalische Dimension ins Spiel. Denn man geht in allen Traditionen, die sich dieser Mantras bedienen, nämlich davon aus, dass das Wort oder die Wörter, die Sätze, die gesungen werden oder die gesprochen werden oder auch nur innerlich leise gesprochen werden, Schwingung repräsentieren und dass diese Schwingung in gewisser Weise Korrespondenzen hat mit der Schwingung im Kosmos. Das heißt also, dass jedes Wort, jeder Begriff eine bestimmte Schwingungs- oder Klangsignatur hat, die man auf diese Weise abrufen kann. Also, dass das berühmte Mantra OM oder AUM ist ja ein bekanntes Beispiel dafür, in der Annahme also, dass dieser Laut als eine Art Ur-Laut, als ein Ur-Ton allem zugrunde liegt, wird es in dieser ständigen Wiederholung dem Bewusstsein ermöglicht, tatsächlich in diese Ursprungsschicht dann auch reinzukommen. Das ist also die Frage des Mantrams. Da kommt also die Sprache ins Spiel, die Schwingung und auch die Musik, die damit zusammenhängt. Und häufig werden ja diese Mantras auch gesungen.

Nun ist gerade der moderne Mensch, der moderne stellt häufig die Frage und das wird ja immer wieder in diesem Zusammenhang gesagt: Wie ist es mit dem Verhältnis von Meditation und Therapie?

Ist Meditation eine Therapie? Nein, sie ist es nicht. Das muss man gleich vorab sagen. Meditation ist keine Therapie und ersetzt auch in keiner Weise die Therapie. Man kann auch durch Meditation seine Neurosen nach wie vor beibehalten. Man kann sie auch pflegen, man muss sie in keiner Weise überwinden. Also Therapie ist letztlich eine andere Geschichte. Ist Meditation eigentlich Trance? Schwierig zu sagen, ja und nein. In gewisser Weise kann man Meditation als Trance bezeichnen. Man kann ja in einen ganz bestimmten Trance-ähnlichen Zustand hineingeraten, ja auch beim Musikhören, der nicht unbedingt Meditation sein muss. Es gibt ein berühmtes Wort von Richard Wagner, der ja viel wusste von diesen Dingen (...) an Mathilde Wesendonck, in dem er schreibt, dass seine Musik wie ein feiner Saft bis ins Mark hineingeht und da alles auflöst, was irgend zu tun hat mit Individualität, mit Ego, mit Selbst, sozusagen die Musik als ein Mittel, die Egoität aufzulösen. Und begeisterte Wagnerianer wissen ja auch davon zu berichten, dass dies tatsächlich bei bestimmten Passagen etwa von „Tristan und Isolde" passiert, so eine Art Auflösung, eine Art Verflüssigung der eigenen Egoität. Und da ist ein ganz interessanter Zusammenhang mit dem asiatischen Denken gegeben. Es ist kein Zufall, dass Wagner gerade in Asien eine ungeheure Popularität genießt, mehr als jeder andere Komponist.

Nun ist Spiritualität ja traditionell, das muss ich noch als Letztes jetzt sagen zur Meditation, traditionell eine eher asketisch-patriarchale Spiritualität, auch das ist ja bekannt. Die meisten spirituellen Traditionen haben einen asketischen Charakter, sind patriarchal, sind durch Männer ganz wesentlich mitgeprägt, auch der Buddhismus. Und das ist natürlich für den modernen Menschen ein grundsätzliches Problem, ein Problem, was nicht aufgehört hat, Menschen, Frauen vor allen Dingen, zu beunruhigen. Wo bleibt die Frau in diesen Systemen? Es gibt eigentlich ganz wenige Systeme erst einmal, die der Frau die gleiche Seinswertigkeit zugestehen. Eines davon ist das sogenannte tantrische System. Das gibt es im Hinduismus und im Buddhismus auch. Das kann man eng verbinden mit Musik. „Tantra" heißt so viel wie „Gewebe" und ist also die Überzeugung von der Allverbundenheit, gerade auch des Männlichen und des Weiblichen.

All diese Dinge schwingen also mit in der Meditation. Es geht also um die Aufgabe der Egoität. Es geht um die Überwindung der Dualität. Es geht zugleich um eine ungeheure Aufmerksamkeit auf den

Moment, auf das Hier und Jetzt, auch eine Aufmerksamkeit auf den Atem. Und es geht um einen ganz bestimmten Bewusstseinszustand, in dem die Welt quasi von innen betrachtet wird. Und dieser Bewusstseinszustand ist sehr schwer zu erreichen, und er ist auch sehr schwer aufrechtzuerhalten. Also Meditieren ist ja nicht einfach, wie es häufig gesagt wird, Entspannung. Entspannung, sich fallen lassen, loslassen, ist natürlich ein wichtiges Element, aber es geht hier um eine gesteigerte Form der Aufmerksamkeit, letztlich auch um eine bestimmte Form von Integration, von Ganzheitlichkeit des Körpers, des Emotionalen, des Mentalen in irgendeiner Form ja auch und des Supramentalen bzw. des Spirituellen. Alles das schwingt zusammen, und ich meine, dass das auch in wirklich bedeutender Musik der Fall ist. Diese Elemente schwingen zusammen, und auch bedeutende Musik enthält eine Integration dieser Elemente. Und da ist für meine Begriffe der entscheidende Zusammenhang zur Meditation.

Und da spielt auch die Raumwahrnehmung hinein, von der Lama Govinda gesprochen hat. Er hatte ja gesagt, wenn ich noch mal daran erinnern darf, dass es nicht um eine dreidimensionale Raum-Anschauung geht, sondern um eine innere Raum-Wahrnehmung durch Musik. Wir können ja nachher mal in einigen Übungen versuchen, ob wir da ein bisschen hineinkommen können. Also eine innere Raumwahrnehmung durch Musik, wie es genauso die Möglichkeit gibt, eine quasi innere Zeitwahrnehmung durch Musikhören zu erleben, weil Musik ja auch Gestalt-lebendige, schwingende, pulsierende Gestalt in der Zeit ist. In gewisser Weise, wie ich das gerne öfter sage, die Zeit selbst zum Klingen bringt. Das kann man in ganz wenigen, vielleicht erlesenen und seltenen Momenten auch spüren, dass Musik den Zeitfluss selber zur Anschauung bringt bzw. zum Hören bringt. Also es ist vielleicht auch dann die tiefste Dimension, dass also gerade Raum und Zeit hier *in ihrer Eigentlichkeit* deutlich werden.

Nun, dass Klang und dass Musik mit der Tiefenstruktur der Welt zusammenhängen, ist einer der ältesten Gedanken, den Sie in praktisch allen Kulturen dieser Erde finden. Ich gebe mal ein Beispiel aus der indischen Kultur. Da ist eine ... hat man eine Klang-Kosmogonie, eine Weltentstehungslehre aus dem Klang entwickelt, die in ihrer Weise singulär ist. Ich darf mal einige Passagen hier vorlesen, ich habe das hier in meinem Musik-Buch zitiert über die altindische Klang-Kosmogonie. Da heißt es folgendermaßen: „Die erste Epoche der Schöpfung ist die Zeit der reinen bildlosen Namen-Schöpfung. Der Mythos nennt sie die Ur-Nacht. Sie ist eine ausschließlich akustische Periode und kennt noch keinen Raum. Sie besteht nur in der Zeit und ist eine Klangwelt. Die wirkenden Gewalten in ihr sind die Götter, selbst reine Klangexistenzen, deren Leib Musiklobgesang ist. Der Einbruch des Lichtes führt von der dunklen, rein akustischen Zeit zur Licht-Ton-Welt der zweiten Schöpfungsperiode, in der die tönende Existenz sich langsam in eine konkrete körperliche verwandelt und die klangliche Ursubstanz der Welt nach und nach verdeckt wird, also in den Hintergrund tritt. Der Schleier der Maya, die Täuschung über das wahre Wesen des Seienden breitet sich aus. Die dritte Schöpfungsperiode ist die helle Welt, in der die Dinge endgültig klare Gestalten annehmen. Der Mythos nennt sie den Tag. Mit dem vollen Einbruch des Lichts werden aus den reinen Zeitproportionen nun sichtbare und greifbare Proportionen des Raumes. Wenn auch die akustische Ursubstanz durch diesen Vorgang, insbesondere bei den stummen Objekten stark überdeckt wird, so lebt sie dennoch in jedem Geschöpf hörbar oder unhörbar als metaphysischer Kern weiter." Zitat Hans Schavernoch.

Also, die Grundüberzeugung wird hier ausgedrückt, dass die letzte Schicht der Kosmogonie, der Welt-Entstehung, eine klangliche ist. Auch da wäre einmal mehr Wagner heranzuziehen, der ja im Vorspiel zu „Rheingold" den Versuch gemacht hat, aus einem Es-dur-Akkord quasi eine Weltschöpfung, eine Art Kosmogonie zu entwickeln. Also ein ganz tiefer, immer wieder formulierter Gedanke.

Der Dirigent Bruno Walter gehört zu denjenigen Dirigenten des 20. Jahrhunderts, die sich zu diesen Fragen immer wieder in den verschiedensten Zusammenhängen geäußert haben. Ich darf auch da noch mal kurz einige Sätze vorlesen von Bruno Walter, er ist fraglos einer der ganz großen Dirigenten des 20. Jahrhunderts. Er schreibt über die pythagoräische Idee der sogenannten Sphärenharmonie, Zitat Bruno Walter: „Niemals habe ich diese einem hohen Geist gewordene Offenbarung nur als das phantasievolle Erzeugnis erhabener Imagination aufgefasst. Ich glaube daran, dass dem großen Menschheitslehrer, also Pythagoras, sich Ur-Tiefen der Natur im Klang eröffneten, dass er, wenn auch nicht mit dem physischen Ohr, die Harmonie der Sphären wirklich vernahm. Der Gedanke einer zwar für das sinnliche Gehör nicht wahrnehmbaren, aber im Kosmos tönenden

und waltenden Ur-Musik, wie sie Pythagoras und Goethes Geistes-
ohren erklang, ist mir mehr und mehr überzeugend geworden, denn
aus solch hohem Ursprung begann ich, das Werden und das Wesen
unserer Kunst und ihre elementare Macht über des Menschen Seele
allmählich tiefer zu begreifen. Als Geschöpf der Natur, den Einwirkungen der kosmischen Vorgänge auf alles Irdische unterworfen,
musste der Mensch von früher Menschenkindheit an unter dem Einfluss jener Musik des Universums stehen. Sein Organismus schwang
in ihren klingenden Vibrationen mit und empfing ihre rhythmischen
Impulse. Aus jenen vom inneren Wesen der Welt kündenden sphäri-
schen Vorgängen und von ihrer Auswirkung auf des Menschen Entwicklung stammt wohl seine musikalische Grundanlage, die dann
von einem dafür geeigneten Reifestadium seiner Sinneswachheit und
geistiger Bewusstheit an zur musikalischen Äußerung in lebendigem
Klang aufblühen konnte." Und so weiter.

Also auch hier die Vorstellung, die ja zunächst wie eine mythologische Figur wirkt, in gewisser Weise kann man ja auch sagen: wie eine
reine Fiktion, dass es so etwas geben könnte wie eine Klangstruktur
des Kosmos, die sich in der Musik in einer bestimmten Form der Musik zu manifestieren vermag. Das findet man also in fast allen spirituellen Kulturen und ganz vielen Mythologien, auch in ganz vielen
übrigens spirituellen Strömungen des 20. Jahrhunderts. Da taucht
das immer wieder als ein ganz wesentliches Merkmal auf.

Nun, wir wollen den Versuch machen nachher, uns durch das Hören einiger Stücke der sogenannten klassischen Musik, ich meine
jetzt mal der abendländischen westlichen Musik, also dieser Musik
uns meditativ zu nähern. Es erscheint angezeigt, noch einmal zu versuchen zu zeigen, welche Eigenschaften diese Musik auszeichnen und
was daran geeignet ist, meditativ angegangen zu werden. Ich sage
nochmal, es ist ja in keiner Weise eine Selbstverständlichkeit, es gibt
ein ästhetisch-intellektuelles Herangehen an Musik von Kennern,
von Musikwissenschaftlern oder auch von Menschen, die bestimmte
Instrumente spielen. Es gibt das reine emotionale Hören, die Begei-
sterung, das Sich-aufwühlen-Lassen durch die Emotionen eines Mu-
sikdramas zum Beispiel. Es gibt das rein intellektuelle, kennerhafte,
genießerische Hören. Aber es gibt doch in relativ geringem Grade ein
in dem Sinne meditatives Hören. Ja, von der professionellen Form
der Musikausübung wird diese Art von meditativem Musikhören

eher abschätzig betrachtet als eine bestimmte Form eines, sagen wir mal, dilettantischen Herangehens an Musik, was allerdings, wie ich meine, ungerechtfertigt ist.

Also was kennzeichnet diese Musik? Ich denke, die elementare Ebene, die oft nicht genug berücksichtigt wird, ist die körperliche Ebene. Jede bedeutende Musik, übrigens weltweit, hat immer zu tun mit körperlich-rhythmischen Vorgängen. Sie ist immer gewonnen aus dem Tanzen, aus dem Schreiten, aus dem Atmen und auch aus dem Pulsschlag. Ich meine, das berühmte Verhältnis etwa eins zu vier, dass ein zentrales Verhältnis überhaupt in der Musik ist, ist ja abgeleitet aus dem Verhältnis von Pulsschlag und Atemschlag. Im Normalfall ist es ungefähr 1 zu 4. Also Musik atmet, sie schwingt in einem umfassenden Sinne, sie ist extrem körperlich und auch ganz differenzierte, hoch differenzierte Musik ist häufig abgeleitet aus tänzerischen Vorgängen und deswegen ist es zum Beispiel ein erster Schritt, eine erste Möglichkeit, dass man Musik tänzerisch angeht, indem man etwa nach Musik tanzt, nach der gemeinhin nicht getanzt wird, zum Beispiel nach einem Streichquartettsatz oder einem Satz eines Klavierkonzerts von Mozart oder Ähnlichem. Man kann danach tatsächlich tanzen. Wer das das zum ersten Mal tut, Verwirrung auslöst, Irritation. Wozu? Was soll das? Das ist doch furchtbar. Wieso soll ich denn nach der Musik in diesem Sinne tanzen? Aber es ist eine Möglichkeit also in diese Schicht reinzukommen über einen elementaren Vorgang des Körperlichen, nämlich der Bewegung. Normalerweise sitzt man im Konzertsaal ruhig und soll dies auch. Wer allzu viel rumzappelt auf seinem Sitz, der erregt Aufsehen. Man sitzt ruhig und soll auch ruhig sitzen. Und das Klatschen nach einer musikalischen Darbietung, was ja oft ganz hektisch und sofort einsetzt, wie automatisch, ist ja nach meinem Empfinden nur der Versuch, diesen Bewegungsdrang, der so lange angestaut war, jetzt Luft zu verschaffen. Jetzt muss also auch Bewegung ins Spiel kommen. Ich habe oft in verschiedenen Zusammenhängen gesagt und auch geschrieben, dass ich nicht glaube, dass dieses Klatschen ein sehr sinnvoller Vorgang ist. Der amerikanische Psychotherapeut John Diamond, auch ein bedeutender Musikologe, hat nachgewiesen oder glaubt zumindest nachgewiesen zu haben, dass Klatschen das Energieniveau im Körper wieder abbaut. Das heißt durch die Musik, große bedeutende Musik, es wird ein bestimmtes Energieniveau erzeugt, und das Klatschen mindert wieder das, was eigentlich geschehen ist. Das heißt, der Vorgang der Anreicherung und der Steigerung, der Potenzierung wird wieder rückgängig gemacht durch das Klatschen.

Der zweite Punkt ist, dass Musik immer rhythmisch und melodisch harmonisch strukturierter Zeitfluss ist. Musik ist immer Klanggestalt in der Zeit, ich habe es ja vorhin schon gesagt, und diese Klanggestalt in der Zeit vollzieht sich in der abendländischen Musik, das muss man sagen, das ist anders in der indischen Musik, in Form ganz bestimmter Spannungsbögen und im Wechselspiel von Konsonanz und Dissonanz, von Expansion, Höhepunkt und Rücklauf. Celibidache, einer der großen Dirigenten unserer Zeit, hat sich zu diesen Phänomenen immer wieder geäußert, dass Musik in gewisser Weise in einem großen Bogen Zeit einerseits zum Klingen bringt, andererseits zur Aufhebung bringt. Und in den größten Interpretationen der Musik kann es geschehen, ganz selten kann es geschehen, dass Zeit in gewisser Weise sich selbst aufhebt, dass also Anfang und Ende sich quasi wie in einem Mandala, wie in einer Spiralbewegung begegnen und einander aufheben. Dann entsteht ein ganz eigenartiger Zustand, dass die Musik auf der einen Seite ein vorwärts drängendes Moment hat, gerade die abendländische Musik, die ja Themen entwickelt, erstes Thema, zweites Thema, es wird variiert, aber dass in gewisser Weise auch dieses vorwärts drängende Moment rückgebunden wird durch einen Spannungsbogen, der wieder in den Anfang zurückläuft, was ich etwa in der jetzt im engeren Sinne klassischen Musik des 18. Jahrhunderts daran zeigt, dass der Anfang und das Ende den gleichen Grundton haben, die sogenannte Tonika. Das ist ja bei Mozart fast durchgängig der Fall. Ein Stück fängt tatsächlich in einem Grundton der Tonart an und mündet wieder in diesen Ton. Schon bei Beethoven ist es ja anders. Das ist ja nicht mehr der Grundton, aber zumindest der musikalische Grundimpuls.

Die dritte Schicht, die auch meditativ zu erschließen ist, ist das, was Beethoven mal genannt hat als „elektrischen Boden der Musik", er hat mal gesagt: Die Musik hat einen elektrischen Boden. Das ist ein Begriff, den Beethoven in der damaligen Zeit geprägt hat, beeinflusst von der romantischen Naturphilosophie. Man würde vielleicht heute andere Begriffe wählen, vielleicht in der New-Age-Szene würde man das als Feinstofflichkeit bezeichnen, die Anthroposophen würden es vielleicht ätherisch oder astralisch nennen, wie immer, auf jeden Fall geht es um einen bestimmten Zustand, der um den Körper herum und den Körper durchdringend wahrnehmbar ist, der nicht eigentlich physisch ist. Auch das ist erfahrbar in der Musik. Dass die Musik also tatsächlich eine merkwürdige Zone im Körper aktiviert, die nicht eigentlich physisch ist. Feinstofflichkeit einmal hier in Anführungszeichen gesehen, und da mag es sogar einen Zusammenhang geben, ich habe das in verschiedenen Musik-Seminaren auch ausprobiert, da mag es sogar auch einen Zusammenhang geben mit den Energiezentren, von denen die asiatische Spiritualität berichtet, also den sogenannten Chakras. Mag sein. Wir wissen ja nicht, ob es die nun wirklich gibt, ob sie wirklich existieren. Auf jeden Fall, es mögen Hilfsmittel sein, es sind Hilfsmittel, die Energiezentren, die Bewusstseinszentren wahrzunehmen. Auch da gibt es Zusammenhänge mit der Musik.

Und dann ist Musik ja immer, und das ist ja zunächst die Schicht, die die meisten Menschen unmittelbar anrührt, emotional. Musik kommt nur dann an, kommt nur dann rüber, wenn sie seelische Prozesse, emotionale Prozesse verdeutlicht, und das kann die abendländische Musik vor allen Dingen durch die Konsonanz-Dissonanz-Spannung und durch die Dur-Moll-Spannung. Das gibt es ja in der Form in keiner nicht-europäischen Musik. Also die Eigenart, dass man die Terz, also die dritte Stufe vom Grundton aus und von der Dominante und von der Subdominante aus um einen Halbton-Schritt erniedrigt, hat sofort zur Folge, dass das gesamte Klangbild sich vollkommen verändert und eine kleine Schwingungsänderung, ein kleiner Wechsel von Dur nach Moll kann emotional ungeheure Auswirkungen erlangen, und es ist eigenartig, dass zum Beispiel in der sakralen Musik in Europa, in der das ganze Dur-Moll-System zunächst abgelehnt wurde und die Terz geradezu als das gefährliche Intervall bezeichnet wurde und nur in der Populärmusik eine Rolle spielt, nicht in der sakralen Musik. Sie konnte sich erst später in der sakralen Musik durchsetzen.

Dann ist Musik, vorhin schon angedeutet, eine Integration. Sie integriert die vier Elemente oder Wesensglieder oder Fakultäten des Menschen, nämlich seine Physis, seinen Körper, seine ganze Gefühlssphäre, seine Emotion, seinen mentalen Geist, Rationalität und das Spirituelle mehr oder weniger stark.

Natürlich gibt es Musik, die mehr oder weniger nur Körper-Power ist. Es gibt Musik, die ist so emotional, dass alle anderen Elemente in den Hintergrund treten. Oder es gibt rein konstruktiv-rationale Musik, wo man eigentlich nur mit höchst angespanntem Intellekt hört, wo eigentlich gar keine Emotionen aufkommen. Und die für meine Begriffe intensivste Musik ist diese Musik, in der diese vier Wesensglieder oder Elemente, nämlich die Physis, das Emotionale, das Rationale und das Spirituelle *zur Einheit* gelangen. Diese Einheit bedeutet keine Einerleiheit, sondern es kann durchaus auch eine konfliktreiche, *eine spannungsreiche Einheit* bedeuten. Und Musik, gerade die langsamen Sätze können in gewisser Weise sich selbst in die Stille hinein aufheben. Das können Sie bei besonders extremen Beispielen sehen, etwa bei späten Beethoven-Streichquartetten, dass also eigentlich in gewisser Weise die Stille selber klingt und dann die Musik in die Stille zurückgebunden wird und in gewisser Weise auch in die Stille zurückläuft, als ob die Stille das eigentliche Ziel überhaupt der Musik sei, als ob es das höchste Ziel der Musik sei, sich ins Schweigen wieder aufzulösen. Und insofern wäre dann, es gibt eine Stelle bei Thomas Mann im Faustus-Roman, wo er das sagt, dass vielleicht die Musik ihr höchstes Ziel darin hat, weil sie die geistigste aller Künste ist, ins Schweigen zu münden, das heißt, sich selbst aufzuheben, sich selbst überflüssig zu machen. Dann wäre ja die Musik nur ein Hilfsmittel, um das meditative Schweigen zu erlangen. Dann wäre sie sozusagen nur eine Stufe, dann wäre das Musik-Meditieren eine Stufe zur eigentlichen Meditation.

Und die letzte Schicht, die immer auch in der Musik eine Rolle spielt, die aber meditativ am schwierigsten anzugehen ist ... , ist das, was Thomas Mann auch mal den Zahlenzauber der Musik genannt hat. Musik hat ja immer mit Zahlen zu tun. In der Musik wird gezählt. Das ist aber kein mathematisch-abstraktes, funktionales Zählen, aber es ist ein sozusagen ein mystisches Zählen, wenn Sie mir den Ausdruck gestatten, und die gesamte Struktur der Musik, etwa der abendländischen Musik, ist auf ganz bestimmten Zahlen aufgebaut. Der Fünf, der Sieben, der Zwölf im Quintenzirkel und in der Oktav-Schichtung und so weiter. Hier spielen ständig ganz bestimmte Zahlen-Ordnungen eine Rolle, und es gibt viele Überlegungen, Spekulationen philosophischer und mystischer Art darüber, was diese Zahlen-Ordnung in der Musik eigentlich bedeuten und was sie zu tun haben könnten, etwa mit der Mathematik. Da gibt es ja auch gerade in letzter Zeit im Zusammenhang mit der sogenannten Chaos-Mathematik eine ganze Reihe interessanter Überlegungen darüber, wie Musik mathematisch, in diesem anderen Sinne mathematisch, vielleicht zu fassen sein könnte. Das ist meditativ am schwierigsten wirklich anzugehen, also diese Schicht.

Bevor wir jetzt zu einigen Übungen und Musik-Beispielen kommen, noch ein paar letzte Bemerkungen. Wenn wir uns mit der Musik als einem Klanggebilde konfrontieren, dann ist es sinnvoll, dass man diese Musik zunächst einmal versuchsweise, auch wenn das vielleicht nicht ohne Weiteres zunächst gelingt, als ein eigenes Klangwesen quasi, eine eigene Klanggestalt begreift, als einen eigenen Klang-Organismus, und dann hört, wie weit dieser Klang-Organismus, diese Gestalt, diese Gestalt-Ganzheit mit dem eigenen Klang-Organismus, mit der eigenen Klanggestalt resoniert. Was passiert in dieser Begegnung? Also wenn man wirklich mit ganzer Wachheit und Offenheit hört, dann kann man feststellen, was mit einem selber passiert, wo was resoniert, wo sind tote Zonen, wo kommt es nicht an, wo ist es lebendig? Ist es vielleicht die Herzöffnung, ist es das Herz-Chakra? Oder habe ich das Bedürfnis, elementar zu tanzen oder sogar Aggressivität zu entfalten? Was passiert eigentlich? Oder denke ich mit mit der Musik? Höre ich sozusagen quasi intellektuell mit der Musik mit? Und Musik-Meditation ist in diesem Sinne, auch wenn das vielleicht ein etwas übertriebener oder überzogener Ausdruck ist, ein *Mitgestalten*. Es ist nicht einfach ein passives Sich-überfluten-Lassen. Es ist der Versuch, quasi den Ursprungsprozess der Musik mitzugestalten, also im Hören auf eine ganzheitliche Weise mitzugehen und nicht abzuschweifen von dem jeweils gehörten Ton. Da gibt es ein ganz schönes Wort von Celibidache, der sich mit diesen Dingen ja intensiv beschäftigt hat. Der hat mal gesagt: Wenn es dazu kommt, dass Sie sich wirklich einmal vom Denken befreien und dem Ton, dieser mysteriösen, dämonischen Erscheinung unmittelbar folgen können, folgen, nicht nur etwas nachgehen, sondern niemals sich von der Erscheinung trennen, das heißt im Hören tatsächlich immer im Moment dessen, was erklingt, zu sein. Was also eine ganz große Aufmerksamkeit erfordert und wahrscheinlich nur geht, wenn auch eine gewisse Inspiration, eine gewisse Emotionalität vorliegt. Denn wenn die Musik nicht wirklich den Menschen elementar ergreift, dann hat er Schwierigkeiten, sich überhaupt auf diese Ebene einzulassen. Also im Grunde dann, der unmittelbarste Vorrang ist es, eine Musik zu nehmen, zu der man einen emotionalen, spontanen Zugang gewinnen kann. Nur dann hat man überhaupt eine Chance, dass man in diese Schicht hineinkommen kann.

Nun gibt es zu dieser Art von Musik-Meditation Hilfsmittel, Übungen. Ich habe in meinem Buch am Ende des Buches 25 dieser Übungen zusammengestellt, zum Teil ganz einfache Übungen, die man machen kann, mit denen man quasi arbeiten kann, die einem helfen können, in diese Musik reinzukommen, wenn man es denn überhaupt möchte, das ist klar, wenn man nicht von vornherein Musik nur begreift als ein ästhetisch-intellektuelles Vergnügen, was es ja auch ist, oder als eine rein emotionale Aufwühlung oder schlicht und ergreifend als ein Hintergrundgeschehen, was eben einfach mitläuft zum Frühstück, etwa Klassik SFB3, Klassik Plus, ist ja auch nicht schlecht, aber das ist ein anderes ... , sozusagen eine ganz andere Ebene, die da ins Spiel kommt.

Ich denke, dass wir jetzt einmal ein bisschen in die nach dem langen Theoretischen, ein bisschen versuchen, sag ich mal, in aller Vorsicht, in die praktische Ebene reinzukommen. Und wir wollen es mal ein bisschen angehen, obwohl wir hier keinen freien Raum haben, und wir kommen also jetzt in den eher praktisch orientierten Teil hinein. Und ich möchte jetzt einen langsamen Satz, den Teil eines langsamen Satzes einspielen lassen, die sechste Sinfonie von Bruckner, langsamer Satz, und einfach mal darum bitten, dass Sie, wenn es möglich ist, wenn Sie mir mal einen Moment die Leitung überlassen, wenn Sie es nicht machen wollen, dann ist es auch nicht weiter schlimm, wenn Sie sich vielleicht gerade in Ihren Sessel setzen, möglichst die Wirbelsäule gerade gerichtet, nicht hängen, weil der Brustkorb dann zusammengedrückt wird, sondern gerade sitzen und ohne Krampf und die Schultern möglichst entspannt lassen und die Hände wie Sie wollen. Sie müssen nicht die traditionelle oder klassische Handhaltung verwenden der ineinander gelegten Hände wie auf den Buddhastatuen. Das ist eine Hilfe, das muss aber nicht sein. Einfach mal gerade sitzen, Schultern entspannt und zunächst mal nichts weiter machen als ganz zu hören – total listening. Einfach gucken, was passiert eigentlich, wenn was passiert. Ich weiß, dass das schwierig ist in so einem Vortrag ganz plötzlich auf Knopfdruck. Knopfdruck heißt, ja nun hör mal ganzheitlich. Das ist natürlich nicht möglich, weil das bedarf es eines bestimmten Seminar-Zusammenhangs, das weiß ich, das wissen Sie auch. Das können wir hier nicht realisieren, das ist unmöglich. Insofern hat es einen Versuchscharakter. Also wir versuchen mal einfach in diese Musik reinzugehen, einfach zuhören und mit der Musik als erste elementarste Übung einfach mitgehen, nicht abschweifen, mit der Musik mitgehen, ganz wach, ganz bewusst, ganz präsent und nicht darüber räsonieren oder intellektualisieren.

Können wir vielleicht mal den Bruckner hören, den langsamen Satz?

(...) Ich gebe Ihnen einen kleinen ... , sozusagen kleines Experiment, was Sie zu Hause selber probieren können. Versuchen Sie mal diese Musik zum Beispiel oder eine andere Musik, die Ihnen emotional etwas bedeutet, so zu hören wie jetzt, sitzend, und dann dieselbe Musik, einmal, indem Sie sich vollkommen flach auf den Boden legen, ganz platt und plan auf den Boden legen, die linke Hand auf die Brust, die rechte Hand unterhalb des Bauchnabels und möglichst nur ruhig atmen und so bewegungslos wie nur irgend möglich zu liegen. Und Sie werden feststellen, dass die Musik plötzlich, wenn sie eine gewisse Lautstärke hat, das kann man dann vielleicht in der Wohnung nicht immer realisieren, da muss man einen Kopfhörer dann vielleicht nehmen, dass Sie dann eine ganz andere Schwingung dieser Musik hören. Die bekommt dann eine ganz andere Form von Körperlichkeit und gleichzeitig hören Sie ganz andere Sachen, die Sie vorher nicht gehört haben. Eine andere Möglichkeit zum Beispiel ist, dass Sie dieselbe Musik einfach in der Bewegung mitvollziehen, also einfach diese melodischen Figuren, ganz wie es ihnen kommt, mitvollziehen, nachvollziehen. Auch dann kann man eine ganz andere Form von Wahrnehmung entwickeln, und man lernt plötzlich in dieser Musik, in jeder Musik, Schichten kennen, von denen man vorher überhaupt nichts gewusst hat. Das ist verblüffend, weil normalerweise das Hören ja das sitzende Hören ist, es sei denn, man liegt dann auch mal auf der Couch oder sonst etwas. Aber das normale Hören ist das sitzende Hören, es sei denn, man ist Musiker und praktiziert also Musik. Aber es ist also wichtig, dass man sich ein kleines, sagen wir mal, Ritual zurechtbastelt für diese Art hören, das kann ein kleiner Verfremdungseffekt sein, was weiß ich, ein Räucherstäbchen oder oder auch eine bestimmte Beleuchtung, wie immer. Man kann das in einer bestimmten Weise verfremden, um aus der Alltäglichkeit rauszukommen. Das ist wichtig, um einen gewissen Bruch zur Alltäglichkeit herzustellen. Und dann einfach gucken, was passiert mit mir. Das sind die elementarsten Übungen erst einmal für den Anfang. Das können Sie mit einem Bruckner machen, das können Sie mit Beethoven, mit Mozart machen, mit Mahler, im Grunde mit jedem bedeutenden, im Grunde mit jedem beliebigen Komponisten überhaupt. Bloß manche Komponisten sind weniger geeignet in diesem Zusammenhang. Wir können hier nicht tänzerische Dinge praktizieren. Wir können bestimmte Bewegungsvorgänge hier nicht miteinander üben, die ganz elementar eigentlich Vorstufen wären. Und liegen können wir hier jetzt auch nicht, aber wir müssen es also halt mal im Sitzen probieren ,und wir gehen jetzt noch mal in eine vollkommen andere Musik rein. Von einem zeitgenössischen Komponisten, der in Berlin lebt, ein Este, Arvo Pärt, der ein kurzes Stück geschrieben zum Gedenken an den Tod von Benjamin Britten, den er sehr schätzte, den bedeutenden englischen Komponisten, der 1976 verstorben ist, ein *Cantus in memoriam* von Benjamin Britten. Ein kurzes Stück, das können wir ganz hören. Es dauert nur fünf Minuten, und Arvo Pärt ist als Este ein extrem spiritueller, ein extrem religiöser Mensch, der ganz bewusst auch die spirituelle Dimension in die Musik einbezieht, auch moderne serielle Musik komponiert hat, aber zunehmend mehr die Musik zurückführt in gewisser Weise auf ihren Ursprungsgrund und sich zunehmend getrennt hat von der seriellen Avantgarde-Musik, obwohl er das auch kann und lange Jahre auch gemacht hat. Wir hören also jetzt mal, ein Stück von Arvo Pärt, „Cantus in memoriam Benjamin Britten", und ich darf Sie bitten wieder, dass Sie möglichst mit gerader Wirbelsäule sitzen, Schultern entspannt und vielleicht im Atem ein ganz klein bisschen beim Ausatmen einen leisen Druck auf den Unterbauch ausüben und eine ganz kleine Pause machen. Das hat einen großen Effekt für den Körper, wer das mal getestet hat, also Ausatmen, ganz kleinen Druck auf den Unterbauch und dass der Atem von alleine dann wieder hochsteigen kann. Wenn Sie das nicht schaffen, ist nicht schlimm. Es soll nun wahrlich kein Krampf daraus gemacht werden, zumal jetzt in diesem Zusammenhang. Also wir versuchen es einfach mal in die Musik quasi reinzuatmen und uns davon durchdringen zu lassen in diesen Atemprozess. Also Arvo Pärt, „In memoriam Benjamin Britten".

(...) Sie können derartige Hörerlebnisse zum Beispiel, indem sie so einen Satz, wie eben gehört, aufnehmen, intensivieren, indem Sie vorher vor dieser langen, langsamen Phase eine sehr vehemente, sehr schnelle Phase tanzen. Also man kann das so organisieren, wenn man dann die Zeit sich nehmen will, überhaupt zu so etwas, wenn man das nicht für völlig verrückt hält. Und wenn man das überhaupt möchte, dann kann man eine sehr vehemente, schnelle Musik, zum Beispiel ein Mozart, den Schlusssatz aus der Jupiter-Sinfonie etwa, eine wunderbare Tanzmusik, eine sehr vehemente Weise tanzen und dann ein Stück danach, was auch Bewegung enthält, aber eine etwas langsamere Bewegung. Und dann in diese Art von Musik reingehen – und dann im Liegen. Auch das ist jetzt theoretisch leicht dahingesagt. Das ist einfach eine Frage der Erfahrung. Das kann man in der Gruppe machen, das kann man zusammen machen. Elementar schnelle Bewegung, eine ruhige Bewegung und in der Schlussphase einfach liegen und dann eine Weile schweigen und dann gucken, wie da was mit dem Körper auf diese Weise passiert. Auch da kann man sich kleine Rituale schaffen und sich Musik zusammenstellen und versuchen, den Alltag ein Stück weit erst einmal draußen zu lassen, wenn man das möchte. Schön ist das zu zweit oder zu dritt. Man kann es aber genauso gut auch alleine machen.

* * * * * *

Licht und Bewusstsein III

Licht und Schwere

Ich habe Ihnen vor 14 Tagen den Welt-Äther vorgestellt, wenn man das so sagen kann oder möchte, und ich habe mit Ihnen die Fragen ventiliert, die man in dem Zusammenhang stellen kann: Wie könnte man einen Welt-Äther oder Welten-Äther denken? Wie kann man das sich vorstellen? Welche Überlegungen gibt es in dem Zusammenhang? Ich habe Ihnen auch meine eigenen Überlegungen hier vorgestellt, was ich mir in vielen Jahren des Nachdenkens über die Frage erarbeitet habe oder zu haben glaube, was möglicherweise dieser Welt-Äther ist. Dann haben wir über die Frage gesprochen, wie man den sogenannten Licht-Äther und den Raum-Äther miteinander in Beziehung bringen kann. Und da war am Ende eine Frage aufgetaucht, die ich ganz kurz aufgreifen möchte. Eine Dame, die irgendwo hier vorne saß, hat halblaut gesagt, aber ich habe es trotzdem gehört: Ich hätte nicht deutlich genug das Phänomen der Äther-Dichte erklärt. Ich habe das versucht, aber offenbar nicht mit Erfolg für alle. Insofern will ich das jetzt nochmal in aller Knappheit sagen.

Ich hatte ja am Ende, als die Frage nach der Dichte aufkam, nochmal daran erinnert, dass die Licht-Äther-Frage im 19. Jahrhundert verbunden war mit einem physikalischen Paradoxon, nämlich dergestalt, dass man annehmen musste, dass dieser physikalisch fassbare Äther, wenn er dann existiert, auf der einen Seite eine extreme Feinheit haben müsste, unsagbar viel feiner als das feinste Gas, und auf der anderen Seite eine unvorstellbare Dichte haben müsste, um ein Vieltausendfaches größer als Stahl. Das hat man im 19. Jahrhundert weitgehend ausgerechnet, und das war verwirrend, weil damit ein Stoff oder Quasi-Stoff oder feinster Stoff angenommen werden musste, der allen herkömmlichen Kategorien von Stofflichkeit widersprach. Also ein Stoff, der zugleich alles durchdringt, eine allgegenwärtige, die gesamte Materie durchdringende Wesenheit, und auf der anderen Seite aber ein Stoff, der von unvorstellbarer Intensität und Dichte ist.

Und ich habe Ihnen das versucht darzustellen an einer Vorstellung, die ja für mich zentral ist, der Vorstellung des Radialfeldes. Das war am Ende der letzten Stunde vor 14 Tagen, dass, wenn man die Vorstellung zulässt, dass man eine Kugel auch verstehen kann als eine unendliche Ansammlung von Radien, die von einem Mittelpunkt ausgehen, dann müsste man zu zwei Schlussfolgerungen kommen, rein logisch-mathematisch: dass auf der einen Seite diese Radien unendlich dicht sein müssten. Es dürfte ja quasi keine Lücke geben. Jede Lücke, die man zeichnerisch, graphisch verdeutlicht, wäre ja nur eine Verbildlichung einer im Grunde genommen unendlich dichten und kompakten, mit unendlich vielen Radien angefüllten Kugel oder Strahlungskugel. Das Paradoxon besteht darin, dass man auch gleichzeitig annehmen müsste, wenn die Kugel, wie groß sie immer gedacht wird, sich entfaltet aus einem Punkt, dann, gemäß dem reziproken Quadratgesetz eine Abnahme der Dichte mit dem Quadrat der Entfernung zu beobachten ist. Das ist ein logisch-mathematisch nicht aufzulösender Widerspruch, der aber aus allen Strahlungsvorgängen, die wir kennen, die von einer punktförmigen Strahlung ausgehen, leicht plausibel gemacht werden kann. Ich habe Ihnen versucht zu erläutern, dass man hier mit einigen Abstrichen den Begriff der „Quasi-Unendlichkeit" anwenden könnte. Ich habe diesen Begriff in meinem Buch mehrfach verwendet. Ich habe ihn übernommen von Ervin Laszlo, obwohl er eigentlich ein logisches Unding ist, ein Widerspruch in sich selbst, entweder unendlich oder endlich. Es kann keine Quasi-Unendlichkeit geben. Mit Quasi-Unendlichkeit meine ich eine fast oder beinahe Unendlichkeit. Eine Unendlichkeit der Dichte, die so weit vorangetrieben ist, dass sie für unser Vorstellungsvermögen quasi jenseits jeglicher Endlichkeit sich befindet. Und das kann man denken, wenn man ein Radialfeld als Kugel verstanden zum Mittelpunkt weiterdenkt.

Und das ist eine der erstaunlichsten Fragen, die in dem Zusammenhang immer aufbrechen: Was passiert im Zentrum, im Strahlungszentrum einer derartigen Quelle von, sagen wir mal, Energie oder Äther-Energie, wie immer? Hier müsste *ein Umschlag* passieren, ein qualitativer Sprung von äußerster Dichte zu einem Sich-Auflösen der Materie, zu einem Zerstrahlen vom Zentrum aus. Sie wissen vielleicht, dass diese Fragen im Zusammenhang mit der sogenannten Nullpunkt-Energie, in der auch in einigen Überlegungen zum Quanten-Vakuum eine entscheidende Rolle spielen. An allen wichtigen Punkten treten Unendlichkeitswerte auf. Das ist sogar in der Quanten-Elektrodynamik der Fall. Jedes Elektron hat genau genommen, wenn man es als punktförmig, als winzigste Kugel imaginiert und als Quelle von

Energie ansieht, eine unendlich große Energie und müsste sozusagen implodieren oder kollabieren. Es gibt mathematische Tricks, mittels deren man dann diese Unendlichkeit eliminieren kann, aber die Frage bleibt.

Genauso hat man ja Versuche unternommen, das habe ich ja auch angedeutet, die Energiedichte des absoluten Vakuums auszurechnen und ist zum Teil zu abweichenden, aber doch für die menschliche Vorstellung geradezu monströsen Werten gekommen. Also das ist eine Frage, die die Physik beschäftigt: die quasi unendliche Dichte, ich sage es noch mal mit allen Abstrichen, des Raums, auch verstanden, das habe ich Ihnen auch versucht darzustellen, als Vakuumenergie oder Raumenergie.

Und das müssen Sie zusammendenken. Sie müssen also unterscheiden zwischen der sinnlich-physischen Dichte, dem Widerstand, der sich aufbaut, wenn ein lebendiger Leib auf ein Hindernis stößt, das ist eine physisch-sinnliche Widerstandsfähigkeit quasi der Materie, das ist das Eine. Das ist für unsere Leiberfahrung Dichte, während es vom Feld aus gesehen, von der Raumenergie aus gesehen, äußerste Auflockerung ist, geradezu ein schaumartiges Etwas, was wie ein Nebel durchschlagen wird von dieser quasi unendlichen Raum-Energie, die damit als feinste Strahlung vorgestellt werden kann, die Materie wie ein Nichts, oder wie gesagt, wie ein Nebel, durchdringt. Und damit ist man auf einer ganz anderen Ebene der Auseinandersetzung über die Frage nach dem Äther. Und wenn Sie das gedanklich in Verbindung bringen mit dem, was ich am 2. November [1999] versucht habe, Ihnen zu erläutern über die Frage der Willensimpulse in der Bewegung überhaupt, dann kommt man zu hochinteressanten Schlussfolgerungen.

Sie erinnern sich daran, ich hatte ja verdeutlicht, dass in der herkömmlichen Physik keine Antwort existiert, warum überhaupt Gestirne sich bewegen. Das verblüfft viele, die das zum ersten Mal hören. Sie glauben einer Sinnestäuschung zu erliegen, das kann doch nicht sein, wo doch in den Physikbüchern schon ganz zu Beginn in der Mechanik, in den Grundlagen der Mechanik, der klassischen Mechanik, von Bewegung die Rede ist. Aber dies ist niemals eine wirklich kausale Erklärung der Bewegung. Darüber haben wir ausführlich gesprochen. Man kann nicht einmal wirklich zureichend erklären, in, sagen wir mal, physikalischen oder auch physiologischen Begriffen, warum der menschliche Wille in der Lage ist, den eigenen Leib zu bewegen. Das ist eines der größten Mysterien überhaupt, das man immer wieder hervorheben muss, weil viele es für vollkommen selbstverständlich halten. Aber wenn man es durchdenkt, stößt man auf einen Abgrund von Paradoxien. Wie ist es möglich, dass es diese Art von Einwirkung eines Geistprinzips, des Willens, auf den menschlichen Leib überhaupt gibt? Das ist der eine Punkt.

Dann hatte ich Ihnen im Zusammenhang mit der Ätherfrage, der Lichtäther-Frage dargestellt, dass in den letzten Jahren im Zusammenhang mit der New Science immer wieder Zweifel geäußert werden an der Mainstream-Theorie der Sonne und der Fixsterne. Die thermonuklearen Öfen, die von vielen für vollkommen selbstverständlich gehalten werden, sind das in keiner Weise. Ich habe kürzlich mit einem kritischen Physiker diese Dinge besprochen, der mir auch zugestand, dass die herrschende Theorie von Sonne und Fixsternen ein Abgrund von Ungereimtheiten ist. Und wir müssen uns zu dazu bequemen zu sagen: Letztlich ist die Sonne eine *stella incognita*, immer noch oder wieder, wie sie das immer war, und die theoretischen Überlegungen, wie Licht entsteht durch thermonukleare Verschmelzungsprozesse, ist ein bestimmtes Modell, mit dem man bis zu einem gewissen Grade rechnen kann, das bis zu einem gewissen Grade auch zu überprüfbaren Voraussagen führt, das aber eine Fülle von inneren Ungereimtheiten und Widersprüchlichkeiten beinhaltet, zum Beispiel, ein Punkt, den ich nicht erwähnt habe das letzte Mal, den ich jetzt noch anführen möchte: Das berühmte Olberssche Paradoxon.

Das war noch bis in die siebziger Jahre eines der ganz großen Rätsel der Astronomie. Sie konnten in allen Astronomie-Büchern über das Olberssche Paradoxon lesen. Es wurde immer wieder gesagt: Das ist eines der schwerwiegendsten Probleme der Astronomie überhaupt. Und man hat dann die Überzeugung verbreitet, ich erkläre gleich, was das war, dass durch die Fiktion einer Raumkrümmung und eines endlichen, allerdings nicht begrenzbaren Universums dieses Paradoxon aufgelöst werden könnte. Ich erkläre das kurz. Das Olberssche Paradoxon geht zurück auf einen Astronomen, Hermann Olbers, der im Jahre 1826 eine ganz simple Rechnung aufgestellt hatte, die logisch, mathematisch, physikalisch nicht zu widerlegen ist, folgender Art: Es dürfte nie dunkel werden. Wenn die Sonne und Fixsterne selber Licht verstrahlen, dann dürfte es niemals dunkel werden. Warum nicht? Man kann sagen, wenn man bildhaft, modellhaft die Sonne als Lichtpunkt-Strahler versteht, dass die Strömungsintensität mit dem Quadrat der Entfernung abnimmt. Das ist richtig und unbezweifelbar, aber gleichzeitig nimmt die Anzahl, die pure Anzahl der sogenannten Sonnen im Raum mit der dritten Potenz [der Entfernung] zu. Das heißt, wenn Sie das weiter rechnen, kommen Sie irgendwann auf unvorstellbare Werte. Das heißt, die Abnahme der Strömungsdichte mit dem Quadrat der Entfernung wird nicht [nur] kompensiert, nicht nur kompensiert durch die dritte Potenz der puren Zahl, sondern überkompensiert. Es dürfte [danach] nie dunkel werden. Es müsste ständig, das ist genau ausgerechnet worden, eine Helligkeit herrschen, die etwa das 50.000fache der jetzigen Tageshelligkeit ausmacht.

Das hat die Astronomen zur Weißglut gebracht. Es gab ganze Bibliotheken, die darüber geschrieben worden sind über das Thema, wie das überhaupt möglich sein könnte. Von einer bestimmten Größe des Universums an wird die Vorstellung der Sonnen als Lichtquellen absurd. Alle Modelle sind durchgespielt worden. Die Abdeckung durch Nebel etwa, die Abdeckung der Gestirne gegenseitig und so weiter. Und dieses Paradoxon, ich sagte es, finden Sie noch in Astronomie-Büchern bis in die 70er Jahre hinein als eines der ganz großen Rätsel der Sonnen-Theorien. Wie ist es gelöst worden? Ich behaupte: gar nicht. Man hat es im Grunde mit einem Trick eliminiert, wie viele ähnliche Fragen dieser Art. Man kann auch zeigen, das habe ich, glaube ich, auch angedeutet, dass man ein ähnliches Paradoxon, obwohl das kaum bekannt ist, auch beim Newtonschen Gravitationsgesetz ausrechnen kann. Wenn wirklich jedes Teilchen gravitative Wirkung hätte, müsste das ganze Universum quasi in sich zusammenstürzen bzw. müsste in jedem Punkt die gravitative Wirkung unendlich groß sein, es dürfte also nur eine ganz bestimmte Größe haben.

Das heißt, es gibt nur zwei Möglichkeiten: Entweder das Universum hat eine berechenbare Größe, die das noch gerade zulässt, oder man muss beides, die gravitative Wechselwirkung und das Licht, ganz neu denken. Und ich habe ja schon angedeutet, dass es verschiedene Überlegungen gibt, die auch eine gewisse Plausibilität haben, das Licht zu verstehen als eine raum-energetische oder radial-energetische Wechselwirkung im Raum zwischen Gestirnen, sodass also nicht im buchstäblichen und eigentlichen Sinne die Fixsterne oder Sonnen die Quellen des Lichtes sind. Es hat im 20. Jahrhundert verschiedentlich

Überlegungen in dieser Richtung gegeben, die auch eine gewisse Plausibilität haben. Das ist nicht identisch mit, sagen wir, esoterischen Überlegungen, etwa aus der Theosophie oder Anthroposophie oder aus vielen anderen Strömungen über die okkulte Logos-Qualität der Sonne. Das könnte man bis zu einem gewissen Grade auch noch als kompatibel verstehen mit der herrschenden Sonnenofen-Fiktion. Man könnte ja sagen, es sind zwei vollkommen verschiedene Ebenen. Man muss das auseinanderhalten. Es gibt ja unter Esoterikern, wie ich in vielen Gesprächen festgestellt habe, eine fast Selbstverständlichkeit, eine selbstverständliche Überzeugung, dass die Sonne, die wir sehen, wir sehen sie ja nicht direkt, das habe ich ja erläutert, die wir indirekt sehen, quasi nur das Kleid, das feinstoffliche Kleid einer ganz anderen, tieferen, eigentlichen Sonne, eine Art Logos-Sonne ist dahinter oder darin. Das finden Sie im Besonderen gerade in der Theosophie und Anthroposophie.

Also das wäre noch bis zu einem gewissen Grade kompatibel. Dann müsste man verschiedene Ebenen ansetzen. Ich meine etwas anderes. Ich meine, ohne dass ich zu diesem Punkt jetzt hier dezidiert Stellung nehmen möchte, ich meine den Punkt, dass man tatsächlich die Entstehung von Licht ganz anders begreifen kann: als eine Zustandsänderung der Radial- oder Raumenergie, wobei die Gestirne nicht direkt Quellen des Lichtes sind. Das kann man in sich schlüssig, in sich konsistent weiterverfolgen und kommt zu erstaunlichen Resultaten. Ich habe das ja auch vor 14 Tagen oder drei Wochen auch angedeutet, dass ich glaube, dass das eines der ganz brennenden Themen der nächsten Jahre sein wird. Ich prognostiziere geradezu, dass dieses Thema an Breite gewinnen wird, und viele werden irgendwann sich die Augen reiben und werden kaum glauben, wie man ernsthaft kollektiv hat die Überzeugung vertreten können, dass der Raum erfüllt sei mit glühenden Glaskugeln. Das wird den Menschen über die Medien und über die Mainstream-Wissenschaft und ihre vielfältigen Popularisierungen dermaßen als eine Wirklichkeit, als eine objektive Wirklichkeit des Universums nahegelegt, dass sie gar nicht mehr wissen und begreifen können, dass es sich hier um eine ganz spezielle Modellvorstellung handelt, die übrigens auch in verschiedenen Kontexten immer auch wieder in Frage gestellt wird. Zum Beispiel im Zusammenhang mit dem einigen von Ihnen ja vielleicht bekannten Problem der sogenannten Neutrinos, dass also die Neutrinos, dass nicht diese

Zahl von Neutrinos messbar ist, die eigentlich vom Standardmodell aus messbar sein müsste. Das Ganze ist wirklich eine offene Frage und das spielt natürlich grundsätzlich hinein, wenn wir uns nach dem Licht fragen, was das Licht überhaupt ist, das ist ja ein wesentliches Thema in diesem Semester. Was ist eigentlich dieses Licht? Dass es nicht sichtbar ist, für sich genommen und an sich oder allein gelassen, das wissen wir. Das habe ich Ihnen verschiedentlich erläutert. Licht ist unsichtbar.

Wir können nur Licht indirekt wahrnehmen, wenn Materie vom Licht reflektiert wird, wenn sich Licht auf Materie reflektiert. Für sich genommen ist das Licht unsichtbar. Kann Licht überhaupt als ein objektives Etwas betrachtet werden? Nein. Denn wenn wir das Korrelat der Lichtwahrnehmung betrachten, zum Beispiel eine bestimmte Frequenz oder zum Beispiel eine bestimmte Wellenlänge, dann ist das ja nicht das Licht, sondern Licht ist in sich und in sich selbst immer die Einheit des beobachtenden Auges und einem von außen in irgendeiner Form auf dieses Auge zukommenden Etwas. Das heißt, in sich ist Licht schon immer die Überwindung der puren, objektiv gegebenen Außenwelt. In gewisser Weise, kann man sagen, ist Licht, auch ohne dass man spirituelle Lichttheorien heranzieht, die Einheit von Immanenz und Transzendenz, schon als solches. Das ist auch in allen oder vielen, auch physikalischen Lichttheorien immer wieder angedeutet worden, zum Beispiel von Arthur Zajonc in seinem Buch „[Lichtfänger] – Die gemeinsame Geschichte von Licht und Bewusstsein". Da zeigt ja Zajonc anhand von ungeheuer raffiniert ausgedachten Quanten-Experimenten, dass das Licht immer rätselhafter wird, je mehr man es quasi direkt angeht. Man kann in bestimmten Experimenten nachweisen, dass noch nicht einmal der Ort des Lichtes exakt bestimmt werden kann. Ich habe Ihnen das damals auch erläutert. Das Licht entzieht sich dem direkten, dem gleichsam grobstofflichen Zugriff. Das also vorab.

Ich will Ihnen jetzt einen kleinen Auszug aus diesem genannten Essay, den ich für den „Blauen Reiter" geschrieben habe, der Ende Dezember, Anfang Januar erscheinen wird, vorlesen, weil dieser Essay ins Zentrum der Thematik einer anderen oder alternativen Kosmologie trifft. Der Essay hat den schlichten Titel: „Wo sind wir? Der Mensch, der Raum und die Gestirne – zum Verhältnis von Naturwissenschaft und Spiritualität." Der Chefredakteur Siegfried Reusch hatte mich angerufen und gefragt, ob ich nicht einen Essay beisteuern wollte. Das Rahmenthema der zehnten Ausgabe hieße „Götter", und es ginge im weiten Sinne um den Zusammenhang von Naturwissenschaft, Naturphilosophie, Religion, Spiritualität. Und in dem Zusammenhang habe ich mich dann zu diesem Essay durchgerungen und habe ihn vorvergangene Woche geschrieben. Ich lese mal einige Passagen hieraus vor, weil in einer sehr knappen essayistischen Form hier nochmal das zentrale Anliegen auch dieser Art von anderer oder alternativer Kosmologie zum Ausdruck kommt. Also noch mal der Titel: „Wo sind wir? Der Mensch, der Raum und die Gestirne – Zum Verhältnis von Naturwissenschaft und Spiritualität":

„Es ist erstaunlich, wie selten die Frage gestellt wird, wo wir uns eigentlich befinden, oder dass es die Menschen nicht stärker beunruhigt, gar nicht zu wissen, wo sie wirklich sind. Der geographische Ort kann bestimmt werden, wenn der rätselhafte Himmelskörper, dessen Oberfläche wir bewohnen und leidlich gut kennen, das Bezugssystem abgibt." Das ist fast banal, eine geografische Verortung auf der Gestirnoberfläche. Das ist nicht gemeint mit der Frage. „Der nächste Schritt wäre dann die Frage nach dem Ort eben dieses Himmelskörpers. Wo befindet sich die Erde? Zu sagen, im Sonnensystem oder in der Galaxis, erweitert die Bezugssysteme, beantwortet aber die Frage nicht wirklich. Denn wo ist wiederum die Galaxis? Wo sind die anderen Galaxien?

In erster Annäherung lässt sich die Antwort geben: Als Körper, der wir ja zumindest auch sind, obwohl wir nicht darin aufgehen, sind wir, wie auch die Gestirne überhaupt jedwede Materie und Energie eben *im Raum*. Aber auch mit dieser Antwort ist im tieferen Verständnis der Frage nicht viel gewonnen. Jedenfalls dann nicht, wenn dieser Raum nicht als bergende, alles umschließende und einschließende Hohlkugel, als kosmische Höhle oder Uterus verstanden wird. Wird er das, dann ist die Verortung in diesem Raum möglich und sinnvoll. Ist dies der Fall, wie im geozentrischen Hohlkugel-Universum der Antike und des Mittelalters, dann hat die Erde, einschließlich der Menschen auf ihr eine klar bestimmbare Position. Eine endliche Hohlkugel, ein kugelförmig gedachter Raum gibt jedem Ding seinen Ort. Im Hohlkugel-Universum war die Erde nicht nur in der Mitte, sondern zugleich ganz unten, ein *gerade nicht* besonders günstiger oder privilegierter Ort. In der mittelalterlichen Version dieser Kugel-Kosmologie war die

304

absolute Weltmitte vom Satan besetzt. Dieser wohnte im ‚Ganz-unten'. Schon dieser Umstand, tiefer bedacht, könnte zu dem Verdacht führen, dass die berühmte kopernikanische Kränkung von Sigmund Freud weniger gefunden als erfunden worden ist."

Das habe ich in der zweiten Folge Ihnen ja auch versucht darzustellen, dass ich glaube, das ist eine Fiktion. Es hat nie eine kopernikanische Kränkung gegeben. Das ist eine Erfindung von Sigmund Freud im Zusammenhang mit der angeblichen darwinistischen Kränkung oder der psychoanalytischen Kränkung. Im Gegenteil: Das Selbstbewusstsein des Menschen seit Kopernikus ist ungeheuer angewachsen, mit diesem Selbstbewusstsein auch die Neurosen. „Eine brisante Pointe des geozentrischen Hohlkugel-Universums liegt darin, dass diese Kugel selbst oder als solche keinen Ort hatte, ja haben durfte, also nicht einfach eine Kugel in einem Raum sein durfte. Das Universum als Ganzes durfte keinen Ort haben, durfte sich nicht in einem Raum befinden. Die Kugel hatte nur eine Innen- aber keine Außen-Krümmung. Das ist nicht anschaulich vorstellbar, wird aber von Aristoteles postuliert, und zwar in bewusster Abwehr gegen einige Pythagoreer, die schon argwöhnten, es gäbe auch ein reales und damit räumliches Außen dieser Kosmos-Kugel. Aristoteles wusste: Gibt es dieses Außen, dann hat die Kugel einen Ort im Raum, der dann nicht mehr im Endlichen zu halten ist." Das habe ich auch schon mal in anderem Zusammenhang angedeutet. „Nach Aristoteles gibt es nur ein quasi paradoxes Außen als ‚nicht-Außen', kein wirkliches Außen oder Außerhalb-der-Kugel und damit des gesamten Kosmos. Dieser Kosmos ist umfangen von einem nicht räumlichen, letztlich als göttlich vorgestellten Etwas." Das könnte man als eine Art göttlichen Hyperraum bezeichnen, wie sich das Aristoteles vorstellt, jenseits jeglicher anschaulichen Vorstellung. „Innerhalb dieser kosmischen Kugel, umwölbt und getragen von der Göttlichen Nicht-Kugel, dem Göttlichen Nicht-Raum, hat jedes Ding seinen kosmografisch bestimmbaren Ort," – jetzt wichtig – „der zugleich etwas aussagt über seinen seelisch-geistigen Ort. Das ist in dieser Kosmologie immer das Gleiche. Der Ort in diesem Kosmos sagt etwas aus über den seelisch-geistigen Ort. Das ist zunächst einmal nicht getrennt. Die Position im Außen-Raum, der eigentlich Innen-Kugel-Raum ist, ist zugleich ein Indikator für die Position im Innenraum, dem Raum der Seelen und Geister. Geistiger Aufstieg ist immer direkt und buchstäblich auch kosmischer

Aufstieg." Das finden Sie noch bei Dante in der Divina Commedia, der Aufstieg durch die Sphären. „Nach oben im kosmografischen Sinne steigt er nach oben, sieht die Erde ganz klein unten. Alles Göttliche ist oben, das Irdische dagegen unten. Noch immer zehrt unsere Sprache von dieser Kosmologie, fast ständig. Das Hohlkugel-Universum war auch ein Schalen-Kosmos. In der durch Giordano Bruno vollzogenen Radikalisierung der kopernikanischen Wende gingen sämtliche bergenden und schützenden Schalen oder Sphären zu Bruch, was zur Folge hatte, dass der Raum selbst nun mit ganzer Wucht in die Menschenwelt hinein flutete. Wo war fortan die Erde und mit ihr die Menschheit? Jetzt wird die Frage vollkommen neu gestellt. Bis dahin konnte man noch sagen: Wo ist der Mensch? Der Mensch ist in diesem Hohlkugel-Universum an einer bestimmten Position, die man kosmografisch und auch geistig-spirituell bestimmen kann. Wo war fortan die Erde und mit ihr die Menschheit?

Der Ort, der zugleich ein physischer, kosmografischer und ein metaphysischer war, hatte sich als Illusionsblase erwiesen. Und was nun? Kann der entgrenzte, der nicht mehr sphärisch bergend strukturierte Raum noch unser Ort, Oikos, auch Wohnort oder Heimatort sein? Die neuzeitliche Denkbewegung verneint diese Frage, eindeutig wird es verneint. Dieser Raum ist ein purer Außenraum. Der kann nicht die Heimstatt, kann nicht der Oikos des Geist-Seele-Wesens Mensch sein. Und gerade das Bewusstsein, fortan im Nirgendwo zu sein und sein zu müssen, in einem Raum als purer Außenraum, der uns nicht wirklich meint und auch uns gar nicht kennt, hat das menschliche Selbstbewusstsein enorm gesteigert. Der Mensch fühlt sich fortan als sphärenlos und damit unbeobachtet von kosmischen oder göttlichen Augen. Er fühlt sich frei. Und dieses Gefühl ist zugleich das Wissen, jetzt unumkehrbar im Außen gelandet oder gestrandet zu sein. Die gesamte Naturwissenschaft besteht in nichts Anderem als darin, immer wieder aufs Neue, die Herrschaft des Außen über das Innen herzustellen. Das ist der Kern des naturwissenschaftlichen Reduktionismus.

Alles Innen muss zum Außen werden" – können Sie generell beobachten, alles, was noch als letzte Reservate des Innen gilt oder galt, wird zum Außen erklärt, wird als pures Epiphänomen des Außen interpretiert. „Alles Innen muss zum Außen werden. Oder, es darf das Innen geben, aber nur als eine Art Indianer-Reservat ohne eigenständige und damit erst wirksame Wirklichkeit. Formelhaft zugespitzt:

Du darfst glauben, was du willst und an wen du willst, etwa an Gott, aber du darfst nicht messen, was du willst. Methodisch musst du Atheist sein. Der Begriff ‚messen' soll hier weit gefasst für den machtförmig rechnenden Zugriff stehen. Wenigen fiel hier über lange Zeit hinweg auf, dass alle Aussagen über das Außen und dessen Herrschaft über das Innen sich grundsätzlich im Innen, d.h. im Bewusstsein abspielen. Das messende und rechnende Subjekt vergaß sich selbst, kam sich selbst abhanden, musste sich aber permanent als quasi allwissend, unberührt, ständig voraussetzen. Das ist die Subjektblindheit der Naturwissenschaften. Alle Hasenläufe konnten nicht verhindern, dass der Igel, das Subjekt, immer schon da war." Der Hase, Sie kennen die Geschichte, der rackert sich zu Tode, er rast und wird immer ungeduldiger, immer aggressiver, weil der Igel immer schon da ist, nur nicht der Igel selbst, mit dem er den Wettlauf angetreten hat, sondern dessen Frau, die sieht aber genauso aus wie er. Deswegen kann er das nicht unterscheiden.

„Die Subjektblindheit oder auch Subjektvergessenheit der Naturwissenschaft, einschließlich der Quantentheorie, ist stets zugleich Raum-Blindheit oder Raum-Vergessenheit. Der zum puren Außen degenerierte Raum, ohne Götter und höheres Bewusstsein oder Weltseele, macht die Seele raumlos." Das ist passiert, kollektiv. Die moderne Seele ist raumlos, „macht die Seele raumlos bzw. lässt ihr nur den Innenraum, der als ein bloß subjektiver bequem auszugrenzen war aus dem großen Vermessungsprojekt, das Nur-Außen des toten Raumes."

Also die subjektiven Innenräume werden nicht bestritten, ist ja eine subjektive Wirklichkeit, aber sie haben keine objektiv relevante Qualität. Ein Moment übrigens, was in einer interessanten Strömung der letzten Jahre ganz offensiv aufgegriffen wird, auf die auch ich erst vor anderthalb bis zwei Jahren gestoßen bin, nämlich in der Neuen Phänomenologie des Kieler Philosophen Hermann Schmitz, der auf eine großartige Weise genau diesen Punkt aufgreift, nämlich den Punkt der Raum-Vergessenheit der modernen Subjekte und damit auch der Vergessenheit, dass Raum-Wahrnehmung immer auch leiblich fundiert ist und immer auch Atmosphärisch-Auratisches beinhaltet. Jeder, der in einem Raum ist, ist niemals in einem toten Orts- oder Koordinaten-Raum. Er ist immer in einer gewissen Aura, in einer gewissen Psycho-Atmosphäre, die ständig wie ein allgegenwärtiges Fluidum die Wahrnehmung bestimmt, auch wenn sie nicht zugelassen wird, auch wenn sie nicht wahrgenommen wird auf eine direkte Weise, ist doch diese Psycho-Atmosphäre unaufhörlich anwesend und mitwesend.

Also, „der zum puren Außen degenerierte Raum ohne Götter und höheres Bewusstsein oder Weltseele macht die Seele raumlos bzw. lässt ihr nur den Innenraum, die berühmte Subjektivität. Jeder kann glauben was er will, jeder kann seinen eigenen Phantasien nachgehen, wie er möchte. Bloß, der Raum als Raum ist purer toter Außenraum, der den Menschen nicht meint und auch nicht kennt, der als bloß subjektiver bequem auszugrenzen war aus dem großen Vermessungsprojekt des nur Außen, des toten Raumes. Wenn die Seele nicht mehr im Raum sein darf, weil das ‚Projekt Weltseele'" – eine Formel von Peter Sloterdijk – „als gescheitert gilt" – das behauptet er, das Projekt Weltseele ist gescheitert – „wo ist sie dann?" Das ist ja die Grundfrage: Wo sind wir? Das ist die Frage dieses Essays. „Einen existenziellen Ort kann die Seele nur haben in einem ihr gleichenden Raum, also einem Raum, der die Weltseele selbst ist, wie Giordano Bruno wusste. Nur in einem Raum, der zugleich Umhüllendes und tragendes Universalbewusstsein ist, hat der Innenraum, hat die Innenkugel Bewusstsein ihren Ort. Gibt es diesen Ort nicht mehr, ist die Seele als sie selbst im Exil, was ihre Raum-Qualität betrifft, dann ist sie im Exil. Dann ist dieser Raum nicht mehr ihr Ort, kann nicht ihr Ort sein. Wenn der kosmische Raum kein wirklicher Ort mehr ist, muss sie, die Seele, sich in akosmischen, kosmosfernen Räumen, Innenräumen einnisten. Das tut sie ja. Jeder in seiner eigenen in gewisser Weise. Das bekommt ihr nicht gut, wie man weiß. Die Mensch-Kosmos-Neurose des sogenannten modernen Menschen sitzt tief und hat sein In-der-Welt-sein gründlich ruiniert, allem nach-kopernikanischen Selbstbewusstsein zum Trotz.

Zunächst wäre zu sagen, dass diese Raumlosigkeit der modernen Subjekte in dem genannten Sinne auf schlichten Denkfehlern beruht. Gestalthaftes Bewusstsein, und das ist fast eine Definition des Menschen, also gestalthaftes Bewusstsein bedarf nicht nur des real existierenden Fluidums eines all-verbindenden Bewusstseins, das als Universalbewusstsein die Weltseele ist, sondern es kann sich, sich selbst, gar nicht denken ohne dieses Fluidum. Ein gestalthaftes Bewusstsein in einer bewusstseinsblinden Leere, einem Raum-Nichts, das uns nichts angeht, ist buchstäblich undenkbar. Es lässt sich nicht denken. Hier kollabiert der Geist. Es, also diese Leere, lässt sich erregt postulieren oder argumentativ verteidigen. Aber auch dieses Postulieren und Argumentieren vollzieht sich notwendig innerhalb dieses Fluidums, ohne dessen Immer-schon-Vorhandensein jedes Subjekts vom Schwarzen Loch seiner selbst verschluckt würde."

Also hier wird quasi eine Gegenkraft postuliert, eine ätherische Gegenkraft gegen die gravitative Saugkraft. Das findet sich vereinzelt in den Steiner-Vorträgen, nicht in einem einzelnen Vortrag, soweit ich weiß, und wird hier von Adams eigentlich losgelöst von den Vorstellungen Steiners von irgendwelchen Engelshierarchien, die das alles bewirken. „Wir wollen die zwei sich gegenseitig durchdringenden Gedanken nebeneinander stellen. Links jetzt das allgemeine Gravitationszentrum der physischen Kräfte." Das wäre also der Erdmittelpunkt bzw. Gestirnmittelpunkt in meinem Verständnis also die Quelle des Radial-Feldes, „ist zugleich der unendliche Punkt des ätherischen Raums. Die allgemeine Levitationsebene der ätherischen Kräfte ist die unendliche Ebene des physischen Raums." Er stellt dann hier heraus, dass die Gravitation dem physischen Körper zugehört, während Licht mit Bewusstsein und Geist zu tun hat, mit der eigentlichen Heimat des Menschen im Äther-Raum, wobei behauptet wird, auch das wird in vielen anderen Überlieferungen ja ähnlich gesagt, dass das Ich des Menschen nicht in seiner Brust sitzt oder in seinem Körper, auch nicht einmal in einer Sphäre, die ihn umgibt, sondern letztendlich im ätherischen Raum, ja geradezu identisch mit diesem. Das ist ja eine Umstülpung der, sagen wir mal, naiv, realistischen Erkenntnistheorie, wo wir zunächst davon ausgehen, dass Ich ist in uns drin. Man zeigt ja unwillkürlich auf die Brustbeinhöhe, wenn man sich meint, auf sich verweist, als ob das Ich hier säße. Es gibt aber viele Überlegungen, die davon ausgehen, dass das Ich ganz woanders sitzt, und das es durchaus imaginativ auch möglich ist, auch im Sinne der Phänomenologie von Hermann Schmitz, das Ich ganz anders zu imaginieren, zum Beispiel von außen. Und in Grenzzuständen oder grenzüberschreitenden transpersonalen Zuständen wird es ja auch erlebt, dass das Ich wie ausgegossen ist in den Raum, der dann auch das unvorstellbar geweitete Ich trägt, das dann nicht mehr eine einsame Rakete ist in einem toten und leeren Raum-Außen, so dass es wirklich getragen wird von einem Feld, wenn man es so nennen will, das ich Weltseele nenne.

„Schweben zwischen Schwere und Licht", noch mal George Adams,

„das ist das Wesen des menschlichen Lebens, so wie es sich in der heute heraufkommenden kosmischen Erfahrung enthüllt. Mit diesem Gegenpol wird er imstande sein, in einem dem elektromagnetischen Bereich zugewandten Zeitalter seine schicksalhafte Bestimmung, nämlich den Abstieg in die verborgenen Kräfte der submateriellen Bereiche auszubalancieren." Eine These der Anthroposophen, die ich für vollkommen falsch halte, dass sie immer wieder sagen, dass die menschlichen Geisteskräfte sich das Ich entfalten im immer tieferen Hineingehen in die anorganische Materie, dass also der Mensch sein Ich nur finden, herausbilden kann, kristallisieren kann, indem er immer tiefer in die Materie geht. Ich behaupte, dass das Gegenteil der Fall ist. Das ist eigentlich eine Regression. Das ist eine eigenartige These, die immer wieder vertreten wird von allen Anthroposophen, die natürlich auf Steiner zurückgeht, [die] ich aber für abwegig halte, weil dann die entscheidende Zielrichtung in das immer Kleinere, in den Mikrokosmos aufgewertet wird als Ich-Findung, nicht, bis dahin, dass ja auch behauptet wird, der tote Kosmos, dessen Vorhandensein ja auch von Steiner nicht bestritten wird, der tote Makrokosmos ist nötig, damit das Ich erwacht. Sie kennen ja auch vielleicht diese Überzeugung. Das glaube ich nicht. Das ist eine nachträgliche, würde ich mal sagen, Pseudorechtfertigung dieser Vorstellung eines toten Universums.

„Im Zentrum und Peripherie, Schwere und Licht wird er die auch in seinem eigenen Wesen widergespiegelte Polarität des räumlichen Universums entdecken. Er muss als Ausführender der göttlichen Evolutions-Intention zwischen den Extremen Materie und Geist, Erde und Himmel leben." Das ist sicherlich unbestritten. „Gerade in der Gestalt und in der Polarität seines irdischen Leibes wird er nun die Signatur einer universellen Struktur entdecken." Also, das glaube ich, dass man diese Punkte, diese Fragen noch einmal ganz neu durchdenken muss, dass es einen tiefen Zusammenhang gibt, einen polaren Zusammenhang zwischen Licht und Schwere, der sich schon findet in der Naturphilosophie von Schelling im frühen 19. Jahrhundert. Dass also die Lichtqualität auch als eine Bewusstseinsqualität etwas Anti-Gravitatives hat, auch im Sinne des Wachbewusstsein. Und man kann das auch naturphilosophisch, ja fast physikalisch, glaube ich, nachweisen, und das müsste möglich sein. Allerdings dürfte es im konkreten Falle sehr schwer zu verifizieren sein, weil es natürlich Verzögerungseffekte gibt, zumal besonders schwierig im lebendigen Organismus. Es wäre ja auch eine physiologische Komponente, aber ich denke, es müsste sich nachweisen lassen, und ich würde gerne Forschung in diese Richtung einfach anregen, wenn vielleicht auch das nur möglich und sinnvoll wäre in einem großen Rahmen, in einem weit gespannten Forschungsprojekt, das ein Einzelner nicht leisten kann. Da könnte man vielleicht noch mal auf eine ganz neue Weise diese Frage der polaren Wechselbeziehung von Gravitation und Licht neu angehen, dann müsste man auch die Materie einbeziehen.

Noch kurz ein Zitat mal von mir selbst aus diesem genannten Essay in dem Sammelband: „Die Doppelnatur des Menschen ist an seiner Leibesgestalt ablesbar und lässt sich auch in spürender Meditation erschließen. Der aufgerichtete Mensch im Gegensatz zum primär horizontal ausgerichteten Tier zeichnet in seiner Vertikalachse gleichsam eine kosmische Linie nach, die den Erdmittelpunkt mit der geöffneten Weite des Sternenalls verbindet", also quasi er zeichnet mit seiner Vertikalachse die Linien des Radialfeldes nach, „unten die atmende und nährende Erde, die den Leib über die Gravitation hinabzieht und ihn niemals entlässt, oben die Weite des Himmels, des Sternenalls, die gleichsam hinaufzieht, die die Schwerkraft mindert, so als hätten das natürliche Licht und das Licht des Geistes einen gegen die Gravitation gerichteten, ein quasi antigravitativen Impuls. Der Anti-Schwerkraft-Impuls des Sonnenlichtes ist eines der großen Mysterien der Naturphilosophie und einer spirituellen integralen Kosmologie. Schon der Naturphilosoph Schelling hat auf diesen Zusammenhang verwiesen, von dem die Mainstream-Naturwissenschaft nichts weiß. Bezogen auf die Pflanzen schreibt er einmal, Zitat: ‚Das dunkle Band der Schwere ist in den Verzweigungen des Pflanzenreichs gelöst und dem Licht aufgeschlossen.'" Nochmal, das Schelling-Zitat 1798, also vor über 200 Jahren: „Das dunkle Band der Schwere ist in den Verzweigungen des Pflanzenreichs gelöst und dem Licht aufgeschlossen.' Das Licht überhaupt, sein Wesen, seine Herkunft, seine organisierende Kraft, hat sich bis dato dem reduktionistischen Zugriff der Wissenschaft entzogen. Auch die raffinierteste Quanten-Optik hat dem Licht seine Geheimnisse nicht entreißen können. In ihrer innersten Natur ist das Zentralgestirn des Planetensystems, die sogenannte Sonne, eine stella incognita wie alle anderen Fixsterne."

Also, Sie können das hier in diesem Essay auch nachlesen. Wir sind da in einem sehr schwierigen, sehr zarten, sehr subtilen Bereich. Und ich glaube aber, dass es eine lohnenswerte Aufgabe ist für die Zukunft, diesen Bereich auf eine neue Weise anzuschauen, vielleicht sogar, sich neue experimentelle Verifizierungen in dieser Richtung auszudenken. Und es mag auch einen Zusammenhang geben dann auch mit der Neuen Phänomenologie von Hermann Schmitz, auch mit einigen Ansätzen, sofern sie phänomenologisch sind, von Seiten der Anthroposophie. Da haben sie ja sehr viel geleistet auf dem Gebiet. Und das ist aber ein Feld, was noch weitgehend offen ist, (und) ich aber für hoch faszinierend und auch spannend halte und lohnend halte.

Eine ganz andere Frage, die uns ja schon beschäftigt hat, ist die Frage nach möglicherweise zwei oder sogar drei Lichtern. Denken Sie an das, was ich Ihnen erläutert habe. Gibt es ein spirituelles, ein geistiges Licht und ein sogenanntes physisches Licht? Ich sage, es gibt dieses physische Licht gar nicht in diesem Sinne, und die Frage, ob das sogenannte physische Licht, was als solches erscheint, und das Licht des Geistes das gleiche Licht ist, oder vielleicht das Eine nur eine Manifestation des anderen, ist unmittelbar empirisch nicht zu beantworten. Das kann nicht möglich sein. Insofern kommt man da an einen Bereich, wo die Empirie nicht weiterführt. Das müsste man dann auf eine neue Weise denken. Ich habe Ihnen das ja vorgestellt im Zusammenhang mit den drei verschiedenen Ansätzen das Licht zu denken, im Zusammenhang mit den drei Augen der Erkenntnis nach dem Mystiker Bonaventura in der Paraphrasierung von Ken Wilber. Das war an dem Tag des Mauerfalls, am 9. November, wie sich vielleicht Diejenigen erinnern, die da waren. Ja, ich will dann hier erst einmal einen Schnitt machen.

Ich habe ungefähr Ihnen den Bogen gespannt, den ich für heute spannen wollte. Und wir können da noch ins Gespräch kommen und noch ein bisschen uns unterhalten, ein paar Fragen klären. Ich möchte das nächste Mal dann, am 7. Dezember, zu der Frage übergehen, die auch mit dem Thema zentral zu tun hat: Wie sicher ist die Erde oder können wir dem Kosmos trauen? Zur Frage der kosmischen Katastrophen und ihrer Deutung. Dass wir nicht in eine Haltung reinkommen, uns hineinbegeben, die von einer Art Kosmos-Idyll ausgeht, sondern auch diese Katastrophenszenarien, die seit den frühen 80er Jahren ja auch ins Bewusstsein eingedrungen sind, genauer anschauen, und zwar ganz im Sinne einer Frage, die ich hier als Motto zitiere, ich darf das mal kurz als Abschluss vorlesen. Matthew Fox sagt im Gespräch mit Sheldrake Folgendes, und bezieht sich auf eine Aussage, Frage Einsteins: „Jeder im alten Griechenland und Rom glaubte an Engel, sie waren Teil der akzeptierten Kosmologie. Die Frage war jedoch, ob man diesen unsichtbaren Kräften des Universums, die die Planeten und Elemente bewegten, trauen könne, oder nicht. Wie vertrauenswürdig ist das Universum? Das ist deshalb so interessant, weil im 20. Jahrhundert Einstein einmal gefragt wurde: Welches ist die wichtigste Frage, die man sich im Leben stellen kann? Seine Antwort war: Ist das Universum ein freundlicher Ort, oder nicht? Das ist die gleiche Frage. Es ist letztlich ein kosmologisches Thema: Können wir dem Kosmos trauen?" Zitat Ende des Theologen Matthew Fox. Ja letztlich auch die Frage nach der Bewusstseinsqualität überhaupt, und dann auch wieder die Frage nach dem Oikos, nach dem Ort des Menschen im Universum. Was ist dieses für ein Universum? Ist es, wie Castaneda schreibt, ein räuberisches Universum? Ist es ein von Chaos durchflutetes Universum? Und können wir in diesem Sinne dem Kosmos trauen? Ja, eine entscheidend wichtige Frage, auch im Zusammenhang mit möglichen oder gedachten oder befürchteten Katastrophen. Und auf diese Frage will ich in der nächsten Vorlesung dann auch eingehen, weil man sehr leicht auch in, sagen wir mal, naturphilosophisch-spirituellen Zusammenhängen dazu neigt, eine manchmal idyllisch-naive Vorstellung zu entwickeln von dem, was Kosmos ist oder sein soll oder sein kann.

* * * * * * *

Kosmisches Bewusstsein

Mystische Formel oder Wirklichkeit

Diese heutige Vorlesung und die Vorlesung vor einer Woche plus der Vorlesung in einer Woche stellen in gewisser Weise eine Triade dar – eine Triade innerhalb einer Einheit. Sie sind eigentlich drei verschiedene Facetten des selben Themas. Ich will nochmal das Thema genau angeben. Da hieß es ja in meiner Übersicht „Noch einmal zum Bewusstsein. Kosmisches Bewusstsein – eine (bloß) mystische Formel oder erlebbare, verifizierbare Bewusstseinswirklichkeit?" Und dann „Wie weit reich das Bewusstsein?" „Weit" meint hier nicht primär „Ausdehnung in den Raum hinaus", also im vordergründig verstandenen Sinne „außen", „weit, immer weiter", sondern eher im Sinne von „tief" oder auch „hoch" – je nachdem. Ich will anknüpfen an die letzte Vorlesung, in der es ja um die Frage der Weltseele ging. Wir hatten ja dann in der Diskussion auch Fragen, wie man dann den Begriff „Weltseele" noch näher und genauer bestimmen könnte, wie er denn abgrenzbar sei von der Einzelseele, der Individualseele oder gegebenenfalls von der Gestirnseele. Ich will das nochmal versuchen anzusprechen und einige Akzente setzen, die mir dann die Möglichkeit geben, von dort aus zu dem Thema zu kommen, der Weltseele im eigentlichen Sinne.

Ich hab bei dem Altphilologen ... wie heißt er ... Schadewald, Wolfgang Schadewald, eine interessante Entdeckung gemacht, die mir hier hilfreich scheint. Schadewald stellt dar, dass der altgriechische Begriff der Natur, der Physis, vier Grundelemente enthält, abgeleitet von dem Wort „phyein" gleich „Blühen". Schadewald meint, Physis enthielte die Komponenten Ursprung – im Sinne von „Arche" –, genauso aber Ziel – „Telos" – und Wesen und den Werdeprozess selber, das Blühen im engeren Sinne. Also Ursprung – die Arche –, das Ziel – Telos, in gewisser Weise ja causa finalis –, dann das Wesen – so taucht der Begriff zum ersten Mal in der „Odyssee" bei Homer auf – und das Blühen im Sinne von Werden. Und das möchte ich auf den Seelenbegriff übertragen. In meiner Wahrnehmung ist Seele genau dies für die lebendige Gestalt. Seele, in meinem Verständnis, ist der Ursprung der lebendigen Gestalt, das Ziel – das Telos – der lebendigen Gestalt, das Wesen – in gewisser Weise auch die

Essenz – der lebendigen Gestalt und der Prozess des sich entfaltenden Werdens. Also diese vier Komponenten spielen in meinen Seelenbegriff hinein. Und das ist nicht zu trennen von einer wie immer gefassten Ichheit – mal mit aller Vorsicht gesagt ... einer wie immer gefassten Ichheit. Das ist ein sehr weitgehender Begriff von Seele, der, wenn man ihn weiterdenkt, zu überraschenden Überlegungen führt, ja unter anderem zu der Überlegung, was es denn auf sich hat oder haben könnte mit einer möglichen Präexistenz oder Postexistenz dieser so verstandenen Seele. Man kann auch für „Seele" – und ich liebe diesen Ausdruck sehr – „Monade" sagen.

Nun ist der Begriff „Monade" philosophiegeschichtlich in bestimmter Weise geprägt, primär durch Leibniz, ungerechtfertigterweise im Übrigen – die wesentlichen Elemente der Monadenlehre von Leibniz kann man bereits bei Giordano Bruno nachlesen. Giordano Bruno war eigentlich der Erste, der den Begriff der „Monade" in die Naturphilosophie-Kosmologie eingeführt hat. Und für Bruno ist in gewisser Weise die Weltseele, von der ja die Rede war, auch eine Art Ur-Monade. Und das finde ich an sich einen wichtigen und erhellenden und auch schönen Begriff. Man kann also sagen: Die Weltseele ist auch eine Art Ur-Monade.

Also die Einzelseele als Arche, auch als Archetypus, der der lebendigen Gestalt zu Grunde liegt, und auch das, woraufhin die lebendige Gestalt zielt, also teleologisch verstanden. Das ist ja weitgehend! Wenn die lebendige Gestalt erwächst aus einem Ursprung, der in gewisser Weise bereits das Ziel enthält, ja ist, sodass ein Werdeprozess auch verstanden werden kann als ein Prozess der Erinnerung. Das ist ja ein altes Thema in der Philosophie, auch in spirituellen Überlieferungen, dass Erkenntnis, ein zunehmendes Erschließen von Wirklichkeit, immer auch ein Sich-Erinnern ist, extrem bei Platon in der Vorstellung der Anamnesis, also die Seele ist hineingekommen – hineingestürzt, wie das dann die Neuplatoniker sagen – in die stoffliche Welt und muss nun in einem langen Prozess sich wieder hocharbeiten zur erinnernden Erkenntnis der Ideenwelt – also in diesem Sinne Anamnesis. Dann wäre jede Erkenntnis in diesem Sinne auch Ursprungserkenntnis, die Anwesenheit, die ständige Präsenz von Ursprung. Dann fielen in gewisser Weise Arche und Telos zusammen, dann gäbe es eine Art von Arche-Telos. Das wäre eine mögliche Definition der Seele, die immer gebunden ist – oder gebunden ist – an die Vorstellung einer Ichheit. Das ist wichtig. Das hängt auch mit der Bewusstseins-frage zusammen. Also Weltseele in diesem Sinne als Ur-Monade.

Ich habe in den letzten Jahren – ich will das hier mal etwas unge-schützt und auch ohne die eigentlich erforderliche Differenzierung sagen – viel nachgedacht über die Frage, wie man Kosmologie bis zu einem gewissen Grade triadisch denken kann und bin da zu fol-gendem Ergebnis gekommen – ich sag das mal plakativ, ich denke, dass ich das in anderen Kontexten auch noch differenzierter darstel-len kann, habe das zum Teil auch schon getan –. Man kann verein-facht eine Triade feststellen von Weltäther, Weltseele [zeichnet etwas an die Tafel]... jetzt hier nicht, lieber Johannes, als drei Kreise, die ineinander greifen – das wäre ein interessanter Versuch, das auch hier zu machen ... mach ich mal absichtlich nicht, weil Johannes Heinrichs hier unter uns sitzt ... und Weltgeist ... oder Weltengeist oder Weltenäther oder Weltenseele. Das muss ich noch ergänzend sagen, dass ja „Welt" ursprünglich einfach die Erde meint und ganz geozentrisch auch gedacht ist. Also „Weltseele" bei Platon ist natür-lich bezogen auf die im Mittelpunkt des Kosmos gedachte Seele und „Weltseele", jetzt mal nach-kopernikanisch verstanden, ist natürlich eine Universal- und All-Seele, nicht die Gestirnseele. Was immer die Gestirnseele ist oder sein mag, das ist nicht primär das, was unter „Weltseele" verstanden wird. Also wir haben drei Wirklichkeitsberei-che [zeichnet], die auf vielfältige Weise miteinander wechselwirken, um diesen eher physikalisch bestimmten Begriff mal zu verwenden, und dann würde ich sagen, dass Weltäther eher das ist, was im ... in der menschlichen Gestalt den Leib ausmacht. Hier würde ich auch setzen [schreibt] ... in Anführungszeichen ... „Raumenergie" – ich habe ja vor 14 Tagen über die Frage der Vakuum- oder Raumener-gie gesprochen, auch über die Frage der Urmaterie [schreibt]. Wir haben also Raumenergie oder Urmaterie. Dann Weltseele wäre hier, um das nochmal zu sagen, [schreibt] Ur-Monade, im Sinne von Ur-sprung auch aller lebendigen Formen, Ziel aller lebendigen Formen, Weltgeist [schreibt] im Sinne von „Logos" – erstmalig bei Heraklit – aber auch von „Gesetz", vielleicht auch „Tao".

Der Mensch, das scheint mir zunehmend plausibel, ist in seiner Eigentlichkeit Seele. Der Mensch ist Seele. Insofern ist die Identität des Menschen primär hier [malt] verankert. Der Mensch ist Seele. Er partizipiert am Weltgeist und er taucht gewissermaßen in eine stofflich-physische Welt ein, auch in eine feinstofflich-physische Welt im Sinne eines Weltenäthers, was offenbar notwendig ist zur Bewusstseinsevolution. Also: der Mensch ist Seele. Er ist nicht ein Teil der Seele, der Weltseele, ein Splitter oder ein Atom der Weltseele, sondern er ist die ganze Weltseele. Das ist wichtig. Das meint ja auch der Begriff der Urmonade, dass der Mensch diese Weltseele ist und damit auch das Ganze ist. Nur weil er das Ganze ist, kann er das Ganze auch denken. Der Mensch ist nicht wirklich auch die feinste Materie, und der Mensch ist nicht wirklich in der Tiefe Logos, aber er hat Anteil am Logos. Also ich lege die Identität des Menschen in den Bereich der Seele, in diesem Falle Weltseele. Also jeder Mensch, jede lebendige Gestalt überhaupt ist die Weltseele als Ganzes. Und man kann natürlich nun diese Triade vielfältig anwenden. Man kann sie z. B. eben auch auf den Menschen anwenden, und das ist der Ausgangspunkt, vielleicht auch die Legitimation, überhaupt solche weitreichenden kosmologischen Überlegungen anzustellen, dass man ja aus der Selbstbeobachtung ohne konstruktiven Impuls ja auf diese Dreiheit kommt. Das ist ja nicht eine Erfindung, ein konstruktiver Prozess, sondern das bietet sich in gewisser Weise schon durch eine phänomenale Selbstbeobachtung ... phänomenologische Selbstbeobachtung ... an. Also Leib, Seele und hier im Sinne von Geist. Das meine ich mit der Weltseele: also Ur-Monade, Universalseele, All-Seele, nicht im eigentlichen Sinne die Gestirnseele. Und dann kann man natürlich sagen: Wenn der Mensch im Tiefsten diese Weltseele ist, was bedeutet das, um das nochmal zu sagen, für die Frage seiner möglichen Prä- oder Postexistenz? Ist er sozusagen eine immaterielle metaphysische Entität, die nur für eine gewisse Zeit eintaucht in diese materielle Welt, die aber im Grunde genommen nicht ihre Heimat ist? Das ist ja ist ja die Grundfigur der Gnosis, dass also ein im Grunde genommen über-kosmisches oder akosmische Selbst in die Materie eintaucht, sich mit der Materie verbindet aufgrund einer wie immer beschaffenen Zersplitterung, einer Abspaltung, die irgendwo passiert sein muss, aber einer ... dass diese metaphysische Entität sich in dieser physisch sinnlichen Welt immer im Exil fühlt. Das ist eine große Strömung auch in der abendländischen Spiritualität – ich will das noch nächste Woche aufgreifen und erläutern –, dass die Einzelseele sich als kosmosfremd, als akosmisch empfindet. Also wie gesagt, an der Gnosis kann man das ganz schön zeigen, das haben

Interpreten der Gnosis, wie etwa Hans Jonas oder Taubes und dann auch jüngst Sloterdijk sehr schön gezeigt, also dass das Selbst als ein akosmisches gesehen wird. Dann gäbe es also zu dem kosmischen Bewusstsein – darüber sprechen wir ja noch – ein akosmisches Bewusstsein. Das kann man, wie das Jonas und andere tun, bis in den Existentialismus hineinverfolgen. In gewisser Weise auch ist das Seyn Heideggers, wenn man es so nennen soll – mit e y – ein akosmisches Selbst. Also die Grundfrage bleibt ja: Ist der Mensch in der physisch-sinnlichen Wirklichkeit zu Hause, ist das seine Heimat, findet er hier sein Wesen oder ist er hier eher im Exil? Also zwei Grundbefindlichkeiten des In-der-Welt-Seins, die man erst einmal auseinanderhalten muss. Und das führt natürlich auch, wenn es auf eine spirituelle Ebene gerät, zu einer eher kosmisch orientierten Spiritualität. Ich fühle mich auf dieser Erde zu Hause, in diesem Kosmos zu Hause, oder ich fühle mich auf dieser Erde, in diesem Kosmos eben nicht zu Hause. Ich komme eigentlich von woanders. Das Ganze ist nur eine gewaltige Veranstaltung zu einem Lernprozess im höheren Sinne, eine gewaltige Phantasmagorie, die aber notwendig ist, damit diese Monade wieder zurückkommen kann zu dem Punkt, von dem sie ausgegangen war. Die alte Frage, die in dem Zusammenhang natürlich immer gestellt wird und die immer verschieden gestellt wird und beantwortet wird, ist: Wie kommt es, dass eine Geistseele – ich benutze jetzt mal diesen Begriff – sich in die materielle Welt hineinbegibt? Ist das ein Versehen? Hätte das nicht sein sollen? Oder ist das ein notwendiger Durchgang? – extrem, ja bei den Gnostikern, bei einigen der Gnostiker, die meinen, das hätte nicht passieren dürfen. Also die geschaffene Welt ist von einem Unterdemiurgen, von einem Demiurgen als einem zweiten Gott, einem Untergott geschaffen wurden. Sie ist beherrscht von Gerechtigkeit, von Grausamkeit, aber der Mensch ist eigentlich als Lichtwesen von ganz woanders. Bei Marcion kann man das etwa nachlesen, die Zweigötterlehre. Wie gesagt, das ist 'n wichtiger Punkt, auch für das Verständnis überhaupt einer wie immer gearteten Evolution. Was ist diese Evolution, nich', und wie sehr können wir uns mit der physisch- sinnlichen Welt verbinden? Das ist ja auch 'ne Frage die wirklich wichtig ist für eine tiefenökologische Reflexion: Was ist der Mensch in der Tiefe? Kann er aufgehen in der physisch-sinnlichen Welt, oder gibt es da immer einen niemals aufgehenden Rest, einen Geist- oder Seelenrest, der wesenhaft von woanders kommt, sich an etwas ganz anderes immer wieder neu erinnert und deswegen auch dahin strebt, wo er möglicherweise hergekommen ist, wo er abgestiegen ist? Wie gesagt, ich gehe nächste Woche nochmal im Zusammenhang mit der Frage darauf ein, ob oder wie der Kosmos zum Oikos, zum Haus oder Heim werden kann.

Nun zur Frage der ... des sogenannten „Kosmischen Bewusstseins". Ein Begriff, der schwierig ist, vielfältig belastet, belegt, besetzt, kann man sagen, im 20. Jahrhundert durch eine Vielzahl von Strömungen und Denkrichtungen. Ich hab das versucht, mal zu verfolgen: Woher stammt der Begriff? Ich bin da nur bedingt fündig geworden. Wenn ich das richtig sehe, stammt der Begriff „Kosmisches Bewusstsein" von Helena Petrovna Blavatsky und wird in der „Secret Doctrine" von 1888 zum ersten Mal verwendet: „cosmic consciousness", soweit ich das beobachten oder sehen kann. Der Begriff taucht dann um die Jahrhundertwende in einem wichtigen Buch auf, das heute so eine Art Klassiker der Bewusstseinsforschung geworden ist, 1901 erschienen, von einem ... ein Buch eines kanadischen Psychiaters und Mediziners, Richard Bucke, dem Titel „Cosmic Consciousness", „Kosmisches Bewusstsein". Richard Bucke – b,u,c,k,e – 1837-1895, hatte, wie er das beschreibt, im Alter von 35 Jahren eine Art Entgrenzungserlebnis, einer Art Erleuchtungserlebnis, wie immer, das ihn dazu gebracht hat, sich mit der Frage zu beschäftigen: Haben das auch andere Menschen in der Geschichte gehabt, gibt es da eine Phänomenologie? Er führt dann Fälle an, wie Laotse, Buddha, Paulus, Mohammed, Dante, Böhme, Spinoza, Swedenborg usw. Also er sucht dann in der Geschichte nach Beispielen. Mir ist jetzt nicht bekannt, ob Richard Bucke einen philosophischen Hintergrund hat. Soweit ich weiß, ist das nicht der Fall. Mag aber sein, dass ich da nicht genügend informiert bin. Das Buch erschien zunächst in einer kleinen Auflage 1899 und kam dann 1901 in einer großen Auflage raus und is' heute noch einer der Klassiker zu dieser Frage nach dem kosmischen Bewusstsein.

Ich will die Grundfrage mal, um die es hier geht, an einem Zitat verdeutlichen, was ich auch in Auszügen in meinem Buch „Was die Erde will" gebracht habe, an einem Zitat aus „Wilhelm Meisters Wanderjahre" von Goethe, 1823 ungefähr. Da gibt es folgende Szene: Wilhelm Meister schaut zum ersten Mal in seinem Leben durch ein

Fernrohr. Ein Astronom führt ihn auf eine Sternwarte. Er schaut zum ersten Mal durch ein Fernrohr und ist zutiefst, in seiner existenziellen Tiefe, erschüttert. Da heißt es hier bei Goethe: „Der Astronom aber versprach, Wilhelmen in dieser herrlichen, klaren Nacht an den Wundern des gestirnten Himmels vollkommen teilnehmen zu lassen. Nach einigen Stunden ließ der Astronom seinen Gast die Treppen zur Sternwarte sich hinaufwinden und zuletzt allein auf die völlig freie Fläche eines runden, hohen Turmes heraustreten. Die heiterste Nacht, von allen Sternen leuchtend und funkelnd, umgab den Schauenden, welcher zum ersten Male das hohe Himmelsgewölbe in seiner Herrlichkeit zu erblicken glaubte. Ergriffen und erstaunt hielt er sich beide Augen zu. Das Ungeheure hört auf, erhaben zu sein, es überreicht" – im Sinne von „übersteigt" – „es überreicht unsre Fassungskraft, es droht, uns zu vernichten." – Sehr interessante, signifikante Passage hier: „Das Ungeheure hört auf, erhaben zu sein, es überreicht unsre Fassungskraft, es droht, uns zu vernichten." – Durch seine pure, ja monströse Größe, jetzt auf der Ebene der Raumesweite, dann heißt es weiter – „ ‚Was bin ich denn gegen das All?', sprach er zu seinem Geiste. ,Wie kann ich ihm gegenüber, wie kann ich in seiner Mitte stehen?' " – Also die Erschütterung: Wenn das kosmische Ganze so ungeheuerlich ist, so entgrenzt, so weit, so tief, ja monströs: Was bin ich dann als Mensch? Bin ich ein Nichts? Bin ich ein Punkt? Ein unwichtiger, unbedeutender Punkt in dem Ganzen? – „Wie kann sich der Mensch gegen das Unendliche stellen," – heißt dann weiter – „als wenn er alle geistigen Kräfte, die nach vielen Seiten hingezogen werden, in seinem Innersten, Tiefsten versammelt, wenn er sich fragt: ,Darfst du dich in der Mitte dieser ewig lebendigen Ordnung auch nur denken, sobald sich nicht gleichfalls in dir ein beharrlich Bewegtes, um einen reinen Mittelpunkt kreisend, hervortut?' " – noch mal die Schlussfrage – „Darfst du dich" – fragt sich also Wilhelm Meister selber – „in der Mitte dieser ewig lebendigen Ordnung auch nur denken, sobald sich nicht gleichfalls in dir ein beharrlich Bewegtes, um einen reinen Mittelpunkt kreisend, hervortut?" – also die Erschütterung des Menschen angesichts der puren Unermesslichkeit, die ihn zu zerschmettern droht, die ihn quasi ruiniert. Das ist ja ein Motiv, dass man in der abendländischen Geistesgeschichte immer wieder findet, berühmt, ich hab das ja schon manchmal angeführt, vor 200 Jahren Jean Paul, „Rede des toten Christus vom Weltgebäude herab, daß kein Gott sei". Nich', also die Heraufkunft in gewisser Weise des Nihilismus, aufgrund eines unbegrenzt monströs, sinnleer, aberwitzig erscheinenden Raumes, der einfach kein Ende hat, niemals zum Ende kommt, also dieses Gefühl hier des Schocks vor dieser Unermesslichkeit.

Nun ist das interessant, wie das Goethe ... die Wendung hier bei Goethe: „Das Ungeheure hört auf, erhaben zu sein, es droht uns zu vernichten." Und dann die Wendung zurück auf den Einzelnen, der in gewisser Weise doch, trotz dieser ungeheuren Dimensionen der Raumesweiten, einer kosmischen Wirklichkeit, sich als ichhaft erlebt inmitten dieser ewig lebendigen Denk- ... Ordnung als reinen Mittelpunkt, natürlich hier bei Goethe seiner ganzen existenziellen Grundhaltung nach als ewig lebendige Ordnung, also Kosmos als ewig lebendige Ordnung verstanden, obwohl man zeigen kann bei Goethe, dass er immer eine gewisse Scheu hatte vor diesen existenziellen und auch kosmischen oder auch kosmologischen Abgründen, auch der Astronomie gegenüber immer ein gewisses Misstrauen. Das war ihm unheimlich zu einem gewissen Grade.

Ich habe vorhin den Altphilologen Wolfgang Schadewald erwähnt und will noch mal etwas anführen von Schadewald. Schadewald stellt einmal eine Szene dar, die er erlebt hat, dass er hinaus trat vor oder unter das nächtliche Firmament, erschüttert in der Tiefe. Irgendetwas hat ihn angerührt, angeweht von einer rätselhaften kosmischen Ordnung und dann der Bruch gleichsam in seinem Bewusstsein, die Information, das Angelesene, das Gehörte, dass Vermutete über diese Wirklichkeit. Diese Wirklichkeit ist ja doch nur Materie, Energie in irgendeiner Form, ein in sich sinnlos und bewusstseinsfremd verstricktes Etwas. Also der Bruch des Bewusstseins, dass da eine Verbundenheit aufbricht in diesem Sinne, also eine Art kosmisches Bewusstsein und dass dann im Kopf ein Gegenfilm abrollt: Diese Verbundenheit kann nicht sein, weil die Naturwissenschaft hat doch bewiesen, dass wir nur ephemere Wesen in dem Ganzen sind, dass das monströse Gaskugeln in einer unheimlichen Leere sind, dass das Ganze letztendlich sinnleer ist. Und das ist schwierig, über diese Dinge in diesem Kontext zu reden, weil das sofort auftaucht. Es scheint erst einmal, dass der Mensch, auch heute noch, ein elementares Gefühl dafür gewinnen kann, was ihm aber immer wieder gleichsam zerstückelt wird, da schiebt sich immer etwas anderes davor, vor diese elemen-

tare Wahrnehmung. Nun kann man natürlich sagen, na gut, das ist ja
ganz verständlich, der Mensch hat es einfach nicht verkraftet existenziell, dass er nicht mehr wie im geozentrischen Kosmos sich als Wel-
ten-Mitte begreifen kann. Er hat das sozusagen nicht verarbeitet, er
hängt noch innerlich einem längst obsolet gewordenen kosmischen
System nach. So ist das ja auch häufig interpretiert worden, etwa
auch von Jung, der Mensch kann also diese Anima-Verbundenheit
einer kosmischen Beziehung seiner Existenz nicht aufgeben, er müsste erkennen, dass da draußen nichts als monströse sinnleere Leere
ist und könnte erst dann die nächste Stufe erreichen. Also eine existenzielle Erfahrung, die wahrscheinlich jeder kennt. Man kann das
ja auch mit Kindern beobachten, die da bestimmte Wahrnehmungen
haben und dann Fragen stellen, dann kommen die „klugen", oft sehr
dummen Antworten derjenigen, die irgendwas sich angelesen haben,
es irgendwie wissen: „Das ist aber doch in Wirklichkeit so und nicht
anders." Und dann werden Kinder irritiert und suchen sich natürlich
andere Möglichkeiten, dieses Grundgefühl zum Ausdruck zu bringen
und es ist auch irgendwo, das kann man immer wieder nachweisen,
unzerstörbar, kommt aber zunehmend in andere Kanäle heute.

Mir ist vor einigen Tagen, das will ich hier eher als Aperçu am Rande erwähnen, das gehört aber zum Thema, ein Plakat in die Hände
gefallen: die Ankündigung eines Kongresses, der im Februar stattfindet. Es geht um „Dialog mit dem Universum", wie es hier heißt – großer Kongress. Wenn man voreilig sich darüber mokiert und lächelt
und denkt, man kenne das ja: Um Ufos, darum geht's natürlich, um
Raumenergie und neue Technologien und die Größen, Bestseller-
Autoren auf diesem Felde, sind natürlich alle versammelt, Johannes
von Buttlar und Konsorten, dann sollte man aber 'n Moment innehal-
ten, denn, was hier zum Ausdruck kommt, artikuliert erst einmal ein
elementares Bedürfnis des Menschen, dass es überhaupt so etwas geben kann, wie einen Dialog mit dem Universum. Denn wenn das Universum monströse Leere oder ein Abgrund des Immer-Weiter ist, mit
dem ich absolut nichts zu tun habe, wo ich gleichsam herausgewir-
belt bin aus der Nacht des Nicht(s)seins, ich weiß nicht wie, ich weiß
nicht woher, ich weiß nicht wohin, ich fühle mich als isolierte Monade, dann zerschmettert das ja natürlich meine Grundwahrnehmung,
ruiniert mich eigentlich, und es ist schon mal ein wichtiger Impuls,
der auf den verschiedensten Ebenen sich wie ein roter Faden durch

das ganze 20. Jahrhundert zieht, diesen neuen Versuch eines Dialogs mit dem Universum. Es wird ja jetzt, wie ich meine, verfrüht, das 20. Jahrhundert zu Grabe getragen, es ist ja nun noch nicht zu Ende, aber es gibt allenthalben Rückblicke, und es gibt zentrale Momente dieses 20. Jahrhunderts, die hervorgehoben werden und soweit ich sehen kann, taucht unter diesen Momenten nicht auf, was eigentlich auftauchen müsste: der Versuch nämlich des Menschen seit 100 Jahren, tatsächlich auf den verschiedensten Ebenen eine Art Dialog mit dem Universum neu, auf einer neuen Ebene zu finden, sich auf 'ner neuen, anderen Bewusstseinsebene mit dem Universum zu verbinden. Und das kommt auch noch in Strömungen, auch selbst politischen Richtungen, zum Ausdruck, wo man es gar nicht vermutet.

Ich hab ja vor Jahren auch schon mal hier angeführt ein Buch des Schriftstellers Stefan Heym aus den fünfziger Jahren, ganz materialistisch-marxistisch noch geprägt, „Das kosmische Zeitalter". Wenn man dann das Buch – ich hab mir das zum Teil mal damals angeguckt – anschaut, dann stellt man fest, dass auch hier auf 'ne sehr technisch-imperiale Weise so etwas durchbricht wie der Versuch, dann doch einen Dialog mit dem Universum zu finden, das kosmische Zeitalter. Selbst also die Matadore der Raketentechnik, zum Beispiel Werner von Braun, benutzten sehr häufig den Begriff „Kosmisches Bewusstsein". Also Werner von Braun zum Beispiel schon in den fünfziger, sechziger Jahren hat diesen Begriff immer wieder benutzt und dann auch, je älter er wurde, zunehmend auch mit spirituellen Vorstellungen verbunden. Und es ist ja ... liegt ja offen zutage, dass natürlich diese Vorstellung auch heute auf 'ne andere Weise Konjunktur hat im Zusammenhang etwa mit der Ufologie und auch mit der Frage, die ich ja letzte Mal auch gestellt habe: Gibt es andere bewohnte Gestirne? Gibt es extraterrestrisches Leben? – das interessiert ja doch die meisten Menschen in irgendeiner Form – Gibt es da mögliche Kommunikationen? Gibt es andere Planetensysteme? ... das Ganze ... Gibt es da vielleicht die Möglichkeit eines Dialogs? Sind wir nicht so isoliert, sind wir nicht so einsam und atomisiert, wie das zunächst scheinen könnte? Also auch in der Ufologie, natürlich auch in der Astrologie – da ist ja ein ungeheurer Boom in der Astrologie, wobei die Astrologie ja im Wesentlichen ein System ist, was sich mit dem Sonnensystem beschäftigt, primär mit dem Sonnensystem beschäftigt, und natürlich in der sogenannten Science-Fiction und was ja schon die Kids in ihrer ... in ihr Bewusstsein aufnehmen. Es gibt ja ein kollektives Interesse schon bei 4-, 5-, 6-Jährigen an dem kosmischen Thema. Also das ist ja eigentlich erstaunlich, dass das kosmische Bewusstsein auf einer eher technischen Bewusstseinsebene heute schon von Kids in irgendeiner Form aufgenommen wird. Also man hat doch den Anschein, man hat doch den Eindruck, dass da irgendetwas tatsächlich sich geöffnet hat und dass nur der Mensch unsicher ist, wie er mit dieser Öffnung umgehen soll.

Wenn Sie die Filme der letzten Jahre und Jahrzehnte beobachten, dann können Sie das immer wieder feststellen, dass es ein ständiges Thema ist: entweder die Bedrohung aus dem Kosmos oder Beglückung aus dem Kosmos, irgendwelche Außer- oder Extraterrestrische landen hier und verändern das gesamte Geschehen oder sind schon gelandet, sind schon unter uns usw. Ich sage das nicht, um mich da auf 'ne sehr platte Weise drüber zu mokieren oder zu erheben. Das sind erst einmal archetypische Vorstellungen, die in einer Vielzahl von Menschen lebendig sind. Da gibt es so etwas wie eine Art von kosmischem Bewusstsein auf der technischen Bewusstseinsebene. Das ist wichtig: eine Art von kosmischem Bewusstsein auf der technischen Bewusstseinsebene auf vielfältigste Weise. Und man ... ich guck mir das immer sehr genau, interessiert an, weil ich begreifen möchte, wie das kollektive Bewusstsein arbeitet. Und da ist es zum Beispiel interessant, dass einer der bekanntesten Astronauten, ein Apollo-14-Astronaut – 1971 war er auf dem Mond – ja in einem Buch, was vor einigen Jahren erschienen ist, noch mal seine Gefühle, seine Wahrnehmung geschildert hat, was ihm widerfahren ist auf dem Rückflug vom Mond zur Erde.

Ich habe das vor, glaube ich, anderthalb, zwei Jahren schon mal in ganz anderem Kontext zitiert, will nur mal eine kleine Passage noch mal hieraus vorlesen, weil es interessant ist und bezeichnend. Edgar Mitchell hat aufgrund dieser Erfahrung, von der gleich die Rede sein wird, dann ein Institut begründet, das kürzlich sein 25-jähriges Bestehen gehabt hat, Institute of Noetic Sciences in Berkeley, Los Angeles. Und das Buch heißt „Wege ins Unerforschte", Edgar Mitchell, Apollo 14-Astronaut. Da heißt es zum Beispiel: „Während ich während der drei... Was ich während der dreitägigen Rückkehr zur heimatlichen Erde erlebte, war so etwas wie ein überwältigendes Gefühl universalen Verbunden-Seins. Ich fühlte tatsächlich, was gern als Ekstase der

Einheit beschrieben wird. Mir kam in den Sinn, die Moleküle meines Körpers und die des Raumschiffs waren vor langer Zeit im Schmelzofen eines der uralten Sterne, die um mich herum am Himmel glühten, erzeugt wurden. Ich hatte das Empfinden, unsere Präsenz als Raumfahrer, sowie die Existenz des Universums selbst war nichts Zufälliges, sondern ein intelligenter Prozess. Ich nahm das All als ein in gewisser Weise bewusstes Universum wahr." Und dann gibt er in dem Text selber eine sehr aufschlussreiche, erhellende und in gewisser Weise auch eindrucksvolle Schilderung, was ihm da widerfahren ist auf dieser dreitägigen Rückreise vom Mond zur Erde. „Im Weltraum kann man mit bloßem Auge etwa zehnmal mehr Sterne sehen als auf der Erde, weil keine Atmosphäre da ist. Auch sind vertraute Objekte ungefähr zehnmal heller. Vor dem kalten, schwarzen Hintergrund scheinen Sterne und Planeten zu glühen. Man bekommt den Eindruck, im Kosmos eingehüllt zu sein, wenn man um sich herum das prächtige stille Glitzern der Milchstraße und der Galaxien jenseits davon liegt. Die Empfindung war ganz und gar fremd. Irgendwie fühlte ich mich in etwas viel Größeres eingebunden, das über mich hinausging, etwas viel Größeres noch als der im Fenster sichtbare Planet" – also der Rückblick oder Vorausblick auf die Erde – „etwas unfassbar Großes. Noch heute staune ich darüber. Zahlreiche Gedanken und Gefühle, die ich damals hatte, haben einen alchemistischen Prozess hinter sich. Das Nachdenken darüber und das Verarbeiten von auflebenden Erinnerungen hat vielleicht geholfen, die verborgenen Seiten eines so sonderbaren Ereignisses zu beleuchten, aber die ganze Szenerie ist nach wie vor lebendig, als habe sie seither nichts von ihrer Klarheit eingebüßt. Sie taucht in meinen Erinnerungen außerordentlich deutlich auf. Als ich dann über die Erde hinaussah und das größere Bild in seiner ganzen Pracht vor Augen hatte, erkannte ich mit einem Mal, dass das Universum nicht so beschaffen ist, wie man mich gelehrt hatte. Ich war bestürzt. Ich hatte es so verstanden, dass jene Himmelskörper in ihrer Verschiedenheit von uns getrennt sind und sich relativ unabhängig bewegen. Dieses Verständnis war plötzlich zerstört. Anstelle dessen stieg eine neue Einsicht in mir auf, mit der sich ein Gefühl allgegenwärtiger Harmonie verband, ein Verbundenheitsgefühl mit all den Himmelskörpern, die unser Raumschiff umgaben. Einige der wissenschaftlichen Fakten über die Evolution der Sterne bekamen eine neue Bedeutung. Das war keine religiöse oder jenseitige Erfahrung, obwohl vielfach versucht wurde, ähnliche Ereignisse in solch eine Form zu gießen. Es war auch keine völlig neue wissenschaftliche Einsicht, die mir plötzlich bewusst geworden war, es war nur ein Zeiger, ein Wegweiser, der die Richtung zu neuen Perspektiven und zu einem umfassenderen Verständnis angab. Der Mensch ist Teil eines kontinuierlichen Entwicklungsprozesses und dieser ist grandioser und intelligenter als die klassische Wissenschaft und die traditionellen ... die religiösen Traditionen es bislang richtig beschreiben konnten. Ich war Teil eines natürlichen Prozesses, der größer war, als ich es früher begriffen habe, ein Prozess, der mich von allen Seiten umgab, während die Raumkapsel mit mir 400.000 Kilometer weit durch das leere, schwarze All flog." Und dann heißt es hier, letztes Zitat: „Ich erlebte das, was man als Ekstase der Einheit beschrieben hat. Ich sah nicht nur die Verbundenheit, ich fühlte sie und ich erlebte sie durch Empfindungen. Ich war überwältigt von dem Gefühl meiner körperlichen und geistigen Ausdehnung in den Kosmos hinein. Die Beschränkungen und Begrenzungen von Fleisch und Knochen fielen weg. Mir wurde klar, dass dies eine biologische Reaktion meines Gehirns war." – nun interpretiert er das – usw. Also was erlebt? Er erlebt eine, wie er selber sagt, ekstatische Erfahrung, eine Entgrenzungserfahrung. Und das ist schon mal eine erste mögliche, vorsichtige Definition des sogenannten kosmischen Bewusstseins: Es ist eine entgrenzende Erfahrung, eine Erfahrung, die aber gleichwohl die Ichheit, den Ich-Fokus nicht vollständig zerstört oder aufhebt, aber ihr einen anderen Platz zuweist, einen anderen Stellenwert. Also das Ich erfährt sich bewusstseinsmäßig gleichsam ausgegossen in die Weite des Raums und das Ich erfährt gleichzeitig eine Art Verbundenheit, eine Art Emphase, eine Empathie mit dem Kosmos. Nun sind das Erfahrungen in verschiedenster Form, die ja bekannter sind aus der mystischen Tradition, also einer unio-mystica-Erfahrung der Einheit der Ganzheit. Was ist das? Ist das eine letztlich primär, ja fast ausschließlich, subjektive Erfahrung, die man berichten kann oder über die man berichten kann, die keinerlei Verbindlichkeit beanspruchen darf? Wie immer, erst einmal ein Schritt in die Richtung eines möglichen kosmischen Bewusstseins ist die Frage der Ich-Überschreitung – Punkt1.

Nun gibt es zwei Möglichkeiten, grundsätzlich, dass Ich zu überschreiten: Man kann das Ich nach unten hin überschreiten und man kann das Ich nach oben hin überschreiten – Stichwort im Sinne von Ken Wilber „präpersonal / transpersonal". Man kann in eine Art Trancezustand geraten, wo man … wo das Ich sich quasi auflöst oder verdünnt oder seinen Fokus-Charakter verliert. Man taucht gleichsam hinunter in vor-mentale, vor-ichhafte Bewusstseinszustände, das kann ja so weit gehen, dass man sich dann hineinversetzt sogar in Pflanzen und Tiere, von einigen Mystikern wird das ja berichtet, Jakob Böhme soll die Fähigkeit gehabt haben, sich in einzelne Pflanzen hineinzuversetzen. Also, die Möglichkeit, dass Ich zurückzunehmen, hinab zu tauchen in eine Art von vor-ichhafter Verbundenheit – ich nenn das ja auch mal das „vor-ichhafte" oder „unter-ichhafte Bewusstsein", etwa der Pflanzen. Genauso gut kann man das Ich überschreiten in einem transpersonalen Sinne. Dann verliert das Ich nicht seine Bedeutung als zentraler Fokus, aber es kommt etwas anderes hinzu, das Ich gewinnt etwas. Also „transpersonal" heißt nicht in diesem schlechten oder platten Sinne „verschwommen", das Ich verschwindet, löst sich auf, der Tropfen fällt ins Meer und ist nur noch das Meer, sondern der Tropfen behält eine Art ichhafter Wahrnehmung, hat aber gleichzeitig eine Verbundenheitserfahrung, eine Art von kosmischem Bewusstsein. Insofern unterscheide ich, mit aller Vorsicht, zwei Arten von kosmischem Bewusstsein: ein eher unter-ichhaftes kosmisches Bewusstsein und ein eher über-ichhaftes kosmisches Bewusstsein. Vielleicht sollte ich noch kurz ergänzen, um das deutlich zu machen, dass natürlich der Begriff „Kosmos" traditionell, in der griechischen Antike, erst einmal etwas vollkommen anderes gemeint hat, als das, was später daraus wurde. „Kosmos" war ja ursprünglich fast synonym mit „Schönheit", „Ordnung". Kosmos war die sinnvoll und schön gefügte Welt als Ganzes, letztlich eine Erde im Mittelpunkt des Kosmos, umgeben von sieben Sphären, von sieben Kugelschalen, das finden Sie in der späteren, auch nach-kopernikanischen, Esoterik, dann auf einer spirituellen Ebene, dass es also Bewusstseinsstufen sind, die den Erdball umgeben, also, und durch die das Bewusstsein hinauf … sich ent … hinaufentwickeln muss zum kosmischen Bewusstsein.

Also Kosmos meint ursprünglich eine schöne, sinnvolle, sinnhafte Ordnung, die das Bewusstsein immer einschließt. Also der antike Kosmos ist nicht der rein materiell oder energetisch verstandene Kosmos, wie das später dann gesehen wurde. Eine Art Planierung oder Flachland-Kosmos, wie das Ken Wilber nennt, ist dann ein rein materiell-energetisch verstandener Kosmos. Es wird unterstellt, dass das diesen rein materiell-energetisch verstandenen Kosmos überhaupt geben kann. Das ist ja erkenntnistheoretisch nicht sicher, und man kann da viele Argumente dagegen anführen: Ist das überhaupt möglich? Ich will mich jetzt auf diese erkenntnistheoretische Grundfrage im Detail nicht ... mich darauf jetzt nicht einlassen, aber es ist 'ne wichtige Frage, denn das lebendige Subjekt als das wahrnehmende Subjekt ist ja nie grundsätzlich auszuhebeln. Es ist einfach vollkommen unsinnig, sinnlos, sich eine Welt zu imaginieren außerhalb des Bewusstseins, weil, wer da imaginiert, ist ja immer ein subjekthaftes Bewusstsein. Insofern ist die Frage, was für eine Welt wäre außerhalb des Subjekts, im Grunde eine müßige Frage. Es gibt immer dies' lebendige Subjekt, was darüber Aussagen macht. Auch wenn es behauptet: In dieser Welt ist kein Bewusstsein und kein Subjekt, bleibt doch das Subjekt, das diese Aussage, macht. Insofern hat der Idealismus in diesem Sinne immer irgendwo recht.

Also, es ... wenn von kosmischem Bewusstsein die Rede ist, dann meine ich primär „kosmisch" im Sinne von ... „kosmisch" oder auch „meta-kosmisch" im Sinne von einer Verbundenheit, die den Geist, die die Seele, die die Ichheit immer mit einschließt, in diesem Sinne also eine ... auch eine Weltseelenerfahrung. Ich darf das mal kurz zitieren, Johannes, du hast das so schön gesagt in deiner „Öko-Logik". Da gibt's eine sehr schöne Stelle, zu dem kosmischen Naturbegriff. Da heißt es, ich darf das mal anführen, „Öko-Logik", Seite 73: „Dem Bereich der Mystik als einer Stufe der Geist-Rezeptivität des menschlichen Bewusstseins gehört auch das volle Thematisch-Werden des kosmischen Bewusstseins, symbolisiert durch die Schnittfläche G4 als 4" – das haben wir jetzt nicht an der Tafel, das sind diese drei Kreise, wo man dann weitere Schnittflächen gewinnt, um dann auf eine Siebenheit oder Siebenfachheit zu kommen. – Gemeint ist, was das 3-Kreise-Modell deutlich zeigt, ein rein geistig erfüllter Seelenzustand, der für den normalen Menschen bereits einen Extrem-Ausnahmezustand darstellt. Kosmisches Bewusstsein transzendiert ebenfalls schon auf weniger radikal ekstatische Weise [Aufnahme unterbrochen] ...

„Ganzheitlicher wäre insofern, diesen Bewusstseinszustand als Begleitmusik einer vollen körperlich-seelischen Aktivität zu erreichen. Die Bezeichnung „Kosmisches Bewusstsein" rechtfertigt sich einerseits durch die Universalität des Geistes, an dem es wesentlich teilnimmt, jedoch begrenzt durch die Individualität der Seele, ihrer Reichweite entsprechend." – das ist wichtig, das ist eine Einschränkung – „*Kosmos*" – das ist jetzt kursiv gedruckt – „ist sinnvollerweise das Universum zu nennen, sofern es beseelt erlebt werden kann." – und das führt natürlich auf die Frage, die ja auch der Johannes Heinrichs ventiliert in seiner „Öko-Logik": Ist der Kosmos sozusagen für sich beseelt oder an sich beseelt oder nur durch den menschlichen Betrachter quasi beseelt? – „*Kosmos* ist sinnvollerweise das Universum zu nennen, sofern es beseelt erlebt werden kann. Beseeltes Universum als Kosmos kann zweierlei heißen: an und für sich schon beseelt oder beseelt für und durch den erlebenden Menschen. Der griechische Kosmos-Begriff meint vornehmlich das Erstere: die an und für sich schon beseelte Ganzheit der Welt. Platon sprach in diesem Sinne, ältere Vorstellungen aufnehmend, von der Weltseele." – usw. Dann heißt es hier sehr schön: Kosmisches Bewusstsein – sagst du einmal hier – sei ein liebevolles Weltseele-Bewusstsein – finde ich wunderschön, als liebevolles Weltseele-Bewusstsein. Also das muss hier einbezogen werden.

Ich seh' aber, dass es Zeit ist, wir eine kleine Pause mal machen. Ich knüpf an der [Aufnahme unterbrochen]...

Interessant für das ganze Thema ist ein Herr, der eben in der Pause sagte, er ... „Ich geh jetzt", der aber seit Jahren kommt, aber nun jetzt wollt' er mal gehen heute, hat folgendes gebracht – ich sag's das nächste Mal auch gern noch, wenn er dabei ist, also ich sag's nicht hinter seinem Rücken, das kann ich auch sagen, wenn er dabei ist. Er meint, diese sogenannte Öffnung zum Kosmos, sei absolut manipuliert, sei überhaupt keine echte Öffnung. Da sagt er, wie man früher im Nationalsozialismus eben im Hinblick auf die dort herrschende Ideologie manipuliert wurde, später im real existierenden Sozialismus, so würde man jetzt ... so würden jetzt die Kids über die Medien auf vielfältige Weise manipuliert – was ja ohne Frage richtig ist, das ist überhaupt nicht zu leugnen. Es geht ja nicht um die Frage, dass es keine Manipulation gäbe. Bloß, meine These besteht darin, dass eine Öffnung im kollektiven Bewusstsein vorhanden ist, und dass diese

Öffnung im Hinblick auf ein kosmisches Bewusstsein jetzt vielfältig beeinflusst wird von der herrschenden kollektiven Bewusstseinsform, und das ist die technisch-rationale Bewusstseinsform. Deswegen kommt das alles in Form von technischen Vorstellungen einher, deswegen sind dann die Engel, die kosmischen Boten, dann auch Sternen-Gesandte in Raumschiffen, buchstäblich konkret, materiell oder feinstofflich gedacht, auf jeden Fall kommt das erst einmal auf dieser technischen Ebene in die allgemeine Wahrnehmung. Damit ist überhaupt nichts ausgesagt darüber, wie das wirklich ist. Was das ganze Ufo-Thema betrifft: Das ist ein Riesenthema, was hier heute Abend gar nicht abgehandelt werden kann und soll, was aber schwierig ist, wenn man sich der Mühe unterzieht, sich dem Thema mit einer gewissen Offenheit und phänomenologisch zu öffnen, dann ist das nicht einfach. Man kann sich dem Thema gegenüber verschließen und sagen, das interessiert mich gar nicht, damit will ich mich gar nicht beschäftigen, das ist ganz legitim. Aber wenn man das tut, dann kommt man immerhin zu überraschenden, verblüffenden Feststellungen. Die ... das pure Material an Phänomenen ist überwältigend und wenn auch nur ein Tausendstel davon irgendetwas entfernt mit Wirklichkeit zu tun haben sollte, mit Bewusstseinswirklichkeit zu tun haben sollte, wäre das schon sehr aufschlussreich. Also da ist auf jeden Fall ein wichtiges Thema und deswegen glaube ich, wird das auch ... erreicht das auch Kinder, erreicht das auch die Kids, das ist nicht nur Manipulation. Ich will das nur einfach sagen, obwohl mir natürlich deutlich ist, dass Manipulation hier eine große Rolle spielt.

Ich hab nur mal hier an der von Ihnen aus gesehen linken Seite den alten geozentrischen Kosmos mit den sieben Schalen, Kugelschalen aufgezeichnet, der auch in der Esoterik des 20. Jahrhunderts 'ne große Rolle spielt, nun allerdings anders gebaut, aber immer auch noch im Grundprinzip bei der Theosophie und Anthroposophie ähnlich gesehen wird, nicht, also nicht im Prinzip anders. Was außerhalb des Sonnensystems sein mag – es wird gelegentlich dann vermutet, es sei womöglich eine völlig andersartige Stofflichkeit, die in gar keiner Form zu vergleichen sei mit der Stofflichkeit, wie wir sie hier kennen. Nich', das wird auch von Anthroposophen, übrigens bis zum heutigen Tage, immer wieder gesagt. Das gibt natürlich Schwierigkeiten für anthroposophische Physiklehrer an der Waldorfschule, wenn sie den Schülern das vermitteln wollen. Ich hab da mit Physiklehrern der Waldorfschule gesprochen, die haben da große Schwierigkeiten, weil eben Anfragen der Schüler kommen: Was ist denn das? Kann das denn stimmen? Widerspricht das denn nicht der herrschenden Kosmologie? usw. Auf jeden Fall wird das so gedacht, dass hier also ein ... eine Doppelbewegung stattfindet, auch schon in der Gnosis, dass die Seele also gleichsam herabstürzt in einem involutiven Prozess Richtung Erde und dann irgendwann hier landet. Also dieses Bewusstseinswesen, diese Geist-Essenz, die Seelenessenz, die Monade, stürzt also hinab, nimmt ein zunehmend gröberes Kleid an und ist dann irgendwann hier im physischen Körper gelandet. Und dann gibt es umgekehrt diese Aufstiegsbewegung wieder durch sieben Schichten – das sind sieben Schichten – hinauf zur ... zu einer Bewusstheit, die dann als „kosmisches Bewusstsein" bezeichnet wird. Das findet man auch in esoterischen, spirituellen Strömungen durch das ganze 20. Jahrhundert hindurch. Auch das hat seinen Ursprung in der Gnosis, dass es sieben Bewusstseinsstufen gibt, auch menschheitsgeschichtlich sieben Stufen, wobei dann die siebente Stufe als die höchste Stufe bezeichnet wird, oder auch für einzelne Persönlichkeiten, weiter ... weil gekommene Persönlichkeiten sei die siebente Stufe die höchste Stufe. Und was da rechts außen eingezeichnet ist, bezieht sich auf den gleichen Grundvorgang, Involution / Evolution, Aufstiegs- und Abstiegsbewegung, nur auf eine etwas andere Art. Auf jeden Fall ist es wichtig in dem ganzen Kontext, das beides zusammenzudenken, also die Involution und die Evolution.

Ich habe vorhin gesagt, muss das kurz noch nachtragen, dass der Begriff des kosmischen Bewusstseins bei der Theosophie erstmalig in der Form auftaucht. Ich will das belegen durch ein Zitat, das ich heute Vormittag noch mal mir klargemacht habe, aus dem Buch „Secret Doctrine", 1888, englische Version, da taucht hier im Mittelteil dieser Kurzfassung dann der Begriff „kosmisches Bewusstsein" wie jetzt folgt auf, ich will das mal kurz paraphrasieren, weil das für unseren Kontext wichtig ist. Da wird gesagt, es gäbe höhere Intelligenzen, Wesenheiten, manchmal auch als „Monaden" bezeichnet, Dhyan-Chohans und andere Kräfte – und jetzt zu den letzteren: they „are dual in their character, being composed of the irrational brute energy, inherent in matter," – also die setzen sich zusammen aus der irrationalen, unvernünftigen, bloßen Energie, die der Materie innewohnt und b) – „the intelligent soul, or Cosmic Conciousness," – also die intelligente Seele oder das kosmische Bewusstsein „which directs and guides that energy" – also das kosmische Bewusstsein lenkt und führt diese Energie – „and which is Dhyāni Chohanic Thought, reflecting the ideation of the Universal Mind." – also die ... eine Vorstellung, die man auch in der Gnosis findet, dass es also Vermittler gibt, vermittelnde Kräfte, die die kosmische Energie heruntertransformieren auf die Erde. Das ist also insofern ein Herab-Transformationsprozess und ein Prozess der Herauf-Transformierung, also eine Aufstiegsbewegung und eine Abstiegsbewegung. In der Grundrichtung kann man das auch vielfältig in der Esoterik und in allen spirituellen Strömungen des 20. Jahrhunderts beobachten. Ich hab das ja vorhin schon angedeutet, das würde ja auch in gewisser Weise meiner Definition von Seele entsprechen, denn ich sagte ja, dass die Seele den Ursprung andeutet, die Arche, auch das Telos. Dann würde also dieses hohe Bewusstseinswesen, wie immer ich das jetzt nenne, als Monade absteigen in die materiell-physische Welt, um dann irgendwann wieder aufzusteigen. Die Frage ist, warum geschieht das? Die Frage, die auch vielfältig beantwortet wird. Was ist da vorgefallen? Was ... Warum passiert dieser Prozess? Warum begibt sich denn dieses hohe Bewusstsein überhaupt in die Materie hinein? Da gibt es ja ganz verschiedene Antworten auf diese Frage. Ist es eine Art Dialektik im Göttlichen selber? Ist das ein notwendiges ... ein notwendiger Prozess? Müssen quasi die Monaden zu ihrer eigenen Weiterentwicklung, Höherentwicklung diesen Abstieg vollziehen – nach theosophischer Sicht zum Beispiel ja auch in die mineralisch-anorganische Welt hinein? Und es gibt ja auch andere Vorstellungen, die sind sehr interessant auch was die Geist-Frage betrifft. Es gibt zum Beispiel in der Gnosis den Gedanken, dass die Seele ... dass nur ein Teil der Monade absteigt, während ein anderer Teil hierbleibt und zwar ... häufig wird gesagt, dass der Geist in der obersten, reinen Geist-Ebene verbleibt, während eine Emanationen seiner selbst absteigt, sodass in jeder Stufe des Abstiegs der Kontakt nach oben niemals völlig abreißt, was auch verständlich ist, wenn es so etwas geben soll wie Erinnerung. Dann wäre eigentlich die Voraussetzung, dass der Kontakt niemals vollkommen abreißt. Das wäre also ein Abstiegs- und eins Aufstiegsgeschehen. Es gibt also eine Unzahl von Überlegungen, auch Spekulationen, zu dem Thema, warum das passiert. Ich habe mich da auch mit auseinandergesetzt. Ich habe ja in dem Buch „Was die Erde will" auch eine halb mythologische Figur entworfen des sogenannten Göttersturzes, „Sternenstaub und Göttersturz". Also ein Abstiegsprozess in die Materie hinein und ein Aufstiegsprozess. Das ist also etwas, was Sie überall finden.

Nun ist die Vorstellung eines kosmischen Bewusstseins in den letzten, sagen wir mal, 20 , 25, maximal 30 Jahren, noch von einer ganz anderen Ecke aus, von einer ganz anderen Perspektive aus aktualisiert worden, nämlich von Erfahrungen – zunächst einmal mit psychoaktiven Substanzen aber dann auch durch andere Bewusstseinstechniken, etwa die holotrope Atemtherapie von Stanislav Grof und anderen – da ist also ein gewaltiges Erfahrungspotenzial entstanden, was auch in die Richtung einer Entgrenzung geht, ich hab das ja schon mal einleitend gesagt, dass also ein kosmisches Bewusstsein ein ich-überschreitendes oder ein unterschreitendes Bewusstsein ist, mit Schwergewicht auf der Überschreitung, also ein über-ichhaftes Bewusstsein im Gegensatz zu einem unter-ichhaften Bewusstsein. Einer derjenigen Autoren, der sich seit 30 Jahren mit dieser Frage wie kein anderer intensiv auseinandergesetzt hat, ist ja Grof, Stanislav Grof, Psychiater, Mediziner und Bewusstseinsforscher, in vielen seiner Bücher seit den späten sechziger Jahren. Und ich hab hier ein Buch mal mit: „Abenteuer der Selbstentdeckung", wo er eine Phänomenologie, in gewisser Weise auch Typologie, der ich-überschreitenden, sogenannten transpersonalen Erfahrung versucht. Und in dem Kontext taucht dann auch die Vorstellung eines kosmischen Bewusstseins auf. Und er gibt auch Beispiele dafür, was dieses kosmische Bewusstsein ausmacht. Es ist interessant, ich darf das mal ganz kurz anführen, dass er die transpersonalen Erfahrungen typologisiert. Er unterscheidet drei große Abteilungen. Die erste Abteilung heißt „Erweiterung des Erlebens innerhalb der objektiven Realität und der Raumzeit", also „innerhalb der objektiven Realität und der Raumzeit" – die erste Kategorie. Da gibt er zum Beispiel an: Überschreiten der räumlichen Grenzen, Erfahrung der Zwei-Einigkeit – also alles schon in Richtung transpersonalen kosmischen Bewusstseins –, Identifikation mit anderen Menschen, Gruppenidentifikation und Gruppenbewusstsein, Identifikation mit Tieren, Identifikation mit Pflanzen und botanischen Prozessen, Erfahrung der Einheit mit der Gesamtheit des Lebens und der Schöpfung, planetarisches Bewusstsein usw. – Auch das ist möglich, man muss das nicht Überskeptizismus ... skeptizistisch hier anzweifeln. Diese Erfahrungen sind vielfältig belegt. Es gibt diese Erfahrungen, daran kann kein Zweifel bestehen.

Überschreiten der Grenzen der linearen Zeit: embryonale und fötale Erfahrungen; Ahnenerfahrungen; Erfahrungen, die sich auf die Existenz der Rasse und des Kollektivs beziehen; phylogenetische Erfahrungen; Psi-Phänomene, in denen die Grenzen der Zeit überschritten werden; physische Introversion und verengtes Bewusstseinsorgan-, Gewebe- und Zell-Bewusstsein – auch das in vielen Erfahrungen belegt, dass das Bewusstsein in Grenzzuständen die Möglichkeit hat, unter-ichhaft hineinzuschlüpfen bis in die Zellstruktur hinein.

Die zweite große Kategorie ist dann „Erweiterung des Erlebens über die Grenzen der objektiven Realität und der Raumzeit hinaus": energetische Erlebnisse des feinstofflichen Körpers; Begegnungen mit tierischen Geistern; Begegnungen mit geistigen Führern, übermenschlichen Wesen; Begegnungen mit einzelnen „Gottheiten"; Begegnungen mit universellen Archetypen; intuitives Verstehen universeller Symbole; – und dann – die Erfahrung kosmischen Bewusstseins; – und dann – die supra- und metakosmische Leere; – was als eine weitere Stufe angesehen wird. Und das ist 'n wichtiger Punkt. Kosmisches Bewusstsein wird häufig verstanden als eine Allverbundenheit innerhalb des in irgendeiner Form noch physisch-sinnlich begreifbaren Universums, häufig auch einfach identifiziert, so etwa bei Ken Wilber mit Rückgriff auf Ralph Waldo Emerson, als Naturmystik. Und da wird immer gesagt – von Wilber und anderen –, dass es noch über dem kosmischen Bewusstsein eine nächste Stufe gäbe, Johannes Heinrichs nennt das „Logos-Bewusstsein", andere haben andere Begriffe dafür, ich nenn das „Atman-Bewusstsein" mit Ken Wilber. Es gibt also die Vorstellung, dass es oberhalb des ... der kosmischen All-Verbundenheit noch eine weitere Stufe gibt, die dann im engeren Sinne nicht mehr „kosmisch" genannt werden kann, oder doch. – Da ist jetzt die Frage, wie man dann überhaupt das Kosmische definiert. Und da kommt die Frage der Ebenen ins Spiel: Auf welcher Ebene bewegen sich diese Erfahrungen? Das ist extrem schwierig. Das hängt dann im Letzten von der Tiefe dieser Erfahrungen selber ab, soweit sie sich überhaupt denkerisch oder gedanklich einordnen lassen. Es gibt Erfahrungen hier von einer solchen überwältigenden, ekstatischen Intensität, dass auch nur der Ansatz einer denkerischen Erfassung völlig absurd erscheint.

Also das ist eine extrem schwierige Frage. Man findet ja immer wieder die Vorstellung, dass es eine Erfahrung der Leere, der Leerheit, der – buddhistisch gesprochen – Shunyata gibt, die dann die höchste und letzte Stufe bedeutet, jenseits des kosmischen Bewusstseins, in diesem Sinne jenseits der Naturmystik. Übrigens stellt Grof noch eine dritte Kategorie hier heraus. Wir hatten also die Erweiterung des Erlebens innerhalb der objektiven Realität und der Raumzeit, dann Erweiterung des Erlebens über die Grenzen der objektiven Realität und der Raumzeit hinaus – wobei das sehr schwierig ist: Was ist hier Raumzeit? Was ist gemeint? Ist es vielleicht ein anderer Raum, ein Hyperraum oder eine Art Äther-Raum? Da werden die Begriffe sehr schwierig. Das ist immer dann ... kommt man in eine Region, wo man letztlich, wenn man nicht eigene Erfahrungen machen kann, ins Spekulieren kommt oder sich beschäftigt mit den Erfahrungen anderer, die man sich angelesen hat, die man dann kategorisiert und typologisiert – eine Gefahr, der etwa Wilber nicht entgangen ist, aber auch andere Autoren dieser Art, die dann über Erfahrungen sprechen und diese ausführlich darstellen, die sie gar nicht gemacht haben und dann einen Schematismus entwerfen, der dann wieder fragwürdig wird. Also hier kommt alles, glaube ich, bei dem ganzen Thema auf die Frage der Erfahrungen an, und es ist schon viel gewonnen, wenn überhaupt das Bewusstsein dafür geweckt wird, dass es so etwas geben kann wie kosmische Verbundenheit, dass diese Verbundenheit auch erlebt werden kann, dass man tatsächlich existenziell so etwas erleben kann wie kosmisches Bewusstsein, auch hier auf der Erde als physisch-sinnliches Wesen, auch ohne diese letzten und höchsten Stufen zu erreichen.

Grof schreibt hier in dem Kapitel „Die Erfahrung des kosmischen Bewusstseins" – darf mal kurz 'n paar Sätze zitieren, die da sehr aufschlussreich sind – : „Das Abenteuer der Selbstentdeckung", 18 äh... 1987 erschienen. „Personen, die das kosmische Bewusstsein erlangen, haben das Empfinden, die Gesamtheit der Existenz zu erfassen und bis zur Wirklichkeit hinter allen Wirklichkeiten vorgedrungen zu sein. Sie sind fest davon überzeugt, den Zugang zum höchsten und letzten Prinzip des Seins gefunden zu haben. Dieses Prinzip ist das eigentlich wirkliche Rätsel. Wenn man die Existenz dieses Prinzips einmal akzeptiert hat, lässt sich alles andere von ihm ableiten und verstehen. Die Trugbilder von Materie, Raum und Zeit, sowie eine unendliche Anzahl anderer Wirklichkeitsformen und -ebenen sind durchschaut und auf dieses eine rätselhafte Prinzip reduziert wurden, aus dem sie alle hervorgehen und das ihr einer gemeinsamer Nenner ist." – also eine Art Leerheitserfahrung wird hier angesprochen – „Diese Erfahrung ist grenzenlos, unfassbar und unbeschreibbar." – die typische ... das typische Verdikt in dem Zusammenhang immer: Das, was der Einzelne erlebt hat, ist nicht beschreibbar, ist nicht vermittelbar, ist in diesem Sinne also subjektiv, unverbindlich, mystisch. – „Diese Erfahrung ist grenzenlos, unfassbar und unbeschreibbar. Worte und gerade die symbolische Struktur unserer Sprache erweisen sich als geradezu lächerlich unzureichende Mittel, sie zu erfassen und ihre Eigenschaften anderen mitzuteilen. Unsere phänomenale Welt und alle Dinge, die wir bei gewöhnlichem Bewusstsein erleben, erscheinen im Licht dieses höchsten Bewusstseins als äußerst begrenzte, illusorische und subjektive Aspekte dieser einen Wirklichkeit. Dieses Prinzip entzieht sich allen Versuchen, es mit rationalen Mitteln zu begreifen und doch reicht schon ein kurzes Erleben ... Erleben dieses Prinzips aus, um intellektuelle und philosophische Bedürfnisse voll zu befriedigen. Alle Fragen, die man jemals gestellt hat, scheinen beantwortet. Es besteht keine Notwendigkeit mehr, noch irgendwelche Fragen zu stellen." – Natürlich kann man das hier anzweifeln und sagen: Das kann nicht sein! Es gibt immer noch diese Fragen. Es ist die Rede von einer Art von Erfahrung, von einer ekstatischen Tiefendimension, die tatsäch ... [Aufnahmeende].

* * * * * * *

Giordano Bruno
Zum 400. Todestag

Meine Damen und Herren, ich begrüße Sie sehr herzlich, wie immer zu der nunmehr elften Vorlesung in diesem Wintersemester. Thema ist heute ein konkreter Anlass, der eigentlich erst den 17. Februar 2000 berührt, nämlich der 400. Tag der Ermordung, muss man sagen, Giordano Brunos durch die Inquisition am 17. Februar 1600.

Zuvor, hier liegen wie immer Kassetten-Mitschnitte der letzten anderthalb Jahre aus. Sie können das käuflich erwerben. Das kostet vier Mark. Das steht Ihnen zur Verfügung. Dann habe ich zwei kurze Ansagen. Ich habe Anrufe bekommen, ich soll das auslegen. Ich identifiziere mich nicht damit, aber es könnte für den Einen oder Anderen von Interesse sein. Da gibt es eine Vortragsreihe über Buddhismus, die hier startet, an der Humboldt-Universität am dritten Februar. Das liegt hier aus; und eine weitere Veranstaltung in Rottenburg, auch bezogen auf einen Anruf, den ich ... immer es war, damit ist der Sache Genüge getan. Wir müssen da nicht weiter ins Detail hineingehen.

Der Gedanke ... oder das Gedenken an Giordano Bruno kommt in diesen Wochen sehr zögernd, sehr mühsam ins Rollen, was mich wundert. Es wäre eigentlich zu erwarten, dass in der Presse, im Rundfunk, im Fernsehen schon in irgendeiner Form etwas geschieht. Bisher ist das nicht der Fall. Meine Bemühungen beim Rundfunk, da etwas zu tun, sind bislang gescheitert. In der Urania, wo ich ja langjähriger Dozent bin, hat man mir mitgeteilt, es gäbe bereits für den 17. Februar einen Vortrag. Der ist schon festgelegt, müsste bald im Programm erscheinen. Also ich werde da nicht auftreten, was ich ursprünglich wollte. Und so beschränke ich mich auf einige Zeitschriftenbeiträge und auf diesen jetzigen Vortrag, der in gewisser Weise vorgezogen ist.

Ich will versuchen, Ihnen in kurzer Form etwas zu vermitteln von der ungeheuren Brisanz, der revolutionären Einzigartigkeit dieses Denkens, das auch für heute, für die Jetztzeit, nichts von seiner Aktualität eingebüßt hat. Es ist hier ein sehr naheliegender Gedanke zu sagen: Da hat es einen Philosophen gegeben vor über 400 Jahren, dieser Philosoph ist, da ursprünglich Dominikaner und dann als Ketzer gebrandmarkt, in Rom verbrannt worden. Das sei sozusagen eine Thematik von vorgestern. Und Bruno wird ja in vielen Darstellungen der Philosophie und der Naturwissenschaft als bedeutender Denker gewürdigt, aber immer mit gewissen Einschränkungen.

Die Naturwissenschaftler zum Beispiel sagen, Bruno sei sicherlich wichtig. Man kann auch kaum leugnen, dass er wesentliche Gedankenimpulse weitervermittelt hat, etwa an Galilei, an Kepler, auch an Newton, überhaupt an die spätere Astronomie, auch Astrophysik. Aber meistens kommt dann eine Einschränkung: dass Bruno im Grunde genommen nicht wirklich Naturwissenschaftler gewesen sei. Er sei quasi Poet gewesen, letztlich ein Schwärmer, ein Mystiker, wie es auch manchmal heißt. Sie kennen vielleicht das berühmte Wort des Philosophen Ernst Bloch, der Bruno sehr schätzte, sehr verehrte, der gesagt hat in seiner „Geschichte zur Philosophie der Renaissance": Bruno sei ein Minnesänger der Unendlichkeit. Das war positiv gemeint, hat natürlich eine gewisse, sagen wir mal, ironische oder spöttische Konnotation – ein Minnesänger der Unendlichkeit. In vielen Darstellungen erscheint Bruno als ein Quasi-Mystiker.

Jetzt gerade wieder vor einigen Wochen ist ein Büchlein erschienen über Bruno von Gerhard Wehr im dtv-Verlag. Ich habe das überflogen, weil da im Wesentlichen nichts Neues für mich drinsteht. Aber mir ist aufgefallen, dass auch da wieder die Komponente des Mystischen herausgestellt wird. Und, auch bezeichnend, und das muss man im Vorfeld sagen, die eigentlich nicht christliche, um nicht zu sagen antichristliche Haltung Brunos, an der überhaupt kein Zweifel ist. Diese antichristliche Haltung wird runtergespielt, wird als eine Konfrontation dargestellt, die nur der Kirche gegolten habe. Das stimmt nicht. Das kann man sehr genau an den Zeugnissen belegen, dass, wie das Hans Blumenberg mal gesagt hat, ein guter Bruno-Kenner, dass die Bruno'sche Kosmologie ins Zentrum, in die Substanz des christlichen Glaubens reicht und dieses Zentrum, die Substanz, attackiert und zwar sehr scharf attackiert und nicht die historische Form, in der der christliche Glauben in den Kirchen sich manifestiert hat.

Dann natürlich ist es klar, dass im Rahmen der Philosophie auch Bruno immer wieder Erwähnung findet. Auch hier findet man eine ähnliche, sagen wir mal, Relativierung. Es wird nicht bestritten, dass Bruno ein wichtiger Denker sei, er hat seinen Platz in der Philosophiegeschichte, etwa in der Reihe beim Eugen Diederichs Verlag, heraus-

gegeben von Peter Sloterdijk. Da werden 19 der wichtigsten Philosophen vorgestellt, unter anderem eben ein Band über Giordano Bruno.
Eine sehr schöne Auswahl aus seinem Werk, zum Teil bis dato noch
kaum übersetzt, noch nicht übersetzte lateinische Schriften. Also er
wird herausgestellt, aber: In vielen Philosophie-Geschichten taucht
Bruno auf als ein Denker, der letztendlich auch eine Art mystischer
Denker gewesen sei mit irrationalistischen Zügen, der nicht scharf,
nicht präzise, nicht begrifflich exakt zu denken vermochte. Man bezieht sich dann auf seine oft recht blumige Sprache. Er war Italiener.
Vor allen Dingen in seinen italienischen Schriften favorisiert Bruno
eine ungeheuer Bilder-kräftige Sprache, die tatsächlich etwas Poeti-
sches hat, aber im guten Sinne poetisch ist. Und das wird gegen Bruno ausgespielt. Also Brunos Bedeutung wird nicht bestritten, aber er
wird letztlich als eine doch mehr oder weniger nur noch historisch
bedeutsame Figur hingestellt.

Die dritte große Strömung im Abendland, die sich auf Bruno bezieht, ist natürlich die religiöse Strömung, vor allen Dingen hier die
christliche, die christlichen Kirchen. Die tun sich nun in der Tat am
allerschwersten mit Bruno. Für die katholische Kirche ist bis heute
Giordano Bruno ein Todfeind. Daran muss man überhaupt nichts be-
schönigen oder verkleinern oder bagatellisieren. Sie werden das erleben, ich sage das voraus für den 17. Februar in Italien, in welcher
Form die katholische Kirche dieses Datums gedenken wird.

Man hat Galilei, wie Sie wissen, rehabilitiert. Johannes Paul II. hat
Galilei rehabilitiert, eigentlich ein Absurdum – wer rehabilitiert da
eigentlich wen? Er hat Galilei rehabilitiert – Bruno ist nie rehabilitiert
worden und seine Schriften haben bis zum Jahre 1965, als der *index
librorum prohibitorum*, das Verzeichnis der verbotenen Bücher, aufgelöst wurde, auf diesem Index gestanden. Und ich habe mir mal die
Mühe gemacht vor Jahren, Lexikon-Artikel nachzuschlagen in Kir-
chen-Lexika über Bruno. Da stehen unglaubliche, hanebüchene Dinge
drin, eine Herabwürdigung auch der denkerischen Leistung. Noch vor
100 Jahren, als es um die Frage gehen sollte, soll in Rom ein Denkmal
errichtet werden, das ist ja 1889 geschehen, hat die Kirche versucht,
diesen Mord, diesen Justizmord überhaupt zu leugnen. Bruno sei nie
umgebracht worden.

In der protestantischen Kirche ist es nicht wesentlich besser, es ist
anders, aber ... zumal auch Bruno ein großer Verehrer von Luther

war, er hatte in seinen Reden immer wieder darauf hingewiesen, dass Luther für ihn ein wichtiger, bedeutender, auch revolutionärer Geist sei. Aber auch da tut man sich sehr schwer, diesen Denker einzuordnen. Kurzum, Bruno ist in gewisser Weise ein Ärgernis geblieben. Und so haben sich relativ wenige Denker, Philosophen, Wissenschaftler direkt und unmittelbar auf ihn bezogen, haben versucht, ihn weiterzudenken, ihn wirklich konsequent weiterzudenken. Von den heutigen Denkern, Philosophen bin ich offenbar der Einzige überhaupt, der das macht.

Ich will jetzt erst einmal in kurzer Form die Situation schildern, wie sie vor 400 Jahren war, damit sie auch mal ein bisschen den historischen Hintergrund haben, obwohl ich das relativ knapp halten will, weil es mir nicht primär um eine historische Darstellung geht. Wenn man das wirklich differenziert machen würde, würden die beiden Stunden dieser Vorlesung hier damit verbracht werden. Und das ist nicht der Fokus. Der Fokus ist eher die Bedeutung Brunos für die Kosmologie heute und für das ganze Verhältnis Mensch-Kosmos. Das will ich noch vorab sagen, dass [das] ein zentral wichtiges Thema ist und gerade heute, gerade in den letzten Jahren, von einer ungeheuren Aktualität und Brisanz ist und zunehmend aktueller und brisanter wird. Und gerade da ist Bruno ein ungeheuer wichtiger Kronzeuge für eine bestimmte Form von, im guten Sinn, im besten Sinne des Wortes, ganzheitlichem, kosmologischem, sehr lebendigem oder auch integralem Denken.

Was geschah vor 400 Jahren? Jetzt mal historisch. – An diesem 17. Februar des Jahres 1600 wurde Bruno auf dem Blumenplatz, [dem] Campo dei Fiori in Rom bei lebendigem Leibe verbrannt. Warum hat die Kirche einen Mann hingerichtet, genauer gesagt: ermordet auf brutale Weise? Was war ihm vorzuwerfen, was war der Grund? Kurz, warum wurde Bruno ermordet? Was führte dazu? Die Frage ist nicht in letzter Sicherheit zu beantworten, und zwar deswegen nicht, weil die Prozessakten verschwunden sind. Wir haben also nicht die Akten des Prozesses mit allen Details. Wir wissen, es hat in den langen Jahren der Kerkerhaft Brunos, Bruno war ja ein Jahr in Venedig in Kerkerhaft und dann sieben Jahre in Rom, man hat wiederholt Befragungen Brunos durchgeführt. Unter anderem war maßgebend bei diesen Befragungen beteiligt der Kardinal Bellarmino, der dann auch in den ersten Gesprächen mit Galileo 1616 eine Rolle spielte. Also man hat viele Befragungen durchgeführt. Es ist auch einiges durchgesickert, was der Gegenstand dieser Befragungen war. Aber wir wissen letztlich nicht genau, was die zentralen Punkte der Anklage waren. Bruno hat noch einige Wochen vor seinem Tode, er bekam da die Gelegenheit, etwas aufzuschreiben – normalerweise durfte er nichts aufschreiben im Kerker – eine kurze Schrift abgefasst und diese dem Papst öffentlich übergeben. Diese ist aber, wie ein Chronist bemerkt, ungelesen beiseite gelegt worden. Wir wissen nicht, was in der Schrift dringestanden hat.

Wenn man die gesamte Situation sich vergegenwärtigt, dann kommt man auf zwei Punkte, die mit großer Wahrscheinlichkeit den Anstoß gegeben haben. Nicht, dabei ist, entgegen einer verbreiteten irrigen Überzeugung, der Kopernikanismus. Bruno ist nicht als ein Märtyrer des Kopernikanismus auf dem Scheiterhaufen gelandet. Den Kopernikanismus, die Lehre des Kopernikus, hat die Kirche bis zu diesem Zeitpunkt relativ gelassen betrachtet, entgegen dem, was in vielen Büchern geschrieben wird, aus einer ganz anderen Perspektive heraus. Dazu will ich nachher noch einiges sagen. Also die Kirche hat die Lehre des Kopernikus teils völlig missachtet, teils mit einer gewissen Gelassenheit betrachtet, und zwar im Sinne der Lehre von der doppelten Wahrheit: Es gibt eine religiöse Wahrheit, das glaubte die Kirche, [das] sei die von ihnen vertretene. Und dann gibt es eine davon abgetrennte philosophische Wahrheit. Also das war es nicht. Was war es dann?

Es war, wenn wir den Dokumenten glauben können, auch wenn man die Schriften Brunos sich anschaut, erstens, der Gedanke der Unendlichkeit des Weltalls, und zwar die Unendlichkeit des Weltalls als eines all-beseelten, als eines all-lebendigen, als eines von unvorstellbar vielfältiger Intelligenz und Leben erfüllten Universums. Das war ein Punkt, der in den Gesprächen, die Bruno geführt hat mit den Kardinälen, soweit wir davon wissen, immer wieder angesprochen wurde, er solle Abstand nehmen von dem Wahn, von dem Wahn der vielen Welten. In diesem Zusammenhang kam nicht vor die Bewegung der Erde, ob sich die Erde um die Sonne bewegt, ob sie um ihre Achse rotiert und Ähnliches war überhaupt kein Thema in diesen Auseinandersetzungen. Man könnte sogar soweit gehen zu sagen, dieser Platztausch, den Kopernikus vorgenommen hatte von Erde und Sonne, war durchaus kompatibel mit dem katholischen dogmatischen System.

343

Die zweite Komponente betraf seine radikal antichristliche Haltung. Soweit wir wissen, hat da vor allen Dingen ein Buch eine Rolle gespielt, das bis heute zu den ganz großen Raritäten auf dem Büchermarkt gehört. Es ist nicht zu bekommen auf dem Büchermarkt, oder ganz schwer nur, man muss sehr große Mühe darauf verwenden, die Schrift ‚Spacio della Bestia trionfante‘, zu deutsch ‚Die Vertreibung der triumphierenden Bestie‘. Das ist eine große, sagen wir mal, moralische Allegorie, die davon ausgeht, dass die 48 Sternbilder gleichsam negative Eigenschaften, Laster, Fehler, Irrtümer verkörpern, und dass man in einer umwälzenden Revolution des Himmels nun alle diese Laster, Irrtümer, Fehler durch Tugenden, durch Wahrheit ersetzen müsste. Und in diesem Zusammenhang wird auch erwähnt der Grieche Orion, und wer den Text genauer liest, ich kann gerne, wenn das irgendwie infrage steht, das betreffende Zitat auch vorlesen, ich habe es in meinem Bruno-Büchlein auch gebracht, dieser Orion wird mit scharfen Worten attackiert, verspottet, angegriffen, dieser Orion ist Jesus von Nazareth selber. Es ist also gar kein Zweifel daran, dass Bruno zu den wenigen Kritikern des Christentums gehört, die auch den Stifter mit kritisiert haben. Das ist ein Skandal, auch heute noch für viele Christen, sie können sich damit nicht abfinden, wie wir ... ich habe immer wieder, ja auch im Laufe der Jahre mit Lesern auch damals meine Biografie, Monografie gesprochen, die das gar nicht verstehen können und die sich dieser ... Da hat wohl Bruno in irgendeiner Form einen kardinalen Irrtum begangen.

Aber es ist so, Bruno attackiert das Christentum nicht nur im Sinne der katholischen kirchlichen Institutionen, sondern er attackiert das Christentum im Kern. Es gibt sehr scharfe Worte über den Jesus von Nazareth, die er auch im privaten Gespräch, wie man aus Denunzianten-Berichten weiß, immer wiederholt hat. Und da könnte mal eine Stelle vielleicht als Beispiel dienen, die das untermauert. Ich sage noch mal, es gab zwei Gründe. Der eine Grund war die aktuale All-Lebendigkeit des Universums und die Unendlichkeit. Das zweite war die radikale Frontstellung gegen das Christentum, wobei das Christentum im Kern, in der Substanz tatsächlich getroffen wurde. Dieses Buch ist nicht umsonst über die Jahrhunderte hinweg ein Skandal gewesen und ist auch heute noch, würde ich sagen, für Jeden, der das vorurteilsfrei liest, ein Schock. Wenn man nicht verblendet ist und gleich Abwehr entfaltet, muss man das erst einmal so zur Kenntnis nehmen. Das ist erstaunlich und verblüffend und auch wirklich skandalös, in einem jetzt mal wertfreien Sinne gesprochen. Es gibt verschiedene Äußerungen von Denunzianten, die das der Inquisition weitergetragen haben, dass Bruno solche Dinge auch im privaten Gespräch geäußert hat, das muss man sich mal vorstellen. Das, was ich jetzt vorlese, stammt aus dem Jahre 1591, dass ein Philosoph allen Ernstes im privaten Gespräch, als er sich unbelauscht fühlte, in unfassbarem Leichtsinn eigentlich, eine unfassbare Naivität, solche Dinge äußerte in Venedig, wo das der Boden der Gegenreformation war, die in mächtiger Form natürlich versuchte, den verlorenen, gegen die Reformation verlorenen Boden zurückzugewinnen und überall Spitzel hatte.

Er ist einem Spitzel auf geradezu unsagbar naive Weise auf den Leim gegangen, diesem venezianischen Adligen Giovanni Mocenigo, der ja einen legendären Ruf und Ruhm dadurch erlangt hat. Der schreibt in seinem ersten Denunziationsschreiben vom 23. Mai 1592. Wilhelm Reich zum Beispiel, der späte Wilhelm Reich, war ein glühender Bewunderer von Bruno und bezieht sich auch immer wieder auf diese Schlüsselszenen, auch mit Mocenigo. Mocenigo schreibt, 23. Mai 1592: „Ich denunziere Ihnen hochwürdige Vater, gezwungen von meinem Gewissen und auf Befehl meines Beichtvater, dass ich den Giordano Bruno aus Nola bei verschiedenen Gelegenheiten, indem er sich mit mir in meinem Hause unterhielt, sagen hörte, es sei ein großer Blödsinn seitens der Katholiken zu behaupten, das Brot verwandele sich in Fleisch, er sei ein Feind der Religion, er sei ein Feind der Messe. Ihm gefalle keine Religion. Christus sei ein Betrüger gewesen und habe, wenn er, um das Volk zu verführen, betrügerische Werke ausübte, leicht voraussagen können, dass man ihn hängen werde. Es gebe unzählige Welten, und Gott schaffe deren unaufhörlich unzählige, denn er behauptet, Gott wolle auch alles, was er kann. Christus habe nur scheinbare Wunder verrichtet und sei ein Magier gewesen. Die Seelen, die von der Natur geschaffen würden, wanderten von einem Tier zum anderen, und wie die niederen Tiere aus der Verwesung entstehen, so entstünden auch die Menschen, so oft sie nach den Fluten ins Leben zurückkehren. Unser katholischer Glaube sei voll von Lästerung gegen die Majestät Gottes. Man müsse den Brüdern die Lehrtätigkeit und überhaupt das Einkommen wegnehmen, da sie die Welt beschmutzen und alle Esel seien, und unsere Ansichten seien die

Ansichten von Eseln."

Wer die Schriften Brunos liest, der weiß einfach, dass diese Dinge genau so gesagt worden sind. Selbst der Hinweis auf die Seelenwanderung, hier Reinkarnation, ist korrekt. Ungenau wieder-gegeben in der Paraphrase, in diesem Denunziationsschreiben aber vollkommen korrekt. Die Metapher des Esels spielt bei Bruno eine ganz große Rolle. Er hat eine eigene kleine satirische Schrift geschrieben über den Esel, und der Esel wird immer wieder herangezogen, um akademische Ignoranz und Dummheit zu geißeln. Also das ist ... , daran kann kein Zweifel bestehen. Wir wissen übrigens auch, dass Bruno seinen Mitgefangenen schon in Venedig, in der Kerkerhaft in Venedig, sehr freimütig viele von diesen Dingen erzählt hat. Einige, selbst Angeklagte der Inquisition, haben das dann den zuständigen Inquisitoren weitererzählt, in der armseligen Hoffnung, sich selbst zu retten, den Anderen zu denunzieren: Der ist noch furchtbarer als ich selber, damit ich mich rette. Das ist überliefert worden. So sind diese Gedanken zum Teil dann auch noch weiter getragen worden. Allerdings, soweit wir das aus den Quellen wissen, hat keiner dieser Betreffenden, die da versucht haben, ihr Leben zu retten, auf diese Weise etwas davon gehabt. Sie sind alle genauso umgebracht worden durch die Inquisition. Also sie haben sich selber nicht gerettet mit dieser erbärmlichen Denunziation.

Einer der besten Kenner Brunos in Italien, heute wahrscheinlich der beste Kenner Brunos, ist der Italiener Anacleto Verrecchia, mit dem ich seit kurzem in regem Kontakt stehe. Wir haben jetzt zum ersten Mal länger telefoniert und wollen uns in Kürze treffen in Wien. Und er will sich auch einsetzen, dass mein neues Buch ins Italienische übersetzt wird. Und er schreibt zu dem Punkt, das Buch ist 1999 erschienen, „Giordano Bruno – Nachtfalter des Geistes", eine exzellente Biographie Brunos. Er schreibt in diesem Buch: „Manche seiner satirischen Attacken gegen das Christentum, zum Beispiel im ‚Spacio', also ‚Vertreibung der triumphierenden Bestie', sind noch vernichtender als jene von Voltaire. Sie sind aber auch radikaler als die Kritik Nietzsches. Denn sie schonen nicht einmal die Figur Christi, der im Gewand des Orion der Satire ausgeliefert wird. Sie erinnern eher an die antichristliche Kritik eines Celsus oder des Kaisers Julian, des berühmten Kaisers Julian Apostata. Wenn man genau hinsieht, ist die ganze Philosophie Brunos radikal antichristlich."

346

Soweit also Anacleto Verrecchia. Wenn Sie eine Biographie lesen wollen, mein Büchlein von damals ist ja keine Biografie, ist ja eine Monografie, der biographische Teil ist ja nur ein kleiner Teil daraus, dann kann ich Ihnen unbedingt den Anacleto Verrecchia empfehlen, der mit einer ungeheuer differenzierten Recherche, nun würde ich behaupten, die zentrale, in gewisser Weise die Standard-Biographie von Giordano Bruno vorgelegt hat, die in gewisser Weise bisher gefehlt hat. Also, Bruno wurde angeklagt, behauptet zu haben, der Kosmos ist unendlich, überall gibt es lebendiges Wesen, es gibt überall lebendige Intelligenz. Warum war das ein Skandal für das Christentum? Naheliegenderweise, weil, wenn das so ist, wenn wir sozusagen umgeben sind von einem brodelnden Leben, wenn überall auf den verschiedensten Ebenen, in den verschiedensten Seinsformen, Intelligenz, intelligentes Leben existiert, dann ist die Einzigartigkeit der Erde dahin und natürlich auch die Einzigartigkeit dieser Religion. Und es ist kein Zufall, dass im Zusammenhang mit dieser Kontroverse gerade von christlicher, auch kirchlicher Seite die Urknalltheorie gerne herangezogen wird. Sie wissen, dass ich sie scharf kritisiere, dass die Urknalltheorie herangezogen wird, um gerade die christliche Schöpfung mit zu untermauern und die moderne Kosmologie in ihrer Grundüberzeugung, dass Leben nur oasenhaft da ist, wird herangezogen und geradezu favorisiert, begeistert aufgegriffen. Ich erinnere mich an eine lange Diskussion, die ich hatte vor 30 Jahren mit einem Pfarrer über diesen Punkt. Er sagte: Was wollen Sie denn? Es ist doch ganz klar und nun mittlerweile zweifelsfrei erwiesen, dass wir wahrscheinlich, das sagte er Mitte der 60er Jahre, allein sind im Universum. Dann ist das Ganze ja nur eine gigantische Veranstaltung, dann sind wir doch zentral, und dann ist das Christentum eben zentral. Dann müssen wir uns gar nicht damit beschäftigen, dass es vielleicht nur eine provinzielle Angelegenheit sei. Das war ein Einwand, der erst mal sehr stark war. Und die schroffe Kritik am Christentum tat das ihre.

Bruno hat auch andere, nicht nur die katholische Version, auch die calvinistische und die protestantische Version kennengelernt. Er war längere Zeit in Genf. Ich will jetzt kurz etwas zur Biographie sagen, und ist auch da in Ungnade gefallen, in den Kerker geworfen worden, hat dann Genf verlassen. Am gnädigsten mit ihm verfahren sind dann die Protestanten in Wittenberg, in der Luther- und Melanchthon-Nachfolge. Was insofern eigenartig ist, als gerade die Protestanten zunächst Diejenigen waren, die den Kopernikanismus, als dessen revolutionären Vollender ja Bruno sich selbst sah, ganz scharf abgelehnt haben. Sie wissen ja vielleicht, dass Luther darüber spottete und auf Bibelstellen hinwies, die dem widersprechen. Auch Melanchthon tat das. Also was war vorausgegangen, jetzt rein biographisch? Ich will das in aller Knappheit skizzieren, um das zu verdeutlichen, wie kam das, dass Bruno in die Fänge der Inquisition geraten konnte?

Bruno ist 1548 geboren, wahrscheinlich im Januar oder Februar, wir wissen es nicht genau. Nur mal zum historischen Kontext: Galilei, Galileo Galilei, 1564 – also ungefähr ein Generationsgenosse. Galileo ist ein bisschen jünger, Kepler 1570, nur um ... , dass Sie mal den Zusammenhang haben. Als Galilei im Jahre 1592 28-jährig Professor für Mathematik in Padua wird, er bekommt die Professur in Padua, bevor er später nach Florenz geht, gerät Bruno in die Fänge der Inquisition in Venedig. Also Bruno, Januar/Februar 1548 geboren, in Nola bei Neapel. Dort, wo auch ein Denkmal steht von Bruno, neben dem Denkmal in Rom auf dem Campus dei Fiori. Bruno ist sehr früh in den Dominikaner-Orden eingetreten. Und was wir wissen über diese Zeit im Dominikaner-Orden, er wurde noch zum Priester ordiniert und so weiter, deutet darauf hin, dass er offenbar sehr früh Schwierigkeiten hatte, Schwierigkeiten bekam mit den Ordensoberen. So wird berichtet, dass er als 18-Jähriger, also relativ früh, etwa alle Heiligenbilder aus seiner Mönchszelle verbannt habe, mit dem Hinweis darauf, dass sei Götzendienst, was immerhin erstaunlich [war] für einen 18-jährigen Dominikanermönch in dieser Zeit, dass er das als Götzendienst bezeichnete. Dann hat er wohl sehr früh in der Klosterbibliothek auch Schriften gelesen, die Zweifel geweckt haben, unter anderem schon damals offenbar die Schrift, die Hauptschrift des Kopernikus über die Kreisbewegung der Himmelskörper, die ja 1543 erschienen war. Ich sage es noch mal, das war wirklich in der Bibliothek des Klosters zu finden. Und zwar deswegen, weil dieses Buch in seiner Brisanz, in seiner revolutionären Sprengkraft gar nicht erkannt worden ist, weil der Platztausch zwischen Sonne und Erde erst einmal, ich sag es noch mal, im Grundsatz kompatibel war mit dem katholischen Dogma. Also, Bruno kam früh in Schwierigkeiten, wir wissen nichts Genaueres.

Man kennt nur eine kleine Episode, dass er einmal nach Rom beordert worden war vom damaligen Papst, der etwas wissen wollte über die Gedächtnisleistung von Bruno. Bruno war bekannt dafür schon als Mönch, dass er ein phänomenales Gedächtnis hatte. Er konnte seitenweise auswendig in Diskussionen Aristoteles zitieren. Das hat er später in Diskussionen mit seinen Gegnern auch immer gemacht. Er kannte seine Gegner immer besser als sie sich selbst. Er kannte die Originaltexte, auf die sie sich ja bezogen, Aristoteles war ja der philosophische Übervater der Epoche, kannte er viel genauer und besser als die, die diese Texte gegen ihn verwendet haben. Also der Papst hat ihn nach Rom beordert aufgrund seines hervorragenden Gedächtnisses, und er hat sozusagen eine Präsentation dieses Gedächtnisses geliefert. In seiner Philosophie spielt die Gedächtnisschulung eine zentrale Rolle. Er hat darüber auch viele Vorlesungen gehalten und auch einige Schriften abgefasst, von denen allerdings nicht alle erhalten sind, einige sind verlorengegangen. Bruno ist dann 1576 im Alter von 28 Jahren in eine schwierige, sehr schwierige Situation gekommen. Es gab Anklagepunkte gegen ihn. Er musste einen Prozess wegen Ketzerei gewärtigen. Wir wissen nicht genau die Punkte. Wessen wurde er angeklagt? Warum, wissen wir nicht. Tatsache ist, er kam in Schwierigkeiten und glaubte diesen Schwierigkeiten nur zu entgehen, indem er den Orden in einer Nacht- und Nebelaktion verließ. Das geschah 1576.

Bruno verließ den Orden und irrte nun erst einmal für die nächsten Monate in Italien umher, versuchte sich seinen Lebensunterhalt zu verdienen. Er hat kurze Zeit später, das ist erhalten, ein Drama, ein satirisches Drama geschrieben, „Il Candelaio", der Kerzenhalter, wo er das Mönchsleben verspottet. Und, ein wunderbares satirisches Theaterstück, was wirklich auf die Bühne gehörte und in dem er das Mönchsleben im Kloster geißelt. Also 1576 verlässt Bruno das Kloster, begibt sich also auf eine lange Wanderschaft, zunächst in Italien und dann, wichtig, zentral wichtig, in Frankreich, erst in Toulouse, dann längere Zeit Paris. Man muss wissen, wenn man von Frankreich redet, dass Frankreich damals ein wirklich schwieriger Boden war. 1572 war die berühmte Bartholomäusnacht, die Ermordung der Hugenotten. Es war ein riesiges Blutbad. Zehntausende wurden abgeschlachtet in einer einzige Nacht im August 1572. Es war also ein wirklich schwieriger Boden, und Bruno hat auf sich aufmerksam gemacht über seine Gedächtniskunst. Er hat erst mal Vorlesungen gehalten über die Gedächtniskunst und wurde vom damaligen König in Frankreich gefördert. Und hatte dann auch die Möglichkeit zu schreiben. Wenig ist erhalten aus der Zeit. Man muss sagen, dass Bruno in der ihm verbliebenen Zeit ein Riesenwerk hinterlassen hat von ungefähr 50 Schriften, von denen zwanzig verloren gegangen sind. Also wir haben nur dreißig Schriften tatsächlich erhalten, zwanzig Schriften sind verlorengegangen, vor allen Dingen die Schriften aus der frühen Zeit sind fast alle verloren gegangen. Mit Ausnahme dieser Schrift „Il Candelaio", „Der Kerzenhalter".

Bruno ging dann nach England in Begleitung von Michel de Castelnau, des französischen Botschafters in London. Und das war die berühmte, in vielen Biographien ja auch mit Recht herausgestellte fruchtbare und ruhigste Zeit überhaupt im Leben Brunos in den Jahren 1584/85, zum Teil auch 1586. Er lebte in der Butcher Road in London unter schwierigen Bedingungen. Zum Beispiel hat er sich geweigert, Englisch zu lernen, was schwierig war damals in London. Viele konnten Italienisch, aber er hasste die englische Sprache. Das hat ihm die Sache nicht erleichtert. Er hat also kein Englisch gelernt, er wollte es nicht. Und er hat dann in relativ schneller Folge hintereinander seine großen italienischen Dialoge abgefasst. Zunächst einmal die Schrift „La Cena de le Ceneri", „Das Aschermittwochsmahl", bezogen auf ein Gespräch, eine Gesprächsrunde, die tatsächlich stattgefunden hat, wo er im Kreise von Gelehrten, Doctores, zum Aschermittwoch des Jahres 1584, also im Februar, also er hat über dieses Gespräch eine gigantische, brillante Satire abgefasst, und in diese Satire baut er nun, Stück für Stück, sukzessive seine neue und andere Kosmologie ein, ein einmaliges literarisches Meisterstück. Auch Kritiker Brunos sagen, es ist ein Meisterstück der Literatur, also ein großes Stück Literatur. Wie er das geschafft hat in einem packenden, brillanten, einem Prestissimo an Einfällen und Dialogen, witzigen Episoden, dann darin, seine Kosmologie zu verpacken, kann man sagen, aber auch mit scharfen, kritischen Tönen gegen die Engländer. Das hat ihn in so große Schwierigkeiten gebracht, dass er fast des Landes verwiesen worden wäre. Er musste dann in der nächsten Schrift „De la causa principia et uno", „Über die Ursache, das Prinzip und das Eine" darauf Bezug nehmen, also die nächste Schrift dann „Von der Ursache, dem Prinzip und dem Einen", wo er seine All-Einheits-Philosophie umreißt.

Viele halten dieses Buch für die Hauptschrift von Giordano Bruno. Es ist das am meisten zitierte und auch erwähnte Buch Brunos.

Schopenhauer zum Beispiel war ein so großer Verehrer dieses Buches, dass er es ins Deutsche übersetzen wollte, was dann nicht geschehen ist, aber er hatte es geplant, „Von der Ursache ..." ins Deutsche zu übersetzen. Dann gleichzeitig entstand 1584 die zweitwichtigste kosmologische Schrift Brunos, die Schrift „Vom Unendlichen, dem All und den Welten". Hier stellt Bruno seine Kosmologie der Unendlichkeit dar. Er stellt diese dar in einer argumentativen Konfrontation mit Aristoteles. Er geht jeden einzelnen Punkt der aristotelischen Kosmologie durch und versucht, ihn zu widerlegen. Ich meine, ich habe diese Texte mehrfach gründlich durchgearbeitet. Ich meine, dass diese Argumente, die er bringt, auch intellektuell von einem ungeheuren Scharfsinn sind und auch heute überhaupt nichts von ihrer Brisanz eingebüßt haben.

Eines der Hauptargumente etwa von Aristoteles war, es könnte nur eine Welt geben, weil, wenn man sich dazu bequemen würde, dass es mehrere Welten gäbe, dann würde kein Halten mehr sein. Ich habe das ja schon mal in anderem Zusammenhang angedeutet, es könnte nur eine Welt geben, eine kugelförmige Welt, und diese Welt dürfte keinen Ort im Raum haben. Sie erinnern sich vielleicht an diese Ausführung. Wenn man annehmen würde, diese Welt habe einen Ort im Raum, dann wäre es eine Kugel im Raum, und es könnte da noch andere Kugeln im Raum, andere Kosmen im Raum geben, und dann wäre der Raum nicht mehr zu befrieden, dann würde er ins Unbegrenzte quasi sich ausweiten und das ließe sich gedanklich argumentativ nicht mehr einbinden. Deswegen müsste man sich dazu bequemen: Es kann nur eine Welt geben und so weiter. Dann die genannte Schrift „Spaccio de la bestia trionfante", 1585, eine Satire, eine moralisch-ethische Satire mit diesen genannten Ausfällen, auch was den Orion betrifft, und dann eine Schrift, die den Titel trägt „Die heroischen Leidenschaften" [„De gli heroici furori"], wo er eine Sammlung von Gedichten vorführt, zum Teil von ihm selbst, und diese Gedichte dann philosophisch interpretiert.

Bruno ist dann in Schwierigkeiten geraten, wie immer in seinem Leben, und musste London verlassen. Er ist dann nach Paris zurückgegangen. Wir sind jetzt im Jahre 1586. Immerhin hat er sein ... hatte er sich schon einen gewissen Namen gemacht durch diese Bücher, die in gewissen Kreisen auch gelesen wurden, ganz bewusst übrigens [für] die Verwendung der italienischen Sprache [entschieden]. Er war der

Erste überhaupt, der diese Gelehrtensprache Latein zugunsten des Italienischen zur Seite legte. Die Schriften sind also aus gutem Grund [in] Italienisch abgefasst. Er war der Erste bis dato, der das gemacht hatte. Er ist dann allerdings später zum Lateinischen zurückgekehrt. Er ging dann nach Paris zurück, 1586. Und es kam da zu einem der spektakulärsten Ereignisse in der Biographie Brunos, zu einer Diskussion im Collège de Cambrai, zu einer öffentlichen Disputation über seine Thesen. Er hatte dann eine Reihe von Thesen aufgestellt gegen die Peripatetiker und Aristoteliker seiner Zeit und hat über einen Schüler, Jean Honnequin, wie das damals üblich war, in der öffentlichen Disputation diese Thesen verteidigen wollen. Es gab dann turbulente Szenen, es gab Gebrüll im Saal, es gab Angriffe, es gab Prügeleien der Studenten untereinander. Das, was wir davon wissen, muss ziemlich heftig gewesen sein. Und Bruno hat es dann vorgezogen, was ihm Biographen zum Teil verübelt haben, nicht wieder zu erscheinen, was verständlich ist. Er ist dann zu einer anberaumten Diskussion am nächsten Tag nicht mehr gekommen, um dem auszuweichen. Kritiker haben natürlich gesagt, seine Thesen seien schwach gestützt, er hatte Angst vor der Argumentation. Das ist kaum anzunehmen, dass er Angst vor der Argumentation hatte. Er hatte nur Angst vor der aufgeheizten, vor der Mob-ähnlichen Stimmung im Saal, die ihm das überhaupt gar nicht mehr ermöglichte, seine Sachen vorzutragen.

Bruno ist dann nach Deutschland gegangen, also damals das Deutsche Reich, und hat lange Zeit in Wittenberg gelebt. Wittenberg, da toleriert von den Lutheranern, das muss man sagen. Die Lutheraner haben zwar in keiner Weise seine Philosophie akzeptiert, auch nicht mal honoriert, aber er ist in Ruhe gelassen worden. Er konnte in Ruhe arbeiten. Von Wittenberg ging er nach Helmstedt, hat auch da längere Zeit gelebt und gearbeitet und ist dann nach Prag gegangen. Wie er es überhaupt fertiggebracht hat, in diesem unruhigen Wanderleben unter ständigen finanziellen Schwierigkeiten auch unter ständiger Anfeindung, dann noch ein viele tausend Seiten umfassendes weiteres, nun in lateinischer Sprache abgefasstes Werk an, ans Licht zu bringen, ist rätselhaft. Denn allein der pure Umfang dieses Werkes ist so erstaunlich, dass es kaum vorzustellen ist, dass Jemand in diesen schwierigsten Lebensumständen überhaupt in der Lage war, das aufzuschreiben.

Die vielleicht wichtigste kosmologische Schrift Brunos hat den Titel

„De Immenso", „Vom Unermesslichen". Diese Schrift ist bis heute nicht übersetzt. [mittlerweile übersetzt]. Das ist eigentlich einer der ganz großen Skandale der Geistesgeschichte, dass eine der größten Schriften der Kosmologie bis zum heutigen Tage nicht übersetzt worden ist. „De Immenso", ein großes Lehrgedicht nach dem Vorbild des Römers Lucretius über den Kosmos, das noch hinausgeht über die Schrift „Vom Unendlichen". Hier findet sich übrigens nur ein kleiner Aspekt unter ganz vielen Aspekten, der erste Hinweis jemals eines Menschen auf die Rotation der Sonne, 1591. Bruno ist der erste Mensch überhaupt, der klar sagt, dass auch die Sonne rotiert. In fast allen Darstellungen über die Frage der Sonnenrotation wird entweder Kepler oder Galilei als erster angegeben. Kepler war der zweite und Galilei der dritte, wenn man denn überhaupt in solche Prioritäten denken möchte, wenn die überhaupt einen Sinn ergeben.

Auf jeden Fall, Bruno. In dieser grandiosen Schrift verkündet er noch einmal, noch wieder auf einer neuen, höheren Ebene seine These von einem all-lebendigen, all-beseelten, von einem von hoch differenzierter Intelligenz auf allen Ebenen erfüllten Universum. Jetzt kommt der entscheidende Punkt, der rätselhaft in der Biographie bleibt: Warum ist er nach Italien zurückgegangen? Er war doch … , konnte doch relativ ruhig leben in Wittenberg und in Helmstedt, in Prag schon weniger. Warum ist er nach Italien zurückgegangen? Er hatte in Frankfurt auf der Buchmesse, schon damals ein wichtiger Umschlagplatz, 1592, eine Einladung bekommen, dieses venezianischen Adligen Mocenigo. Der wollte ihn als Hauslehrer praktisch in sein Haus holen, in seine Villa. Diese Villa steht noch, die kann man heute besichtigen, besuchen in Venedig. Auch die Gasse vorne heißt nach Mocenigo. Also er hat Bruno eingeladen, bei ihm zu wohnen. Bruno hat es abgelehnt, hat in Padua gewohnt, ist immer gependelt, ist dann zum Unterricht für Giovanni Mocenigo nach Venedig zurückgegangen, hat den unterrichtet, und wir wissen nicht genau, worin eigentlich unterrichtet. Vermutlich handelte es sich um eine Technik, das Gedächtnis zu schulen, und das war in den Augen von Mocenigo so eine Art, eine Art von Magie. Bruno galt als Magier, als Künstler, weil sich keiner vorstellen konnte, dass einer so ein phänomenales Gedächtnis hat. Schließlich hat er den ganz großen Fehler begangen. Er hat sich dann einquartiert in die Villa Mocenigos. Keiner weiß, warum. Alle Biografen haben darüber gerätselt, wie konnte er einen so unvorstellbaren Fehler machen. Wie konnte er so naiv sein, nicht zu wissen, dass der Mocenigo nur darauf lauerte, dass der längst seine Kontakte zur Inquisition hatte und ihm längst das merkwürdig vorkam, was der Bruno ihm erzählt hat. Schließlich hat er ihn denunziert bei der Inquisition. Ich habe hier einen kurzen Auszug aus dem Schreiben vorgelesen.

Bruno ist dann festgesetzt worden und zunächst in die berüchtigten Bleikammern in Venedig gekommen. Dann hat es erste Verhöre gegeben, Bruno ist gefoltert worden und hat zunächst in einem ersten Aufwallen der Verzweiflung, auch Biographen unverständlicherweise haben sich zum Teil auch darüber erregt, über diese Zugeständnisse, hat er einen Teil seiner Lehre zurückgenommen. Im allerersten Moment, Anfang Juni 1592 aufgrund dieser Folterung. Nun wahrlich hätte keiner der Biographen irgendwie Grund, sich über diesen Punkt gerade zu erheben, aber es taucht immer wieder auf. Man wundert sich darüber (...) als Fürst der Ketzer, dass man den Venezianern von Seiten Roms das nicht mehr zutraute. Es gab ein Tauziehen zwischen Rom und Venedig. Irgendwann ist dann Bruno in Rom gelandet, und dann verlieren sich die Wege Brunos. Wir wissen nur den Kerker, in dem er gesessen hat. Ich habe lange vermutet, dass es die sogenannte Engelsburg gewesen sei. Durch ... eine Engelsburg, in der sogenannten ... Durch Anacleto Verrecchia erfahre ich, dass es nicht stimmt, sondern [dass es] ein anderer Kerker [war]. Man muss wissen, geschichtlich noch, um das zu verstehen, dass ungefähr zur gleichen Zeit war der große Prozess gegen Tommaso Campanella, 1599, auch ein Dominikaner, berühmter Philosoph, Verfasser ja des Buches „Der Sonnenstaat", utopischer Sozialismus. Marx hat ihn sehr geschätzt, [hat] ein Riesenwerk hinterlassen, das nicht übersetzt ist. Also Campanella, zwanzig Jahre jünger als Bruno, hatte einen politischen Aufstand inszeniert gegen die Machthaber, hat also versucht, seine Ideen vom Sonnenstaat politisch durchzusetzen, ist in Kerkerhaft gekommen. Seine Mit-Aufrührer sind alle umgebracht worden. Er selber kam mit dem Leben davon, blieb aber 27 Jahre in Kerkerhaft, konnte dann aber fliehen. Ihm ist es tatsächlich gelungen zu fliehen. Er ist nicht hingerichtet worden. Er konnte dann vieles ... ist dann nach Frankreich gegangen, nach Paris und hat da noch relativ friedlich lange Jahre gelebt.

Also, viele der Inquisitoren witterten in Bruno auch einen politischen

Revolutionär. Und schließlich hat man dann den Versuch unternommen, die Hinrichtung, die lange geplant war, auf die Centenar-Feier zu legen, ganz bewusst auf das Jahr 1600. Das sollte ein Höhepunkt sein dieser Feier, denn in diesem Jahr war in Rom, das weiß man aus den Quellen, zwischen einer und drei Millionen Menschen anwesend. Also Rom war angefüllt mit Pilgern, und der damalige Papst Clemens VIII. glaubte, mit der Hinrichtung eines in Europa mittlerweile sehr bekannten Denkers ein Zeichen zu setzen. Bruno wurde dann … , das wurde noch immer wieder hinausgeschoben, und schließlich in einer Zeitungsnotiz vom 12. Februar heißt es, und das zeigt gut die Stimmung im damaligen Rom, da heißt es in einer Zeitschrift am 12. Februar: „Heute glaubten wir eine feierliche Hinrichtung zu sehen, und man weiß nicht, warum sie verschoben ist." Also richtig Enttäuschung, wenn man dieses Spektakel nicht hat. „Es handelt sich um einen Dominikaner aus Nola, einen sehr hartnäckigen Ketzer, der vergangenen Mittwoch im Palast des Kardinals Martinuzzi abgeurteilt wurde, als Vertreter verschiedener ungeheuerlicher Ansichten, bei denen er mit Hartnäckigkeit verblieb. Und gleichwohl hört man, das jetzt noch täglich Theologen sich um seine Bekehrung bemühen. Und in summa, wenn ihm der Herrgott nicht hilft, will er als verstockter Ketzer sterben und lebendig verbrannt werden."

Man weiß nicht, warum die Hinrichtung aufgeschoben wurde. Man weiß nur, dass am 8. Februar 1600 formal das Todesurteil verkündet wurde. Das war in der damaligen Inquisition so, dass der Delinquent den weltlichen Mächten ausgeliefert wurde, mit dem Hinweis, ihn möglichst milde und ohne Blutvergießen hinzurichten. Also eine abgrundtiefe Verlogenheit, die darin steckte. Die Kirche selbst war [es] nicht, haben sich nicht sozusagen die Finger mit Blut beschmutzt. Sie haben das an die weltliche Macht, an den Gouverneur von Rom weitergegeben, der faktisch ein Büttel des damaligen Papstes war. Man weiß, dass, als Bruno am 8. Februar 1600 das Todesurteil verkündet worden war, er nur einen Satz gesagt haben soll, der mehrfach von verschiedenen Quellen überliefert worden ist. Der Satz hat folgenden Inhalt. Nachdem er das Urteil sich angehört hat, er musste niederknien, hat sich das Urteil angehört. Vor ihm waren also die prunkvollen Kardinäle aufgebaut im Ornat. „Ihr verhängt das Urteil vielleicht mit größerer Furcht, als ich es annehme." Ein berühmter Satz, viel zitiert, auch bewundert. Denken Sie an Bertolt Brecht „Mantel des

Ketzers". Also ein Satz, der wirklich ... ein weltgeschichtlicher Satz, ein wahrer Satz, kein kolportierter Satz, keine Legende. „Ihr verhängt das Urteil vielleicht mit größerer Furcht, als ich es annehme". Dazu schreibt Anacleto Verrecchia in seiner Bruno-Biographie: „Das sind furchterregende und denkwürdige Worte, die das Fundament der Peterskirche erschüttern, die man am Felsen der Geschichte festmachen möchte und die allein schon genügen, die Größe des moralischen Charakters Giordano Brunos verständlich zu machen." Und dann der Schlusspunkt, der 17. Februar selber, Rom, ich sage es noch einmal, war angefüllt mit Schaulustigen, war vollgepackt mit Pilgern. Und dann heißt es hier, das ist [erst] sehr spät aufgefunden worden in einem Bericht über diese Hinrichtung, von einer Bruderschaft von Sankt Johannes dem Enthaupteten. Da heißt es wörtlich, ich zitiere das als Letztes zu diesem biographischen Teil. Dieses Dokument war lange verborgen und ist erst im 19. Jahrhundert ans Licht gekommen: „Um zwei Uhr nachts wurde die Bruderschaft benachrichtigt, dass am nächsten Morgen die Hinrichtung eines Unbußfertigen stattfinden werde. Um sechs Uhr morgens versammelten sich die Trostspender und der Kaplan entsandt aus Sola und gingen zum Gefängnis in der Tor di Nona." Dort hat Bruno eingesessen, nicht in der Engelsburg. „Dort betraten sie die Kapelle und sprachen die üblichen Gebete für den zum Tode verurteilten Giordano Bruno, ein abtrünniger Bruder aus Nola, ein verstockter Ketzer. Er wurde von unseren Brüdern mit Liebe ermahnt. Auch riefen wir zwei Patres der Dominikaner, zwei von den Jesuiten, zwei von der neuen Kirche des heiligen Hieronymus. Sie zeigten ihm mit großem Eifer und mit großer Gelehrsamkeit seinen Irrtum. Er jedoch beharrte bis zum Ende in seiner verdammten Widerspenstigkeit und verdrehte sich das Gehirn und den Verstand mit tausend Irrtümern. Ja, er ließ nicht nach in seiner Halsstarrigkeit. Nicht einmal, als ihn die Gerichtsdiener zum Campo del Fiori abführten. Dort wurde er entkleidet", auch [eine] äußerste Demütigung, der Hinzurichtende wurde also ausgezogen. „Dort wurde er entkleidet, an einen Pfahl gebunden, lebendig verbrannt", übrigens geknebelt. Vielen wurde die Zunge herausgerissen. Das hat man bei Bruno nicht gemacht. Man hat ihm aber einen Knebel in Mund gestopft, dass er nichts sagen kann, weil man Gefahr [sah], weil man Angst hat, dass Bruno noch in seinen letzten Minuten etwas sagen würde. Man hat ihn also geknebelt. „Dort wurde er entkleidet, an einen Pfahl gebunden und lebendig verbrannt. In all dieser Zeit wurde er von unserer Bruderschaft begleitet, die ständig ihre Litaneien sang, während die Confrontatori bis zum letzten Augenblick versuchten, seinen hartnäckigen Widerstand zu brechen, bis er schließlich sein elendes und unglückliches Leben aufgab. Ein Augenzeuge berichtet, was noch geschehen ist, als ein schauriger Schlusspunkt. Man hat ihm dann durch die Flammen hinweg an einem langen Stab, damit sich die Betreffenden nicht ihre Arme irgendwie ankokeln, an einem langen Stab ein Kruzifix vors Gesicht gehalten, das er küssen sollte, er hat sich angeekelt abgewandt, wie ein Zeitgenosse berichtet, der dieser Szene beigewohnt hat.

Und was dann geschah in der Wirkung danach, ist beispiellos. Die Schriften wurden, soweit die Kirche ihrer habhaft werden konnte, alle eingezogen und vernichtet. Das hatte zur Folge, dass tatsächlich für zwei Jahrhunderte hinweg zum Beispiel diese Schrift ,Die Vertreibung der triumphierenden Bestie' in Europa kaum aufzufinden war. Die war wie verschollen. Es war wie eine Sage in Europa, dass [es] überhaupt dieses Buch gibt. Die Schriften Brunos kamen auf den Index, und erst jetzt ging die Kirche in Konfrontation zum Kopernikanismus. Erst jetzt. Das heißt, die Haltung, die dann eingenommen wurde der aufkommenden modernen Naturwissenschaft, Kosmologie gegen-über, geht zurück auf diese Auseinandersetzung mit Bruno. Erst jetzt wurde die Kirche hellhörig, und das kann man ganz deutlich zeigen an den Gesprächen, die Bellarmin, einer der Kardinäle, die das Todesurteil mit unterzeichnet haben, dann mit Galilei führte. Alle haben sie geschwiegen. Galilei erwähnt in seinem, in seinen Büchern, Bruno nie, mit keinem einzigen Wort, obwohl man nachweisen kann, dass er in vielerlei Hinsicht auch von Bruno stark beeinflusst ist. Zum Beispiel übernimmt er zum Teil wörtlich in seinem Dialog die Argumentation Brunos, warum man nichts merkt von einer bewegten Erde. Das berühmte Beispiel mit dem Stein, den man an einem Mast runterfallen lässt auf einem Schiff. Da war ja immer das Argument gewesen, dass der Stein ein bisschen hinter dem Mast aufkommen müsste, weil sich ja das Schiff unter dem fallenden Stein wegbewegt hat. So meinte man also, dass wenn ein Stein zu Boden fällt, die sich bewegende Erde ja unter dem Stein hinweg drehen müsste, hinweg bewegen müsste. Bruno hat nachgewiesen, dass es nicht der Fall ist. Und das hat Galilei in seinen Discorsi übernommen. Kepler erwähnt Bruno meines Wissens nur einmal, nur in einem Brief, in einer Briefstelle erwähnt er Bruno und erwähnt die Unhaltbarkeit der Theorie von den unendlichen Welten, vom unendlichen Weltall mit einem interessanten Argument; und zwar bringt Kepler folgendes Argument: Das kann nicht stimmen, weil, wenn es stimmen würde, dann hätte die Bewegung kein Bezugssystem. Also das ist ein eigenartiges Argument, das hat er gegen Bruno gewandt. Also Kepler in einer Briefstelle an einen Freund äußert sich zu Bruno in diesem Sinne negativ, absolut negativ. Das haben übrigens dann im Laufe der nachfolgenden Generationen fast alle gemacht, fast alle Philosophen, fast alle Naturwissenschaftler, die Kirchenleute sowieso, fast ausschließlich sich negativ geäußert, wenn sie überhaupt sich geäußert haben. Und eine gewisse Veränderung hat sich dann erst im späten 18. Jahrhundert ergeben.

Und darauf will ich dann eingehen nach der Pause. Ich mach eine kleine Pause, ich habe ein bisschen überzogen. Das macht aber nichts. Wir machen mal fünf Minuten vielleicht nur Pause. [Ich möchte Ihnen jetzt einige] zentrale Punkte der Kosmologie darstellen und auch die Wirkungsgeschichte in einigen zentralen Aspekten beleuchten.

Ja, an der Stelle, das finde ich richtig. Die ist damals revolutionär gewesen, und das ist sie auch heute noch. Da sollte man sich keinen Illusionen darüber hingeben. Das ist sie auch heute noch. Bruno musste dafür am 17. Februar [1600] in Rom auf dem Scheiterhaufen sterben, doch seine Gedanken [werden] noch im neuen Jahrtausend Wege weisen. Gut, dass das ganze Universum selbst göttlich, lebendig und überall von Geist erfüllt sei, das ist im Prinzip richtig hier paraphrasiert. Das wird häufig mit dem Schlagwort oder Stichwort vom Pantheismus versehen. Bruno wird ja in vielen Philosophie-Geschichten als ein quasi-Pantheist hingestellt, der *deo sive natura* im Sinne von Spinoza, also, der mehr oder weniger die Gottheit, das Göttliche, den Gott gleichsetzt mit dem Universum. Das stimmt nicht. Da macht Bruno sehr wohl einen Unterschied, obwohl er, ich greife jetzt nur mal auf, weil das hier in der Formulierung auftaucht, Bruno vertritt weder die These von einem vollständig transzendenten Gott noch die These von einem vollständig immanenten Gott. Er vertritt die These von der paradoxen *Einheit von Transzendenz und Immanenz*, das ist wichtig, in diesem Sinne ist er im engeren Verständnis kein Pantheist. Für ihn hat die Gottheit auch eine transzendente Dimension. Sie geht nicht vollkommen auf in der Welt. Insofern ist eine Gleichsetzung von Universum und Gott nicht zutreffend. Aber es fließt auch die gesamte Weisheit, die unendliche Schöpferkraft in dieses Universum ein. Das war ja ein wichtiger Gedanke überhaupt bei Bruno, dass er sagte, und das ist in der Tat ein Argument, was in direkter Konfrontation mit Aristoteles entwickelt wurde, er sagte, es hieße die göttliche Schöpferkraft beschränken und einschränken, verkleinern, wenn man annähme, dass die Gottheit, die eine unendliche Welt hätte schaffen können, sich begnügt hätte mit einer nur endlichen Welt. Und das ist eine wesentliche These bei Bruno, dass die Göttlichkeit ... , die Unendlichkeit der göttlichen Schöpferkraft, müsste ihr Äquivalent haben, in der Unendlichkeit der Schöpfung. Deswegen ist die Schöpfung selber im engeren Sinne nicht identisch mit Gott, wiewohl göttlich.

Das ist ein schwieriger Punkt. Ein gewisses Paradoxon taucht da auf, eben die Einheit von Transzendenz und Immanenz. Das hat die Wirkungsgeschichte Brunos übrigens entscheidend mitbeeinflusst. Denn dass Bruno aus der Vergessenheit herausgeholt wurde, fast zwei Jahrhunderte nachdem seine wichtigen Schriften entstanden waren, geht genau auf diesen Punkt zurück. Denn der Goethe-Freund Friedrich Heinrich Jacobi hatte im Zusammenhang mit seiner Polemik in den 80iger Jahren des 18. Jahrhunderts gegen den Spinozismus, gegen diese Lehre der Einheit von All und Gott, eine Lehre, die er als Atheismus bezeichnete, scharf polemisiert und nun nach Quellen gesucht dieses Pantheismus. Und im Zuge dieser Recherche nach Quellen des Pantheismus stieß er dann auf Giordano Bruno, hat nur eine einzige Schrift herangezogen, „Von der Ursache, dem Prinzip und dem Einen", und hat hier Auszüge aus dieser Schrift veröffentlicht. Und diese Auszüge haben dann eine ungeheure Wirkungsgeschichte Brunos ausgelöst. Denn diese Auszüge haben dann zum Beispiel die deutschen Idealisten aufgegriffen, allen voran Schelling, haben diese Texte gelesen, auch Goethe hat das gelesen, er hatte auch schon einen anderen Kontext Giordano Bruno gelesen, und das hat dann eine enorme Wirkung in Deutschland ausgelöst.

Überhaupt [war] die Hauptwirkung Brunos in Deutschland zu verzeichnen, nicht in Italien. Das geht so weit, ich habe mit Verrecchia darüber korrespondiert, auch kürzlich lange telefoniert, warum sein Buch, das in Deutsch erschienen ist, nicht auf Italienisch erschienen ist. Also ein Italiener schreibt eine Biographie über seinen großen Landsmann Giordano Bruno, aber dieses Buch ist nur auf Deutsch erschienen. Er selber spricht fließend Deutsch, hat es italienisch geschrieben, aber auch mit übersetzt mit einem Freund. Er sagte mir, es gibt es einen Grund dafür, Herr Kirchhoff: Italien ist beherrscht von Pfaffen und von Kommunisten. Deswegen, die mögen alle den Bruno nicht, deswegen ist es nicht so. Ich war also verwundert darüber, dass dieses wunderbare Buch nicht auch im Italienischen erschienen ist und habe mich immer gewundert darüber, dass meine Bruno-Monografie, die vor zwanzig Jahren erschienen war, überhaupt nicht ins Italienische übersetzt worden ist. Ich meine, die Italiener, das ist doch einer ihrer bedeutendsten Geister, vielleicht überhaupt der bedeutendste Geist der italienischen Geistesgeschichte. Es wäre doch naheliegend, dass sie sich auch damit auseinandersetzen. Das tut man Italien nur sehr bedingt. Es gibt neuerdings eine Zeitschrift, die „Bruniana und Campanelliana" [korrekter Titel] heißt, eine gerade ins Leben gerufene Zeitschrift, die sich dem Thema widmet. Aber es ist sehr, fast möchte man sagen, unterkühlt. Und es gibt im Wesentlichen nur auch eine akademische Auseinandersetzung damit, und keine wirklich lebendige Auseinandersetzung. Also diese Texte, die Jacobi in Auszügen veröffentlicht hatte, haben dann eine enorme Wirkung ausgelöst im deutschen Idealismus und haben dann eine Bruno-Welle hervorgerufen, die bis weit ins 20. Jahrhundert hineinging. Aber immer gab es diese Vorbehalte gegen Bruno, das habe ich ja schon angedeutet. Immer diese Vorbehalte: Ist er denn wirklich ein ernst zu nehmender, exakter Denker, Naturphilosoph oder Naturwissenschaftler? Da gab es immer Fragen. Ist das nicht letztlich Schwärmerei, zu sagen, das Universum sei unendlich belebt? Noch Sloterdijk in seinen dicken Bänden über Sphären, vor allem im zweiten Band, äußert sich dazu und sagt: Wer heute noch ernsthaft solche Thesen vertritt, das sei heute pure Literatur, schon im 19. Jahrhundert, pure Literatur oder schlechte Poesie. Obwohl er andererseits ein großer Bewunderer von Bruno ist und auch immer wieder bewundernde Worte für Bruno findet, so ist doch für ihn die Leblosigkeit des Universums ausgemachte Sache. Dass wir da draußen im All nichts zu suchen haben, ist für ihn ausgemachte Sache. Wir müssen uns beschränken auf diesen Globus. Und da, meint er, irrte Bruno entscheidend.

Wovon war Bruno ausgegangen? Das muss man nochmal im Moment

in seine Erinnerung rufen, weil das viele nicht mehr wissen. Was war denn überhaupt die Frage, nachdem das epochemachende Buch von Kopernikus erschienen war? Worum ging es denn? Auch wenn es zunächst gar nicht verstanden worden war. Welche Fragen standen an? Das sind vor allen Dingen sieben Fragen, die ich als kopernikanische Herausforderung bezeichne. Ich nenne mal diese sieben Punkte, mit denen sich nun jeder Naturwissenschaftler, jeder Kosmologe seitdem auseinandersetzen musste, ob er wollte oder nicht. Kopernikus' Werk hat sieben Grundfragen aufgeworfen, und diese sieben Grundfragen mussten in irgendeiner Form behandelt werden. Man muss vielleicht noch dazu sagen, dass das Werk des Kopernikus 1543 erschienen war, mit einer Vorrede an den Papst, in dem sicheren Gefühl, dass von der Kirche keine Opposition kommen könnte und dass Kopernikus die Fixsternsphäre, die gewaltige Hohlkugel, die die Welt umgibt, in der geozentrischen [solar-zentrischen] Kosmologie beibehielt. Folgende sieben Punkte mussten alle seitdem behandelt [werden], [sind] auch behandelt worden.

Erster Punkt: Unsere Sinne glauben nicht an Kopernikus. Warum? Warum wirkt der irdische Boden unter unseren Füßen so, als ob er ruhe? Wie kann etwas wie ruhend wirken, sich aber zugleich rasend schnell bewegen? Das war eine Frage, die ungeheuer brisant war. Denken Sie auch an die berühmte Stelle in dem Galilei-Drama von Brecht, wo darüber gespottet wird, wenn die Erde sich tatsächlich so rasend schnell bewegt, müsste doch ständig ein Gegenwind wehen, müsste man irgendwie merken. Das war Punkt eins. Für die gesamte Naturwissenschaft und Philosophie danach, die sich mit dem Kosmos beschäftigt, war es die Frage: Warum merken wir nichts von dieser rasenden Bewegung?

Zweiter Punkt: Warum bewegen sich die Gestirne, einschließlich der nun aus der kosmischen zentralen Position entbundenen Erde? Die Warum-Frage in Bezug auf die kosmische Bewegung ist zugleich die Frage nach den bewegenden Kräften. Sie wissen ja, ich habe das ja verschiedentlich gesagt, dass die moderne Physik die Fragen letztlich nicht geklärt hat, dass man letztlich eine ursachelose Perpetual-Bewegung annimmt. Ich habe Ihnen ja in der letzten Vorlesung auch versucht, meine Überlegungen dazu vorzustellen. Also die Warum-Frage in Bezug auf die kosmische Bewegung, ist zugleich die Frage nach den bewegenden Kräften. Die Nachfolger des Kopernikus eliminierten auch die die Planeten tragenden Kristallsphären oder -schalen. Damit schwebten oder hingen die Gestirne nun frei im Raum. Das war ja die Annahme, dass die Gestirne daran befestigt sind an diesen gigantischen, unsichtbaren Hohlkugeln.

Drittens: Wie lässt sich die Gravitation erklären, die nun jedem Himmelskörper zugesprochen werden musste? Was ist überhaupt diese Gravitation? Welche Kraft liegt ihr zugrunde und welchen Ursprung hat sie? Warum ist sie so raumüberbrückend und mächtig? Auch da, das habe ich ja schon angedeutet, hat die Mainstream-Physik eigentlich keine Antwort.

Viertens: Ist der Kosmos endlich oder unendlich? Die Frage kam auf. Kopernikus sagt an einer Stelle seines Werkes: ob die Welt endlich oder unendlich ist, wollen wir dem Streit der Naturphilosophen überlassen. Er wollte sich zu der Frage nicht äußern. Auch Galilei hat die Frage zurückgewiesen. Diese Frage hat er in der Schwebe gelassen, während Kepler sich eindeutig gegen eine Unendlichkeit ausspricht. Ist der Kosmos endlich oder unendlich? Sollte er endlich sein, wie lassen sich die Grenzen dieser Endlichkeit bestimmen? Was ist jenseits dieser Grenzen, wenn da überhaupt etwas im raumzeitlichen Sinne ist? Die Frage war mächtig, und Bruno ist augenscheinlich der erste Denker, der konsequent mit seinem ganzen intellektuellen Scharfsinn die Frage der Unendlichkeit des Universums denkt. Das ist ja ein Gedanke, der eigentlich nicht gedacht werden kann. Nicht, Sie erinnern sich, Sie kennen das vielleicht aus der Philosophiegeschichte, dass ja Kant in der „Kritik der reinen Vernunft", in den „Antinomien der reinen Vernunft", die These vertritt, diese Frage ist nicht entscheidbar, vom Geist aus. Man kann beides verfechten. Man kann die Endlichkeit, und man kann die Unendlichkeit genauso logisch intellektuell darstellen. Genau die Frage: Hat die Welt einen Anfang, oder hat sie keinen Anfang? Beides ist möglich und beides ist ein nicht auflösbarer Widerspruch. Der Geist, der Intellekt kann das nicht entscheiden.

Fünfter Punkt: Kopernikus entdeckte die Planeten-Natur der Erde. Er macht ja die Erde zum Planeten. Warum sollte dieser Planet, wenn er schon derart erhoben und auch kosmisch relativiert wurde, eine Sonderrolle einnehmen? Gibt es auch anderswo intelligentes Leben? Die Frage ist ja sofort naheliegend. Wenn dann der Planet Erde keine Einzigartigkeit im Kosmos hat, dann muss man fragen: Gibt es auch anderswo intelligentes Leben? Im Sinne der kopernikanischen

Logik müsste die Frage bejaht werden. Bruno hat die Frage bejaht. Galilei hat sich zu dieser Frage überhaupt nicht geäußert. Übrigens auch noch Newton nicht. Die Frage hat dann erst eine Rolle gespielt in der Kosmologie des 18. Jahrhunderts und ist dann auch im Sinne Brunos positiv bejahend beantwortet worden, von Voltaire und vielen anderen.

Sechster Punkt: Wie stellt sich das Mensch-Kosmos-Verhältnis in der nun unvorstellbar entgrenzten Welt dar? Wie kosmisch ist der Mensch? Also die Frage: Was ist denn jetzt, wenn die Welt unvorstellbar entgrenzt ist, überhaupt mit dem Mensch-Kosmos-Verhältnis? Dann muss man das ja erst vollkommen neu denken.

Und die siebente Frage, die theologisch natürlich die brisanteste ist: Was ist mit Gott, der Gottheit, dem Göttlichen in der neu entdeckten Weite des Raumes? Mit anderen Worten: Wo bleibt Gott, wenn denn die Welt sich ins Unvorstellbare ausweitet? Diese Frage hat ja noch im 18. Jahrhundert in vielen Diskursen eine zentrale Rolle gespielt, so zum Beispiel in der ganzen Auseinandersetzung, von mir ja schon mehrfach erwähnt, zwischen Leibniz und Newton. Da geht es immer um die Frage: Wo bleibt Gott im Universum? Und der Vorwurf des Atheismus wurde schnell erhoben, das war auch politisch, auch soziologisch ein gravierender Vorwurf, das darf man nicht vergessen von heute aus. Noch Fichte musste seine Professur in Jena, seine Philosophie-Professur aufgeben, ich glaube 1792, wenn ich es richtig weiß, weil er den Verdacht auf sich zog, Atheist zu sein. Also der Vorwurf des Atheismus war noch dazu angetan, Jemanden von seinem Lehrstuhl zu entbinden. Insofern war die Frage wirklich eine auch politisch-soziologische Frage, eine wirklich brisante Frage: Wie steht es eigentlich mit Gott im Universum? Ist der Gott in der Welt? Ist er ein transzendentes Wesen, wie Newton annahm, außerhalb der Welt? Und, greift er in das Universum ein? Repariert er sozusagen sein kosmisches Uhrwerk immer wieder? Oder läuft das vollkommen von alleine, wie das Leibniz annahm? Einmal angestoßen, läuft es unendlich weiter. Und Leibniz und andere haben ja darüber gespottet, dass Newton ja meinte, Gott muss immer wieder in die Welt eingreifen, damit dieses Räderwerk nicht zum Stillstand kommt. Damit hat er natürlich ... also mit diesen sieben Fragen war jeder konfrontiert.

Bruno hat versucht, diese sieben Fragen zu beantworten auf eine ungeheuer weitreichende und revolutionäre Weise, auch von heute

aus, das muss man noch mal sagen, das kommt ja auch hier in dem
... , in den Sätzen zu dem Urania-Vortrag zum Ausdruck. Auch von
heute aus ist das eine ungeheuer brisante und weitreichende Frage, auch die Frage des möglichen extraterrestrischen Lebens: Welche Formen hat dieses Leben? Welche organischen Formen gibt es?
Welche Bewusstseins-Formen gibt es? Wie steht es überhaupt mit
dem Lebendigen in der Welt? Das wird häufig in den geschichtlichen
Darstellungen so dargestellt, übrigens falsch dargestellt, als ob Bruno der Auffassung gewesen wäre, dass es eine unendliche Zahl von
Sonnensystemen gäbe, wobei jeweils immer ein Planet in einer be-
stimmten Sonnenentfernung Leben tragen könne. Bruno hielt ja die
Sonnen und Fixsterne selber für bewohnt, worüber viele Nachfahren,
Nachkommen eher irritiert waren. Was meint er damit? Er war ernst-
haft der Auffassung, es gibt sozusagen, es bedarf gar keiner Planeten.
Auch die für ungeheuerlich heiß und glühend gedachten Himmels-
körper sind im Grunde genommen, auf eine für uns unvorstellbare
Weise bewohnte Himmelskörper. Also Bruno glaubte wirklich an die
Allgegenwart des Lebens in diesem Universum, also ein wirklich *in
toto* lebendiges Universum. Wobei er immer wieder gesagt hat, dass
wir uns nicht unbedingt eine Vorstellung machen könnten von der
Erscheinungsform, von der Manifestation, von dem Wesen, von der
Art dieses Lebendigen. Aber er war davon ... ging davon aus, dass das
Lebendige überall vorhanden sein müsste.

Ich will mal eine kurze Passage vorlesen von Bruno, die seine, auf
eine wunderbare Weise, seine Erkenntnistheorie zeigt. Bruno ging
von einer bestimmten Grundannahme aus in seiner Erkenntnistheorie, er hatte eine Erkenntnistheorie. Auch das haben viele gar nicht
gesehen. Bruno selber, das muss man vielleicht noch ergänzen, führt
seine Philosophie zurück auf eine zentrale Intuition, auf eine zentrale Intuition, ich habe das ja schon mal angedeutet, im Alter von
30 Jahren, auf ein quasi Erleuchtungserlebnis, das er auch eingehend
beschreibt. Er hätte im Jahre 1578 als 30-jähriger eine Art von, wie
würde man heute sagen, kosmisches Bewusstsein erlangt und habe
in diesem einen Moment, in einem blitzartigen Augenblick der Er-
hellung seine gesamte Kosmologie geschaut. Das kann man so stehen
lassen. Immerhin muss man sagen, wenn man das jetzt mal anzweifeln möchte, dass in dieser Intuition eine Fülle von Elementen drin
waren, die er auf gar keinen Fall [vorher] wissen konnte. Beispiel ist

die Rotation der Sonne. Er war der erste Mensch überhaupt, der die Rotation der Sonne behauptet hat. Er war der erste Mensch, lange vor Kepler, der gesagt hat, dass die Planeten[bahnen] nicht kreisförmig sind, sondern elliptisch. Er war der Erste, der gesagt hat, das jenseits des Saturns, der noch als der letzte Planet galt, weitere Planeten sind und so weiter. Woher wusste er das? Wie konnte er das wissen? Es gab kein Fernrohr zu Brunos Zeit. Das Fernrohr wurde bekanntlich erst 1609/1610 erfunden, also viel später. Er hat nie durch ein Fernrohr geschaut. Er hat es einfach erschlossen aufgrund von einfachen Überlegungen oder geschaut in irgendeinem veränderten Bewusstseinszustand, den [hat man] bei ihm durchaus unterstellen können, ja, in gewisser Weise unterstellen müssen.

Ich geb' jetzt mal diese Stelle seiner Erkenntnistheorie, die stammt aus einer lateinischen Schrift. Ich habe das aus dem Lateinischen ins Deutsche hier übersetzt. Da geht es um die Stufung der Erkenntnis. Ich lese das mal vor, es ist eine halbe Seite hier:

„Im eigentlichen Sinne wird die Erkenntnis aufgefasst als ein Vermögen zur Aneignung der erkennbaren Dinge. Und dies geschieht auf vielerlei Weise." Jetzt stuft er das. „Es gibt zunächst die Sinnes-Erkenntnis. Es folgt der Verstand, welcher allein dem Menschen eigentümlich ist, also das Vermögen, welches aus dem durch die Sinneswahrnehmungen erfüllten und im Gedächtnis Gespeicherten etwas außerhalb der Sinneswahrnehmung hervorbringt und erschließt, so aus den einzelnen Dingen das Allgemeine und aus dem Nacheinander eine gewisse logische Aufeinanderfolge. Und diese Erkenntnis wird diskursiv genannt." Also das ist relativ vertraut. Immer erstaunlich, dass Jemand das um 1590 formuliert, aber relativ vertraut, „insofern als der Intellekt aus einem erkannten Ding zu einem anderen zu Erkennenden fortschreitet." Also die intellektuelle Erkenntnis, die sinnliche Erkenntnis. Dann gibt es die intellektuelle Erkenntnis, die verstandesmäßige Erkenntnis, die diskursive, die logisch-diskursive Erkenntnis. Dritte Stufe: „Es folgt die Vernunft", als eine höhere Stufe gesehen, „die Dasjenige, was der Verstand auf diskursive Weise und mittels der Beweisführung und, wie ich auf eigene Weise sage, mittels der logischen Schlussfolgerung und des kausalen Ablaufs erfasst und begreift." Also der Intellekt als Kausal-Sinn. Nimmt in gewisser Weise Kant vorweg, „durch eine gewisse einfache Intuition ein unmittelbares Anschauen aufnimmt. Sie wird *intellectio* genannt, gleichsam eine interne Lectio, ein innerliches Lesen, und sie ist eine Art lebendiger Spiegel, zugleich sehend, und die sichtbaren Dinge in sich selbst bergend."

Also, die Sinnes-Erkenntnis, dann der Verstand, das Logisch-Diskursive, dann die Vernunft als die dritte Stufe, als die höhere Stufe, die er auch als eine Art von lebendigem Spiegel bezeichnet, eine Art Schau „zugleich sehend und die sichtbaren Dinge in sich selber bergend". Vierte Stufe. „Es folgt der Geist." Der Geist wird noch darüber gelegt, über Verstand und Vernunft, *mens* [lat.], oft auch als *intellectus* bezeichnet, meint nicht Intellekt. „Es folgt der Geist [mens] über aller Vernunft und rationalen Erkenntnis, welcher in einem einfachen Akt des Schauens ohne vorher Vorausgehendes oder Begleitendes, logisch-diskursives Denken und ohne Zahl und Trennung *alles erfasst*, einem Spiegel vergleichbar, der lebt und zugleich so vollkommen ist, dass das Licht, der Spiegel und alle Formen und Gestalten miteinander identisch sind." Unglaubliche Aussage, „also einem Spiegel vergleichbar, der lebt und zugleich so vollkommen ist, dass das Licht, der Spiegel und alle Formen und Gestalten miteinander identisch sind, welche eher ohne Trübung und Vereinzelung sieht und ohne zeitliche, der Veränderung unterworfene Aufeinanderfolge, wie ein Haupt, welches vollständig Auge ist, und überallhin in einem Akt das Höhere und Tiefere, das Vorher und Nachher und das unteilbar ist, auch das Innere und das Äußere sieht."

Also, der Geist als *mens* ist eine höchste Stufe. Wie könnte man das nennen, um das verständlich zu machen, eine Art *intuitive Gesamtschau jenseits der Vereinzelung*, auf die sich Bruno immer wieder in seinen Schriften beruft. Also: sinnliche Erkenntnis, Verstand, Vernunft und dann Geist als diese höchste Bewusstseins-Fakultät, die das Ganze unmittelbar schaut, auch in einem Akt, in dem Subjekt und Objekt zusammenfallen. Also eine sehr weitgehende, hochinteressante und auch brisante erkenntnistheoretische Grundfigur, die hier aufgefächert wird.

Was übrigens die genannte Intuition anbelangt im Alter von 30 Jahren, so will ich noch diese eine Stelle wenigstens kurz vorlesen, weil sie zeigt, was hier gemeint ist. „Sie", die Strahlen Apollons sind gemeint, „offenbaren die göttliche Güte, Einsicht, Schönheit und Weisheit, die je nach den verschiedenen Wesensordnungen, wie sie durch leidenschaftlich Liebende aufgenommen werden. Das aber geschieht, sobald der Getroffene nicht mehr mit diamantartiger Oberfläche das eindringende Licht zurückwirft, sondern durch die Glut und Helligkeit aufgeweicht und bezwungen, in seinem ganzen Wesen Licht-artig wird. Er selbst wird gleichsam Licht, indem dieses sein Fühlen und Denken durchdringt." Das haben sie in allen, auch spirituellen Traditionen der Welt, die Licht-Werdung des Geistes. Das finden Sie in den „Upanishaden", das finden Sie überall, in der Sufi-Mystik und sonst wo, immer diesen Grundgedanken. „Er selbst wird gleichsam Licht, in dem dieses Sein Fühlen und Denken durchdringt. Das ist am Anfang, bei der Zeugung, noch nicht der Fall, wenn die Seele gerade eben berauscht aus dem Lethe und ganz durchtränkt aus den Wassern des Vergessens und der Verworrenheit hervorgeht. Da ist der Geist noch zu sehr in die Gefangenschaft des Körpers und in den Dienst des vegetativen Lebens eingeengt." Und jetzt auf sich bezogen: „Der Begeisterte, der hier spricht, bekennt, sechs Lustren, das sind 30 Jahre, in dieser Verfassung verharrt zu haben und in ihrem Verlaufe noch nicht zu jener Reinheit der Einsicht gelangt zu sein, die ihn befähigt hätte, zur Wohnstatt der fremden Gestalten zu werden, die immer an die Tür der Vernunft pochen und sich allen in gleicher Weise darbieten. Schließlich aber ließ die Liebe, die ihn bis dahin vergeblich von verschiedenen Seiten her und zu verschiedenen Malen angegriffen hatte, ebenso wie man sagt, dass die Sonne für jene, welche im Innern der Erde im tiefen Dunkel sind, vergeblich leuchte und wärme, sich in den geheiligten Lichtern nieder. Sie zeigte ihm durch zwei intelligible Gestalten die göttliche Schönheit. Diese band ihm nämlich durch die Sinn-Gestalt der Wahrheit die Vernunft, und erwärmte ihm durch die Sinn-Gestalt der Güte das Gefühl. So wurde das materielle und sinnliche Begehren überwunden, das vorher triumphierte, das trotz der Vortrefflichkeit der Seele ungebrochen blieb. Nun konnten jene Strahlen, welche vom erleuchtenden und wissenden Geist, von der Sonne der Einsicht ausgesandt wurden, leicht durch seine Augen eingehen, und zwar die der Wahrheit, durch die Pforte der erkennenden Kraft, die der Güte durch die Pforte des Begehrens ins Herz, das heißt ins Grundwesen des Gefühls. Als er so zum ersten Mal in dieser Weise erwärmt und im Geist erleuchtet wurde, war jener siegreiche Punkt und Augenblick erreicht, von dem gesagt wird: *vicet instant*, der Augenblick siegt."

Also eine ganz klare Schilderung, eine Art von Erleuchtungserfahrung mit Bildern der neuplatonischen Licht-Metaphysik, das ist klar. Bruno bedient sich hier der Bilder der philosophischen Tradition. Bruno versucht, diese sieben Fragen auf seine Weise zu beantworten. Und was ihn auszeichnet, ist, dass er niemals die lebendige Ganzheit, niemals die lebendige Gestalt aus den Augen verliert. Sein Denken ist niemals ein analytisch- intellektuelles Ding, obwohl er hochgradig intellektuell auch denkt und argumentiert, wirklich messerscharf und luzide argumentieren kann. Ich sage es noch mal: Seine Argumente, die er bringt in dem Buch „Vom Unendlichen" gegen die Endlichkeitsvorstellung des Aristoteles sind auch intellektuell ein Bravourstück. Das ist so messerscharf durchdacht, dass ich bis zum heutigen Tage noch niemanden kennengelert habe, der in der Lage gewesen wäre, diese Argumente aus den Angeln zu heben. Man kann natürlich sagen, diese Prämissen stimmen gar nicht. Allein diese ganze Argumentation ist in sich falsch, das sei unhaltbar – kann man machen. Aber wenn man erst einmal auf bestimmte Grundprämisse sich einlässt, und das muss man immer beim Denken, dann muss man anerkennen, dass diese Argumente wirklich stark sind. Und wie gesagt, ich kenne bis zum heutigen Tage keine wirklich substanziellen oder diese aushebelnden Gegenargumente.

Der Skandal Brunos besteht darin, dass er es nie lassen kann, polemisch zu werden, dass er unermüdlich fast jeden Zeitgenossen und aus der Vergangenheit attackiert. Und das haben ihm viele Biographen als Unduldsamkeit ausgelegt oder als Unfähigkeit, Frieden zu halten. Er hat unermüdlich scharfe Attacke, hat ... , wo er es konnte, ist er aufgetreten und hat irgendwo Fehler ausfindig gemacht. Kaum war er in Genf bei einer seinen ersten Vorlesungen an der Universität, da hat er mitgeschrieben und hat dann genau alle Fehler aufgelistet, die gemacht worden sind und hat dann dieses Paper mit den Fehlern des Professors an der Universität angeschlagen. Und kurze Zeit später ist er der Universität verwiesen worden und wegen Verunglimpfung des Lehrpersonals auch eingekerkert worden vorübergehend.

Also eine Grundeigenschaft, die ihm anhaftet, und in allen Diskussionen hat er eine ungeheure *Vehemenz und Leidenschaftlichkeit* an den Tag gelegt, immer auch getrieben von einer Leidenschaft im Denken, die in der Geistesgeschichte singulär ist. Also ihm war, was immer zu tun, *um die vollständige Deckungsgleichheit von Denken und Leben*. Es wäre für ihn undenkbar gewesen, dass Jemand das eine sagt, verkündet und denkt und das Andere lebt. Also diese Schizophrenie, die ja doch sehr verbreitet ist, wäre für ihn unlebbar gewesen. Er hat immer versucht, tatsächlich eine Deckungsgleichheit zu realisieren und sich damit im Grunde nur Feinde gemacht. Auch in den nachfolgenden Jahrhunderten, kann man sagen, nur Feinde gemacht, denn er macht es vielen seiner Leser auch heute kolossal schwer, denken Sie an das, was er über das Christentum gesagt hat, da mitzugehen. Da versucht man dann zu relativieren, abzuschwächen und das Ganze in seiner ungeheuren Schärfe nicht gelten zu lassen. Und gerade das ist aber die Herausforderung. Gerade das immer wieder kolossal Unbequeme und ich finde das so schön, schön ist gar kein Ausdruck, also zutiefst adäquat, dass Anacleto Verrecchia in diesem Buch auch diese Schicht bei Bruno immer wieder heraushebt. Das ist also ein Buch, das auch mit einer Leidenschaft geschrieben ist und keineswegs irgendwie abgeklärt, akademisch von außen. Und natürlich haben wir uns da gefunden an der Stelle, das ist klar und auch erkannt. Und es gibt natürlich jetzt einen sehr guten und interessanten Dialog, sozusagen. Das ist genau der hier, auf den ich gewartet habe, in Italien. Ich war immer verblüfft darüber, dass in Italien sich so wenig tut. Das scheint tatsächlich sich zu ändern.

Also, um zu einem gewissen Schluss zu kommen, wenn man das überhaupt sagen kann. Ich bleibe ja sowieso am Thema, denn ich will ja nächstes Mal auch über Weltseele, Weltäther und Weltgeist sprechen, noch einmal über diese kosmische Triade, da greife ich ohnehin das noch mal auf, es ist ja ohnehin ein Leitthema. Also um zum Schluss zu kommen, erst einmal vor der Diskussion sei noch ergänzt kurz, dass in diesem Band hier über Bruno vom Diederichs Verlag auch erstmalig seine sogenannten Magischen Schriften übersetzt sind. Bruno hat auch Schriften zur *magia naturalis* abgefasst, zur Natur und Magie und zu Fragen der psychischen Wechselwirkungen. So erwähnt Sloterdijk etwa in seinem Buch „Sphären II" auch eine Schrift von Bruno, die er für eine der interessantesten hält, die sich mit der psychischen Fesselung beschäftigt, auch in der Liebe. Also Bruno war auch ein leidenschaftlicher Mensch und hat sehr viel geschrieben, auch über die Fesselung in der erotischen Liebe als Grundmuster von Zusammenhang überhaupt. Und er war auch Derjenige, der in seiner Schrift „Die heroischen Leidenschaften" erkennt, es immer verstanden hat, als Leidenschaft, niemals als eine rein intellektuell von der

Person des Einzelnen abgelöste Erkenntnisbemühung.

[Ein Handy klingelt ...] Schönen Gruß! Das kam sogar im „Tristan", gestern war ich in der Philharmonie, und da war tatsächlich bei einer leisen Stelle, einer Gustav-Mahler-Sinfonie, da ging das Handy los bei jemand. Ich will das erst einmal dabei bewenden lassen. Ich selber, wie Sie wissen, versuche ja auf meine Weise viele dieser Gedanken weiterzudenken, auch wenn Sie an diese beiden letzten Bücher denken, da ist es sehr dezidiert geschehen. Da spielt Bruno eine ganz zentrale Rolle und insofern ist er für mich ein wichtiger Gewährsmann, was nicht bedeutet, dass ich in irgendeiner Form nun alle Aussagen so nehme, wie sie vor über 400 Jahren formuliert worden sind. Das wäre absurd. Darum kann es auch gar nicht gehen. Es kann nur darum gehen, die entscheidenden Impulse dieses Denkens aufzugreifen und weiter zu denken. Und dass das so wenig geschieht, ist bedauerlich. Das hat Gründe, die vielfältig sind.

* * * * * * *

Hat der Mensch eine kosmische Aufgabe?

Gedanken zu Kosmologie und Spiritualität

Ich möchte ganz kurz etwas zu dem Vortrag von Thomas Schmeusser sagen. Sie haben am Ende, finde ich, sehr eindrucksvoll und auch authentisch, überzeugend, ihr Vertrauen formuliert in den Klang der Welt, wie Sie das genannt haben. Und damit endete ja der Vortrag. Also man hat das Gefühl, Sie haben ein tiefes Vertrauen in die Ordnung der Dinge, auch in den Klang der Dinge, Klang der Welt, und das Vertrauen hat ja immer auch eine große Rolle gespielt in anderen Vorträgen, das Vertrauen auf eine übergreifende Ordnung. Und da würde ich gerne einen zusätzlichen Akzent setzen, der mir wichtig ist.

Wie Sie vertraue auch ich auf, sozusagen, die Grundordnung der Dinge – wie Goethe sagt: Je älter ich werde, umso mehr vertraue ich auf das Gesetz, wonach die Rose und Lilie blüht, – ein abgrundtiefes Vertrauen. Aber es gibt noch zwei Komponenten, die man immer bei diesem Vertrauen mitdenken muss.

Es gibt ein schönes Wort des berühmten japanischen Zen-Meisters Hakuin. Der sagt sinngemäß Folgendes: Auf deinem Weg, den du gehst, brauchst du drei Pfeiler, drei Komponenten, drei Faktoren, – und alle drei müssen zusammenwirken. Der eine Faktor ist eben das Vertrauen. Du musst darauf vertrauen, dass es den Buddha-Weg gibt. Du musst das Vertrauen haben, dass es eine wie immer geartete transzendente Ordnung gibt, sonst musst du dich gar nicht auf den Weg machen.

Aber es gibt eine zweite Komponente, und die ist die Bemühung, die unermüdliche Bemühung, der äußerste Einsatz. Wenn diese Bemühung alleine dominiert, kann es sehr leicht zu einem Krampf führen: Ich muss das erreichen, mein Gott, ich schaff' das gar nicht, – und das kann furchtbar sein.

Und die dritte Komponente ist der Zweifel. Der Zweifel: Stimmt das in der tiefsten Tiefe, wovon ich überzeugt bin? Bin ich auf dem richtigen Weg? Bin ich würdig, diesen Weg zu beschreiten? Ja, auch die Propheten des Alten Testaments: Ja, bin ich würdig vor mein Volk hinzutreten? Bin ich nicht eigentlich viel zu klein, zu erbärmlich – und so weiter? Und das muss man in eine Balance bringen.

Mir sind immer Menschen, sage ich mal, ein bisschen suspekt, die den Zweifel vollkommen ausgeklammert haben. Dann stelle ich mir so vor: Jetzt zweifelst du denn gar nicht? Hast du nicht manchmal den Verdacht, dass alles, was du glaubst, möglicherweise ganz anders ist? Bist du dir absolut sicher? – Dann wird es schwierig, je nachdem, welche Beziehung man zu der betreffenden Person hat. Willst du dann sagen: Ja, wenn ich ganz ehrlich bin, in der Tiefe der Nacht habe ich auch manchmal meine Zweifel, ob das alles so ist, wie ich das glaube.

Also: Zweifel alleine kann einen ja auch in den Irrsinn treiben, – man kann ja alles anzweifeln, nicht? Alles kann man anzweifeln. Da bleibt kein Stein mehr auf dem anderen. Man kommt in eine Spirale rein, die einen letztendlich, ja, in die Pathologie treibt. Ja, also, Zweifel ist gut und fruchtbar, – darf aber nicht dominieren. Die Bemühung ist gut und fruchtbar, – darf aber nicht ausschließlich sein, weil: Das hält keiner durch. Das ist unmöglich, und das Vertrauen ist auch wunderbar – auch im daoistischen Sinne – ist das Vertrauen auch in die göttliche Ordnung wunderbar: Aber das reicht nicht. – Weil ich tief davon überzeugt bin, dass wir nicht einfach Beschenkte sind – die sozusagen als Beschenkte durch die Welt laufen – sondern dass wir auch in diesem Sinne eine Aufgabe haben – und auch eine Verpflichtung als inkarnierte Wesen – auch eine Verpflichtung, auch im Sinne – jetzt mal nicht unbedingt religiös verstanden – des Bundes. Wir müssen diesen Bund auch erfüllen. Ich meine es jetzt nicht irgendwie christlich-religiös, sondern noch grundsätzlicher.

Uns ist aufgetragen, etwas zu leisten, – und das gehört meiner Überzeugung nach zur Würde des Menschseins. Er hat auch eine Aufgabe – und kosmische Aufgabe – könnte man sagen – mein Gott, kosmische Aufgabe, ich habe so viel in meinem Alltagsvollzug zu tun. Ich bin so eingespannt in so viele Aufgaben. Jetzt redet der von kosmischer Aufgabe. Was soll das denn sein? Man ist ja schon mit der ökologischen Aufgabe überfordert. – Wir werden ja ständig geknechtet: Was machst du eigentlich? Heute habe ich gefrühstückt, dachte ich wieder einmal: Ist das wirklich ein klimaneutrales Frühstück? – Ja, wahrscheinlich nicht. – Ja, das ist ja eine absurde Formel, aber es gibt diese Formel vom klimaneutralen Frühstück, ja, das ist ja nun klar, und es ist ein Absurdum eigentlich. Aber davon kann man ja auch geknechtet werden.

Tatjana Schnell hat sehr schön gesagt, am Anfang ihres ja doch sehr informativen Vortrags, wovon sie nicht sprechen möchte, ganz am Anfang, vielleicht erinnern Sie sich: Der kosmische Sinn überhaupt, sagte sie, ist einer empirischen Forschung nicht zugänglich. Darüber kann sie nicht reden. Darüber möchte sie nicht reden. – Sie redet über empirische Sinn-Forschung. Also dann sprach sie auch in diesem Zusammenhang von der Selbsttranszendierung, – hat ja dieses bisschen modisch intellektuelle Wort benutzt: die Meta-Ebene, die Meta-Ebene, ganz von oben, ja, also die höchste Ebene – und die Selbsttranszendierung im Sinne eines höheren Bewusstseins. Von diesen Dingen rede ich aber. Ich rede von dem, was sie ausgeklammert hat. Ich rede nicht von der empirischen Sinn-Forschung, die ich hoch interessant finde. Vieles war mir bekannt, manches war mir nicht bekannt. Aber davon rede ich nicht.

Ich erlaube mir die Kühnheit vom kosmischen Sinn überhaupt zu reden und von dieser sogenannten Meta-Ebene. Die ist nun nicht meine Ebene, und ich gucke nun nur da herunter, – so meine ich das nicht. Aber es gibt ja ein tiefes Ahnen im Menschen, dass diese Ebene da ist, und er agiert ja auch bewusst oder unbewusst von dieser Ebene aus. Also das muss ich vorab sagen. –

Dann möchte ich darauf hinweisen, weil ich ja hier für Herrn Dieter Broers eingesprungen bin, dass ich Dieter Broers kenne. Wir haben uns im Herbst 2010 auf einem Kongress in München kennengelernt. Damals ging es um die Weltwende 2012. Man denkt, o Gott, jetzt haben wir 2016. Nichts ist passiert. Was war das eigentlich mit 2012 – Ende des Maya-Kalenders? – Ich habe daran sowieso nicht geglaubt. Wir hatten hinterher ein Podium, da wurde das noch einmal ventiliert: Herr Kirchhoff, was denken Sie denn darüber? Sie sind ja eher skeptisch. – Ja, ich habe meine Skepsis gehabt mit Blick auf diesen Zeitpunkt. Nicht unbedingt dergestalt, dass ich nun meinte, eine solche Weltenwende, eine kosmische Transformation, um das mal so zu nennen, sei per se unmöglich: Das meine ich nicht. Aber ich glaube, dass es dem menschlichen Zugriff, wie wir ihn kennen, erst einmal entzogen ist. – Wir können nicht ein Datum fixieren, wir können nicht vorausgreifend sagen, was passieren wird. Das ist auch ein tiefes Mysterium. Die Zukunft ist dann letztendlich ein Rätsel. Sie kann in einigen Teilaspekten beleuchtet werden. Darüber kann man ja sprechen. Das werde ich auch zum Teil noch tun.

Man sagt, die Zeit ist eigentlich immer gleichzeitig. Es gibt so ein „magisches Zugleich", wie das der Philosoph Schelling genannt hat. Und dann ist das eigentlich alles schon passiert – was hintereinander abläuft, ist eigentlich ein Nebeneinander, alles ist schon passiert. – Natürlich wirft das sofort die Frage auf: Ja, was, wenn das so ist – was ist dann mit der Freiheit? Dann ist sie ja gar nicht gegeben. Kann ich das ändern, oder muss ich das einfach nur nachvollziehen? Ich schlage das Skript meines Lebens auf in einem Buch, bin, sagen wir mal, auf Seite 169 und will jetzt weiter voraus blättern. Was steht auf diesen Seiten? Nichts – oder sind da undeutliche Buchstaben? Sind da schemenhafte dann doch irgendwie ..., ja, so könnte es sich vollziehen. Ja, ich möchte es genauer wissen. Aber was heißt das? Ist das nicht auch die Gier des Menschen, das vorab zu greifen? Die gibt es ja. Und man hat ja dieses Bedürfnis.

Sie kennen ja vielleicht das Musäus-Volksmärchen „Richilde". Da gibt es so einen Zauberspiegel, der sagt viel. Man darf ihn befragen, – aber nicht über die Zukunft. Also wer den Zauberspiegel nimmt und fragt: „Was passiert denn übermorgen?", – dann verdunkelt sich der Spiegel. Da kommt es wie ein Nebel schlierig aus dem Spiegel, – darauf gibt der Spiegel keine Antwort.

Hier liegt ein Heft, hinten, ein „Raumzeit"-Sonderheft über das Thema Licht, und da sind mehrere interessante Essays drin, unter anderem eben von Dieter Broers mit dem Titel „Urgrund allen Seins – die wahre Natur des Lichts". Dann heißt es hier von der Redaktion: „Licht birgt noch viele Geheimnisse. Physikalisch ist es reine Energie und Information. Und laut der berühmten Formel $E=mc^2$ sollte nicht nur Energie aus Materie, sondern umgekehrt Materie aus Energie, also Licht, entstehen können. Der Biophysiker Dieter Broers stellt das Phänomen Licht in einen bio-physikalischen Kontext." Und so weiter. Und danach kommt ein Essay von mir, einige Aspekte davon werden ja auch anklingen, mit dem Titel „Licht-Äther statt Sonnenofen: Woher kommt das kosmische Licht?" Und da hat hier die „raumzeit"-Redaktion Folgendes vorab geschrieben, gleich vielleicht ein kleiner Schockeffekt: „Warum sollte die Sonne ein glühend heißer Gasball sein? Jochen Kirchhoff rüttelt an unserem Weltbild und lädt zu einer naturphilosophischen Sicht des Lichts ein.

Es sind Gestirne in Wirklichkeit fest und kalt und strahlen radial Energie ab. Entsteht das Leuchten im Kosmos durch wechselwirkende Radial-Felder? [Er] Geht also gar nicht direkt von den sogenannten Sonnen aus." Und so weiter. Also das können Sie sich hier erwerben für 9 Euro und 50 Cent. –

Um Ihnen eine kleine Einführung zu geben in mein Denken, ich kann jetzt nicht unterstellen, dass Sie das recherchiert haben, dass Sie jetzt gehört haben: Der Jochen Kirchhoff spricht, und sie gucken im Internet, gucken sich den YouTube-Kanal an und haben schon eifrig die Lektüre vollzogen. – Das unterstelle ich jetzt erst mal nicht. Der eine oder andere wird es vielleicht gemacht haben aus einer gewissen Neugierde: Was ist das eigentlich für ein Jemand – Dieter Broers wollte ich eigentlich sehen und hören, nun kommt der Kirchhof: Wer ist das eigentlich?

Im Sommer 2013, ich stand im Kontakt mit José Sánchez de Murillo, einem spanischen Philosophen, der auch in München lehrt und lebt, und der hat in einer Mail mich gebeten: Lieber Herr Kirchhoff, können Sie nicht einfach mal auf zwei Seiten, ganz knapp, eine Art Selbstinterpretation ihrer Philosophie, Kosmologie liefern – und ohne zu sagen warum eigentlich? Ich habe die Mail dann mir gründlich durchgelesen, dachte: Was will er eigentlich von mir? Warum soll ich das liefern? Ich habe das offen gelassen und dachte, na ja, wird schon irgendwie eine seriöse Sache sein. Wir kannten uns ja auch per Mail und haben uns dann kennengelernt vor zwei Jahren auch auf einer Tagung über Musik. Ich habe ja auch in dem Jahrbuch „Aufgang" mehrere Essays geschrieben, – also habe ich das gemacht. Und dann, 2014, bekam ich dann den Band des neuen „Aufgang" überreicht. Siehe da, ich blättere das durch, den neuen „Aufgang", – da gibt es dann eine eigene Abteilung „Festschrift-Teil zum 70. Geburtstag von Jochen Kirchhoff" mit Essays. Und ganz am Anfang steht eben dieser Text „Versuch einer Selbstinterpretation – Mein Denken". Das sind zwei Seiten, und das lese ich Ihnen mal vor, weil das eigentlich die Quintessenz ist. Das ist ja sehr komprimiert, aber da haben Sie eine Vorstellung, welchen Bogen ich seit einem halben Jahrhundert, kann ich sagen, versuche zu spannen, – immer noch.

Diesen Bogen, nicht, der Bogen muss immer wieder neu gespannt werden, wie Odysseus, der den Bogen spannt, weil er der einzige ist, der den Bogen ganz runterdrücken kann und dann noch durch die Ösen schießen kann. Also, mal Ihre Aufmerksamkeit für diesen kleinen Text, zwei Seiten: „Selbstinterpretation – Mein Denken". So, vorab: „mein" steht hier in Anführungszeichen, weil es im strengen Sinn nicht ich bin, der denkt, sondern etwas mich Überwölbendes und Durchdringendes, dem ich sozusagen nachdenke. Wirklich, so empfinde ich das. Ich fühle mich von diesem Höheren etwas umfassend in Dienst genommen. – Also sozusagen, ein Weltdenken, dem ich nachdenke, von dem ich mich in Dienst genommen fühle.

Mein Streben geht dahin, ihm zu entsprechen, ja – es zu sein. Dann wird das kleine Ich zum großen Ich, was ich den „Kosmischen Anthropos" nenne, der im Zentrum meiner Anthropologie steht. Also „Anthropos" ist der Mensch, – „Kosmischer Anthropos" ist eine hohe Form des Menschen, die ich voraussetze, von der ich überzeugt bin. Das ist in gewisser Weise ein Glaube, der mich trägt, – dass es diesen kosmischen Anthropos als eine höchste menschliche Form gibt und dass man den anstreben kann.

Ich denke damit den Menschen eigentlich von einer hohen Ebene aus. Das eigentlich Menschliche versuche ich hoch anzusiedeln.

Ich denke nur wenige Grundgedanken, wie ich überhaupt glaube, dass Denker, die wirklich etwas zu sagen haben, eigentlich nur ganz wenige Gedanken denken, die man auf wenigen Seiten zusammenfassen kann. Ich denke nur wenige Grundgedanken. Diese aber verfolge ich bis in die Fundamente hinein, soweit mir dies möglich ist.

Diese Grundgedanken sind auch Grundfragen, Grundthemen und – wichtig: Prämissen, also Setzungen. Ich bin mir relativ gesehen darüber im Klaren, was ich setze und voraussetze und habe in meinem 50jährigen Literaturstudium von Texten von Philosophen und auch Naturwissenschaftlern immer wieder festgestellt, dass viele sich nicht über ihre eigenen Voraussetzungen im Klaren sind. Sie machen sich nicht klar, was sie eigentlich schon immer voraussetzen.

So, jetzt kommen diese Aspekte, die ich versuche zu denken, die auch in dem Vortrag und in den Büchern, die da ausliegen, eine zentrale Rolle spielen.

Erstens: Das Mensch-Kosmos-Verhältnis in seiner Grundkonstellation. Eines meiner Bücher, „Was die Erde will", hat den Untertitel „Mensch, Kosmos, Tiefen-Ökologie". Die grundsätzliche Mensch-Kosmos-Frage, natürlich mit Blick auch auf die Frage: Sind wir sinnlos Heraufgewirbelte aus der kosmischen Nacht – was man ja denken kann? Oder haben wir die Würde einer sinnvollen und gemeinten Existenzform? Ist der Mensch gemeint, oder ist er nicht gemeint?

Wie sind wir – kosmisch gesehen – angelegt? Wenn ich „kosmisch" sage, meine ich primär „geistig-kosmisch", ohne nun das Physisch-Sinnliche zu leugnen. Ich setze die Prämisse, – das kann ich nicht letztgültig beweisen, das ist auch ein Axiom, – dass der Mensch die Würde einer geistig-kosmischen Existenz hat, auch wenn er diese missachtet oder für pure Phantasie hält; also auch der, der es eigentlich ablehnt: Also bitte, Herr Kirchhof, bitte, also was soll ich damit jetzt anfangen? Ich ... kann sein, kann nicht sein, sozusagen – auch wenn er diese missachtet oder für pure Phantasie hält.

Alles große Schöpfertum des Menschen hat hier seinen Ursprung, sie haben ja auch die Musik erwähnt, große Literatur – und alles große Denken, Forschen, Sinnen des Menschen schöpft letztlich aus einer tiefen geistig kosmischen Quelle, aus dem tiefsten, sage ich mal jetzt etwas mystisch angehaucht, dem tiefsten Weltengrund – „Ungrund" würde Jacob Böhme sagen. Im tiefsten Weltengrund steigt etwas auf, – ich kann sozusagen da in Kontakt treten. Wenn ich ganz still werde, und wenn das in mir quasi sich zeigt, manifestiert, immer deutlicher wird, ja, dann kann ich das vielleicht in Sprache bringen, – wenn es mir denn gelingt.

Damit eng zusammen hängt der zweite Aspekt, nämlich die Frage nach der Struktur des Kosmos überhaupt, nach dem Sinn des Kosmos, die Frage der Kosmologie – damit meine ich jetzt nicht unbedingt die wissenschaftliche Kosmologie, – die gibt es ja erst seit hundert Jahren in der Folge der Allgemeinen Relativitätstheorie von Einstein. Da kann man viel zu sagen, auch viel Kritisches zu sagen. Ich meine Kosmologie in einem weiter gespannten Sinne, im Sinne der Beziehung zum Ganzen, nicht, also Kosmologie – jede Kultur hat ja in gewisser Weise ihre eigene Kosmologie, ihre innere Kosmologie oder Psycho-Kosmologie, wir auch, und von dort her bestimmt sich dann auch, was wir effektiv wahrnehmen können überhaupt nur. Sie haben ja auch von Wahrnehmung gesprochen. Wir haben auch ein Wahrnehmungs-Fenster und haben natürlich einen Blick, der auch ein Tunnelblick ist – von Vornherein also eine einschränkende Sicht der Dinge, die uns auch foppen kann und täuschen kann.

Wie ist der Kosmos überhaupt beschaffen? Was sind die Gestirne? – Hier gehe ich von Annahmen aus, das muss ich einfach sagen, weil, um Missverständnissen vorzubeugen und auch müßigen Diskussionen – hier gehe ich von Annahmen aus, die der Mainstream-Kosmologie radikal widersprechen; und zwar auf der Basis der so genannten Radialfeld-Theorie, die vornehmlich eine Weiterführung und Ausdifferenzierung der kosmologischen Vorstellungen Giordano Brunos und Helmut Krauses darstellt. Dazu sage ich nachher noch einiges.

Diese Radialfeld-Hypothese öffnet, wie ich umfassend bewiesen zu haben glaube, – also in aller Vorsicht gesagt, – das Tor zu einer Kosmologie der All-Lebendigkeit. Das kommt ja schon in dem kleinen Text vor, den ich abgefasst habe für die Tagung, dass eigentlich eine kosmische Verantwortung des Menschen sich nur manifestieren kann in einer Kosmologie der All-Lebendigkeit: Überall ist Leben, überall ist Gaia. Hier gibt es keine glühenden Gasbälle, schwarze Löcher und so weiter, sondern lebendige Groß-Organismen. Das Universum ist umfassend lebendig. Wir begreifen das Universum, das ist auch wichtig, nach Maßgabe unseres eigenen Bewusstseins. Dieses Bewusstsein wird vom Kosmos zurückgespiegelt. Insofern gilt: Was wir da draußen wahrnehmen, sind letztlich wir selbst. Ja, was wir da draußen wahrnehmen, sind letztlich wir selbst. Und es gibt eine alte, Ihnen vielleicht bekannte Weisheit, Sentenz aus Persien, die heißt: dass der Kosmos wie ein Spiegel ist. Das heißt: Wenn ein Schwachstrom-Ingenieur in den Himmel guckt, was soll er anderes sehen als das, was er ist? Es ist ein Widerspiegeln auch des Eigenen. Und die wirklich objektivierbaren Faktoren, darauf gehe ich noch ein, sind wesentlich weniger als man gemeinhin annimmt. So.

Damit hängt zusammen, das hatte ich ja auch schon angedeutet, die Frage des Bewusstseins, die mich brennend interessiert. Und damit auch die Frage des Ich: Wer oder was ist „Ich"? Die Kinderfrage: Warum bin ich ich? Warum bin ich nicht du? Ja was? Warum bin ich ich? Wie steht das kleine Ich zum großen Ich?

Das berührt auch die Frage der höheren, transpersonalen, ins geistig-kosmisch hineinragenden Bewusstseinszustände. Hier wurde ja angesprochen das Buch „Die Anderswelt", das ist nicht das letzte Buch von mir. Das macht aber nichts. In dem Buch „Die Anderswelt" geht es ja um, es hat den Untertitel „Eine Annäherung an die Wirklichkeit", und es geht um eine innere Kosmologie und die Frage der anderen und höheren Bewusstseinszustände, – die Frage also: Was sind diese Bewusstseinszustände? Kann man das philosophisch sich angucken? Was haben Menschen erlebt? Und was kann man daraus schließen, etwa die große Vision des Dante in der Divina Commedia,

was hat er, Dante, wirklich erlebt? Was hat er aus dem Reservoir seiner Zeit genommen und vielleicht über ein ganz andersartiges Erleben sozusagen gestülpt?

Und zum Bewusstsein gehört nach meiner Überzeugung, – das ist
ein zentrales Axiom meiner Philosophie, – die Weltseele. Es gibt eine
Universal- und Weltseele, die uns in toto einbettet, das heißt, unsere
Individual-Seele ist Teil der Weltseele, ist in gewisser Weise die Weltseele selber und als Ganzes. Und nur weil das so ist, können wir uns
überhaupt verständigen, nicht nur über bestimmte geistige Strukturen oder über Sprache, aber auch, weil wir selber alle den gleichen
Ursprung haben.

Ich kann in dem anderen ja immer erkennen das Du, und kann ja
auch etwas kontaktieren in ihm, – seine eigene Tiefe kontaktieren.
Das macht ja auch die Würde des Menschen aus. Ich blicke ja an den
anderen nicht einfach als Körper – das wäre ja unmenschlich – ich
blicke in ihn ja hinein und er in mich, in einen Abgrund, der ganz tief
in den Welten-Grund reicht. Wir begegnen uns als uralte – uralte –
in die tiefste Tiefe hinein reichende Wesen und gewinnen dadurch
eigentlich unsere Würde. –

Der vierte Punkt, also die Weltseele, ist mir zentral wichtig, die
Weltseele, die in gewisser Weise der Weltraum selber ist. Die Weltseele ist in gewisser Weise identisch mit dem unendlichen Raum. –
Also ein Raum, der umfassend belebt ist, der sich nicht ausdehnt und
ausdehnen kann, der nicht entsteht, nicht entstehen kann, der immer
war und immer sein wird. Die Frage, natürlich: Ja, der Raum – das ist
ja auch die Streitfrage zwischen Newton und Leibniz dann gewesen
– was ist denn mit dem Raum? Was ist denn mit dem Göttlichen? Ist
nicht Gott jenseits des Raums? Ist er nicht über dem Raum? Gebiert
er nicht den Raum aus sich heraus? Oder ist er gar der Raum selber?
Ähnliche Fragen mit Blick auf die Zeit. Das sind ganz wichtige Fragen. – Da habe ich gewisse Antworten gefunden, sagen wir mal, die
sinnvoll erscheinen, die mir sinnvoll erscheinen. Ob sie auch einem
anderen sinnvoll erscheint, ist eine andere Frage. Aber sie haben für
mich eine Plausibilität und für etliche andere auch, aber natürlich
nicht für jedermann, das ist ja auch unmöglich.

Meine Philosophie ist im Grunde spirituell fundiert und ohne ge-
lebte Spiritualität nicht zu verstehen. Das muss ich klar sagen. Ich
fühle mich als eine Personalunion von alternativem Physiker und

Kosmologen, Naturphilosophen und Tiefen-Ökologen und gleichzeitig einem spirituellen Menschen. Ich versuche da das zusammenzudenken und habe im Laufe der Jahre immer auch mal Irritationen ausgelöst, dass die Hörer oder Leser meiner Bücher oft nicht wussten: Mit wem haben sie es jetzt zu tun? Spricht jetzt der spirituelle Mensch, spricht jetzt eigentlich der Physiker, der Kosmologe, oder spricht jetzt eigentlich der Naturphilosoph? Wer ist der, der da spricht? – Ich bin immer der gleiche, das sind keine verschiedenen Personen. Ich versuche sozusagen nur, die in mir zu bündeln. Eines bedingt das andere: Ich kann Physik nicht betreiben, auch Kosmologie nicht betreiben, ohne eine spirituelle Grundüberzeugung. –

Fünfter Punkt ist, dass ich glaube, dass der Mensch in der tiefsten Tiefe die Geheimnisse des Weltalls nicht nur in sich trägt, sondern sich daran auch erinnern könnte, ja sollte. Das also heißt sozusagen, wie das Goethe mal sagte – anlässlich des Begräbnisses von Johannes Falk: Der Mensch trägt die Gesetzestafeln des Weltalls in sich, weil er in die tiefste Tiefe hineinragt und sich daran erinnert. – Deswegen appelliere ich auch an den Einzelnen, habe auch in meinen langen Jahren an der Humboldt-Universität, Lessing-Hochschule und so weiter, auch immer an den Einzelnen appelliert: Du kannst dich erinnern, in der tiefsten Tiefe weißt du es eigentlich, und du musst es mir nicht glauben, sondern versuche selbst es in der tiefsten Tiefe zu erschließen. Da ist das berühmte Wort bei Platon dann: „Anamnesis" – Erinnerung –. Das ist mir ganz wichtig: die Erinnerung. –

Ich habe vieles im Laufe der Jahre erkannt, weil ich mich erinnert habe, aus der tiefsten Tiefe der Erinnerung geschöpft habe, versucht habe, diesen täuschenden Filter, der über allem liegt, abzulegen, was natürlich nur bis zu einem gewissen Grade überhaupt möglich ist. Ich maße mir nicht an zu sagen, der Filter sei komplett abgelegt, überhaupt nicht, das wäre einfach hybrid. Das meine ich nicht, – aber es ist eine Bemühung, diese Filter abzulegen.

Dann kommt hinzu, dass ich glaube, dass mein Denken auch eine eschatologische Funktion hat und in gewisser Weise auch auf Erlösung angelegt ist. Eines meiner Bücher heißt nicht zufällig „Die Erlösung der Natur, Impulse für ein kosmisches Menschenbild". Und die Frage: Hat der Mensch, hat die Erdenmenschheit eine Zukunft, oder nicht? Ist der Selbstvernichtungslauf der Erdlinge noch zu stoppen? Und dann kommen natürlich jetzt die Frage der kosmischen Verantwortung. Wie sieht die aus? Dazu werde ich ja noch einiges sagen.

Der letzte Punkt berührt dann die Frage der Zeit. Ich habe über die Zeit viel nachgedacht, und ich bin zu der Überzeugung gekommen, dass es eine Art Überzeit geben müsste, dass die auch kontaktierbar ist, und dass innerhalb dessen, innerhalb dieses Feldes, auch Zahlen eine Rolle spielen. – Das nur ganz kurz angedeutet, das wird heute nicht zur Sprache kommen.

Ich glaube, dass es einen dritten Weg gibt zwischen Mathematik auf der einen Seite und Zahlen-Aberglauben, Numerologie auf der anderen Seite, den ich als Akusmatik bezeichne. Gut – also, das wäre der große Rahmen, innerhalb dessen ich denke und mein Denken versuche voranzutreiben. Gut.

Ganz kurz zu der Kernfrage von Naturwissenschaft und Spiritualität. Das ist ja angesprochen. Sie wissen ja alle, dass diese Frage seit Jahrzehnten diskutiert wird. Wie ist das eigentlich mit dem Verhältnis von Naturwissenschaft und Spiritualität? Da gibt es ja endlose Literatur darüber, und die Quantentheorie spielt dabei ja, wie Sie wissen, eine zentrale Rolle. Was ist überhaupt Naturwissenschaft, und was ist Spiritualität? Ich will es versuchen, mal ganz kurz auf den Punkt zu bringen, soweit ich das sagen kann, damit man diesen Zusammenhang begreift. Was unterscheidet das eine vom anderen?

Zunächst einmal muss man ja sagen, dass vom Anspruch her die Naturwissenschaft, seit Galilei und Newton, die strengen Regeln unterworfene Bemühung ist, – war und ist, – die uns umgebende Natur, die sinnlich physische Natur, in ihren Gesetzen, ihrer Struktur, ihrer formalen Einheit adäquat zu erfassen, sei es primär erklärend, sei es beschreibend; und dies auf der Basis von Erfahrung, von tatsächlich vorliegenden Daten, Messdaten zumeist, konkreten Beobachtungen und Experimenten, die wiederholbar und im Prinzip von jedem mit dem gleichen Ergebnis durchführbar sind: die berühmte Reproduzierbarkeit.

Kann die Naturwissenschaft dem entsprechen? – Nur sehr eingeschränkt, – nur ein sehr kleiner Teil der Naturwissenschaft entspricht dem wirklich. Es gibt ein relativ kleines, wirklich empirisches Segment, also tatsächliche Erfahrungswissenschaft. Natürlich dann wieder noch in der technischen Umsetzung, das muss man ja sagen, – wer einen Rover auf dem Mars steuern kann, wer gestochen scharfe Bilder vom Pluto zur Erde senden kann, der muss irgendetwas verstanden und umgesetzt haben. Das sind technische Meisterleistungen, keine Frage. Damit ist noch lange nicht gesagt, dass die Grundaussagen über Welt und Kosmos damit in irgendeiner Form bewiesen worden wären. Auf jeden Fall hat die Technik eine ungeheure Faszination und hat alles in gewisser Weise überwuchert – Naturwissenschaft ist heute eigentlich technisch-abstrakte Naturwissenschaft. Viele Theorien werden ja auch nur gefunden durch eine hoch differenzierte Technik, dort durch Computersimulationen, immer auf der Basis von ganz bestimmten Voraussetzungen. Der Computer spuckt ja nicht die Ergebnisse einfach so hervor, – sondern sie müssen interpretiert werden. – Das ist wichtig, dass wir uns darüber im Klaren sind, dass die Naturwissenschaft bestimmten Ansprüchen genügt; dass sie aber zu einem erheblichen Teil auch ihr Konto überzieht und man häufig außen vorlässt, dass diese Voraussetzungen, von denen ausgegangen wird, nicht selbstevident sind.

Wie die Mathematik ihrer eigenen Axiome nicht begründen kann, so kann auch die Physik bestimmte Grundaxiome nicht begründen, – sie muss sie voraussetzen, sie muss von ihnen ausgehen und kann nur von dort her überhaupt operieren.

Was ist nun Spiritualität? – Ganz schwer zu sagen. Spiritualität ist ja ein etwas undeutlicher, fast möchte man sagen, schwammiger Begriff geworden. Jeder, der irgendwie meint, na ja, es gibt da ein höheres Wesen, der ist, soll spirituell sein. Na ja, in gewisser Weise ist es ja auch so, – schwer zu sagen. Also, Spiritualität ist ja heute das Gefühl, ja, diese physisch sinnliche Welt, die sich so konkret und massiv zeigt, ist nicht die einzige Wirklichkeit. Da drinnen ist irgendwie eine andere Wirklichkeit verborgen. Aber wie? Und diese andere Wirklichkeit, die ist oberhalb –unterhalb dieser physischen, physisch sinnlichen Welt und durchdringt sie auch. Also, der Glaube, es gibt ein geistiges Universum – in irgendeiner Form – das das physische Universum trägt. Und häufig ja nichts weiter, für viele ist ja Spiritualität irgendwie, ich sage das mal ein bisschen flapsig, ein bisschen Buddhismus, bisschen Dalai Lama, bisschen mystisches Christentum, bisschen Zen, bisschen Tantra und so, so eine eigenartige Mixtur. Das sage ich jetzt nicht, um Jemanden lächerlich zu machen, der das so sieht, – aber es ist doch einfach so, dass so eine, sagen wir mal, unscharfe Spiritualität herrscht. Das ist ja auch wieder gut, weil: Die Schärfe hatten wir ja lange genug. – Man muss ja einfach wissen, dass die werdende Naturwissenschaft im 16. und 17. Jahrhundert sich sicher nicht einer Spiritualität dieser Art gegenüber sah, sondern einer wirklich organisierten Spiritualität, die sich auch an ein bestimmtes Weltbild, an ein Weltmodell gefesselt hatte. –

Nicht, die berühmten, das berühmte geozentrische, aus dem Mittelalter, aus der Antike stammende Weltbild, was die Kirche dann übernommen hat, – und dann kam sie natürlich in Schwierigkeiten, weil sie, weil es zunehmend unhaltbarer war und gar nicht mehr verifizierbar. – Wichtig ist, dass in der Naturwissenschaft – auch das ist oft nicht klar gesehen: Es geht um einen methodischen Atheismus. Der einzelne Naturwissenschaftler muss überhaupt nicht Materialist sein, er muss auch nicht irreligiös sein. Er kann alles sein. Er kann Zen-Buddhist sein, er kann Anthroposoph sein, er kann Unitarier sein oder Rosenkreuzer oder was auch immer. Das ist sozusagen seine Privatangelegenheit. Aber der methodische Atheismus heißt: Wenn ich forsche, wenn ich mich erkenntnismäßig um die Gesetze der Natur bemühe, darf das alles keine Rolle spielen, ja, – das ist der wesentliche Punkt. Also: methodischer Atheismus.

Weizsäcker hat das ganz schön so formuliert, Carl Friedrich von Weizsäcker, und in anderem Zusammenhang auch gesagt: Die Naturwissenschaft ist darum bemüht, die Hypothese Gott als nicht gültig zu erweisen – in der Forschungsmethodik. Das heißt nicht, dass der Naturwissenschaftler per se Atheist sein muss, wenn er in diesem Sinne methodisch atheistisch forscht. Das ist auch wichtig. Da gibt es ja die, eine gewisse Schizophrenie dann auch, dass der Naturwissenschaftler als Privatmensch alles Mögliche sein kann – aber als Forscher eben strengen Richtlinien unterworfen ist. Also wer in der Woche als Teilchenphysiker oder Molekularbiologe unterwegs ist, kann am Wochenende im Franziskanerkloster meditieren oder in einem Zen-Dojo, ohne dass es irgendeinen sachbezogenen und methodischen Einfluss hat auf das eigene Tun als Wissenschaftler.

Viele würden sagen: Ja, warum soll es das auch sein? Ja, da sind wir an einer schwierigen Stelle. Warum? Was ist gemeint? Inwiefern kann man denn doch – was ich ja versuche – eine tiefere, andere Naturwissenschaft etablieren, die eben diese spirituellen Komponenten tatsächlich einbezieht? –

Ein kurzer Blick mal, bevor wir dann auch die kosmische Licht-Frage behandeln, in die Frage, in die Geschichte. Wissenschaftsgeschichte ist ein spannendes Feld; und zwar deswegen schon, weil es einen lehren kann, was alles schon gedacht worden ist und auch verworfen wurde. Viele Überzeugungen, die über Jahrhunderte gegolten haben, hatten ja ihre eigene Evidenz und Kraft – und haben sich dann doch als falsch herausgestellt. Zum Beispiel das ptolemäisch-geozentrische Weltsystem, was ja in der Lage war – also mit der Erde als Mittelpunkt, die ganzen Epizykeln um die Erde herum – war in der Lage, Sonnen- und Mondfinsternisse, Planetenpositionen sehr genau vorauszusagen, war also mathematisch zunächst einmal dem Kopernikus weit überlegen – und trotzdem falsch. Das muss man einfach auch dazu sagen. Das ist interessant, immer wieder sich um Wissenschaftsgeschichte zu bemühen.

In einer Kurzlebigkeit wie heute ist es besonders schwierig, den Blick zurück zu richten auf das Werden, auf das Gewordene. Und hier spielt es für mich eine entscheidende Rolle, zu fragen, damals und heute: Wo befinden wir uns? Was ist der eigentliche Ort unseres Seins?

Ich habe ja schon von der Weltseele gesprochen. Im geozentrischen Weltbild war ja der Mensch eigentlich ganz unten im Zentrum des Kosmos. Im Zentrum dieses kugelförmigen Etwas, war der Teufel – Dantes „Göttliche Komödie" – und in relativer Nähe zum Teufel die Erdoberfläche und dann die Sphären, und da drüber wölbte sich dann ein Hyperraum, würde man mathematisch sagen, wie ihn Aristoteles beschrieben hat, der als solcher nicht näher bestimmbar ist, denn diese kugelförmige Erscheinung des Weltganzen im geozentrischen System durfte keine Außenkrümmung haben, nur eine Innenkrümmung.

Also naiv realistisch würde man sagen: Was nach innen gekrümmt ist, muss ja auch eine Außenkrümmung haben – im aristotelischen Sinne eben nicht. Übrigens auch nicht in dem ominösen Urknall-Modell, in der Urknall-Fiktion. Auch da ist der Ort nicht bestimmbar. – Ich habe in einer Diskussion in der Urania in Berlin im Jahr der Physik 2000, da saß ich mit Physikern auf dem Podium, da ging es um den Urknall, und ich habe einen Physiker gefragt: Wo ist denn eigentlich diese Welten-Blase, die Ihrer Meinung nach, in Ihrer These vom Urknall, dieses ausdehnende Etwas, wo befindet sich diese Blase? Und darauf kam die Antwort, die ich natürlich wusste: Die befindet sich nirgendwo, weil: Es gibt gar keinen Ort, in dem sie sich befinden könnte. Wenn es den Ort gäbe, dann gäbe es ja auch schon einen Raum davor. Das ist ja die Frage der Ausdehnung – wohin soll die Ausdehnung denn gehen? Ist das der Raum selber, der sich ausdehnt? – Eigentlich ein Absurdum. Da kann die Welten-Blase sich ja nur in einen anderen Raum ausdehnen. Oder entsteht der Raum immer wieder neu mit der Ausdehnung? Das sind ja alles Ungeheuerlichkeiten. Das hat ja mit Physik gar nichts zu tun. Das ist Mathematik, das kann man durchrechnen, aber physikalisch ist das eigentlich monströs.

Also die Frage des Raumes: Wie geht das weiter? Das berühmte Beispiel kennen Sie ja auch in der Antike: Ein Bogenschütze steht am Rand der Welt und schießt seinen Pfeil jenseits der Grenze – was passiert? Fliegt der Pfeil? Ja, was passiert? Fliegt der Pfeil weiter? – Dann ist da Raum. Oder verschwindet der Pfeil, löst er sich sozusagen in einen eigenartigen Hyperraum auf; er ist dann nicht mehr existent. Genauso hier, im Sinne dieser Welten-Blase, wenn es dann möglich wäre, einen Pfeil nach außen zu schießen, würden die Physiker sagen: Es gibt es gar nicht, das ist absurd. Den Fall kann es nicht geben, weil da ist eigentlich in diesem Sinne nichts, was wir so verifizieren könnten. – Also die Frage des Raumes ist hier zentral. –

In der mittelalterlichen Kosmologie hatte der Mensch einen Ort. Welchen Ort hätte er heute? Ganz schwierig. Wenn ich sage, er hat einen Ort in der Weltseele. Was heißt das? Wo ist er verwurzelt? Ja. – Er hat einen Ort – in gewisser Weise in der Weltseele. Er ist die Weltseele selber, von der ich ja gesagt habe, dass sie der unendliche Raum ist. So wurzelt der Einzelne letztlich im Unendlichen. Er ist in gewisser Weise nicht nur ins Unendliche ausgegossen. Sein eigentliches Fundament ist das Unendliche, das nicht Gewordene, das ewig Seiende.

Kann man jetzt sagen, gut, das ist ja doch, was viele sagen, dass der Grund der Dinge, das nicht weiter verifizierbare Letzte, der Weltengrund ist, in dem der Mensch dann wurzelt. Ich meine, der Mensch ist ein Weltseele-Wesen und seine tiefste Verortung ist im Weltseele-Raum. –

Nun zum Licht, zum kosmischen Licht, was ja auch mit der Verantwortung zu tun hat. Das ist ja ein entscheidender Punkt. Ich würde noch einmal die Frage formulieren: Haben wir eine Aufgabe, die man benennen kann? Sind wir gemeint? Und wenn wir nicht nur Beschenkte sind, dann haben wir auch eine gewisse Pflicht im Sinne des Bundes, unseren Teil zu erfüllen. Dann sind wir aufgefordert, aufgerufen in unserer Menschenwürde das dann auch zu leisten.

Zunächst einmal muss gesagt werden, dass Licht ja eigentlich schon per se ein Mysterium ist, denn Licht ist eigentlich kein Ding, kein Objekt in der Außenwelt. Und schon die normalen Zuschreibungen – Subjekt, Objekt – funktionieren eigentlich gar nicht. Die Frage auch: Ist das Licht eigentlich innen oder außen? – Das Licht ist innen und außen gleichzeitig. Das ist ja wie mit dem Raum, wenn Sie fragen – ist ja auch eine meditative Frage: Ist der Raum eigentlich außen? Oder ist der innen? Ist er in mir? Oder erstreckt er sich ins Außen? Mit dem Licht ist es ähnlich – das Licht ist innen und außen. Und egal ob wir es als elektromagnetische Strahlung, als Teilchenschauer, als sowohl-Teilchen-als-auch-Welle-oder-Ätherschwingung betrachten – da haben wir immer nur das sozusagen messbare Korrelat. Stofflich, feinstofflich oder energetisch – das ist aber nicht das Licht selbst.

Die Frage nach dem Licht ist nicht nur eine physikalische Frage – das wäre sehr verkürzt – ist ganz wesentlich auch eine anthropologische Frage: wie wir über das Licht, das kosmische Licht, übrigens auch über den Raum und so weiter, denken. Was von Menschen gedacht wird, das hat auch zu tun mit unserem eigenen In-der-Welt-sein. Und hat auch zu tun mit der inneren Kosmologie und gewisser Weise auch mit unseren eigenen Projektionen. Die Physik, auch die Kosmologie, geht ja von drei fundamentalen Prämissen aus, ich muss sie einfach nennen, weil das viele, viele sich nicht klar machen. Sonst könnte man Kosmologie gar nicht betreiben.

Es gibt drei Grundüberzeugungen, von denen man ausgehen muss. Drei Prämissen. Erstens. Irdische Physik ist kosmische Physik. Die erste Prämisse. Alle sogenannten Naturgesetze, die wir aus den Beobachtungen der uns zugänglichen Welt, das heißt auf der Erdoberfläche oder in deren Nähe, in abstrakter Form herausdestillieren, gelten im Prinzip überall und zu jeder Zeit in gleicher Weise. Wie etwas geschieht in der Natur, geschieht gemäß diesen Naturgesetzen, und zwar unabhängig davon, wann und wo jemand das konstatiert. – Also irdische Physik ist kosmische Physik, – das muss nicht stimmen. Das muss man klar sagen. Es kann ganz anders sein. Das ist allein schon eine metaphysische Setzung. Auch die Universalität dieser Art von abstrakten Naturgesetzen ist kein empirisches Faktum.

Die zweite These ist: Überall so wie hier. Das ist das sogenannte kosmologische Prinzip. Ganz einfach folgendes: Unser Weltausschnitt, in dem wir leben, muss in irgendeiner Form für das Weltganze repräsentativ sein. Nur so können wir von diesem Standort aus auf das Ganze schließen. Wenn das nicht so ist, können wir keine Kosmologie betreiben. Wenn ich also der Auffassung bin, auf dem Andromeda-Nebel – oder auf einem der Gestirne dort – gelten ganz andere Gesetze, dann also ist Kosmologie unmöglich. Also wir dürfen nicht in einem tiefen Sinne Standort-geschädigt sein, sonst ist Kosmologie nicht möglich.

Und den dritten Punkt habe ich schon genannt. Höhere Prinzipien gibt es nicht und dürfen keinen Zugang haben, allenfalls als Meinung. Das darf jeder, man darf glauben, was man will.

Ich glaube übrigens nicht, dass die herrschende Physik überhaupt die eigentlichen Naturgesetze kennt, sondern allenfalls ganz bestimmte ausschnitthafte Beschreibungen. Um Ihnen zu verdeutlichen, was ich meine mit dem kosmischen Licht, was hier einleitend schon ganz bewusst zitiert wurde, will ich Ihnen das versuchen zu erläutern, indem ich einige Thesen aufstelle, die ich einfach mal bitte mitzuvollziehen, auch wenn es vielleicht schwerfällt, wie ich überhaupt bitte darum, das wollte ich eigentlich schon vorhin sagen: Betrachten Sie das, was ich sage, als Gedankenexperimente, auch als Gedanken-Meditation, – einfach als Denkmöglichkeiten, wie man eben auch denken kann und als Gedanken-Meditation. Das ist nicht intellektuell, sondern es ist einfach geistig und kann sozusagen mitmeditiert werden.

Denken kann auch Meditieren sein. Das glaube ich wirklich. Es gibt doch ein denkendes Meditieren und meditierendes Denken. Meditieren ist nicht per se Nicht-denken und Denken ist nicht per se Nicht-meditieren.

Also Thesen zu der Ur-Strahlung der Gestirne und Raum-Energie als Wirklichkeitsgrund des kosmischen Lichtes, – das können Sie zum Teil in diesem Essay, der da in dem Heft ausliegt, nachlesen.

Alle Gestirne, ich sage bewusst: Alle Gestirne – verstrahlen aus ihrem Kern durch Materiezerfall freiwerdende Raum-Energie – oder auch radiale Energie – in wellenloser Form. Diese Radial-Felder sind die energiereichste Strahlung im Universum. Es ist das Urfeld, das primordiale Feld. Jedes Gestirn verstrahlt diese Ur-Energie oder dieses Ur-Feld radial. Das heißt die Strahlung geht wie die unendlich vielen Radien einer Kugel vom Mittelpunkt aus in alle Richtungen.

Wir spüren das am unmittelbarsten in der Anziehungskraft, in dem, was die Materie zusammenhält. Diese Strahlung durchschlägt die Materie und hält sozusagen auch die Materie zusammen. Da die Dichte der Materie gemäß der radialen Form des Raumenergie-Feldes mit Annäherung an den Gestirnkern entsprechend zunimmt – kann man ja rein logisch auch sagen – bauen sich die Gestirne fest und kalt auf. Im Mittelpunkt der Radialverstrahlung ist die Dichte quasi unendlich groß.

Das müsste ich Ihnen erläutern, das ist wissenschaftsgeschichtlich hoch interessant. Allein schon im späten 19. Jahrhundert gab es die Frage: Kann die Newtonsche Physik stimmen, weil allein jeder einzelne Körper dann mit seiner gravitativen Anziehungskraft im Mittelpunkt eigentlich unendlich große Werte aufweisen müsste? – Man hat endlos darüber debattiert und gegrübelt, was geht, was nicht geht, übrigens auch in der Quanten-Elektrodynamik. Jedes Elektron müsste eigentlich unendliche Werte aufweisen. Man rechnet das dann mathematisch raus.

Die Sonnen verstrahlen kein Licht und auch keine Wärme, sondern Raumenergie in ihrer ursprünglichen Form, die aus dem Materiezerfall im Sterninneren gespeist wird. Erst in den sehr subtilen und komplexen Wechselwirkungen der Raumenergie-Felder der Gestirne im Gegen- und Ineinander entstehen wellenförmige Schwingungen – unter anderem als Licht – aber auch Aufsplitterung zu Teilchen und Verwirbelungen vielfältiger Art. In dieser Überlappungzone sind alle Phänomene angesiedelt, die die Quantentheorie beschreibt.

Glühende Glaskugeln – nach meiner Überzeugung – gibt es nirgendwo im Weltall, hat es nie gegeben und wird es nie geben. Schon dass sie physikalisch überhaupt realitätstauglich sind, halte ich für pure Fiktion. Solche Monstren würden rasend schnell kollabieren oder zerfetzt werden.

Aus dem kalten und festen Aufbau aller Gestirne sowie der Eigenart der radialenergetischen Wechselwirkung folgt zwingend, dass im Prinzip für eine gewisse Phase, in welcher Form auch immer, organisches Leben möglich ist – im Prinzip überall. Überall ist Gaia.

Wir sind umgeben von tosendem Leben. Wer einen Blick wirft in das nächtliche Firmament und tief angerührt ist und nicht gleich seine Argumente ins Feld bringt – was er weiß oder zu wissen glaubt aus zweiter und dritter Hand – der kann ja tief angerührt sein, er kann spüren, dass ihm da Leben entgegenblickt. Und er kann auch spüren, dass er nicht nur der Blickende ist, sondern dass auch angeblickt wird. –

Der moderne Mensch hat ja immer sein Superteleskop, und er ist immer der Blickender, der irgendwie allwissende Beobachter, Subjekt-blind, sage ich mal, bis in die Knochen hinein. Und er kommt gar nicht auf den Gedanken, dass er auch angeblickt wird. Ich meine es jetzt nicht unbedingt UFO-logisch. Gut, das sind UFOs, die blicken uns ständig an, weil sie uns ja umkreisen. Sie sind ja ständig da. Und der Kirchhoff meint das. Zur Frage der UFOs will ich mich überhaupt nicht äußern. Das ist ein riesiges Thema, das man nicht in drei Sätzen abhandeln kann. Also ich meine das jetzt nicht unbedingt UFO-logisch. Ich meine grundsätzlich, wir, die moderne Denkbewegung seit zweieinhalbtausend Jahren, gehen immer davon aus, der Mensch ist der Blickende – der ist der Forschende. Er blickt ins Kleinste, ins Größte. Das Quasi-Nichts, zu dem er sich selbst gemacht hat, schwingt sich zum Quasi-Gott auf, klopft dem Weltgeist auf die Schulter. Er weiß, wie alles war. Er kennt die Zahlen. Er erhebt sich. Er ist eigentlich nicht klein, sondern er ist groß. Die berühmte kopernikanische Enttäuschung oder Demütigung ist genau das Gegenteil. Der Größenwahn des Menschen feiert immer wieder neue Auferstehung. –

Die Kosmologen sind deswegen so froh, weil sie in ihrer überragenden Intelligenz sich freuen, dass das Universum ihnen die Möglichkeit gibt, ihre quasi göttliche Intelligenz unter Beweis zu stellen. Gut, ein bisschen, jetzt, flapsig, arrogant, so gesagt, – aber es ist etwas Wahres dran.

Und die Physik – und auch die Kosmologie – ist grundsätzlich in einer Sackgasse und es stimmt hinten und vorne nicht. Wenn sie sich der Mühe unterziehen, zum Beispiel – nur als Anregung – die Argumente, die es gibt gegen den Urknall, einfach mal vorurteilsfrei zur Kenntnis zu nehmen. Einfach mal einen ruhigen Blick darauf. Es gibt genügend seriöse Quellen, die man da befragen kann, etwa den bekannten kritischen Physiker Alexander Unzicker – berühmt sein Buch „Vom Urknall zum Durchknall", ja, das war ein Wissenschafts-

Bestseller und seine scharfe Polemik gegen die angebliche Entdekkung des Higgs-Teilchens, was ich auch schon 2012 gesagt habe. Es ist grotesk, dass hier das Higgs-Teilchen gefeiert wird. Das ist unfassbar und dass das ernsthaft, auch jetzt hier, mit den Gravitationswellen passiert. Das ist ja ... da werden aus einem ungeheuren Datensalat, aus einem ganz lauten, dröhnenden, werden mit ungeheuer komplexen und schwierigen Verfahren, wird das herausgefiltert – und dann interpretiert. Da ist nicht der Hauch von Beweis gegeben, dass es die berühmten Gravitationswellen in dieser Form überhaupt gibt. Dass die Presse darauf so einsteigt und die Pauke schlägt, ist unfassbar. Gerade der „Spiegel" ist ein wunderbares Beispiel dafür, der sofort auf all diese Sachen aufspringt.

Ich selber habe ja vor 16 Jahren auch ein Essay im „Spiegel" geschrieben, zum 400. Todestag von Giordano Bruno. Und da habe ich natürlich auch lange Telefonate mit dem betreffenden Redakteur geführt und habe da auch festgestellt: Also eine tiefergehende Reflexion über diese Fragen liegt praktisch mehr oder weniger gar nicht vor, ist auch gar nicht gewünscht.

Und was die Flucht der Galaxien betrifft, so deute ich das als einen Alterungsprozess des Gestirns. Die Verstrahlung wird schwächer und sozusagen entsprechend scheinen die Galaxien von uns zu fliehen. Sie tun es nicht wirklich. Man kann das zurückrechnen, aber man rechnet letztendlich mit fiktiven Werten. Das sind keine realen Größen, ganz abgesehen davon, dass die Sache ohnehin kolossal schwierig und komplex ist, überhaupt nicht einfach. Und das muss auch den sogenannten Laien gar nicht beschäftigen. Er muss sich mit allem gar nicht auseinandersetzen, aber er sollte zumindest, sagen wir mal, die geistige Redlichkeit haben, wenn es um diese Fragen geht, sich so weit zu orientieren, dass er weiß, dass viele der gefeierten Theorien auf tönernen Füßen stehen.

Das sind Menschen, die diese Theorien aufgestellt haben. Da gibt es eine scientific community, die sich geeinigt hat. Das hat auch mit psychologischen, mit soziologischen Fragen zu tun. Ganz bestimmte Thesen dürfen auf Foren dann nicht behandelt werden, weil sie nicht opportun sind. –

Als ich seinerzeit auf das Urknall-Podium eingeladen wurde in Berlin in der Urania, konnte ich das nur, weil die Veranstalter nicht wussten, wen sie eingeladen hatten. Und dann war die Überraschung groß, dass es dann ... ging es dann in die Runde: Herr Kirchhof, was sagen Sie? Ich sage, ich habe im Moment gesagt: Eine interessante Theorie – aber stimmt sie überhaupt? In dem Moment begriff ... und begriffen die Herren Physiker und Ranga Yogeshwar, der es moderiert hat, erst: Aha, jetzt geht es in eine andere Richtung. Ich fragte: Darf ich mal den agent provocateur spielen? Und so – dann lief das in eine andere Richtung. Und dann wurde es auch ganz interessant.

Zum Schluss mussten wir alle unser Schluss-Statement abgeben. Und auch ich wurde befragt. Ich wurde dann auch zitiert, auch in der Presse, fand ich ganz witzig. Ich habe dann sinngemäß gesagt: Unsere moderne Kosmologie wird sich irgendwann als großer Witz erweisen, und wir werden uns dafür schämen, was wir alles geglaubt haben.

Gut, also, gut, da war eine Möglichkeit gegeben für einen Jemand wie mich durch ein Missverständnis. Man hat es ... genauso, wenn Sie heute ganz ehrlich, wenn Sie heute ein Forum abhalten, sagen wir mal Pro und Contra der Relativitätstheorie: Das ist extrem schwierig, weil jede kritische Äußerung gegen Einstein, die es ja auch gibt, sofort Antisemitismus-Verdacht nach sich zieht. Um Gottes Willen, der wurde von den Nazis vertrieben. Also ganz schwierig. –

Einstein als Kritiker der Quantentheorie darf geradezu lächerlich gemacht werden – man weiß ja, er hat sich ständig bemüht zu beweisen, die Quantentheorie stimmt gar nicht; er ist da gescheitert – das darf man. Aber die Axiome der Relativitätstheorie in einem öffentlich seriösen Diskurs zu behandeln, ist extrem schwierig, weil keiner traut sich so richtig, aus dem Hinterhalt so nach vorne zu treten, weil ihm bläst so ein kalter Wind entgegen. Und es wird mit harten Bandagen gekämpft. Und da hatte ich immer den gewissen Vorteil – weil ja, der Philosoph ist irgendwie der Mann fürs Schöngeistige.

So, dann kann man also auch den ... man lädt den dann ein – Herrn Kirchhoff: Was meinen denn Sie zum Urknall? So. Ja, so ganz naiv, na ja. Mit anderen Worten, wir wissen ja sowieso, dass es den gibt. Aber Herr Kirchhoff, bitte sehr auch mal! Sie dürfen auch mal was dazu sagen. Und der Schock oder die, sagen wir mal, Irritation war dann doch erheblich. Die ging dann so weit, als ich dann, ich darf das kurz sagen, weil es hängt mit dem Thema zusammen: Seit zwei Jahren habe ich hier einen YouTube-Kanal, und meine Tochter hat den für mich eingerichtet. Und dann wollte ich auch dieses Urknall-Podium auf den Kanal bringen. Was habe ich gemacht? Das gab es ja, ich hatte ja die DVD. Ich habe also angerufen und sagte: Ich bin Jochen Kirchhoff. Sie haben seinerzeit ein Podium gehabt vor 15 Jahren. Das war so – ich möchte das gern auf meinen YouTube-Kanal bringen. Ja, ist kein Problem. Gut, haben Sie noch die DVD? Nein. Gibt es noch Leute, die davon wissen? Ja, das wissen wir gar nicht genau. Wer ist der Veranstalter? Dann gab es ein langes Gezerre. Es ist die Urania. Es ist „Wissenschaft im Dialog", es ist eigentlich das Büro von Ranga Yogeshwar, dem berühmten Wissenschafts-Moderator. Oder ist es die Deutsche Physikalische Gesellschaft? Und da war es ein langes Hin und Her über Wochen und Monate. Schließlich kriege ich eine scharfe Mail: Herr Kirchhoff, wir bitten Sie – inständig: Dieses Video dürfen Sie nicht zeigen auf Ihrem Kanal und sollten Sie es doch tun, haben Sie mit Sanktionen zu rechnen. Also ein Medienanwalt könnte mich schnell zur Kasse bitten. Ich dachte: Aha! Seid ihr so schwach, dass ihr das nicht einmal aushalten könnt, in einer offiziellen Diskussionsrunde mit dem berühmten Moderator Ranga Yogeshwar? Seid ihr so schwach, dass ihr mir jetzt verbietet, das auf meinen Kanal zu bringen? Ihr habt doch gar nichts. Ihr findet euch doch selber ganz großartig. Warum wollt ihr das nicht zeigen? Nein, ich möchte mit Ihnen darüber keine Diskussion führen. Ich sage Ihnen nur, machen Sie es nicht. Sonst haben Sie Sanktionen zu gewärtigen. Sie wissen, was das heißt. Da kann man leicht 2, 3 tausend Euro bezahlen. Irgendein Medienanwalt wird da drangesetzt, oder was weiß ich, Persönlichkeitsrechte werden verletzt von denen, die dann auf dem Podium sitzen und so weiter. Aber ich will das jetzt nicht so im Einzelnen vertiefen, das führt uns jetzt ein bisschen abseits. –

Also, mir ist es darum zu tun, um das noch einmal auf den Punkt zu bringen: Ich bin tief davon überzeugt, dass die menschliche Existenz eine eigene Würde im Kosmos hat, dass wir geistig-kosmische Wesen sind, dass wir da wurzeln und dass wir auch die Würde des Erkennens haben und die Würde der Erinnerung. Und ich würde Jeden immer ermuntern: Lassen Sie sich von Niemandem diese Würde absprechen. Das gehört nach meiner Überzeugung zur Würde des Menschen überhaupt. Das macht ihn überhaupt menschlich und, das ist mir ganz wichtig, und die kosmische Aufgabe des Menschen besteht einfach darin, dass er gemeint ist: Jeder Mensch ist nur da, weil er auch gemeint ist. – Jeder ist im Grunde gemeint. Jeder hat die

Chance und die Möglichkeit und ist auch ein Mit-Akteur – bis dahin, würde ich sagen, dass diese Mit-Akteure mit darüber entscheiden, ob einer dieser ominösen Asteroiden hier einschlägt oder nicht. –

Ich habe aber leider den entgegengesetzten Eindruck – diese Hysterie in der Öffentlichkeit, jetzt könnte endlich mal, manche sind geradezu gierig darauf, ein Asteroid hier einschlagen – die Untergangsszenarien werden ja durchgespielt – dass sozusagen diese Asterioiden quasi angezogen werden. Also, sozusagen: Man zieht sie quasi in die Erde rein.

Und da glaube ich ganz sicher an die Wirkungsmöglichkeiten – auch über das Radialfeld, auch über die Weltseele – dass wir da Einwirkungen haben, dass tatsächlich, ja, eine bestimmte Zahl von Gerechten soll es geben, bevor der „Messias" kommt, ja, sagt man im Judentum. Gut. Ja, also – dass es vielleicht eine bestimmte Zahl von Menschen – in diesem kosmischen Sinne – geben kann, die in der Lage wären, tatsächlich, energetisch auch dahingehend zu wirken, dass so ein Impact gar nicht möglich ist. Das weiß ich nicht mit letzter Sicherheit. Aber es könnte sein. –

Wir sind mit aufgerufen, sozusagen, auch zur Stabilität des Sonnensystems beizutragen und haben in diesem Sinne tatsächlich eine kosmische Aufgabe; und zwar jeder in unterschiedlichen Graden, und da kann er trotzdem – ich meine, der Alltag muss ja bestritten werden, man muss sich auch nicht irgendwie blockieren lassen, verkrampfen lassen, in dem Sinne: Was kann ich denn machen, ich kann doch eh nichts machen – nein, es gibt eine, es gibt die Möglichkeit, sich da einzuschlingen, und das ist kein Phantasma, das ist keine Fiktion – und sollte es eine bloße Glaubensüberzeugung sein, gut, dann ist es halt eine Glaubensüberzeugung. Warum nicht?

Also ich sage nochmal mit Goethe: Je älter ich werde, umso mehr glaube ich an das, vertraue ich auf das Gesetz, wonach die Rose und Lilie blüht. Und das sage ich auch: In jedem Frühjahr aufs Neue bin ich tief erschüttert, immer wieder aufs Neue. – Woher kommt das Blühen und Sprießen? Woher kommt das wirklich? Die Biologen wissen es nun wirklich nicht, interessiert sie auch so gar nicht. Warum steigen die Säfte? – Das ist ein Rätsel. Da gibt es interessante Überlegungen dazu. Das ist nicht so einfach, so physikalisch reduktionistisch zu erklären, warum im Frühjahr die Säfte steigen, und so weiter. Also durch die ganzen Wachstumsprozesse, da gibt es auch interessante Überlegungen der Anthroposophen darüber. Die muss man ja nicht alle so hinnehmen. Aber da gibt es ja auch interessante Überlegungen, die sich auch damit auseinandergesetzt haben, den Levitationskräften, die sozusagen die Pflanzen aus dem Boden ziehen – gegen die Gravitation, und da sind auch hochinteressante Felder: Tag und Nacht – Licht, auch als levitative Kraft, auch Bewusstsein als levitative Kraft, also sozusagen gegen die Gravitation. Und auch das sind hochinteressante Forschungsfelder: Warum ist eine Leiche, ein unbelebter Körper immer schwerer als ein belebter Körper. Das hat man empirisch nachgewiesen, dass der nicht mehr beseelte Körper schwerer ist. Warum? Auch da ist ja ein Bewusstsein, ja auch ein Lichtbewusstsein, hat auch eine anti-gravitative Kraft, und kann in dem Sinne dann auch die Schwere mindern. Das lässt sich auch verständlich und plausibel machen. –

Ja, das wollte ich Ihnen in der großen Linie präsentieren. Das ist sozusagen ein kleines Segment eines gewaltigen Etwas, womit man sich viele Jahre beschäftigen kann. Man muss es nicht wie ich 50 Jahre machen, aber bei mir ist es ein halbes Jahrhundert. Und ja, denk ich mal, darüber kann man also nachdenken und das mal einfach auf sich wirken lassen – Gedanken-Meditationen. – Gut. –

* * * * * * *

Weltseele als Schlüsselhypothese
Ein Beitrag für eine neue Kosmologie

Ich habe Ihnen ja das letzte Mal einen Überblick zu geben versucht über die Frage des Weltäthers und über verschiedene Aspekte, die man dabei denken kann, naturwissenschaftlich, kosmologisch, aber auch spirituell – ich will 'ne kurze Ergänzung bringen, übrigens nicht zur letzten Vorlesung, sondern zu der Vorlesung vor Weihnachten – das wird dich auch interessieren, Johannes [Heinrichs] – ich habe vor ein paar Tagen ein eigenartiges Buch entdeckt, dass von der Zahl 9 handelt. Vielleicht erinnern sich einige, die da waren am 15. Dezember, dass ich ja über Zahlen gesprochen habe, über eine mögliche neue Zahlensystematik, Zahlentheorie, vielleicht sogar Mathematik und dass da in dem Zusammenhang die 3 eine wichtige Rolle spielte, 34 = 81, sie werden sich erinnern, ich hab das erläutert unter anderem im Zusammenhang mit einem Buch des Mathematikers und Chemikers Peter Plichta und nun haben wir das Jahr 1999, für Herrn Plichta wird das wichtig sein, 9 x 9, 81.

Und nun ist mir vor einigen Tagen ein englischsprachiges Buch in die Hände gefallen, dass ich, weil ich nicht so die Zeit dafür hatte, nur überflogen habe, ich hab nur einige Kapitel ausführlicher gelesen, „Number 9: The Search fort the Sigma Code", ein ähnlicher Untertitel. Also das Buch handelt von der Zahl 9. Es gibt viele Parallelen zu Plichta, das wird er nicht kennen. Umgekehrt ist nicht zu ersehen, dass er das Buch von Peter Plichta gelesen hätte. Also er glaubt nachzuweisen, zahlentheoretisch, dass man mithilfe der 9 auch die Primzahlen ableiten kann, dass man mithilfe der 9 das Mandala ableiten kann. Er hat ein 9-Kreuz hier, das ganz verblüffend auch ähnelt einigen Aspekten bei Plichta, also das ist vergnüglich zu lesen, auch humorvoll. Das ist offenbar ein Architekt, der das geschrieben hat, Cecil Balmond, „Number 9: The Search for the Sigma Code". Und das ist also hochinteressant, was er alles zusammenträgt über die 9. Sie werden sich vielleicht erinnern, dass am Ende dann die Frage auftauchte, einer hatte sie ja gestellt, ob auch die Gestalt der Zahlensymbole etwas zu tun haben könnte mit dem, was die Zahlen bedeuten. Das glaubt hier der Autor Balmond auch nachzuweisen. 9 ist für ihn eine Art Schöpfungsspirale, er stellt das auch ausführlich dar und auch wie die Gestalt dieser 9 auch immer wiederkehrt in ganz bestimmten Spiralformationen in der Natur und auch zahlentheoretisch wird das auf eine, find ich, interessante Weise dargestellt. Ich sag's noch mal, ich hab's nicht gründlich von Anfang bis Ende gelesen, dazu hatte ich im Moment nicht die Zeit, aber ich hab es in einigen Passagen gelesen und finde es also wirklich hochinteressant. Also auch ein in sich stimmiges und konsistentes Modell, wenn man das so nennen will. Die gesamte Zahlenwelt, Zahlentheorie von der 9 aufzu ... aus der 9 zu entwickeln. Kommt natürlich auch vor, die 81, 34 usw. Also nur als ein Beispiel für dieses riesige, weitgehend ja noch unausgeschöpfte, aber wie ich finde hochfaszinierende Feld der Zahlen.

Frage aus dem Auditorium: Wie heißt noch mal der Autor?

Der Autor heißt Cecil Balmond, das ist „Balmond". Sie können auch gerne in der Pause noch mal reingucken, Cecil Balmond und der Titel heißt einfach „Number 9". Noch so ganz hab ich nicht verstanden, wie der Untertitel zustandekommt „The Search for the Sigma Code", also das griechische Sigma „Die Suche nach dem Sigmacode", auch eine Art Weltstruktur, eine Art Weltkonstituente und ... also das wäre was auch für ... also wahrscheinlich ... vielleicht würde das ... Peter Plichta darüber schmunzeln und sagen, das ist ja alles nur halb gedacht, weiß ich nicht. Jedenfalls, es gibt Parallelen und schon das wäre ja ein Indiz dafür, dass es irgendwas auf sich haben muss mit dieser 9 und das sei ihnen also ans Herz gelegt, gerade deswegen vielleicht, weil wir das Jahr 1999 haben, denn 9 x 9 sind 81, kann man weiter in diesem Denken fortfahren, man kann sagen 81, 9 x 9, 1981 ist von 1999 18 Jahre entfernt und das ist die Verkehrung der 81 usw., so kann man da weiter voranschreiten. Sie erinnern sich, ich hatte ja das Bild, die Zeichnung eines Schmetterlings an der Tafel bzw. die Zahlen, die auf den Flügeln des Admirals zu sehen sind, die 18 und die 81 und mag sein, dass die 9, auch 32 oder 34, 81 tatsächlich eine Art konstitutive Potenz darstellt in bestimmten Zusammenhängen, möglicherweise auch kosmischer Natur, wäre immerhin möglich. Ich will das nur als Anregung mal hier nennen. Wen das interessiert, der kann auch gerne in der Pause dann mal hier reingucken. Also Cecil Balmond, „Number 9".

Ich habe eine Goethe-Zeile hier verwendet für das Thema der Weltseele. Ich bin Ihnen das schuldig, das Gedicht, aus dem diese Zeile stammt, ganz vorzulesen. Ich mach das mal, es ist nicht lang. Das Gedicht heißt „Eins und Alles" – auch hier der Grundgedanke, das führt schon ins Thema rein, dass eine Art ... dass über die Weltseele das Eine und das All, Alles vermittelt werden kann. Hier heißt es in dem Goethe-Gedicht, wo diese Zeile auftaucht am Beginn der zweiten Strophe:

„Eins und Alles
Im Grenzenlosen sich zu finden,
Wird gern der Einzelne verschwinden,
Da löst sich aller Überdruß;
Statt heißem Wünschen, wildem Wollen,
Statt läst'gem Fordern, strengem Sollen
Sich aufzugeben ist Genuß."

– Jetzt kommt die Zeile –

„Weltseele, komm' uns zu durchdringen!
Dann mit dem Weltgeist selbst zu ringen
Wird unsrer Kräfte Hochberuf.
Teilnehmend führen gute Geister,
Gelinde leitend, höchste Meister,
Zu dem, der alles schafft und schuf.
Und umzuschaffen das Geschaffne,
Damit sich's nicht zum Starren waffne,
Wirkt ewiges lebend'ges Tun.
Und was nicht war, nun will es werden
Zu reinen Sonnen, farbigen Erden,
In keinem Falle darf es ruhn.
Es soll sich regen, schaffend handeln,
Erst sich gestalten, dann verwandeln;
Nur scheinbar steht's Momente still.
Das Ewige regt sich fort in allen:
Denn alles muß in Nichts zerfallen,
Wenn es im Sein beharren will."

Also dies das Gedicht „Eins und Alles". Es gibt 'ne ganze Reihe von

Gedichten Goethes zu dieser Thematik. In wenigen Gedichten nur kommt der Begriff der Weltseele vor. Wahrscheinlich hat Goethe den Begriff übernommen aus der Naturphilosophie Schellings, den er sehr schätzte und dem er auch eine Professur in Jena verschafft hat, 1798, Schelling war damals 23 Jahre alt und hatte eine Schrift veröffentlicht mit dem Titel „Von der Weltseele" als Haupttitel und dann als Untertitel – interessanter Untertitel – „Eine Hypothese der höheren Physik zur Erklärung des allgemeinen Organismus" – ein wunderbarer Buchtitel, sehr präziser Buchtitel, also „Von der Weltseele", Untertitel „Eine Hypothese der höheren Physik zur Erklärung des allgemeinen Organismus". „Allgemeiner Organismus" ist hier fast synonym mit „Weltorganismus", der hier in gewisser Weise vorausgesetzt wird, dass also die Welt als Ganzes, dass das Universum, der Kosmos als Ganzes eine organische Struktur hat und in diesem Sinne ein Weltorganismus existiert, das setzt Schelling eigentlich voraus. Insofern kann er sagen „zur Erklärung des allgemeinen Organismus".

Nun will ich hier keine Vorlesung halten über die Geschichte des Begriffs der Weltseele in der abendländischen Philosophie, das würde eine eigene Sache sein, ich will nur einige kurze Andeutungen machen über diesen Begriff und warum ich ihn hier heranziehe. Der Begriff hat eine interessante, aufschlussreiche Geschichte, auch in jenen Phasen, wo er verpönt war. Es gab immer wieder Phasen in der Geschichte des Denkens über Natur, der Kosmologie, der Naturphilosophie, wo der Begriff der Weltseele als ein schlechter, ein falscher, ja als ein gefährlicher Begriff galt.

Ich hab das schon erwähnt vor einigen Wochen im Zusammenhang mit dem Briefwechsel von Leibniz und dem Newton-Schüler Samuel Clarke. Der Begriff der Weltseele wird ausdrücklich abgelehnt, und zwar mit einem Argument, was interessant ist, nämlich, es heißt, übrigens bei beiden, bei Leibniz und bei Samuel Clarke: Wer die Weltseele denkt, der vergötzt die Natur, der macht die Natur zu einem Superorganismus und setzt in gewisser Weise diesen Superorganismus, diesen kosmischen Allorganismus, mit Gott gleich, also in diesem Sinne also der Vorwurf des Pantheismus, der ja dann auch im 18. Jahrhundert ‘ne große Rolle gespielt hat im Zusammenhang mit der Wirkung auch von Giordano Bruno, siehe Jacobi, also Spinozismus gleich Brunianismus gleich dann Atheismus. Also diese scharfe Ablehnung bei beiden ist symptomatisch. Und der Begriff der Weltseele war lange

Zeit ein ... auch in der herkömmlichen Naturwissenschaft eher ein mystischer Begriff, ein unscharfer Begriff, ein Begriff der letztlich ohne wirklichen Erklärungswert war. Und das ist ja der Punkt, den es zu betrachten gilt: Hat der Begriff, hat die Vorstellung einer möglichen Weltseele einen echten Erklärungswert, oder ist es nur ein Wort neben andern, das das Problem bezeichnet, um das es geht, ohne in irgendeiner Form erklärend das Problem aufschlüsseln. Das ist ja ein Thema überhaupt, ich hab das ja mehrfach auch angedeutet, halte es für kolossal wichtig, dass man immer wieder an bestimmten Schlüsselstellen einen neuen Begriff wählt, der das Problem, um das es geht, häufig nur beschreibt, gleichsam festlegt, aber nicht wirklich erklärt. Es gibt viele Begriffe dieser Art, etwa der Begriff „Emergenz". Das ist ja ein ganz moderner Begriff, der gehandelt wird als ein Begriff von hohem Erklärungswert. Ich finde es einfach ein Wort, was überhaupt nichts erklärt. Wenn doch ein Aufscheinen, ein Auftauchen, ein Sich-Manifestieren aus dem unmanifestierten Grund heraus, quasi spontan, akausal, ohne dass man da des Näheren drüber verhandeln könnte.

Also Weltseele, lange Zeit ein Begriff, der dubios war. Platon hat den Begriff eingeführt in die abendländische Philosophie. Bei Platon ist das einfach die Vorstellung, dass die Welt – in Timaios – die Welt, der Kosmos, bei ihm identisch mit dem Kosmos, der Natur, geschaffen von einem Demiurgen, ein großes Lebewesen ist. Dass die Welt als Lebewesen und die folglich als dieses Lebewesen auch eine allverbindende Seele hat, aber nicht identisch ist mit dem Demiurgen, mit dem Weltschöpfer. Also da stammt der Begriff her, hat dann eine lange Geschichte gehabt über die Stoa, da ist er fast synonym mit dem Begriff des Pneuma, der übrigens für Newton wichtig war, der Begriff des Pneuma, und taucht dann im Neuplatonismus bei Plotin auf und anderen und verschwindet dann wieder und taucht dann nach vielen Jahrhunderten in der Renaissance, im frühen 16. Jahrhundert wieder auf, Vasilo Pecchino(?), Teresio [beide unklar 0:13:58] und anderen, ganz dezidiert dann bei Giordano Bruno, um dann wieder zu verschwinden, einer eigenartigen rätselhaften Fluktuation folgend, um dann 1798 von Schelling wieder aufgegriffen zu werden als ein Schlüsselbegriff, als ein wirklich aufschließender Begriff, um dann wieder für Jahrzehnte mehr oder weniger aus der naturphilosophischen Diskussion zu verschwinden. Das ist sehr eigenartig, wie das kommt, dass es eine Art rhythmische Bewegung gibt mit dieser Vorstellung einer Weltseele. Der Begriff ist da, er wird Jahre, Jahrzehnte diskutiert, dann verschwindet der Begriff, taucht wieder auf. Das ist mit anderen Begriffen genauso. Das ist übrigens ja auch, ich hab das hier angedeutet in dem Buch des Weltäthers, das ist ein eigenartiges Phänomen in der Geistesgeschichte, dass immer wieder manche Konzeptionen verschwinden oder verschwunden zu sein scheinen und dann irgendwann nach Jahrzehnten wieder auftauchen.

Ich will an einigen Sätzen immerhin mal verdeutlichen, wie in der Renaissance Weltseele, speziell hier bei Giordano Bruno gedacht worden ist, was Bruno sagt zur Weltseele. Ich hab mir noch mal die entsprechenden Passagen in dem Buch „Von der Ursache, dem Princip und dem Einen" angeguckt und versucht, da eine Auswahl zu treffen, um Ihnen zu verdeutlichen, wie das in der brunischen Kosmologie aussieht Sie wissen ja, ich hab das ja dargestellt in meiner Vorlesung über das Eine, dass Brunos Zentralgedanke die Unendlichkeit in der Einheit und die Einheit in der Unendlichkeit ist, und zwar eine Unendlichkeit des Universums, die dem unendlichen, schöpferischen Vermögen der Gottheit entspricht, nach Bruno auch entsprechen muss, weil sonst die schöpferische Potenz des Göttlichen reduziert würde. Also wenn Gott nur eine endliche Welt hätte schaffen können, würde seine unendliche schöpferische Potenz nicht zum Zuge kommen gleichsam, insofern muss es eine unendliche Welt geben. Das ist ein philosophisches Argument, das Bruno neben anderen Argumenten für die Unendlichkeit der Welt anführt. Und ich will das mal an einigen Stellen zeigen, wie Bruno das hier nennt. Zitat aus dem zweiten Teil von „Über die Ursache, das Princip und das Eine", 1584, und Bruno greift den Begriff aus der Tradition auf und setzt ihn hier in einer ganz bestimmten Weise ein. „Wenn also", schreibt Bruno, „der Geist, die Seele und das Leben" – fast synonym in dem Moment – „in allen Dingen vorkommen" – es gibt überall Geist, es gibt überall Seele, überall Lebendiges, also Bios, Logos und Psyche – „und in gewissen Abstufungen die gesamte Materie erfüllen, so sind sie zweifellos die wahre Wirklichkeit und die wahre Form aller Dinge." – wichtig also „Wirklichkeit und die wahre Form aller Dinge" – „Die Weltseele ist mithin", heißt es dann, „das formale und konstitutive Prinzip des Universums und aller Dinge, die es enthält;" – also die Weltseele als formales und konstitutives, man würde vielleicht heute sagen als „organ-

isierendes" Prinzip des Universums, die Weltseele als das organisierende Prinzip des Weltorganismus, das also ... das Form und Gestalt
hervorruft, aus dem es ... Form und Gestalt hervorquillt – „wenn das
Leben sich in allen Dingen findet," – davon geht Bruno aus, Stichwort
also Allbeseeltheit, das ist kein Animismus in diesem vordergründigen Sinne, wo das auch hineinspielt, also „dann ist die Seele", also
„wenn das Leben sich in allen Dingen findet, dann ist die Seele die
Form aller Dinge; sie ist überall die Herrin der Materie und herrscht
in den zusammengesetzten Dingen; sie bewirkt die Zusammensetzun-
gen und den Zusammenhalt der Teile." – Also eigentlich 'ne sehr klare
und auch einfache Grundaussage: die Welt, der Kosmos, das Universum als gewaltiger Organismus und die Weltseele als das konstituierende, ja konstitutive Prinzip, also das organisierende Grundprinzip
der Welt, das damit in gewisser Weise auch einheitsstiftend ist. Denn
ich hab ja Ihnen das gezeigt, dargestellt, dass für Bruno beinah die
Weltseele mit dem Raum identisch ist und dieser wiederum in gewis-
er Weise auch mit dem Weltäther. Wenn man dann das genauer liest,
stellt man auch fest, Bruno macht Unterschiede, aber es gibt gewisse
Aussagen bei ihm, die darauf schließen lassen, dass er das fast als eine
Einheit denkt, also Weltäther gleich Weltraum gleich Weltseele gleich
Manifestation des Ureinen gleich des Unendlichen. Das klingt so, als
ob hier nur verschiedene Begriffe für das Gleiche verwendet würden,
da muss man genau differenzieren, das ist schwierig. Das will ich hier
im Einzelnen nicht, ich will Ihnen nur erst einmal erläutern, dass die
Weltseele ein Universalprinzip ist, das die Welt als Ganzes zur Ganzheit macht, das ihre Gestalt bedingt – vielen Dank, ja.

„Ich sage also, dass der Tisch als Tisch nicht beseelt ist, so wenig
wie das Gewand als Gewand und zusammengesetzte Dinge haben
in sich Materie und Form" – diese Dialogform auch oft sehr witzig,
heiter geschrieben, im Dialog – „Es mag etwas so klein und winzig
sein, wie es will, so hat es doch einen Teil von geistiger Substanz in
sich, die, sobald sie ein geeignetes Substrat findet, zu einer Pflanze
oder zu einem Tier sich entwickelt, indem sie Glieder eines wie auch
immer gearteten Körpers ausbildet, der gemeinhin beseelt genannt
wird, denn Geist ist in allem und es gibt kein noch so winziges Kör-
perchen, das nicht genug davon enthielte, um lebendig zu sein." – Im
Kontext wird dann auch dargestellt: um in der kosmischen Evolution
im Hinblick mit dem Telos der Intelligenz, des intelligenten Lebens

auch aufzutreten. Also hier ist ganz eindeutig auch schon der Gedanke einer kosmischen Evolution vorgedacht, dass also im Materiellen, in der Physis selber bereits potenziell vorhanden ist, was einst werden kann, also der Keim des organisch Lebendigen und damit auch der höheren Intelligenz und damit auch des Menschen. Das wäre also in diesem Sinne dann eine Art anthropisches Prinzip, wenn man dann diesen Begriff überhaupt für sinnvoll findet.

„TEOFILO. [...] Was nun die bewirkende Ursache betrifft, so behaupte ich," – Teofilo ist der ... das Sprachrohr von Giordano Bruno – „Was nun die bewirkende Ursache betrifft, so behaupte ich, dass die universale physische Wirkursache der universale Intellekt ist," – das ist so etwas wie Weltgeist, ganz vorsichtig sagt, also der universale Intellekt ist nicht Intellekt in unserem Sinne, das ist eine Art Weltvernunft, in gewisser Weise auch Logos, das changiert. Also eine Art Weltenlogos wird hier vorgestellt – „dass die universale physische Wirkursache der universale Intellekt ist, der als erstes und hauptsächliches Vermögen der Weltseele zugleich die universale Form des Weltalls bildet." – Hier wird also der Geist, der universale Geist als ein Vermögen der Weltseele bezeichnet. Das ist geschuldet der neuplatonischen Tradition, wo der ... wo eine Abstufung vorliegt. Und die Weltseele wird hier als Quell des Weltgeists, als Quell des Weltenlogos bezeichnet. In anderen Passagen wiederum hat man das Gefühl, mit „Geist" und mit „Seele" sind zwei Prinzipien, zwei Emanationen aus dem Göttlichen.

„Der universale Intellekt" – also Weltenlogos – „ist das innerste, wirklichste, ureigene Vermögen und der potentielle Teil der Weltseele. In sich gleichbleibend," – also der ... dieser Weltenlogos verändert sich nicht, er bleibt immer er selber – „erfüllt er das All, erleuchtet das Universum und leitet die Natur an, ihre Arten hervorzubringen, so wie es ihr zukommt. Er verhält sich zur Hervorbringung der natürlichen Dinge wie unser Intellekt zur entsprechenden Hervorbringung der Erzeugnisse des Denkens. Die Pythagoreer nennen ihn ‚Beweger und Antreiber des Universums'. Von den Platonikern wird er ‚Baumeister der Welt' genannt. Dieser Baumeister, sagen sie, tritt aus der höheren Welt, die ganz und gar eine ist," – im Wesentlichen ist das hier Plotin, was Bruno hier paraphrasiert – „die ganz und gar eine ist, in die sinnliche Welt ein, die vielfach unterteilt ist und in der nicht nur Freundschaft, sondern – wegen der Trennung der Teile – auch Zwietracht herrscht. Indem dieser Intellekt, ruhig und unbeweglich bleibend, etwas von sich in die Materie ergießt, bringt er das All hervor. Er wird von den Magiern ‚der fruchtbarste der Samen‘ – oder auch ‚Sämann‘ – genannt; befruchtet er doch die Materie mit allen Formen, die er ihrer Art und Beschaffenheit gemäß gestaltet, ausbildet und mit so vielen wunderbaren Ordnungen verwebt, wie sie weder dem Zufall zugeschrieben werden können noch einem anderen Prinzip, das nicht zu unterscheiden und zu ordnen vermöchte. Orpheus nennt ihn das ‚Auge der Welt‘, weil er alles Natürliche von innen und von außen sieht, auf dass sich alles nicht nur innerlich, sondern auch gemäß der eigenen Symmetrie entwickele und erhalte.“ – hoch interessant übrigens an der Stelle ist hier der Symmetriegedanke der hineinspielt – „Von Empedokles wird er ‚Unterscheider‘ genannt – in dem Sinne, dass er niemals müde wird, die im Schoß der Materie ungeschiedenen Formen zu sondern und die Entstehung des einen aus dem Zerfall des anderen zu befördern, Plotin nennt ihn ‚Vater und Erzeuger‘, weil er die Samen auf die Gefilde der Natur ausstreut und der ursprüngliche Verteiler der Formen ist. „Bei uns“ – er meint sich selbst – „heißt er ‚der innere Künstler‘, weil er die Materie von innen heraus formt und gestaltet, so wie er aus dem Innern des Samens oder der Wurzel heraus den Stamm hervor- und emportreibt, aus dem Innern des Stammes die Äste entwickelt.“ Und so weiter.

Also der ... die Weltseele als das formale und konstitutive Prinzip des Universums, der innere Künstler, der von innen heraus die Materie gestaltet, der von innen heraus der Materie Form verleiht. Auch hier, das sei nur am Rande erwähnt, kann man, wenn man das oberflächlich liest, zunächst meinen, dass Bruno gar keinen Unterschied macht zwischen der Materie und der schöpferischen Potenz der Materie – das hat Bruno ja zunächst einmal zum ... für viele zu einem qualitativen Materialisten gemacht. Nich‘, deswegen war er ja auch im Marxismus, Sozialismus relativ beliebt, vor allen Dingen das Werk „Von der Ursache, dem Princip und dem Einen“. Bruno galt als Materialist, wie auch der frühe Schelling. Dabei gibt es verschiedene Aussagen, wo er sich ganz eindeutig von dem Materialismus dieser Spielart abgrenzt und das als Missverständnis hinstellt. Das hat aber nicht verhindert, dass Bruno als Materialist gesehen wurde, übrigens auch noch bis in die Gegenwart hinein, etwa von dem Herausgeber hier dieser Ausgabe, ich glaube 1986 ist das hier. Auch hier im Nachwort wird noch Bruno als eine Art Materialist hingestellt.

Es ist interessant, dass Bruno die Weltseele als Formprinzip bezeichnet. Da folgte er natürlich erst einmal einer alten Tradition, bei aller schroffen Polemik gegen Aristoteles. Aristoteles ist für ihn der Lügner und Sophist und Verdreher schlechten, also sozusagen der, jetzt mal platt gesagt, der Punching Ball für Bruno, an dem er sich unermüdlich reibt, den er also für den großen Verdreher und Verhuntzer und Pervertierer des Denkens hält. Aber gleichwohl ist er denn doch in einigen Elementen von Bruno ... von Aristoteles beeinflusst, in dem Sinne nämlich, dass er die Seele als Form und Formprinzip und Formalpotenz bezeichnet. Und das ist ja eine mögliche Interpretation. Ich meine, wir wissen alle, das habe ich ja im Sommer 97 dargestellt, auch im Sommer 98 zum Teil, dass zu den ungeklärten Fragen gehört, wie überhaupt organische Form zustandekommt – Stichwort „Morphogenese".

Das wird besonders dramatisch deutlich an der Embryogenese, aber natürlich überhaupt an der Morphogenese: Wie entsteht organische Form? Nich', damit hat ja Sheldrake Anfang der achtziger Jahre Weltruhm erlangt, dass er hier ein Formalprinzip wieder aufgegriffen hat, was in den zwanziger Jahren schon mal kursierte, die morphogenetischen Felder. Und natürlich kann man sagen – das ist gegen Sheldrake immer wieder gesagt worden in den letzten 18 Jahren –, dass auch Sheldrake nur einen Begriff nimmt, ein Wort eigentlich hinsetzt. Er sagt hier „Feld", er sagt „morphisches Feld" oder „morphogenetisches Feld", ein Wort, wo letztlich kein aus der Tiefe gespeiste Wissen vorliegt. Am schärfsten hat das der Biochemiker, im letzten Jahr verstorben, Friedrich Cramer kritisiert, also er ist ein vollkommen ... Sheldrake hätte den Begriff des Feldes zur Worthülse verkommen lassen, also ganz radikale Kritik an Sheldrake. Andere haben auch modifiziertere Formen dieser Kritik geäußert.

Man kann fragen, ob nicht ein Gran Wahrheit da dran ist, dass hier tatsächlich ein ... eine unbekannte Größe mit einem in der Naturwissenschaft eingeführten Begriff versehen wird, sagt man „Feld", man kann auch sagen „transmaterialer Katalysator", wenn man den nimmt, dann Begriffe, ohne in der Tiefe zu wissen, worum es sich wirklich handelt. Und es ist naheliegend und schon früh vermutet worden – übrigens auch von mir vermutet worden –, dass man eigentlich den ganzen Sheldrake noch mal neu schreiben könnte, wenn man das Wort

„Feld" ersetzt durch das Wort „Seele". Also wenn man konsequent jetzt sagen würde, die Sheldrakeschen Felder sind eigentlich nichts weiter als eine Neufassung der alten Vorstellung der Weltseele. Und ich war dann erstaunt in den letzten Jahren, dass Sheldrake selber das durchaus einräumt und verschiedentlich sogar sagt, dass das, was früher Seele war, von ihm nun „Feld" genannt wird, dass im Grunde das Gleiche gemeint ist, dass also Seele sind Felder, Felder sind Seele. Nich', das war in den achtziger Jahren noch in keiner Weise so deutlich, wie das in den letzten Büchern dann der Fall war.

Plakativ dann in dem letzten Buch, was von Sheldrake erschienen ist, dieser Gesprächsband, einer der beiden: Matthew Fox, dem Dominikaner ... orden angehöre ..., dem ...den Dominikanern angehörigen Matthew Fox, „Die Seele ist ein Feld". Also wird schon im Titel die These aufgestellt: „Die Seele ist ein Feld". Nun ist der Feldbegriff schwierig und hat auch 'ne lange Geschichte und ich habe ja dazu auch schon verschiedentlich mich geäußert, aber es ist interessant, dass hier, das, was man ... was Kritiker eigentlich vermutet haben bei Sheldrake, dass er nun ganz offen und direkt sagt: Das ist im Grunde das Gleiche. Man kann auch gleich von Seele reden, wie er in einem der letzten Gesprächsbücher ja noch weiter geht und sagt: Naja, das sind eigentlich Engel. Das sind kosmische Intelligenzen, das sind eigentlich dann Engelwesenheiten. Da ist er ganz nah plötzlich an der Anthroposophie. Nich', also das ist 'ne eigenartige Entwicklung, die da sich vollzogen hat, worüber man sich ja Gedanken machen kann, wie kommt das und das ist aber aufschlussreich, weil es in dem Begriff der Weltseele und des Feldes drin liegt. Man kann natürlich sagen, jetzt auf Giordano Bruno bezogen, wenn Sie sich an das Zitat erinnern, das ich da genannt habe, die Weltseele ist nur ein anderer Begriff für eine Art universales Bewusstseinsfeld mit einer gewissen Formpotenz, nich', ein Bewusstseinsfeld mit einer gewissen Formpotenz. Und wenn man dann das ... die Vorstellung des Vakuums heranzieht, wie ich das ja vor einer Woche gemacht habe, kann man natürlich sagen, warum soll ich nicht sagen, dass quasi aus dem Vakuum heraus neue Formen und Gestalten – jetzt mal diesen Modebegriff verwendet: – emergieren, warum soll ich das nicht einfach postulieren?

Nun ist das schwierig, man muss dann aufpassen, dass man nicht in einen Verschiebebahnhof der Begriffe gerät, sodass das es alles irgendwo unscharf wird, aber der Zusammenhang der Hypothese der

morphischen ... morphogenetischen Felder mit dem Weltseele-Ge-
danken liegt vollkommen klar zutage, darüber kann überhaupt kein
Zweifel bestehen, dass der Gedanke, dass die Weltseele ein universal
organisierendes Prinzip ist, kann auch mit dem Begriff des Feldes bezeichnet werden. Er macht das hier ganz – ich sag's noch mal, in dem
Buch hier „Die Seele ist ein Feld" – ganz direkt. Kurzes Zitat mal aus
diesem Buch, da wird es mehr oder weniger gleichgesetzt: „Die Seele
ist das belebende Prinzip," – das ist ja auch die aristotelische Tradition – „das Prinzip, das Lebendiges lebendig macht. Im Griechischen
heißt es Psyche." – Und das ist das letzte Buch hier, 98 erschienen.
– „Heute ist für uns die Psyche der menschliche Geist, aber für die
Griechen hatte die Psyche eine viel umfassendere Bedeutung. Sie war
das Lebensprinzip alles Lebendigen, auch der Pflanzen. Der lateinische Begriff für Seele ist anima, und darauf geht zum Beispiel das
englische Wort für Tier – animal – zurück. Wir sprechen von be-
seelten Dingen im Gegensatz zu unbeseelten: von Dingen mit Seele
im Gegensatz zu Dingen ohne Seele. Die traditionelle Bedeutung des
Wortes Seele meint vielmehr als die menschliche Seele. Die Seele ist
das, was Dinge lebendig macht." –
Also immer auch gedacht als eine vielfältig holarchisch abgestufte
und geschichtete Weltseele oder Weltenseele, was ja immer den Or-
ganismusgedanken voraussetzt, von dem ja auch Sheldrake und andere neuere Naturphilosophen, mit gewissen Abstrichen auch ich
selber, obwohl das bei mir ein bisschen anders aussieht, ausgehen ...
ausgehen. – „Ein Ausgangspunkt für jedes Nachdenken über das Wesen des Lebens ist der Tod, indem man den toten Körper eines Menschen, eines Tieres oder einer Pflanze mit dem vorausgehenden lebendigen Zustand vergleicht. Die Menge der Materie im toten Körper
ist die gleiche wie im lebenden Körper, die Form der Materie ... des
Körpers ist die gleiche, und die Chemikalien darin sind die gleichen,
zumindest unmittelbar nach dem Tod. Aber etwas hat sich verändert.
Der naheliegende Schluss ist der, dass irgendetwas den Körper verlassen hat, und da es kaum eine oder gar keine Gewichtsveränderungen
gibt, ist das, was den Körper verlassen hat, im Prinzip immateriell.
Für die animistischen Traditionen – das heißt, für alle Traditionen
außer denen im Westen seit den letzten dreihundertfünfzig Jahren –
ist es eine Selbstverständlichkeit, dass die außermenschliche Natur
voller Leben ist." –, dass also eine Allbeseeltheit existiert, in diesem

Sinne auch Animismus, auch das ist interessant, dass sich Schelling, äh, Sheldrake vollkommen offen zum Animismus bekennt, er sagt ja sehr wohl, die Theorie der formgebenden Felder ist eine animistische Theorie und ganz bewusst diesen Begriff nicht scheut. Also: „Für die animistischen Traditionen ist es eine Selbstverständlichkeit, dass die menschliche Natur voller Leben ist.

Alle Pflanzen und alle Tiere, das gesamte Universum, der Planet Erde, die anderen Planeten, die Sonne, die Sterne – sie alle galten als lebende Dinge, die alle ihre eigene Art von Seele hatten." – nich', die Gestirne in der Antike, der antiken Tradition nach Uskata [?? unverständlich 0:34:12] und anderen Traditionen – „Diese Tradition hatten die Griechen übernommen und philosophisch formuliert. Die Platoniker sprachen von der anima mundi," – jetzt taucht der Begriff hier auf – „ der Seele der Welt, dafür sie der ganze Kosmos ein Lebewesen mit einem Körper, einer Seele und einem Geist war." – also vor allem Platon, „Timaios" – „Aristoteles formulierte dies in biologischen Begriffen." – Das ist ungenau, weil Aristoteles in vielerlei Hinsicht seinen Lehrer Platon kritisiert und abgelehnt hat und die Sachen in einer ganz anderen Richtung weiterdenkt. – „Nach Aristoteles wächst eine Eichel zu einer Eiche heran, weil sie zu ihrer endgültigen Form, das heißt zur reifen Form des Baumes, durch ihre Seele hineingezogen wird." – Also eine Art Formattraktor liegt hier vor. – „Die Seele enthält das Ziel oder das, was man jetzt den Attraktor des Entwicklungprozesses nennen könnte.

Die Seele hat das Ziel (griechisch: telos) in sich, und daher spricht Aristoteles auch von der Entelechie. Bei den Tieren spielt die Seele genauso eine formbildende Rolle wie bei den Pflanzen. Im Englischen hat man diesen Aspekt die vegetative Seele genannt. Während der tierische Embryo heranwächst, verleiht sie dem Körper seine Form und auf ihr beruht auch die Bewahrung der Körperform." – Also nicht nur das, was den Körper formt, sondern auch das, was die Gestalt, die Form, die da ist, aufrechterhält bis zum physischen Tode. – „Während der tierische Embryo heranwächst, verleiht sie dem Körper seine Form und auf ihr beruht auch die Bewahrung der Körperform, die Heilung von Wunden, das Regenerieren von Organen nach einer Beschädigung usw. In Tieren gibt es auch die animalische Seele, die mit dem Korrelieren der Sinne und der Bewegungen zu erfassen ist. Sie fungiert als das Koordinierungsprinzip der Instinkte und des Allgemeinverhaltens. Beim Menschen gibt es drei Aspekte von der Ebene der Seele:" – es ist gleich zu Ende, das Zitat – „die vegetative Seele, die für die Form des Körpers zuständig ist, die animalische Seele," – also das, was ich „das Tier-Selbst" genannt habe – „die animalische Seele, die uns unsere animalische Natur verleiht, und den Intellekt oder die rationale Seele,"– die auch die Ichheit mit einschließt – „die der bewusste Teil unseres Geistes ist, unser Verstand. Der bewusste Verstand war einst Teil eines viel größeren psychischen Systems, das uns mit den Tieren und Pflanzen verband." – Also, hier wird eine holarchische Stufung vorgenommen, also: vegetative Seele, animalische Seele und rationale Seele, und das ... dem entspricht auch eine Stufung des Bewusstseins der ... des Bewusstseins. – „Zu jedem dieser Aspekte gehört auch eine bestimmte Bewusstseinsebene, eine bestimmte Bewusstseinsform." – Die Frage ist, wo bleibt das Ich hierbei? Das Ich ist ja nur, wenn es denn Teil der Seele ist, ein winziges Segment, so erscheint es zunächst, des viel umfassenderen ... umfassenderen Feldes der Seele, denn der größte Teil der Prozesse, etwa im eigenen Körper, im eigenen Leib ist ja bekanntermaßen unbekannt, äh, unbewusst, d. h., wir nehmen ... haben ja keine direkte Wahrnehmung für die Gesamtheit der organischen Lebensfunktionen unserer selbst. Das alles ist unbewusst, und das Ich ist nur ein kleiner Ausschnitt, kann man sagen, aber ein ungeheuer wichtiger. Weil über das Ich, über die Ichheit der Mensch Zugang hat zu dem Weltzusammenhang, wenn man will, auch zum Weltenlogos. Also dass das Ich in sich selbst schon die Möglichkeit enthält, dann auch das Ganze zu erkennen oder was Johannes Heinrichs hier mal ... wie er das genannt hat, das Ganze-denken, das Alles-denken. Diese Fragen kommen bei Sheldrake hier nicht vor, aber es ist wichtig sich den Kontext klarzumachen.

Also, Weltseele setzt voraus, ich sag es noch mal, dass die Welt sinnvollerweise, das Ganze, als Organismus gedacht werden kann. Was heißt das? Ich meine, Sie wissen, dass es verschiedene Theorien gibt in den letzten Jahrzehnten etwa, die Erde, das Gestirn Erde als Organismus zu denken. Man könnte dann weiter gehen und sagen, wenn man die Erde als Organismus denkt, warum soll man nicht auch andere Himmelskörper als Organismus denken? Auch vielleicht Himmelskörper, die in unserem Verständnis erst einmal unbelebte Himmelskörper sind, wo sich also kein organisches Leben entwickelt hat. Das, was den Menschen ungeheuer interessiert, ist bekannt, die

Frage, hat es auf dem Mars Leben gegeben oder nicht, ist eine offene Frage, eine viel diskutierte Frage. Es gibt Indizien, die dafürsprechen. Auf jeden Fall interessiert es den Menschen, weil, wenn es so wäre, und es spricht viel dafür, dass das Prinzip Leben und damit auch die Intelligenz universal vorhanden sind, dann hätte das weitreichende Folgen für unser Selbstverständnis in diesem Universum. Das ist natürlich klar. Wenn es nicht so ist, sieht es vollkommen anders aus. Übrigens auch interessant für die Frage – das nebenbei gesagt – des Neodarwinismus.

Ich möchte das hier an der Stelle nicht vertiefen, es sei nur kurz angedeutet, dass der Neodarwinismus gemeinhin die Vorstellung ablehnt, dass Leben ein universell gültiges Prinzip ist. Das muss er auch, weil er letztlich auf einem bestimmten Zufallsprinzip aufbaut. Wenn sich aber nachweisen ließe, dass Leben und Kosmos überall entsteht, wo die betreffenden Bedingungen vorhanden sind, dann bricht natürlich das Zufallsprinzip in sich zusammen. Dann müsste man sich zu der Überzeugung bequemen, dass es eine Art von Telos, einer Art von Ziel darin gibt. Deswegen können Sie das ... können Sie beobachten bei vielen Neodarwinisten, dass sie scharfe Gegner sind der Vorstellung der All-Lebendigkeit des Kosmos und dass manche der Kosmologen, die die All-Lebendigkeit befürworten, etwa der bekannte Paul Davies, immer wieder betonen: Sollte sich das als richtig herausstellen, ist der Neodarwinismus erledigt. Dann müsste man das Ganze noch mal vollkommen neu denken.

Da gibt es einen merkwürdigen Kampf zwischen auch den neodarwinistischen Evolutionsbiologen und denjenigen, die versuchen, das Welt-Ganze auch so zu denken, dass im Prinzip überall intelligentes Leben entstehen kann, vielleicht nicht so, wie wir es kennen, aber in einer analogen Form. Das ist 'n ganz heißes Thema, wenn man sich da mal mit beschäftigt. Das hängt natürlich auch mit dem Gedanken der Weltseele zusammen, denn, wenn es so etwas gibt wie eine Weltseele, wenn es wirklich ein organisierendes Prinzip im Weltganzen gibt, dann müsste es auch überall, wo die entsprechenden Grund- und Rahmenbedingungen vorhanden sind, so etwas wie bewusste, ichhafte Intelligenz hervorrufen, sollte man meinen. Denn es ist ja nicht einzusehen, warum das nur in einer bestimmten Stelle im Universum, oder – kleiner, schmaler jetzt gesagt: – in der Galaxis möglich sein soll. Also diese Fragen sind hoch brisant, insofern ist die Frage der

Weltseele nicht etwa eine Frage einer philosophischen Tradition eines Begriffes, den man heranziehen kann oder auch nicht heranziehen kann, sondern es ist eine existenzielle Frage. Wenn es wirklich sowas geben sollte wie die Weltseele – und ich meine, dafür spricht viel –, dann hätte oder hat das tatsächlich weitreichende Konsequenzen. Das möchte ich vorab sagen.

Es ist Zeit für eine kleine Pause. Sagen wir mal knapp 10 Minuten. Wen das interessiert, als ich angeführt habe [....]

Das als Aperçu, wenn man das so nennen will, angeschrieben: 1999, dreimal die 9, die Umkehrung der Symbole ergibt dreimal die 6, das ist ja das berühmte, berüchtigte ascende de mare [das aus dem Meer Auftseigende?], das Tier der Apokalypse, also vielerlei Bezüge kann man da herstellen und kurz von mir in der Pause mit dem T ... [Aufnahme unterbrochen]
    [...] übrigens äußert er sich zu diesen Fragen überhaupt nicht. Das kommt bei ihm praktisch nicht vor. Und das hat verschiedene Gründe, das mag damit zusammenhängen, dass er ein langjähriger Freund ist von einem der führenden Mathematiker der sogenannten Chaosmathematik, Ralph Abraham, der 'ne ganz eigene Mathematik auch wieder aufgestellt hat, die er „Visuelle Mathematik" nennt, letztlich 'ne Computer-Mathematik und auch mit dem Anspruch in die Welt tritt, wie auch manche andere, er habe sozusagen den geheimen Code, das geheime Muster, das geheime Pattern sozusagen der Welt, wenn nicht in Gänze erkannt, so doch habe sich dem angenähert. Also es mag sein, dass seine Freundschaft mit dem Mathematiker Abraham ihn daran hindert, nun in einer eigenen Form da in diese Zahlen weiter reinzugehen. Auf jeden Fall, wenn man's tut, ist es ein Abgrund auch in der Meditation, es ist wirklich ein Abgrund, und man kommt da wirklich nicht auf einen ... an einen Boden.
    Ich habe um Silvester herum ein Buch entdeckt, was sich schon länger hatte, aber nie so gründlich mir angeguckt hatte, aber jetzt habe ich's getan, das in die Thematik reinpasst, obwohl man's zunächst nicht vermuten sollte, ein Buch über die Gnosis, und zwar eine Anthologie gnostischer Texte und Interpretationen der Gnosis von Peter Sloterdijk und Macho rausgegeben. Und in dieser faszinierenden Textsammlung über die Gnosis, 1000 Seiten umfassend, gibt es neben

den eigentlichen gnostischen Texten auch verschiedene Interpretationsansätze und auch Texte, die quasi gnostisch sind oder neognostisch, und da taucht auch Schelling auf – ich kannte den Text, hab auch Teile davon in meiner Schelling-Monographie schon zitiert, habe aber noch mal jetzt zu meiner Verblüffung festgestellt, wie aufregend, wie eigentlich atemberaubend dieser Text ist. Das sind acht Seiten, fast acht, ich les nur den Text vor und interpretiere diesen Text, der ist einfach so wunderbar, so tief, dass man eine ganze Vorlesung mühelos mit diesen paar Seiten bestreiten könnte.

Für unseren Zusammenhang, für die, die 's letztes Mal da waren, ist aber Folgendes interessant. Sie erinnern sich vielleicht, dass ich im Zusammenhang mit bestimmten Überlegungen, die auf die Anthroposophie zurückgehen, Überlegungen von Mathematikern, Physikern, den Gedanken geäußert habe, dass es eine Art Polarität des Raums selber gibt, dass es zentrische Kräfte gibt und periphere Kräfte. Und ich habe das, glaub' ich, auch angedeutet oder im Gespräch nachher dann gesagt, dass dieser Gedanke einer ... dass dieser Gedanke im Kern schon in der Naturphilosophie Schellings auftaucht, also der ... die Polarität von zentrischen, gravitativen Kräften und antigravitativen Kräften, also Schwerefeld und Levitationsfeld, und dass im lebendigen Organismus, der sich dem Licht gegenüber äu... öffnet, also in der öffnenden Grundhaltung, Grundgeste dem Licht gegenüber auch buchstäblich quasi physikalisch auch, eine Art antigravitative Wirkung beobachten lässt. Das steht auch hier in diesem Auszug von Schelling, der in dem Gnosis-Band steht.

Und interessanterweise stammt dieser Auszug aus der Schrift „Von der Weltseele". Und Schelling setzt sich da auseinander mit der Frage des Lichtes und der Schwere im Zusammenhang mit der Weltseele. Und es ist faszinierend, wenn man diese Gedanken mal etwas verfolgt, sich da richtig hineinbohrt, denn das ist auch von einer hochaktuellen Bedeutung, das sind hochbrisante Gedanken, die hier aufscheinen. Sie werden sich erinnern, dass wir über die Frage einer möglichen Antigravitation ja das letzte Mal gehandelt haben, ich hab ja da auch einige Beispiele erwähnt. Ich gebe nur einige Auszüge aus diesem Passus, um Ihnen das mal vorzuführen, weil das finden Sie sonst nirgendwo. In dieser Form und Ausführlichkeit ist es auch nicht in der Monographie zitiert und die Schriften Schellings sind sehr schwer zugänglich und in der Gesamtausgabe auch gerade die Weltseelen-Schrift, das findet man sonst kaum. Deswegen les' ich mal einige Passagen vor, weil das auch eine interessante Anknüpfung ist an das letzte Mal. Also es geht jetzt um den Zusammenhang der organischen Struktur der gesamten Weltseele in Ver... also in Verbindung mit der Polarität von Schwere und Licht, von Lichtwesen und Schwerewesen. Da heißt es hier in dieser Schrift „Von der Weltseele", 1798 erschienen, Schelling war, das kann man kaum glauben, 23 Jahre alt, als er das geschrieben hat. Und die Schrift kannte Goethe und hat sie sehr geschätzt:

„Wie also die Schwere", schreibt Schelling, „das Eine ist, das in Alles sich ausbreitet, in diesem All eine Einheit ist, so sagen wir im Gegenteil von dem Lichtwesen, es sei die Substanz, sofern sie auch im Einzelnen, also überhaupt in der Identität, das All oder das Ganze ist." – Also Schwere, Licht, polar, kann man auch als unendliche reale Substanz oder unendliche ideale Substanz bezeichnen, passt auch in Gleichsetzung bei Schelling von Lichtwesen und Geist – „Das Dunkel der Schwere und der Glanz des Lichtwesens bringen erst zusammen den schönen Schein des Lebens hervor und vollenden das Ding zu dem eigentlich Realen, das wir so nennen." – Das findet man fast wörtlich übrigens in einem Steiner-Vortrag, diese Aussagen – „Das Lichtwesen ist der Lebensblick im allgegenwärtigen Zentrum der Natur." – nochmal: – „Das Lichtwesen ist der Lebensblick im allgegenwärtigen Zentrum der Natur. Wie durch die Schwere die Dinge äußerlich eins sind, ebenso sind sie in dem Lichtwesen als in einem inneren Mittelpunkt vereinigt" – Also beides sind Einheitsprinzipien, das ... die Schwere und das Lichtwesen – „und sich selbst untereinander in dem Maß innerlich gegenwärtig, als jener Brennpunkt vollkommener oder unvollkommener in ihnen selber liegt." – Ich lass mal den Zwischenteil aus. Dann heißt es hier weiter – „Über die Verbindung von Schwere ... Schwerewesen und Lichtwesen als dem eigentlichen Einheitsprinzip des Weltzusammenhangs" – dem Weltseele-Zusammenhang, hochinteressant, faszinierend. Also ich bedaure fast, dass ich's nicht ganz lesen kann, aber es führt wirklich zu weit. Ich hoffe, dass es einigermaßen verständlich ist. Ich kann mir's einfach nicht verkneifen, es vorzulesen, weil ich's so wunderbar finde. – „Der Lebensquell der allgemeinen oder großen Natur ist daher die Copula" – also das Band, die Verbindung – „zwischen der Schwere und dem Lichtwesen. Nur dass dieser Quell, von dem alles ausfließt in der allgemeinen Natur verborgen, nicht selbst wieder sichtbar ist, wie auch die Weltseele verborgen ist. Wo auch diese höhere Copula," – also diese höhere Verbindung – „sich selbst bejaht im Einzelnen" – also im Einzelwesen – „da ist Mikrokosmos, Organismus, vollendete Darstellung des allgemeinen Lebens der Substanz, in einem besonderen Leben." – also hier ... Schelling geht auch aus von der ... vom allgemeinen Leben, also im universalen Leben, auch dem Vorhandensein von organisch-intelligentem Leben auf anderen Himmelskörpern – „die selbe, alles enthaltende und vorsehende Einheit, welche die Bewegungen der allgemeinen Natur, die stillen und stetigen, wie die gewaltsamen und plötzlichen Veränderungen nach der Idee des Ganzen mäßigt und als stets in den ewigen Kreis zurückführt, dieselbe göttliche Einheit ist es, welche unendlich bejahungslustig sich in Tier und Pflanze gestaltet und mit unwiderstehlicher Macht ist der Moment ihres Hervortreten entschieden, Erde, Luft und Wasser in lebendige Wesen, Bilder ihres All-Lebens zu verwandeln sucht." Also auch hier ein Telos in der kosmischen Evolution, eine Art, wenn man will, auch anthropisches Prinzip, also Erde, Luft und Wasser metamorphosieren in Richtung auf lebendige Wesenheiten, Bilder des All-Leben. Also in jedem einzelnen Organismus konfiguriert sich die Weltseele, das ist wichtig in diesem Sinne, als Ganzes, sie ist also ganz präsent.

Wie das Schelling, übrigens in Anknüpfung an Bruno, auch immer wieder sagt: Die göttliche Einheit ist ... oder der göttliche Geist ist in jedem Teil eins, er ist nicht als Teil präsent, sondern in toto, und zwar nicht im Raum in diesem üblichen Sinne, er ist nicht räumlich und doch allgegenwärtig. – „Diese höhere Einheit ist es, welche die Totalität der Schwere und die Identität des Lichtwesens gleicherweise im Verbundenen entfaltet. Das Leben des Organischen hängt zuvörderst an dieser Entfaltung des Bandes. Daher der Pflanze unendliche Liebe zum Licht" – jetzt 'n wunderbarer ... Aussage – „in dem in ihr vorerst nur das Band der Schwere sich lichtet," – d. h. für Schelling auch, dass tatsächlich eine antigravitative Kraft vorliegt, dass also das Licht eine Art – jetzt, um diesen Begriff zu verwenden – Levitationsfeld darstellt. – „Das dunkle Band der Schwere ist in den Verzweigungen des Pflanzenreiches gelöst und dem Licht aufgeschlossen. Die Knospe des Lichtwesens bricht in dem Tierreich auf." – nächste Stufe– „Die absolute Copula" – also diese ab ... die Verbindung – „jener beider Einheit und Mittelpunkt" – also zwischen Schwerewesen und Lichtwesen – „kann sich selbst nur in Einem finden und sich nur von diesem Punkt aus in wiederholter Entfaltung aufs Neue in einer unendlichen Welt ausbreiten. Jenes Eine ist der Mensch." „Jenes Eine ist der Mensch, in welchem das Band das Verbundene vollends durchbricht und in seine ewige Freiheit heimkehrt." – Also auch das eine Art von anthropischem Prinzip, dass der Mensch in gewisser Weise im tiefsten Sinne des Wortes anthropomorph oder anthropozentrisch das Ganze zur Freiheit hin öffnet. Also – „Jenes Eine ist der Mensch, in welchem das Band das Verbundene vollends durchbricht und in seine ewige Freiheit heimkehrt." – „ ... , die der Geist selber ist", müsste man da ergänzen. – „Beruht indess der Organismus im Allgemeinen auf der Wirklichkeit und selbst Bejahung der absoluten Copula," – also der Verbindung – „so muss auch in jeder einzelnen Sphäre derselben der Gegensatz und die Einheit der beiden Prinzipien dargestellt sein." – Das könnte man nun am Organischen durchbuchstabieren.

Das tun zum Teil die Anthroposophen, das tut auch zum Teil etwa der Georg Adams, den ich erwähnt habe, der Mathematiker, der sich da ganz bewusst auch auf Steiner beruft, auf die Polarität von zentrischen und antizentrischen, peripheren Kräften oder auch Ätherkräften.

Letztes Zitat, ich will das nicht zu weit hier ausdehnen, ich find's einfach so ... möchte mich hier ... könnte mich da fast darein verlieren in diesen Text, das möchte ich Ihnen nicht zumuten, letztes Zitat: – „Der Zweck der erhabensten Wissenschaft kann nur dieser sein: Die Wirklichkeit im strengsten Sinne der Wirklichkeit, die Gegenwart, das lebendige Dasein eines Gottes im Ganzen der Dinge und im Einzelnen darzutun." – Also auch im Hier, in der konkreten organischen Gestalt, was Schelling unermüdlich hier betont. – „Wie hat das nur je nach Beweisen dieses Daseins fragen können. Kann man denn über das Dasein des Daseins fragen. Es ist eine Totalität der Dinge, so wie das Ewige ist, aber Gott ist als das Eine in dieser Totalität. Dieses Eine in Allem ist erkennbar in jedem Teil der Materie." – das findet man wortwörtlich bei Bruno – „Alles lebt nur in Ihm." – und Schluss: – „Aber ebenso unmittelbar gegenwärtig und in jedem Teil erkennbar ist das All-in-Einem, wie es überall das Leben aufschließt und im Vergänglichen selbst die Blume der Ewigkeit entfaltet. Das heilige Band, durch welches die beiden ersten eins sind, empfinden wir in unserem eigenen Leben und dessen Wechsel, zum Beispiel von Schlaf und Wachen, wie es uns bald der Schwere eingibt, bald dem

Lichtwesen zurückstellt." – Also auch der Grund- und Urrhythmus des Schlafens und des Wachens wird hiermit im Zusammenhang ... in Zusammenhang gebracht. Ich will ja ... habe mir im So... für den Sommer vorgenommen, dass ich auch über diese ganze Frage des Rhythmus in der Natur unter anderem sprechen möchte, was ich bisher kaum getan habe, also Rhythmus in der Natur, Schlafen, Wachen, Tag und Nacht, ganz tiefe Rhythmen. – „Die All-Copula" – also die Verbindung von Lichtwesen und Schwerewesen – „ist in uns selbst als die Vernunft und gibt Zeugnis unserem Geist.

Hier handelt es sich nicht mehr von einer außer- oder überweltlichen Sache, sondern von dem Unmittelbar-Nahen, dem Allein-Wirklichen, zu dem wir selbst mitgehören und in dem wir sind." – Das ist wichtig, dass diese Gedanken, wenn man sich mal der Mühe unterzieht, die wirklich zu denken, mitzudenken, nachzudenken, sehr konkret sind, und das ist hochspannend, das zu verfolgen, was das bedeuten würde für eine mögliche neue oder andere Naturphilosophie. Das hat Schelling nicht geleistet, das konnte er auch nicht leisten, das wäre zu viel ihm abverlangt gewesen, aber er hat in dem Jahrzehnt der Naturphilosophie, 1797 bis 1805/1806, tatsächlich auf eine geniale Weise das ganze Panorama aufgezeigt, das Ganze aufgefächert und Fragen auch, die heute von einer ungeheuren Aktualität sind. Wie das möglich war, ist kaum zu begreifen, wie ein 23-Jähriger in der Lage sein konnte, diese Dinge so tief zu durchdenken. Und das sind Gedanken, denen man im 20. Jahrhundert da und dort immer wieder begegnet, mit denen ich mich auch viel beschäftigt habe, auch diese Frage von Licht und Schwere. Auch dazu werd' ich im Sommer dann noch einiges sagen in einem ganz anderen Kontext.

Nun zu der Frage: Bringt es etwas, den Begriff der Weltseele für eine Naturphilosophie, eine Kosmologie heranzuziehen, oder – ich sag's noch mal – ist es einfach ein Wort, wofür man auch andere Begriffe nehmen könnte? Die Frage lässt sich nicht letztlich entscheiden. Ich meine aber, dass dieser Begriff ein sinnvoller, ein guter und auch ein zweckmäßiger Begriff ist. Der Begriff ist gut, er transportiert wirklich Bedeutung. Er transportiert zunächst einmal die Grundüberzeugung, dass das Universum als Ganzes eine organische Struktur hat. Man kann es auch bescheidener, kleiner sagen erst einmal, dass die Erde als Ganzes ein organisches Ganzes ist und eine Art Weltseele hat, ein ... eine Facette, eine Emanationen der Weltseele ihr eigen nennt, eine Gestirnseele, dann möglicherweise auch das Sonnensystem als Ganzes, das kann man von vielen Momenten aus verdeutlichen. Sheldrake, der praktisch nie etwa die Astrologie heranzieht, ist auch der Auffassung, dass das Sonnensystem als Ganzes eine eigene organische Struktur und auch einen eigenen Geist-Organismus darstellt – auch das ist wichtig, hier kommt immer auch das Moment des Bewusstseins rein. Man kann ja die ... den Organismus auch ganz, sage ich mal, biologistisch denken.

So wunderbar und großartig ja die Gaia-Theorie des Mediziners James Lovelock ist und aus guten Gründen ja auch weltweit diskutiert worden ist und immer noch diskutiert wird, muss man doch sagen, wenn man sich das genauer betrachtet, dass sie im Kern biologistisch ist. D. h. sie geht letztlich davon aus, Leben ist eigentlich nur Bios und der Geist und ich-hafte Wesenheiten sind nur aus diesem Bios heraus abzuleiten, haben aber keine eigene Wirklichkeit. Nich', das unterscheidet ihn vollkommen etwa von diesem idealistischen Ansatz, das unterscheidet ja auch James Lovelock vollkommen von Ansätzen etwa, wie ich ihn vertreten habe oder auch wie ihn Johannes Heinrichs vertreten hat, dass das Ich tatsächlich eine Weltkonstituente ist, dass das Ich im kosmischen Gesamtzusammenhang tatsächlich nicht einfach eine ephemere, eine fast zu vernachlässigende Größe darstellt, sondern tatsächlich eine ... einen Weltzusammenhang aufscheinen lässt, eine Lichtung der Welt darstellen kann.

Also: Die Frage des Welt-Organismus für sich transportiert noch wenig, wenn sie nur biologisch bleibt oder biologistisch bleibt. Nich', das ist ja auch möglich, so kann ich ja auch den Weltorganismus denken, das geschieht ja auch, übrigens auch zum Teil in der Ökologie. Aber man kann den Organismus-Gedanken auch weiter fassen, indem man von vornherein das Seelisch-Geistige mitdenkt, indem man Bewusstseinsevolution mitdenkt, indem man die Erscheinung auch der Intelligenz, auch der Ichheit im Menschen als einen integralen Teil dieses Organismus mitdenkt. Dann ist man auf einem vollkommen anderen Bewusstseinsniveau angelangt, wenn man das immer mitdenkt, wenn man das immer mitheranzieht. Mag sein, dass auch dann ein so gewaltiges, im Grunde ja auch alle unsere Erfahrungsdimensionen sprengendes Etwas wie die Galaxis auch eine Art Superorganismus ist, das ist möglich, das kann man denken, oder noch größere Einheiten von Galaxien, das ist denkbar, wir wissen nichts ... es ist auch müßig, über das Universum als Ganzes zu reden, das find' ich nicht möglich. Ich glaube nicht, dass es in dieser Form, wie es häufig geschieht, möglich ist, aber es gibt die Möglichkeit, den Organismus-Gedanken auszuweiten.

Und dann nur ist auch der Begriff der Weltseele wichtig, sonst wird er verkleinert, reduziert auf letztlich verfeinerten Bios. Und das, glaub ich, kann man auch von den Neuplatonikern, das kann man von den idealistischen Philosophen, das kann man von vielen Denkern lernen, dass das zu kurz gegriffen ist. Und von dort aus könnte man noch mal auch die ganze Frage des ökologischen Zusammenhangs neu denken, was ich zum Teil in dem Buch „Was die Erde will" auch versucht habe, tatsächlich noch mal im Sinne einer ganz anderen Form von Ökologie, einer anderen Form von Tiefenökologie, einer integralen Tiefenökologie, die menschliche Bewusstseinsentwicklung, ich sag's noch mal, als integralen Teil mitdenken.

Also ich meine, dass der Gedanke der Weltseele sinnvoll ist. Man kann ihn auch heranziehen zum Beispiel für Phänomene der sogenannten Nichtlokalität. Sie wissen das vielleicht aus der Quantentheorie, die Vorstellung, dass auch weit voneinander entfernte physikalische Vorgänge oder Phänomene dann doch auf eine sogenannte nicht-lokale Weise miteinander verbunden sind. Dann kann man natürlich sagen: Hier muss es einen Verbindungszusammenhang geben, der könnte auch in der Weltseele beheimatet sein. Und dann wird es natürlich sehr schwierig, wenn man dann die Frage stellt: Wie ist der mögliche Zusammenhang zwischen dieser Weltseele, diesem Einheitsprinzip der Welt, die die Welt zum Organismus stiftet, und dem Vakuum? Ist das das Gleiche oder gibt es hier verschiedene Ebenen? Und das ist eine sehr subtile Geschichte.

Ich will eine ... meine Hypothese dazu nicht verschweigen: Ich vermute, dass das nicht das Gleiche ist. Also ich kann das nicht im Letzten begründen, vielleicht ist das auch nicht möglich. Jedenfalls habe ich bisher noch keinen gelesen oder gehört, der das konnte in diesem letzten Sinne, zu zeigen, dass die Weltseele tatsächlich nicht einfach identisch ist mit dem leeren Raum, mit dem Vakuum, dass es offenbar auch innerhalb des Raums verschiedene Ebenen gibt und dass etwa Gedanken – um jetzt mal diesen ... dies Beispiel zu nehmen – dass Gedanken, wenn sie durch den Raum transportiert werden, nicht unbedingt auf ... oder im Vak ... auf dem Vakuum oder im Vakuum reisen, sondern über das Medium der Weltseele. Das sind aber extrem schwierige Gedanken, die Frage auch der Telepathie etwa: Was stiftet dann den Zusammenhang? Welche Art von Bewusstseinsfeld liegt denn vor? Ist es wirklich ein Feld, was auch jenseits des Räumlichen sich befindet, das wäre ja Nonlokalität. Dann wäre ja der Raum quasi unterlaufen. Oder sind das Zusammenhänge, die im Raum sich vollziehen.

Dann ist sofort die Frage, die ich auch mehrfach gestellt habe: Gibt es da eine Geschwindigkeit, die man feststellen kann? Also: Im Falle einer Telepathie, zwei Menschen haben telepathischen Kontakt miteinander, gibt es da eine gewisse Zeitverlust? Oder kann man das durch bestimmte Vorrichtungen abschirmen? Das wäre ja auch 'ne Frage oder geschieht das instantan, augenblicklich? Diese Fragen sind ungeklärt. Es gibt einige empirische Erhebungen in diese Richtung, aber auch da ist die Frage: Was ist das Verbindungsprinzip? Für meine Warnehmung ist der Zeitfaktor da ein entscheidender. Wenn man nämlich zeigen könnte, dass da kein Zeitverlust vorliegt, dass das wirklich synchron passiert, dann wäre ja erst einmal der Beleg gebracht, dass tatsächlich Geschwindigkeit in unserem Sinne keine Rolle spielt oder die Geschwindigkeit ist so hoch, die ist so gewaltig, dass sie quasi unendlich ist.

Also das ist vielleicht ein logisches Monstrum, von einer quasi unendlichen Geschwindigkeit zu reden, aber mit dieser Einschränkung und Relativierung, kann man das machen. Also: Geist, auch Gedankenimpulse werden transportiert mit einer quasi unendlichen Geschwindigkeit. Und dann ist die Frage: Was ist das Transportmedium? – Wenn das nicht überhaupt schon zu mechanistisch gedacht ist. Nich', also die Frage: Ist das im Raum, unterläuft das den Raum, ist das in einer tieferen Schicht, aus der vielleicht sogar der Raum erwächst? Erstmal in die tiefsten Fragen, auch ontologischen Fragen des Kosmos überhaupt. Aber das kann man, glaub ich, vorerst nur in dieser eher hypothetischen Form beantworten.

Ich finde, dass es sinnvoll ist, den Begriff „Weltseele" heranzuziehen. Und das geschieht auch an verschiedensten Fronten, sage ich mal, das hab' ich beobachtet und mit Erstaunen festgestellt, dass von den verschiedensten Fronten aus auch der Begriff wieder neu reingenommen wird. Etwa Carl Friedrich von Weizsäcker hat das getan seit den neunziger Jahren. Er geht sogar so weit, dass er sagt:

Die Quantentheorie beweist die Weltseele, was ich mit gewissen Abstrichen nur bejahen würde, aber es findet sich in seinem Buch „Die Zeit und das Wissen", 1992 erschienen. Also die Quantentheorie ist nicht nur vereinbar mit dem Gedanken einer Weltseele, sondern sie fordert geradezu die Weltseele – erstaunlich! Dann aber heißt es bei Weizsäcker – ich hab die Stelle jetzt nicht wörtlich im Kopf – „oder den Weltgeist". Plötzlich wird das alternativ gesetzt. Dann weiß man nicht genau, ob da 'ne begriffliche Schärfe vorliegt, oder ob das mehr oder weniger nur sagen soll, dass hier eine Art Einheitsprinzip vorliegt. Was ist nun: Weltseele oder der Weltgeist? Hierfür gibt's mehrere Stellen bei Weizsäcker.

Der Begriff der Weltseele wird auch in der Evolutionsphilosophie verschiedentlich verwendet, etwa Ken Wilber verwendet den Begriff „world soul", „Weltseele", allerdings anders, als ich ihn hier verwende, in Anknüpfung an Bruno, Schelling und den Neuplatonismus. Für Wilber ist „world soul" einfach ein ich-überschreitendes Bewusstseinsprinzip, was sich irgendwann in der kosmischen Evolution manifestiert. Es ist also nicht eigentlich das, was ich unter „Weltseele" verstehe. Also er bezieht sich da auf die amerikanische Philosophie der Over-Soul bei Ralph Waldo Emerson, der wiederum seinerseits auch von der deutschen Romantik stark beeinflusst war. Gut, also Wilber in unserer Zeit verwendet den Begriff der Weltseele, Sheldrake, hab ich schon gesagt, verwendet ihn auch, Terence McKenna, bekannter Anthropologe und Erforscher psychoaktiver Substanzen, verwendet den Begriff der world soul oder auch der genannte Mathematiker Ralph Abraham, einer der Gründerväter der sogenannten Chaos-Mathematik, der Mathematik der nichtlinearen Systeme, verwendet den Begriff der world soul – wieder in einem etwas anderen Zusammenhang, immer in dem Sinne eines universalen Prinzips, eines Einheitsprinzips, dass mir die Möglichkeit gibt, jedem von uns, jedem ich-bewussten Wesen, aber auch unter-ichhaften Wesen, ständig mit allen anderen in Kommunikation zu stehen, dass wir also ständig, unaufhörlich, in jedem Moment, auch in diesem Moment hier in diesem Hörsaal, ständig in Kommunikation stehen mit einem wie immer zu bestimmenden kosmischen Ganzen.

Dass das immer, in jedem Augenblick präsent ist und auch – eine bestimmte Veränderung des Bewusstseins vorausgesetzt – auch in jedem Moment aufscheinen könnte. Das wäre jetzt mal Stichwort „kosmisches Bewusstsein", von dem ich ja dann das nächste Mal sprechen möchte. Das hat auch damit zu tun, also mit der Bewusstseinsdimension, auch mit der Bewusstseinsdimension der sogenannten Weltseele.

Also, ich denke, bevor wir ins Gespräch kommen, möcht ich noch mal da so 'n paar Thesen zusammenfassen: Ich glaube, dass wir nicht umhinkönnen, ein universales Einheitsprinzip zu unterstellen, sage ich mal, von diesem universalen Einheitsprinzip auszugehen. Anders können wir auch Bewusstseinszusammenhänge größerer ... in größerer Form gar nicht denken. Wenn es so etwas nicht gibt, wenn es so ein universales Weltseelen-Prinzip als Einheitsprinzip der Welt nicht gibt, dann werden wir aus einem Partikularismus oder einem Atomismus im Seelisch-Geistigen nicht rauskommen. Man muss es in gewisser Weise postulieren und versuchen zu denken. Das heißt nicht, dass die Weltseele sich naturphilosophisch beweisen ließe. Das wäre ein Fehlschluss. Auch, sagen wir mal Experimente, die man ja machen kann, es gibt ja solche Experimente, dass man etwa telepathische Experimente macht, dass man Feldexperimente macht, dass man Abschirm-Experimente macht, dass man die Zeit versucht zu kontrollieren, die verstreicht oder nicht verstreicht, sind alle natürlich nie – und könne nicht sein – ein Beweis für die Existenz der Weltseele. Es kann immer noch ein ganz andersgearteter Feldzusammenhang sein und insofern ist das ... kommt man da in eine Grenzzone hinein, wie ja auch Kritiker von Sheldrake gesagt haben: Das ist überhaupt ... sind überhaupt keine eigenen Felder, das sind einfach elektromagnetische Felder. Das hat ja Hans-Peter Dürr, der Quantenphysiker, dagegen auch vorgebracht: Das sind eigentlich nur noch nicht ganz verstandene elektromagnetische Zusammenhänge. Sheldrake schreibt, ich hab das hier in einem Essay von mir mal über die Schwere vor Jahren zitiert: „Wenn es eine Weltseele gibt," – jetzt Zitat Sheldrake, 1992 ... 93, glaub' ich – „die den gesamten Kosmos durchdringt, dann wird ihre körperliche Ebene vielleicht größtenteils durch das Schwerkraftfeld ausgedrückt," – eigenartiger Zusammenhang, denken Sie an das, was ich von Schelling gesagt haben – „während ihre eigentlich seelische Ebene durch eine Schnittstelle mit dem elektromagnetischen Feld zum Ausdruck kommt." – Eigenartige Zusammenhänge, die sich hier auftun.

Also Weltseele im Zusammenhang mit dem Gravitationsfeld, die

Weltseele hat die seelische Ebene in der Schnittstelle mit dem elektromagnetischen Feld. Da könnte man dann wieder den Gegensatz von Gravitation und Levitation ins Spiel bringen, also den zentrierenden Gravitationskräften und den antigravitativen Lichtkräften. Schelling, zum Teil auch bei den Anthroposophen, bei Steiner, aber dann auch bei Adams und anderen. Auch da, denk ich, gibt's noch sehr viel zu erforschen.

Ich möchte hier erstmal einen Schnitt machen und gleich in das Gespräch einsteigen.

* * * * * * *

Literaturhinweise und Quellen

Die folgenden Literaturhinweise ergeben sich aus den umfangreichen Angaben, die Jochen Kirchhoff in seinen Vorlesungen und Vorträgen zu Werken wichtiger klassischer wie zeitgenössischer Autoren gemacht hat. Sie stellen eine repräsentative Auswahl dar.

Ajit Mookerjee, Madhu Khanna	„Die Welt des Tantra"
Alexander u. Edith Tollmann	„Und die Sintflut gab es doch"
Anacleto Verreccia	„Giordano Bruno - Nachtfalter des Geistes"
Amit Goswami	„Das bewusste Universum"
Arthur Schopenhauer	„Parerga und Paralipomena"
	„Die Welt als Wille und Vorstellung"
Arthur Zayonc	„Der Lichtfänger"
Buddha	„Dhammapadam"
Callum Coats	„Naturenergien verstehen und nutzen"
C.F.v. Weizsäcker	„Die Zeit und das Wissen"
Carl Gustav Jung	„Synchronizität"
D.H. Lawrence	„Der Regenbogen"
Dante Aliheri	„Die Göttliche Komödie"
David Bohm	„Die implizite Ordnung"
Doris Lessing	„Shikasta"
Dshung Tsu	„Das Wahre Buch vom Südlichen Blütenland"
Ernst Bindel	„Anthroposophische Zahlenlehre"
Ernst Jünger	„Zahlen und Götter"
	„Das abenteuerliche Herz"
Ervin Laslo	„Das fünfte Feld"
	„Kosmische Kreativität"
Erwin Chargaff	„Das Feuer des Heraklit"
	„Über das Lebendige"
Erwin Rohde	„Psyche - Seelenglaube und Unsterblichkeit bei den Griechen"
Franz Mischel (Übers.)	„Oupnek'hat"
Friedrich Nietzsche	„Die fröhliche Wissenschaft"

Friedrich Nietzsche	„Die Geburt der Tragödie aus dem Geiste der Musik"
Friedrich.W. Schelling	„Die Weltalter" (Fragmente)
	„Von der Weltseele"
Fritjof Capra	„Das Tao der Physik"
Georg Chr. Lichtenberg	„Aphorismen"
Georg Adams	„Grundfragen der Naturwissenschaft"
Gernot Böhme	„Phänomenologie der Natur"
Giordano Bruno	„De Immenso" (Vom Unermesslichen)
	„Spaccio della bestia trionfante"
Giordano Bruno	„Von der Ursache, dem Prinzip und dem Einen"
	„Vom unendlichen All und den Welten"
Günter Schulte	„Philosophie der letzten Dinge"
Hans Driesch	„Leib und Seele"
Hans Kaiser, Rudolf Haase	„Harmonikale Zusammenhänge"
	„Tonzahlen"
Hans-Joachim Zillmer	„Irrtümer der Erdgeschichte"
Hansjörg Fahr	„Zeit und kosmische Ordnung"
Helmut F. Krause	„Der Baustoff der Welt"
	„Vom Regenbogen und vom Gesetz der Schöpfung"
Henri Poincare	„Individualität der Zahlen"
Heraklit	„Fragmente"
Herbert Fritsche	„Der Erstgeborene"
Hermann Hesse	„Glasperlenspiel"
	„Steppenwolf"
Hermann Schmitz	„Atmosphären"
	„Der Leib"
Humberto R. Maturana Francisco J. Varela	„Der Baum der Erkenntnis"
Isaac Newton	„Principia"
	„Mathematische Grundlagen der Naturphilosophie"
James Lovelock	„Gaia-Theorie"
Joachim-Ernst Behrendt	„Es gibt keinen Weg. Nur gehen"
	„Das Leben - Ein Klang"
Johann W. v. Goethe	„Faust"
	„Die Farbenlehre"

Johann W. v. Goethe	„Wilhelm Meisters Lehrjahre"
Johannes Heinrichs	„Öko-Logik"
John Davidson	„Das Geheimnis des Vakuums"
John Eccles	„Das Ich und sein Gehirn"
Karl Kerenyi	„Griechische Mythologie"
Ken Wilber	„Eros, Kosmos, Logos"
	„Das Atman-Projekt"
	„Integrale Spiritualität"
Jochen Kirchhoff	Gesamtwerk
Klaus Volkamer	„Die feinstoffliche Erweiterung unseres Weltbildes"
Laotse	„Tao Te King"
Louis Mumford	„Der Mythos der Maschine"
Marco Bischoff	„Biophotonen"
	„Unsere Seele kann fliegen"
Martin Basfeld	„Wärme: Ur-Materie und Ich-Leib"
Mengtse	„Von der Freiheit des Menschen"
Osho	„Die verborgene Harmonie"
Oswald Spengler	„Der Untergang des Abemdlandes"
Peter Sloterdijk	„Sphären I - Blasen"
	„Sphären II - Globen"
Platon	„Timaios"
Ralph Abraham	„Chaos, Gaia, Eros"
Ralph Waldo Emerson	„Natur" (Essay)
Richard Bucke	„Kosmisches Bewusstsein"
Richard Dawkin	„Das egoistische Gen"
Rudolf Hauschka	„Substanzlehre"
Rupert Sheldrake	„Das Gedächtnis der Natur"
	„Die Seele ist ein Feld"
Stanislaf Grof	„Kosmos und Psyche"
Terence McKenna	„Plan - Pflanze - Planet"
Thomas Mann	„Der Zauberberg"
Werner Heisenberg	„Platonische Zahlenmystik"
Wilfied Hacheney	„Wasser - ein Gast der Erde"
Wolf-Dieter Storl	„Pflanzen-Devas"
Wolfgang Schadewaldt	„Tübinger Vorlesungen"
Wolfram von Eschenbach	„Parsifal"

Quellen der Transkripte:

Youtube-Kanal von Jochen Kirchhoff
Playlist Alle Audiovorlesungen
Titel der Vorlesung entspricht Titel des Videos

Transkripte online:

vorlesungen.jochenkirchhoff.de

Infos zum bisherigen Gesamtwerk:

www.jochenkirchhoff.de

In der edition dionysos sind bisher erschienen:

Helmut Friedrich Krause
„Vom Regenbogen und vom Gesetz der Schöpfung" , 1989

Helmut Friedrich Krause
„Der Baustoff der Welt", 1991, Neuausgabe 2024
„What the world is made of" (Engl. Übersetzung), Erstausgabe 2024

Jochen Kirchhoff
„Nietzsche, Hitler und die Deutschen", 1989, Neuausgabe 2024

Gunnar Kaiser & Jochen Kirchhoff im Gespräch, 2024

In Vorbereitung sind Neuausgaben vergriffener Monografien in der **edition** *dionysos:*

Jochen Kirchhoff
„Giordano Bruno" Monografie, Erstausgabe bei rowohlt, 1980

Jochen Kirchhoff
„Schelling" Monografie, Erstausgabe bei rowohlt 1982/2000

Zum Autor

Jochen Kirchhoff,
geb. 1944,
lebt und arbeitet in Berlin.

Er hat in den 1990er und
Anfang der 2000er Jahre
etwa 150 Vorlesungen zu
naturphilosophischen
Themen gehalten, von denen
einige hier als Transkript
abgedruckt sind. Bisher ist
nur ein Teil der Vorlesungen
als Podcast und Transkript
veröffentlicht.
Über 400 öffentliche Vorträge
zu naturphilosophischen und
gesellschaftlich relevanten
Themen hat er zudem
seit 1980 gehalten.

Zahlreiche durchgeführte Seminare u. a. zu geomantischen Themen und zur
ganzheitlichen Rezipierung von klassischer Musik rundeten seine Lehrtätigkeit ab.

Auf seinem Youtube-Kanal sind desweiteren philosophische Gespräche
veröffentlicht, die auch auf zeitgeschichtliche Phänomen aus philosophischer Sicht eingehen.

Sein schriftstellerisches Werk umfasst bisher seine naturphilosophische
Teralogie, Arbeiten zur Philosophie der Musik, Monografien, Beiträge in
Zeitschriften und Schriftum zur Bewahrung, Aufarbeitung und schöpferi-
schenPflege des philosophischen Werkes von Helmut Friedrich Krause.

Jochen Kirchhoff ist ausgewiesener Kenner des Werkes von Giordano
Bruno, Friedrich Wilhelm Schelling, Novalis, Friedrich Nietzsche, Arthur
Schopenhauer und Helmut Friedrich Krause u. v. a.

Er beteiligt sich regelmäßig mit Essays und Interviews am gesellschaftli-
chen Diskurs zu zeitgeschichtlichen Phänomenen und grundlegenden Fragen zur Bewältigung der Bewusstseinskrise der Menschheit aus philosophischer Sicht.